西夏文
《孙子兵法三注》研究

彭向前　著

社会科学文献出版社
SOCIAL SCIENCES ACADEMIC PRESS (CHINA)

图书在版编目（CIP）数据

西夏文《孙子兵法三注》研究 / 彭向前著. --北京：
社会科学文献出版社，2023.9
（国家哲学社会科学成果文库）
ISBN 978-7-5201-0744-0

Ⅰ.①西…　Ⅱ.①彭…　Ⅲ.①兵法-中国-春秋时代
②《孙子兵法》-研究　Ⅳ.①E892.25

中国版本图书馆 CIP 数据核字（2017）第 088087 号

·国家哲学社会科学成果文库·

西夏文《孙子兵法三注》研究

著　　者 / 彭向前

出 版 人 / 冀祥德
责任编辑 / 李建廷
责任印制 / 王京美

出　　版 / 社会科学文献出版社
　　　　　　地址：北京市北三环中路甲 29 号院华龙大厦　邮编：100029
　　　　　　网址：www. ssap. com. cn
发　　行 / 社会科学文献出版社（010）59367028
印　　装 / 北京盛通印刷股份有限公司

规　　格 / 开　本：787mm×1092mm　1/16
　　　　　　印　张：38.75　字　数：517 千字
版　　次 / 2023 年 9 月第 1 版　2023 年 9 月第 1 次印刷
书　　号 / ISBN 978-7-5201-0744-0
定　　价 / 268.00 元

读者服务电话：4008918866

《国家哲学社会科学成果文库》
出版说明

为充分发挥哲学社会科学优秀成果和优秀人才的示范引领作用，促进我国哲学社会科学繁荣发展，自 2010 年始设立《国家哲学社会科学成果文库》。入选成果经同行专家严格评审，反映新时代中国特色社会主义理论和实践创新，代表当前相关学科领域前沿水平。按照"统一标识、统一风格、统一版式、统一标准"的总体要求组织出版。

全国哲学社会科学工作办公室

2023 年 3 月

序　一

不久前，彭向前教授发来邮件，告知所著《西夏文〈孙子兵法三注〉研究》一书即将付梓，并嘱我为写一序。向前教授是著名的西夏学家，而我于西夏学则是地地道道的外行，按说他的大著无论如何也轮不到我来置喙，但出于下面将谈到的原因，我还是愿意不揣谫陋，勉力一试。

作为中国古代兵书的研究者，我一直以来十分关注西夏译汉文兵书。内蒙古额济纳旗黑水城所出西夏文献中有若干种夏译兵书，包括《孙子兵法》《六韬》《三略》《将苑》等，这些西夏文译本对于古代兵书研究具有非常独特而重要的价值。我自20多年前开始研究《六韬》，对其各种文本（如西汉简牍本、敦煌唐抄本、诸多中古类书摘抄和宋明以后主要版本等）做过汇集校勘工作，但唯有夏译《六韬》残本，因我不通西夏文字而无从利用，深以为憾。2014年5月，我因便访问宁夏大学西夏学研究院，得识向前教授。此后他不仅帮助我了解了聂鸿音、林英津等多位先生的相关成果，而且在西夏译文的回译和释读方面给我不少具体指导，从而使我详尽地掌握了夏译《六韬》的内容。多年的期冀终得满足，心中愉悦实在难以形容。我据以写出《西夏文〈六韬〉译本的文献价值》一文[1]，对该译本进行探讨，并得出一个重要认识：北宋元丰年间何去非、朱服等人对《六韬》的校定整理（这公认是《六韬》从中古本变为今本的关键），很可能是在包括夏译底本在内的多个

1　邵鸿、张海涛：《西夏文〈六韬〉译本的文献价值》，《文献》2015年第6期。

版本基础上完成的，对中古本《六韬》的整理简化实际上在何、朱等人之前就已经开始，元丰校定本的改变程度或许没有以往认为的那么大。夏译《六韬》，使我们对《六韬》文本的演化史有了新的认识。向前给我的无私帮助无以为报，故而此番他的殷殷之意自是难以拂逆。

《西夏文〈孙子兵法三注〉研究》书稿去年我已有幸拜读。尽管我没有资格全面评价向前的这部著作，但我相信，本书是西夏学研究中一个较重要的成果，在西夏文字和文化研究方面都有其作用。而从中国古代兵书研究的角度看，我则敢断言本书具有很重要的学术价值。

《孙子》是中国"百代谈兵之祖"和兵学圣经。许多年来，海内外《孙子》整理和研究著述汗牛充栋，特别是山东银雀山汉简面世之后，有关研究一度出现高潮，但迄今已有穷尽冷寂之势。然而西夏文《孙子兵法三注》（以下简称《三注》）这一文本，由于其特殊性，西夏学界研究很少，从兵书比较研究的角度深入探讨的更属空白，因而西夏学研究以外的学者一直无从利用。所以，夏译本几乎可谓当下《孙子》研究仅有的待垦空间。《西夏文〈孙子兵法三注〉研究》的出版，正好填补了这一空白。

在本书中，向前教授对夏译《三注》的文字做了细致的释读和回译。作为西夏学专家，这一工作当然是他所擅长，也最能便利非西夏学的研究者。在此基础上，向前通过与现存有关主要宋本进行详尽比较，发现《三注》是一部未见著录的古籍，且与现存各种宋代《孙子》注本歧异良多，表现为经文、注文位置不同，文字有异，有所缺漏和多出文字等。从而证明，西夏文《三注》属于《孙子》的一个未知版本，可以与竹简本、《武经七书》本和《十一家注》本相提并论，合称为"四大系统"。向前的工作不仅最大限度地恢复了《孙子》"三家注本"的原貌，而且对于弄清楚唐宋时期《孙子》及其注的演变和发展过程，也有重要助益。因此，本书是对《孙子》学的一项重要贡献，研究者不能不充分注意和加以利用。

本书虽然只是对夏译《三注》的专门研究，但向前教授在细致的考证和比较之中，实际上对夏译兵书的价值也做了介绍和归纳，这是本书对中国古代兵书研究的又一贡献，概括起来，包括以下几种情况。

其一，汉文已佚，夏译尚存。《三注》属于全书已佚而独存于西夏文献者，其对中国古代兵书研究价值之重要，自不待言。此外虽尚有汉文文献存在，但夏译有内容多出者，如向前教授钩稽《三注》所收曹操、李筌和杜牧注文，有汉文本未见的佚注 14 条，颇具辑佚考据价值（按：夏译《六韬》残本较宋本多出《一战》《攻城》两篇，对研究《六韬》在宋代的演变极为重要，亦属此类）。

其二，汉文虽存，夏译有异。通过和宋本《十一家注孙子》相关注文的比较，本书列举了《三注》大量异文之例。其中有些文字于义为长，可以校正汉文本之误。比如，《孙子·九地》"死焉不得，士人尽力"，因文字难通，古今注家颇有争议。夏译作"士人尽力，死焉不得"，证明夏译底本如此，而且文从字顺，可为校理《孙子》的重要参考。有些异文，或合于汉文某本，或虽不同于汉文本但可以并存。这方面本书所举例证甚多，兹不赘言。此外，还有一些其他信息，如译文出入、句读不同等，同样也有校勘和研究价值（按：这一类情形在夏译《六韬》中也大量可见。如《虎韬·军用》叙述各种军器装备，大量涉及器物名称及其数量、规格，夏译本与今本不同之处很多，特别是数字颇有差别，有的可能有误，有的可以并存，有的则明显较今本为合理）。

其三，汉文意义不明，夏译明之。由于西夏文本系从汉文翻译而来，因此当汉文理解可能有歧义时，译文实际上体现了译者的理解和取舍，因而具有训诂学价值。本书中此类发明很多，这里只举两个典型的事例。《孙子·军争》"卷甲而趋"，历来注家都将"卷甲"释为卷起铠甲，语义含糊。夏译为"甲着裾卷"或"坚甲下卷"，即卷起甲衣下摆，以便士兵行军时减少两腿阻力，大步前进。同篇"故三军可夺气"句下，杜牧注有"晋将毌丘俭、文钦反，诸军屯乐嘉，司马景王衔枚径造之"。"衔枚"译作"马唇捆"，即捆住战马而非战士之嘴。此两例皆为古代习语，然古今学者多不能明而不自知，夏译让人有凿破鸿蒙之感。诚如向前所指出的，当时军队卷甲、衔枚之事尚存，故夏译者能够正确翻译从而使今人得以明了其义（按：夏译《六韬》也有相似的例子，《虎韬·军用》"天浮铁螳螂，矩内圆外，径四尺以上"，何为"铁螳螂"，以往无人能解，夏译为"浮舟铁锚"，使人豁然明白）。

以上数点，是对夏译兵书文献学价值的很好概括，其意义当然不仅限于《三注》。如我在上面以按语形式谈及的，其在夏译《六韬》的研究中完全可以得到证实。向前书中的这些胜义发明，使我在阅读书稿时每有痛快之感，对向前的感谢之情也油然而生。我关于夏译《六韬》的研究文章，亦得益于向前此书的启示。因此我以为，《西夏文〈孙子兵法三注〉研究》实可作为夏译兵书研究的一个样板，其必将较大地惠益和推动对夏译兵书的利用和研究，并由此为中国古代兵书研究提供新的助力和导引。

当然，我并不认为本书是一部完美的著作。书中得出的一些认识还只是初步的，有待进一步深化；从文献学的角度看，一些表述的规范和分寸还需要很好的拿捏。但毋庸置疑，本书是一部严谨扎实、久久为功的著作，也是一部创获较多、有裨学术的著作。时下，这样的学术专著唯觉其少，不觉其多。也正因此，我愿意通过序言的方式谈谈对本书的个人认识和感受，为向前此书点赞。

向前教授是一个严谨朴实的学者，甫入中年就已经在西夏学方面取得了出色的学术成就，《西夏文〈孙子兵法三注〉研究》只是他诸多成果之一。假以时日，前程远大，可以预期。作为朋友和九三学社的同志，衷心期望向前在学术研究的道路上再接再厉，奋勇向前，取得更大的成绩！

谨序。

邵　鸿

2016 年 4 月 29 日于北京

序　二

　　针对西夏译本《孙子兵法三注》的研究大约已有半个世纪之久。现在放在读者面前的这本书是本专题研究的第三部著作，在这之前的两部分别是克平的《西夏文译本孙子》（1979）和林英津的《夏译〈孙子兵法〉研究》（1994）。这两位作者都是语言学家，其写作目的是为研究西夏语法和词汇搜集资料，因而不大在意对汉文原本的校核。她们在解读时虽然都曾取现存"十家注本"里的曹操、李筌和杜牧注文对读，发现其内容与西夏译本多有参差，可是并未加以深究。由此带来的遗憾是，其研究成果虽然在西夏语文学界早已成为公认的名著，但很少受到历史文献学界的关注。现在我们高兴地看到，作为历史学家的向前教授为我们提供了一项新的研究。这项成果的精华在于对原件的详细校理，包括搜集与重新缀合俄、英两国所藏全部残叶，以及在此基础上构拟了那个未知汉文原本的对应篇章，从而补充了今本《孙子》里佚失的经注，并对今人的校点和注释提出了许多有益的修订建议。可以预料，这项研究必将使西夏译本《孙子兵法三注》真正进入更加广阔的历史文献学界视野。至少如大家常说的，汉文原书里有些历来被认为难解的词句，看了西夏人的翻译居然就明白了。

　　传统的古籍校理只限于参考汉文古书的各种版本，而参考早期的少数民族译本来校理汉文古书则是近年来才有所见。此前的尝试多局限于零星语句的考订，相比之下，向前教授这次校理的《孙子》不但篇幅较大，保存相对完整，而且对应的汉文存世版本也相对复杂，因而称得上是一项繁难的开创性工作。我们希望将来在这类研究的基础上能逐步形成一套科学的方法，广泛地应用于我国的古籍整理工作中。当然，在具体操作的时候会面临一个难题，即如何判断出现貌似异文的地方究竟反映了翻译所据的汉文原本有异，还是仅仅出自西夏译者个人的不同理解。根据目前的经验，西夏人翻译中原兵书的水平略低于翻译汉文佛经。由此想来，译者有时会误解汉文的原意，有时会自行加进一点解释性的文字，这都是不可避免的。问题在于我们最好能用一套有效的方法把它们准确地辨识出来，避免把译者的杜撰和真正的汉文原本混淆，在此基础上才能准确判断汉文原本的正误。毋庸讳言，这套方法目前还处在摸索阶段，不过在将来的最终成型值得期待。

作为对这本书的补充，我们还可以就夏译《孙子》的性质略作猜测。众所周知，西夏翻译并刊印过三部中原兵书，即《孙子》《六韬》《黄石公三略》，这恰是从北宋所编《武经七书》里选了名气较大的三种。然而西夏人并没有采用现成的"《武经七书》本"作为翻译底本，却选择了另外三部迄今不知来历的民间本子，其个别语句甚至个别章节都与传世本存在差异。与此相应的是，西夏也翻译过三部中原儒经，即《论语》《孝经》《孟子》，这恰是从北宋所编"十三经"里选了相对浅显的三种。然而西夏人同样没有采用现成的"十三经本"作为翻译底本，却选择了三部出自北宋"新经学派"的、不大通行的注本，即陈祥道的《论语全解》、吕惠卿的《孝经传》，以及考为陈禾所撰的《孟子传》。这三部儒经都是夏仁宗在位期间的科举用书，西夏政府之所以决定弃用中原王朝的法定教材而另搞一套，其目的在于强调西夏与宋是两个不同的王朝，所以至少要在表面形式上制造些区别，这和西夏建国之初"改大汉衣冠"出于同样的政治考量。从儒经类推，我们当可认定《孙子》《六韬》《黄石公三略》是西夏的武举用书，政府选择了不同于宋朝的教材，也是为了在两个政权之间制造区别。当然，西夏人并没有凭空编出一套自己的科举材料，那是因为朝野都无法摆脱中原政治文化的强大影响，他们至多削减了教材的种类，改换了教材的翻译底本，却不能在总体上背离中原科举的根本性质。

　　向前教授在书中纠正了前人误识的西夏字，整理出了一批此前未经关注的西夏词语并提供了确切的汉译，这些成果可以丰富西夏学的语料库。作为一点商榷，我想谈谈在西夏词语考据中使用藏语的问题。例如本书在谈到西夏文的语料价值时用藏文的连词 *ma gtogs*（除外）比况西夏的"𰀁𰀂"（mjɨ¹ djij²），认为这个西夏词的实际意思是"除外"而非前人按字面翻译的"不然"。事实上西夏的这个词义已经可以从列举的大量例句中体会出来，解作"除外"没有问题，附论藏文反而显得节外生枝。西夏语和藏语虽然同属汉藏语系，但二者在历史谱系上的关系相距甚远，语言学界还没有人试图把西夏语和藏语归入同一个语支。这样看来，以藏语论证西夏语是有危险的，加之西夏的 mjɨ¹ djij² 和藏文的 *ma gtogs* 在语音形式上也难勘同，所以这只能认为是不同语言里的词在意义和用法上的偶然类似，就像西夏的 mjɨ¹ djij² 类似英文的 except 一样。最近有很多青年学者在解读西夏文献时用到藏文，那是因为解读的对象是藏传佛教文献。参照藏文原本来理解西夏译文，这方法本身没有问题，只不过他们这样做的目的只是寻找夏藏两种语言中的部分语义对当，而不是证明那些词语的历史亲缘。现在的研究对象既然是汉文的《孙子》，则不必与藏语扯上关系，向前教授基于西夏文和汉文做出的解说就已经足够了。

聂鸿音

2023 年 1 月 17 日

目　录

CONTENTS

第一章

导 言

北宋初年，党项人以今宁夏为中心，建立起"方二万余里"的大夏国，与宋、辽（后来是金）对峙近 200 年，中国历史由此进入第二个"三国"时期。西夏长期与邻国处于战争状态，尤其重视军事理论方面的知识。开国皇帝元昊更是兵书不离手，《宋史·夏国传》称其常携《野战歌》。西夏对中原兵书的青睐，从西夏人的翻译活动中可以清楚地看出来，圣彼得堡和伦敦藏有数种汉文兵法的夏译本，如《孙子兵法三注》《六韬》《黄石公三略》《将苑》等，凡数百叶。一个有意思的现象是，迄今出土的夏译兵书的底本，要么为《武经七书》所不收（如《将苑》），要么为官本以外的别本。我们知道，《武经七书》自北宋元丰年间颁布后，便确立起正统和支配地位，但把西夏译本与《武经七书》所收的《孙子兵法》《六韬》《三略》作比较，可以看出夏译者依据的底本却是久已亡佚的别本。确如高奕睿（Imre Galambos）先生所指出的，现存的西夏兵书译本是互不相干的，并没有表现出像中原《武经七书》那样的内部关联。[1] 此或与宋朝严行书禁政策有关。除佛经、儒经等可以对周边少数民族实行教化的书籍外，宋朝严禁其他书籍外流，包括涉及国家机密的资料书和能够引起强弱变化的技术书等。兵书自不例外，官本兵书理所当然在首禁之列，所以西夏人只能搜罗到一些散落在民间的别本。这

---

[1] 高奕睿：《夏译中原兵书的异同》，汤君译，《西夏研究》2017 年第 2 期。

样导致夏译兵书相较于流传至今的汉文本有所不同，从而具有无可替代的学术价值。

一　西夏文《孙子兵法三注》发现、收藏和研究状况

中国著名军事著作《孙子兵法》西夏文译本，为曹操（155—220）、李筌（8 世纪）和杜牧（803—852）三家注本，佚名夏译，西夏文题《𗾰𗊱𗴿𗟭𘉷》，即《孙子兵法三注》，分藏俄罗斯科学院东方文献研究所和英国国家图书馆。俄藏乃科兹洛夫（П. К. Козлов）于 1907—1908 年在内蒙古额济纳旗黑水城遗址所获，有甲、乙两个本子。甲种本为刻本，麻纸，蝴蝶装；21.5 厘米×14.5 厘米，版框 17.5 厘米×12.5 厘米，左右双栏；面 7 行，行 13 字，双行小注，行 21 字；书口题西夏文"孙子"及卷次、叶次。卷中有蓝绢护封。保存尚可。残存中下两卷 6 章（7—11、13），附《史记·孙子传》。初次著录见戈尔巴乔娃（З. И. Горбачева）、克恰诺夫（Е. И. Кычанов）合著的《西夏文写本和刊本》：

　　《孙子兵法三注》；登录号：579，771，772，773，943。刊本；蝴蝶装；页面：21.5 厘米×14.5 厘米，文面：17.5 厘米×12.5 厘米；七行，行十三字，每行中间有两排注解，每排二十一字。

　　№579——第二部分，第 15 页—22 页，14 面；保存尚好。

　　№771——第三部分，开头（孙子传）；页码未详，5 面；保存不良。

　　№772——第二部分，第 23 页—40 页（上接№579），34 面又 1 面为空纸；蓝布封套，保存尚好。

　　№773——第三部分，第 3 页左—10 页右，第 14 页—23 页左，第 29 页—32 页左，第 38 页—41 页左，46 面；保存不良。

　　№943——第二部分，第 19 页（？），2 面；保存尚好。

　　此为著名的中国兵书《孙子》三家注（魏：曹操，唐：李筌、杜牧）译本。[1]

　　原件照片初由俄罗斯西夏学家克平（К. Б. Кепинг）公布，[2] 后由上海古籍出版社整理刊布，见《俄藏黑水城文献》第 11 册。Инв. №579、772、943，题名为《孙子兵法三注（甲种本）卷中》；Инв. №771、773，题名为《孙子兵法三注（甲种本）卷下》。[3] 需要指出的是，《俄藏黑水城文献》中的图版存在误拼现象，原本为一个印刷叶的，被分作两地；原本不是一个印刷叶的，被拼在一处。此类误拼共有 5 处：第 156 页下之右半叶、第 157 页上之左半叶，此两个半叶不当分开，实为完整的一叶；第 162 页下、第 173 页上、第 177 页下，右、左各两个半叶文字不相衔接，不当拼在一起。另外，叶与叶之间有 6 处缺漏，缺叶不详。此次整理对模糊不清的版心叶数予以推求复原，这样叶与叶之间所缺面数也第一次呈现出来。

　　俄藏乙种本为抄本，麻纸，卷子装，19 厘米×150 厘米，上下墨框 16.5 厘米；行书；行 17 至 18 字不等。编号 Инв. №775，题名为《孙子兵法三注（乙种本）卷下》，存卷下尾部及《史记·孙子传》。[4] 原件照片初由上海古籍

　　1　戈尔巴乔娃、克恰诺夫：《西夏文写本和刊本》，白滨译，中国社会科学院民族研究所历史研究室资料组编译《民族史译文集》第 3 集，内部资料，1978，第 20—21 页。叙录中的“页”，相当于本书所说的“叶”。

　　2　К. Б. Кепинг, *Сунь Цзы в тангутском переводе*, Москва: Наука, 1979.

　　3　俄罗斯科学院东方研究所圣彼得堡分所、中国社会科学院民族研究所、上海古籍出版社：《俄藏黑水城文献》第 11 册，上海古籍出版社，1999，第 156—168、169—182 页。

　　4　戈尔巴乔娃、克恰诺夫：《西夏文写本和刊本》，白滨译，中国社会科学院民族研究所历史研究室资料组编译《民族史译文集》第 3 集，内部资料，1978，第 21 页。

出版社整理刊布，见《俄藏黑水城文献》第 11 册。[1] 另有 Инв. №3788 号，存 65 行，行 17 至 21 字不等。内容主要为《军争第七》《九变第八》《行军第九》三篇，图版尚未刊布。从笔迹上判断，其与 Инв. №775 出自同一写本，均系抄自刻本西夏文《孙子兵法三注》，只有正文，注文为抄写者所删，研究价值相对较小，本书暂不涉及。

此外，英国国家图书馆藏凡两面，另有数枚残片，乃斯坦因（Stein）于 1914 年在内蒙古额济纳旗黑水城遗址所获，亦为三家注本；其装帧形式和行格数与俄藏甲种本一致，二者同出一本。残片内容不出俄藏范围，意义不大。两个半叶可补俄藏之缺，初由格林斯蒂德（Grinstead）公布其中的一面，该面恰为俄藏所缺的《孙子兵法三注》第七《军争》的开头，[2] 后均由上海古籍出版社刊布，编号 Or. 12380-3841、3842，题名为《孙子兵法》，见《英藏黑水城文献》第 5 册。[3] 这两面的内容是前后连贯的，第一面 Or. 12380-3842 是原书中卷十三叶的左半叶，内容主要是《孙子兵法三注》第六《虚实》的末尾；第二面 Or. 12380-3841 则为中卷十四叶的右半叶，即格林斯蒂德公布的那一面。需要指出的是，《英藏黑水城文献》受入藏编号的影响，把照片的次序搞颠倒了，第一面排在第 151 页，第二面排在第 150 页。

综上所述，关于这部西夏文献的叙录，以往认为残存中下两卷 6 篇（7—11、13），附《史记·孙子传》，当改为"残存中下两卷 7 篇（6—11、13），附《史记·孙子传》"，内容跨度向上延长了一篇。本书研究对象为西夏文刻本《孙子兵法三注》正文，不包括所附《史记·孙子传》，共计 51 叶 92 面，

1　俄罗斯科学院东方研究所圣彼得堡分所、中国社会科学院民族研究所、上海古籍出版社：《俄藏黑水城文献》第 11 册，上海古籍出版社，1999，第 183—189 页。

2　Grinstead, "Tangut Fragments in the British Musenm", *The British Musenm Quarterly*, Vol. 24, N. 3 - 4 (1961).

3　北方民族大学、上海古籍出版社、英国国家图书馆：《英藏黑水城文献》第 5 册，上海古籍出版社，2010，第 150、151 页。

涉及作战指挥、战场机变、军事地理、特殊战法等方面的内容,详见表 1-1。一个印刷叶为一叶,叶码编排依据实有残存之叶数,非为原书之叶数。图版出处标注中 R 代表俄藏,E 代表英藏,如 R11·158 下,即《俄藏黑水城文献》第 11 册第 158 页下图。

表 1-1 西夏文《孙子兵法三注》整理状况一览

叶序	文献编号	原书卷次和叶数	图版出处	存佚状况	备注
1	Or. 12380-3842	中卷,十三	E5·151	左半叶	第六《虚实》末尾,上缺 25 面。第七《军争》开头
2	Or. 12380-3841,Инв. №579、772、943(27-1)	中卷,十四	E5·150,R11·156 上	全	英藏与俄藏,恰可拼成完整的一叶
3	Инв. №579、772、943(27-2、27-3)	中卷,十五	R11·156 下,R11·157 上	全	此两个半叶不当分开,实为完整的一叶
4	Инв. №579、772、943(27-4)	中卷,十六	R11·157 下	全	
5	Инв. №579、772、943(27-5)	中卷,十七	R11·158 上	全	
6	Инв. №579、772、943(27-6)	中卷,十八	R11·158 下	全	
7	Инв. №579、772、943(27-7)	中卷,十九	R11·159 上	全	
8	Инв. №579、772、943(27-8)	中卷,二十	R11·159 下	全	
9	Инв. №579、772、943(27-9)	中卷,二十一	R11·160 上	全	
10	Инв. №579、772、943(27-10)	中卷,二十二	R11·160 下	全	
11	Инв. №579、772、943(27-11)	中卷,二十三	R11·161 上	全	
12	Инв. №579、772、943(27-12)	中卷,二十四	R11·161 下	全	
13	Инв. №579、772、943(27-13)	中卷,二十五	R11·162 上	全	第七《军争》末尾,第八《九变》开头

续表

叶序	文献编号	原书卷次和叶数	图版出处	存佚状况	备注
14	Инв. №579、772、943（27-14）	中卷，二十六	R11·162下	存右半叶	此两个半叶不当拼在一起。中间缺2面
15	Инв. №579、772、943（27-14）	中卷，二十七	R11·162下	存左半叶	
16	Инв. №579、772、943（27-15）	中卷，二十八	R11·163上	全	
17	Инв. №579、772、943（27-16）	中卷，二十九	R11·163下	全	
18	Инв. №579、772、943（27-17）	中卷，三十	R11·164上	全	第八《九变》末尾，第九《行军》开头
19	Инв. №579、772、943（27-18）	中卷，三十一	R11·164下	全	
20	Инв. №579、772、943（27-19）	中卷，三十二	R11·165上	全	
21	Инв. №579、772、943（27-20）	中卷，三十三	R11·165下	全	
22	Инв. №579、772、943（27-21）	中卷，三十四	R11·166上	全	
23	Инв. №579、772、943（27-22）	中卷，三十五	R11·166下	全	
24	Инв. №579、772、943（27-23）	中卷，三十六	R11·167上	全	
25	Инв. №579、772、943（27-24）	中卷，三十七	R11·167下	全	
26	Инв. №579、772、943（27-25）	中卷，三十八	R11·168上	全	
27	Инв. №579、772、943（27-26）	中卷，三十九	R11·168下	全	
28	Инв. №579、772、943（27-27）	中卷，四十	R11·169上	全	中卷结束。第九《行军》末尾。左半叶为空纸
29	Инв. №771、773（27-1）	下卷，三	R11·169下	存左半叶	下卷开始。第十《地形》开头残，上缺3叶5面
30	Инв. №771、773（27-2）	下卷，四	R11·170上	全	

续表

叶序	文献编号	原书卷次和叶数	图版出处	存佚状况	备注
31	Инв. №771、773（27-3）	下卷,五	R11·170 下	全	
32	Инв. №771、773（27-4）	下卷,六	R11·171 上	全	
33	Инв. №771、773（27-5）	下卷,七	R11·171 下	全	
34	Инв. №771、773（27-6）	下卷,八	R11·172 上	全	第十《地形》末尾,第十一《九地》开头
35	Инв. №771、773（27-7）	下卷,九	R11·172 下	全	
36	Инв. №771、773（27-8）	下卷,十	R11·173 上	存右半叶	此两个半叶不当拼在一起。中间缺 8 面
37	Инв. №771、773（27-8）	下卷,十四	R11·173 上	存左半叶	
38	Инв. №771、773（27-9）	下卷,十五	R11·173 下	全	
39	Инв. №771、773（27-10）	下卷,十六	R11·174 上	全	
40	Инв. №771、773（27-11）	下卷,十七	R11·174 下	全	
41	Инв. №771、773（27-12）	下卷,十八	R11·175 上	全	
42	Инв. №771、773（27-13）	下卷,十九	R11·175 下	全	
43	Инв. №771、773（27-14）	下卷,二十	R11·176 上	全	
44	Инв. №771、773（27-15）	下卷,二十一	R11·176 下	全	
45	Инв. №771、773（27-16）	下卷,二十二	R11·177 上	全	
46	Инв. №771、773（27-17）	下卷,二十三	R11·177 下	存右半叶	此两个半叶不当拼在一起。中间缺 12 面。第十一《九地》末尾残,第十二《火攻》全佚,第十三《用间》开头残

续表

叶序	文献编号	原书卷次和叶数	图版出处	存佚状况	备注
47	Инв. №771、773（27 - 17）	下卷，二十九	R11·177 下	存左半叶	
48	Инв. №771、773（27 - 18）	下卷，三十	R11·178 上	全	
49	Инв. №771、773（27 - 19）	下卷，三十一	R11·178 下	全	
50	Инв. №771、773（27 - 20）	下卷，三十二	R11·179 上	存右半叶	下缺 6 面
51	Инв. №771、773（27 - 21）	下卷，三十五	R11·179 下	存左半叶	下卷结束。第十三《用间》末尾，附《史记·孙子传》开头

　　现存汉文古书及书目均不见此三家注本合刊，汉文底本久已亡佚。山东银雀山汉墓竹简《孙子兵法》出土后，学界认为其对传世版本的两大系统《武经七书》本和《十一家注》本的校勘有十分重要的作用，但目前对黑水城出土的西夏文译本《孙子兵法》尚未给予应有的重视。对这部文献的研究仅仅局限在西夏学领域，俄译见克平先生 1979 年著《西夏文译本孙子》[1]，汉译见林英津先生的《夏译〈孙子兵法〉研究》[2]。此外还有黄振华先生的一篇文章《西夏文〈孙子兵法〉三家注管窥》[3]，聂鸿音先生的一篇文章《西夏译孙子传考释》[4]。已有成果仅注重利用语言学的研究方法，构拟西夏语音，分析西夏字义以及对夏译文标点断句等，并没有顾及版本校勘，特别考虑提供给研究汉文《孙子》的人阅读。此外，目前解读西夏文献可资凭借的工具更加完备，译释工作可以做得更加细致深入。基于此，笔者拟对夏译《孙子兵法三注》重

1　К. Б. Кепинг, *Сунь Цзы в тангутском переводе*, Москва：Наука, 1979.

2　林英津：《夏译〈孙子兵法〉研究》，（台北）"中央研究院"历史语言研究所单刊之 28，1994。

3　黄振华：《西夏文〈孙子兵法〉三家注管窥》，《西夏文史论丛》（一），宁夏人民出版社，1992。

4　聂鸿音：《西夏译孙子传考释》，《中国民族古文字研究》，天津古籍出版社，1992。

新进行研究，意在根据西夏文本加以构拟，复原《孙子》"三家注本"，并与现在通行的三个宋本（影宋本《魏武帝注孙子》、宋本《十一家注孙子》、宋本《武经七书》本）进行比勘，对相异之处出校说明，尽可能判断正误。此举系首次大规模尝试借助中国古代少数民族文字西夏文对汉文古籍加以研究，与传统的"以书校书"做法迥然不同，可以解决许多以往"校勘四法"所不能解决的问题。"礼失而求诸野"，充分利用西夏译本的互勘、互证功用，从版本、校勘、训诂、辑佚等方面全方位促进中华传统典籍《孙子》研究，有助于弄清楚唐宋时代《孙子》及其注本向传世本演变的过程，为孙子学研究提供新的内容。

二　《孙子》的一个未知版本

此前学界认为《孙子兵法》目前所存的汉文版本中，有 3 种宋本最为珍贵：一是影宋本《魏武帝注孙子》（以下简称《魏武帝注》）；二是宋本《武经七书》本，刻于宋神宗元丰年间（以下简称《武经》）；三是宋本《十一家注孙子》，刻于南宋[1]（以下简称《十一家注》）。西夏文译本《孙子兵法三注》，为曹操、李筌和杜牧三家注本。该书从来未见著录，汉文底本久已亡佚，堪称一个新的版本，具有重要的学术价值。

西夏文《孙子兵法三注》，无论是经文方面还是注文方面，皆与现存宋本歧异良多，主要有四种类型，共计 99 条（处）：经文或注文的位置不同有 12 处，

1　一般认为宋本《十一家注孙子》来源于《宋史·艺文志》著录的《十家孙子会注》，由吉天保辑。之所以称"十家"，有人认为是举其成数而言，有人认为杜佑本不注"孙子"，其注乃《通典》之文，去掉不算，正合十家。按《通典》系典制体政书，独《兵典》例外，并非叙述古今有关军事组织、训练和指挥等有关兵制的基本内容，而是以《孙子》十三篇为中心，取历代军事成败实例，分若干类加以叙述，如"料敌制胜""察而后动""以逸待劳""攻其必救""因机设权""归师勿遏"等。这十一家分别是：魏曹操、梁孟氏、唐李筌、杜佑、杜牧、陈皞、贾林、宋梅尧臣、王晳、何氏、张预。宋本《十一家注孙子》的刻印时代，当以南宋孝宗淳熙时期为宜。参见谢祥皓《〈孙子十家注〉考辨》，《管子学刊》1996 年第 1 期；《〈孙子十家注〉考辨（续）》，《管子学刊》1996 年第 2 期。

经文或注文内容有别多达 46 条，夏译本经文或注文有 27 处缺漏，注文辑佚
14 条。

（一）经文或注文的位置不同

经文或注文的位置不同，主要表现在分合上。注家越多，内容越丰富，
对经文的分割相应地就会更加细碎。注文位置的安排，原则上一定要与经文
内容相关，在不违背这一原则的大前提下，辑注者可以灵活处理。至于经文
中个别句子的颠倒，显然是由版本不同所造成的。

1. 《孙子》第七《军争》"故迂其途，而诱之以利，后人发，先人至，此
知迂直之计者也"与"军争为利，军争为危"，在《十一家注》中分作两处。
夏译文则把"此知迂直之计者也"下属。

2. 《孙子》第七《军争》"不知山林、险阻、沮泽之形者，不能行军"
与"不用乡导者，不能得地利"，在《十一家注》中分作两处。夏译文则杂糅
在一起，与此相应，对前一处经文下的曹注、后一处经文下的李注和杜注也
做了合并。

3. 《孙子》第七《军争》"故兵以诈立，以利动，以分合为变者也"，此
三句经文在《十一家注》中，被分作三处。杜注共有三句，分属以上三句经
文。夏译本中三处经文皆并为一处，杜注亦与后一处经文下的曹注、李注并
在一起。

4. 《孙子》第七《军争》"《军政》曰：'言不相闻，故为金鼓；视不相
见，故为旌旗。'夫金鼓旌旗者，所以一人之耳目也"与"人既专一，则勇者
不得独进，怯者不得独退，此用众之法也"两处经文，夏译文做了合并。相
应地，各自下面的李注和杜注也被合并。

5. 《孙子》第九《行军》"凡军好高而恶下，贵阳而贱阴，养生而处实"
与"军无百疾，是谓必胜"在《十一家注》中分作两处，前一处下系曹注，

后一处下系李注和杜注。夏译本则对经文和注文做了合并。

6.《孙子》第九《行军》"军无百疾，是谓必胜"，诸本中《通典》《御览》所引二句互乙，夏译文与之同。

7.《孙子》第十一《九地》"死焉不得"与"士人尽力"二句经文，夏译文语序颠倒。"士人尽力"句下，夏译文有杜牧注"陷于危险，势不独死，三军同心，故不惧也"，此杜注《十一家注》系于下一句经文"兵士甚陷则不惧"下。

8.《孙子》第十一《九地》"兵士甚陷则不惧"句下，《十一家注》下有杜牧注"陷于危险，势不独死，三军同心，故不惧也"，被夏译本移至"士人尽力"句下。夏译本另有曹注"军人尽力战也"，《十一家注》则无。《魏武帝注》作"士陷在死地，则意专不惧"，与之有出入。相比之下，关于杜牧注文的安排，就关联度而言，《十一家注》要比夏译本合理。

9.《孙子》第十一《九地》"聚三军之众，投之于险，此谓将军之事也"与"九地之变，屈伸之利，人情之理，不可不察"两处经文，在夏译文中被合并在一起。前一处经文下系曹注"险，难也"，被吸收到译文中。

10.《孙子》第十一《九地》"不得已则斗"与"过则从"两句经文，在夏译本中被合并。上句经文下系曹注"势有不得已也"，与下句经文下系曹注"陷之甚过，则从计也"杂糅在一起。

11.《孙子》第十一《九地》"四五者不知一，非霸王之兵也"与"夫霸王之兵，伐大国，则其众不得聚；威加于敌，则其交不得合"，两句经文在《十一家注》中是分开的，夏译文做了合并。上一处经文下系曹注"谓九地之利害。或曰：上四五事也"，内容已被吸收到译文中。

12.《孙子》第十一《九地》"施无法之赏，悬无政之令，犯三军之众，若使一人"句下，夏译本下系曹注合于《魏武帝注》"言军法令不预施悬之，《司马法》曰：'见敌作誓，瞻功行赏'"与"犯，用也。言明赏罚，虽用众，若使一人也"。前者系于经文"施无法之赏，悬无政之令"之下，后者系于经文"犯三军之众，若使一人"之下。夏译文将经文合并，同时将注文杂糅在一起。《十一家注》则缺前一处曹注。

（二）经文或注文内容有别

经文或注文内容有别，共计 46 条之多（本处仅涉及 31 条，另有 15 条可以显为刊正今本，为突出文献的校勘价值，另立专节，参见本章第四节"西夏文《孙子兵法三注》的校勘价值"），大致可以分为三种情况：一是因版本不同而异说并存；二是夏译者所见底本原误所致；三是夏译者一时疏忽所造成的无心之误。三种情况中，第一种是主要的，且因为有文献佐证，很容易与后两种情况区别开来。后两种误译，则不太容易区别，我们很难搞清楚这些错误究竟来自底本还是夏译者本身。

1. 西夏文《孙子兵法三注》第七《军争》"先得利则利，争利为危"，异于《十一家注》"军争为利，军争为危"、《魏武帝注》"军争为利，众争为危"。按贾林曰："我军先至，得其便利之地，则为利。彼敌先据其地，我三军之众，驰往争之，则敌佚我劳，危之道也。"黄振华先生认为贾注当就经文而言，则必是所据《孙子》与传世本异，而与西夏本《孙子》所见同。[1]

2. 西夏文《孙子兵法三注》第七《军争》经文"是故卷甲而趋利"，异于《十一家注》"是故卷甲而趋"。然《通典》卷 154 引"趋"下有"利"字，正与西夏本同。

3. 《孙子》第七《军争》"是故卷甲而趋利"句下，《十一家注》杜牧注"太宗以三千五百骑先据武牢"，《旧唐书》称"亲率步骑三千五百人趣武牢"。[2] 夏译文误作"五百骑"。

4. 西夏文《孙子兵法三注》第七《军争》"故不知他国谋略者"，异于

1　黄振华：《西夏文〈孙子兵法〉三家注管窥》，《西夏文史论丛》（一），宁夏人民出版社，1992。

2　（后晋）刘昫：《旧唐书》卷 2《唐太宗本纪》。

《魏武帝注》《十一家注》"故不知诸侯之谋者"。观夏译曹注中云"他国者，诸侯国也"，盖其所见底本有异。然此句曹注，诸本亦皆不见。或因"诸侯"一词在西夏时代已不复存在，译者虑国人不解而对经文、注文做了改动。

5. 夏译文《孙子兵法三注》第七《军争》"𘓸𘝵𘄏𘕿（雷电如动）"，即动如雷电，异于《十一家注》"动如雷震"，合于《通典》《御览》所引"动如雷霆"。

6. 夏译文《孙子兵法三注》第七《军争》"𘓸𘝵𘄏𘗉（兵分攻为）"，即分兵而掠，合于《十一家注》与《武经》"掠乡分众"，异于《通典》卷一六二与《御览》卷三一三所引"指乡分众"。按《孙子》"掠乡"之语，十三篇屡见。

7. 《孙子》第七《军争》"廓地分利"句下，《十一家注》杜牧注"项王"，夏译文译作"𘓸𘝵（霸王）"。

8. 《孙子》第七《军争》"悬权而动"句下，《十一家注》曹注、《魏武帝注》"量敌而动也"，夏译文作"称者，称量也"。

9. 西夏文《孙子兵法三注》第七《军争》"先知迂直之计者胜"句下，有曹注"道路迂直，劳苦安佚、饥寒饱饿，依此明知"。本句曹注、《魏武帝注》无。《十一家注》则冠之以"李筌曰"，原文为"迂直，道路。劳佚馁寒，生于道路"，二者内容相合。

10. 《孙子》第七《军争》"锐卒勿攻"句下，杜牧注隋臣"季良"，西夏文误作"𘓸𘝵（李良）"。

11. 《孙子》第八《九变》"治兵不知九变之术"句下，有曹注"谓下五事也。九变，一云五变"。夏译文作李筌注，且缺"九变，一云五变"。

12. 《孙子》第八《九变》"杂于利，而务可信也"句下，夏译曹注"计敌不害我而我害敌时，不可但思取敌人之利，先思敌人之害我。此二事杂虑，我利上行，所为皆可"，合于《十一家注》的杜注。《十一家注》中的曹注则缺。

盖夏译文漏译曹注"计敌不能依五地为我害，所务可信也"，才导致张冠李戴。

13.《孙子》第八《九变》"佹速，可侮也"句下，《十一家注》杜牧注有人名"苻黄眉"，夏译文缺"黄"字。

14.《孙子》第八《九变》"廉洁，可辱也"句下，《十一家注》原本下有杜佑注"此言敌人若高壁固垒，欲老我师，我势不可留，利在速战。揣知其将多佹急，则轻侮而致之；性本廉洁，则污辱之。如诸葛孔明遗司马仲达以巾帼，欲使怒而出战；仲达佹怒欲济师，魏帝遣辛毗仗节以止之。仲达之才，犹不胜其佹，况常才之人乎"。孙校本改"杜佑"为"杜牧"。[1] 今观夏译文，亦无此杜牧注。

15.《孙子》第九《行军》"客绝水而来"句下，杜牧注"项羽自击彭越"，夏译文作"彭城"。

16.《孙子》第九《行军》"黄帝之所以胜四帝也"，经文及下系注文中的"黄帝"，夏译文皆作"𗙼𗋃𘉋𗊋（轩辕皇帝）"，反映出夏译者对黄帝的熟悉与尊崇。在西夏文《宫廷诗集》第 8 首《𗴗𗵽𘘣𘔼𗀔》（严驾山行歌）[2] 中，党项人宣称自己也是黄帝的后裔。

17.《孙子》第九《行军》"必亟去之，勿近也"句下，《十一家注》曹注"山涧道迫狭、地形深数尺长数丈者为天隙"，《魏武帝注》作"涧道迫狭、地形深数丈者"。夏译文只言"狭深"，合于《魏武帝注》。

18.《孙子》第九《行军》"众树动者，来也"句下，《十一家注》曹注"斩伐树木，除道进来，故动"，《魏武帝注》作"斩伐树木，除道也"。夏译文无"故动"，合于《魏武帝注》。

19.《孙子》第九《行军》"鸟起者，伏也"句下，《十一家注》曹注

1　孙星衍校《孙子十家注》，天津市古籍书店，1991，第 316 页。

2　俄罗斯科学院东方研究所圣彼得堡分所、中国社会科学院民族研究所、上海古籍出版社：《俄藏黑水城文献》第 10 册，上海古籍出版社，1999，第 290 页。

"鸟起其上,下有伏兵",《魏武帝注》作"下有伏兵"。夏译文合于《魏武帝注》,较《十一家注》缺"鸟起其上"。

20.《孙子》第九《行军》"奔走而陈兵车者,期也"(《十一家注》),《魏武帝注》无"车"字。夏译文作"急定列,有会言",合于《魏武帝注》。

21.《孙子》第九《行军》"粟马肉食,军无悬瓿,不返其舍者,穷寇也"(《十一家注》),句下有异文"杀马肉食者,军无粮也;军无悬瓿,不返其舍者,穷寇也"。《魏武帝注》相应的经文作"杀马肉食者,军无粮也;悬瓿不返其舍者,穷寇也"。夏译文为"杀马食肉,军粮无;贮瓿不取,穷",作"军无粮"和"穷寇"两种判断,而非"穷寇"一种判断,又有"军无悬瓿"之义,则所据本合于《十一家注》异文。

22.《孙子》第九《行军》"粟马肉食"(《十一家注》),原句下之李注"杀其马而食肉,故曰军无粮也。不返舍者,穷迫不及灶也",夏译文冠之以杜注。原句下之杜注缺,盖夏译文漏译杜注"粟马,言以粮谷秣马也。肉食者,杀牛马飨士也。军无悬瓿者,悉破之,示不复炊也。不返其舍者,昼夜结部伍也。如此皆是穷寇,必欲决一战尔。瓿音'府',炊器也",才导致张冠李戴。

23.《孙子》第九《行军》"卒已亲附而罚不行"句下,《十一家注》曹注"恩信已洽,若无刑罚,则骄惰难用也",《魏武帝注》无。夏译文合于《十一家注》。

24.《孙子》第十《地形》"知敌之可击,知吾卒之可以击"句下,《十一家注》有"曹操、李筌曰:胜之半者,未可知也"。此句曹注、《魏武帝注》无,夏译文合于《十一家注》。

25.《孙子》第十《地形》"厚而不能使"句下,《十一家注》曹注"恩不可专用,罚不可独任,若骄子之喜怒,对目还害,而不可用也"。夏译文合于《十一家注》。《魏武帝注》只有前两句。

26.《孙子》第十《地形》"大吏怒而不服"句下,《十一家注》杜牧注"随会使巩朔、韩穿师七覆于敖前","韩穿",夏译文误作"赵穿"。

27.《孙子》第十《地形》"料敌制胜,计险厄远近,上将之道也"(《十一家注》),其中"计险厄远近",《通典》《御览》引作"计险易远近"。夏译文作"𘝢𗾖𗡪𗒘,𗸏𘅾𗏁𗣷",即"险难能知,远近能测",合于《十一家注》。

28.《孙子》第十《地形》"唯人是保,而利合于主"(《十一家注》),夏译文作"𗤶𘞝𘝞𗗙𘘒𗤓,𗐯𘏨𘕕𘄬",即"唯养育民庶,安天子",合于《魏武帝注》"唯民是保,而利于主"。

29.《孙子》第十《地形》"厚而不能使"句下,《十一家注》杜牧注无"又杜牧曰:唯务行恩,抚多时禁止,则必生怨心;若一律军政严,则使军人生怨恶心,恩功虽行,亦岂肯亲近?故能赏罚并用,则可以为将"。夏译本杜牧注多出的这段文字,合于《十一家注》的孟注:"唯务行恩,恩势已成,刑之必怨;唯务行刑,刑怨已深,恩之不附。必使恩威相参,赏罚并用,然后可以为将,可以统众也。"

30.《孙子》第十一《九地》"围地,吾将塞其阙"句下,《十一家注》杜牧注"时神武马二千,步军不满三万",《通典》云"步卒不至三万"。夏译文误作"步二万许不满"。

31.《孙子》第十三《用间》"反间者,因其敌间而用之"句下,杜注关于"陈平巧施反间计,项羽上当逐范增"的内容,夏译文为"昔楚、汉二国战时,楚国使遣来测汉国,汉帝知后,杀牛,供备食筵,与楚使见时,佯装不知曰:我思是亚父范增遣使,今不是楚王使吗?先好供备皆除,后弱弱侍奉。彼使还,此言说于楚王,闻后疑范增"。内容远较《十一家注》简略,或为原辑注者所改编。原文为:"陈平初为汉王护军尉。项羽围于荥阳城,汉王患之,请割荥阳以西和,项王弗听。平曰:'顾楚有可乱者,彼项王骨鲠之臣，亚父、钟离眜、龙且、周殷之属，不过数人耳。大王能出捐数万斤金，行反间，间其君臣，以疑其心；项王为人意忌信谗，必内相诛。汉因举兵而攻之。破楚必矣。'汉王以为然，乃出黄金四万斤与平，恣所为，不问出入。平既多以金，纵反间于楚军，宣言：诸将钟离眜等为项王将，功多矣，然终不得列地而王，欲与汉为一，以灭项氏，分王其地。项王果疑之，使使至汉，汉为太牢之具，举进，见楚使，即阳惊曰：'吾以为亚父使，乃项王使也！'复持去，以恶草具进楚使。使归，具以报，项王果大疑亚父。亚父欲急击下荥阳城，项王不信，不肯听亚父。亚父闻项王疑之，乃大怒，疽发而死。卒用陈平之计灭楚也。"

（三）夏译本经文或注文之缺漏

夏译本经文或注文之缺漏，多因袭底本而来。至于注文中少数句子，在不影响对本段注文内容理解的条件下，有所缺失，则不排除是夏译者所为。

1. 《孙子》第七《军争》"日夜不处"句下，《魏武帝注》有曹注"不得休息"，《十一家注》有曹注"不得休息，罢也"，夏译本无。

2. 《孙子》第七《军争》"是故军无辎重则亡"句下，李筌注"是以善用兵者，先耕而后战"句后，夏译文缺"无委积者，财乏阙也"。

3. 《孙子》第七《军争》"不知山林、险阻、沮泽之形者"句下，夏译曹注合于《魏武帝注》"高而崇者为山，众树所聚者为林，坑堑者为险，一高一下者为阻，水草渐洳者为沮，众水所归而不流者为泽"，较《十一家注》末尾缺"不先知军之所据及山川之形者，则不能行师也"。

4. 《孙子》第七《军争》"不用乡导者，不能得地利"句下，《十一家注》杜牧注"必尽知之"句后，夏译文缺"地形出入之相错者尽藏之"一句。

5. 《孙子》第七《军争》"廓地分利"句下，《十一家注》杜牧注句末"《三略》曰：'获地裂之。'"夏译文缺。

6.《孙子》第七《军争》"故夜战多火鼓"句下，杜牧注"夜战"以下，夏译文较《十一家注》缺"多火鼓，其旨如何？夜黑之后，必无原野列陈，与敌刻期而战也。军袭敌营"数句。

7.《孙子》第七《军争》"故三军可夺气"句下，《十一家注》杜注开头引"长勺之战"，原文为："《司马法》：'战以力久，以气胜。'齐伐鲁，庄公将战于长勺。公将鼓之。曹刿曰：'未可。'齐人三鼓，刿曰：'可矣。'齐师败绩。公问其故。对曰：'夫战，勇气也，一鼓作气，再而衰，三而竭。彼竭我盈，故克之。'"夏译文无，盖因与本句经文下系李注所引重复，为原辑注者所删。

8.《孙子》第七《军争》"先知迂直之计者胜"句下，杜牧注末尾，较《十一家注》缺"此乃军争胜之法也"。

9.《孙子》第七《军争》"人既专一，则勇者不得独进"句下，杜牧注开头，夏译本较《十一家注》缺"旌以出令，旗以应号。盖旗者，即今之信旗也"。

10.《孙子》第八《九变》"涂有所不由"句下，《十一家注》杜牧注末尾"耿舒与兄好畤侯书曰：'舒前上言，当先击充，粮虽难运而兵马得用；军人数万，争欲先奋。今壶头竟不得进，大众怫郁行死，诚可痛惜'"，夏译本无，但多出一句按语"此者，往不当往路故也"。

11.《孙子》第八《九变》"是故智者之虑"句下，夏译曹注，合于《魏武帝注》。《十一家注》曹注句末另有"当难行权也"。

12.《孙子》第八《九变》"趋诸侯者以利"句下，《十一家注》杜注末尾有"堕吾画中"，夏译本无。

13.《孙子》第八《九变》"无恃其不攻，恃吾有所不可攻也"句下，《十一家注》有曹注"安不忘危，常设备也"，夏译本无。

14.《孙子》第八《九变》"必死，可杀也"句下，夏译曹注合于《魏武帝注》"勇无虑也"、《十一家注》曹注"勇而无虑",但较《十一家注》下缺"必欲死斗,不可曲挠,可以奇伏中之"。

15.《孙子》第九《行军》"战隆无登"句下,《十一家注》有李筌注"敌自高而下,我无登而取之",夏译本无。

16.《孙子》第九《行军》"客绝水而来"句下,《魏武帝注》有曹注"半渡,势不并,故可欺",夏译本无,《十一家注》亦无。

17.《孙子》第九《行军》"欲战者,无附于水而迎客",夏译本无此句经文。下系注文,《十一家注》有"曹操曰:附,近也。李筌曰:附水迎客,敌必不得渡而与我战。杜牧曰:言我欲用战,不可近水迎敌,恐敌人疑我不渡也。义与上同,但客主词异耳",夏译本亦阙。

18.《孙子》第九《行军》第二处"视生处高"句下,《十一家注》曹注末尾有"前向水,后当依高而处之",夏译文无。

19.《孙子》第九《行军》"吾远之,敌近之"句下,《十一家注》杜牧注"言遇此六害之地,吾远之向之,则进止自由",夏译文缺"则进止自由"。

20.《孙子》第十《地形》"夫势均,以一击十"句下,《十一家注》杜牧注末句"不能返舍复为驻止矣",夏译文缺。

21.《孙子》第十《地形》"将不能料敌"句下,《十一家注》杜牧注引"《司马法》曰:'选良次兵,益人之强。'注曰:'勇猛劲捷,战不得功,后战必选于前,当以激致其锐气也。'"夏译文仅译出《司马法》注文。

22.《孙子》第十《地形》"知天知地,胜乃不穷"句下,《十一家注》有李筌注:"人事、天时、地利三者同知,则百战百胜。"夏译本无。

23.《孙子》第十《地形》"料敌制胜,计险厄远近,上将之道也"句下,杜牧注"馈用之费,人马之力,攻守之便,皆在险厄远近也",夏译文缺"攻守之便"。

24.《孙子》第十《地形》"故战道必胜,主曰无战"句下,《十一家注》

李筌注末尾有"立主人者，发其行也"，夏译文缺。

25.《孙子》第十《地形》"唯人是保"句下，《十一家注》杜注末尾有"如此之将，国家之珍宝，言其少得也"，夏译文缺。

26.《孙子》第十一《九地》"不得已则斗"句下，《十一家注》李注"有不得已则战"，夏译文缺。

27.《孙子》第十三《用间》"死间者，为诳事于外，令吾间知之，而传于敌间也"句下，《十一家注》有李筌注："情诈伪，不足信，吾知之，令吾动此间而待之。此筌以'待'字为非'传'也。"夏译文缺。

（四）注文辑佚

值得注意的是，关于曹操、李筌、杜牧的注文，《三注》中的有些内容则不见于《十一家注》和《魏武帝注》，幸赖夏译本流传至今。其中共有 14 条佚注，包括曹注佚文 1 条，杜注佚文 4 条，李注佚文 8 条；另有计字尾题 1 条，关于中卷经文、注文字数的统计，当系原辑注者所为。

1.《孙子》第七《军争》"故其疾如风"句下，夏译文有杜注"进时足迹无，退时立即来"，《十一家注》无。

2.《孙子》第八《九变》"君命有所不受"句下，夏译文杜注末尾"昔司马穰苴谓己监军庄贾会上迟，当斩。庄贾惧，遣人于王，使往谓救命。未还，斩之。齐王遣人，使来谓赦庄贾。其人驰马，军营中来。穰苴曰：'依军政，君令亦有所不听。'问执军政者曰：'军营中不许驰马，今天使驰马，何为？'其人曰：'当斩。'天使惧。穰苴曰：'国王之使，不可杀。'乃斩其一仆。""穰苴斩庄贾"事出《史记·司马穰苴列传》，《十一家注》杜注无，大概因为杜注前面的李注已提及"苟便于事，不拘君命。穰苴斩庄贾，魏绛戮杨干是也"，《十一家注》的作者嫌其重复而删。

3.《孙子》第九《行军》"平陆处易"句下，夏译文有李筌注"益行军也”，《十一家注》无。

4.《孙子》第九《行军》“必亟去之，勿近也”句下，夏译文有李筌注：“水流来处者，涧也。中央下者，天井也。四方路无者，天隙也。过处无者，天牢也。林木隐蔽、驰跃处无者，天罗也。地洼泥动者，天陷也。如此恶地上出时，应急过也。”《十一家注》无。

5.《孙子》第九《行军》“辞卑而益备者”句下，夏译文有李筌注“军以诡诈为要。若使来辞卑，亦实不可信”，《十一家注》无。

6.《孙子》第九《行军》“轻车先出，居其侧者”句下，夏译文有李筌注“近来诱人者，速战，见爱利也”，《十一家注》无。

7.《孙子》第九《行军》末尾“《[illegible]》[illegible]”，即“《孙子兵法三注》中卷终”。下有计字尾题“[illegible]。[illegible]”，即“大二千一百四十八。注一万五千八百四十四”。这里关于中卷的经文、注文字数，是从汉文底本抄袭而来的。《十一家注》无这方面的统计。

8.《孙子》第十一《九地》“孙子曰：用兵之法，有散地，有轻地，有争地，有交地，有衢地，有重地，有圮地，有围地，有死地”句下，夏译文有李筌注“此者，九地之名也”，《十一家注》无。

9.《孙子》第十一《九地》“我可以往，彼可以来者，为交地”句下，夏译文有李筌注“地平，战士混合也”，《十一家注》无。

10.《孙子》第十一《九地》“吾士无余财，非恶货也”句下，夏译文有李筌注“善用兵者，使军人弃财，舍命而战也”，《十一家注》无。

11.《孙子》第十一《九地》“去国越境而师者，绝地也”句下，夏译文有杜注“与己国分离之谓”，《十一家注》无。

12.《孙子》第十一《九地》“夫霸王之兵，伐大国，则其众不得聚；威加于敌，则其交不得合”句下，夏译文有曹注“使敌着迷”，《魏武帝注》《十一家注》均无。

13.《孙子》第十三《用间》"因间者，因其乡人而用之"句下，夏译文有李筌注"知敌情"，《十一家注》无。

14.《孙子》第十三《用间》"因间者，因其乡人而用之"句下，《十一家注》杜牧注"西魏韦孝宽使齐人斩许盆而来，犹其义也"。夏译文则有关于"韦孝宽使齐人斩许盆"事的具体内容："又西魏韦孝宽为玉璧将军，养育民庶，诸人与之依。间谍遣齐国中，往处事成。或齐国人来己处作间谍时，应知齐国事，故多给贿物与彼间谍。齐国人得金银于韦孝宽，故己国兵马玄密事，悉皆暗暗来言。彼时齐国将军许盆之人某逃，投于孝宽，以谋复遣彼逃人，杀许盆而还。"《十一家注》将此事系于"故明君贤将"之下，为何氏所注，原文为："韦孝宽为骠骑大将军，镇玉璧。孝宽善于抚御，能得人心。所遣间谍入齐者，皆为尽力；亦有齐人得孝宽金货，遥通书疏。故齐之动静，朝廷皆先知之。时有主帅许盆，孝宽委以心膂，令守一戍；盆乃以城东入。孝宽怒，遣谍取之。俄而斩首而还。其能致物情如此。"盖夏译底本杜注原有此内容，《十一家注》因与此前何氏注重复，遂为作者所删省。

通过以上从四个方面对西夏文《孙子兵法三注》与现存宋本相应部分所作的比勘，可以看出差异情况十分复杂，以下几种差异情况皆相当普遍：（一）夏译本与《十一家注》本相同而与曹注本不同；（二）夏译本同于曹注本而不同于《十一家注》本；（三）夏译本与《十一家注》本和曹注本均有不同；（四）《十一家注》本有而夏译本无或者内容显著多于夏译本；（五）夏译本有而《十一家注》本无或者内容显著少于夏译本。而且有些差异相当关键：（一）在专有名词方面，如"经文或注文内容有别"中的例7杜牧注文"霸王"，《十一家注》为"项王"；例10，杜牧注文李良，《十一家注》为"季良"（"季良"是）；例15，杜牧注地名"彭城"，《十一家注》为人名"彭越"（"彭越"是）；例26，杜牧注文"赵穿"，《十一家注》为"韩穿"（"韩穿"是）；等等。（二）在所辑得的14条佚注中，最值得注意的有两条。

一条是其中的例4，李筌关于"六害之地"的注文"水流来处者，涧也。中央下者，天井也。四方路无者，天隙也。过处无者，天牢也。林木隐蔽、驰跃处无者，天罗也。地洼泥动者，天陷也"。对"六害之地"，曹操也作过解释："山深水大者为绝涧，四方高、中央下为天井，深山所过若蒙笼者为天牢，可以罗绝人者为天罗，地形陷者为天陷，山涧道迫狭、地形深数尺长数丈者为天隙。"杜牧则引《军谶》一书加以说明："地形坳下，大水所及，谓之天井。山涧迫狭，可以绝人，谓之天牢。涧水澄阔，不测浅深，道路泥泞，人马不通，谓之天陷。地多沟坑，坎陷木石，谓之天隙。林木隐蔽，蒹葭深远，谓之天罗。"

表1-2 《孙子兵法》"六害之地" 注文异同比较

	曹操	杜牧	李筌（佚注）
绝涧	山深水大者为绝涧	原缺	水流来处者，涧也
天井	四方高、中央下为天井	地形坳下，大水所及，谓之天井	中央下者，天井也
天牢	深山所过若蒙笼者为天牢	山涧迫狭，可以绝人，谓之天牢	过处无者，天牢也
天罗	可以罗绝人者为天罗	林木隐蔽、蒹葭深远，谓之天罗	林木隐蔽、驰跃处无者，天罗也
天陷	地形陷者为天陷	涧水澄阔，不测浅深，道路泥泞，人马不通，谓之天陷	地洼泥动者，天陷也
天隙	山涧道迫狭、地形深数尺长数丈者为天隙	地多沟坑，坎陷木石，谓之天隙	四方路无者，天隙也

相比之下，李筌的佚注与曹注、杜注有很大的不同，对于我们加深对"六害之地"的认识不无裨益。一条是例7，"《孙子兵法三注》中卷终"，下系注文"大二千一百四十八。注一万五千八百四十四"。这里关于经文和注文字数的统计，又称"计字尾题"，可用以研究一种文献的不同传本的差别，十分难得。中卷包括《势》《虚实》《军争》《九变》《行军》等5篇。《孙子兵法》因版本不同而字数有异，共有5000字左右。东汉高诱指出应为"五千

言",他在注释《吕氏春秋·上德》"阖庐之教,孙、吴之兵,不能当矣"时言:"孙、吴,吴起、孙武也。吴王阖庐之将也,《兵法》五千言是也。"[1] 夏译本所载中卷经文共有 2148 字,为版本考证提供了一条重要线索。(三)经文上的重大差异竟然多达 12 处。如"经文或注文的位置不同"中的例 6,"是谓必胜,军无百疾",合于《通典》《御览》,余皆二句互乙;例 7,夏译本显示,汉文底本为"士人尽力,死焉不得",现存诸本皆位置互倒。如"经文或注文内容有别"中的例 1,"先得利则利,争利为危",异于《十一家注》"军争为利,军争为危"、《魏武帝注》"军争为利,众争为危";例 2,"是故卷甲而趋利",异于《十一家注》"是故卷甲而趋",但合于《通典》所引;例 5,"动如雷电",异于《十一家注》"动如雷震",合于《通典》《御览》所引"动如雷霆";例 6,夏译文《孙子兵法三注》第七《军争》"分兵而掠",合于《十一家注》与《武经》"掠乡分众",异于《通典》卷一六二与《御览》卷三一三所引"指乡分众";例 16,"轩辕皇帝",余本皆作"黄帝";例 20,"急定列,有会言",合于《魏武帝注》"奔走而陈兵者,期也",《十一家注》"兵"下有"车"字;例 21,"杀马食肉,军粮无;贮瓴不取,穷",合于《十一家注》所载经文异文,与《魏武帝注》不同;例 27,"险难能知,远近能测",合于《十一家注》"计险厄远近",异于《通典》《御览》所引"计险易远近";例 28,《孙子》第十《地形》"唯养育民庶,安天子",合于《魏武帝注》"唯民是保,而利于主",异于《十一家注》"唯人是保,而利合于主"。如"夏译本经文或注文之缺漏"中的例 17,《孙子》第九《行军》"欲战者,无附于水而迎客",夏译本无此句经文,下系曹注、李注、杜注亦阙,等等。

夏译本诸多差异,特别是经文的重大差异,绝非一般文字讹误或译文出

1　许维遹:《吕氏春秋集释》卷 19《上德》,中华书局,2009,第 517 页。

入所可解释，而只能是所据文本与《十一家注》本和曹注本不同所致，即夏译底本应是一个我们今天不知道的"三家注本"，这个注本和我们已知的各本都有一定的差异。

《孙子》一书问世后，注家蜂起，随着注家的增多，为《孙子》辑注的工作也就开始了。夏译本中有把唐杜牧注与梁孟氏注混淆的例子。《孙子》第十《地形》"厚而不能使"句下，《十一家注》杜牧注无"又杜牧曰：唯务行恩，抚多时禁止，则必生怨心；若一律军政严，则使军人生怨恶心，恩功虽行，亦岂肯亲近？故能赏罚并用，则可以为将"。夏译本杜牧注多出的这段文字，合于《十一家注》的梁孟氏注："唯务行恩，恩势已成，刑之必怨；唯务行刑，刑怨已深，恩之不附。必使恩威相参，赏罚并用，然后可以为将，可以统众也。"夏译本"三家注"与梁孟氏本无涉，最大的可能是此前已经有人把唐杜牧注与梁孟氏注抄录在一起，进而误为杜牧一人所注，才会在夏译本中出现上述情况。换句话而言，夏译本中唐杜牧注与梁孟氏注混淆的情形表明，在曹操、李筌和杜牧三家注本出现之前，一定有这么一个注本，注家包括梁孟氏和唐杜牧。检刘申宁先生所著《中国兵书总目》，唐宋以后，为《孙子》作辑注的，有唐纪燮《孙子集注》三卷，宋无名氏《五家注孙子》三卷，欧阳修《孙子集注》，吉天保《十家孙子会注》。[1] 当时没有著录的辑注本一定不止这些，如一度甚为流行的"曹操、杜牧、陈皞"三家注本，欧阳修称"世所传孙武十三篇多用曹公、杜牧、陈皞注，号三家孙子"。[2] 再如日本昌平坂学问所《十家注孙子》（十家分别是：曹操、王凌、张子尚、贾诩、李筌、杜牧、陈皞、孙镐、梅尧臣和王皙），此书应非杨丙安先生所推测是流传日本的吉辑，[3] 只能是另一种无名氏辑注本。而本书所讨论的西夏文《孙子兵法三

1　刘申宁：《中国兵书总目》，国防大学出版社，1990，第75—78页。

2　（宋）欧阳修：《文忠集》卷42《孙子后序》。

3　（春秋）孙武撰，（三国）曹操等注，杨丙安校理《十一家注孙子校理》序言，中华书局，1999，第3页。

注》三卷亦不见著录,幸赖西夏译本保存下来。

关于西夏文《孙子兵法三注》汉文底本成书的时间,已不可确考。这里我们只能对其上下限试作探讨。一从所辑录的材料来看,《孙子兵法三注》的汇辑,必然要在所收录各家注本之单行本产生之后,也就是说其成书年代必晚于曹操、李筌、杜牧注问世的年代。这三位注家生活年代最晚的是杜牧,杜牧注《孙子》,据谢德、谢祥皓先生考证,当成书于唐文宗开成三年(838)。[1] 据此可知《孙子兵法三注》成书时间的上限在唐文宗开成三年以后。一从后出愈繁的规律看,夏译所据本成书时间或早于《五家注孙子》和《十一家注》本。后者成书年代,据谢祥皓先生考证,在北宋神、哲、徽三帝之际,而尤以哲宗至徽宗初,即元祐至崇宁或政和时期为宜。[2] 据此可知《孙子兵法三注》成书时间的下限在宋徽宗政和(1111—1118)以前。《孙子兵法三注》成书年代范围大致不出唐文宗开成三年至宋徽宗政和之间。考虑到在历史现实中,北宋先进文明对西夏的渗透是巨大的,而夏译汉籍绝大部分都是以流行于宋代中原地区的书籍为底本,我们不妨认定《孙子兵法三注》为宋人所辑,成书年代不晚于宋徽宗政和年间。此一推论是基于《孙子兵法三注》早于《十一家注》本而进行的。当然,从逻辑上说,我们也不能排除《十一家注》本流行后有人重修较为简当的"三家注本",但鉴于上述诸多重要差异,这种可能性显然小于夏译底本在先的情况。

至于《孙子兵法三注》的译写年代,西夏译本卷尾题记不见刊刻时间,版心下方不见刻工姓名,书中也没有出现避讳字,单凭西夏本版式、字体,很难确定其译写年代,无法为我们推测汉文底本成书年代提供一个参照。但

1　谢德、谢祥皓:《〈孙子十家注〉源流轨迹》,《滨州学院学报》2012年第5期。《孙子·九变》"城有所不攻"句,杜牧注文有言:"国家自元和三年至于今三十年间,凡四攻寇。"作者据此推断,杜注成书于唐文宗开成三年(838)。

2　谢祥皓:《〈孙子十家注〉考辨》,《管子学刊》1996年第1期;《〈孙子十家注〉考辨(续)》,《管子学刊》1996年第2期。

译文中还是有一些蛛丝马迹，对译写年代判定具有启示意义。如《孙子》第十一《九地》"我得则利，彼得亦利者，为争地"句下，杜牧注"后光自西域还，师至宜禾，坚凉州刺史梁熙谋拒之"；《孙子》第十三《用间》"因间者，因其乡人而用之"句下，杜牧注"晋豫州刺史祖逖之镇雍丘"，两处"刺史"均被夏译者替换为"将军（𗀲𗠺）"。西夏设有刺史，写作"𗀲𗠺"，是汉语的音译。《天盛律令》成书于天盛二年（1150），该书记载："二十种一律刺史一人：东院、五原郡、韦州、大都督府、鸣沙郡、西寿、卓啰、南院、西院、肃州、瓜州、沙州、黑水、啰庞岭、官黑山、北院、年斜、南北二地中、石州。"[1] 比这个年代晚的"夏译汉籍"出现刺史时，直接译为"𗀲𗠺（刺史）"，如刻写于乾祐十二年（1181）的西夏文《类林》"（桓玄）晋朝为郡公时，与荆州刺史殷仲堪语"，其中"荆州刺史"西夏文为"𗾧𗍫𗀲𗠺"。[2] 再如成书于桓宗朝（1194—1206）的《新集慈孝传》"刺史尹耀捕其盗，（吕）荣往尹耀处索盗报仇"，其中"刺史尹耀"西夏文为"𗀲𗠺𗤁𗤁"。[3]《孙子兵法三注》的西夏文译者一再把"刺史"替换为"将军（𗀲𗠺）"，表明他对"刺史"一职是陌生的，换言之，该书的译写一定早于《天盛律令》的成书年代天盛二年（1150）。

总之，夏译本残存中下两卷 7 章（6—11、13），第 6 章仅残存卷尾，其余诸章较为完整，在不到全书一半的篇幅内，就与流传至今的宋本在方方面面存在如此大的差异，上述涉及 84 条，如果加上本章第四节"西夏文《孙子兵法三注》的校勘价值"中的 15 例，达 99 条之多，这是十分惊人的。以往认为，《孙子》版本虽然繁富，但追根溯源，不外乎三大系统：竹简本、《武

---

1 史金波、聂鸿音、白滨等：《天盛改旧新定律令》卷 10《司序行文门》，法律出版社，2000，第369 页。

2 史金波、黄振华、聂鸿音：《类林研究》卷 5《辩捷》，宁夏人民出版社，1993，第 113 页。

3 聂鸿音：《西夏文〈新集慈孝传〉研究》，宁夏人民出版社，2009，第 7、154 页。

经七书》本和《十一家注》本。[1] 现在看来，西夏文《孙子兵法三注》属于一个新的版本系统，可以与竹简本、《武经七书》本和《十一家注》本相提并论，合称"四大系统"。中国古代的兵书，自元丰时期的官方定本颁布后，其他各种版本渐趋消亡，这个《孙子》"《三家注》本"幸赖夏译兵书流传至今，从中可以反映出未经宋人编辑的汉文古本原貌，从而为我们探索唐宋时期今本的形成过程提供了新的线索和启发，具有重要的版本价值，在《孙子》学研究中起着不可或缺的重要作用。

三　《孙子》的一个"注疏本"

为了向本国人充分传达《孙子》一书的内容，夏译者并没有恪守原文，而是基本上采用了意译。三家注中几乎所有训诂方面的内容，都被吸收到译文中。遇到一些文语，则用具体直白的描述来代替。有时甚至还掺杂进了西夏人基于本民族风俗习惯而对某些事物和现象的理解。

起于三国，迄于两宋，为《孙子》一书作注，代不乏人。此类注文，为好事者所辑录而流传至今者即宋本《十一家注孙子》，该书为《孙子》注释之奠基者及集大成者。这十一家分别是：魏曹操，梁孟氏，唐李筌、杜佑、杜牧、陈皞、贾林，宋梅尧臣、王皙、何氏、张预，其中不乏著名军事家、政治家。西夏文《孙子兵法三注》为曹操、李筌、杜牧三家注本，在总体上是对汉文原本各个段落的解释性翻译，而且由于是从他者的视野来审读的，夏译者诠释字词及名物、制度，别具特色。因此，我们完全可以这样说，夏译本对经文部分的翻译，相当于《孙子》的又一个注本，堪与《十一家注》本等相提并论；夏译本对注文部分的翻译，相当于对旧注所作的解释和阐发，

1　徐勇、邵鸿主编《先秦兵书通解》，天津人民出版社，2002，第7页。

可称为"疏",即西夏文《孙子兵法三注》实际上就是一个关于《孙子》的别具特色的"注疏本",具有重要的注疏价值。

(一)填补古代注家的空缺

对古人而言,一些耳熟能详的词语,当时不需要作任何解释,但千年之下,对我们而言却相当陌生了。西夏文《孙子兵法三注》因为翻译的需要,对不少地方做了具体直白的描述,恰可以填补古代注家在这方面的空缺,因而具有训诂学价值。

1. 关于"卷甲而趋"。何谓"卷甲"?对古人而言,这是个常见的词,是以在《十一家注孙子》中,注家皆不予理会。但对今人而言,一般人一辈子连盔甲实物都没见过,哪里会真正知道"卷甲"的含义,于是不免望文生义,多理解为"卷起铠甲"[1],以便轻装快跑。从夏译文中,我们可以知道,这种解释是错误的。夏译者要用另外一种语言来表达汉语"卷甲"的含义,就相当于给这个词下了个"定义"。我们来看相关方面的例句。

(1)《孙子》第七《军争》"故迂其途"句下,杜牧注"奢既遣秦间,乃卷甲而趋,二日一夜至",译文如下:

  𗪊𗩾𗧂𗀀𗁡𗴒𗰖𗣼𗧦𗒹,𗣼𗜓𗴈𗥃,𗰖𗉵𗄺𘓺,𗥃𗈁𗒸𘏨𗫂𗊋𘟣𗉵𘂝。
  赵奢察察使△驱遣后方坚甲△载军足△行一夜二日秦兵于近为

其中"卷甲而趋"译作"𗣼𗜓𗴈𗥃,𗰖𗉵𗄺𘓺",意思是"车载坚甲而行",即用车辆运载甲衣。

1　中国人民解放军军事科学院战争理论研究部《孙子》注释小组:《孙子兵法新注》,中华书局,1977,第65页。李零:《孙子译注》,中华书局,2007,第48页。

（2）《孙子》第七《军争》"是故卷甲而趋，日夜不处，倍道兼行"，夏译文为：

𗙄𗢼𗜈𘕺𗉝𗧤𗥤𗆟，𘝢𗂰𗜓𗌮，𗿒𘜶𗟻𗨻。

故甲着裾卷利争疾驰日夜不处远缩急速

这里"卷甲"译作"𗜈𘕺𗉝𗧤"，字面义为"甲着裾卷"，即卷起甲衣下摆。

（3）《孙子》第八《九变》"爱民，可烦也"句下，李筌注"攻其所爱，必卷甲而救"，译作：

𗥤𗏣𗧾𗬉𘟙，𘝢𗜈𗧗𗉝，𗟻𘜶𘝢𗌮。

惜处攻为则坚甲下卷急速救来

"卷甲"译作"𗧗𗉝𗜈𗧗"，即"坚甲下卷"，还是把甲衣的下面卷起来。

该书"卷甲"凡三见，例1认为"用车辆运载甲衣"，理解有误；后面的两例，理解都是正确的，即把甲衣的下摆卷起来。甲衣下摆卷起后，士兵在行军的过程中，可以减少两腿的阻力，大步前进。

2. 关于"神臂弓"。"神臂弓"实际上是一种由弓发展而来的弩，弩是古代战场上常用的兵器之一，《十一家注孙子》中当然不会有关于这个词的解释。西夏人把经过本民族改进的"弩"，即汉文史籍中的"神臂弓"，叫作"𗜕𘃸（镫弓）"，其中"𗜕（镫）"又写作"𗷦"，准确地把握住这种兵器的特征，从而与一般的弩区别开来。

（1）《孙子》第七《军争》"是故卷甲而趋"句下，李筌注"诸葛亮以为强弩之末不能穿鲁缟，言无力也"，此句译作：

𗀁𗙫𗥔𗊏：𗆧𗤶𗣼𗤷𗤀𗟻𗏣𗿒𗍷，𗵆𗣮𗪚𗤶𗰚？

诸葛亮曰如镫弓箭投力断至处缟薄穿岂能

（2）《孙子》第七《军争》"故夜战多火鼓"句下，杜注"诸营兵士于是闭门登垒，下瞰敌人，劲弩强弓，四向俱发"，此句译作：

𗥔𗤶𗧿𗭼𗤶𗤀𗰚𗋽，𗊢𗤷𗤷𗆗，𗵘𗵘𗤀𗤀𗿒𗣼𗤷𗟻。

诸营军人营门闭为敌敌与战四面齐齐镫弓箭放

"𗣼𗤷"或"𗿒𗤷"，对译"弩"，其字面意思都是"镫弓"。为什么会出现个"镫"字？这与其特殊构造有关。历宋、元、明诸朝，战场上风行一种赫赫有名的利器叫"神臂弓"，正是西夏人创制的。据《梦溪笔谈》记载：

> 熙宁中李定献偏架弩，似弓而施干镫，以镫距地而张之，射三百步，能洞重札，谓之"神臂弓"，最为利器。李定本党项羌酋，自投归朝廷，官至防团而死，诸子皆以骁勇雄于西边。[1]

书中称神臂弓系党项羌酋所献，是沈括对神臂弓研究的一大贡献。《宋会要》有关于神臂弓详细构造的记载：

> 熙宁元年十二月二十二日，入内副都知张若水进所造神臂弓。初，民李宏献此弓，其实弩也。以檿为身，檀为梢，铁为蹬子枪头，铜为马面牙发，麻解索扎丝为弦。弩身通长三尺有二寸，两弭各长九寸有二分；

---

1 （宋）沈括：《梦溪笔谈》卷19。

两闪各长一尺一寸七分，弛长四寸。通长四尺五寸八分。弦长二尺有五寸。时于玉津园验，射二百四十余步，仍透穿榆木，没半竿。诏依样制造，至是进焉。[1]

弩相较于弓的改进之处，主要是多了一个"弩机"，位于木弩臂的尾部。神臂弓相较于弩的改进之处，主要是多了一个"镫"，安装在木弩臂的顶端，即所谓"似弓而施干镫""铁为蹬子枪头"。有了这个"镫"，就可以装填强有力的弩箭了。具体装填的办法，如沈括所说"以镫距地而张之"，即手脚并用，一脚插入干镫，踩踏于地上，双臂拉开弓弦（见图1-1"神臂弓装填弩箭想象图"）。安装"镫"，是弩区别于弓的一个最大特征。西夏文中的"𗈁𘝞（镫弓）"一词，相当于为神臂弓下一注脚。[2] 顺便指出，关于神臂弓进献人，《梦溪笔谈》作"李定"，则是沈括的误记。[3]

3. 关于"衔枚"。《孙子》第七《军争》"故三军可夺气"句下，杜牧注有"晋将毌丘俭、文钦反，诸军屯乐嘉，司马景王衔枚径造之"。译文如下：

𗱊𘐊𗢦𗢱𘔼𗑱𘋩、𗥦𗸰𗫷𗤶𘓄𘔼𗡔，𗂧𘛛𗳝𗾞，𘎑𗁬𘇂𗁾𗏁𗰿，𗁭𘝞𗒀𗊮，𗥻𗥻𘝞𗷻𘉋。

<hr />

1　（清）徐松：《宋会要辑稿》兵26之28。

2　彭向前：《党项人创制的神臂弓》，《文史知识》2016年第6期。

3　宋代诸种官私记载，多持"李宏"说。其中《宋会要》是"献神臂弓"一事记载的总源头，即作"李宏"。从史源学角度考察，史籍中有明文记载的第一个向北宋传播"神臂弓"的人是党项李宏而不是李定（彭向前、王巍：《神臂弓创制人考》，《宁夏师范学院学报》2013年第1期）。当然，沈括的记载也不是空穴来风，收于《三晋石刻大全·吕梁市汾阳市卷》中的《宋故左武卫将军李公墓志铭》记载，李定和李宏都是志主李谦的儿子，李定"颇立战效，累迁至伪团练使"，投宋后"特授供备库副使"，官至"博州团练使"。李宏，仅授"右侍禁"。大概李定的名气较大，沈括知延州时有所耳闻，故把"献神臂弓"之事误记在他的头上（高赫：《〈宋故左武卫将军李公墓志铭〉考》，杜建录主编《成蹊集》，社会科学文献出版社，2022）。

晋国军将毋丘俭文钦等乱纷△起乐嘉城屯司马景王兵率马唇捆为暗
暗覆攻往

图 1-1　神臂弓装填弩箭想象图

其中"衔枚"一词，译作"乩贩瘍"，字面义为"马唇捆"，即捆住马嘴，以免在偷袭时战马嘶鸣，被敌人发觉。也有人认为是让士卒口衔枚，用以防止喧哗。从夏译文来看，"衔枚"多指马衔枚。

4. 关于"方马埋轮"。《孙子》第十一《九地》："故善用兵者，譬如率然。率然者，常山之蛇也。击其首则尾至，击其尾则首至，击其中则首尾俱至。敢问兵可使如率然乎？曰可。夫吴人与越人相恶也，当其同舟而济，遇风，其相救也如左右手。是故方马埋轮，未足恃也。"联系上下文，本段是在讲把士卒置于不得已的境地时，能激发军队的战斗力，使整个军队首尾呼应，士卒相救如左右手，每个人都勇悍如专诸、曹刿。接下来感慨专难不如权巧，"是故方马埋轮，未足恃也"。对"方马埋轮"这种"战法"，读者殊不可解，盖其有悖于常理。

于是注家蜂起，有的认为"方马埋轮"是齐一车马，使战阵严整，以示固守。如杜牧注曰："缚马使为方阵，埋轮使不动，虽如此，亦未足称为专固而足为恃。"受此影响，黄巩《孙子集注》把"埋轮"看作"理轮"，以为二字形近致误，"理轮"就是修治车具。[1] 也有人认为"方马埋轮"是意欲徒步死战。叶大庄《退学录》从假借义入手，以为"方""放"古通，"方马"即"放马"，有"弃马而徒步"之意。[2] 杀马吃肉，见诸记载，《孙子》第九《行军》"杀马肉食者，军无粮也"。有马而弃之，以与敌决一死战，闻所未闻。实际上"方马埋轮"四字本不误，确如曹操所解释的"方马，缚马也。埋轮，示不动也"。有个成语就叫"张纲埋轮"，用以比喻不畏权贵，直言正谏，敢于弹劾当权者，出自《后汉书·张纲传》："余人受命之部，而纲独埋其车轮于洛阳都亭，曰：'豺狼当路，安问狐狸！'"遂奏称大将军梁冀有无君之心。[3] 问题在于，根本就没有"方马埋轮"这种作战方法，《孙子》在这里只是一个假设。我们来看西夏人对本段文字的翻译：

𗥃𗣼𗣀𘊴𗧿，𗭜𗪛𗐯𗭼。𗭼𗭼𗋕，𘜶𗫂𗧃𗒨𗏹。𘈈𗧃𗰔𗤒𗳦𘈈，𘊩𗍳𘄡；𘊩𘈈𗳦𘈈，𗰔𗍳𘄡；𗍵𘈈𗳦𘈈，𗰔𘊩𗄈𘄡。𗫂𗣝：𗥃𗣼𗪛𗐯𗳦𗭼𗭼？𗞼𘄑𗣝：𗟻𗏹。𗭜𗱲𗍬𘊴𗭼、𘜶𗱲𘊴𘝴𘀄𘒣𘊩𗮀𘔂，𗷲𗊰𘉍𗪚𗐯𗦀，𘜣𗽹𗠁𗟻𘈈，𘈈𘔂𗑑𘒐𘛡𗐯𘛢𗦀𗮀。𗧄𗫂𗐵𗣀𗳦𘈈，𘛡𗮀𗮀𗜓𘔂，𘎀𗮀𘟎𘜙。𗷲𗽹𗭜�𗭼，𗷽𗪚𗷿𗌃，𗥃𘜶𘈐𗤒𗳦𘔂，𘜬𘏜𘜵𗭜。

故兵用善人譬爬爬如爬爬者山中蛇之谓其蛇首击为时尾以护尾击为时首以护中击为时首尾俱护问曰兵用爬爬如为乎孙武曰是谓譬吴国人越国人等相于怨置亦若舟独一上共济风大与遇时其亦手左右如己共相救死地上投为时己共相守亦此与一法若地平上至走处有则马缚轮埋为亦依恃处无

1 （清）黄巩：《孙子集注》，存几堂刊本。

2 （清）叶大庄：《退学录》，写经斋全集本。

3 （南朝宋）范晔：《后汉书》卷56《张纲传》。

返译文字如下：

> 故善用兵人，譬如率然。率然者，山中蛇之谓。其蛇击首时，以尾护；击尾时，以首护；击中时，首尾俱护。问曰：用兵可如率然乎？孙武曰：可。譬吴国人、越国人等虽相恶，若一独舟上共济，与大风遇时，其亦如左右手共己相救。死地上投时，共己相守亦若此。若至平地上，有走处，则缚马埋轮，亦不可依恃。

经比勘，可以发现"死地上投时，共己相守亦若此。若至平地上，有走处，则缚马埋轮，亦不可依恃"较原典"是故方马埋轮，未足恃也"多出"死地上投时，共己相守亦若此。若至平地上，有走处"数句。这几句为夏译者所添加，使上下文义豁然贯通。整段意思是说，如果把士兵置之死地，他们会如常山之蛇遭到攻击时那样首尾相救。即便如吴越人有世仇，同舟共济，遇到风浪而面临死亡，也会相救如左右手。但如果是在平易之地作战，危急时容易逃散，即便缚住战马、埋起车轮，也不能稳定军队。原来"方马埋轮"只是个假设，用以突出"置士于必死之地"的重要性，并不是说真的要"方"、要"埋"。后世附会为一种作战方法，不察之甚。从翻译风格上来看，夏译文往往采用解释性翻译，如果"方马埋轮"确为车战阵法，西夏人也不会简单地逐字对译为"𗣾𗰗𗺉𘐑（马缚轮埋）"，而不加任何说明。试想一个久经沙场的将军，怎么会在战场上采取"缚住战马、埋起车轮"的战法？岂非束手就擒！《陈书·虞寄传》出现"系马埋轮"一词，"且留将军狼顾一隅，亟经摧衂，声实亏丧，胆气衰沮。高瓛、向文政、留瑜、黄子玉，此数人者，将军所知，首鼠两端，唯利是视；其余将帅，亦可见矣。孰能被坚执锐，长驱深入，系马埋轮，奋不顾命，以先士卒者乎？"[1] 从文中可以读出，"系马埋轮"显系用以表示将帅意志之坚决的，与车战阵法没有半点关系，这可以佐证《孙子兵法》中"方马埋轮"的含义。《孙子兵法》汉文原典不容易读懂，引起诸多误会，夏译文则一目了然。夏译者否定"缚住战马、埋起车轮"这种战法，也是西夏"以忠实为先，战斗为务"[2] 习俗的反映。

　　顺便提一下金军的"拐子马"。据《鄂王行实编年》记载："兀术有劲军，皆重铠，贯以韦索，凡三人为联，号拐子马，又号铁浮图，堵墙而进，官军不能当，所至屡胜。"[3] 其后官私史书及通俗小说无不沿用岳珂的说法，即拐子马是用韦索（皮绳）把三匹马连在一起。宋军只管低头砍马足，一马被砍倒，其他二马也不能行进，只有坐以待毙。清乾隆帝曾指出此说根本不符合使用骑兵的常识，他专门为此写了一条"御批"："北人使马，惟以控纵便捷为主，若三马联络，马力既有参差，势必此前彼却；而三人相连，或勇怯不齐，勇者且为怯者所累，此理之易明者。拐子马之说，《金史》本纪、兵志及兀术等传皆不载，唯见于《宋史》岳飞传、刘锜传，本不足为确据。况兀术战阵素娴，必知得进则进、得退则退之道，岂肯羁绊己马以受制于人？此或彼时列队齐进，所向披靡，宋人见其势不可当，遂从而妄加之名目耳。"[4] 这条"御批"着重驳斥了"三马联络"或"三人相连"的不合情理之处，可谓切中要害，颇有说服力。新中国成立后，邓广铭先生又进一步考证出"拐子马"得名来源，指出"拐子马"出自北宋人之口，"拐子"一词乃北宋人的习用语词，有"侧翼"之意，当时除"拐子马"外还有"拐子城"，"拐子马"就是左右翼骑兵，初系北宋人自称，南宋时演变为对金军主力两翼骑兵

1　（唐）姚思廉：《陈书》卷19《虞寄传》。

2　（清）吴广成：《西夏书事》卷12。

3　（宋）岳珂：《金佗稡编》卷8《鄂王行实编年》。

4　（清）傅恒等：《御批历代通鉴辑览》卷86。

的称呼。[1] 遗憾的是，在关于"拐子马"的记载中出现的"韦索"一词，由于"三马联络"的不合常情而被视为不稽之谈，给彻底忽略了。实际上，与拐子马相关的"韦索"是个关键词语，只不过不是用来把三匹战马连在一起，而是把骑兵和战马连在一起。史书中在记载同一时代的西夏骑兵时写道："以铁骑为前军，乘善马，重甲，刺斫不入，用钩索绞联，虽死马上不坠"[2]，"马军用钩索绞联，虽死马上不落"[3]，"铁鹞子，贼中谓之铁林。骑士以索贯穿于马上，虽死不堕，以豪族子亲信者为之"[4]。人与马用钩索绞连在一起，在冲锋陷阵时不易坠落，而且三人为一组，可以互相照应，从而大大提高了骑兵的战斗力。"拐子马"中出现的"韦索"一词，并非空穴来风，它提示我们金人应该也采取了西夏骑兵的这种做法。总之，"方马埋轮"与"拐子马"的共同之处在于，以往的解释都有作战时把战马绑在一起的说法，都是出于不合实际的牵强附会，以讹传讹，由来已久。

　　5. 关于"伐交"。《孙子》第七《军争》"故不知诸侯之谋者，不能豫交"，其中"豫交"，译作"𗴂𗊱𗳦𗆐"，字面义为"战力结合"，即并兵一处。杜注"交，交兵也"，当为其所本。句下曹注"不知敌情谋者，不能结交也"、李注"知敌之情，必备其交矣"中的"交"，均译作"𗊱𗳦𗆐𗴂（力结合战）"；杜注"言诸侯之谋，先须知之，然后可交兵合战"中的"交"，译作"𗆐𗊱𗳦𗴂（兵力结合）"，大同小异，皆有"交兵"的含义，即采取军事手段，集结兵力，示威屈敌，看不出任何与诸侯结交，即采取外交手段的含义。

1　邓广铭：《有关拐子马的诸问题的考释》，《邓广铭学术论著自选集》，首都师范大学出版社，1994，第346—367页。

2　（元）脱脱等：《宋史》卷486《夏国传下》。

3　（宋）曾巩：《隆平集》卷20《西夏传》。

4　（宋）范镇：《东斋记事》卷2。

　　"伐交"，即"以交伐敌"，是孙子兵学理论的重要原则之一，是孙子所阐述的对敌斗争的一个有力手段。该词首见于《孙子》第三《谋攻》："故上兵伐谋，其次伐交，其次伐兵，其下攻城。攻城之法，为不得已。修橹轒辒，具器械，三月而后成，距闉，又三月而后已。将不胜其忿而蚁附之，杀士三分之一而城不拔者，此攻之灾也。"后世对"伐交"一词的理解，分歧很大。有人把"交"理解为"交兵"，认为"伐交"是军事手段；有人把"交"理解为"与诸侯结交"，认为"伐交"是外交手段而非军事手段。后者占据上风，即大部分人都认为"伐交"就是在战争中通过外交手段与诸侯结盟，巩固扩大己方阵营，分化瓦解敌人的联盟，孤立敌人，最后迫使其屈服，以最小的代价获取最大的战争效益。

　　黄朴民先生认为"外交说"纯属望文生义、主观臆度，和孙子的本义相去甚远，特撰文支持"交兵说"，揭示"伐交"的真实含义，即在两军阵势已列、战衅将开之际，向敌显示己方严整军容、强大实力，震慑对手，吓阻敌人，使敌人丧失战斗的信心与斗志，被迫退兵或无奈投降，从而以不直接进行战场交锋的途径取得胜利。[1] 其根据大致有三，一是"交"字在《孙子兵法》一书中有特定的含义，通常是指两军对峙、摆列好阵势、引而不发的一种军事态势。如《谋攻》曹操注"伐交"云："交，将合也。"这里的"将合"，指的当然是敌我两军"将合"，意即双方摆列好阵势、准备各自发起攻击的临战状态。再如《军争》"交和而舍"句下，曹操注云："两军相对为交和。"杜牧注云："交者，言与敌人对垒而舍。"可见此处的"交和"，即敌我二军相对设营，同样也是"对峙将合"的意思。再如《行军》"若交军于斥泽之中"，此处的"交军"，也不是两军进行交锋厮杀，而是指敌我两军相遭遇，彼此对垒相持。二是孙子《谋攻》的整个逻辑关系。所谓"上兵伐谋，

　　1　黄朴民：《孙子"伐交"本义考》，《中华文史论丛》2002年第1期。

其次伐交，其次伐兵，其下攻城"，描述的是一般战争行动的整个过程，并对不同阶段的军事斗争原则及其优劣得失作出相应的评判。在孙子看来，通过"伐谋"（包括外交角逐）而迫使敌人屈服的，自然是最上乘的境界，故云"上兵伐谋"。如果"伐谋"不成，那就只好降格以求，进行"伐交"，将部队摆上来，让敌方看到我方强大的阵势后不寒而栗，因而表示屈服顺从。一旦列阵威慑还是没有什么效果，敌人依旧要同我方对抗，那么就再退而求其次，只好"伐兵"，也就是野战了，即通过野战歼灭敌人或迫敌投降。如果敌人在野战失败后仍不认输，退守坚城，负隅顽抗，那么为了达到既定的战略目的，也只好设法攻城了。但攻城代价实在太大，纯属下策，应尽量予以避免。三是如果把"伐交"理解为外交手段，则"伐交"与"伐谋"之间实犯有同义重复之弊。通过外交手段屈敌，即运用智慧，巧假谋略以瓦解敌人之联盟，仍属于"伐谋"的范围。"伐谋、伐交、伐兵、攻城"是互为关系、逐次递进的，"外交说"会引起概念混淆、逻辑紊乱，以孙子之圣智高明，断不会产生这样低级的失误。综上所述，孙子"伐交"的本义是通过布列阵势、显示实力，震慑敌人而逼迫其退缩或降服。作为整个战争实施体系中重要的一环，"伐交"的次序和价值仅逊于"伐谋"而优于"伐兵"和"攻城"。我们从西夏人的翻译来看，"交"字没有半点儿"外交"的含义，只有"交兵"的含义，可以从一个侧面印证黄先生对"伐交"的看法，即列阵示威以迫敌屈服而非采取外交手段，类似于现在的军事演习。[1]

6. "内御"。《孙子》第十《地形》"故战道必胜，主曰无战，必战可也"句下，杜牧注引黄石公曰"出军行师，将在自专；进退内御，则功难成"，夏译文作：

1　彭向前、赵军：《从西夏文本看孙子"伐交"的本义》，《西夏研究》2021年第4期。

𗤉𗤎𗥃𗤲𗤃，𗤉𗧒𗣼𗤊𗤈𗥉；𗤀𗤎𗤀𗤲，𗤗𗤐𗤎𗦇，𗤚𗤔𗤅𗤾。

军出行往时军将己意断为或进或退君命听则战功成难

"内御"，译作"𗤚𗤔𗤎"，即"听君命"，较为直白。

7. "孤之事君在今日，不得事君亦在今日"。《孙子》第九《行军》"辞强而进驱者，退也"句下有杜牧注："晋使董褐视之，吴王亲对曰：'孤之事君在今日，不得事君亦在今日。'"西夏人译作：

𗥉𗧢𗤏𗤪𗤎𗤺，𗤅𗤲𗦟。𗤘𗧢𗤾𗥉𗤎𗥉：𗤕𗧢𗧢𗤎𗤸𗤾𗤓，𗤕𗦇𗤻𗤺𗤔𗤺，𗦟𗤵𗧏𗤅𗤾。

晋王董褐△遣视往使吴王彼人之谓汝主王于△谓△汝人孰△大者今日△明谓

"孤之事君在今日，不得事君亦在今日"，这是著名的"黄池之会"中，吴王夫差对晋使所说的一句客套话。西夏文译作"𗤕𗦇𗤻𗤺𗤔𗤺，𗦟𗤵𗧏𗤅𗤾"，即回去告诉晋定公，今日你和别人要分出大小。夏译文较为直白。

8. "右背"。《孙子》第九《行军》"平陆处易，而右背高，前死后生，此处平陆之军也"，其中"而右背高"，西夏文作"𗤎𗤺𗤐𗤬𗤃"，意思是"右方依高处"，可见"背"有"依靠"的意思。今人根据兵阴阳家"以左前为阳，右背为阴"，认为此句中的"右背"与"左前"相对，理解为右侧和背面，[1] 恐非。

9. "庙胜之算"。《孙子》第七《军争》"凡用兵之法，将受命于君"句下，李筌注"遵庙胜之算，恭行天罚"，夏译文为：

---

[1]　李零：《孙子译注》，中华书局，2007，第61—62页。

𗼊𗟲𗡅𗢚𗵒𗒛𗙴𘕶𗫹𘎑，𘂆𗫔𗚉𗹬。

王臣胜利式计谋△度依军将征往

"庙胜之算"，庙，庙堂，指朝廷。此指朝廷制定的克敌制胜的谋略。西夏文译作"𗼊𗟲𗡅𗢚𗵒𗒛𗙴𘕶𗫹"，王臣度为胜之计，较为直白。

10. "不旋踵"。《孙子》第十《地形》"视卒如婴儿，故可与之赴深溪"句下，杜牧注有"往年吴公吮其父，其父不旋踵而死于敌"，西夏文译作：

𘕶𗫔𘖑𘖑𗵛𘂆𗖰𘏨𘕷𘟙𗢩𗽈𗫹，𗵼𗖵𘂒𗦮𘇥𗙴。

彼将先始子父之脓血△吮为故忽速战而△死

"不旋踵"，来不及转身，比喻时间极短。西夏文译作"𗵼𗖵"，立即，较为直白。

11. "再舍"。《孙子》第七《军争》"劲者先，疲者后，其法十一而至"句下，杜牧注曰"凡军一日行三十里为一舍，倍道兼行者再舍；昼夜不息，乃得百里"，此句西夏文为：

𘂆𗚉𗹬𘘤，𗎦𘕼𗢩𗷅𗴢𘇥𘈩，𗒱𗤻𘈕𘈕𘍞，𘕼𗷅𗴺𘘨；𘍞𗓽𗟵�𘘨，𗿢𗷅𘍞𘚗。

军大行时一日三十里远行远缩速速则六十里至昼夜不息则百里远为

"倍道兼行者再舍"中的"再舍"，译作"𘕼𗷅𗴺（六十里）"。凡军一日行三十里为一舍，再舍为六十里。"舍"字作为古代使用的长度计量单位，仅用于行军时计量地理距离，对西夏人而言不大好理解，故夏译者采用了意译。[1]

12. "沮"。《孙子》第七《军争》"不知山林、险阻、沮泽之形者"句下，曹注"水草渐洳者为沮"，西夏文为：

𗁾𗙄𘊁𘊁、𘓄𗀓𗺉𗺉𘄲，𗪂𗤋。

水草行行泥黑震震则沮也

"水草渐洳"，译作"𗁾𗙄𘊁𘊁、𘓄𗀓𗺉𗺉"，意思是"水草行行、污泥震震"。其中"污泥震震"为夏译者所加，形象地揭示了"沮"这种地貌特征。

13. "夷关折符"。《孙子》第十一《九地》"是故政举之日，夷关折符，无通其使"，其中"夷关折符"，即闭关毁符，禁止通行，夏译文作"𘊕𗰖𘕣𘑨"，断出入路，较为直白。

14. "两端之心"。《孙子》第十三《用间》"内间者，因其官人而用之"句下，杜牧注"有翻覆变诈常持两端之心者"，其中"常持两端之心"，夏译文作"𘓄𗤋𘕿𘄲"，即一头两舌，这种表达方式比较形象，可能受到吐蕃的影响。藏文中也有ཁ་གཅིག་ལྕེ་གཉིས，字面义为"一口两舌"，意思是"前言不符后语"。[2] 又ལྕེ་གཉིས་པ，在藏语中是蛇的别名，这是因为蛇的舌尖是分叉的，可见"一口两舌"一词具有贬义色彩。

---

1 西夏文《类林》中也有类似情况。如卷3《敦信篇》"晋文公"条，记载重耳与楚王对话"于原野对战，当退避楚军三舍"，夏译文作"𗷻𗧓𘃜𗿢𗀔𘃜𗿢𗄯𗼓𘂤，𘂩𗷻𗧓𗓽𗙏𗭴𗴿𗜓𘝵𗼨𗲉"，译者径直将"三舍"译为"𗭴𗴿𗼨（九十里）"。参见史金波、黄振华、聂鸿音《类林研究》，宁夏人民出版社，1993，第36页。

2 张怡荪主编《藏汉大辞典》，民族出版社，1993，第191页。

15. "九地之变,屈伸之利,人情之理"。《孙子》第十一《九地》"九地之变,屈伸之利,人情之理,不可不察",夏译文作"𗼩𗿒𗰖𗥃,𗼘𗾈𗈈𗏁𗗙,𗉒𗉒𗅁𗤁𗣿𗤶",意思是"屈伸利害,依九地变化,不可不善察"。夏译者理解为:屈伸之利害,依九地而变化,乃人之常情。考察的对象为"九地""屈伸",而非"九地""屈伸""人情"。

(二) 夏译者的独特见解及其对《孙子》军事思想的阐发

在西夏文《孙子兵法三注》中,有不少地方,夏译者把经文与注文杂糅在一起,按照自己的逻辑给出解释性的翻译,其中包含的信息有些可视为西夏人对《孙子兵法》在思想层面上的阐发,是我们赖以了解西夏军事思想的重要资料。

1. 《孙子》第七《军争》"廓地分利"句下,《十一家注》李筌注作"得敌地必分守利害",夏译文则作"𗰗𗼩𘜶𗥃(地得共分)",即得地共分。前者言分兵扼守以据敌利,后者理解为把所得地分给有功者。

2. 《孙子》第八《九变》"杂于害,而患可解也"句下,李筌注曰:"智者为利害之事,必合于道,不至于极。"其中"必合于道,不至于极",译作"𗥃𗤁𗰖𘃽𗿒,𗁅𗾈𘃽𘉋",字面意思是"△必利依行不义不为",即"必依利而行,不为不义"。夏译者的理解是:战争中坚持趋利避害的原则,即"合于道",而走极端就是不义之举。

3. 《孙子》第八《九变》"役诸侯者以业"句下,杜牧注"言劳役敌人,使不得休,我须先有事业,乃可为也"。夏译者宗曹注"业,事也,使其烦劳",是以摒弃杜注以"业"为我之强大,把"我须先有事业",曲解为"𗈈𗗙𗰖𗥃𘝵𘊱",即我先备供给。

4. 《孙子》第八《九变》"役诸侯者以业"句下,杜牧注"事业者,兵众、国富、人和、令行也",其中"令行",西夏文作"𘉋𗘇",令正。又

《孙子》第十一《九地》"故善用兵者，携手若使一人，不得已也"句下，杜牧注"言使三军之士，如牵一夫之手，不得已皆须从我之命，喻易也"，西夏文作"□□□□，□□□□□□□，□□□□□。□□，□□□□□□□□"，意思是"用大军时，如牵一人之手，悉皆能使战。此者，畏我之令法故也"。此处杜牧的原意为，善用兵者，指挥大军如同牵住一人之手，这样士兵就不得不服从法令。夏译者归结为法令所使然，为求得逻辑上的一致，只好删除"喻易也"。上述反映出西夏人在治军思想方面，对严格执行法令的重视程度。

5. 《孙子》第九《行军》"众草多障者，疑也"句下，曹注"结草为障，欲使我疑也"，其中"结草为障"，译作"□□，□□□"，即"结草，绑如人"。杜注"故结草使往往相聚，如有人伏藏之状"，当为其所本。

6. 《孙子》第九《行军》"散而条达者，樵采也"，句下李筌注，夏译者对其做了改编。李注谓经文中的"樵采"，当作"薪来"。既然烟尘"散而条达"，必是"薪来"，即曳柴，而非"樵采"，即砍柴。其原注文为"烟尘之候，晋师伐齐，曳柴从之。齐人登山，望而畏其众，乃夜遁。薪来即其义也。此筌以'樵采'二字为'薪来'字"。夏译文略去"曳柴从之""薪来即其义也。此筌以'樵采'二字为'薪来'字"等句，擅自改译为"□□□□□（采薪者尘土）"，显然不同意李筌的"薪来"之说。

7. 主张恩威并重的治军原则。《孙子》第九《行军》"令素行者，与众相得也"句下，《十一家注》杜牧注引韩信曰"我非素得拊循士大夫，所谓驱市人而战也。所以使之背水，令其人人自战"。意思是韩信平素没有得到机会抚慰诸位将士，即未行恩信于人，所以只有靠威令把他们置于死地，使人自为战。夏译文则作"□□□□□□□□□□□□□□□（先恩信戒令行于民庶，故市场人亦能使战）"，把"恩信（□□）"与"戒令（□□）"相提并论，曲解了韩信的意思。为了求得逻辑上的一致，夏译者还删除了杜牧在末尾对韩信之言所作的评论"以其非素受恩信，威令之从也"。

这句误译反映出西夏人在治军思想方面，是主张礼法互补、恩威并重的。

8. 对"霸王之兵"的态度。《孙子》第十一《九地》："夫霸王之兵，伐大国，则其众不得聚；威加于敌，则其交不得合。是故不争天下之交，不养天下之权，信己之私，威加于敌，则其城可拔，其国可隳"。其中"是故不争天下之交，不养天下之权，信己之私，威加于敌，则其城可拔，其国可隳"，夏译文作：

𗼨𗟲𗟳𗰦𗢳𗢳𘆝𗶷𗏆，𗟲𗟳𗰦𗢳𗢳𗅋𗶷𗧙，𘏨𗟭𗰜𘅂𘜶𗕐，𗰒𗰦𗈪𘜘𘔧𘏨，𗕐𘏆𗰒𘓷𗷡，𗕐𗰦𗰒𘓷𗷡。

今天下国相与和不求天下国相与谋不结一式己力依恃他国上兵用则己城人破为己国人取为

意思是"今与天下国不求和，与天下国不结谋，一律依恃己力，用兵于他国，则己城为人所破，己国为人所取"。

对本处经文的解释向有两种，多数人认为，是霸王之兵威加于敌，拔其城，隳其国。也有人认为是自取败亡，如杜牧注文就是这样认为的："言不结邻援，不蓄养机权之计，但逞兵威加于敌国，贵伸己之私欲，若此者则其城可拔，其国可隳"。夏译文显然受了杜牧注文的影响，取舍之间，反映出其对待战争的态度是审慎的，并非一味热衷暴力，崇尚战争。西夏崛起于西北，前期与辽和北宋并存，后期又与金和南宋并存，虽曰鼎峙，但一直处于藩属国的地位，得不到大国的认可。正所谓"天下有不得不弱之国"，西夏夹于大邦之间，动辄有干戈之祸，灭国之灾，是以不得不长期奉行"以小事大"的外交原则。如宋熙宁二年，即夏乾道二年（1069），秉常进誓表，乞颁誓诏。

誓表中就有"畏天而事大，勉坚卫国之猷"[1] 的字样。"以小事大"语出《孟子·梁惠王章句下》："齐宣王问曰：'交邻国有道乎？'孟子对曰：'有。惟仁者为能以大事小，是故汤事葛，文王事混夷。惟智者为能以小事大，故太王事獯鬻，勾践事吴。以大事小者，乐天者也；以小事大者，畏天者也。乐天者保天下，畏天者保其国。'"秉常在表白要"以小事大"，向宋投出橄榄枝的同时，言外之意也希望宋朝能够"以大事小"，双方达成和议。回过头来再看西夏人对《孙子》本段经文的翻译，正是从小国的立场出发，提醒统治阶级在外交上要"以小事大"，不可穷兵黩武，以免发生"己城为人所破，己国为人所取"的悲剧。夏译者的良苦用心于此可见一斑。

夏译者对《孙子兵法》在思想层面上的阐发，诸如战争中坚持趋利避害的原则，严格执行法令，主张礼法互补、恩威并重，反对穷兵黩武等，虽然谈不上对孙子军事思想的发展，却值得我们在研究西夏战史时予以充分重视，尤其是对待战争的审慎态度，与以往西夏留给我们总是热衷于战争的印象截然相反。但如果放到整个西夏历史来看，这种现象并不令人感到意外，西夏统治者提倡"以儒治国，以佛治心"，夏译者在阐发孙子军事思想的过程中明显受到儒家战争观的影响。

（三）关于句读

古人在读书时，往往加以圈点标识，谓之"句读"。如果不懂句读，往往会造成误读、误解原意。考察"夏译汉籍"中的断句情况，不仅可以为我们判断西夏人对汉文经典的熟悉程度提供一种依据，还对我们今天标点整理古籍具有一定的参考价值。

1.《孙子》第七《军争》"故三军可夺气"句下，杜牧注有：

1　（宋）撰人不详：《宋大诏令集》卷 235《赐夏国主给还绥州誓诏》。

晋将毌丘俭、文钦反，诸军屯乐嘉，司马景王衔枚径造之。钦子鸯，年十八，勇冠三军，曰："及其未定，请登城鼓噪击之，可破。"既而三噪之，钦不能应，鸯退，相与引而东。景王谓诸将曰："钦走矣。"发锐军以追之。诸将曰："钦旧将，鸯小而锐，引军内入，未有失利，必不走也。"王曰："一鼓作气，再而衰，三而竭。鸯鼓而钦不应，其势已屈，不走何待。"钦果引去。

其中"钦旧将，鸯小而锐，引军内入，未有失利，必不走也"，《十一家注孙子校理》句读为"钦旧将鸯小而锐"。[1] 实际上，后者是错误的。我们来看西夏文：

𗾔𗏹𗫩，𗗙𗪘𗏇𗕘；𗼃𗆧𗫩，𗚩𗴂𗡪𗵧。
文钦者军将旧也子鸯者年小勇悍

意思是"文钦者，旧将军也；子鸯者，年少勇悍"。司马景王认为文钦逃走了，诸将提出质疑，认为文钦是老将，久经沙场，其子鸯年轻气盛，他们不会轻易认输，就这么逃走了。原文的意思并不是说"文钦的旧将鸯年少勇悍"。夏译者的点断是正确的。

2.《孙子》第七《军争》"故善用兵者，避其锐气"句下，杜牧注有：

阳气生于子，成于寅，衰于午，伏于申。凡晨朝阳气初盛：其来必锐，故须避之；候其衰、伏，击之，必胜。

1　（春秋）孙武撰，（三国）曹操等注，杨丙安校理《十一家注孙子校理》，中华书局，1999，第148页。

其中"候其衰、伏，击之"，《十一家注孙子校理》句读为"候其衰，伏击之"[1]，理解有误。西夏文此句译作：

𗫡、𗥃𗏇𗏷𗒘，𗤊𗡅𗼨𗘂。

衰伏上击则 △ 必胜得

意思是"衰、伏时击，则必得胜"。这里的"伏"是"（阳气）伏于申"的"伏"，不是"伏击"的"伏"。夏译者断句是正确的。

3.《孙子》第八《九变》"涂有所不由"句下，杜牧注"从充道则路夷而运远"中的"从充道"，夏译文为"𗤜𘃜𗼨"，其中"𗤜（﹡tśhjow）"音译"充"，作专名处理，中华本则误以"充道"为专名。按据《后汉书·马援传》，"充"为县名，"从充道"即经过充县而至武陵的道路。夏译文正确无误。

4.《孙子》第九《行军》"谆谆翕翕"句下，李筌注"谆谆翕翕，窃语貌。士卒之心恐上，则私语而言，是失众也"，西夏文为：

𗥃𗥃𗤊𗥫𗤜，𗣓𗅲𗮔𗴂𗰖，𗣓𗯝𗈪𗦜𗤊𗤰。

谆谆语为者军将或闻畏军人心堕言也

意思是"谆谆语者，言畏将军或闻，军人心堕也"，合于原文"士卒之心恐上，则私语而言，是失众也"。《十一家注孙子校理》断句为"士卒之心恐，上则私语而言，是失众也"[2]，误。李筌既然说"谆谆翕翕，窃语貌"，则窃

1 （春秋）孙武撰，（三国）曹操等注，杨丙安校理《十一家注孙子校理》，中华书局，1999，第150页。
2 （春秋）孙武撰，（三国）曹操等注，杨丙安校理《十一家注孙子校理》，中华书局，1999，第200页。

窃私语，一定指士卒而言，所以"上"字不当下属，作"士卒之心恐上"，是。

5.《孙子》第九《行军》"凡地有绝涧、天井、天牢、天罗、天陷、天隙，必亟去之"句下，杜牧注引《军谶》曰"地多沟坑，坎陷木石，谓之天隙"，西夏文为：

萧菲繊蕿繊，蘵夔骸。

沟狭坑深者天隙也

意思是"沟狭坑深，天隙也"，以"沟狭坑深"对译"地多沟坑，坎陷木石"，即沟坑底部有木有石，足见其狭深。今人点断为"地多沟坑、坎陷、木石"，把动词"坎陷"当作与"沟坑""木石"并列的名词，误。

6.《孙子》第十一《九地》"故为兵之事，在顺详敌之意"句下，曹注曰"佯愚也。或曰：彼欲进，设伏而退；欲去，开而击之"。其中"佯愚也"，陆懋德、曹家达等句读为"佯，愚也"，认为曹注是以"详"为"佯"，"顺详"即"顺佯"，亦即佯从之意。受此影响，赵本学进一步认为经文中"顺详"二字倒置，当改为"详顺"[1]。然孙子传本皆未见作"详顺"者。请看西夏人的翻译：

翁翁恍繊恍簃。

佯佯不悟如为

意思是"佯佯如不悟"，即假装不知道真相，以迷惑敌人。可见西夏人把

---

1 （明）赵本学：《孙子书校解引类》，明隆庆刊本。

"佯愚"看作一个词。

7.《孙子》第十《地形》"厚而不能使，爱而不能令，乱而不能治，譬若骄子，不可用也"句下，《十一家注》曹注"恩不可专用，罚不可独任，若骄子之喜怒，对目还害，而不可用也"，西夏文为：

　　𗐰𘄄𗿷𗢳𗪒，𗭼𘄄𗿷𗢳𗄼。𗦻𗢮𗫡𗼄𗴷𗦜𘃽𗫂𗰜，𗢥𗝢𗾟𗥔𘕜𘃽，𘋨𘒣𗢳𗋽𘅍。

　　恩一式不用罚一式不严若爱子己心与不合则△必目前害为故用处无谓

本句可返译为"恩不专用，罚不独严，若骄子与己心不合，则必目前为害，故不可用"。西夏文"𗾟𗥔𘕜𘃽"，意思是"目前为害"，对译"对目还害"。今人点断为"若骄子之喜怒对目，还害而不可用也"，误。夏译文显示，"对目还害"应单独成句。

8.《孙子》第十《地形》"将不能料敌，以少合众，以弱击强，兵无选锋，曰北"句下，杜牧注"勇猛劲捷，战不得功，后战必选于前，当以激致其锐气也"，其中"战不得功，后战必选于前"，亦有点断为"战不得功后，战必选于前"。夏译文作"𗤙𘓄𘓨𘃽，𘏨𘗠𘖑𘏔𘃽𘃽，𘗠𘗠𗫡𗥔𗥔𗎣𗘂，𘃽𗐰𘞃，𘉡𘕜𘍞𗈁"，意思是"择精男，先战中未立功者，后战时导于前，勇心有，尽战力也"。以此可见，"后"字当下属。

9.《孙子》第九《行军》"兽骇者，覆也"句下杜牧注"凡敌欲覆我，必由他道险阻林木之中，故驱起伏兽骇逸也"，西夏文作"𗦻𘄄𘌶𘉔𘕜𘘂𗫂𗼄𗤁，𗢥𗝢𗝢𗴷𗽤、𘃺𘘇、𗰜𗽤𗰆𗦶𗴥𘅍，𘘇𗮔𘗙𗲸𘒣𘃽"，意思是"若敌来覆攻我时，必他险道、恶地、林木处驱伏兵，野兽惊骇逸也"，夏译者受上文李筌注"藏兵曰伏"的影响，把"伏兽"的"伏"理解为"伏兵"，并于"伏"字下断开，可备一说。

总之，翻译不同于阅读，阅读只求基本理解即可，翻译却必须绞尽脑汁，将原文的意思准确地表达出来。通过他者的视野，经过夏译者的这么一番"表达"，以另一种语言形式呈现出来的《孙子兵法三注》，对今人而言，有些地方简直就相当于训释材料。译文中掺杂着西夏人自己的体会和见解，可视为与本土文化对接而作出的创造性阐释，为《孙子兵法》研究提供了新的内容，一定程度上丰富了孙子学的内涵。西夏文《孙子兵法三注》堪称《十一家注孙子》的一个"注疏本"，在《孙子》众多的注释版本中占据独特的地位，对今人研读《孙子》具有重要的参考作用。

四　西夏文《孙子兵法三注》的校勘价值

众所周知，古书成于众人之手，校书必广搜异本，尤其必须广搜古本。考证虽然可以发现某书讹误不通之处，但往往因为缺乏直接证据而不能显为刊正。只有根据古本善本，才能更加准确地判断错误并加以改正。《孙子兵法》在流传过程中增删、错误、修改多有发生。西夏文译本《孙子兵法三注》所依据的底本为北宋时期的古本，距今有近千年的历史，且与现存《十一家注孙子》有很大的不同，属于一个新的版本系统，可用以订正汉文今本的讹脱。

1. 《孙子》第七《军争》"不动如山"句下，李注夏译文"𗁨𘗎𗢳（军营设）"，即军队安营。《十一家注》原本作"驻车"，《校理》改为"军"字[1]。夏译本可证。

2. 《孙子》第七《军争》"故夜战多火鼓"句下，《十一家注》杜牧注"富哉问乎"，中华本改"富"为"当"，二字繁体形近易误。杨丙安先生认

---

[1] （春秋）孙武撰，（三国）曹操等注，杨丙安校理《十一家注孙子校理》，中华书局，1999，第144页。

为，所提问题比较复杂，需用很多言词才能回答明白，可以说"富哉问乎"。若改作"当哉问乎"，亦似未安，盖答问可言"当"否，提问言"当"则所未闻。[1] 此句夏译文作"𗥔𗟲𗏇𗣼"，即"汝问是"，意思是"你问得对"。西夏本表明，原文确为"当哉问乎"。

3.《孙子》第七《军争》"故善用兵者，避其锐气"句下，《十一家注》杜牧注"弥亘数理"，夏译文"𗥔𗨃𗰔𗪊𗏇"，即四五里许，原文误"里"为"理"，夏译本可证。

4.《孙子》第七《军争》"故善用兵者，避其锐气"句下，《十一家注》杜牧注"太宗将数骑登高观之"，夏译文作"太宗将十四五骑"，据西夏本，原文"数"前当脱"十"字。

5.《孙子》第八《九变》"绝地无留"句下，《十一家注》李筌注"来樵"，夏译文作"𗀂𗴲（所烧）"，合于"采樵"。原本误"采"为"来"，夏译本可证。

6.《孙子》第八《九变》"军有所不击"句下曹注，夏译文作"若敌军险地上住，可少许战，亦勿与战，我军劳苦也"，异于《十一家注》曹注和宋本《魏武帝注》。据刘春生先生考证，曹操此注原作"军虽可击，以地险难久，留之失前利，若得之则利薄"，"困穷之兵，必死战也"是他注窜入之文，[2]夏译本可证。

7.《孙子》第八《九变》"必生，可虏也"句下，《十一家注》曹注"见利畏法不进也"，夏译文作"见利而有畏心，不敢自攻"，可证原本"法"为"怯"之形误。

8.《孙子》第九《行军》"必亟去之，勿近也"句下，《十一家注》曹注

1　（春秋）孙武撰，（三国）曹操等注，杨丙安校理《十一家注孙子校理》，中华书局，1999，第165页，注48。

2　刘春生：《十一家注孙子集校》，广东人民出版社，2019，第307页。

"中方高、中央下为天井"，夏译文作"􀀀􀀀􀀀（四方高）"，可见原本"中方高"之"中"为"四"之误。

9.《孙子》第九《行军》"吾远之，敌近之"句下，《十一家注》曹注"今敌近背之"，西夏文作"􀀀􀀀􀀀􀀀􀀀"，该句意思是"敌与之近"，不见"今"字，原本"今"当为"令"之误。

10.《孙子》第九《行军》"其所居易者，利也"句下，《十一家注》李筌注"居勿之地，致人之利"，其中"居勿之地"，夏译文作"􀀀􀀀􀀀􀀀"，即易地上居。原本"勿"为"易"之误，夏译文可证。

11.《孙子》第十《地形》"卒强吏弱，曰弛"句下，《十一家注》杜牧注有人名"王延凑"，夏译文作"􀀀􀀀􀀀（王廷凑）"。"延"为"廷"之误，《旧唐书》有王廷凑本传。

12.《孙子》第十《地形》"厚而不能使"句下，《十一家注》杜牧注"禁令刑罚，所以威必"，夏译文作"􀀀􀀀􀀀􀀀，􀀀􀀀􀀀􀀀"，即"戒令赏罚，心之可怖"。《十一家注》原本误"心"为"必"，夏译文可证。

13.《孙子》第十一《九地》"故兵之情，围则御"句下，《十一家注》杜牧注"言兵在围地，始乃人人有御敌持胜之心。相御持也，穷则同心守御"。夏译文无"相御持也，穷则同心守御"二句。杨丙安先生指出，此二句与《通典》卷一五九杜佑注文同，疑其为杜佑注而误入于此，[1] 夏译文可证。

14.《孙子》第十一《九地》"施无法之赏，悬无政之令，犯三军之众，若使一人"句下，《十一家注》李筌注"善用兵者，为法作攻而人不知；悬事无令而人从之"。按"为法作攻"乃"为法作政"之误。夏译文以"􀀀􀀀（赏罚）"对译，可证。

15.《孙子》第十一《九地》"死焉不得"与"士人尽力"二句经文，夏

1 （春秋）孙武撰，（三国）曹操等注，杨丙安校理《十一家注孙子校理》，中华书局，1999，第273页。

译文语序颠倒。本句经文原文作"死焉不得，士人尽力"，不大好理解，古今于此争议颇多。宋代就有人不赞成点断："诸家断为二句者，非武之本意也"[1]，今人多主张点断为"死，焉不得士人尽力"[2]。亦有人认为"死"字衍[3]，或认为"士"乃发语词"夫"之讹[4]，皆无实据。夏译本显示，汉文底本作"士人尽力，死焉不得"，为我们诠释本处经文提供了一个新的角度。联系上下文来看："投之无所往，死且不北。士人尽力，死焉不得？"意思是："把部队投入无路可走的境地，死也不会败退。士兵竭尽全力，以死相拼，怎么会不取得胜利？"文通字顺，可为校理《孙子》的重要参考。

五 西夏文《孙子兵法三注》的史料价值

夏译者在翻译过程中，基于本民族风俗习惯，不可避免地掺杂进自己对一些事物和现象的理解，从而有意无意地透露出一些信息来，它们是对西夏社会状况典型、真实的反映。在西夏文献百不余一的今天，任何从文献中发掘出的点滴史料都具有重要的证史补阙作用，弥足珍贵。

1. 以三为多。《孙子》第七《军争》"故夜战多火鼓，昼战多旌旗"句下，《十一家注》杜牧注"道径通达"，夏译文为"蒣葳散荺"，字面义为"道径三为"。据此，西夏也有"以三为多"的习俗。

2. 骨卜。《孙子》第十一《九地》"禁祥去疑，至死无所之"句下，杜牧引黄石公曰："禁巫祝不得为吏士卜问军之吉凶，恐乱军士之心。"西夏文作"蕬緂藏胁、姗荄、勶骹鞁，繇僟蒤舼珐绒"，即"应禁军头测天、灼骨、求

1　（宋）郑友贤：《孙子遗说》，宋本《十一家注》附刻。

2　吴九龙主编《孙子校释》，军事科学出版社，1990。

3　（明）赵本学：《孙子书校解引类》，明隆庆刊本。

4　（清）黄巩：《孙子集注》，光绪存几堂刊本。

卦等吉凶记言"。夏译者做了符合本民族风俗习惯上的发挥。如"縧薮"，即"灼骨"，就是党项族固有的占卜习俗。《宋史·夏国传下》记载："卜有四：一、以艾灼羊脾骨以求兆，名'炙勃焦'；二、擗竹于地，若揲蓍以求数，谓之'擗算'；三、夜以羊焚香祝之，又焚谷火布静处，晨屠羊，视其肠胃通则兵无阻，心有血则不利；四、以矢击弓弦，审其声，知敌至之期与兵交之胜负，及六畜之灾祥、五谷之凶稔。"按"勃焦"又写作"跋焦"，见《梦溪笔谈》："西戎用羊卜，谓之跋焦；卜师谓之厮乩。以艾灼羊髀骨，视其兆，谓之死跋焦。其法：兆之上为'神明'；近脊处为'坐位'，坐位者主位也；近旁处为'客位'。盖西戎之俗，所居正寝，常留中一间，以奉鬼神，不敢居之，谓之'神明'，主人乃坐其傍，以此占主客胜负。又有先咒粟以食羊，羊食其粟，则自摇其首，乃杀羊视其五藏，谓之生跋焦。其言极有验，委细之事，皆能言之。生跋焦，土人尤神之。"[1] 由此可见，"勃焦"或"跋焦"，就是用羊占卜的意思[2]，其方法有两种，一种用艾灼羊骨以求兆，谓之死跋焦。另一种是先咒羊，晨屠羊，视其五脏以求兆，谓之生跋焦。夏译文中的"縧薮（灼骨）"，即死跋焦。骨卜于夏地十分流行，如在琉璃堡之战中，夏人居然用骨卜预测到宋军的偷袭："（张）亢知可用，始谋击琉璃堡。谍伏贼寨旁草中，见老羌方炙羊脾（髀）占吉凶，惊曰：'明日当有急兵，且趋避之。'皆笑曰：'汉儿方藏头膝间，何敢至此！'亢知无备，夜引兵袭击，大破之。斩首二百余级，敌弃堡遁去。"[3]

　　3. 重巫。《孙子》第七《军争》"围师必阙"句下杜注"后汉妖巫维汜弟子单臣、傅镇等相聚"，夏译者以"鞉襫孲疼（巫术为者）"，对译"妖巫"。不取"妖"字，反映出西夏社会对"巫者"的尊崇，"病者不用医药，召巫

1　（宋）沈括：《梦溪笔谈》卷18。

2　聂鸿音：《汉文史籍中的西羌语和党项语》，《语言研究》2000年第4期。

3　（宋）李焘：《续资治通鉴长编》卷133庆历元年九月庚戌。

者送鬼，西夏语以巫为斯乜"。[1]《西夏官阶封号表》中载有"卜师位、巫师位"。

4. 个体家庭中的家主。"家主（𗁉𗀚）"在《天盛律令》中频频出现。按规定，举凡地租、劳役、人口税、治安等，唯家主是问，反映出家主在维护西夏基层社会秩序中的重要性。学界一度误认为"家主"是聚族而居的宗族首领或若干个租户联合体的负责人。《孙子》第十三《用间》"孙子曰：凡兴师十万，出征千里，百姓之费，公家之奉，日费千金；内外骚动，怠于道路，不得操事者，七十万家"句下，李筌注"古者发一家之兵，则邻里三族共资之，是以不得耕作者七十万家，而资十万之众矣"。其中"邻里三族共资之"，夏译文作"𗁉𗀚𗰖𗥤𗟲𗢸𗈪𗢸"，即理解为"家主三族共运粮"。曹注"一家从军，七家奉之"。可见"邻里三族"指井田制度中的"一井八家"之另外七家。这里的"家主"，指八家之中每一家之家主。上述材料清楚地表明"家主"系指个体家庭中的家主。无独有偶，藏文中有个词写作ཁྱིམ་བདག，其中ཁྱིམ义为"家"，བདག义为"主"，合在一起字面意思是"家主"，藏文释义为མི་ཚང་གི་བདག་པོ，即"一户之主"，译作"家长、当家男子"。[2] 明白了西夏文"家主"的确切含义，我们来看《天盛律令·地水杂罪门》的记载："租户家主有种种地租庸草，催促中不速纳而住滞时，当捕种地者及门下人，依高低断以杖罪，当令其速纳。"[3] 由上述可知，这里的"租户家主"，既不是聚族而居的宗族首领，也不是若干个租户联合体的负责人。该条款实际上是针对有土地的个体家庭纳税农户而言的。[4] 黑水城出土的西夏文户籍账也表明，个

1　《辽史》卷115《西夏外记》。

2　张怡荪主编《藏汉大辞典》，民族出版社，1993，第261页。

3　史金波、白滨、聂鸿音：《天盛改旧新定律令》卷15《地水杂罪门》，法律出版社，2000，第508页。

4　彭向前：《藏语在解读西夏文献中的作用》，《中国社会科学报》2013年3月6日B01版。

体家庭系西夏社会组织的基本单位。[1] 总之，廓清"家主"的含义，对于认识西夏基层社会具有重要意义。

5. 农牧并重。《孙子》第十三《用间》"孙子曰：凡兴师十万，出征千里，百姓之费，公家之奉，日费千金；内外骚动，怠于道路，不得操事者，七十万家"句下，李筌注"古者发一家之兵，则邻里三族共资之，是以不得耕作者七十万家，而资十万之众矣"。其中"不得耕作者七十万家"，夏译文作"𗾺𗟲𗝠（𗟲）𗥦𦣻𗏁𗵘𗏁𗂸"，即七十万家耕牧不利。原文只有"耕"没有"牧"。此信息印证了西夏社会经济从游牧业发展到半农半牧的历程。

6. "三军"与"两翼"。《孙子》第七《军争》"是故卷甲而趋，日夜不处，倍道兼行，百里而争利，则擒三将军"，其中"则擒三将军"，西夏文译作"𗾾𗟲𗝠𗥤𗵘𗏁"，即"则将军为人所擒"。西夏文"𗾾𗟲"，字面义为"军将"，即"将军"，对译"三将军"。"三将军"，梅尧臣注曰"三将军者，三军之帅也"，即上、中、下三军主帅。本书中夏译者总是略去"三军"的"三"字，如《孙子》第七《军争》"三军可夺气"西夏文作"𗾾𗝠𗟲𗵘"，即"军力可夺"。如《十一家注孙子》第十一《九地》"施无法之赏，悬无政之令，犯三军之众，若使一人"，其中"犯三军之众"译作"𗾾𗟲𗝠𗵘"，即"用大军时"。如《孙子》第十一《九地》"聚三军之众，投之于险，此谓将军之事也"，西夏文作"𗾾𗟲𗝠，𗩾𗝠𗝫𗵘𗥤𗵘𗵘，𗾾𗟲𗥤𗛁𗵘𗵘"，即"聚大军，率而投险难处者，将军之要事也"，等等。这或许反映出西夏军队没有前军、中军、后军这样的建制。但西夏军队有"两翼"，如《宋史·张守约传》记载："夏人万骑来寇，守约适巡边，与之遇，不解鞍，简兵五百逆战，众寡不侔，势小却。夏人张两翼来，守约挺身立阵前，自节金鼓，发强弩殪

1　史金波：《西夏户籍初探——4件西夏文草书户籍文书译释研究》，《民族研究》2004 年第 5 期。

其酉，敌遂退。"[1] 又《续资治通鉴长编》记载："复圭责信等观望，信等惧，丁未，引兵三千往十二盘击贼，十二盘亦在境外，非汉地也。信等先射，敌曰：'我与宗谅有仇，不与汝宋兵战。'信曰：'宗谅亦我熟户也。'复射之，敌曰：'汝真欲战也。'乃纵两翼围之"[2]。"三军"与"两翼"，军队布列有别，前者为纵向，后者为横向。

7. 军溜。西夏文写作"𗩾𗲢"，该词在书中多次出现，如《孙子》第十一《九地》"轻地，吾将使之属"，西夏文作"𗧓𗟶𗤶𗫔𗂲，𗨶𗩾𗲢𗙷𗙷𗵽𗵽𗗙"，意思是"轻地上至时，我军溜应各密近而居"。值得注意的是，西夏文"𗲢"有"队列"义，拟音为 rer，汉文史籍中音译为"溜"。"西贼首领各将种落之兵，谓之一溜，少长服习，如臂之使指，既成行列，举手掩口，然后敢食，虑酉长遥见，疑其语言，其整肃如此。"[3] 按"溜"是西夏军队的基层组织，由若干个"抄"组成。"溜"设首领，由酉长担任，所以西夏文文献中常有"军溜""溜首领"之称。

8. 吐蕃属羌人。《孙子》第七《军争》"穷寇勿迫"句下杜牧注"汉宣帝时，赵充国讨先零羌"，其中"先零羌"，西夏文作"𗩱𗩭𗵽𗤓"。该词既有意译，又有音译。其中"𗩭𗵽𗤓（*sjã-rjir-khjow）"，是"先零羌"的音译；"𗩱"字则指羌族。西夏人在翻译汉文典籍时，往往采取分类标注专名的办法，如地理名称会相应标注国名、城名、河名，人名前会加上朝代等。"𗩱𗩭𗵽𗤓"中的"𗩱"即族名标注。"𗩱"字在本书中又用来指"吐蕃"，可见西夏人认为，吐蕃是古羌人的一支。

9. 反对民族歧视。《孙子》第八《九变》"地有所不争"句下杜牧注"且今纵有兵守之，亦无益于江南；若羯虏有可乘之会，此又非所资也"，其中

1　（元）脱脱等：《宋史》卷 350《张守约传》。

2　（宋）李焘：《续资治通鉴长编》卷 214 熙宁三年八月。

3　（宋）赵汝愚：《宋朝诸臣奏议》卷 132，田况《上仁宗兵策十四事》。

"羯虏"，西夏文译作"敊姝（敌人）"。夏译者对指称少数民族时带有贬义色彩的"夷、虏、寇"一类的词，多回避不译，代以"敌"字。此与清修《四库全书》时，对涉及少数民族的译音词进行改译如出一辙。

六 《孙子兵法三注》西夏文语料价值补

西夏语法难点有二，一是词序，二是虚字的用法，非通过大量归纳不能为功。西夏文《孙子兵法三注》因为在返译的过程中有原文可资参照，从而使得研究工作有据可依，相应地，以汉文译本为坚实基础无疑有利于总结西夏语中复杂的词汇和语言现象。这方面的工作由俄罗斯西夏学专家克平首开其端，她在 1979 年出版的《西夏文译本孙子》一书中[1]，辟专章探讨了西夏语语法。该书第三部分为语法导论，先对西夏语词进行分类，再就各类词的用法逐一举例说明，这是根据长篇语料首次对西夏语语法作较为全面的描述。后来中国台湾学者林英津先生在此基础上发表《夏译〈孙子兵法〉研究》[2]，该书把重点放在对夏译文的标点断句、逐字汉译和注解上，共出注 524 条，并给出完整的单字索引。可以这样说，西夏文《孙子兵法三注》在语言学方面的研究已经相当深入，这里仅依据本人在重新解读的过程中所发现的新内容，稍事补充而已。

（一）以往误识未识的西夏字

由于字迹模糊等原因，以往的解读，存在一些误识或未识的西夏字，为叙述方便，列表 1-3 如下。涉及对音字，则给出拟音，均采自《夏汉字典》中龚煌城提供的拟音。出处准确到行数，如 R11·159 上·4，其中"R11"代表《俄藏黑水城文献》第 11 册，"159 上·4"表示第 159 页上图第 4 行。

---

1 К. Б. Кепинг，*Сунь Цзы в тангутском переводе*，Москва：Наука，1979.

2 林英津：《夏译〈孙子兵法〉研究》，（台北）"中央研究院"历史语言研究所单刊之 28，1994。

表 1-3　西夏文《孙子兵法三注》误识或未识西夏字

出处	西夏字	《夏汉字典》西夏字顺序号	字义	误识未识	备注
R11·159 上·04	𗾔	5779	印	𗾔（信）	骹𗾔，官印
R11·159 下·11	𗅲	1101	将	𗅲（至）	
R11·166 上·01	𗼩	0269	集	𗼩	𗼩𘀄，隐蔽
R11·166 上·01	𘀄	4236	荫	𘀄	𗼩𘀄，隐蔽
R11·166 上·09	𗤜	5172	搜	𗤜（掘）	
R11·166 下·10	𗼭	0176	悄	𗼭（异）	骹𗼭，轻骑
R11·167 上·12	𗄼	4740	劫（人名：骑劫）	𗄼	"𗄼"字拟音为 kja，"𗄼"字拟音则为 tsewr。"劫"在中古为"见"母字，与"𗄼"拟音相符
R11·167 下·02	𗐸	4752	坛	未识	𘑇𗐸，誓坛
R11·170 上·07	𗊟	2620	能	𗊟（统）	
R11·170 上·08	𘕞	2541	人	未识	
R11·170 下·02	𗊢	5337	遍	𗊢（若）	𘄒𗊢，此番
R11·170 下·03	𗋽	2098	我	未识	
R11·170 下·03	𗆧	5815	亦	未识	
R11·170 下·06	𗣼	0014	掩	𗣼（攻）	
R11·170 下·06	𗦲	1990	穿（人名：韩穿）	𗦲（旃 * tśja）	"𗦲"的拟音为 tśhjwã
R11·170 下·07	𗋲	2612	上	𗋲（晋 * tsjĩ）	𗋲𘄄，上军
R11·170 下·07	𗥧	4007	破	𗥧（恨）	
R11·170 下·11	𗦮	4444	既	𗦮（论）	𗦮……𗅩……，既然……则……
R11·170 下·13	𗸦	3683	谢（人名：谢玄）	𗸦	"𗸦"的拟音为 sja，"𗸦"的拟音为 śiə。"谢"在中古为"邪"母字，宋代西北方音浊音清化，读如"心"母字，是以知"𗸦"字正确
R11·170 下·14	𗫾	3712	择	未识	𘟙𗫾（选择）
R11·171 上·03	𘈴	1918	不	𘈴（礼）	句式"……𘈴𘋩𘈴……"，对译汉语的"岂徒……又……"
R11·171 上·11	𗲰	5677	尾	未识	
R11·172 上·01	𘜶	4342	趋向前缀	未识	
R11·172 上·01	𗢔	3239	多	未识	
R11·172 上·02	𗾘	0749	使	未识	

续表

出处	西夏字	《夏汉字典》西夏字顺序号	字义	误识未识	备注
R11·172 下·04	▢	1946	念	▢（怀）	
R11·172 下·05	▢	0174	圆	▢（黑）	
R11·173 上·03	▢	0835	接	误识	
R11·173 上·09	▢	4110	蓬	误识	▢▢（命蓬），即"蓬命"，意思是视命如蓬草
R11·173 下·1	▢	5670	有	▢（放）	
R11·173 下·05	▢	2769	卜骨	▢（骨）	▢▢，即"灼骨"。《宋史·夏国传下》：以艾灼羊脾骨以求兆，名"炙勃焦"
R11·173 下·09	▢	1224	暂	▢（故）	▢▢（暂存），偷生
R11·173 下·09	▢	0930	存	▢（老）	▢▢（暂存），偷生
R11·173 下·09	▢	4868	贪	▢（恐）	
R11·176 上·05	▢	1365	固	▢（命）	
R11·176 下·11	▢	3572	银	▢（祭）	▢▢，金银
R11·177 上·05	▢	5394	投	▢（立）	
R11·177 上·10	▢	1243	隐	▢（阵）	
R11·177 上·10	▢	0638	迫	▢（大）	
R11·177 上·10	▢	3570	弱	▢（疑）	▢▢，怯弱
R11·177 下·05	▢	0079	往	▢（车）	▢▢，往来
R11·177 下·08	▢	4342	趋向前缀	▢（兵）	▢▢，出发
R11·177 下·08	▢	3370	共	▢（顷）	
R11·177 下·09	▢	2498	有	▢（地）	
R11·178 上·12	▢	0705	时	未识	
R11·178 上·14	▢	5307	势	▢（日）	▢▢（势下），权门
R11·178 下·02	▢	4868	贿	▢（望）	▢▢，贿物
R11·178 下·03	▢	4693	深	未识	▢▢，玄密

（二）几则西夏字义和词义

1."藏"和"丝"，"丝滋"和"藏滋"。《孙子》第六《虚实》"日有短长，月有死生"，西夏文作"▢▢▢▢，▢▢▢▢"。其中"藏丝"二字，此前只知道它们与"月"有关，具体字义无解。现在可以明白，"茲"字相当于"朔"。实际上《同音》15A14"茲"字背注"皏毓毓"，字面义为"日月始"，[1]即月初之日，就是朔日。既然"茲"字相当于"朔"，"藏"字则相当于"晦"。

　　本句经文下系李筌注"月初为朔，八日为上弦，十五日为望，二十四日为下弦，三十日为晦"，西夏文作：

　　　　毓毓茲愬，皂刻茲滋，贏恌毓缬，桷殺绷藏滋，散殺刻藏躝。
　　　　月初朔算八日朔定十五望为二十四晦定三十日晦尾

　　意思是"月初算朔，八日朔定，十五为望，二十四晦定，三十日晦尾"。据此可知"茲滋"，字面义为"朔定"，对译"上弦"。"藏滋"，字面义为"晦定"，对译"下弦"。

　　2. "緻"字。《孙子》第七《军争》"不用乡导者，不能得地利"句下，杜注"睹水痕则知敌济之早晚"，西夏文为：

　　　　敨姊敊羇敳虼繊雃，粈叝緻形。
　　　　敌敌观察水边至往足迹辨为

　　意思是"往至河边考察敌人，辨其足迹"，其中"緻"字，有"拷打"义，林英津先生对译为"印"，[2]未若对译为"辨别"。因为上句的"雃（往）"字用在主语是第一、二人称的句子，表明"緻"这个动作不会是作为第三人称的敌人发出的。所在句子原文为"睹水痕则知敌济之早晚"，夏译

<hr />

　　1　韩小忙：《〈同音背隐音义〉整理与研究》，中国社会科学出版社，2011，第205页。
　　2　林英津：《夏译〈孙子兵法〉研究》，（台北）"中央研究院"历史语言研究所单刊之28，1994，第3—16页。

者采用了意译，即通过辨别河边带水的脚印，可以判断敌人渡河的情况。

3. "矮"字。《孙子》第十《地形》"卒强吏弱，曰弛"句下，曹注"吏不能统"，夏译文作"𗰾𘄄𗫁𗫦矮"，即不能统军人。矮，该字《夏汉字典》不晓其义，只说其与骨头有关，这里对译"吏不能统"的"统"。

4. "𘈩"字。《孙子》第十三《用间》"因间者，因其乡人而用之"句下，杜牧注"时遣游军伪抄之"，夏译文作"𗗝𗗝𗫨𗳒𘈩𗳒"，字面义为"佯佯破为试为"。其中"𘈩"字有"亲戚"义，大概由"亲戚"义引申出"模仿""测试"等义。

5. "𗥃"字。《孙子》第七《军争》"五十里而争利，则蹶上将军，其法半至"，其中"蹶上将军"，夏译文作"𗰾𗫦𗥃𗊘"，字面义为"军将丰失"，即将军失丰，对译"蹶上将军"。其中"𗥃𗊘（丰失）"对译"蹶"。"𗥃"字，夏译《孟子》对译"牺牲不成"的"成"字，本于赵注"不成，不实肥脂也"。林英津先生对译"威"，[1] 未若根据夏译《孟子》译作"丰、实"。

6. "𗎩"字。此前认为该字有"坑"义，误。《孙子》第九《行军》"凡地有绝涧、天井、天牢、天罗、天陷、天隙，必亟去之，勿近也"句下，杜牧注"地多沟坑，坎陷木石，谓之天隙"，夏译文作"𗩾𗎩𗫊𗫨𗫦，𗟲𗇋𗊘"，意思是"沟狭坑深者，天隙也"。"地多沟坑，坎陷木石"，即沟坑底部有木有石，足见其狭深。句中"𗎩"与"𗫊（深）"对举，以此判断"𗎩"字是个形容词，有"狭"义。《文海》有对这个字的解释，"𗎩𗫨，𗩾𗎩𗪘，𗧃𗄊𗀑𘂚"，可译作"狭者，沟狭也，坡险厄之谓"。

（三）列举并列成分时"𗩾（有）"和"𗼻（有）"的用法

西夏文有 12 个存在动词"有"，其中"𗼻（有）"表示不能移动的自然

1　林英津：《夏译〈孙子兵法〉研究》，（台北）"中央研究院"历史语言研究所单刊之 28，1994，注 57。

物体、固定物体和某些抽象事物的存在，"𗼖（有）"表示一般的存在。[1] 需要补充的是，在例举多项并列成分时，它们往往置于并列成分之间而不是最后，这样在翻译时容易漏掉后面的内容，需要特别注意。

1.《孙子》第九《行军》"军行有险阻、潢井、葭苇、山林、蘙荟者，必谨覆索之，此伏奸之所处也"，西夏文译作：

> 𗾔𗰖𗁃𘘄𘜶𘝞、𗑊𗾞、𗦗𗕿、𗏁𗟲、𗷎𘉐，𘃞𘎑、𘖑𗢸、𗻠𗁅，𗧓
> 𗾔𘘄𗾞，𘜶𗥃𘖑𗋕𗄈𘉼。
>
> 若军行处山林树密坡脊险厄堑有水潢蒲苇草长伏兵恐有地搜查深为必

意思是"若军行处有山林、树丛、坡脊、险厄、堑、潢水、蒲苇、长草，恐有伏兵，地必深搜查"。夏译文中的"𘉼（有）"字，并非位于表示列举的数个并列成分的末尾。

2.《孙子》第十三《用间》"内间者，因其官人而用之"句下，杜牧注"敌之官人，有贤而失职者，有过而被刑者，亦有宠嬖而贪财者，有屈在下位者，有不得任使者，有欲因败丧以求展己之材能者，有翻覆变诈常持两端之心者"。夏译文作：

> 𘃡𘊶𗤒𘏞𗐏，𘗂𗖵𗷠𗊱𘄄、𘗂𗯫𘉒𘃥𘗹，𘗂𘒏𘏞𘃦𗁅𗤓□□𘖑𗼖
> 𘗂𘎨𘓷𗊱𗜓𘃞𘏞𘝾。
>
> 他国臣宰中或罪为职失或宝物贪爱或巧智虽是不□□等有或腹心诡
>
> 诈一头两舌

1　史金波：《西夏语的存在动词》，《语言研究》1984 年第 1 期。

意思是"他国官人中，或犯罪失职，或贪爱宝物，或巧智虽是不□□等有，或腹心诡诈一头两舌"。注意"𦮺（有）"的用法，并非置于表示列举的数个并列成分的末尾。

（四）"𣊅𣊾"的语法功能再议

𣊅𣊾，字面义为"不然"，位于前一分句句末。在《俄藏黑水城文献》收录的《同音》丁种本背面，有西夏人手书，对正面文中的西夏字作简要注释，与"𣊅𣊾"有关的内容是"𦵮𦆚𦇶𦆏"，[1] 即"依附句尾"，并无具体含义。以往学界认为"𣊅𣊾"单独使用，或与"𦺒"搭配，构成"……𣊅𣊾，……𦺒……"复句句式，表示转折关系，相当于"然则""虽然……，但是……"。[2] 实际上，"𣊅𣊾"一词多单独出现，其义略相当于"只……""仅……""唯……""除……"，与藏语中的对比连词ལས་གོགས相当。我们先来看夏译《孙子兵法三注》这方面的例句。

1.《孙子》第七《军争》"五十里而争利"句下，李筌注"百里则十人一人至，五十里十人五人至，挫军之威，不至擒也"，其中"挫军之威，不至擒也"，译作：

　　𦵮𦷀𦒈𣊅𣊾，𦵮𦿴𦺒𦐈𦒉𦒷𦇝。
　　军 威 失 不 △　军 将 则 人 手 不 落

意思是"不过挫军之威，将军则不至为人所擒"。

1　韩小忙：《〈同音背隐音义〉整理与研究》，中国社会科学出版社，2011，第204页。

2　林英津：《夏译〈孙子兵法〉研究》，（台北）"中央研究院"历史语言研究所单刊之28，1994，注58。关于"𣊾"字的用法，另可参看孙伯君《简论西夏文"𣊾"＊djij$^{2.33}$的语法功能》，《西夏学》第5辑，上海古籍出版社，2010。

2. 《孙子》第七《军争》"故夜战多火鼓，昼战多旌旗"句下，杜牧注"敌人虽有韩、白之将，鬼神之兵，亦无能计也。唯恐夜不袭我，来则必败"，夏译文作：

　　𗗛𗾊𗑗𗟵、𗯿𘝞𗇁𗤶𗗆𗤻，𗩾𗹦𗱕𗗛𗰜𗤶𗼷𘝞，𗗆𗍝𘜶𘚢𗗉𗿦𗤁，𗗉𘍦𗿦𘓮𘝞𘟪𘖑。

　　军将韩信白起等如虽也鬼神如军卒△率亦我上恐不来不△来则△必
破真为

意思是"虽有如韩信、白起之将，虽所率兵如鬼神，亦唯恐不来袭我，来则必败"。

3. 《孙子》第七《军争》"故三军可夺气"句下，杜牧注"钦旧将，鸯小而锐，引军内入，未有失利，必不走也"，夏译文作：

　　𘝰𗰭𘏨，𗗛𗾊𘏐𗤶；𗤁𗇁𘏨，𘚜𘍝𗁬𗤻，𗗛𘜶𗇁𗼵𘕕𘌧𗿦𗤁，𘃽𘒣𘞠𘎼𗰟。

　　文钦者军将旧也子鸯者年小勇悍军引城内△去不△败而△走则非

意思是"文钦者，旧将军也；子鸯者，年少勇悍，不过引军入城内，并非败而走也"。

4. 《孙子》第八《九变》"必死，可杀也"句下，杜牧注"夫勇者必轻合，轻合而不知利"，夏译文为：

　　𗁬𗤻𗰭𘏨，𗁬𘐊𗆧，𗑗𘒗𘜶𘜛𗿦𗤁，𘑽𘜶𗤈𘜶𗤶。

　　勇悍将者勇一种死命不惜不△其外爱利不见

意思是"勇悍将者，一律勇，仅死不惜命，其外不见爱利"。

5.《孙子》第九《行军》"绝水必远水"句下，杜牧注"此示弱而不足挫敌"，夏译文为：

𗧚𗊢𗭼𗌶𗉛𗅁𗿸𗀁𗀓，𗤋𗢔𗾖𗬩𗈟𗴷？
此者怯弱因营住△不△敌敌破为岂可△

意思是："此者不过因怯弱而住营，岂能破敌？"并无转折的意味。

6.《孙子》第十《地形》"视卒如婴儿，故可与之赴深溪"句下，杜牧注"今复吮此子，妄不知其死所矣"，西夏文为：

𗧚𗀀𗭼𗤆𗿒𗹌𗉛𗓋𗬩𗈰，𗈫𗉢𗀱𗀁𗀓𗄈。
此时我子之脓血△吮为则何时死不△谓

意思是"今吮我子之脓血，则不过何时死耳"，即迟早战死。如果把"𗀁𗀓"这个词理解为"不然"，则无法通读全句。

7.《孙子》第十一《九地》"能愚士卒之耳目，使之无知"句下，杜牧注"言使军士非将军之令，其他皆不知，如聋如瞽也"，夏译文作：

𗤋𗲲𗭼𗈟𗤋𗵽𗁶𗬩𗴷𗵽𗌶𗁅𗈕𗀁𗀓，𗁅𗎫𗤋𗀁𗅶、𗀁𗻸，𗿸𗀁𗴺𗴷𗁅𗮯。
军卒之唯军将命令言独一行时△知不△其外他言不闻不见目盲耳聋如△为

意思是"使军卒唯将军一人命令行时知，其外不闻、不见他言，如目盲耳聋"。

8.《孙子》第十一《九地》"投之亡地然后存，陷之死地然后生"句下，曹注"兵恐不投之死地也"，夏译文为：

𘟣𘝞，𗏁𗗙𗴹𗸅𗰖𗤁𗡤𘟣𘀗𘃡，𗏁𗗙𗤁𗡤𘟣𘀗𗥀，𘃡𘑭𘟣𗴟。

兵者死地上恐不投使△不△死地上投使△则△必战胜

意思是"兵者，唯恐不投之死地，投之死地，则必战胜"。

以上，只有例1和例3，"𘃡𘑭"与"𘟣𗴟"搭配，带有转折的含义，可译作"然则……"，但用"不过……"来解释，也可以说得通。其余5例，都是"𘃡𘑭"独用，并无半点转折的意味，其义略相当于"不过……""仅……""唯……"。

我们知道，以西夏文字为载体的西夏语属于汉藏语系藏缅语族羌语支，藏语在解读西夏文献的过程中具有重要的参考作用。基于此，我们认为，西夏文中"𘃡𘑭"一词与藏文本中的 མ་གཏོགས相当。མ་གཏོགས的字面义为"不包括"，义略相当于"唯务……""除……""只……"，用于前一分句之后，连接肯定与否定的分句，表前后分句是对比关系。[1] 以下例句转引自周季文、谢后芳《藏文阅读入门》。

དས་རྒྱལ་སྲིད་བཟུང་ནས་ད་ལྟ་ཕན་ལ་སེམས་ཅན་ལ་ཕན་བདགས་ནས་ཐར་པ་བྱང་ཆུབ་ཀྱི་ལམ་ལ་འགོད་པ་མ་གཏོགས།
གནོད་པ་ཁམ་ཚེ་གང་ཡང་སྐྱེལ་མ་མྱོང་།

这句话出自《王统世系明鉴》，意思是"我自执掌国政以来，迄今为止，

1　周季文、谢后芳：《藏文阅读入门》，云南民族出版社，1998，第172—173页。格桑居冕、格桑央京：《实用藏文文法教程》，四川民族出版社，2004，第533页。

只是利益众生，使其得以走上解脱菩提之道，连针尖大小的危害也未曾给过"。

དེའི་ཚེ་ནུ་བོ་དྲུག་ཁག་ལྔ་ལྔ་ཕྱོགས་བྱང་ཆུབ་སེམས་དཔའི་དྲུང་དུ་ཆོས་ཉན་པའི་ཕྱིར་འགྲོ་བ་མ་གཏོགས། གཞན་གྱི་ཚེ་གཅིག་ལ་གཅིག་བལྟར་མི་འགྲོ།

这句话出自《格登格言注释》，意思是"那时六个弟弟只是每五天为听经而到菩萨哥哥跟前去，其他时间互不探望"。以上两例藏文本中的མ་གཏོགས།，皆出现在对比关系复句中，译作"只是"。

借助夏译汉籍和藏语，弄明白"𗦲𗥃"一词的含义和用法之后，可以发现先前的西夏语文献解读成果中涉及"𗦲𗥃"的翻译有时不大确切，甚至是错误的。下面以《天盛律令》卷1《谋逆门》为例：

𗦲𗥃𗋽𗀔𗣜𗦲𗤋𗓲𗋽𗤋𗦲𗏁𗧍𗢛𗀖𗥠（第1卷第8叶A面第8行）
若逆起语耳△入于起告处司等地程近
𗑾𗨻𗑣𗫂𗆧𗏁𗤋𗆧𗾈𗥒𗤋𗑣𗧁𗏁𗦲（第9行）
远式△量日期时节有所无上△阻△未
𗏁𗣜𗦲𗥃𗤋𗄻𗍳𗓲𗋽𗧍𗦨𗓱𗩽𗏁𗤋（第1卷第8叶B面第1行）
至△成不然举告已发生知证信见用有
𗤋𗄻𗦲𗫧𗣜𗊏𗄻𗑣𗆏𗍹𗗟𗦲𗍳𗑾𗦲（第2行）
举告未稽缓另报出时罪犯者与同样捕
𗤙𗆏𗦲𗀖𗏁𗑿𗌠𗋽𗍡𗓱𗫃𗑣𗀖𗧁𗒀𗫀（第3行）
止中△入有则原本犯罪肇始中不入复
𗋃𗤋𗄻𗦲𗫧𗫂𗥗𗤙𗍡𗦲𗀔（第4行）
亦举告未稽缓也因罪莫连

旧译文为："若谋逆语已入耳中时，依告处司地程远近计量，无论日期时节，已阻未至而未能举告，已发生，有可知证信见，举告未稽缓，另外报出时，与犯罪者同样入捕□中，则不列入本犯罪肇始，并亦因举告未稽缓，莫连罪。"[1] 这里译者不知"𗗝𗟻"一词为对比连词，误把该词译为"未能"，加上因缺字而未能识别"𗵆𘝞（枷系）"一词，导致整段意思不知所云。前文说"未能举告"，后文说"因举告未稽缓，莫连罪"，互相矛盾。试重译如下：

　　　　若谋逆语已入耳中时，依告处司地程远近计量，无论日期时节，只是阻而未至，举告已发生，有知证信见，举告未稽缓，另外报出时，与犯罪者同样枷系中，则不列入本犯罪肇始，复亦因举告未稽缓，莫连罪。

大致意思是：某人听见同伙中有人谋逆，当即前往有司举告，只是阻而未至，举告并未稽缓，案发后却与犯罪者同样枷系。此人实与本次犯罪活动无关，且因其举告未稽缓，不予连坐。

再看《新集锦合辞》中的一句谚语：

　　　　𗵃𗵆𗧤𘝞𗗝𗟻𘂤𗗝𘌞（第 13 叶 B 面第 7 行）
　　　　军急男闹不然拒不能
　　　　𘃽𗵆𗧤𗗘𗗝𗟻𗖻𗗝𗒹
　　　　语急智人不然答不能

以往译作："兵急，男虽厌，却莫能拒；语快，虽智人，却莫能对。"[2] 也

1　史金波、白滨、聂鸿音：《天盛改旧新定律令》卷 1《谋逆门》，法律出版社，2000，第 113 页。
2　陈炳应：《西夏谚语》，山西人民出版社，1993，第 14 页。

是误把"嫐燚"一词当作转折连词，受此影响，把偏正词组"諁燚（男
闹）"误作主谓结构，不仅破坏了西夏谚语所特有的对偶句式，也扭曲了原
意。实则并非强调"军急""语急"到了不可解决的程度，而是强调对"闹
男""智人"的尊崇，试改译为："军急，除闹男莫能拒；语急，除智人莫
能对。"

总之，"嫐燚"一词非转折连词，其与藏语中的对比连词ས་གཏོགས相当，用
于前一分句之后，连接肯定或否定的分句，构成对比复句，表示对比关系。
后接肯定的分句，义略当于"只……""仅……""唯……"；后接否定的分
句，义略相当于"除……"。

（五）西夏语谓词趋向前缀

与其他羌语支语言一样，西夏语中表达趋向功能的趋向前缀，除了可以
加在动词前面，还可以加在充当谓语的形容词前面，即形容词跟趋向前缀组
合在句中专门用作谓语，表示主语的状态变化情况。这是趋向前缀语法化为
"状态变化标记"的结果。

在动词前添加趋向前缀，在西夏语中是一种很重要、很有特色的语法现
象，也是西夏语归为藏缅语族羌语支的一个重要依据。羌族多生活在山谷、
河沟地带，重峦叠嶂，道路曲折，所以对方位特别敏感，表现在语言里就是
在动词前面添加很多表示方位的前缀。趋向前缀是羌语支语言较为典型的共
性特征，从而使其与周边其他的藏缅语族语言区别开来。目前学界从各种类
型的西夏文文献中，包括世俗的、宗教的、译自汉文的、西夏人自撰的，搜
集到的谓词趋向前缀共有13个，可以分为两类，一类表示完成体，一类表示
未完成体，两类之间相互对应，拥有相同的声母，列表1-4如下：

表 1-4 西夏文谓词趋向前缀

	完成体	未完成体
向上方	羢 ·ja	故 ·jij
向下方	羍 nja	蕭 njij
向近方	戮 kjå	焿 kjij
向远方	緱 wjå	敠 wjij
离心方	蕻 dja	?
向心方	徿 djå	羊 djij
不定方	瓠 rjår	緞 rjijr

值得注意的是，西夏语趋向前缀不仅添加在动词前面，还可以添加在作谓语的形容词前面。十几年前笔者对西夏文《孟子》作整理研究时，发现《孟子》卷四《公孙丑章句下》"予三宿而出昼，于予心犹以为速，王庶几改之"，其中"于予心犹以为速"，夏译文作"甉絆緱缫祇"，在句中作谓语的形容词缫（速），前加动词趋向前缀緱。当时无法解释这一现象，在译注时没有把这里的緱字当作谓词趋向前缀对待，而是用汉文底本的"犹"字与之对译[1]。这次在解读西夏文《孙子兵法三注》的过程中，又遇到这种现象。如《十一家注孙子》第七《军争》"围师必阙"句下杜牧注"妖巫相劫，势无久立，其中必有悔者；但外围急，不得走耳"，其中"但外围急，不得走耳"，西夏文为"緻瓻敐蕻䖨，叟叐緪緱敠"，动词趋向前缀蕻，添加在作谓语的形容词"䖨（急）"前面。看来西夏语中动词趋向前缀，确实可以添加在形容词前面，二者结合在句中专门用作谓语，表示主语的状态变化情况。

关于添加在动词前面的趋向前缀的用法，可以参看克平的《唐古特语表示动作方向的范畴》一文，[2] 此不赘述。以下是笔者搜集的西夏语中趋向前缀与形容词结合在句中作谓语的情况，分完成体和未完成体两类予以介绍。需

---

[1] 彭向前：《西夏文〈孟子〉整理研究》，上海古籍出版社，2012，第 142 页。

[2] 克平：《唐古特语表示动作方向的范畴》，顾萌宁译，史金波校，《语言研究》1984 年第 2 期。

要指出的是，由于西夏语趋向前缀在语法化过程中衍生出许多新的功能，其原本表达趋向的功能逐渐弱化，文中在提到这些表示各种趋向的动词前缀时，多半例句实际上很难用"向上""向下"之类实义来解释，在这种情况下，只好回避关于方向性的分析。

先看第一类"完成体"：

1. 表示向上方的 𘙤

𘕿𘙤𘟀。

帝 △ 怒

帝怒。（《类林》卷第三《忠谏篇·晏婴》）

形容词𘟀（怒），前加趋向前缀𘙤，意思是变怒。

2. 表示向下方的 𘞃

𘗧𘘃，𘙶𘗑，𘙜𘟐𘗥𘘃，𘞃𘗧𘗵𘗞。

富者富也宝物多有 △ 富之谓

富者，富也，宝物多有，变富之谓。（《文海》88. 151）

形容词𘗧（富），前加趋向前缀𘞃，意思是变富。

3. 表示向近方的 𘟠

（1）𘕛𘕿……𘘌𘘭𘙱𘕿𘗵𘗎：𘕿𘟠𘟙𘙥？𘗟𘙁𘟠𘟙𘗞？

元帝……忽速明帝之问曰 △ 近乎长安 △ 近谓

元帝……便问明帝曰：日近乎？长安近？（《类林》卷第四《聪慧篇·晋明帝》）

本句的意思是：长安离我们近，还是太阳离我们近？所以形容词𘟙（近），前加表示向近方的趋向前缀𘟠。

（2）𘖚𘙬，𘙼𘘦𘖚𘗑𘟝𘟠𘘭𘗤𘙈𘗟𘗒𘙯𘖨𘗤𘗙。

贪有律斜贪罪与何 △ 重上 △ 判断 △ 顺行

有贪赃，与枉法贪罪比依何重者判断施行。（《亥年新法》卷三）

形容词[illegible]（重），与表示完成体的趋向前缀[illegible]结合，意思是变重。相比之下，句中的[illegible]（判断）和[illegible]（施行），系规定将来实行的行为，故前加未完成体趋向前缀[illegible]和[illegible]。

4. 表示向远方的[illegible]

[illegible]，[illegible]，[illegible]！

予三宿昼出者予心△速使王过改盼

予三宿而出昼，予心犹以为速，盼王改过！（《孟子》卷四《公孙丑章句下》）

此句汉文原文为“予三宿而出昼，于予心犹以为速，王庶几改之”，形容词[illegible]（速），与趋向前缀[illegible]结合，意思是加速，“[illegible]”附加在谓词后面，表示意动用法，即谓语认为宾语如何。

5. 表示离心方的[illegible]

（1）[illegible]。

景公好好△惭

景公大惭。（《类林》卷第三《忠谏篇·晏婴》）

形容词[illegible]（惭），与趋向前缀[illegible]结合，意思是感到惭愧，面露愧色，所以用表示离心方的趋向前缀[illegible]。

（2）[illegible]。

楚王好好△惧

楚王大惧。（《类林》卷第七《报恩篇·楚庄王》）

形容词[illegible]（惧），与趋向前缀[illegible]结合，意思是感到恐惧，面露惧色，所以用表示离心方的趋向前缀[illegible]。

6. 表示向心方的[illegible]

[illegible]，[illegible]。

近远治道天地等于礼仪△不纯真

远近治道，于天地等礼仪不单一。（西夏文《宫廷诗集》第16《君臣同德歌》）

形容词𗉘𗼲（纯真），与趋向前缀𗫳结合，中间加插否定词缀𗧁，意思是在祭祀天地时，为了表达自己的虔诚，礼仪不惮繁缛。

7. 表示不定方的𗫳

𗫳𗫳𗴰𗵃……𗫳𗫳，𗣇𗤁𗨨𗴰𗷸𗴰𗗙𗧁𗫡。

此如人等……△多恶业行为后其人之缠缚

如是之人……多被恶业来结其心。（《地藏菩萨本愿经》卷中）

形容词𗴰（多），跟趋向前缀𗫳组合，意思是变多。

再看第二类"未完成体"：

1. 表示向上方的𗫒

𗧠𗬨𗥾𗂧𗾟𗧿𗤎𗄭𗔇𗬦𗔇𗕣：“𗭪𗫳𗫒𗜁，𗂸𗐾𗧄𗫉𗤅𗰗!”

太子昂扬天方视悲叹以曰乌头△白马角△生出愿谓

太子仰天悲叹曰：“愿乌头白，马角生!”（《类林》卷第八《感应篇·燕太子》）

形容词𗜁（白），与趋向前缀𗫒结合，意思是变白。希望乌鸦的头能够变成白色，所以用表示未完成体的趋向前缀𗫒。

2. 表示向下方的𗫨

𗤎𗬿𗊭𗜼𗸱𗫉𗔨𗰗𗰡，𗅉𗭪𗅉𗫉𗤅。𗂸𗹥𗤜𗫨𗤅，𗫳𗅉𗰗𗫉𗤅。

唯堂前紫荆树一株有兄弟共分欲今夜议△同晨朝伐△谓

唯庭前有一紫荆树，兄弟欲共分之。当夜计议，吾等次晨即伐。（《类林》卷第七《感应篇·田真》）

形容词𗤅（同），与趋向前缀𗫨结合，意思是变同。兄弟之间达成"明早砍伐紫荆树"的协议，所以用表示未完成体的趋向前缀𗫨。

3. 表示向近方的 𗾘

𗾥𗌰𗢲，𗴭𗈖𗰖𗵾𗴮𗏟𘗠�𗢝𗵜，�𘕿𘗠𗾘𗢝𗵜。𘓺𗾹𗧾𗍫，�𘕿𗧾�。

兵用时常此六种地恶与勿侧近敌敌与△侧近我利△得敌敌△损

用兵时，常与此六种恶地勿近，令敌与之近。我得利，敌损。（《孙子兵法三注》第九《行军》"吾远之，敌近之；吾迎之，敌背之"句下曹操注）

此句对译《十一家注孙子》"用兵常远六害，令敌近背之，则我利敌凶"。"𘗠（与）"上承前省"𗴭𗵾𗏟𘗠�（此六种恶地）"。这里描述的是对未来战场情况的假设，所以在形容词词组"𗢝𗵜（侧近）"前面添加表示未完成体向近方的趋向前缀𗾘。

4. 表示向远方的 𘃡

（1）𗣫……𗀔𗈾𘏨𗧾𘓪，𗍫𘟀𘚢𘃡𘗠。

愿……帝节尽△无，御帐吉△永。

愿……帝节当无尽，御帐当永吉。（《观弥勒菩萨上生兜率天经》发愿文）

此句西夏文，西夏汉文本《观弥勒菩萨上生兜率天经》发愿文相应部分作"愿……历数无疆，宫闱有庆"。形容词"𘗠（永）"，与趋向前缀𘃡结合，意思是变永久。这是对未来的美好祝愿，所以用表示未完成体向远方的趋向前缀𘃡。

（2）𘓺𘃡𗊉，𗴭𗾘𗵜；𘓺𗆟𘗠𘎛，𗴭𗓑𘃡𘎢。

吾△远人△近吾前前为人后△置

吾远，人近；吾迎之，人背之。（《孙子兵法三注》第九《行军》）

此句对译《十一家注孙子》"吾远之，敌近之；吾迎之，敌背之"。形容词"𗊉（远）"，与趋向前缀𘃡结合，意思是变远。这里描述的是对未来战场情况的假设，所以用表示未完成体向远方的趋向前缀𘃡。

5. 表示离心方或向心方的羊

（1）ꡱ、ꡱ羊ꡱ，ꡱꡱꡱ？

齐楚△大何畏焉

齐楚虽大，何畏焉？（《孟子》卷六《滕文公章句下》）

形容词"ꡱ（大）"，与趋向前缀羊结合，意思是变大。这里描述的是对未来情况的假设，即只要滕国肯行仁政，齐楚虽然强大，但也没有什么可怕的。所以用表示未完成体趋向前缀羊。

（2）ꡱ羊ꡱꡱꡱ，ꡱꡱꡱꡱ。

臣△愚蒙亦大事知解

臣虽愚蒙，犹明知大事。（《类林》卷第三《忠谏篇·晏婴》）

形容词"ꡱꡱ（愚蒙）"，与趋向前缀羊结合，意思是变愚蒙。这里是臣对自我的假设，所以用表示未完成体趋向前缀羊。

（3）ꡱ羊ꡱꡱꡱꡱꡱꡱ，ꡱ羊ꡱꡱꡱꡱꡱꡱ。

靴△新亦头上不戴冠△破亦足上不穿

履虽新，不加于首；冠虽敝，不践于足。（《类林》卷第三《忠谏篇·费仲》）

形容词ꡱ（新）跟趋向前缀羊组合，形容词ꡱ（破）跟趋向前缀羊组合，分别在句中作谓语，表示主语本身所处的假设状态，所以用表示未完成体的趋向前缀羊。

6. 表示不定方的ꡱ

ꡱꡱꡱꡱꡱ，ꡱꡱꡱꡱꡱ。

秋季△至思，热止速△凉

常恐至秋节，热止速凉爽。（《类林》卷第七《文章篇·汉成帝》）

形容词"ꡱ（凉）"，与趋向前缀ꡱ结合，意思是变凉。由夏入秋，天气将由热转凉，所以用表示未完成体的趋向前缀ꡱ。

本身表达动词趋向功能的趋向前缀，还可以添加在作谓语的形容词前面，这在汉藏语系里十分普遍，如在当今的羌语支语言扎坝语中就存在这种现象。扎坝语的趋向前缀除了表达动作趋向功能外，已进一步语法化为完成体标记、瞬间体标记、状态变化标记、命令式标记、断言式标记等。所谓"状态变化标记"，即形容词跟趋向前缀组合在句中专门用作谓语，表示主语的状态变化情况。在扎坝语中，其演变路径为：当趋向前缀和某些动作方向明确的活动动词结合时，趋向前缀同时具有表趋向和完成体标记的功能；而当趋向前缀和越来越多非方向性的动词结合时，它表达趋向的功能逐渐弱化，随即被重新分析为完成体标记。当趋向前缀结合的对象并非动词而是形容词时，它们强调的是形容词状态发生的具体变化过程。[1] 西夏语趋向前缀也应该遵循这一语法演变路径，即"趋向前缀→完成体标记（未完成体标记）→状态变化标记"，趋向前缀的这种状态变化标记功能源于完成体标记的功能。

值得注意的是，与西夏语动词趋向前缀相类，西夏语动词人称后缀既可以加在动词后面，也可以加在充当谓语的形容词后面，这也许是语法的通性使然。不少人愿意把在句子中充当谓语的动词和形容词统称作"谓词"，基于此，聂鸿音先生主张把西夏语动词人称后缀改称为"谓词人称后缀"。[2] 同理，西夏语动词趋向前缀，亦可称为"谓词趋向前缀"。

七 关于校注的简要说明

（一）西夏原文的电脑录文。

1. 录文以英藏 Or. 12380 - 3841 和俄藏 Инв. №579、772、943，Инв. №771、773，Инв. №775 为据。

---

1 黄阳、吴福祥：《扎坝语趋向前缀的语法化》，《民族语文》2018 年第 4 期。
2 聂鸿音：《西夏语谓词人称后缀补议》，《语言科学》2008 年第 5 期。

2. 录文加注行号数，行号数由文献所在出版物的字母代称、册数、页数、图版位置和行数组成，以圆点隔开。R 代表俄藏，E 代表英藏。如 R11·158下·4，即《俄藏黑水城文献》第 11 册第 158 页下图第 4 行。

3. △表示难以用汉字表达的西夏文虚词，□表示原卷缺字，……表示缺多个字。

4. 为阅读方便起见，予以新式标点标注。注文之间用"〇"作章节隔离号。

（二）汉文翻译采用直接意译的方式，为保证词义连贯，采用方括号对缺文加以补充。

（三）校注，分注释和校记。注释用在西夏文本上，解释夏译者是怎样翻译的，偏重于那些与汉文不能形成对应的西夏词语。以往误识、未识的西夏字在注释中一并指出。校记用在解读后的译文上，解释西夏文《孙子兵法三注》与现在通行本有何不同。

（四）校注以中华书局 1961 年出版的影宋本《十一家注孙子》为底本，以《武经七书·孙子》（《续古逸丛书》影宋本）、《魏武帝注孙子》（平津馆丛书影刊本）、汉简本《孙子兵法》（1985 年文物出版社影印本）、杨丙安《十一家注孙子校理》（中华书局 1999 年）为主要参校本。

（五）文末附录有五：一为《十一家注孙子》相关汉文原文；二为西夏文和汉文对照词语索引；三为汉文和西夏文对照词语索引；四为《孙子兵法三注》西夏文对译；五为西夏文《孙子兵法三注》图版。

第二章

西夏文《孙子兵法三注》中卷校注

一 西夏文《孙子兵法三注》第六《虚实》

……^{E5·151·1}𗃀，𗧊𗧘𗣼𗣓；𗣤𗤎𗣾𗢣𗲜，𗥃𗵽𗑱𗭔𗣿。

汉译：

[故兵无常势，水无常形，能因敌变化而取胜者，谓之神。]

　　[曹操曰：势盛必衰，形露必败，故能因敌变化，取胜若神。○李筌曰：能知此道，谓
　　之神兵也。○杜牧曰：兵之势，因敌乃见；势不在我，故无常势。如水之形，因地乃
　　有；形不在水，故无常形。水因地而]^[1]流，则可漂石；兵因敌而行，谋变如神也。

校记：

　　[1] 以上括注文字缺，据《十一家注》补。上缺25面。

𗦳𗘅𗰜𗆧𗗟𗠲，𗓟𗷝^{E5·151·2}𗦫𗣊𗋽，𗲾𗲇𗵽^{（一）}𗰗，𗡤𗓱𗤋𗰗^{（二）}。

　　𗰗𗰖𗲜：𗣤𗗟𗦫^{E5·151·3}𗗟𗠲，𗤎𗮊𗣾𗣊𗋽。○𗣉𗣾𗲜：𗘅𗰜𗣓，𗵽𗣤𗵽𗍊𗃀𗐩𗣤𗢣𗰜
　　𗠁。𗓟𗷝𗣓，𗠲𗗟𗣤𗣼，𗣊𗋽𗗟𗠲。𗲾𗣼𗣓，𗍊𗰁𗵽𗬩𗑠^{E5·151·4}𗣤𗘅𗡤𗡤𗤋^{（三）}𗓟𗰖𗴮
　　𗀆𗐩。𗑱𗋽𗣓，𗣼𗣳𗮾𗤋𗰖，𗵽𗲎𗤋𗤎；𗥃𗣉𗵽𗢣𗬾，𗵽�𗤋𗋽、𗲎𗓟𗤋𗋽、𗢣𗲜𗤋
　　�“^{（四）}。𗣾𗷝𗤋^{E5·151·5}𗬩，𗭔𗵽𗤋𗗟^{（五）}，𗤌𗘅𗤎𗇂，𗬩𗤋𗓱𗤎𗗟^{（六）}，𗤎𗤋𗵽𗤎𗤓。𗘅𗷝，
　　𗑠𗤌𗴮𗐩。𗃀𗤋𗴖𗘅𗰜、𗓟𗷝、𗵽𗣾𗤎𗤆𗗟𗠲𗖫，𗣤𗢣𗣾𗷝^{E5·151·6}𗣊𗋽，𗠲𗤌𗤎𗄏？

汉译：

譬五行胜不定，四季常变化，日有短长，月有晦朔。

> 魏曹[1]曰：兵仪常不定，依敌变化。○李筌曰：五行者，休囚旺相共己依次胜也。四季者，寒来暑往，变化不定。日月者，周天三百六十五度四分度之一也。百刻者，春秋二分上，日夜数均；算于［夏至］日，昼六十刻、夜四十刻；［算于冬至日，昼四十刻、夜六十刻］，长短不均。月初算朔，八日朔定，十五为望，二十四晦定，三十日晦尾。此者，生死义也。孙武以此五行、四季、日月盛衰不定中，用兵法者变化，岂有定处？

注释：

（一）▢▢：字面义为"长短"，对译"日有短长"的"短长"。夏译汉籍中，对并列式名词几乎都采取"颠倒译法"。[1] 藏文中亦存在此种现象，如"左右"的藏文为 གཡས་གཡོན，字面义为"右左"；"内外"的藏文为ཕྱི་ནང，字面义为"外内"；"江山"的藏文为རི་ཀློང，字面义为"山江"；等等。

（二）▢▢▢▢：月有晦朔，对译"月有死生"，即月有圆缺。"死生"指月相中的"既生霸、既死霸"，"古者盖分一月之日为四分。一曰初吉，谓自一日至七八日也；二曰既生霸，谓自八九日已降至十四五日也；三曰既望，谓自十五六日以后至二十二三日；四曰既死霸，谓自二十三日以后至于晦也"。[2] "藏▢"二字，此前字义无解。现在可以明白，"▢"字相当于"朔"，《同音》15A14"▢"字背注"▢▢▢"，字面义为"日月始"，[3] 即月初之日，就是朔日。"藏"字则相当于"晦"。"晦朔"与"死生"是不同的概念，大致相当于点和段的关系。夏译者之所以用"晦朔"对译"死生"，是受了李注的影响，"月初为朔，八日为上弦，十五日为望，二十四日为下弦，三十日为晦，则死生义也"。

（三）▢▢：分度。

（四）▢▢▢▢▢，▢▢▢▢、▢▢▢▢，▢▢▢▢：本句问题较多。一是"▢▢"，

1　彭向前：《西夏文〈孟子〉整理研究》，上海古籍出版社，2012，第32页。
2　王国维：《王静安先生遗书》，商务印书馆长沙石印本，1940。
3　韩小忙：《〈同音背隐音义〉整理与研究》，中国社会科学出版社，2011，第205页。

字面义为"夏立"，即立夏，误。原文为"夏至"，西夏历日文献中译作"□□"，字面义为"夏季"。[1] 二是"□□□□（长短不均）"句上漏译"冬至之日昼四十刻、夜六十刻"。相应的西夏文，可复原为"□□□□□，□□□□、□□□□"。

（五）□□：朔定，对译"上弦"。

（六）□□：晦定，对译"下弦"。

校记：

[1] 魏曹：《十一家注》作"曹操"。

二　西夏文《孙子兵法三注》第七《军争》

E5·151·7　□□^{（一）}□□□

□□□：□□□□□。○□□□：□□，□□□。□□□□□□□□，^{E5·150·1}□□□□□□□。

汉译：

赌胜篇第七

魏曹曰：两军争胜也。○李筌曰：赌者，争胜也。虚实明，然后乃可与人争胜。

注释：

（一）□□：赌胜，对译"军争"，两军争夺制胜的条件。

E5·150·2　□□□：□□□□，□□□□□□，

□□□：□^{E5·150·3}□，□□□□□。□□□□□□□□□^{（一）}□，□□□□^{（二）}。

汉译：

孙子曰：兵将往时，将军听受君命，

1　参见 Инв. №7926、8214 光定甲戌至辛巳年历，《俄藏黑水城文献》第 10 册，上海古籍出版社，1999，第 143—148 页。

李筌曰：听者，受君之敕言。依王臣度为胜之计，将军往征。

注释：

（一）􀀀􀀀􀀀􀀀􀀀􀀀：王臣度为胜之计，对译"庙胜之算"，较为直白。

（二）􀀀􀀀􀀀：将军往征，对译"恭行天罚"，较为直白。

􀀀􀀀􀀀􀀀􀀀，

　　􀀀􀀀􀀀：􀀀􀀀􀀀􀀀$^{E5 \cdot 150 \cdot 4}$􀀀，􀀀􀀀􀀀􀀀，􀀀􀀀􀀀􀀀$^{(一)}$，􀀀􀀀􀀀􀀀。

汉译：

故聚兵马，

　　魏曹曰：兵马聚时，划分行伍，勒步骑，设营阵[1]。

注释：

（一）􀀀􀀀􀀀􀀀：字面义为"步骑正为"，即"勒步骑"，对译"选部曲"，较为直白。

校记：

[1] 设营阵：《魏武帝注》作"起营阵也"，《十一家注》作"起营为军阵"，夏译文合
　　于前者。

􀀀􀀀$^{(一)}$􀀀􀀀，

　　􀀀􀀀􀀀：􀀀􀀀􀀀，􀀀􀀀􀀀；􀀀􀀀􀀀􀀀，􀀀􀀀􀀀；$^{E5 \cdot 150 \cdot 5}$􀀀􀀀􀀀􀀀􀀀，􀀀􀀀􀀀；􀀀􀀀􀀀􀀀
􀀀，􀀀􀀀􀀀；􀀀􀀀􀀀􀀀􀀀􀀀􀀀􀀀，􀀀􀀀􀀀$^{(二)}$。○􀀀􀀀􀀀：􀀀􀀀􀀀􀀀􀀀，􀀀􀀀、􀀀
􀀀、􀀀$^{E5 \cdot 150 \cdot 6}$􀀀、􀀀􀀀􀀀，􀀀􀀀􀀀，􀀀􀀀􀀀􀀀，􀀀􀀀􀀀􀀀，􀀀􀀀􀀀􀀀。○􀀀􀀀􀀀：
《􀀀􀀀􀀀》􀀀􀀀："􀀀􀀀􀀀􀀀􀀀􀀀，􀀀􀀀。"􀀀􀀀􀀀􀀀："􀀀􀀀$^{E5 \cdot 150 \cdot 7}$􀀀􀀀􀀀􀀀�。􀀀
􀀀􀀀􀀀􀀀􀀀，􀀀􀀀􀀀􀀀，􀀀􀀀􀀀􀀀。"

汉译：

交和设营，

　　魏曹曰：军门者，和门也；左右门者，旗门也；以车为营，则车门也；以人为营，则人
门也；两军相出而面向设营，则和门也。○李筌曰：兵马聚时，强弱、勇虚、长短、向

背等，互相混合，兵力相兼，设营垒以争胜[1]。○杜牧曰：《周礼》中曰："以旌为左右门，则和也。"郑司农曰："军营门，亦和门也。立两杆旗以表之，军人出入，依次行驿。"[2]

注释：

（一）𗹦𘝶：和混，对译"交和"。夏译者显然抛弃了曹注"两军相对"的说法，而采纳了李注"交间和杂"的说法。但这里"和"为军门，李注有误。

（二）𗘎𗷦𗵽𗥃𗙼𗣼𗤶𗥃，𗹦𗥃𗄈：两军相出而面向设营，则和门也。按本句有误。原文《十一家注》曹注"两军相对为交和"，据此，"𗹦𗥃（和门）"当为"𗹦𘝶（交和）"之误。

校记：

[1] 李注开头，《十一家注》有"交间和杂也"。训诂方面的内容，往往被吸收到夏译文中而省去。

[2] 杜注引郑司农注"军门曰和"下漏译"今谓之垒门"，杜注末尾《十一家注》有"交者，言与敌人对垒而舍，和门相交对也"。

𗵽𗥃𗥃𗣼𗄈。

𗷦𗥃𗄈：𗵽𗥃𗣼^{R11·156上·1}𗄈𗷦𗵽𗣼，𗵽𗷦𗥃𗣓，𗣼𗵽𗘎𗵽𗵽𗣼𗥃𗥃^(一)𗥃，𗵽𗥃𗥃𗣼𗄈。○𗷦𗣼𗄈：𗵽𗥃𗵽𗥃𗥃𗣼。

汉译：

莫难于争胜。

魏曹曰：将军从始受命出发，至于交和而舍，争胜难也。○杜牧曰：争利害难也。

注释：

（一）𗣼𗵽𗘎𗵽𗵽𗣼𗥃𗥃：字面意思是"敌我二军相对设营"，即"交合而舍"。《十一家注》经文"交和而舍"下有曹注"两军相对为交和"，为其所本。

𗵽𗥃𗣼^{R11·156上·2}𗣼，𗘎𗣼𗵽𗣼，𗵽𗣼𗵽𗣼。

𘂣𗧓𘞖^{R11·156上·3}𗧓。〇𗢳𗣼𘉞：𗉞𘟣𘉷𗧿𗧓𘝞𗎤，𘚣𘂣𘞖𗧓𗧓，𗮇𗮇𘁨𗧓，𘉷𘚣𘏽𗧓，𗗚𘎪𗰖𘎾𘈗，𗰛𗤛𗉖𗨒。

汉译：

争胜之难者，以迂为直，以患为利。

魏曹曰：以远为近[1]，先敌之获利。〇杜牧曰：欲与人夺利，先以远为近，以患为利，诳给敌人，使其慢易，然后急趋也。

校记：

[1] 以远为近：《魏武帝注》作"示以远，迩其道里"，《十一家注》曹注作"示以远，
　　速其道里"，夏译文合于前者。

𘕰𘎳𘂣^{R11·156上·4}𗭴，𘏽𗗚𘏽𗧓𘈗，𘎾𘖈𗌙𘈽，𗉞𘎳𗰛𘕋，

𘂣𗧓^{R11·156上·5}𘉞：𘂣𗰛𘞖，𘕰𘎳𘎳𗭴𗗚。𘎾𘖈𗌙𘈽，𗉞𘎳𗰛𘕋𘝁𘞖，𘞖𘂣^(一)𗔁𗢳^(二)𘆄𘔊𗭴𗗚。〇𗊱𘎳𘉞：𘕰𘎳𘂣，𘋠𘏽𗗚𘚣𘂣𗧓𘈗，𗰛𘖈^{R11·156上·6}𗌙𘈽，𘚣𘖈𘎳𗧓。𘎳𗰛𘖊𘞖，𘔊𘂣𗗚𗮱𗞞。〇𗢳𗣼𘉞：𘂣𗗚𗰛𘞖，𘚣𘚣𗭴𘂣𗧿𘆄𗧓，𘉷𘚣𘎾𘖈𘐫𗉖^{R11·156上·7}𗰛𘈗，𘉷𘚣𗍫𘂣𗢳𗧓，𗰖𘈗𗰛𗉖，𘑭𘆄𘎾𘠁𗥔𘈢𘗊，𘂣𗣠𘆻𗏵^(三)，𗉖𘈗𗥔𘆄𗝣𘉞𘈗，𘎾𘖈𗌙𘈽𘝁，𗉞𘎳�量𘈗𗥔𘈗𘏽，^{R11·156下·1}𘆄𘞖𘎤𘕋𘆄。𗇃𘚹𘆻𗞞，𗝣𘚹𗉖𘆻，𘑮𘚣𘂣𘏽𘆻𗤛𘆻𘈗，𗝣𗙷𘆄𘞖𗝣𗣂𘆻𗉖，𗉖𗗚𘆻𗏵。𘂣𗣤𘂣𗭴𘈽𗩽𘈽，𗉖

𗉖^{R11·156下·2}𘇜𘂣�㵃𘆻，𘆻𗤛𘆻𘈗，𘑻𘈗𘉷𗧓。𗬋𘆻𗊱𗗞："𘚣𘆻𘇏𗨖𘞋𗍁𘞗𘆻𘞖，𘚣𘈗𘆻𘞖𘈗。"𗇃𘆻𘈺𘈗，𗬋𘆻𗟈𘉞𘈗𘊪^(四)，𘈗^{R11·156下·3}𗧓𘂣𘑳𗌙𗤛𘈗。𗌙𘈗，𘆻𘃒𘉷𗧓^(五)𘕋，𘈗𗤛𘂣𗨍𗮇𘊖𗴓𘈢，𘆻𘑳𗣂𘈗𗤛𘂣𘖈𘋠𗍁𘈗𘉷𗧓。𗇃𘝟𘕋𗧓^(六)�①𘌁𘆻𗴓，^{R11·156下·4}𘉸𗤛𘃫𘈢^(七)，𗘎𗧓𘆀𘃫𘑻𘈗𗧓𗧓。𗇃𗴓𘋤𘆻𘌺𘉞𘆄𗗚，𗇃𘝟𘈗𘕘，𘂣𘆻𗉖𘆄𗧓。𗘎𘈗𗬋𘆻𗟈𘚣𘚇𗴓，𘚣𗮇𘆄𗧓。𗇃^{R11·156下·5}𗟈𗮇𗤛："𗇃𘝟𘈗𘈽，𗰛𗧓�量𘂣𗘃，�㵃𘃫𘃫𘚇，𘆻𘖊𘂣𘗊𗪅𘆄𗧅𗗔𘈗𗧓。"𗇃𘝟𘋤𗖗𗜂𘞋𗉖𘚣�㵃�㵃，𘓁^{R11·156下·6}𘄡𘆻𗏵，𘆻𗧓𘈽^(九)，𘑳𗥔�㵃𘚣�2𗧓。𗇃𘂣𘞋𘈗，𗥔�1𘂣�1�㵃�㵃�2𗉖𘉷𗧓。𗇃𘆻𘈺𘈗，𘆀𘓁𘝁�㵃^{R11·156下·7}𘆻𘞖𗀥𘞘^(十)。𗇃𘆻𘋠�㵃𗣂𗗔："𘆻𘖈𗞞𘇜𗀥𘈗𗴓𘈗𘞗，𗏵𘆻𘈗𗧓。"𗇃𘝟𗣠�㵃�㵃�㵃，𘑻𘆻𘆻𗧓�。𗇃𘆻𘆄𗯾，𗏵𗤛

[illegible][R11·157上·1][illegible]。[illegible]，[illegible]。[illegible]。

汉译：

伴迂其途，而诱之以利，后人发，先人至，

魏曹曰：迂者，示路途远也。后人发，先人至者，明于远近度数故也。[1]〇李筌曰：迂其途，示疾不能至，故后人发，先人至也。用兵若此，能以患为利也。〇杜牧曰：以迂为直者，先示敌人以迂远，使敌懈怠；复诱敌以利，乱其腹心。然后倍道兼行，出其不意而攻之，则能后发先至，而得所争之利也。秦伐赵[2]，军于阏与，赵王令赵奢往救之。去邯郸城三十里远而设营，令军中曰："有以兵马事谏者死。"秦军闻后，己军中一支遣，舍于武安城西，鼓噪勒兵，武安屋瓦皆震。时军中有一人言急救武安，奢立斩之。修造沟壕，留彼处二十八日。秦间来，奢识之，侍奉而遣。间至其将处，说此言，秦将大喜曰："赵奢出兵，三十里远而居，修造沟壕，不敢来此，阏与必为我所有。"赵奢既遣秦间，乃车载坚甲而行，二日一夜，接近秦军。择善射者，去阏与五十里而军。秦人闻之，悉甲迎战。军中一卒曰："先据北山者胜。"赵奢使万人据之，秦人来争利不得。以此用兵，大破秦军，救阏与城。

注释：

（一）[illegible]：字面义为"近远"，对译"远近"，属"颠倒译法"（见前文 E5·151·2）。

（二）[illegible]：字面义为"宫宿"，对译"度数"。相当于宿度，天空中标记星宿位置的度数。

（三）[illegible]，[illegible]：字面义为"昼夕夜行，远缩急速"，对译"倍道兼行"。又译作"[illegible]（昼夕夜行兼，R11·167上·2）"。

（四）[illegible]：字面义为"己军中一列离"，即"秦军中派出一支小分队"。此前误以"[illegible]"为动词趋向前缀，进而把"[illegible]（列）"当作动词"[illegible]（守）"，[1] 上下文逻辑不通。

（五）[illegible]：字面义为"军列正为"，对译"勒兵"。"[illegible]"即汉文史籍中的"军溜"，系西夏军队基层组织，由若干个"抄"组成。

1　林英津：《夏译〈孙子兵法〉研究》，（台北）"中央研究院"历史语言研究所单刊之28，1994，第3—3页。

（六）𗹭𗣼：二字连用，为西夏语结构助词中的施动助词。

（七）𗁨𗉄𗣱𗢸：其中"𗣱（修造）"字，原误为"𗣱（急）"，形近致误（"𗣱𗢸"
　　　一词，见 R11·166 下·12）。

（八）𗁨𗉄：沟壕。其中"𗁨（沟）"字，原误为"𗈪（官）"。

（九）𗏁𘃥𗟲𗤻，𗤻𗤫𗑠𗤻：字面义为"坚甲△载，军足△行"，即"车载坚甲而行"。
　　　按夏译者以此对译"卷甲而趋"，理解有误。卷甲，是指卷起甲衣的下摆，非用车
　　　辆运载甲衣。甲衣下摆卷起后，士兵在行军的过程中，可以减少两腿的阻力，大步
　　　前进。（见 R11·157 上·7、R11·164 上·9）。

（十）𗤫𗤻𗏁𘃥𗟲𘃧𗼈𗟲𗏁：字面义为"皆一坚甲军面上战来"，即"悉甲迎战"，对译
　　　"悉甲而至"。按此处"𗤻"非虚词，可译为"一"，"全部"的意思。"𗤫𗤻（皆
　　　一）"对译"悉"。

校记：

[1] 此处曹注，合于《十一家注》，与《魏武帝注》有别。后者分作两处，分别系在
　　　"故迂其途""而诱之以利，后人发，先人至"句下。

[2] 秦伐赵：《十一家注》杜注作"秦伐韩"，误。阏与之战，是指周赧王四十六年
　　　（前 269），赵国名将赵奢率军于阏与击败秦军的一次奔袭作战。

𗏁𗤻，𗤫𘃥𗑠𗤻𗤻𗤫$^{R11·157上·2}$𗟲。𗤻𗤫𗟲𗟲𗤻，𗟲𘃥𗟲𗤫𗤻。

𗤻𗤫𗟲：𗏁𗤻𗟲$^{R11·157上·3}$𗤻，𗏁𗣼𗟲𘃥𗟲。○𗣼𗤻𗟲：𗤻𗣱𘃥，𗤫𗏁𗟲𗤻𗤻，𗤫𗣼𗏁𗟲
𗟲𗤻。○𗣼𘃥𗟲：𗏁𗤻，𘃧𗤫𘃥𗤻𗤫𗤻𗟲。

汉译：

此知迂直之计者也[1]。先得利则利，争利为危[2]。

魏曹曰：善者得利，不善则不利。○李筌曰：用兵时，将善则得利，将不善则遇危。○
杜牧曰：善者，计度审故也。

校记：

[1] 此知迂直之计者也：经文的位置不同于《十一家注》。《十一家注》此句上属。

[2] 先得利则利，争利为危：此句经文异于《十一家注》"军争为利，军争为危"、《魏武帝注》"军争为利，众争为危"。按贾林曰："我军先至，得其便利之地，则为利。彼敌先据其地，我三军之众，驰往争之，则敌佚我劳，危之道也。"黄振华先生认为贾注当就经文而言，则必是所据《孙子》与传世本异，而与西夏本《孙子》所见同。[1]

𗾀𗾰 [R11·157上·4] 𗾰𗾰𗾰𗾰，𗾰𗾰；

𗾰𗾰𗾰：𗾰𗾰𗾰𗾰𗾰𗾰。○𗾰𗾰𗾰：𗾰𗾰 (一) 𗾰𗾰𗾰。

汉译：

大军皆出争利，则不及；

魏曹曰：往迟不及之谓。○李筌曰：辎重迟之谓。

注释：

（一）𗾰𗾰：字面义为"载重"，对译"辎重"。《汉书·韩安国传》颜注："辎，衣车也。重谓载重物车也。故行者之资，总曰辎重。"[2] 该词下文又译作"𗾰𗾰𗾰（载重粮，见 R11·157上·5）"、"𗾰𗾰（驮粮，见 R11·157上·5）"或"𗾰𗾰（重车，见 R11·158上·3）"，前后不一。

𗾀𗾰 (一) [R11·157上·5] 𗾰𗾰𗾰，𗾰𗾰𗾰𗾰𗾰。

𗾰𗾰𗾰：𗾰𗾰𗾰𗾰𗾰。○𗾰𗾰𗾰：𗾰𗾰𗾰𗾰，𗾰𗾰 [R11·157上·6] 𗾰𗾰。○𗾰𗾰𗾰：𗾰𗾰𗾰𗾰，𗾰𗾰𗾰𗾰𗾰，𗾰𗾰𗾰𗾰，𗾰𗾰𗾰𗾰。𗾰𗾰𗾰𗾰，𗾰𗾰𗾰 (二) 𗾰𗾰，𗾰𗾰𗾰𗾰𗾰𗾰。

汉译：

飞军而争利，则辎重捐。

魏曹曰：辎重捐弃也。○李筌曰：委弃辎重，则军资阙也。○杜牧曰：大军皆往，辎重皆载，则疾往为迟，争利不及；委弃辎重，急欲疾往，则恐粮食缺也。

1　黄振华：《西夏文〈孙子兵法〉三家注管窥》，《西夏文史论丛》（一），宁夏人民出版社，1992。
2　（汉）班固：《汉书》卷52《韩安国传》。

注释：

（一）[illegible]：字面义为“军飞”，即“飞军”，对译“委军而争利”的“委军”，即放弃辎重、轻装前进的意思。夏译者此处采用了意译。

（二）[illegible]（急）：此字人字旁“[illegible]”居右而非右上。

[illegible][R11 · 157上 · 7][illegible][(一)][illegible]，[illegible]，[illegible][R11 · 157下 · 1][illegible]，[illegible][(二)][illegible]，[illegible][(三)][illegible][R11 · 157下 · 2][illegible][(四)]；[illegible]，[illegible]，[illegible][R11 · 157下 · 3][illegible][(五)]；

[illegible]：[illegible]，[illegible]。[illegible]。○[illegible]：[illegible][R11 · 157下 · 4][illegible]，[illegible]，[illegible]，[illegible]。[illegible]，[illegible]，[illegible]，[illegible][R11 · 157下 · 5][illegible]，[illegible]，[illegible]？[illegible]，[illegible]。[illegible]：“[illegible][(六)][R11 · 157下 · 6][illegible]，[illegible][(七)][illegible]？”[illegible]。[illegible]，[illegible][(八)][illegible]，[illegible]。[R11 · 157下 · 7]○[illegible]：[illegible]。[illegible]，[illegible]，[illegible]，[illegible][(九)][illegible]；[illegible]，[illegible]。[illegible][R11 · 157下 · 8][illegible]，[illegible]。[illegible]：[illegible]，[illegible]，[illegible]，[illegible]。[illegible][R11 · 157下 · 9][illegible][(十)][illegible]，[illegible]，[illegible]。[illegible]，[illegible]，[illegible]。[R11 · 157下 · 10][illegible]，[illegible]。[illegible]，[illegible]，[illegible]。[illegible]，[illegible]。[illegible][R11 · 157下 · 11][illegible]，[illegible]。[illegible]，[illegible]。

汉译：

是故卷甲而趋利[1]，日夜不处[2]，倍道兼行，百里而争利，则将军为人所擒；劲者先，疲者后，十中而一先往至；

魏曹曰：百里而争利，非也；争利则将军为人所擒。[3]○李筌曰：一日行百二十里，为昼夜兼行，则劲者先到，疲者后至。劲健者少，疲倦者多，故十人可一人先到，余悉在后，与敌遇时，何将军不为人所擒？魏武帝逐刘备，一日一夜行三百里，诸葛亮曰：

“如强弩之末，岂能穿薄缟?”是以魏军败于赤壁。庞涓追孙膑，败于马陵，如此深追故也。○杜牧曰：上说皆未尽也。大军出时，一日行三十里，倍道兼行，则至六十里；昼夜不息，乃得百里。若如此争利，则兵马疲倦，将军亦为敌所擒。若不得已而往争利，则十人中择一人，前方遣，余皆后来。依此万人中可择千人，其中或平旦寅时至，或巳午时至，或申未时至，各自力不竭，相续而至，与先往者相助不断。谓争利者，争要害也。虽千人守之，亦可拒抗敌人，使续力继及。唐太宗以五百骑[4]先据武牢关，窦建德十八万众而不能前。依此而思，则此言可知。

注释：

（一）[illegible]：字面义为“甲着裾卷”，即卷起甲衣下摆，对译“卷甲”，甚是。“卷甲”又译作“[illegible]”，字面义为“坚甲下卷”（见 R11・164 上・9）。卷起甲衣下摆，以便士兵行军时减少两腿阻力，大步前进。今人多理解为“卷起铠甲”[1]，轻装快跑，是不正确的。

（二）[illegible]：此字有“束缚”义。这里附加在里程后面，表示距离远近。

（三）[illegible]：字面义为“军将”，即“将军”，对译“三将军”。“三将军”，梅尧臣注曰“三将军者，三军之帅也”，即上、中、下三军主帅。本书中夏译者总是略去“三军”的“三”字，或许反映出西夏军队没有前军、中军、后军这样的建制。但西夏军队有“两翼”，如“夏人张两翼来”[2]，又“敌曰：‘汝直欲战也。’乃纵两翼围之”[3]。

（四）[illegible]：字面义为“人手落”，对译“擒”。

（五）[illegible]：字面义为“十中各一先往至”，对译“其法十一而至”，漏译“其法”二字。

（六）[illegible]：一作[illegible]（R11・159 下・12），字面义为“镫弓”，指西夏人创制的神臂弓。《梦溪笔谈》记载：“熙宁中李定献偏架弩，似弓而施干镫，以镫距地而张之，

1 中国人民解放军军事科学院战争理论研究部《孙子》注释小组：《孙子兵法新注》，中华书局，1977，第 65 页注⑤。李零：《孙子译注》，中华书局，2007，第 48 页。

2 （元）脱脱等：《宋史》卷 350《张守约传》。

3 （宋）李焘：《续资治通鉴长编》卷 214 熙宁三年八月。

射三百步，能洞重札，谓之‘神臂弓’，最为利器。李定本党项羌酋，自投归朝廷，官至防团而死，诸子皆以骁勇雄于西边。"[1] 装填弩箭时，手脚并用，一脚插入干镫，踩踏于地上，双手拉开弓弦。安装有干镫，是神臂弓最大的特征。

（七）𗧨𗇋：字面义为"缟薄"，对译"鲁缟"，古代鲁地出产的一种白色生绢。夏译者采用了直白的译法，略去"鲁"字。

（八）𗉅𗙈：地名"马陵"的音译。𗙈字右部原件写作𘟏。西夏字为美观起见，有些偏旁在右部出现时，往往带有右拐钩。

（九）𗒲𗄽𗺇：六十里，对译"倍道兼行者再舍"中的"再舍"。凡军一日行三十里为一舍，再舍为六十里，夏译者采用了意译。

（十）𗗚𗤀𗦬𗤀：字面义为"旦晨寅时"，对译"平旦"，"寅时"二字为夏译者所添。

校记：

[1] 是故卷甲而趋利：异于《十一家注》"是故卷甲而趋"。然《通典》卷154引"趋"下有"利"字，正与西夏本同。

[2] 日夜不处：句下《魏武帝注》注曰"不得休息"，《十一家注》作"不得休息，罢也"，西夏本无。

[3] 此句曹注位置，与《十一家注》同，《魏武帝注》则在上句经文"擒三将军"之下。

[4] 唐太宗以五百骑：《十一家注》作"太宗以三千五百骑"，《旧唐书》亦称"亲率步骑三千五百人趣武牢"。[2] 或夏译文误，或所据底本有误。

𗫔𗄽𗺇𗉅𗙈𗓨𗼃[R11·157下·12]𗦮𗰖，𗏶𗵜𗄽𗤀（一），𗏶𗒭𗦀𗰖（二）；

𗵆𗠟𗥗：𗄽𗤀𗵜（三），𗼃𗦀，𗏶𗄽𗤀[R11·157下·13]𗰖。○𗥗𗏶𗥗：𗵜𗄽𗉅𗓨，𗓨𗫨𗥷𗌭𗓨𗦀𗰖；𗫔𗓨𗄽𗉅𗓨，𗓨𗫨𗥷𗫔𗓨𗦀𗰖。𗏶𘟏𗤀𗦀𗓱（四），𗏶𗵜𗦭𘝊𗒹𗫔𗞶。[R11·157下·14]𗒒𘜶𗓶𗓨，𗏶𗦀𗞶𗌭。○𗗚𗦀𗥗：𗌭𗉅𗦀𗰖𗍤𗵜，𗓨𗫨𗥷𗫔𗄽𗵜𗦀𗰖𗍥。

1　（宋）沈括：《梦溪笔谈》卷19。"李定"为"李宏"之误，参见彭向前、王巍《神臂弓创制人考》，《宁夏师范学院学报》2013年第1期。

2　（后晋）刘昫：《旧唐书》卷2《唐太宗本纪》。

汉译：

五十里而争利，则蹶将军，军半至；

> 魏曹曰：蹶者，战负，军蹶也。○李筌曰：百里则十人中一人至，五十里则十人中五人至，不过挫军之威，将军则不至为人所擒。道近则军力不断。○杜牧曰：半至者，凡十人中五人劲者先往也。

注释：

（一）𗒹𗩈𘉍𗆮：字面义为"军将丰失"，即将军失丰，对译"蹶上将军"。其中"𘉍𗆮（丰失）"对译"蹶"。"𘉍"字，夏译本《孟子》对译"牺牲不成"的"成"字，本于赵注"不成，不实肥腯也"。林英津先生认为该字是"𦜝（wer，威）"的通假字，[1] 未若根据夏译本《孟子》译作"丰、实"。"上将军"，即上军之将，夏译者略去"上"字。

（二）𗒹𗓑𘈩𘉶：军半至，对译"其法半至"，漏译"其法"二字。

（三）𘉍𗆮�：" 𘉍（丰）"下脱一"𗆮（失）"字，据上下文义补。

（四）𗍺𘄡：字面义为"不然"，位于句末。以往学界认为"𗍺𘄡"与"�"搭配，构成"……𗍺𘄡，……�……"复句句式，表示转折关系，相当于"然则"。[2] 实际上，"𗍺𘄡"一词在本书中亦单独出现，并不总是与"�"字搭配，位于句末，其义略相当于"不过……""仅限于……""唯……""除……"。

𗗙𘒣𗀔𘊝[R11·158上·1]𘕤� 𘉶𘈩，𗗙𘈥𘗐𗹟𘈥𘊒𘉶。

> 𘈥𗠔𘈜：𗭛𘈩𗗙[R11·158上·2]𗤊𘊒𘉶，𘃜𗠔𘓠𘈩。○𘐕𘉙𘈜：𗭛𘉙𘉤𗏴，𗗆𘉙𗠔𘊮。○𘄀𗍺𘈜：𗗙𘒣𗀔𘊝𘄡𘉤𗏴，𘒣𗗆𘗐𘊝𘉳�𗠔𘊒𘉶。𘉶[R11·158上·3]𘐕𗍺𗤊𗏴，𘊒𗀈𘉳𘊞𘊝𘋛𗍺[（一）]。

汉译：

三十里而争利，则三分之二至。

1　林英津：《夏译〈孙子兵法〉研究》，（台北）"中央研究院"历史语言研究所单刊之 28，1994，注 57。

2　林英津：《夏译〈孙子兵法〉研究》，（台北）"中央研究院"历史语言研究所单刊之 28，1994，注 58。

孙伯君：《简论西夏文"𘄡"＊djij$^{2.33}$的语法功能》，《西夏学》第 5 辑，上海古籍出版社，2010。

魏曹曰：道近至者多，故无死败。○李筌曰：近不疲倦，故人无死亡。○杜牧曰：三十里内，十人中六七人先往也。不知其法者，依上文所学可知也。

注释：

（一）𗫊𗏁𗼃𗰗𘘞，𘕿𗭻𘄒𗠁𗹙𗽆𗰗：不知其法者，依上文所学可知也，对译"不言其法者，举上文可知也"。夏译者对杜注理解有误，杜牧是在解释此句经文何以没有如上两句那样出现"其法"二字。

𗧾𗣼𗘂𗭑𘆄𗰗^{（一）}𘄒𘟣𘋻，𗾘^{R11·158上·4}𘆄𘄒𘋻𘟣，𗾘𗫨^{（二）}𘄒𘋻𘟣。

　　𗧾𗤑𘝵：𗫊𗭻𗼃𘄒𘋻，𘟣𗼃𗾘𘌶。○𗤋𗫉^{R11·158上·5}𘝵：𗷥𗊮𘄒𘋻，𗾘𗾘𗈁𘄒。𗱞𘟣𗣼𗰖𗣼𘝵𗮈𗫩𗍁。𗧾𘍞𘋼𘝵𗰖𗧿𗪚𘝵𘉋𗼚，𗷥𗊮𗾘𗼃𗣐𗱾𗣠。𗱞𘟣𗾘𘝵𘈷^{R11·158上·6}𗓦𘈜𗧾𗤈。�苑𘄒𘋻，𘟣𘝵𗰗𘝵𗉾𘘂𘞚，𗟲𗧁𗣐𗏵？𘝵𘟣^{（四）}𗣓："𘈷𗱞𗪚𘄒，𘟣𗤈𗪚𘄒，𗸆𗢈𗣐𘞷𘞷。"𘆄𗲲𗾘𗾌𗾘^{R11·158上·7}𗰖𗣠𗱾𗣐𗱞𗑇，𘈷𗱞𗪚𗣠𗲧𘞰，𗢭𗟲𗤈𗍁𗣐𘟣𘟣𗣐𗮔。𗫊�苑𘝵�𘄒，𘟣�苑𗖠𘞗𘞗𘈷𗱞𗱞𗣠，𘆄𗔛�苑𗱾𗓰。𗲲𘆄^{R11·158上·8}𘄒𗤑𘞤𘄒𗭑𘞤，𘉋𗣐𗤈𘕿𗣓𘄒𗭑𘞤，𗧾𗣐𗤈𗈁𗣠𘄒𗭑𘞤，𗫊𗤑𗉐𘈷𗱞�𗣐𘄒𘋻，𘟣𘟣𗤈𗏵，𗢭𗱞𗣐𗣐𘟮？○𗓦𗣠^{R11·158上·9}𘝵：�苑𘆄𗉐，𗬩𗺿、𘈷𗱞、�苑𗫨𗠁𘟣𘌶𘌶。

汉译：

是故军无辎重则败，无粮食则败，无财货则败。

魏曹曰：无此三者，败之道也。○李筌曰：无辎重者，阙所用也。袁绍有十万之众，魏武用荀攸计，焚烧其辎重，破袁绍于官渡。无粮食者，虽多有金银，何安于饥？夫子曰："粮食足军人足，信心不失。"后汉赤眉百万众无食，故君臣皆降于光武帝。依此度之，善用兵者先准备粮食，后发动战争[1]。汉高祖不守关中，光武帝不守河内，魏武帝不守兖州，此三处粮运无[2]，则军败身遁，岂能征战？○杜牧曰：辎重者，载运器械、粮食、财货也[3]。

注释：

（一）�苑𘆄：意思是"重车"，是对"辎重"的解释性翻译。与之相对，轻车译作"�苑𗈁"（R11·167上·9）。

（二）𗧀𗤼：字面义为"用财"，对译"委积"。

（三）𗧀𗤻：字面义为"用行"，即遣用。在夏译本《孟子》中，对译"夫既或治之"的"治"，意思是"遣人办事"。《掌中珠》中载有"𗥥𗤻𗤻𗤗，𗤼𗤻𗧀𗤻（案检判凭，依法行遣）"。[1]

（四）𗤻𗤺：字面义为"君子"，特指孔子。古代汉语尊称老师或有道德、有学问的人曰"子"，这种尊称在西夏又被区分为高低两个等级，一类用"𗤺"，如"𗤻𗤺（孔子）"、"𗤾𗤺（太子）"；一类用"𗤗"，如孟子、曾子、徐子、夷子中的"子"。独称孔子为"𗤻𗤺"，显然意在把"孔子"与其他"诸子"区别开来，与西夏人"尊孔"有关。[2] 西夏仁孝时尊孔子为"文宣帝"，[3] 超过中原王朝"文宣王"的封谥规格。

校记：

[1] 善用兵者先准备粮食，后发动战争：句下较《十一家注》缺"无委积者，财乏阙也"。

[2] 此三处粮运无：此句为夏译者所加。因缺"无委积者，财乏阙也"，误以为上三例仍是针对"无粮食则亡"而言的，实则是针对"无委积则亡"而言的。

[3] 辎重者，载运器械、粮食、财货也：此句与《十一家注》杜注"辎重者，器械及军士衣装；委积者，财货也"差别较大，夏译者采用了意译。

𗼇𗤻𗤻𗤻𗤻𗤻𗤻𗤻𗤻，[R11·158上·10]𗤻𗤻𗤻𗤻[（一）]𗤻𗤻；

𗤻𗤻𗤻：𗤻𗤻𗤻，𗤻𗤻𗤻𗤻。𗼇𗤻𗤻𗤻𗤻𗤻𗤻𗤻𗤻，𗤻𗤻𗤻𗤻𗤻[R11·158上·11]𗤻𗤻𗤻𗤻？○𗤻𗤻𗤻：𗤻𗤻𗤻𗤻𗤻𗤻𗤻𗤻𗤻，𗤻𗤻𗤻𗤻𗤻。○𗤻𗤻𗤻：𗤻𗤻𗤻𗤻。𗤻𗤻𗤻𗤻𗤻𗤻𗤻𗤻𗤻𗤻𗤻𗤻，𗼇𗤻[R11·158上·12]𗤻𗤻𗤻𗤻，𗤻𗤻𗤻。𗤻𗤻𗤻𗤻𗤻𗤻，𗤻𗤻𗤻𗤻。

1　（西夏）骨勒茂才著，黄振华等整理《番汉合时掌中珠》，宁夏人民出版社，1989，第59页。

2　彭向前：《西夏文〈孟子〉整理研究》，上海古籍出版社，2012，第54页。

3　（元）脱脱等：《宋史》卷486《夏国传下》。

汉译:

故不知他国^[1]谋略者，不能交兵^[2]；

> 魏曹曰：他国者，诸侯国也。^[3]不知敌情，岂可与人交兵？○李筌曰：知敌之情，利交兵^[4]。○杜牧曰：此者皆非。诸侯之谋先须知之，然后可交兵合战；若不知其谋，不可战争^[5]。

注释:

（一）𗆀𗅲𗅲𗆀：字面义为"战力结合"，即合并兵力，对译"不能豫交"之"豫交"。杜注"交，交兵也"，为其所本。

校记:

[1] 他国：诸本皆作"诸侯"。观夏译曹注中云"他国者，诸侯国也"，盖其所见底本有异，或为译者所擅加。

[2] 交兵：原文为"豫交"。夏译者受杜注"交，交兵也"的影响，在本句经文中把"交"翻译为"𗆀𗅲𗅲𗆀（战力结合）"。其下曹注"不知敌情谋者，不能结交也"、李注"知敌之情，必备其交矣"中的"交"，译作"𗅲𗅲𗆀𗆀（力结合战）"；杜注"言诸侯之谋，先须知之，然后可交兵合战"中的"交"，译作"𗆀𗅲𗅲𗆀（军力结合）"，大同小异，皆有"交兵"的含义，而没有任何"外交"的含义。以往多把"交"理解为"与诸侯结交"，有望文生义之嫌。黄朴民先生认为"交"即列阵示威，以迫敌屈服，而非采取外交手段，孤立敌人，以迫使其屈服[1]，夏译文可证。

[3] 他国者，诸侯国也：此句曹注《魏武帝注》、《十一家注》均无。

[4] 李注原文，《十一家注》句前有"豫，备也"。

[5] 本句杜注，《十一家注》开头有"豫，先也；交，交兵也"。

𗄊𗄊、𗅲𗅲、𗄊𗄊、𗅲𗅲^{（一）}、^{R11·158上·13}𗄊𗄊^{（二）}𗅲𗅲，𗆀𗆀𗅲𗅲，𗆀𗆀𗅲𗅲。

𗄊𗄊𗅲：𗅲𗅲𗄊，^{R11·158上·14}𗄊𗅲。𗄊𗄊𗅲，𗄊𗅲。𗄊𗄊𗅲，𗅲𗅲。𗄊𗄊𗄊𗅲𗅲，𗅲𗅲。

1　黄朴民：《孙子"伐交"本义考》，《中华文史论丛》2002 年第 1 期。

𗂅𗴽𗟲𗟲、𗼮𗤋𗟲𗟲(三)𗴟，𗤋𗏇。𗤋𗂅𗉾𗟲𗴟，𗴯𗜓。○𗊟𗵲𗗙：𗵲𗗙R11·158下·1𗴽𗴟𗈩𗥦𗦻𗸜，𗯖𗜓𗰒𗼄，𗂅𗼮，𗷅𗸜𗉴𗉴𗗫𗴟，𗜓𗤋(四)𗗐𗤀，𗵸𗵲𗶘𗫶，𗗋𗗫𗵲𗥩。《𗤀𗆧》𗯩𗤀："𗷅𗗐𗜓𗝤，𗷅𗴟𗜓𗈩𗨨𗏇。"○𗊟𗉴𗗙：𗤋𗆀𗗫："𗗫𗗽𗥃𗫶，𗗽𗨙𗝤𗝤。𗗫𗗽𗉴𗗫，𗗫𗰗𗝤𗗫，𗥩𗈩𗒹𗳟，𗗲𗅺𗴟𗨨，𗷅𗈩𗠃𗁡，𗗋𗗫𗅺𗥝，𗙶𗤹，𗥨𗒹R11·158下·3𗤜，𗷸𗞘𗴟𗫶，𗜓𗗫𗢸𗏇，𗱸𗒏，𗒷𗒷。"𗯴𗬺𗊟𗏀𗗐："𗵲𗴱𗗫𗈩𗴟𗘂𗦻，𗵲𗥷𗗫𗘂，𗜓𗈩𗩱𗩱𗗋，𗾈𗾈𗢸𗴱𗦻𗘂，R11·158下·4𗷅𗤐𗯴𗜓𗽷，𗅺𗮈𗆐𗏩。𗵸𗲃𗜣�𗤜𗤜，𗵸𗖄𗜓𗤜；𗵲𗷸𗅀𗟲𗗐，𗂅𗣥𗯴𗰫，𗞂𗮈，𗜣𗖄，𗽊𗴟𗥝𗝤。𗂅𗂅𗷽𗟄R11·158下·5𗂅𗅗𗷈𗷈，𗅺𗰗𗵩𗗐(六)𗣜𗟃𗂅𗗫，𗵸𗤜𗤜𗥦。𗼮𗤋𗤜𗒎，𗵸𗗂𗉏𗲃。𗴱𗁡𗵩𗗐，𗯴𗫍𗜣𗗐(七)。𗂅𗂅𗷽𗤜𗤜𗷈𗤜𗤜，𗤀𗖄𗷛R11·158下·6𗾈𗗐，𗷸𗫶𗷸𗤜𗴟𗳟。"

汉译：

不用山林、险阻、河泽、淤泥、乡导者，不能得地利，不能行军。[1]

> 魏曹曰：崇高者山也，树聚则林也，坑堑者险也，一高一下者为阻，水草行行、污泥震震者为沮，众水流归者为泽[2]。○李筌曰：入敌境，山川隘狭，地土泥泞，井泉不利，则捕获属口，使导之以得地利。《周易》曰："欲捕鹿时，知鹿住处人为要。"○杜牧曰：管子曰："凡用兵者，必先审地图。兵车过处，山谷丘阜，树丛林木，道里远近，城郭大小，村邑之地，尽皆知之[3]，则不失地利，得利得益。"卫公李靖曰："若贼徒攻击不止时，择勇敢之夫，遣熟知地程者，暗暗使为间谍，山林中过处，足迹隐晦。刻树如兽足，履于中途；或冠以禽首，伏于草丛。然后倾耳，深视，一心不忘[4]。往至河边观察敌人，辨其足迹。树动草响，知有来军。故烽火不误，旌旗高举。赏善必行，罚罪必严。敌之动静，机谋如何，我先知则利。"

注释：

（一）𗼮𗤋、𗷅𗸜：字面义为"河泽、淤泥"，对译"沮泽"。曹注曰"水草渐洳者为沮，众水所归而不流者为泽"。

（二）𗜓𗴱：字面义为"地识"，对译"乡导"，即"向导"。

（三）𗂅𗴽𗟲𗟲、𗼮𗤋𗟲𗟲：意思是"水草行行、污泥震震"，对译"水草渐洳"。其中"污泥震震"为夏译者所加，形象地揭示了"沮"这种地貌特征。

（四）𗜓𗤋：字面义为"口属"，即"属口"，指熟悉地形的当地人。

（五）𗹰𗣫𗣫𗹰：字面义为"兵车过处"，对译"辕辕之险，滥车之水"，较为直白。

（六）𗣫𗹰𗣫𗣲：字面义为"足迹辨为"，其中"𗣫"字，有"拷打"义，林英津先生对译为"印"，[1] 未若对译为"辨别"。因为上句的"𗣲（往）"字用在主语是第一、二人称的句子中，表明"𗣫"这个动作不会是作为第三人称的敌人发出的。所在句子原文为"睹水痕则知敌济之早晚"，夏译者采用了意译，即通过辨别河边带水的脚印，可以判断敌人渡河的情况。

（七）𗣫𗹰𗣫𗣲，𗣫𗹰𗣫𗣲：字面义为"善赏置为，罪罚严为"，即"赏善必行，罚罪必严"，对译原文"赏罚必重而不欺，刑戮必严而不舍"。其中"𗣫𗹰"，林英津先生译作"巧施"，[2] 不大好理解。

校记：

[1] 本句译文把"不知山林、险阻、沮泽之形者，不能行军"与"不用乡导者，不能得地利"两句经文杂糅在一起。且此两句经文在《十一家注》中是分开的。前句下系曹注，后句下系李注和杜注。这里对三家注文也做了合并。又此文与《九地》篇重复。

[2] 本句曹注，合于《魏武帝注》"高而崇者为山，众树所聚者为林，坑堑者为险，一高一下者为阻，水草渐洳者为沮，众水所归而不流者为泽"，较于《十一家注》，末尾缺"不先知军之所据及山川之形者，则不能行师也"。

[3] 句下较《十一家注》杜注缺"地形出入之相错者尽藏之"一句。

[4] 一心不忘：《十一家注》杜注作"专智以度事机，注心而视气色"。

𗹰𗣫，𗣫𗹰𗣫，𗣫𗹰𗣫，𗣫𗹰𗣫^{R11·158下·7}𗣫。

𗣫𗹰𗣫：𗣫𗹰𗣫𗣫，𗣫𗹰𗣫𗣲。○𗣫𗹰𗣫：𗣫𗹰𗣫𗣫𗣫𗹰𗣫。𗣫𗹰𗣫𗣲，𗣫𗹰𗣫𗣫。

○𗣫𗹰𗣫：𗣫𗹰，𗣫𗹰𗣫𗣫^{R11·158下·8}𗣫^{（一）}𗣫𗹰𗣫𗣫𗣫𗹰，𗣫𗹰𗣫𗣲。𗹰𗣫，𗣫𗹰𗣫𗣫

1　林英津：《夏译〈孙子兵法〉研究》，（台北）"中央研究院"历史语言研究所单刊之28，1994，第3—16页。

2　林英津：《夏译〈孙子兵法〉研究》，（台北）"中央研究院"历史语言研究所单刊之28，1994，第3—16页。

󰀀。󰀀󰀀󰀀，󰀀󰀀󰀀󰀀，󰀀󰀀󰀀󰀀。󰀀󰀀󰀀󰀀󰀀󰀀󰀀，󰀀󰀀󰀀󰀀󰀀^{R11·158下·9}󰀀，󰀀
󰀀󰀀。

汉译：

兵者，以诈立，利上动，分合变化[1]。

魏曹曰：或分或合，以敌而为。○李筌曰：以诡诈得利而动；分合不定，变化之形也。
○杜牧曰：诈者，我之行情敌不知，然后诈成。利者，见利然后动也。分合者，或分或
合，以惑敌人；观其战法，然后用兵法变而战，取胜也[2]。

注释：

（一）󰀀󰀀：字面义为"行情"，对译"使不知我本情"中的"本情"。

校记：

[1] 此三句经文在《十一家注》中，被分作三处。

[2] 杜注共有三句，在《十一家注》中，分属以上三句经文，但在夏译本中被合并，
　　与曹注、李注置于一处。

󰀀󰀀󰀀󰀀，

󰀀󰀀󰀀：󰀀󰀀󰀀󰀀。○󰀀󰀀󰀀：󰀀󰀀󰀀󰀀。○󰀀󰀀󰀀：󰀀󰀀󰀀󰀀󰀀，󰀀󰀀^{R11·158下·10}󰀀
󰀀󰀀^{（一）}。

汉译：

疾疾如风，

魏操曰：击空虚也。○李筌曰：进退疾也。○杜牧曰：进时足迹无，退时立即来。[1]

注释：

（一）󰀀󰀀󰀀󰀀󰀀：退时立即来，此句译文有误。汉文底本作"其退至疾也"，夏译者
　　把副词"至"理解为动词。

校记：

[1] 本句杜注，《十一家注》无，但与李注末尾多出的一句"其来无迹，其退至疾也"
　　相当。《武经总要》前集卷三确有此注"来无迹，其至迅疾也"，文字稍有不同而

已。夏译文表明《十一家注》脱"杜牧曰"三字。

𗗉𘉸𗩟𗩟，

𗗙𗗵𗙏：𗹛𗪚𘜶𗣔𗩟。○𘃽𗼑𗙏：𗗉𗩟𘏜𗸮。○𗋧𗡷𗙏：𗩟𗩟𘓨𘝤，𗗉𗩟[R11·158下·11]𗺉𗟰(一)𘓨𗭪𗗉𘉸；𗮔𘜶𘂤𗷪𗶷𘄬𘈑(二)𗯿。

汉译：

徐徐如林，

魏曹曰：不见利，故迟。○李筌曰：整行列也。○杜牧曰：徐徐往时，队伍列显如林木足；恐敌覆我也。[1]

注释：

（一）𗺉𗟰：字面义为"列显"，形容队伍整齐。

（二）𗷪𗶷𘄬：字面义为"恐覆我"，即害怕敌人掩袭我。其中"𘄬（我）"是动词人称词尾。克平最先指出西夏语存在人称呼应现象，即当主语或宾语是第一人称或第二人称时，在动词后面会出现人称词尾，指示该动词的主语或宾语。[1] 在此基础上，龚煌城先生发现西夏语的人称呼应与音韵转换现象，即当主语为第三人称时，动词用基本式；当主语为第一、二人称时，动词用衍生式；当人称词尾指涉的是句子的宾语时，动词仍用基本式。[2] 本句中的"𘄬（我）"则为宾语呼应而非主语呼应，宾语省去，并非因为句中有"𘄬"字，动词人称后缀则表示受事者而非施事者。[3] 𗶷 pho̠^{1}的人称后缀虽然是"𘄬（我）"，但因为"𘄬（我）"指涉的是句子的宾语，动词𗶷 pho̠^{1}是基本式而非衍生式。

1　Кепинг К. Б. Лексические группы глаголов и субъектно‐объектное согласование в тангутском языке. *Письменные памятники и проблемы истории культуры народов Востока* XI, 59-64. Москва： Издательство 《Наука》. 1975.

2　龚煌城：《西夏语动词的人称呼应与音韵转换》，《西夏语言文字研究论集》，民族出版社，2005，第202页。

3　林英津：《夏译〈孙子兵法〉研究》，（台北）"中央研究院"历史语言研究所单刊之28，1994，注80。

校记：

［1］杜注开头"徐，缓也"，训诂内容为夏译者所省。

𗽗𘈩𗾔𗋽，

𘊝𗟲𗂧：𗋽𗸁𗾔。○𗣼𗫉𗂧：𘈩𗫡𗋽𗍫，𘃊𗾔𘈩𗾔[R11·158下·12]𘈩。○𗣼𗶚𗂧：𗽗𘈩𗸁𗸁，𗟲𗾔𘃊。

汉译：

如火燃烧[1]，

魏曹曰：疾也。○李筌曰：如原野放火，烧草无遗。○杜牧曰：火红炫炫，不可向也。

校记：

［1］如火燃烧：本句原文作"侵掠如火"。

𗋽𘈩𘊝𗾔，

𘊝𗟲𗂧：𗋽𗸁𘊝。○𗣼𗫉𗂧：𘈩𘊝𗾔。○𗣼𗶚𗂧：𘃊𘊝𘈩[R11·158下·13]𗾔𗸁。

汉译：

不动如山，

魏曹曰：能守也。○李筌曰：驻军[1]也。○杜牧曰：闭门不动也。

校记：

［1］驻军：《十一家注》原本作"驻车"，《校理》改为"军"字[1]。夏译本可证。

𘊝𘈩𗾔𗟲，

𗣼𗫉𗂧：𘈩𗫡𗾔𗸁𗟲。𗋽𗾔𘊝𘈩[（一）]，𗣼𗫉𗸁𗾔[（二）]？○𗣼𗶚𗂧：𗫡𘈩𘊝𗾔𗸁𘈩𗾔。

汉译：

难见如阴，

───────────────

1 （春秋）孙武撰，（三国）曹操等注，杨丙安校理《十一家注孙子校理》，中华书局，1999，第 144 页。

李筌曰：兵势不见，如天里布云，何见星宿？〇杜牧曰：天阴则不见三辰。

注释：

（一）𗧢𗫉𗫤𗾺：天里布云。其中"𗫉"字，以往误译为"对答"的"对"[1]，于上下

文义不合，当取其"里外"的"里"义。

（二）𗼃𗼃𗵒𗵒：何见星宿，对译"不能睹万象"，意译。

R11·158下·14　𗤻𗰖𗰓𗰒。

𗤽𗤼𗰜：𗧑𗧢𗤻𗰖𗰒。〇𗥩𗤽𗰜：𗧑𗒆𗤻𗤻，𗤻𗤼𗞆𗰒。

汉译：

动如雷电[1]。

李筌曰：军动如愤怒。〇杜牧曰：如空中鸣雷，无所避也。

校记：

[1] 动如雷电：《十一家注》等多本作"动如雷震"，《通典》《御览》引作"动如

雷霆"，"震""霆"二字，形近易混。夏译者所见底本当与《通典》《御

览》同。

𗧑𗤼𗤽𗤷，

R11·159上·1　𗴘𗰤𗰜：𗧸𗧞𗬣𗬤𗤼𗤽𗤷𗰒𗞆𗰑。〇𗤽𗤼𗰜：𗵒𗤽𗰒𗤽，𗧑𗒋𗬣𗤼，𗦜𗧑𗒋

𗤼，𗵒𗣄𗰜𗴘𗣉？〇𗥩𗤽𗰜：𗧸𗧞𗒋𗬤𗞐R11·159上·2𗒋𗤷𗤷，𗧑𗒆𗣂𗒋𗰜𗰒𗞆，𗰝𗠋𗣉

𗙮。𗬣𗰒𗣂𗒋𗤽𗣉，𗰜𗧑𗤽𗤷𗤷(一)，𗸂𗤾𗬣𗒋，𗰞𗰞𗣂𗒋𗞆，𗣣𗣫𗠋𗣉𗬣𗧸𗧞

𗤽R11·159上·3𗡣𗒋𗣂𗣂。

汉译：

分兵而掠[1]，

魏曹曰：因敌力而攻则胜。〇李筌曰：若抄掠时，军溜力分，数道遍往，何虑之有？〇

1　林英津：《夏译〈孙子兵法〉研究》，（台北）"中央研究院"历史语言研究所单刊之28，1994，第3—

18页。

杜牧曰：敌之村邑遍往，行于军溜不住处，则财货入手。如此得财之处，各军分番次
第，众人皆往，不许独往，则大小强弱，皆与敌争利获益也。

注释：

（一）𗧐𗣼𗣳𗵽𗤒：字面义为"各军分次为"，即各军依次而分，对译"分番次第"。

校记：

[1]分兵而掠：按此句汉文原本，一作"掠乡分众"，一作"指乡分众"。前者见《十
一家注》与《武经》各本，后者见《通典》卷一六二与《御览》卷三一三所引。
诸家注文亦各持己见。夏译者所见底本合于"掠乡分众"，即兵分数路抄掠敌国的
乡邑。《孙子》"掠乡"之语，十三篇屡见。

𗧐𗾈𗋕𗣳，

𗣨𗤀𗗙：𗱕𗪻𗧐𗾈，𗣳𗤒(一)𗋕𗣳。○𗜓𗵽𗴲：𗧐𗾈𗋕𗣳。○𗡝𗣳𗴲：𗐛𗝼𗧐𗾈𗣳，
𗣨R11·159上·4𗤇𗟻𗦀𗤓𗑠𗸦。𗒹𗤻𗪺𗫼𗑱𗦀𗭔𗏣："𗫤𗼝𗫤，𗤌𗱕𗟻𗑠𗣨𗤓𗤫𗦀𗧐𗪺𗈳𗫎
𗤓𗤀𗫼𗤓(二)𗵽，𗐛𗵽𗌗𗰜。𗫼𗏆𗾈𗭢𗫦𗒯，R11·159上·5𗹙𗧐𗾈(三)，𗣨𗤓𗤫𗤓𗤣𗣳𗦀𗰡
𗴫，𗫼𗌗𗰜𗈳𗣳𗌭𗤗𗤓𗑠𗋕𗦀。"

汉译：

得地共分，

魏曹曰：敌界地得，家主共分[1]。○李筌曰：得地共分[2]。○杜牧曰：他国地得时，
应赏赐给有功者。韩信言于汉高祖曰："霸王[3]者，把本国功臣的名字刻在各地的官
印上，却不能与[4]。今大王弃除其道，以所得城邑封功臣，则霸王之国必不
难破。"[5]

注释：

（一）𗫼𗤒：字面义为"家主"。该词在《天盛律令》中频频出现。按规定，举凡地
租、劳役、人口税、治安等，唯家主是问，反映出家主在维护西夏基层社会秩序
中的重要性。藏文有个词写作ཁྱིམ་བདག，其中ཁྱིམ义为"家"，བདག义为"主"，合在一
起字面意思是"家主"，藏文释义为མི་ཚང་གཅིག་བདག་པོ，即"一户之主"，译作"家长、

当家男子"。[1] 以此可见，西夏的"家主"，既不是聚族而居的宗族首领，也不是若干个租户联合体的负责人，实指个体家庭中的家主。[2] 个体家庭系西夏社会组织的基本单位，黑水城出土的西夏文户籍账也可以印证这一点。[3]

（二）𗦫𗏁𗅊𗤒𗯨𗟟𗩽𗙼：句中"𗤒（印）"字，以往误识为"𗴂（信）"。[4] 本句把连词"𗅊"插入动词趋向前缀"𗯨"和动词短语"𗟟𗩽𗙼"之间，这种用法较为特殊。确如林英津先生所言，除了否定词缀外，动词趋向前缀与动词之间一般不再加插其他成分。[5] 另外一例，见西夏文《灯要》"𗫂𗯨𗰖𗢏𗫻𗱈𗄻"，对译"汝试为吾念一遍"。

（三）𗦇𗦇：得得，叠用表示所得。

校记：

[1] 敌界地得，家主共分：此句曹注，《十一家注》作"分敌利也"，《魏武帝注》作"广地以分敌利"，即分兵扼守以据敌利。夏译者大概受下文杜注的影响，把该句理解为得地分给有功者。

[2] 得地共分：此句李注原文为"得敌地，必分守利害"。夏译者理解有误，原因同上。

[3] 霸王：指项羽，《十一家注》作"项王"。

[4] 把本国功臣的名字刻在各地的官印上，却不能与：原文为"项王使人有功当封爵者，刻印刓忍不能与"，"刓"字未译出。

[5] 本句杜注，开头"廓，开也"为夏译者所省，句末较《十一家注》缺"《三略》曰：'获地裂之。'"。

𗴍𗦫𗈛𗥃[(一)]。

𗣼𗆾𗏒：𗴍𗥷，𗓑𗴍𗦫。[R11·159上·6] ○𗦉𗠽𗏒：𗴍𗥷，𗰛𗢳。𗅊𗆟𗶷𗢳𗥷、𗴮𗢳[(二)]𗶷𗪟𗤦

1　张怡荪主编《藏汉大辞典》，民族出版社，1993，第 261 页。

2　彭向前：《藏语在解读西夏文献中的作用》，《中国社会科学报》2013 年 3 月 6 日 B01 版。

3　史金波：《西夏户籍初探——4 件西夏文草书户籍文书译释研究》，《民族研究》2004 年第 5 期。

4　林英津：《夏译〈孙子兵法〉研究》，（台北）"中央研究院"历史语言研究所单刊之 28，1994，第 3—19 页。

5　林英津：《夏译〈孙子兵法〉研究》，（台北）"中央研究院"历史语言研究所单刊之 28，1994，注 85。

𗁅𗐆𗗲𗆜。𗗧𗐇𗫉𗤙𗆜，𗆜𗐇𗫉𗵃𗆜。𗤙𗾑𗥾，𗵃𗾑𗏹。《𗆒𗼓𗆩𗗷》𗤄𗁅𗒸^{R11·159上·7}
𗧘𗪊𗥾，𗄊𗐆𗏣𗥾𗥃。○𗥫𗡪𗩱：𗏹𗁅𗐆𗤛𗫉，𗆜𗗧𗪗𗤲𗃽𗃭𗉟，𗗲𗗫𗥃。

汉译：

称而可动。

> 魏曹曰：称者，称量也^[1]。○李筌曰：称者，秤也。敌之轻重、吾自之铢镒称而可动。
> 先动为客，后动为主，客难而主易。《太一遁甲》定计而算，则军动易也。○杜牧曰：
> 如以称测量，轻重已定，然后动也。

注释：

（一）𗁅𗐆𗗲𗆜：称而可动，其中"𗁅（称）"对译"悬权"。"权"，本指秤锤。"悬
　　　权"即称量物体的轻重，这里指权衡利害得失。

（二）𗆜𗗧：字面义为"吾爱"，对译"吾自"（R11·165上·12）。

校记：

[1] 称者，称量也：此句异于《十一家注》曹注、《魏武帝注》"量敌而动也"。

𗧘𗧘𗤟𗤨𗆜^{R11·159上·8}𗫉^{（一）}𗧘𗕡𗵃𗫨，𗗷𗫉𗆜𗊩𗖻𗲼𗉟。

> 魏曹曰：�㇛^{R11·159上·9}𗈪𗤟𗤨，𗊩𗐛𗧘𗗦、𗺌𗆕𗊁𗈧，𗗷𗧘𗧘𗥃。○杜牧曰：𗊩𗖻𗫉，𗧘
> 𗧘�㇛𗈪𗤟𗤨𗆜𗫉𗧘𗕡𗴦𗥃，𗊩𗉟。𗏹𗁅𗼓𗖻，𗆜𗗧𗧘^{R11·159上·10}𗫨𗴦，𗗲𗉟𗀗𗥾𗳸𗉟。

汉译：

先知迂直之计者胜，此者争利之法也。

> 魏曹曰：道路迂直，劳苦安佚、饥寒饱饿，依此明知。^[1]○杜牧曰：争利者，先须计道
> 路迂直，然后得胜。如置秤上，轻重明时，动则必得胜。^[2]

注释：

（一）𗆜𗫉：字面义为"思量"，有"合计"的意思，对译"迂直之计"的"计"。

校记：

[1] 本句曹注，《魏武帝注》无。《十一家注》则冠之以"李筌曰"，原文为"迂直，
　　　道路。劳佚馁寒，生于道路"，二者内容相符。疑为译者张冠李戴。

［2］本句杜注末尾，较《十一家注》缺"此乃军争胜之法也"。

《􀀀􀀀》􀀀􀀀："􀀀􀀀􀀀􀀀􀀀，􀀀􀀀R11·159上·11􀀀􀀀^(一)，􀀀􀀀􀀀􀀀􀀀，􀀀􀀀􀀀􀀀。"􀀀􀀀􀀀，􀀀􀀀R11·159上·12􀀀􀀀􀀀􀀀􀀀􀀀^(二)􀀀􀀀；􀀀􀀀􀀀􀀀􀀀^(三)R11·159上·13􀀀，􀀀􀀀􀀀􀀀，􀀀􀀀􀀀􀀀；􀀀􀀀􀀀􀀀，􀀀R11·159上·14􀀀􀀀􀀀。􀀀􀀀􀀀􀀀􀀀􀀀􀀀。

􀀀􀀀􀀀：􀀀􀀀􀀀􀀀􀀀 R11·159下·1􀀀􀀀^(四)􀀀􀀀􀀀。􀀀􀀀􀀀􀀀，􀀀􀀀􀀀􀀀。􀀀􀀀􀀀􀀀􀀀，􀀀􀀀􀀀􀀀。〇􀀀􀀀􀀀：《􀀀􀀀》􀀀􀀀："􀀀R11·159下·2􀀀􀀀􀀀，􀀀􀀀􀀀􀀀􀀀，􀀀􀀀。"􀀀􀀀􀀀􀀀􀀀􀀀􀀀􀀀，􀀀􀀀􀀀􀀀，􀀀􀀀􀀀􀀀􀀀，􀀀􀀀，􀀀􀀀􀀀􀀀􀀀􀀀，􀀀􀀀􀀀􀀀􀀀R11·159下·3􀀀。􀀀􀀀􀀀："􀀀􀀀􀀀。"􀀀􀀀􀀀􀀀􀀀："􀀀􀀀􀀀􀀀，􀀀􀀀􀀀􀀀。"􀀀􀀀􀀀："􀀀􀀀􀀀􀀀􀀀^(五)，􀀀􀀀􀀀􀀀􀀀，􀀀􀀀􀀀􀀀。"

汉译：

兵法^[1]曰："相言难闻，故鼓设置；队形难视，故旗设置。"鼓旗者，军卒之耳目束缚也；^[2]依此专一，则虽勇亦不得先进，虽怯亦不得后退。此者，用大军之法也^[3]。

李筌曰：皮鼓击而进，铜鼓击时退。依旗相视，赏罚给予。听鼓视旗，故不乱也。勇怯不能进退者，由旗鼓正也。^[4]〇杜牧曰：《军法》曰："进时不进，退时不退者，当斩。"将军吴起与秦人遇，战未合，一夫心勇，未遣而先敌中自攻，杀二人而返。吴起曰："当斩。"执军政者谏曰："此人勇悍，不可斩。"吴起曰："虽是勇悍人，然令未待，当斩。"^[5]

注释：

（一）􀀀􀀀􀀀􀀀：设置鼓，对译"为之金鼓"，"金鼓"即钲铎和战鼓。夏译者不提"金"字，是因为西夏人称钲铎为"铜鼓（􀀀􀀀）"，称战鼓为"皮鼓（􀀀�）"。

（二）􀀀������：军卒之耳目束缚，其中"（􀀀�）束缚"，对译"一人之耳目"的"一"，即齐一。

（三）􀀀��：字面义为"相首视"，对译"人既专一"的"专一"，皆听号令的意思。

（四）􀀀�：铜鼓，对译"铎"。

（五）[illegible]：此前学界多以“[illegible]”字下属来断句，认为“[illegible]”与“[illegible]”呼应，构成西夏语的“虽……，然……”复句。西夏文《孝经传》中的“[illegible]”字，在上述用法中无一例外上属，字右皆以朱笔点断，表明今人以“[illegible]”字下属的点断方式或误。

校记：

［1］兵法：原文为《军政》，夏译文泛称作“兵法”。

［2］此句下，《十一家注》为李注。

［3］此句下，《十一家注》为杜注。

［4］李筌注，《十一家注》置于“夫金鼓旌旗者，所以一人之耳目也”句下。

［5］本句杜注开头，较《十一家注》缺“旌以出令，旗以应号。盖旗者，即今之信旗也”。

[illegible] R11·159下·4 [illegible]，[illegible]。[illegible] R11·159下·5 [illegible]（一）。

[illegible]：[illegible]，[illegible]；[illegible]，[illegible]。○[illegible]：[illegible]。[illegible] R11·159下·6 [illegible]：[illegible]，[illegible]，[illegible]，[illegible]（二），[illegible]。[illegible]？[illegible]：[illegible]！[illegible]，[illegible]。[illegible] R11·159下·7 [illegible]，[illegible]，[illegible]，[illegible]，[illegible]。[illegible]：“[illegible]，[illegible]。”[illegible] R11·159下·8 [illegible]，[illegible]，[illegible]。[illegible]，[illegible]，[illegible]，[illegible]（三）[illegible]，R11·159下·9 [illegible]。[illegible]，[illegible]。[illegible]（四），[illegible]。[illegible]，[illegible]。[illegible]（五）[illegible]，[illegible]，R11·159下·10 [illegible]，[illegible]，[illegible]。[illegible]，[illegible]，[illegible]。[illegible]，[illegible]，[illegible]。[illegible] R11·159下·11 [illegible]，[illegible]（六），[illegible]，[illegible]（七），[illegible]（八）[illegible]，[illegible]，[illegible]，[illegible] R11·159下·12 [illegible]（九）。[illegible]，[illegible]，[illegible]。[illegible]、[illegible]，[illegible]，[illegible] R11·159下·13 [illegible]，[illegible]。[illegible]，[illegible]，[illegible]，[illegible]，[illegible]。[illegible]，[illegible] R11·159下·14 [illegible]。[illegible]

[illegible][十][illegible]，[illegible]，[illegible]："[illegible]！"[illegible]，[illegible]，[illegible]。R11·160上·1 [illegible]，[illegible]。[illegible]，[illegible]，[illegible]，[illegible]，[illegible]，[illegible]。

汉译：

故夜战多火鼓，昼战多旌旗，使人之耳目迷也。

李筌曰：火鼓，夜之所察；旌旗，昼之所视。○杜牧曰：令军士视听，皆随旌旗火鼓而动也。或人问曰：夜战[1]，击鼓举火时，［火］鼓于敌，敌［耳］目先，于我不利，其义安在？答曰：汝问是[2]！此者，孙武之微旨也。若夜战时，敌人来袭我垒，不得已而战，则立营，与设阵同。故兵法[3]中曰："住时立军营，行时设战阵。"大战阵之中包小战阵，大军营之内设小军营。前后左右之军，各自设营环绕，大将住处之营，设立于中央，诸营环绕，营侧相接，区域相对，望如天之壁垒星。诸营之间，远不过百步，近不过五十步，道径通达，队伍出入。其二营之间，相救用弓弩。十字路口，立一堡台，上置柴薪，地下穴道[4]，人守堡上。夜黑之后，四面击鼓，闻时燃火举炬。此者，贼兵来袭我营时，四顾分明，小营亦各自坚守，敌东西南北，未知所攻。大将营或诸小营中，先知贼兵将来时，如愿放入，然后诸营击鼓，齐放明火，如同白昼。诸营兵士闭门，与敌交战，弓弩四向俱发。虽有如韩信、白起之将，虽所率兵如鬼神，亦唯恐不来袭我，来则必败。若敌人潜入一营时，四面举火，号令授言，不出营外，胜负立即分明。贼军如入网内，急无出处。昔司马宣王入诸葛亮营垒，见其营域坚固，赞曰："真天下奇巧也！"今之立营，处处有道，混杂共居。若有贼夜来，一时纷乱。斥候虽多，命令虽严，黑夜之中，彼我不分，虽有众力，亦不能用。

注释：

（一）[illegible]：使人之耳目迷，对译"所以变人之耳目"。本句下面的杜注"令军士耳目，皆随旌旗火鼓而变也"，把"变"字理解为"适应"，是就我方而言。夏译者摒弃不用，把"变"字译作"迷惑"，是就敌方而言。

（二）[illegible]，[illegible]，[illegible]，[illegible]：字面义为"夜下争战，鼓击火举时，敌之鼓，敌目先"，其中"[illegible]，[illegible]（敌之鼓，敌目先）"对译"警敌人之耳，明敌人之目"，疑有脱漏，当作"[illegible]，[illegible]（敌之

火鼓，敌目耳先）"。

（三）□□：字面义为"域为"，即划分的区域。

（四）□□□□：字面义为"道径三为"，对译"道径通达"。据此，西夏也有"以三为多"的习俗。

（五）□□□：字面义为"营道交"，对译"十字路口"。

（六）□□：未审，林英津先生指出，"□（审）"字原误刻为"□（误）"，是。[1]

（七）□□□□□□□：先知贼兵将来时，其中"□（将）"字模糊，此前误识为"□（至）"。[2]

（八）□□□□：字面义为"愿上来使"，对译"放令尽人"，即如敌所愿，放令入营。

（九）□□□□□：如同白昼。"□"字有"足够"义，置于动词末尾。

（十）□□□：人名"诸葛亮"的音译，又写作"□□□"（R11·157下·5）、"□□□"（R11·171下·13）。夏译者对"诸葛亮"的音译不统一，说明西夏人对这位顶级战略家还不甚了解。[3]

校记：

[1]"夜战"以下，较《十一家注》缺"多火鼓，其旨如何？夜黑之后，必无原野列阵，与敌刻期而战也。军袭敌营"数句。

[2]汝问是：即"你问得对"。《十一家注》作"富哉问乎"，中华本改"富"为"当"，二字繁体形近易误。杨丙安先生认为，所提问题比较复杂，需用很多言词才能回答明白，可以说"富哉问乎"。若改作"当哉问乎"，亦似未安，盖答问可言"当"否，提问言"当"则所未闻。[4]西夏本表明，原文确为"当哉问乎"。

[3]兵法：原文为《志》，夏译文泛称作"兵法"。

[4]"地下穴道"句下，《十一家注》有"胡梯上之"。

1　林英津：《夏译〈孙子兵法〉研究》，（台北）"中央研究院"历史语言研究所单刊之28，1994，第3—25页。

2　林英津：《夏译〈孙子兵法〉研究》，（台北）"中央研究院"历史语言研究所单刊之28，1994，注87。

3　高奕睿：《夏译中原兵书的异同》，汤君译，《西夏研究》2017年第2期。

4　（春秋）孙武撰，（三国）曹操等注，杨丙安校理《十一家注孙子校理》，中华书局，1999，第165页，注48。

𗅁^{R11·160上·2} 𗀚𗾘𗩻，

𗗙𗤁𗿒：《𗗙𗦯𗨮》𗘅𗦺：𗓐𗾘𗩻𗩾，𗅁𗏁𗄈；𗌰𗾘𗩻𗩾，𗏁𗄈𗩾；𗧃𗾘𗩻𗩾，𗏁𗄈𗡪。○𗖵𗪚𗿒：𗅁𗫴^{R11·160上·3}𗗚𗀚𗾘𗩻𗱟。𗆧𗰔𗴖𗐴𗋽𗏀𗗈𗜓𗟻𗢳𗤜𗏂𗅁𗥃，𗢳𗅁𗓐𗾘𗩻𗩾，𗅁𗏁𗄈。𗰔𗴖𗐿：“𗅁𗷪𗀝。”𗅁𗩸𗤁𗪛𗐿：“𗢳𗭑𗛁𗀝。”^{R11·160上·4}𗢳𗅁𗧃𗅁𗩻𗩾，𗼄𗼄𗏁𗄈𗼮𗳵，𗤁𗪛𗐿：“𗝠𗰖𗅁𗷪𗀝。”𗝠𗭠𗓐𗅁，𗢳𗅁𗏁𗷫。𗰔𗴖𗜓𗐿：“𗷨𗫗𗓱𗌭？”𗤁𗪛𗦅𗐿：“𗄿𗫗，𗗚𗀚^{R11·160上·5}𗫋𗅁。𗓐𗾘𗩻𗩾，𗅁𗏁𗄈；𗌰𗾘𗩾𗩳，𗏁𗄈𗩾；𗧃𗾘𗩾𗩳，𗏁𗄈𗡪。𗷪𗅁𗦸𗡪𗩳，𗾒𗅁𗦸𗤂，𗓱𗴝𗥃𗷫𗛁。”𗅁𗀚𗾘𗩻𗱟。○𗀔𗥃^{R11·160上·6}𗒘：𗡪𗾒𗅁𗩸𗷪𗭩𗅖(一)、𗫌𗪏𗤁𗱉𗧆𗓐𗙼(二)，𗪟𗴭𗰗𗩷，𗷪𗃀𗷪𗧳𗅁𗑾，𗏀𗏬𗴖𗩻(三)，𗪏𗪏𗫞𗫸𗷨。𗫌𗪏𗡪𗷫𗴖，𗵒𗷫𗜨𗗚，𗵊𗥃^{R11·160上·7}𗩻𗲴。𗴖𗐿：“𗝠𗷪𗩷𗫴𗅁𗫜𗤁𗴝𗏂，𗄤𗷗𗅁𗴖𗤒𗸣，𗤁𗾘𗀚𗷪𗀝。”𗫢𗧃𗅁𗩻𗩾，𗨁𗨁𗓐𗵒，𗅁𗘅𗏁𗥃。𗫌𗪏𗄤𗷫𗴖，𗷫𗴖^{R11·160上·8}𗪚𗫢。𗷪𗩷𗰗𗅁𗧆𗫸(四)𗫴𗀝：“𗫌𗪏𗅁𗷪，𗄤𗷗𗔼𗴖𗀝。”𗰗𗅁𗧆𗫸𗐿：“𗫌𗪏𗫸，𗅁𗩸𗛄𗱟；𗷫𗴖𗵒，𗵊𗷗𗵊𗥃(五)，𗅁𗩷𗴭𗬿𗅁𗩸^{R11·160上·9}𗷪𗤑，𗫸𗩸𗏀𗵒𗩸𗤘。”𗷪𗩷𗐿：“𗓐𗾘𗩻𗩾，𗅁𗏁𗄈；𗌰𗾘𗩻𗩾，𗏁𗄈𗩾；𗧃𗾘𗩻𗩾，𗏁𗄈𗡪。𗷫𗴖𗩻𗩾，𗅁𗫢𗷫𗫗，𗗚𗀚^{R11·160上·10}�2𗩾，𗬿𗫉𗗙𗥃？”𗅁𗰖𗫌𗪏𗏀𗷨。

汉译：

军力可夺，

曹操曰：《左氏》言，一遍击鼓，战自进；二遍击鼓，自进少；三遍击鼓，自进无。[1]○李筌曰：军之威力夺也。鲁庄公与齐国战于长勺时，齐军一遍击鼓，战自进。庄公曰战，将军曹刿曰：“不急。”齐军三遍击鼓，频频自进后，曹刿曰：“此则可战。”以此战，齐师败绩。庄公问曰：“此者何云？”曹刿答曰：“人者，依威力而战。一遍击鼓，战自进；二遍击时，自进少；三遍击时，自进无。彼战心无时，我战心生，故敌败。”夺战力也。○杜牧曰：晋将毋丘俭、文钦等反，屯于乐嘉城。司马景王衔枚，阴往攻袭。文钦子鸯，年十八，勇悍刚强。鸯曰：“彼景王之军队未定时，我军出战，可破。”既而三噪之，军中自攻。文钦惧而不出，子鸯退[2]。景王谓诸军头监曰：“文钦走，我军当追。”诸军头监曰：“文钦者，旧将军也；子鸯者，年少勇悍，不过引军入城内，并非败而走也。”景王曰：“一遍击鼓，战自进；二遍击鼓，自进少；三遍击鼓，自进无。

子茑击鼓而父不出者，威力失，不走何待？"文钦果去。[3]

注释：

（一）𗪚𗂰𗦷：音译人名"毌丘俭"。按"毌"字，邵鸿先生在与笔者通信中指出，《三国志》本字原为"毌"，但后人多误书为"毋"。夏译所见底本之杜牧注文亦如此，故译音用"𗪚（＊·u）"字。

（二）𗵦𗊶𘃥𘘣：字面义为"纷乱△生"，即"造反"。

（三）𗵱𘑨𗫫𗎭：字面义为"马唇捆为"，即捆住马嘴，对译"衔枚"，较为直白。

（四）𗋽𗣼𗁬𘕘：诸军头监，对译"诸将"，"𗁬𘕘（头监）"一词在西夏文献中屡屡出现。西夏《黑河建桥敕碑》碑阳藏文碑铭所载对应于碑阴汉文碑铭"都大勾当"的职官名称为 སྐུ་ལྭགས་ཟི，而西夏《凉州重修护国寺感通塔碑》碑阳西夏文碑铭所载对应于碑阴汉文碑铭"都大勾当"的职官名称为"𘒣𗁬𘕘（大都头监）"。通过比勘，可发现西夏文"𗁬𘕘（头监）"与藏文ལྭགས་ཟི相当。ལྭགས་ཟི一词应取其"亲自"义，而不宜取其"驾前"义，系出于对唐代"亲事官"的模仿。[1] 此或可为西夏职官名称"𗁬𘕘（头监）"的研究提供线索。

（五）𘜶𗶷𗫦，𗣼𗴴𗧁𗦊；𗪚𗾔𗫦，𗜐𗴄𘄿𗬥：文钦者，旧将军也；子茑者，年少勇悍。对译"钦旧将，茑小而锐"而非"钦旧将茑小而锐"[2]。夏译者断句是正确的。

校记：

[1] 本句曹注，《十一家注》有，《魏武帝注》无。

[2] "子茑退"句下，省"相与引而东"。

[3] 此处杜注开头，《十一家注》亦引"长勺之战"，原文为："《司马法》：'战以力久，以气胜。'齐伐鲁，庄公将战于长勺。公将鼓之。曹刿曰：'未可。'齐人三鼓，刿曰：'可矣。'齐师败绩。公问其故。对曰：'夫战，勇气也，一鼓作气，再而衰，三而竭。彼竭我盈，故克之。'"盖因与李注所引重复，为夏译底本原辑注者所删。

1　彭向前：《西夏〈黑河建桥敕碑〉藏文碑铭补注》，《西夏学》第 7 辑，上海古籍出版社，2011 。

2　（春秋）孙武撰，（三国）曹操等注，杨丙安校理《十一家注孙子校理》，中华书局，1999，第 148 页。

[illegible]。

[illegible]：[illegible](一)，[illegible]，[illegible]，[illegible][R11 · 160上 · 11][illegible](二)。[illegible]。○[illegible]：[illegible]。[illegible]，[illegible](三)[illegible]。[illegible][R11 · 160上 · 12][illegible](四)[illegible]，[illegible]，[illegible](五)[illegible]。[illegible]，[illegible]，[illegible]。[illegible](六)[illegible]：[R11 · 160上 · 13]“[illegible]，[illegible]，[illegible]?”[illegible]：“[illegible]，[illegible](七)，[illegible](八)[illegible]。[illegible]，[illegible]。[illegible][R11 · 160上 · 14][illegible]，[illegible](九)；[illegible]，[illegible]。[illegible]。”[illegible]，[illegible]，[illegible][R11 · 160下 · 1][illegible]。[illegible]，[illegible]。[illegible]，[illegible]，[illegible]。[illegible][R11 · 160下 · 2][illegible]：“[illegible]，[illegible]。”[illegible]，[illegible]。[illegible]，[illegible]。[illegible]，[illegible][R11 · 160下 · 3][illegible]，[illegible]。

汉译：

将心可失。

李筌曰：烦而令愤，定者令乱，和者可分，卑之令骄，则人心可夺也。○杜牧曰：心者，将军之计谋心也。后汉将军寇恂率兵，围隗嚣王之高平城。彼守城将军高峻遣己谋士皇甫文往寇恂处。因其辞礼不全，斩之，遣其副。高峻恐，开城门降。诸将曰：“杀其使而降其城，何也?”寇恂曰：“皇甫文者，高峻之腹心谋士，断言处也。今辞礼不行，无有降心。放之则皇甫文得其计；杀之则高峻失其心，是以降耳。”又后燕慕容垂遣己子宝，令率大军伐后魏道武帝。始出发时，父已有疾。往至魏国五原，道武帝断其路，宝即己父生死不知。道武帝以诡辞令临河呼叫：“汝父已死，不还何待?”宝兄弟闻而信之，忧愁惊惧，因夜遁去。道武帝追之，及于参合[1]，破之。

注释：

（一）[illegible]：字面义为“怒善触闹”，对译“怒之令愤”。“[illegible]（触闹）”，本书往往对译动词“烦”。“[illegible]（怒善）”，即大怒，这里对译“愤”。故本句可译作“烦而令愤”。

（二）[illegible]：字面义为“卑而绳放令”，对译“卑之令骄”。其中“[illegible]（绳放）”，对译“骄”。

（三）𗟲𗥥𘃡：高平城，夏译者理解有误。汉文为"嚣将高峻守高平第一"，指高平县第一城，"第一"实为城名。

（四）𗟷𘂤：字面义为"议者"，"𘂤"字附在名词之后，表示与该名词词根所表现的事物相关的人。可译作"议者，谋士"。

（五）𗹦𗋽𘂤：字面义为"引导者"，对译"遣其副"之"副"。

（六）𗗙𘋒𗰜：字面义为"诸列主"，对译"诸将"。"𗰜（主）"字原脱，本书中有"𘋒𗰜（列主）"一词，据补。

（七）𘄡𗟵𗟷𘂤：字面义为"性同议者"，即"脾气相投的谋士"，对译"腹心"。

（八）𗊲𗆐𗢭：字面义为"言断处"，对译"所取计者"。顺便指出，西夏职官名称中还有一个"𗊲𗦺𗢭（言过处）"，对译"提点"。宋代始置提点，寓提举、检点之意，掌司法、刑狱及河渠等事。

（九）𗤲𘃡𘒣：字面义为"计上往"，对译"全之则（皇甫）文得其计"中的"得其计"，即"计谋得逞"。

校记：

[1] 参合：《十一家注》作"参合陂"。

𗟷𗤼𗟲𗆐𗥥（一）𘃡，𗟲𗢭𗆐𗥥𘃡，𗤼^{R11·160下·4}𘃡𗆐𗥥𗥄。𘕕𗚟𘕉𘋣，𘃡𘆊𗡼𗪊，𘃡^{R11·160下·5}𗥄𘃡𘃡，𗟲𘕉𗆐𗥥𘕕𘓁。

𗤛𘕕𘝞：𗆐𗥥𘋈𘕉，𘕕𗰱𗆐𘕉𗥄。○𗊲^{R11·160下·6}𗥥𘝞：𗥄𗥥𘒝𘕉𗥥，𗮔𘕉𘃡，𘂤𘕉𗥄，𗞵𘕉𘃡。𗟲𘂤𘃡𘃀𗡼𗪊𗥥；𗥄、𘃀𘃀𗚟𗥄，𗥥𘏤𘃡𘋆（二）。𗥥𘕕�‌𗞓，𗊲𘅍𘕙𘝷𘕕𘕕^{R11·160下·7}𗥥�‌𗞓𗥥𘂤𘕉𘄡𘕕�‌𘕙。𘕉𘕕𗝠�‌𗸰𗢭𗥥𗟲𘋑�‌𗟲�‌𗰱𗋽，�‌𗰱𗞓�‌𘋆𘔭，𘕕𘕕𘕕𗰱�‌𗡼，𗗙^{R11·160下·8}�‌𘂤�‌："𗆐𘒝�‌𗆐�纈𗡼，�《�‌𗥴𗤊，��‌��《�《;�《�《𗗙�《�《𗾒𗾒，�‌�《�《�《。𘒣𗟲�《�《𗢭�《（三）𗥄，�《�《�《𘄗^{R11·160下·9}�武，�‌𗞓𗾒�武。�《�《𗡼𗥥𗾒�武，�‌�《𗢭𗡼𗋽�《。"�《�《�《𗾒�《，�《�《�《𘋆，𗟲𗢭�《�《�《（四）𗥄，�《𗰱�《𗾒，�《𗾒�《�《（五），𗸰�《�《^{R11·160下·10}�‌。𗝠�《�武："�《�《�《𗥥�武。"𘂤�《𗢭�《，�《�《�《�《�《�武。

汉译：

是故朝气盛，昼气惰，暮气无。善用兵者，避其盛气，击其惰无，此者依威气也。

> 李筌曰：谓威气者，兵马之威力也。○杜牧曰：阳气子时生，寅时盛，午时衰，申时伏。晨朝盛[1]，须避；衰伏时击之，则必得胜。武德年中，唐太宗与窦建德战于汜水东。建德列阵四五里许[2]。太宗将十四五骑[3]，登高观建德之兵马。谓诸将曰："贼度险而嚣，弃战政；于城侧设阵，轻我也。我按兵不出，待敌军饥[4]，则必自退。退时击之，则岂有不败！"建德列阵自日出至卓午，兵马饥，或坐或起，争所饮水。太宗曰："可击矣。"遂战，生擒建德。

注释：

（一）𗧉𗥓：威气，对译原文的"气"，这里指刚劲勇锐之气，夏译者采用了意译。

（二）𗥔、𗁦𗀇𗄈𗏁，𗆤𗼝𗼉𗴦：衰伏时击，则必得胜。对译原文"候其衰伏，击之"而非"候其衰，伏击之"[1]。这里的"伏"是"（阳气）伏于申"的"伏"，不是"伏击"的"伏"。夏译者断句是正确的。

（三）𗣼𗄓𗣊𗤁𗀇：字面义为"兵马不△出"，对译"按兵不出"。因"𗤁"为虚字，常加在动词之后，这里用法比较特殊。

（四）𗸐𗥃𗫐𗄓𗏣，𗥑𗄭𗒹𗊧𗑠：字面义为"日出于起，卓午时至为"，即"从日出到正午"，对译"自卯至午"。用"𗸐𗥃（日出）"对译"卯时"，俗语"寅时蒙蒙亮，卯时大天光"。

（五）𗥃𗫐𗤁𗽀：或坐或起，对译"悉列坐右"。按"坐右"，即曲右足而坐。夏译者误。

校记：

[1] 晨朝盛：较《十一家注》下缺"其来必锐"。

[2] 四五里许：原文作"弥亘数理"，误"里"为"理"，夏译本可证。

[3] 太宗将十四五骑：《十一家注》作"太宗将数骑登高观之"，据西夏本，原文"数"前当脱"十"字。

1　（春秋）孙武撰，（三国）曹操等注，杨丙安校理《十一家注孙子校理》，中华书局，1999，第150页。

[4] 待敌军饥：《十一家注》作"待敌气衰，阵久卒饥"。

𗅢𗅢𗏇𗧁𗵐，𗅢𗅢𗏇𗵐^{R11·160下·11}𗧁，𗘺𗘺𗵻𗧦。

　　𗅢𗵻𗏇：𗅢𗘺𗦲𗵐𗘺𗵐𗵻𗧁𗵐，𗵻𗦲。○𗅢𗵐𗏇：《𗵻𗦲𗘺》𗘺𗦲："𗵐𗘺𗵻𗧁。"𗅢^{R11·160下·12}𗦲𗵐𗵻𗵻𗧁，𗅢𗘺𗦲𗦲𗵻𗧁。𗵐𗵻𗵻𗧁𗵻𗵐𗵻𗵻𗵻，𗵻𗧁𗵐𗵻。

　　汉译：

以治待乱，以静待哗，治心法也。

　　李筌曰：伺敌不安定出时，可乘。○杜牧曰：《司马法》曰："腹心固守。"料己胜敌败，本心善定[1]。不思妄事，不随以利，伺敌出惑乱不安时，以兵攻之。

　　校记：

[1] 本心善定：句下较《十一家注》缺"但当调治之，使安静坚固"。

𗵻𗵐𗵐^{R11·160下·13}𗧁，𗵻𗵐𗵐𗧁，𗵐𗵐𗵐𗧁，𗵻𗵻𗵻𗧦。

　　^{R11·160下·14}𗅢𗵻𗏇：𗵐𗵐𗵻𗵻𗵮𗵻。○𗅢𗵐𗏇：𗵻𗵻𗵐𗵻，𗅢𗵐𗵐𗵐𗧁，𗵐𗧁𗧁𗧦^{（一）}。

　　汉译：

以近待远，以佚待劳，以饱待饥，治力法也。

　　李筌曰：量于客主之威力。○杜牧曰：上文云"致人而不致于人[1]"是也。

　　注释：

（一）𗅢𗵐𗵐𗵐𗧁，𗵐𗧁𗧁𗧦：不致于人而致人，是对"致人而不致于人"的颠倒翻译。
　　　夏译者除了对汉语中联合式合成词采取颠倒译法外，对汉语中一些并列复句的翻译，
　　　次序往往也是颠倒的。对汉文献的这种"颠倒"译法非夏译汉籍所独有，而是当时
　　　中国少数民族共同的习惯。1 宋洪迈《夷坚志》载契丹人把贾岛名句"鸟宿池边
　　　树，僧敲月下门"颠倒读成"月明里和尚门子打，水底里树上老鸦坐"。2 聂鸿音

1　彭向前：《夏译汉籍中的"颠倒"译法》，《民族语文》2011 年第 5 期。

2　（宋）洪迈：《夷坚志·夷坚丙志》卷 18 "契丹诵诗"条，中华书局，1981。

先生曾利用以《经史杂抄》为代表的夏译汉籍中的这一现象，来证明这种读法是合理的。[1] 再如敦煌编号为 P. T. 1291 的藏文写卷，是《战国策》的古藏文译本，其中《魏策四·秦王使人谓安陵君》篇："秦王曰：'布衣之怒，亦免冠徒跣，以头抢地尔。'"此句藏文作：ཤི་འུང་གི་ཞལ་ནས་འབངས་ཁྲོང་རེ་འམ་ཁྲོལ་ག་ག་འགུགས་ལ་མགོ་གུང……，全句可译作"始皇曰'布衣之怒，不过以头抢地，头上免冠……'"[2]，等于把原文颠倒为"布衣之怒，亦以头抢地，免冠徒跣尔"。

校记：

[1] 本句见《孙子》"虚实第六"，原文为"凡先处战地而待敌者佚，后处战地而趋战者劳。故善战者，致人而不致于人"。

龘 𧼞𧼞𧼞^{R11·161上·1}𧼞𧼞，𧼞𦒀𦒀^(一)𧼞𧼞𧼞，𧼞𧼞𧼞𧼞𧼞。

^{R11·161上·2}𧼞𧼞𧼞：𧼞𧼞𧼞，𧼞𧼞𧼞𧼞；𦒀𦒀𧼞，𧼞𧼞𧼞。○𧼞𧼞𧼞：𦒀𦒀𧼞，𧼞𧼞𧼞𧼞。𧼞𧼞，𧼞𧼞𧼞𧼞。𧼞𧼞𧼞𧼞𧼞𧼞𧼞^{R11·161上·3}𧼞，𧼞𧼞𧼞。𧼞𧼞，𧼞𧼞𧼞𧼞^(二)。𧼞𧼞𧼞𧼞𧼞𧼞𧼞𧼞𧼞𧼞。𧼞𧼞𧼞："𧼞𧼞𧼞𧼞𧼞𧼞，𧼞𧼞𧼞𧼞𧼞，𧼞𧼞𧼞𧼞𧼞𧼞。"^{R11·161上·4}𧼞𧼞𧼞𧼞𧼞，𧼞𧼞𧼞𧼞𧼞，𧼞𧼞𧼞。𧼞𧼞𧼞𧼞𧼞𧼞𧼞，𧼞𧼞𧼞𧼞𧼞。

汉译：

正正之旗不进，堂堂之阵不击，治变法也。

曹操曰：正正者，不混杂也；堂堂者，大阵也。[1]○杜牧曰：堂堂者，不畏惧也。兵者，随敌而变。若敌战阵实见，则不可击。此者，[治]变法也。后汉曹公率兵围邺城。曹公曰："袁尚欲救护城，从大道来，我当避之；若循西山来，则必能破而擒之。"彼袁尚西方来，战而破之。

注释：

（一）𦒀𦒀：字面义为"真真"，对译"堂堂"，真实不虚也。

（二）𧼞𧼞，𧼞𧼞𧼞𧼞：字面义为"此者，变化法也"，对译"是能治变也"。据本段重

1　聂鸿音：《〈夷坚志〉契丹诵诗新证》，《满语研究》2001 年第 2 期。

2　王尧、陈践译注《敦煌古藏文文献探索集》，上海古籍出版社，2008，第 437 页。

出之文，"𗾧（法）"上疑脱"𗾟（治）"字。

校记：

[1] 本句曹注下，《十一家注》有李注"正正者，齐整也；堂堂者，部分也"，夏译
　　文缺。

𗱕𗈪𗾧^{R11·161上·5}𗾧𗱳，𗟭𗳦𗤒𗸌，𗴮𗆟𗤒𗬼，

𗥃𗱕𗲩：𗿒𗾧𗱕𗱳𗤧。○𗤋𗤒𗲩：𗆟^{R11·161上·6}𗴮𗿒𗟭𗙏𗳦𗸌，𗳦𗱳𗤒𗬼^{（一）}。𗞷𗴮𗿒𗬼𗸌，𗥑𗴝𗤒𗬼。𗸌𗳦𗟭𗿒𗸌，𗱳𗨁。𗱳𗳦𗥑𗬼𗸌，𗬼𗤧。𗱕𗈪𗱳𗣼𗌪。

汉译：

故用兵法者，高住勿攻，丘来勿迎，

李筌曰：依地势战也。○杜牧曰：言敌在高处，不可仰攻；丘山处来，则不可前迎。自
下趋高，则力乏；自高趋下，则利也。故不可战。[1]

注释：

（一）𗳦𗱳𗤒𗬼：字面义为"面上勿战"，对译"不可仰攻"。

校记：

[1] 杜注开头，《十一家注》有"向者，仰也。背者，倚也。逆者，迎也"，为夏译者
　　所省。观夏译者把"背丘勿逆"的"逆"译为"𗬼（迎）"，还是吸收了这方面的
　　内容。

𗴮^{R11·161上·7}𗬼𗆟𗤒𗬼，

𗬼、𗤒𗲩：𗵒𗴮𗹬𗳦𗳦𗤘。

汉译：

佯败后勿驱，

筌、牧曰：恐有伏兵也。

𗵒𗈪𗤒𗤒𗬼，

[西夏文]：[西夏文]^{R11·161上·8}[西夏文]。○[西夏文]：[西夏文]。[西夏文]，[西夏文]。[西夏文]："[西夏文]^(一)，[西夏文]，[西夏文]^{R11·161上·9}[西夏文]。[西夏文]，[西夏文]。[西夏文]，[西夏文]^(二)。"[西夏文]："[西夏文]，[西夏文]？"[西夏文]^{R11·161上·10}[西夏文]，[西夏文]。

汉译：

锐卒勿攻，

李筌曰：当避锐卒。○杜牧曰：实者，当避。楚王率兵伐隋，隋臣李良[1]曰："楚人以左方为大，天子率彼，当避勿迎。右方不率锐卒，能破之。右军破，则众人心堕。"隋之少师曰："不与王迎，则战中岂有？"未听李良言，故隋师败。

注释：

（一）[西夏文]：以左方为大，"[西夏文]"附加在谓词后面，除表示使动用法外，还表示意动用法，即谓语认为宾语如何。

（二）[西夏文]：心堕，对译"众乃携矣"的"携"，"离开、分离"的意思。

校记：

[1] 李良：《十一家注》作"季良"，是。或版本之误，或夏译者无心之误，"李、季"二字，形近易混。

[西夏文]，

[西夏文]：[西夏文]^(一)。○[西夏文]：^{R11·161上·11}[西夏文]，[西夏文]，[西夏文]。[西夏文]^(二)[西夏文]，[西夏文]，[西夏文]，[西夏文]，[西夏文]^{R11·161上·12}[西夏文]。[西夏文]。[西夏文]，[西夏文]，[西夏文]。[西夏文]，[西夏文]，[西夏文]^{R11·161上·13}[西夏文]。[西夏文]，[西夏文]。[西夏文]，[西夏文]，[西夏文]。

汉译：

遗食不可饮，

李筌曰：秦人泾水中向下游投毒。○杜牧曰：敌遗食，勿立即饮，先须尝。后魏文帝时，库莫奚寇掠边疆，令人不定，故遣济阴王[1]率大军拒之。济阴王乃多酿毒酒。贼兵来至，济阴王立即委弃军营，佯走。贼兵军营中往至，尽皆心喜，竞饮。酒后醉，毒发作。济阴王择强人强马击之，皆破。

注释：

（一）𗰜𗦳𗣼𗦳𗣼𗦩𗴟𗦬𗣟𗦬：秦人泾水中向下游投毒。原文为"秦人毒泾上流"，在上游投毒，使驻扎在下游的军队遭殃。向下游投毒，是通过表示向下方的趋向前缀"𗦬"体现的。大多数情况下，动词趋向前缀可以省去不译，但有时候趋向前缀除了表达某个动作的方向信息外，在特定的语境中，还可赋予动词某种特别的含义，在译文中必须体现出来。

（二）𗄊𗅋：地边。"𗄊𗅋（地边）"与"𗄊𗴸（地中）"，亦在《天盛律令》中频频出现，有时合称"𗅋𗴸（边中）"。《天盛律令》多处将地边和地中与京畿并提，把西夏全境区分为三大部分，以往学界仅认为这是西夏大政区的划分，并未作出更多的解释。藏文中恰好也有"地边"和"地中"，前者写作ས་མཐའ།，意思是外乡、异地，或边区、边地；后者写作ས་དཀྱིལ།，意思是属地，所属地段。[1]可见，西夏文所谓"地边"和"地中"，就是边疆和内地。[2]

校记：

[1] 济阴王：《十一家注》"济阴王"下有其名"新成"。

𗩾𗣓𗢨𗴖，

R11·161上·14 𗦜𗣓𗄑：𗣓𗦳𗷿𗴄𗦩𗩾，𗧠𗴖𗰜𗧁。○𗟲𗣼𗄑：𗗟𗙴𗣓𗰤𗴟𗣼𗣌𗲲𗦬（一）𗳐𗣗𗴄，𗰫𗹙𗣓𗴋𗴟𗴲，𗩾𗣓𗫡𗦤 R11·161下·1 𗬻，𗄊𗲢𗪜𗬻。𗗟𗙴𗣓𗴲𗣼𗳫。𗴟𗣼、𗰫𗹙𗣓𗫟𗣗𗩾，𗗟𗙴𗣓𗧢𗲃𗣼𗴖𗬻𗴋，𗴄𗴖𗤱𗣗𗬻𗷿，𗣗𗴄𗬻𗟭。R11·161下·2 𗴟𗣓𗢨𗴖，𗴟𗣼𗣓𗳐𗢨𗣗，𗹙𗣗𗧁𗬻。𗗟𗙴𗣓𗲲𗣗𗴋𗹙𗣗：“𗴟𗣼𗤄𗬻𗴖𗴄𗴋𗩾𗢨𗲢𗤱𗴲𗬻𗴄，𗴖𗴄𗴄𗳐 R11·161下·3 𗢨𗢨（二）𗴚，𗤱𗲢，𗲢𗴖𗲃𗹘𗢨。”

1 张怡荪主编《藏汉大辞典》，民族出版社，1993，第2892、2898页。
2 彭向前：《藏语在解读西夏文献中的作用》，《中国社会科学报》2013年3月6日B01版。

汉译：

归师勿遏，

李筌曰：士卒思归本国，不可拒遏。○杜牧曰：曹公率兵往攻张绣之穰城，刘表遣兵往救，据险断其退路。曹公不得进[1]。张绣、刘表合兵，曹公军之首尾受制，乃夜凿地道，悉过辎重。遣奇兵[2]，攻张绣军，大破之。曹公谓荀文若曰：“张绣断吾之退路，吾将不生，战而得军实。”

注释：

（一）𗼲𗊱𗊱：穰城。“𗊱”的拟音为śjij，¹林英津先生疑为“县”的对音。“城”为禅母字，宋代西北方音浊音清化，变为书母字，与拟音相符。而“县”则为匣母字，与之差距较大。该词的结构为音译加意译，前两个字“𗼲𗊱”是“穰城”的音译，后一个“𗊱（城）”字是意译，类似于现在ཡར་ཀླུང་གཙང་པོ的汉译“雅鲁藏布江”，本来གཙང་པོ（藏布）就是“江”的意思。

（二）𘏨𘓐𗣍𗣲：命上出，即“死、不生”。参考下文“𘏨𘓐𗣛𘗂”（R11·173下·4），字面义为“命上至往”，对译“至死”。

校记：

[1] 不得进：《十一家注》本句上有“公将引还，绣兵来追”。

[2] 遣奇兵：句下孙校本据《三国志·武帝纪》增补“会明，贼谓公为遁也，悉军来追。乃纵奇兵”。夏译本合于《十一家注》，表明此处脱文由来已久。

𘏨𗊱𗣍𗊱，

（西夏文段落）

---

1 李范文：《夏汉字典》，中国社会科学出版社，1997，第20页。

[illegible]，[illegible]。[illegible]。[illegible]。[illegible][五][illegible]，[illegible][R11·161下·7][illegible]，[illegible]。[illegible]，[illegible]，[illegible]，[illegible]。[illegible]，[illegible][R11·161下·8][illegible]。[illegible]：“[illegible]，[illegible]，[illegible]，[illegible]；[illegible][六]，[illegible]。[illegible][R11·161下·9][illegible]，[illegible]，[illegible]。”[illegible][七][illegible]，[illegible]，[illegible]。[illegible]，[illegible]。[illegible][R11·161下·10][illegible]，[illegible]，[illegible]。[illegible]，[illegible]。[illegible][八][illegible][R11·161下·11][illegible]，[illegible]，[illegible]。[illegible]，[illegible]。[illegible]。

汉译：

围人勿合[1]，

魏曹曰：《司马法》曰：“三面可围，一面可留，所以放过路也。”〇李筌曰：夫围敌时，一面留，如战断不固也。若四面皆围，则敌坚守不拔。项羽破外黄城，魏武帝围壶关，用此法。〇杜牧曰：过路开，必不令生死心，则走，然后可追。后汉巫者维汜弟子单臣[2]与己同类相聚，入武原城，劫掠庶民，自称将军。汉光武遣禁兵将领臧宫率数千人围之。数次攻城，因城中食多，不能破，士卒多死。帝召诸臣问破法。子东海王对曰：“巫者以相劫而自结合，不待多日，其中有心悔者；唯包围急，无走处故也。少许缓，走处开，则遣一人亦不难擒贼。”光武帝即敕令过道开，贼兵各自走，擒单臣等，斩之。唐天宝末年，李光弼领朔方军，与贼兵史思明战于土门，贼兵将破时，四面围合。光弼南隅上过道开。贼兵见有走处，委弃坚甲而走，追之，大破。此者，开一面故也。

注释：

（一）[illegible]：固，林英津先生疑其为“[illegible]（固）”字的形误1，非。

---

1 林英津：《夏译〈孙子兵法〉研究》，（台北）“中央研究院”历史语言研究所单刊之28，1994，注152。

（二）𗼕𗁅𗗙𗵘：巫术为者，即"巫者"，对译"妖巫"。夏译者不取"妖"字，反映出西夏社会对"巫者"的尊崇，"病者不用医药，召巫者送鬼，西夏语以巫为厮也"。1《西夏官阶封号表》中载有"卜师位、巫师位"。

（三）𗼩𗵒：用来音译人名"维汜"，误。"𗵒"字的拟音为 kji，通常对音"记、姬、嵇、稽、己、汲"等字。"汜"则为邪母字，本书音译"汜水"时，即用"𗵘"，拟音为 sə。盖夏译者误读"汜"为"己"。

（四）𗭀𗵑：用来音译人名"单臣"，不妥。"𗭀"字的拟音为 sjo，通常对音"诵、襄、穰、相、翔、祥、湘、像"等字。"臣"则为禅母字。

（五）𗧊𗣼𗴾𗬓：下面将军，当指禁兵将领。其中"𗧊"为上下方位词的词头。"𗧊𗣼"可译作"下面"。R11·168 下·5 行有"𗧊𗣼𗷨（下面人）"，对译"厮养"。之所以称"臧宫"为"下面将军"，可能与其身为汉代守卫京师的屯卫兵"北军"将领有关。西汉未央宫在京城西南，其卫兵称南军；长乐宫在京城东面偏北，其卫兵称北军。其后宫室日增，南军名亡，而北军名存。东汉沿之。"𗧊𗣼（下面）"表示其与皇帝的亲近关系如同仆主。夏译者省去"北军"不译，以免增加本国人的阅读负担。

（六）𗵘𗣼𗥃𗴾𗬓：唯包围急，"𗴾"原系动词完成体趋向前缀，表示离心方，这里添加在形容词"𗬓（急）"前面，在句中作谓语，表明西夏语中本身表达趋向功能的趋向前缀，进一步语法化为状态变化标记。

（七）𗖖𗵒𗾔：光武帝，本段注文两见，上一处译为"𗾔𗵒"（R11·161 下·6），前后译音用字不一。

（八）𗊰𗱲：《十一家注》作"东南角"，夏译者漏译"东"字。

校记：

[1] 围人勿合：本句《十一家注》作"围师必阙"。

[2] "单臣"下，《十一家注》有另一人"傅镇"。

1　《辽史》卷 115《西夏外记》。

□□□□。

R11·161下·12 □□□：□(一)□□□□□□□□，□□□□，□□□□□□□□。□□□□□□□□□，□□□□□："□□□□R11·161下·13□，□□□□□□□(二)？□□□□□□□□□，□□□□□□？□□□□□□□□□，□□□□，□□□□□。"□□R11·161下·14□□□，□□□。□□□(三)□，□□□□□□□□(四)□□□□。□□□□□□□□，□□□□□，□□□□。□R11·162上·1□□□，□□□□。□□□□□："□□□□□，□□□□□？"□□□□："□□□□□□，□□□□□□□。□□□R11·162上·2□□□□□□□□□□。"□□□□："□□□□。"□□□□□□□□□□□，□□□□。

汉译：

穷上勿迫。

杜牧曰：昔吴王伐楚，楚师走，及清发。吴王阖闾复将追之。幼弟夫槩曰："困兽犹斗，况人乎？若人穷而赌命战，则我岂有不败？彼楚军先渡水，然后追击，可破。"听其言，败之。汉宣帝时，赵充国讨先零羌。彼先零羌睹大军，弃辎重，欲渡湟水。其道厄狭，徐徐而驱之。军中一人曰："吾既谓逐利，徐缓何真？"赵充国曰："穷上不可迫。缓之则走而不顾，急之则后退而赌命死战。"诸小将曰："善。"于是二三万人堕水中，大破之。

注释：

（一）□：昔。《十一家注》作"春秋时"，夏译者以"□（昔）"字代替，减少西夏人的阅读障碍。

（二）□□□：字面义为"应何有"，何况。

（三）□□□：汉宣帝。译音有误。"宣"为心母字，"□"的拟音则为 *śjɨj，是个书母字。该书司马宣王的"宣"，即用"□"字音译。

（四）□□□□：先零羌。该词既有意译，又有音译。其中"□□□（ *sjã-rjɨr-khjow）"，是"先零羌"的音译；"□"字则指羌族。西夏人在翻译汉文典籍时，往往采取分类标注专名的办法，如地理名称会相应标注国名、城名、河名，人名前会加上朝代等。"𘜶𘟙𘄷𘕿"中的"𘜶"即族名标注。"𘜶"字在该书中又用来指"吐蕃",可见西夏人认为,吐蕃是古羌人的一支。

𘋩𘓐𘄷^{R11·162上·3}𘟙𘞲𘝵𘏽。

汉译：

用兵法中真利也。

三　西夏文《孙子兵法三注》第八《九变》

^{R11·162上·4} 𘄻𘄂𘏒𘗽𘃡

𘓐𘏒𘄷：𘋩𘟙^(一)𘈖𘄂𘄻𘕦𘝵𘄷𘃡。

汉译：

九变篇第八

魏曹曰：军体变化有九种用法。^[1]

注释：

(一)𘋩𘟙：字面义为"军体"。参见𘍦𘟙(事体,R11·174下·11)、𘍧𘟙(言体,R11·177上·2)。

校记：

[1] 军体变化有九种用法：《十一家注》曹注作"变其正,得其所用九也",夏译文较直白。

^{R11·162上·5}𘓐𘓸𘕦：𘋩𘓐𘐷𘃡,𘜶𘄰𘄂𘈖𘝫𘐷^{R11·162上·6}𘌊,𘋩𘅮𘘘𘌊。𘃗𘌟𘄷𘋩𘃝𘈖𘆝,

𘓐𘏒^{R11·162上·7}𘄷：𘟙𘐷𘈖𘍦𘌟𘃡。𘏒𘄰𘄻𘘍𘌟𘐷,𘕿𘃗𘅹。○𘐽𘋩𘏒：𘌟𘄚𘄻𘃝𘈖𘕦,𘌊𘏒𘄷𘋦𘄷。

汉译：

孙子曰：用兵法者，将受君命，后兵马结合。圮地上勿设军营，

魏曹曰：地无依止处也。洪水坏地者，曰毁圮。○李筌曰：勿居于低地洼处，人水下落也。

𗙈𗢵[R11·162上·8]𗴿[(一)]𗏫，

𗣼𗥃𗟲：𗏣𗭪𗢸𗾹𗙈𗰮。○𗲆𗰖𗟲：𗏣𗭪𗢸𗾹𗙈𗢵𗴿𗰮，𗜐𗤋𗦇𗪟𗮔。

汉译：

至衢地则盟，

魏曹曰：与诸侯议盟也。○李筌曰：于四方中衢地与诸侯议盟，定用兵也[1]。

注释：

（一）𗴿𗏫：字面义为"合地"，对译"衢地"。

校记：

［1］定用兵也：《十一家注》李注无此句。

𗴿𗤭[(一)R11·162上·9]𗏫𗢸𗾹，

𗣼𗥃𗟲：𗰐𗟲𗾹𗸦𗧲。○𗲆𗰖𗟲：𗢸𗮔，𗢸𗯪，𗢸𗭪𗟲，𗥃𗾹𗟲，𗴿𗤭𗰮。𗰐𗟲𗾹𗸬。

汉译：

绝地上无留，

魏曹曰：不可留多日。○李筌曰：无水、无草、无所烧[1]、无牧处，绝地也。勿留多日。

注释：

（一）𗴿𗤭：字面义为"贫地"，对译"绝地"，指交通困难、缺草乏粮、部队难以生存的地区。

校记：

［1］所烧：对译"采樵"，即砍柴。原本误"采"为"来"，夏译本可证。

R11·162上·10 〔西夏文〕，

〔西夏文注〕：〔西夏文〕，〔西夏文〕。○〔西夏文〕：〔西夏文〕^(一)。

汉译：

围地上住则谋，

魏曹曰：为人所围时，当出计谋。○李筌曰：因地形求利。

注释：

（一）〔西夏文〕：因地形求利，对译"因地能通"，较为直白。

R11·162上·11 〔西夏文〕。

〔西夏文注〕：〔西夏文〕。○〔西夏文〕：〔西夏文〕，〔西夏文〕^{R11·162上·12}〔西夏文〕。〔西夏文〕。

汉译：

至死地则战。

魏曹曰：以命战。○李筌曰：置兵于死地时，军人必赌命自斗。韩信率兵破赵是也。

〔西夏文〕，

〔西夏文注〕：〔西夏文〕。^{R11·162上·13}〔西夏文〕^(一)〔西夏文〕，〔西夏文〕。○〔西夏文〕：〔西夏文〕，〔西夏文〕，〔西夏文〕，〔西夏文〕。○〔西夏文〕：〔西夏文〕、^{R11·162上·14}〔西夏文〕，〔西夏文〕^(二)〔西夏文〕。〔西夏文〕。〔西夏文〕。〔西夏文〕^{R11·162下·1}〔西夏文〕，〔西夏文〕，〔西夏文〕。〔西夏文〕，〔西夏文〕，〔西夏文〕。〔西夏文〕。〔西夏文〕。〔西夏文〕^{R11·162下·2}〔西夏文〕，〔西夏文〕。〔西夏文〕^(三)〔西夏文〕，〔西夏文〕，〔西夏文〕。〔西夏文〕。〔西夏文〕^{R11·162下·3}〔西夏文〕，〔西夏文〕。〔西夏文〕。〔西夏文〕。〔西夏文〕^(四)〔西夏文〕，〔西夏文〕^{R11·162下·4}〔西夏文〕。〔西夏文〕。〔西夏文〕。

汉译：

路有所不往，

　　魏曹曰：险地恶道上勿过。不得已过，则当为谋略[1]。○李筌曰：道有险狭，利于敌军埋伏，不可往也。○杜牧曰：汉光武[2]遣将军马援、耿舒讨武陵五溪蛮，军次辰州城下[3]。有两条道可入武陵。若取壶头道，则路虽近，但水急难渡；取充道[4]，则路虽远，但地平。尔时光武腹心疑虑。耿舒欲取充道，马援以为取此道，则历日缺粮，不如取壶头道，扼其咽喉，则贼自败。立即彼二事上奏，光武以马援所言为是，谓取壶头道。时军皆取壶头道，贼兵断去路[5]。中热毒，士卒多疫死，马援亦染病[6]。此者，往不当往路故也。[7]

注释：

（一）𗥃……𗥃𗪞：字面义为"不……不成"，不得已做某事。

（二）𗁬𗩴𗿓𗑗：五溪蛮国，夏译者误认族称为国名。

（三）𗧘𗏆：字面义为"其于……"，"𗏆（于）"附加在比较的对象后面，表示此事胜于彼事，对译"不如……"。

（四）𗱠𗒹：字面义为"热毒"，对译"暑湿"。

校记：

[1] 不得已过，则当为谋略：此句曹注合于《十一家注》"不得已从之，故为变"，《魏武帝注》则无。

[2] "汉光武"，《十一家注》杜注作"后汉光武"。

[3] 军次辰州城下：《十一家注》杜注作"军次下隽，今辰州也"。

[4] 取充道：对译"从充道则路夷而运远"的"从充道"，其中"充"音译为"𗥠（*tśhjow）"，作专名处理，中华本则误以"充道"为专名。按据《后汉书·马援传》，"充"为县名，"从充道"即经过充县而至武陵的道路。夏译文正确无误。

[5] 贼兵断去路：《十一家注》杜注作"贼乘高守隘，水疾，船不得上"。

[6] 马援亦染病：《十一家注》杜注作"援亦中病卒"。

[7] 此者，往不当往路故也：此句为夏译者所添加的按语。且《十一家注》杜注末尾有如下数句："耿舒与兄好畤侯书曰：'舒前上言，当先击充，粮虽难运而兵马得用；

军人数万，争欲先奋。今壶头竟不得进，大众怫郁行死，诚可痛惜！’”

[illegible]，

[illegible]：[illegible] R11·162下·5 [illegible]，[illegible]，[illegible]，[illegible]。○[illegible]：[illegible]，[illegible]，[illegible]，[illegible] R11·162下·6 [illegible]，[illegible]，[illegible]，[illegible]。[illegible]。[illegible]，[illegible] R11·162下·7 [illegible]，[illegible]。

汉译：

军有所不击，

魏曹曰：若敌军险地上住，可少许战，亦勿与战，我军劳苦也[1]。○杜牧曰：锐卒勿攻，归师勿遏，穷则勿迫，死地勿与战。或我兵力强，敌兵力虽弱，亦勿与其先至者战，战则恐惊走也。与如此之军，不应急战。此事知，若心欲不战，则应别取谋变。[2]

校记：

[1] 若敌军险地上住，可少许战，亦勿与战，我军劳苦也：西夏文曹注异于《十一家注》和《魏武帝注》，句末无“困穷之兵，必死战也”。《通典》杜佑注则作“军虽可击，以地险难久，留之失前利，若得之利薄也。穷困之卒，隘陷之军，不可攻，为死战也。当固守之，以待隙也”。刘春生先生认为杜佑注是拼合曹注和其他古注而成，“军虽可击，以地险难久，留之失前利，若得之利薄也”为一义，当是曹注；“穷困之卒，隘陷之军，不可攻，为死战也。当固守之，以待隙也”为另一义，当是其他古注。他进而认为此句曹注原作“军虽可击，以地险难久，留之失前利，若得之则利薄”，“困穷之兵，必死战也”是他注窜入之文。1 夏译文可以佐证。

[2] 杜注末尾，《十一家注》尚有“故列于《九变篇》中”一句。

[illegible]（一），

[illegible]：[illegible]、[illegible]，[illegible]（二）[illegible]……

1　刘春生：《十一家注孙子集校》，广东人民出版社，2019，第 307 页。

汉译：

城有所不攻，

> 魏曹曰：吾往昔弃置华、费而深入徐州，[得十四县也]。[1]

注释：

（一）〔西夏文〕：城有所不攻，西夏晋王察哥深悟"城有所不攻"之妙，夏元德元年，即宋宣和元年（1119），察哥继攻占统安城后，又乘胜围震武城。当北宋援军未到、震武城危在旦夕之时，本可一举攻拔此城，但他突然下令"勿破此城，留作南朝病块"[1] 此后震武城多次遭到西夏的佯攻，熙河、秦凤两路军队为援救该城而疲于奔命，果真成为北宋的一块心病。

（二）〔西夏文〕：字面义为"地堂"，大致有"腹地"的意思，指某地的中心地带。

校记：

[1] 曹注句首较《十一家注》缺"城小而固，粮饶，不可攻也"。又曹注以下缺 2 面。

……[R11·162下·8]〔西夏文〕，〔西夏文〕？"〔西夏文〕，〔西夏文〕，〔西夏文〕(一)〔西夏文〕，〔西夏文〕。〔西夏文〕[R11·162下·9]〔西夏文〕。〔西夏文〕。〔西夏文〕(二)〔西夏文〕，〔西夏文〕。〔西夏文〕："〔西夏文〕，〔西夏文〕[R11·162下·10]〔西夏文〕。〔西夏文〕，〔西夏文〕。〔西夏文〕，〔西夏文〕。〔西夏文〕，〔西夏文〕[R11·162下·11]〔西夏文〕，〔西夏文〕，〔西夏文〕。〔西夏文〕，〔西夏文〕？〔西夏文〕，〔西夏文〕[R11·162下·12]〔西夏文〕。"〔西夏文〕(三)〔西夏文〕，〔西夏文〕，〔西夏文〕，〔西夏文〕。

汉译：

［地有所不争］，

> ［曹操曰：小利之地，方争得而失之，则不争也。○杜牧曰：言得之难守，失之无害。伍子胥谏夫差曰："今我伐齐，获其地，犹][1]粗石，用处岂有？"又东晋陶侃者，为武昌城将军时，属下议者言：宜住兵于武昌北岸邾城。陶侃不听此语，议者屡言。陶侃引

---

1 （元）脱脱等：《宋史》卷486《夏国传下》。

诸列主渡江，往射猎，语诸列主曰："我固依于此江水，则敌不能来。此邾城者，位于江北岸，内我之益不可得，外与他国边连。彼国中多有宝物，吾人贪宝物，劫掠逼迫，使敌不安定，乃致祸之由。今遣兵守之，亦于江南利益何有？若敌[2]大军来时，此城不得其益。"陶侃死后，将军庾亮遣兵守彼邾城，兵马毁。

注释：

（一）𗊁𗄊𗢸：其中"𗊁𗄊（议者）"，即谋士（见前文 R11·160 上·12）。"𗢸"附在名词之后，表领属关系，指陶侃属下。

（二）𗐇𘜶：字面义为"列主"，对译"将佐"。

（三）𘝓𗣫：字面义为"身化"，"死"的含蓄说法。

校记：

[1] 以上本段括注文字均缺。据《十一家注》补。

[2] 敌：《十一家注》作"羯虏"。夏译者对指称少数民族时带有贬义色彩的"夷、虏、寇"一类的词，多回避不译，代以"敌"字。

𗽀𗦴𗾺𘜶𗣫。

𗣫𗉵R11·162下·13𗢸：𗦴𘜶𘕿𘞃，𗽀𗣫𗾺𘜶𗨁𘞃𗣫。○𗱂𗦴𗢸：𗦴𘜶𘕿𘞃，𗽀𗣫𗾺𘜶𗨁𗣫。𘝼𗹦𘜶𗩱𗾺𗹨𗒆𘜿𗩱（一）𗦴𘜶，𘘚𗹦𗦴𘘢𗾺R11·162下·14𗂇𗦴𗗙𗦴。○𗥃𗣫𗢸：《𗮔𘑨𗼻》𗨁："𗦴𘜶，𗾺𘝼𘏲𗽀𗦴。𗚜𗦴𘜶，𘘚𗹨𗾺𘜶。𗦴𘝼𘜶𗤒𗗙𗦴。𗷄𗶷𗾺𗗙，𘘥𗶷𗾺𗬷（二），𘘝R11·163上·1𗜓𗘆𗹦𗾺𗘆，𗾺𘈈𗽀𗦴𗾺𘜶。"𗼻𗳵𗹦𗩱𗾺𗒆𗳅𗦴𗷄（三）𗗙𗤒𗳝𘃡𗦴𘏠𗹦，𗤒𗦴𗷄。𗗙𗤒𗦴𘙴，𘒏𗹨𗷄𘒏𗹬𘉒𘒏𘞃R11·163上·2𘕿𗷄。𗦴𗥐𗥃𘓀，𗦴𗒆。𘝼𘕿𗷄𘒏，𗗙𗤒𗤜𘒏𗷄𗾺𗥐。𗴮𗹨𗾺𘕿，𗦴𗜓𘕿𗾺。𗾺𗗙𗨁："𗦴𘚶𗦴𘘢，𗽀𗦴𗾺𘜶𗨁𗣫。"R11·163上·3𗦴𘚶𘝡𗴟𘒏𘜶："𗦴𗜓𘕿𗾺𘕿𘞃𗨁，𘓀𘏠𗎟𗾺𘕿，𗮔𗢸𗱂𗷄。"𗴮𗹨𗨁："𗦴𗹬𗷄。"𘓀𗎟𗦴𘙴。𗾺𗗙𗨁："𘞃𘝼𗹦𘘢𗹨R11·163上·4𘜿，𗦴𗷄𘘚𗷄。"𗼻𗳵𗣟𗦴𗦴𘉭。

汉译：

君命有所不听。

曹操曰：依便而行，君命不听亦许有。[1]○李筌曰：依便而行，君命不听亦有。齐将司马穰苴斩庄贾，晋将魏绛戮杨干是也。○杜牧曰：《尉缭子》曰："兵者，不吉祥器也。战争者，与德不合。将军者，死官也。不拘于天，不缚于地，前不惧敌，后不听君命。"[2]昔司马穰苴谓己监军庄贾会上迟，当斩。庄贾惧，遣人于王，使往谓救命。未还，斩之。齐王遣人，使来谓赦庄贾。其人驰马，军营中来。穰苴曰："依军政，君令亦有所不听。"问执军政者曰："军营中不许驰马，今天使驰马，何为？"其人曰："当斩。"天使惧。穰苴曰："国王之使，不可杀。"乃斩其一仆。

注释：

（一）𗏿𘕣：庄贾，人名。本句经文杜注中的三处"庄贾"，一律译作"𗏿𘕣"，与李注不一。

（二）𘞂𗹦𗧓𗐻，𗆫𗹦𗧓𘟙：不拘于天，不缚于地。对译"无天于上，无地于下"。"𘟙"在这里是个实词。因"𘟙"与"𗐻"互文，林英津先生推测"𘟙"字有"束缚"义，可从。[1]"𗐻𘟙"二字同义连用，见R11·159上·12。

（三）𗵨𘒙：监军。

校记：

[1] 本句曹注，合于《十一家注》"苟便于事，不拘于君命也"，《魏武帝注》无。

[2] 《尉缭子》文后"穰苴斩庄贾"事，为《十一家注》杜注所无。《史记·司马穰苴列传》记载："约束既定，夕时，庄贾乃至。穰苴曰：'何后期为？'贾谢曰：'不佞大夫亲戚送之，故留。'穰苴曰：'将受命之日则忘其家，临军约束则忘其亲，援枹鼓之急则忘其身。今敌国深侵，邦内骚动，士卒暴露于境，君寝不安席，食不甘味，百姓之命皆悬于君，何谓相送乎！'召军正问曰：'军法期而后至者云何？'对曰：'当斩。'庄贾惧，使人驰报景公，请救。既往，未及反，于是遂斩庄贾以徇三军。三军之士皆振栗。久之，景公遣使者持节赦贾，驰入军中。穰苴曰：'将在军，君令有所不受。'问军正曰：'驰三军，法何？'正曰：'当斩。'使者大惧。穰苴曰：'君之使不可杀之。'乃斩其仆，车之左驸，马之左骖，以徇三军。遣

1　林英津：《夏译〈孙子兵法〉研究》，（台北）"中央研究院"历史语言研究所单刊之28，1994，注189。

使者还报，然后行。"1 夏译文内容与之相近。大概因为杜注前面的李注已提及"穰苴斩庄贾"，《十一家注》的作者嫌其重复而删。

[illegible][R11 · 163上 · 5][illegible]，[illegible]；

[illegible]：[illegible]。

汉译：

故将军明悟九变之地利[1]，则能用兵矣；

李筌曰：谓上之九事也。

校记：

[1] 九变之地利：夏译文与《十一家注》同，《魏武帝注》无"地"字。

[illegible][R11 · 163上 · 6][illegible]，[illegible][R11 · 163上 · 7][illegible]。[illegible]，[illegible][R11 · 163上 · 8][illegible]，[illegible]。

[illegible]：[illegible]。

汉译：

将军不通九变之利，则虽知地形，亦不得利益。不知九变之术，则虽知五利，亦不能用人。

李筌曰：下五种也。[1]

校记：

[1] 此句李注，《十一家注》作曹注，且《十一家注》句末有"九变，一云'五变'"。

[illegible][R11 · 163上 · 9][illegible]，[illegible]。

[illegible]：[illegible]，[illegible]。○[illegible]：[illegible][R11 · 163上 · 10][illegible]。

---

1 （汉）司马迁：《史记》卷64《司马穰苴列传》。

汉译：

智者心下，利害杂虑。

　　魏曹曰：得利思害，害生思利[1]。○李筌曰：思虑己之利敌之害。

校记：

[1] 此句曹注，合于《魏武帝注》"在利思害，在害思利"。《十一家注》句末另有"当

　　　难行权也"。

□□□□，□□□□（一）；

　　□□□：□□□□□□R11·163上·11 □□，□□□□□□□□□□；□□（二）□□□□□□□，□
　　□□□□□□□□□，□□□□□□，□□□□□□，□□R11·163上·12 □□。

汉译：

与利杂虑，所为皆可；

　　魏曹曰：〔计敌不能依五地为我害，所务可信也。○杜牧曰：信，申也。〕计敌不害我而
　　我害敌时，不可但思取利于敌人，先思敌人之害我。此二事杂虑，我利上行，所为
　　皆可。[1]

注释：

（一）□□□□：字面义为"为为皆可"，"□□（为为）"叠用，表示"所为"。全句
　　　　对译"务可信"，"信"通"申"，即"任务可以完成"。杜注"信，申也"，为其
　　　　所本。

（二）□□：字面义为"一种"，即"一律、仅仅"之义。

校记：

[1] 此处曹注，实为《十一家注》杜注中的内容，疑因夏译者漏译而导致杜注误合于曹
　　　注，括注为缺漏部分，据《十一家注》补。《魏武帝注》无此曹注。

□□□□，□□□□。

　　□□□：□□□□□□，□□□□□。R11·163上·13 ○□□□□：□□□，□□□□□，□□□

𗼓𗟭，𘝵𗀔𘝵𗴿^(一)。○𗥃𗂧𗏹：𗦫𗇋𗵆𗣫𗗙，𗤊𗣼𘂤𗗙，𗇋𗵆𗦫𗣄𗥺𗣔𗣫𗬩^{R11·163上·14}𗦫，𗰖𗰖𗇋𗵆𗧢𗴿𗼻𗰗𗬝𘟛𘝵，𘟛𗣼𗤊𗟛。𘄶𗰖𘛛𗒹^(二)𗵘𗸐："𗥃𗜫𗆍𗨙，𘕿𘟙𗷝𗣼𗬼𗧢𗬼𘈌"。𘐆𗇋𗵆𘛠𗴿𘏞𗗙𗗙，𗗙^{R11·163下·1}𗭪𘝵𗵆�㮇𘈌。𘓆𗗙𘏞𗭪𗴒，𗊶𘟛𗖰𗕙𘏞𘛁，𗊶𗸦𗜳，𘏞�ퟶ𗇋𗵆𘆤𘈌。𘍞𗼓𗥃𗳒^(三)𗇟𗼻𗃀𘈌，𗊶𘟛𗹙𘓆𗴿𗕙𗭪𗴒，�Ⅱ^{R11·163下·2}𗇟𗰖𘈆。

汉译：

与害杂虑，与患可解。

魏曹曰：知敌来害，则害亦不利[1]。○李筌曰：智者，见利害之事时，必依利而行，不为不义。○杜牧曰：我与敌遇而欲解患时，不思敌伤害我，先思破敌，然后与患可解。故先祖文云："智者心下，必利害杂虑。"譬如敌人围我时，不应思突围而去。若突围则士卒一律走，战心夺，敌必来追。未若思必决命谋攻，迎战而破，则解围无患。[2]

注释：

（一）𘕿𘟙𗷝𗼓𗟭，𘝵𗀔𘝵𗴿：必依利而行，不为不义，对译"必合于道，不至于极"。夏译者的理解是：趋利避害即"合于道"。

（二）𘄶𘛛𗒹：先祖文，对译"上文"，不妥。"𘄶𘛛"，本书中往往对译"古"字。夏译者把"上文"理解为"古文"了。"上文"在本书中译作"𘄶𗅲𗒹（先有文，见 R11·158上·3）"，或"𘄶𗖵𗒹（先△云，见 R11·163上·5）"。

（三）𗥃𗳒：字面义为"何敢"，表示必定。又夏译本《贞观政要》卷第五《规谏太子第十二》"𗷖𗼓𗥃𗳒𗜳𗬼𗳒𗴿"，字面意思是"彼依何敢劝言谓我"，对译"是用必竭愚诚"。

校记：

[1] 知敌来害，则害亦不利：此句曹注，《魏武帝注》无。夏译文合于《十一家注》曹注"既参于利，则亦计于害，虽有患可解也"。

[2]《十一家注》杜注末尾有"举一可知也"。

𗊩𗱒𗷟^(一)𗦳𗣼，𗇟𘌠𘛛𗴿；

𗰖𘟛𗂧𗏹：𗇋𗵆𗣄𘌠𗰖^{R11·163下·3}𗴿𗣼。○𗣬𘈎𗏹：𗇋𗵆�㮇𗣫𘟛𗦤𗴿�。○𗥃𗂧𗏹：𗇋𗵆�

𗅤𗗚𗖠𗥃𗖰，𗗚𗰀𗘂𗔇𗖰，𗃜𗰛𗥃𗭼𗕑，𗗽𗴴𗌩𗤋𗾔。

汉译：

若欲屈邻国，攻其害处；

魏曹曰：当攻敌所恶。○李筌曰：当害敌之军政。○杜牧曰：敌之不利出时，当乘而害之。利言不失，则能屈敌也。[1]

注释：

（一）𗘂𗖰：字面义为"国比"，意思是"邻国"。西夏文献中有"𗤋𗖰（家比）"一词，对译"邻居"。藏文的"邻居"为ཁྱིམ་མཚེས，ཁྱིམ义为"家"，མཚེས义为"比、并"。[1] 用"家比"或"家并"表示"邻居"，应该是当时河西藏缅语族诸语言共同的构词心理。同理，"𗘂𗖰（国比）"一词，当译作"邻国"。

校记：

[1] 杜注开头，《十一家注》有"恶，音一路反"。

R11·163下·4 𗘂𗖰𗕤𗅤，𗴺𗲉𗕟𗾔(一)；

𗴿𗤋𗑱：𗴺𗲉𗕟𗾔。𗒑𗭼𗾔𗤢，𗒑𗭼𗾔𗰛。R11·163下·5 ○𗄊𗗚𗑱：𗅤𗰀𗕤𗾔𗾔。○𗉘𗕤𗑱：𗃜𗰛𗖲𗉺，𗭼𗒹𗘀𗕟𗾔。𗾔𗕑�̈𗶷𗤢𗖠𗴑(二)�̈𗭼，𗕰𗕤𗾔𗾔。𗴑�̈，𗴔𗗘、𗘂𗳤、𗴶R11·163下·6𗸓、𗈪𗍤(三)𗕤。

汉译：

谋攻邻国，应使劳苦；

魏曹曰：使其烦劳[1]。彼出我入，彼入我出。○李筌曰：烦其农时。○杜牧曰：侵扰敌人，使不得休。我先备供给，然后可烦之。备者，兵众、国富、人和、令正也。

注释：

（一）𗘂𗖰𗕤𗅤，𗴺𗲉𗕟𗾔：谋攻邻国，应使劳苦，对译"役诸侯者以业"。曹注"业，事也，使其烦劳"，即这里的"业"，特指令人烦劳的事情。杜注以"业"为我之

1　张怡荪主编《藏汉大辞典》，民族出版社，1993，第 262 页。

强大，夏译者不取。

（二）𗣼𗣼𗣼𗣼𗣼𗣼𗣼：我先备供给，对译"我须先有事业"。受曹注的影响，夏译者曲解了杜注中"事业"的意思。

（三）𗣼𗣼：令正，《十一家注》杜注作"令行"，反映出西夏人在治军思想方面，对严格执行法令的重视程度。

校记：

[1] 本句曹注开头，《十一家注》有"业，事也"。

𗣼𗣼𗣼𗣼。

　　𗣼𗣼𗣼：𗣼𗣼𗣼𗣼。〇𗣼𗣼𗣼：𗣼𗣼𗣼𗣼𗣼。〇𗣼𗣼𗣼：𗣼𗣼𗣼𗣼，𗣼𗣼^{R11·163下·7}𗣼𗣼。

汉译：

给利而引。

　　魏曹曰：见利自来。〇李筌曰：当以利诱之。〇杜牧曰：以利引诱，必自来。[1]

校记：

[1] 此句杜注，《十一家注》末尾有"堕吾画中"。

𗣼𗣼𗣼𗣼𗣼𗣼，𗣼𗣼𗣼，𗣼𗣼𗣼𗣼，^{R11·163下·8}𗣼𗣼𗣼𗣼𗣼；𗣼𗣼𗣼，𗣼𗣼𗣼𗣼，𗣼^{R11·163下·9}𗣼𗣼𗣼𗣼。

　　𗣼𗣼𗣼：𗣼𗣼𗣼𗣼𗣼𗣼𗣼𗣼。

汉译：

故用兵之法者，人不来，勿谓不来，先做准备；人不攻，勿谓不攻，先制计谋。

　　李筌曰：预先准备不阙也。[1]

校记：

[1] 李注之上，《十一家注》有曹注"安不忘危，常设备也"。

𗇁𘜶𗙈𗇁𘟟^{R11·163下·10}𘏚𗏇：

　　𗥒𗖰𗏁：𗠁𗧯𗇁𘟟𗱲。

汉译：

故将有五危：

　　李筌曰：下五事也。

𗨻𘄦^(一)，𘢂𘉮；

　　𘕜𗏇：𘚢𗫳𗯲𗌧。○𗥒𗖰𗏁：𘚢𗫳𘏑^{R11·163下·11}𗌧。○𗉛𘆖𗏁：𗧯𗭑𘚢𘈷𗵽，𘏚𘜼。

　　𗾊𘄴𗥤𗏵："𘚆𗩻，𗧯𗵽𘄦𗓋；𗧯𗭑，𘉮𗆠𗇁𘟟。"《𘆄𗧠》𗏵："𘚸𘜶𗵁𘉜𘘎，𘚢𗭑𘅝𘖷𘅝^{R11·163下·12}𘚢𘈷𘚸𗫳，𘚢𘘒𗲲，𗆑𗆠𘟟𗵁𗌧𘏑，𗽀𗇁𘄦𘏆^(二)𗇁𘟟。𘜶𗍹𗱲𗅲𗌩。"

汉译：

好进，人杀；

　　魏曹曰：恃勇无虑^[1]。○李筌曰：恃勇无谋。○杜牧曰：愚顽而勇悍，则遇患。黄石公曰："勇者，好行其志；愚者，不顾命断。"《吴子》曰："凡选择将时，取勇悍人也^[2]。勇悍将者，一律勇，仅死不惜命，其外不见爱利。未可将也。"

注释：

（一）𗨻𘄦：好进，对译"必死"，只知拼命。

（二）𘄦𘏆：爱利，即所看重的利益。

校记：

［1］此句曹注，合于《魏武帝注》"勇无虑也"、《十一家注》"勇而无虑"，但较《十一家注》下缺"必欲死斗，不可曲挠，可以奇伏中之"。

［2］取勇悍人也：句下《十一家注》有"勇之于将，乃数分之一耳"。

𘏑𘉮，𘢂𗓋；

　　^{R11·163下·13}𘕜𗏇：𗟱𘉮，𗧯𘏆𗱲，𘈷𗆠𘅝𗒹。○𗥒𗖰𗏁：𘏑𘅝𘏆𗱲，𗧿𗉛𘘎𘓷。○𗉛

𘋊𘕙：𘈷𗇶𗾔𗄟𗢛𗤒𗖠𗘅�$^{R11 \cdot 163下 \cdot 14}$𗼴𗰣，𗰖𗩱𘊒𗧓𘃽𗢛�𘎆𘃽，𗤒𗏇𗂀$^{(一)}$�𘊴𗅷𗫂𘅝，𗧓𘋩𗁅𗢛𗫽𗾔𗰜。𘜶𗺣𗤶𗱕，𘈮𘊝𗾁𘈮𗄉𘕿𗍪𘜶𗄟𘌡$^{R11 \cdot 164上 \cdot 1}$�𘕿，𗢛𘕏�9𘈮𘜐𗚷。𘃟𗇶�9𗁅�9𗰜𗫽𗰜𗗙�𗈶𗄉�1，𗧓𘋩𘜶𗤶，𘊒�2𗬩𗬩$^{(二)}$。

汉译:

惜命，人捬；

魏曹曰：见利而有畏心，不敢自攻[1]。○李筌曰：有怯弱心，为敌所擒。○杜牧曰：晋将刘裕率数千骑，溯江追桓玄，战于峥嵘洲。桓玄恐己军败，因有逃心，令于大船侧准备一小船，故其众莫有斗心。刘裕军卒乘风纵火，桓玄败，为人所逐。

注释:

（一）𘃽�𘎆：峥嵘洲。这是个音译加意译的词，前两个字"𘃽�"是"峥嵘"的音译，后一个"𘎆（洲）"字是意译。

（二）𘊒�2𗬩𗬩：为人所逐。其中"𗬩"字有"疾行"义，引申为"逐"。"𘊒（人）"字的用法参考"𗅷𗵽𘊒�2（惜命人捬）"，即"惜命而为人所捬"。

校记:

[1] 见利而有畏心，不敢自攻：对译"见利畏怯不进也"，原本"怯"误作"法"。夏译文可证。

𗾺�9$^{(一)}$，�2𗧨$^{(二) R11 \cdot 164上 \cdot 2}$𗵽。

𗤒𗈶𘋊：𗾺�9𗅷𗾔�2，𗐛𘊝𘅝�𗰜，𗥃𗅽�%。○𘜶𗺣𘋊：𗾺�1𗅷𗫽，�2𗵽$^{(三)}$𗼴𘌡，�2𗧨𗵽𗰜，𗥃𗵽𗥃𗰜。𗌪𗯝𘕿$^{R11 \cdot 164上 \cdot 3}$𗥯𗵽𗄉𗈶𘋀𗗙𗐛𗐛𗵽�9𗵽𗰜𗤒𘞰。○�9𘋊𘕙：𗥶�1�1𘑇�2𗧨，�❄𗰜𘅝��➔，�9𗺒𗂀�➔。𗐿𗵽𘌒𗇶𗊪𗤖𗖝$^{R11 \cdot 164上 \cdot 4}$𘃽，�9𗼴𗊪𘞉𘊃�9𘋀𘃽�2𗰣。𘃽𗇦𗨄𗵌𗅲𗗙�𗥶𗵽𗵽、𗺣𘇹𘊝�2𗰜，𘋀𗰜�𘞰。𗤖𘜶𘇹𗵽��
𗰣。�¤$^{R11 \cdot 164上 \cdot 5}$𘇹𗵽𗵽𘕿𗰣："𗤖𘜶𘜈𗾺�9，𗐛𘊝𗰜𘈷��➔。𘞲𘇹𗱕�𘕙，𗰜𘜶𗵽�¤，�𘋀𘜶�½𘕿，𗤖𘜶�2$^{R11 \cdot 164上 \cdot 6}$�1�𘞲，�𘜶𘄁�2�，�𗺮𘅝，𗄉��½𘕙。"�¤��¤���𘞅，𗤖𘜶�𘞲，𗾤��𗰣，𘜶�𘊝�%，��𘞲�，𗤖𘜶𘈷�𘞲。

汉译：

性急，可侮也；

　　魏曹曰：见性急人时，烦扰使怒而致之。○李筌曰：性粗人者，秉性刚锐，侮而诱致也。唐太宗于霍邑城诱宋老生而杀之。○杜牧曰：性急之将，可以陵侮，使之怒，则来战易败。十六国时，姚襄生逆，率军攻黄落城，前秦帝苻生遣将军苻眉[1]、邓羌往守护。姚襄凿沟垒，固守不出。邓羌说苻眉曰：“姚襄者，性急，易以烦扰使怒。若吾率兵列阵，执旗击鼓，近其军垒，则姚襄必忿怒，出军营迎战，则易破。”苻眉依其言用兵，姚襄怒，率己军出营战，破之，斩姚襄。

　　注释：

　　（一）𗹭𗼽：性急，对译“忿速”。曹注“疾急之人”，当为其所本。

　　（二）𗾖𗹦：不敬，对译“侮”。

　　（三）𗹭𗡝：字面义为“性许”，意思是“秉性”。

　　校记：

　　[1]“苻眉”，《十一家注》作“苻黄眉”。夏译文缺“黄”字，下同。

　　[2] 杜注开头，《十一家注》有“忿者，刚怒也；速者，褊急也，性不厚重也”。

　　R11·164上·7　𗼪𗽛，𗷝𗡝𗴮；

　　𗧓𗺊𘝿：𗅋𗴮（一）𗜓𗽛𗟲𗥔𗡝𗣗𗷱𗷝，𗷭𗂅𗟲𗟲。○𗰖𗺨𘝿：𘎍𗶷𗅋𗼪𗰭R11·164上·8𗽛，𗡝𗺊𗷱𗷝𗡝𗴮。

汉译：

清人，可辱；

　　魏曹曰：清净将军，可以妄言诽谤而致之也。○李筌曰：自矜清净将军，当以恶言辱也。[1]

　　注释：

　　（一）𗷱𗧓：字面义为“清净”，对译“廉洁”。

校记：

[1]《十一家注》原本下有杜佑注："此言敌人若高壁固垒，欲老我师，我势不可留，利在速战。揣知其将多忿急，则轻侮而致之；性本廉洁，则污辱之。如诸葛孔明遗司马仲达以巾帼，欲使怒而出战；仲达忿怒欲济师，魏帝遣辛毗仗节以止之。仲达之才，犹不胜其忿，况常才之人乎！"因《通典·兵部》不见此注，孙校本改"杜佑"为"杜牧"。[1] 今观夏译文，即无此杜牧注。

𗣜𗭼，𘎴𗟲^(一)𗥦。

　𗤒𘇜𗟱：𘋵𘕕𗣜𗭼𗧾𗣜𗢯𘊝𘜶：𗼙𗭼𗄡𘂤𗹉𗏿^{R11·164上·9}𘑨𘏞𘉊𘏞𗼙𗧩𗧷𘉊，𘉝𘟂𘎴𗟲𘊝。○𗴿𘙂𗟱：𗭼𘕕𘎴𗢯𘌒，𗃛𗼙𘏞𗴴，𘈷𗄑𘝵𗼙，𘈷𘎴𗟲𘊝。○𗾔𗋽𗟱：𘘥𗧈、𗣜𗭼、^{R11·164上·10}𘜶𘊞𘠑𘌒𘂤𗧩，𘈷𘕕𗨁𗢯𘉊𘉊，𗠇𘝵𘞦𘙂𘉊𘝵^(二)，𗟤𘊞𗼙𗧩，𘉊𘟂𗼙𘏞。𘏞𘉝𘂤𘑨𗣜𘜶𘊝，�J𘟂𗼙�程，𘎴𗟲𗥦^{R11·164上·11}𘎹𘋵𗢯𗏞𗢯。

汉译：

爱民，可使劳苦。

　魏曹曰：人之爱惜处用兵时，彼爱者，昼夜兼行来救，必烦劳也。○李筌曰：攻其所爱，则必卷甲而急来救，故烦劳也。○杜牧曰：有仁、爱民、恶杀伤者，不能舍短从长，不能分辨吉凶，不度远近，不量大事。对如此人用兵时，必来救，可令其劳顿，易破也。

注释：

（一）𘎴𗟲：劳苦，对译"烦"。

（二）𗠇𘝵𘞦𘙂𘉊𘝵：不能分辨吉凶，对译"（不能）弃彼取此"。

𘏞𘇜𘋵𗼙𘕕𘌒，𗣜𘜶𘋵�Q𘑷^{R11·164上·12}𘝁，𗣜𘜶𗄡𘋵𘝵�8。𗣜𘊞𘜶𘘥𗧈，�Q^{R11·164上·13}�Q𘋵�8，𘈷𘈷�Q�Q�8𘈷𘀜。

1　孙星衍校《孙子十家注》，天津市古籍书店，1991，第316页。

汉译：

此五者不守，将军之过错也，用兵者之灾也。覆军杀将者，此五种故也，不可不善察也。

四　西夏文《孙子兵法三注》第九《行军》

R11·164上·14　𗧓𗼋𗯿𗢺𗐹

𗰖𗦮𗟻：𗵀𗵧𗧓𗬿𗰖，𗧓𗼋𗵼。

汉译：

行军篇第九

魏曹曰：择便利，而用兵。

R11·164下·1　𗰖𗫳𗗨：𗧓𗼏𗜓𗼻(一)，𗲱𗵨𗊱𗊻；

𗰖𗦮𗟻：𗣼𗧓𗘂R11·164下·2𗤼，𗧓𗜸𗵀𗬿。○𗣼𗧓𗟻：𗣜𗧓𗼏𗼻，𗡊𗵮𗊰𗧓𗢺，𗰖𗥑𗊰𗵑𗵧，𗬂𗵑𗵱𗸕𗼋𗵼。𗲱𗵨，𗲱𗵧𗵰𗧦𗰖𗯿。𗵼𗵨，𗧓R11·164下·3𗵹𗘂𗸕𗊱𗢺。𗧓𗧓𗼏𗼻𗢺，𗵹𗵹𗵯𗊰𗴱𗵨(二)𗰖𗯿𗵧𗬿，𗬂𗵮(三)、𗵆𗥝、𗵝𗜸、𗵹𗵨，𗧁𗧓𗊻𗦮。○𗣼𗵢𗟻：𗧓𗲱𗵯𗧓R11·164下·4𗵨𗢺，𗵼𗊰𗗨𗤼，𗵹𗵧𗵹𗸕𗊰𗧓𗼏𗧓𗧓。《𗡝𗫳》𗯿："𗧓𗧢𗵼𗊰𗟻𗊰𗵹(四)。"𗵼𗊰𗗨𗤼𗦮𗫸𗵺𗵼。

汉译：

孙子曰：凡处军，绝山依谷；

魏曹曰：靠近水草，得利也。○李筌曰：我军设营，与敌战争时，明依止处，则彼我胜败可知。山者，守山险隘道；谷者，有水有草处也[1]。夫列营垒时，先守哨位隘口，然后立足、放牧、采薪、汲水，故得安也。[2]○杜牧曰：若军过山中时，靠近谷口，有水有草处设营利。《吴子》曰："山塞谷口内不居。"谷口侧近阔处可居。

注释：

(一) 𗧓𗼏𗼻：字面义为"军家营设"，即军队宿营，对译"处军"，而非"处军相

敌"。本篇讲"处军"和"相敌"两个问题，分前后两个部分。前半部分专讲"处
军"，故夏译者略去"相敌"二字。"相敌"指观察敌情。

（二）𗱊𘋐：缺口，对译"隘"。

（三）𗢟𗺓：字面义为"足立"，即立足，与"𗢟𗫶（足行，R11·156上·4）"一词
相对。

（四）𗰗𗽻𗍳𘒤𗓑𘝵𗟻：山塞谷口内不居，对译"无当天灶，大谷之口"，古称"大谷
之口"曰"天灶"，夏译者采取了意译，并略去"天灶"二字。

校记：

［1］谷者，有水有草处也：合于原本"谷近水草"。杨丙安先生认为原本脱"依"字，
当作"依谷，近水草"。1　夏译本看不出本句原有"依"字。

［2］李注开头，较《十一家注》缺"军，我；敌，彼也"。"立足、放牧、采薪、汲水"
对译"纵畜牧，收樵采"，夏译者采用了意译。

［3］杜注开头，较《十一家注》缺"绝，过也；依，近也"。

𗰖𗵒 R11·164下·5 𘝵𗱊𘋐 (一)；

𗣼𗰊𗜓：𘝵𗱊，𗱊𗉧。○𗗚𗏹𗜓：𗱊𘋐𘒜𘝸𗱊，𘝵𗓑。𘐝𗱊𗺓𗓑𗓑𗺢，𘝵𗓑。 (二) ○𗬺
𗺓𗜓：𗺢𗓑R11·164下·6𗓑，𗡅𘒜𘒙𘝸𗓑。

汉译：

处高而生者善；

魏曹曰：生者，阳也。○李筌曰：面向阳方者，生也。山下高地上居，则生也。○杜牧
曰：居于高处面向南方也。

注释：

（一）𗰖𗵒𘝵𗱊𘋐：字面义为"高驻生者能"，大致意思是"处高而生者善"，对译"视
生处高"。其中"𗰖𗵒（高驻）"，对译"处高"，没有问题。原文的"视生"是
面阳之意。《孙子》以隆高之地、面南向阳之地为"生"，包含了古代兵阴阳家范

1　（春秋）孙武撰，（三国）曹操等注，杨丙安校理《十一家注孙子校理》，中华书局，1999，第200页。

畴的内容。¹ 看来夏译者并不了解此类内容，只采取了直译。下一处"视生处高"，则译作"𗤻𗦫𗩈𗴒𗧯"（R11·165上·1），意思是"应高处设营"，干脆把不好理解的"生"字省掉了。

（二）𗋽𗦫𗧯𗏇𗫂，𗑗𗊩。𗥃𗨻𗆫𗤻𗦫𗦜𗤙，𗑗𗊩：意思是"面向阳方者，生也。山下高地上居，则生也"。原文为"向阳曰生，在山曰高。生高之地可居也"。夏译文有误。

𗢣𗰖𗧯𗲲𗉝⁽⁻⁾；

　　𗷄𗩾𗰜：𗤻𗦫𗥃𗶷，𗫰𗉝𗲲𗏦。○𗼨𗲲𗰜：𗢣𗧯，𗬩𗏩𗊩。𗈁^(R11·164下·7)𗥃𗬩𗤻𗧯𗰖，𗴮𗫰𗉝𗺌𗬀𗤙𗥃𗩈𗶷。

　　汉译：

坡住勿攻；

　　魏曹曰：高处军来，无迎战。[1] ○杜牧曰：坡者，地脊也。敌军高地上住，我不可前往而接战也。[2]

　　注释：

（一）𗢣𗰖𗧯𗲲𗉝：坡住勿攻，对译"战隆无登"，即不可仰攻。

　　校记：

[1] 曹注下，《十一家注》有李筌注"敌自高而下，我无登而取之"。

[2] 杜注末尾，《十一家注》有"一作'战降无登'。降，下也"。夏译者既然采取了"战隆无登"的说法，就放弃了"战降无登"的说法。

𗏇𗦫𗥃𗺀𗥃𗬀𗒑𗑗𗊩。𗥜^(R11·164下·8)𗤙𗲜𗴒𗬀𗰖；

　　𗩾、𗰜𗰜：𗏌𗆫𗭁𗊩𗥜𗬴𗲜。○𗼨𗲲𗰜：𗷄𗥃𗤍𗾫𗴟𗬩𗊊𗫯𗨻𗶷𗰖，𗤻𗙏𗰻𗫰𗥃^(R11·164下·9)𗰖，𗥜𗲜𗥃𗩈。𗅋𗊊𗥀𗺘𗧶：𗏇𗵀𗥃𗒓𗮂𗰻，𗏌𗆫𗒑𗤍𗊩𗵀𗬩。𗏇𗋽𗥜𗺀𗲜𗫰

────────────

1　参见耿雪敏《先秦兵阴阳家研究》，南开大学博士学位论文，2014，第149—153页。

〔西夏文〕……贡□□："□□^{R11·164下·10}□□□□□□□，□□□□□□□□？□□□□□□，□□□□，□□□□，□□□□，□□□□，□□□□□□^{R11·164下·11}□。"□□□□，□□□□，□□□□。

汉译：

此者山中行军也。渡水应远居；

> 曹、李曰：引敌使渡水。○杜牧曰：魏将军郭淮在汉中内住，蜀主刘备起兵渡水欲战。
>
> 诸列主议曰：吾军卒寡少，不能抗拒敌人。今近水岸为阵以拒敌。郭淮曰："此者不过因怯弱而住营，岂能破敌？不如远水为阵，引敌军，半济而后击，则必可破。"既列阵，刘备疑，不敢渡水。

〔西夏文〕□□□□□□□□，□^{R11·164下·12}□□^(一)□□。□□□□，□□□□，□□^{R11·164下·13}□□；

> □□□：□□□□，□□^(二)□□□□□。□□□□，□□□□□□□□。○□□□：□□□□□^{R11·164下·14}□，□□□□□□□□，□□□^(三)□□□。□□□□□，□□□□□□□。□□□□□□□，□□□□，□□□□，□□^{R11·165上·1}□□□□□□□□□□，□□□□。

汉译：

人军渡水此方来时，水程上勿拒。半济时而击之，必得利[1]；

> 李筌曰：韩信率军，杀龙且于淮水。夫槩率兵，诛楚王于清发水边。○杜牧曰：楚汉二国战时，楚王项羽自率军，往击彭城，遣将军曹咎[2]守成皋城。汉高祖诱相战，曹咎渡水[3]，来攻此方。半涉，汉高祖击之，大破。[4]

注释：

（一）□□□：字面义为"水程上"，即河上，对译"水内"。

（二）□□：淮水，误。《十一家注》李注作"潍水"。"□"字拟音为 xwai，"潍"为以母字。"□"可音译"淮"而不能音译"潍"。盖西夏人误读"潍"为"淮"。

（三）□□□：彭城，误。《十一家注》杜注作"彭越"。盖西夏人误把"越"字看作

“城”，遂把人名误译作城名。

校记：

[1] 此句经文下，《魏武帝注》有“半渡，势不并，故可欺”。夏译本无，合于《十一家注》。

[2] 将军曹咎，《十一家注》杜注作“大司马曹咎”。

[3]《十一家注》河流名称为“汜水”。

[4] 杜注末尾，《十一家注》有“‘水内’乃‘汭’也，误为‘内’耳”。

[illegible]，

[illegible]：[illegible]，[illegible]。

汉译：

应高处设营，[1]

魏曹曰：水流侧近，当居地高处。[2]

校记：

[1] 应高处设营：对译“视生处高”。这里的“视生”，夏译者未能译出。又此句经文前有“欲战者，无附于水而迎客”。其下注文，《十一家注》有“曹操曰：附，近也。○李筌曰：附水迎客，敌必不得渡而与我战。○杜牧曰：言我欲用战，不可近水迎敌，恐敌人疑我不渡也。义与上同，但客主词异耳。”夏译文经文、注文俱阙。

[2] 此句曹注，《十一家注》末尾有“前向水，后当依高而处之”，《魏武帝注》句末缺“之”字。

R11 · 165上 · 2 [illegible](一)，

[illegible]：[illegible]，[illegible]。○[illegible]：[illegible]，[illegible]R11 · 165上 · 3[illegible]。[illegible]，[illegible]，[illegible]。○[illegible]：[illegible]，[illegible]。[illegible]，[illegible]R11 · 165上 · 4[illegible]。[illegible]：“[illegible]，[illegible]。”[illegible]，[illegible](二)[illegible]，[illegible]，[illegible]。

汉译:

地陷处勿居,

> 魏曹曰:若人下,恐溉我也。〇李筌曰:智伯赵襄子住处城下放水,汉光武帝王寻军营下放水,败之。[1] 〇杜牧曰:水流就下,地陷水聚处勿设营。若敌人掘水下方,恐溉我耶。[2] 诸葛武侯曰:"水上战阵设时,水上起风,勿往战。"此者,我军乘船勿置水尾,敌人顺水放船,来攻于我。

注释:

(一)𗼓𗼽𗀔𗾔𘓜:地陷处勿居,对译"无迎水流",即不要住在河流下游低处,以防止敌人于上游投毒、决堤淹我或顺流来攻。

(二)𗾔𘓜:水尾,即下流。

校记:

[1] 李注开头,《十一家注》有"恐溉我也"。

[2] 若敌人掘水下方,恐溉我耶:本句下,《十一家注》杜注有"上文云,视生处高也"。

𗾔^{R11·165上·5} 𘝵𗾔𗌦𗈁𗿉𗧤𗿭。𗿭𘎑𗾔𗱀𗤁,𗆧𗜓^{R11·165上·6}𘏨;𗤛𗿭𘕘𗱀𗥃𗙵𘕿𗤁,𗧗𗵒𗾔𗠁𗤣^{R11·165上·7}𘃡𗿲𗽻𘓜𘏨;

> 𘞍𗤀𗥑:𘃡𗼉𗥃𘕘𘎆𘓱𗵒,𗿭𗾔𗤣𗿲𘕘𘓜𘏨。〇𗟴𘟙𗥑:𗆧𗏉𗤁𘏨^{R11·165上·8}𘏨,𗾔𗤣𗤣𘃡𗿲𘕘𘓜𘎼,𗥃𗿭𗱀𗤀𗤀𗱀𗥄。〇𗊂𗈁𗥑:𗿭𘎑𗤣𘃡�
> 𗱀𗈁𗌦𗾔,𗥃𗀔𘕿𗤛𗥃𗥃�,𗧗𗜓𗤣𗤛𗗚𗤁,�^(一),𗾔�𗚳𘃡𗌦𗾔^{R11·165上·9}��,𗤁𗿲𗁦𗱀。

汉译:

此者,依水用兵法也。渡泽地时,应亟往;若不渡泽而与军交时,应固依于泉源、水草树等;

> 魏曹曰:不得已与敌战,则应依止于泽水、树木。〇李筌曰:急过不得,则依止于水草树等而战时,水泥中不伤。〇杜牧曰:泽地树林草不生处,若与人军遇时,疾往。固依有水草丛林处,亦往于树。

注释：

（一）〔西夏文〕：疾往。《十一家注》杜注"斥卤之地，草木不生，谓之飞锋。言于此忽遇
　　敌，即须择有水草林木而止之"，克平认为，该词与"飞锋"对译，夏译者对句子
　　中作比喻用的"飞锋"一词采用了意译。[1] 按此说有误。古代兵书认为有许多不可
　　安营的地方，[2] 这里的"飞锋"就是其一，该词不止一种写法，见表 2-1：

表 2-1　诸书"飞锋"异写一览

	飞锋	□篷	蜚(飞)蓬	蜚锋	
《十一家注孙子》杜牧注	斥卤之地、草木不生				
银雀山汉墓竹简《地典》			无具体解释		
北京大学藏西汉竹书《节》			无具体解释		
《太平御览》引《太公兵法》				地斥卤而不生草木	
《北堂书钞》引《太公兵法》					地斥卤秃，不生草木
《武经总要》前集卷六《下营择地法》	斥卤之地、草木不生				

由表 2-1 可见，"飞锋"又写作"蜚蓬"、"飞蓬"或"蜚锋"，是对
"斥卤之地"的一种称呼，并没有"飞快"的含义。实际上，夏译者在翻译杜
注时，大概也感到"飞锋"一词费解，为避免给读者增加负担，索性省去不译。

〔西夏文〕。〔西夏文〕[R11 · 165上 · 10]〔西夏文〕，

1　К. Б. Кепинг, *Сунь Цзы в тангутском переводе*, Москва：Наука, 1979, c. 21, 97.
2　［日］石井真美子：《银雀山汉墓竹简〈地典〉译注补》，富嘉吟译，《中国文字研究》第 27 辑，上海书店出版社，2018。

𗾫𗫡𘃩：𗼨𗂧𗭑𗹙𗂍。○𗴂𘓪𘃩：𗼨𗂧𗾫𘊝𗂍。○𗢭𘄒𘃩：𗭑𗂧𗾁𗊱𗝫𗏵𘊋𘔼𗂨𗼨𗖻𘈕^{R11·165上·11}𗊱𗏵𗎧𗏵𘄄，𗪟𘈧𗊱𘈧。

汉译：

此者泽地中用兵法也。平陆应驻易处，

魏曹曰：利行军法也。○李筌曰：益行军也。[1] ○杜牧曰：选择易地，平坦宽阔，设营勒兵，利战争。

校记：

[1] 本句李注，《十一家注》无。

𗾫𘊋𗷈𗼁𗫔^(一)，𘅍𘄄𗏗𗘇𘊋𘊝，

^{R11·165上·12} 𗾫𗫡𘃩：𗂧𗭑𗹙𗂍。○𗴂𘓪𘃩：𗧮𘊋𘈧𗏗𘈖𘃜，𗾫𘊋𗭑𗷈𗎧𗘇𘊝𘔼。𘅍𘄄𗏗𘊝，𗍸𗊱𗷈𗾁𗂍。𗘇𘊋𘊝𘊝，𗏵𘈧^{(二)R11·165上·13}𗏵𘊝𗭑𗷈𘊝。○𗢭𘄒𘃩：《𘓐𗰗》𗀔："𗼨𗂧𗾁𗭑𘊝，𘂅𘐍𘊅、𗾫𘅍𗥃，𗎧𘊝𗂍。"𗏗𘊝，𗭑𗹙𘈧。𘊝𘊝，𗭑𗷈𘈧。𗘇𗏵𗷈𗼁𗀔𗏵^{R11·165上·14}𗂧，𘃣𘅍𘄄𗘇𘊋𗷈𘃜，𗼨𗂧𘈧𗷉。

汉译：

右方依高处，前死后生，

魏曹曰：战便也。○李筌曰：若人欲得利，则可置己于右方高地。前死者，敌住处低地也；后生者，吾自住处高地也。○杜牧曰：《太公》曰："行军处地者，依于左水泽、右坡岭也。"死者，低地也；生者，高地也。住低攻高处不利，故前低后高，则用兵利也。

注释：

（一）𗾫𘊋𗷈𗼁𗫔：意思是"右方依高处"，对译"右背高"，"背"有"依靠"的意思。今人根据兵阴阳家"以左前为阳，右背为阴"，认为此句中的"右背"与"左前"相对，理解为右侧和背面，1 恐非。

（二）𗘇𘊝，字面义为"吾爱"，对译"后生，我自处"中的"我自"。

---

1 李零：《孙子译注》，中华书局，2007，第61—62页。

𗤎𗧓𗊟𗎝𗦟𗣼𗒀𗤳𗤅。𗊟^{R11·165下·1}𗏇𗣛𗦟𗣼𗒀𗤎𗧓，𗤳𗧤𗣗𗒩𗤅；

 𗊟𗦟𗵘：𗏇^{R11·165下·2}𗣛𗧓，𗵘、𗵘、𗵘、𗎝𗤅。

汉译：

此者平陆上用兵法也。上四种行军法者，真利之至也；

 李筌曰：四种者，山、水、泽、陆也。

𗧰𗤋𗡮𗥔𗏇𗦳𗥔𗤼𗤏𗥾。

^{R11·165下·3}𗤲𗥔𗵘：𗧰𗤋𗡮𗥔𗤎𗏇𗦳𗥔𗡮𗘂𗦳𗦤𗩱𗷓𗯳，𗤺𗒹𗤴𗣉𗥔𗎝𗮔𗢳𗥾^(一)。𗤎𗏇𗣛𗊟𗤳𗦟𗣼，𗤼𗤏𗥾。○𗊟𗦟𗵘：𗧰𗤋𗡮𗥔𗤎^{R11·165下·4}𗷓𗒉𗦳𗤺𗦐𗤲，𗏇𗦳𗤼𗦏𗢳，𗓚𗏇𗥔𗤏𗤼𗤏𗥾𗦐。

汉译：

轩辕皇帝^[1]胜于四方帝。

 魏曹曰：轩辕皇帝始令四方诸侯立，然各自妄而取帝名。依此四种地用兵，胜之。○李筌曰：轩辕皇帝始学兵法于风后，服四方，则故曰胜于四帝。

注释：

(一) 𗧰𗤋𗡮𗥔𗤎𗏇𗦳𗥔𗡮𗘂𗦳𗦤𗩱𗷓𗯳，𗤺𗒹𗤴𗣉𗥔𗎝𗮔𗢳𗥾：轩辕皇帝始令四方诸侯立，然各自妄而取帝名。原文为"黄帝始立，四方诸侯无不称帝"。此处夏译者断句有误，误以"四方诸侯"上属。

校记：

[1] 轩辕皇帝，《十一家注》作"黄帝"，下同。黄帝，传说中的汉族祖先，部落联盟酋长，号轩辕氏，居有熊。汉文原本，无论是经文还是注文，均作"黄帝"。"黄帝"在西夏文《类林》中被译作"𗤺𗥔"[1]，夏译者此处特译作"轩辕皇帝"，意在与作为"五色帝"之一的"黄帝"区别开来，显然参考了别的文献，也反映出夏译者对黄帝的熟悉与尊崇。西夏文《宫廷诗集》第8首《𗾍𗾂𗴺𗾭𗭴》（严驾山

---

1 史金波、黄振华、聂鸿音：《类林研究》卷6《占梦》，宁夏人民出版社，1993，第132页。

行歌）提到"〔西夏文〕[1]，〔西夏文〕"，意思是"详载始于过去祖轩辕，我等言说何时终？故袭位自北魏拓跋氏，无土筑城圣教导"，表明西夏以北魏鲜卑拓跋为祖宗，进而把远祖上溯到黄帝，即党项人宣称自己也是黄帝的后裔。[2]

〔西夏文〕[R11·165下·5]〔西夏文〕[R11·165下·6]〔西夏文〕(一)。

〔西夏文〕[R11·165下·7]〔西夏文〕。○〔西夏文〕(二)〔西夏文〕。

汉译：

若用兵时，好高恶下，贵阳贱阴，处实养生，必得胜，军中无疾。[1]

魏曹曰：实者，有水有草地也[2]。○李筌曰：若军住下处，必生病患。故可居高阳地营上。○杜牧曰：生者阳也；实者高也。故居于高地，潮湿无，则不生病患，必战胜。

注释：

(一) 〔西夏文〕，〔西夏文〕：必得胜，军中无疾。诸本多作"军无百疾，是谓必胜"，《通典》《御览》中二句互乙，夏译文与之同。

(二) 〔西夏文〕：字面义为"湿全"，对译"卑湿阴翳"，不好理解。经韩小忙先生提醒，其中"〔西夏文〕（全）"字，或当作"〔西夏文〕（潮）"字，刻写者因形近而致误，西夏文有"〔西夏文〕（潮湿）"一词。此前把"〔西夏文〕"译作湿气，本书不取。[3]

校记：

[1] 本处经文《十一家注》分作两处："凡军好高而恶下，贵阳而贱阴，养生而处实"

1　俄罗斯科学院东方研究所圣彼得堡分所、中国社会科学院民族研究所、上海古籍出版社：《俄藏黑水城文献》第 10 册，上海古籍出版社，1999，第 290 页。

2　彭向前：《西夏文献所见黄帝形象研究》，《民族研究》2022 年第 1 期。

3　林英津：《夏译〈孙子兵法〉研究》，（台北）"中央研究院"历史语言研究所单刊之 28，1994，注 240。

与 "军无百疾，是谓必胜"。前一处下系曹注，后一处下系李注和杜注。

[2] 此处曹注合于《魏武帝注》"恃实满，向水草，放牧也"，而异于《十一家注》"恃满实也。养生，向水草，可放牧，养畜乘。实，犹高也"。

𗥃𗄊𗇋^{R11·165下·8}𗅆^(一)，𗊱𗠰𗍫𗢤^(二)，𗱊𗠰𗥪𗄊𗵒。𗢤𗶷、𗇋𗤙^{R11·165下·9}𗤓。

𗊢𗉘𗱕：𗄊𗘂𗤙𗵒𗇋𗉘𗥪𗱕。𗱊𗊱𗱕𗵒𗢤𗤓^(三)。

汉译：

丘陵隄防，南方设营，右方依于高。战之利、地之益也。

杜牧曰：与坡脊险梁地遇时，应居于东南面。

注释：

（一）𗥃𗄊𗇋𗅆：山坡阻地，对译"丘陵隄防"，注文中又译作"𗄊𗘂𗤙𗵒（坡脊险梁）"。

（二）𗊱𗠰𗍫𗢤：南方设营，对译"必处其阳"，山南水北为阳，夏译者直接把"阳"译作"南方"。

（三）𗱊𗊱𗱕𗵒𗢤𗤓：应居于东南面，古代东为左，西为右，故"必处其阳，而右背之"，即"居其东南"。

𗵒𗶷𗥪𗱙，𗦀𗉘𗵒^{R11·165下·10}𗗼，𗱕𗵒𗉘𗵒。

𗊢𗉘𗱕：𗤙𗢤𗊱𗉱𗉘𗵒，𗵒𗱙𗉘𗥪。○𗢤𗢤𗱕：𗵒𗱙𗉘𗥪。○𗊢𗉘𗱕：^{R11·165下·11}𗝠𗥪^(一)𗉘𗵒，𗵒𗱙𗥪𗱙𗉑，𗥃𗵒𗱔𗱙𗉱。𗵒𗱙𗵒𗍠，𗱊𗥪𗤙𗵒，𗉘𗵒。𗠰𗶷𗱊𗱙𗊯𗉑，𗵒𗤙𗱊𗱙，𗱔𗉘𗞐𗉱。

汉译：

顺水沫来，不可急渡，定时可渡。

魏曹曰：若兵马半渡时，恐水涨耶。○李筌曰：恐水盛耶。○杜牧曰：溪涧过时，水面沫来，则山顶雨来也。水沫过尽而岸低时，可涉。若不依此行，则水流暴涨，兵马毁也。

注释：

（一）𗈁𗴲：字面义为"谷隙"，对译"溪涧"。

𗾣[R11·165下·12]𗿈𗆈𗅦、𗴝𗷱、𗴝𗹻、𗴝𗾣、𗴝𗆆、𗴝𗈁𗕄，[R11·165下·13]𗵃𗴮，𗼶𗼇。

𗒅𗿁𗗙：𗔆𗕥𗅦𗈁𗆈𗅦𗷸，𗵀𗊀𗤁𗴝𗵚𗆈𗴝𗷱𗷸，𗅊𗵤𗤴𗵕𗆈𗴝𗹻[R11·165下·14]𗷸（一），𗵌𗾅𗙤𗏵𗆈𗴝𗾣𗷸，𗾣𗴳𗲩𗆈𗴝𗆆𗷸，𗆅𗫗𗇫𗴲𗆈𗴝𗈁𗷸。○𗋒𗤁𗗙：𗵊𗫡𗫗𗼶𗑱，𗾣𗜖。𗴳𗾅𗅦𗑱，𗴝𗷱[R11·166上·1]𗜖。𗵀𗊀𗫡𗵕𗑱，𗴝𗆆𗜖。𗵌𗵤𗅦𗵕𗑱，𗴝𗹻𗜖。𗈁𗅦𗎁𗫡[二]，𗗙𗪘𗅦𗵕𗑱，𗴝𗾣𗜖。𗾣𗲩𗟍𗫗𗑱，𗴝𗈁𗜖。𗅦𗫗𗾣𗆈𗅦[R11·166上·2]𗼶𗵺𗼶，𗵃𗵺𗲩𗜖。○𗙉𗼶𗗙：𗫡𗓱𗏵𗷸："𗾣𗫗𗔆𗅦，𗵊𗫡𗔆𗫗𗑱，𗴝𗷱𗜖。𗔆𗈁𗴝𗲈，𗵌𗈁𗵕𗏵𗑱，𗴝𗹻𗜖。𗈁𗵊𗅦𗼇，[R11·166上·3]𗆕𗅦𗏵𗑱，𗫡𗆈𗫗𗈁，𗽺𗈁𗵕𗵕𗏵𗑱，𗴝𗆆𗜖。𗦫𗭫𗈁𗅦[三]𗑱，𗴝𗾣𗜖。𗈁𗅦𗎁𗫡，𗖾𗅋𗎁𗝆𗑱，𗴝𗾣𗜖。"𗈁𗑱，𗵌𗜖。

汉译：

地上有幽涧、天井、天牢、天罗、天陷、天隙，亟过，勿近。

魏曹曰：山水深大[1]者谓幽涧，四方高、中央下者谓天井[2]，水穿内空者谓天牢，人落而出处无者谓天罗，地中注者谓天陷，坎穴狭深者谓天隙[3]。○李筌曰：水流来处者，涧也。中央下者，天井也。四方路无者，天隙也。过处无者，天牢也。林木隐蔽、驰跃处无者，天罗也。地注泥动者，天陷也。如此恶地上出时，应急过也。[4]○杜牧曰：兵法[5]中言："地形下，大水流注者，天井也。山涧山穴，人往处无者，天牢也。涧水深阔，浅深不明，路内有泥，人马过处无者，天陷也。沟狭坑深者，天隙也。树木集荫，蒲苇多有者，天罗也。"陷者，堕也。[6]

注释：

（一）𗵌𗾅𗤴𗵕𗆈𗴝𗹻𗷸：水穿内空者谓天牢，原文为"深山所过，若蒙笼者为天牢"，夏译文较为直白。

（二）𗈁𗅦𗎁𗫡：树木集荫，对译"林木隐蔽"。其中"𗎁𗫡（集荫）"二字，此前误识为"𗥤𗠔"[1]。

（三）𗥤𗠔𗢭𗦲：沟狭坑深，对译"地多沟坑，坎陷木石"，即沟坑底部有木有石，足见其狭深。今人点断为"地多沟坑、坎陷、木石"，把动词"坎陷"当作与"沟坑""木石"并列的名词，误。

校记：

[1] 山水深大：夏译文同《魏武帝注》，《十一家注》作"山深水大"。

[2] 四方高、中央下者谓天井：原本"四方高"之"四"误作"中"，夏译文可证。

[3] 坎穴狭深者谓天隙：该句原文《十一家注》作"山涧道迫狭、地形深数尺长数丈者为天隙"，《魏武帝注》作"涧道迫狭、地形深数丈者"。夏译文只言"狭深"不言"长"，近于《魏武帝注》。

[4] 此李筌注，《十一家注》无。

[5] 兵法：《十一家注》杜注作"《军谶》"。

[6] 陷者，堕也：此句《十一家注》杜注无。

R11·166上·4　𗤛𗤛𗤛，𗤛𗤛𗤛；𗤛𗤛𗤛𗤛，𗤛𗤛𗤛𗤛。

R11·166上·5　𗤛𗤛𗤛：𗤛𗤛𗤛，𗤛𗤛𗤛𗤛𗤛𗤛𗤛𗤛𗤛，𗤛𗤛𗤛𗤛𗤛𗤛(一)。𗤛𗤛𗤛𗤛，𗤛𗤛𗤛𗤛。○𗤛𗤛𗤛：𗤛𗤛𗤛𗤛，𗤛𗤛𗤛R11·166上·6𗤛，𗤛𗤛𗤛𗤛。○𗤛𗤛𗤛：𗤛𗤛𗤛𗤛𗤛𗤛𗤛𗤛，𗤛𗤛𗤛，𗤛𗤛𗤛𗤛；𗤛𗤛𗤛𗤛𗤛，𗤛𗤛𗤛，𗤛𗤛𗤛，𗤛𗤛𗤛𗤛。𗤛𗤛𗤛R11·166上·7𗤛，𗤛𗤛𗤛𗤛。

汉译：

吾远，人近；吾迎之，人背之。

魏曹曰：用兵时，常与此六种恶地勿近，令敌与之近[1]。我得利，敌损。○李筌曰：善用兵者，引导敌恶地上来。○杜牧曰：与此六种恶地遇时，我避之迎之[2]；敌近之背之，动时有阻碍。我利而人凶。[3]

1　林英津：《夏译〈孙子兵法〉研究》，（台北）"中央研究院"历史语言研究所单刊之28，1994，注247。

注释：

（一）𗋽𗟲𗅲𗖵𗪛𗁟：字面义为"敌人与△侧近"，对译"令敌近背之"。"𗅲（与）"上承前省"𗤋𗤗𗰖𗋽𗫿（此六种恶地）"。𗟲原系动词未完成体趋向前缀，表示向近方。这里添加在形容词"𗪛𗁟（侧近）"前面，在句中作谓语，表明西夏语中本身表达趋向功能的趋向前缀，进一步语法化为状态变化标记。这在当今的扎坝语中有具体表现。[1]

校记：

[1] 敌与之近：原本作"今敌近背之"，夏译文不见"今"字，可证"今"为"令"之误。

[2] 我避之迎之：句下漏译"则进止自由"。

[3] 杜注开头，《十一家注》有"迎，向也；背，倚也"，训诂内容照例为夏译者所省。

𗰖𗰖𗰖𗁬𗴂𗆧、𗰖𗫰、𗋽𗟲、𗫿𗋽、^R11·166上·8 𗅲𗁟^(一)，𗋽𗫰、𗤁𗤗、𗫰𗋽，𗁬𗰖𗫿𗫰，𗤁^R11·166上·9 𗴂𗴂^(二)𗴂𗁟𗫰。

𗰖𗅲𗁟：𗆧𗫰，𗫰𗫿𗫰𗪛𗁟。𗋽𗟲𗫰，𗰖𗁟。𗫿𗋽𗫰，𗤁𗫰𗆧𗫿𗁬^(三)𗁟 ^R11·166上·10 𗫰𗫰，𗋽𗫿，𗤁𗤗𗫰𗪛𗁟。𗤋𗫰𗤁𗫰𗫿𗁟。○𗰖𗰖𗅲𗁟：𗁬𗫿𗋽𗟲𗁬𗰖𗫿𗫰𗆧。

汉译：

若军行处有山林、树丛、坡脊、险厄、壑、潢水、蒲苇、长草[1]，恐有伏兵，地必深搜查。

魏曹曰：山者，有树丛处也；坡脊者，障也；险厄者，地一低一高也；潢者，水池，蒲苇立处也。此者，相地形也。[2]○李筌曰：其中恐敌有伏兵耶。

注释：

（一）句中的"𗁟（有）"字，并非位于表示列举的数个并列成分的末尾，值得注意。

1　黄阳、吴福祥：《扎坝语趋向前缀的语法化》，《民族语文》2018 年第 4 期。

（二）[illegible]：搜查，以往误识“[illegible]（搜）”为“[illegible]（掘）”。[1]

（三）[illegible]：一低一高。谓词趋向前缀“[illegible]”表示向上方，加在“[illegible]（低）”前；谓词趋向前缀“[illegible]”表示向下方，加在“[illegible]（高）”前，显示趋向表达原则是以人为核心的。

校记：

[1] 山林、树丛、坡脊、险厄、壑、潢水、蒲苇、长草：对译经文中的“险阻、潢井、葭苇、山林、蘙荟”，不能一一对应，夏译者做了演绎。

[2] 此处曹注，夏译者同样做了演绎。《十一家注》原文为“险者，一高一下之地；阻者，多水也。潢者，池也；井者，下也。葭苇者，众草所聚；山林者，众木所居也。蘙荟者，可屏蔽之处也”，且句末缺“以下相敌情也”。

[illegible][R11 · 166上 · 11][illegible]；[illegible]；

[R11 · 166上 · 12][illegible]：[illegible]。

汉译：

在近不动者，恃险地；在远而挑者，欲我出；

杜牧曰：在近而挑，欲与人战，恐我军不出，故在远而挑也。

[illegible][R11 · 166上 · 13][illegible]。

[illegible]：[illegible]。○[illegible]：[illegible]。○[illegible]：[illegible][R11 · 166上 · 14][illegible]。

汉译：

居易地，则利。

魏曹曰：居处易，则利。[1]○李筌曰：易地上居，则得利[2]。○杜牧曰：若敌不居险难

1　林英津：《夏译〈孙子兵法〉研究》，（台北）“中央研究院”历史语言研究所单刊之28，1994，第3—77页。

而居于平易之地，则必得他利也[3]。

校记：

［1］居处易，则利：合于《十一家注》"所居利也"，《魏武帝注》则无。

［2］易地上居，则得利：原本"居勿之地，致人之利"，"勿"为"易"之误，夏译文
　　可证。

［3］则必得他利也：句下《十一家注》有"一本云：士争其所居者，易利也"。

𗧍𗥔𗥗𗤀，𗏹𗵐𗟽；
　𘂦𗣼𘝯：𗼻𗫸，𗧍𘐦𗥔。

汉译：

众树摇动，敌来之兆；
　魏曹曰：伐树，穿道也。[1]

校记：

［1］此处曹注，合于《魏武帝注》"斩伐树木，除道也"，与《十一家注》"斩伐树木，
　　除道进来，故动"有别。

R11·166下·1
𗷲𗏁𗥗𘋵，𘐦𘝠𗟽；
　𘂦𗣼𘝯：𗷲𗥗，𗾱𘝯𘋵(一)，𘀗𗳦𘐦𘒣𗢡。○𗹦𗹦𘝯：𗪮𗆟𗸦𘈷R11·166下·2𗿒�①𗧍，𗙼𗙼
𘒜𘞵，𘀗𘓄�①𘓄，𘀗𘓄�①𘃽𗢡𗧾，𗆢𗫋𗷲𗥗𘋵，𘓙𗸦𗸦𘒣𗧾，𗧍𘝠𘝠�𗳯，𘋧𗣜�①𗳯，
𗤅𗤅𗳦𗟽𗢡。

汉译：

众草绑结，着疑之兆；
　魏曹曰：结草，绑如人，使人疑也。○杜牧曰：若敌设营未成，暗暗逃走，恐人来追，
恐人掩袭，故绑结茅草，一处处使聚，如有伏兵，使我着疑而不来攻。

注释：

（一）𗷲𗥗，𗾱𘝯𘋵：结草，绑如人，对译"结草为障"。杜注"故结草使往往相聚，

如有人伏藏之状"，当为其所本。

R11·166下·3 𗾮𗋽𗩾𗍳𗆐，𗣛𗸕𗵐（一）；

𘄷𗗚𗏹：𗍳𗷻𗣛𗸕𗼑。○𗑱𗗚𗏹：𗫂𗾈𗵊𗸕𗼈。

汉译：

降鸟惊飞处，伏兵有；

魏曹曰：鸟下伏兵有。[1]○李筌曰：人藏则曰伏。

注释：

（一）𗾮𗋽𗩾𗍳𗆐，𗣛𗸕𗵐：意思是"降鸟惊飞处，伏兵有"。宋夏战争中也有利用鸟类的战例，"好水川之战"即其一。"元昊自将精兵十万，营于川口，候者言夏人有砦，数不多，兵益进。诸旦，福与怿循好水川西去，未至羊牧隆城五里，与夏军遇。（桑）怿为先锋，见道傍置数银泥合，封袭谨密，中有动跃声，疑莫敢发，（任）福至发之，乃悬哨家鸽百余，自合中起，盘飞军上。于是夏兵四合。"[1] 在这场伏击战中，元昊巧妙地把暴露伏兵的迹象"鸟起"，反用在被包围者的头上，利用腾空而起的百余只哨鸽，准确地标识出宋军进入埋伏圈的位置，从而以优势兵力将宋军全部围歼。

校记：

[1] 此处曹注，合于《魏武帝注》"下有伏兵"。《十一家注》句上有"鸟起其上"。

R11·166下·4 𗛡𗶛𗍳，𗣛𘆄𗼷。

𘄷𗗚𗏹：𗫂𗶛𗫂𗵆𗼙𗺉（一），𗩾𗏹𘆎𗍫𗼷𗶛。○𗑱𗗚𗏹：𗫂𗼷𗟻𗵆（二）R11·166下·5𗼷𗍳，𘆎𗶛。○𗼀𗋽𗏹：𗣛𗫂𗶛𗩾𗏹𘆎𗍫𗼷𗺉，𗤁𗣟𗫂𗣛𗏹、𘃽𘂸、𗪜𗼋𗍳𗣛𗸕𗤙，𗛡𗩱𗶛𗶛𘅡𗛡（三）。

汉译：

兽骇处，兵骤来。

1　（元）脱脱等：《宋史》卷 485《夏国传上》。

魏曹曰：敌勒兵，来覆攻我也。○李筌曰：不意而来者，覆也。○杜牧曰：若敌来覆攻我时，必他险道、恶地、林木处驱伏兵，野兽惊骇逸也。[1]

注释：

（一）𗰔𗄈𗏆𘎑𗏆：字面义为“敌队列正为”，即勒兵，对译“广阵张翼”，较为直白。

（二）𗗙𗾚𗏆𗗙：字面义为“意不置上”，不意。

（三）𘃸𗰔𗄈𗏆𗏆𘝦𗰛𗾚𗀔，𗥃𗋒𗰔𗫂𗏆、𗂧𗰆、𗰛𗏆𗊬𘎮𗩟，𘃷𘀗𗫻𗐴𘜶𗰔：意思是“若敌来覆攻我时，必他险道、恶地、林木处驱伏兵，野兽惊骇逸也”，对译“凡敌欲覆我，必由他道险阻林木之中，故驱起伏兽骇逸也”。夏译者受上文李筌注“藏兵曰伏”的影响，把“伏兽”的“伏”理解为“伏兵”，并于“伏”下断开，可备一说。

校记：

[1] 此处杜注，《十一家注》末尾有“覆者，来袭我也”。

𗏆𗉅𗭼[R11・166下・6]𗥃𗫻，𘃤𗄽𘗗𗄈；

𗀔𗫂𘝦：𘃤𗄽𘝦𗄈，𗳾𗄉𗭼𗫻𗏆(一)𘏚，𘜶𗏆𗊬𗭼𗥃𘝋。

汉译：

尘高头锐者，车马兵也；

　　杜牧曰：车马行疾，如鱼贯齐头，故尘土头锐。

注释：

（一）𗳾𗄉𗭼𗫻𗏆：如鱼贯齐头，对译“鱼贯”，表示纵列，夏译者做了解释性翻译，与下文表示横列的“𗭼𘘀（并头）”相对。

𗏆[R11・166下・7]𗫻𗰛𗦎𗥃，𘗗𗄈(一)𗄈；

𗀔𗫂𘝦：𘗗𗄈𗷖𗰱，𗭼𘘀(二)𘏚，𗏆𗉅𘝋𗰛𗭼𗫻。

汉译：

尘低下阔者，步兵也；

杜牧曰：步兵迟缓，并头，则尘土头低而下阔。

注释：

（一）𗧷𗡊：步兵。西夏步兵有"步跋子"，据《宋史》记载："西贼有山间部落谓之'步跋子'者，上下山坡，出入溪涧，最能逾高超远，轻足善走。有平夏骑兵谓之'铁鹞子'者，百里而走，千里而期，最能倏往忽来，若电击云飞。每于平原驰骋之处遇敌，则多用铁鹞子以为冲冒奔突之兵；山谷深险之处遇敌，则多用步跋子以为击刺掩袭之用。此西人步骑之长也。"[1] 但"𗧷𗡊（步兵）"一词，与"步跋子"在语音上不能勘同。

（二）𗼕𘝞：并头，表示横向并列。

𗼒[R11 · 166下 · 8]𗴺𗋒𗤢[（一）]，𘝞𗤙𗤩𘓞；

𗴺𗡊𗣼：𘝞𗤙𗤩𗼒𗤍𗗗𘓞𗣫，𗁬𗤻𗋒𘜶𗢯𗉋，𗧗𗧷𗼒[R11 · 166下 · 9]𗤍𘓞𗨨，𘖑𗤻𗤥𗤤𘓞𗵢。

○𗟭𗤻𗣼：𘝞𗤙𗤩𗣫，𗼒𗤍𘐆𗴺𗋒𗤢。

汉译：

尘散而分往，采薪者也；

李筌曰：虽是采薪者尘土，然齐人登山顶，以为晋军尘土，畏而夜遁。[1] ○杜牧曰：薪采者，尘土各自分往。[2]

注释：

（一）𗋒𗤢：分往，对译"条达"。杜注"纵横断绝貌也"，为其所本。

校记：

[1] 此处李注，夏译文做了改编。李注谓经文中的"樵采"，当作"薪来"。既然烟尘"散而条达"，必是"薪来"，即曳柴奔走，扬尘惑敌，而非"樵采"，即砍柴。原注文为"烟尘之候，晋师伐齐，曳柴从之。齐人登山，望而畏其众，乃夜遁。薪来即其义也。此筌以'樵采'二字为'薪来'字"。夏译文略去"曳柴从之""薪来即其义也。此筌以'樵采'二字为'薪来'字"，亦即不同意他的"薪来"之说。

---

1   （元）脱脱等：《宋史》卷 190《兵志》。

[2] 杜注末尾，《十一家注》有"条达，纵横断绝貌也"。

𗼃𗟲𘃡𘃡，𘁜𗔮^{R11·166下·10}𗟲𘃳。

𗦻𗙏𗫷：𘁜𗔮𘃳𗟲，𗟲𘃳^(一)𘃡𘃡，𗎊𘍦𗼃𗟲，𗼃𗟲𘃳𗟲。

汉译：

往来尘少，量立军营。

杜牧曰：立军营时，轻骑往来，置哨搜地，尘少出也。^[1]

注释：

（一）𗟲𘃳：字面义为"骑悄"，即轻骑（另见 R11·167 上·10）。"𘃳"字有"黑、暗、安息"义，此前疑为"𘃲（异）"字之误[1]，非。

校记：

[1] 此注文与《通典》杜佑注"欲立营垒，以轻兵往来为斥候，故尘少也"全同，孙星衍以为"杜牧"当作"杜佑"。

𗼃𗟲𗫷𗟲，𗫷^{R11·166下·11}𗫷𘄄𘃡，𗟲𘃳𗫷；

𘏞𘗽𗫷：𘁜𗤁𘃡𗼃𗫷𘄄𗥃，𗟲𘏞𘍦𘍦𗎊𘉒𗥃𗥃，𗼃𘏞𗫷𘃡^{R11·166下·12}𘄄𗟲𘍤𗫷，𘁜𘃡𗟲𗫷。○𘉒𘁜𗫷：𘁜𘏞𘃡𘃡𘃳。𘏞𘗽𗼃𗫷𗥃𘄄，𘂆𘁜𘍦𗟲。○𗦻𗙏𗫷：𘏞𘉒𘏞𘗽𘉒𘁜𗫷，𗟲𘃳𘃡^{R11·166下·13}𗥃，𘉒𗫷𗼃𗫷𗫷，𗟲𘏞𗼃𘍤𘉒𘃳，𗟲𘃳𗫷𗟲。𗫷𘄄𗥃，𗫷𘄄𘉒𗥃，𗟲𘄄^(一)𗼃𗥃𘏞。𗟲𗤁𘉒𗫷𘏞𘄄𗥃𗫷，𘏞𗫷^{R11·166下·14}�1𘏞。𘏞𘄄𗫷𘄄^(二)𗼃𗼃�1𘄄，𗥃𗫷𘍦𘏞𗫷�2𗼃，𘉒𗥃𗟲𗥃，𘏞�1�2𗥃，𘁜�2𗥃𘄄。𘄄𗥃𘏞𘉒，�8𘍦𗼃�2，𘉒𘉒𘁜^{R11·167上·1}𗥃，𘁜𘄄，�8�8𘁜�8�1�8。�8𘄄�2�1�8，�8𘄄�2�8�8𘄄，𘄄�8𘄄𘉒："�2�1�2�8，�2�8�8�8�8�2。"�8�2�8�8^{R11·167上·2}�1�1�8，�2𘄄�8�1�8�8�8，�8�1�8�8^(三)�8�8，𘄄�8�8�8。

―――――――――

1　林英津：《夏译〈孙子兵法〉研究》，（台北）"中央研究院"历史语言研究所单刊之 28，1994，第 3—81 页。

汉译：

辞虽卑，则勤以供备，心欲攻；

　　魏曹曰：若使来辞虽卑，吾暗暗遣间谍，谓敌益供备，则欲来战也。○李筌曰：军以诡诈为要。若使来辞卑，亦实不可信。[1]○杜牧曰：若敌遣使自卑，修造沟壕，如惧，使我懈怠，心欲攻也。六国时[2]，秦国起兵围阏与城，赵王遣将军赵奢，使往救护。赵奢出邯郸城后，往至三十里远许，彼处设营，浚沟壕，不肯往战。秦人遣使，使间谍来，善善侍奉，遣送。往至己军中，报上所言浚沟壕，无战心，则秦将心喜："阏与城者，能取也。"彼使出发后，赵奢倍道兼行，不意而击，破秦军。

注释：

（一）□□："阏与"城的音译，又译作"□□"（见 R11·156 下·1）。

（二）□□："邯郸"城的音译，又译作"□□"（见 R11·156 下·1）。

（三）□□□□：字面意思是"意不置上"，即"不意"。其中"□（置）"字，原误写为"□（处）"，形近致误。否定副词"□（不）"后，不可能跟"□（处）"，只能跟"□（置）"，参见 R11·156 上·7 和 R11·166 下·4 中的翻译。

校记：

[1] 此处李注，《十一家注》无。

[2] 六国时，指战国时期。本句为夏译者所添加。

□□□□□，□□□R11·167上·3□，□□□；

　　□□□：□□□。○□□□：□□□□□□□□□□，□□□□□□□□□（一）R11·167上·4□□□□□，□□□□□□，□□□□□。□□□□□□□□□□，□□□，□□□□，□□□□："□□□R11·167上·5□，□□□□，□□□，□□□□□□，□□□□。"□□□□："□□□，□□□□□□□。"□□□："□□，□□□□□□？"R11·167上·6□□□（二）□："□□□□，□□□□□□，□□□□□，□□□□□□□□。"□□□□□□，□□□□□□□□，R11·167上·7□□□□□，□□□□□□□□□□□。□□□□，□□□□。□□□□□□，□□□。□□□□□□："□□□□R11·167上·8□□□，□□□□□□

𗹦，𗏆𗋀𗈁𗪭^(三)𗏹。"𗦜𗥢𗆤𗅲𗈍𗤒𗊧，𗪭𗊮𗀔𗥩："𗮅𗃉𗅲𗰖𗦘𗧁，𗧁𗢸𗦳𗣔，𗹦𗾅𗆧𗮊。𗪭𗸘𗡅^{R11·167上·9}𗤒𗦺𗏹。"𗊬𗄈𗃉𗅲𗈍𗪺，𗟲𗲲𗤋𗧌。

汉译：

强辞使显，如己进攻，心欲退；

魏曹曰：诡诈也。○杜牧曰：吴王夫差北方往用兵，与晋定公会于黄池。后越王勾践起兵伐吴国，彼时吴晋二国大小未定，闻此事，吴王惧，与诸臣议："无会而归与会而大于晋，孰利？"王孙雒曰："会而大于晋者，利。"吴王曰："虽是，此谋何云？"王孙雒曰："今夕率军，如攻彼，则广军卒心，亦能大于晋。"吴王听彼言，立即选带甲三万，设置战阵，居晋军一里远，击鼓呼叫，天地震动。晋王遣董褐往视，吴王谓彼人曰："谓于汝主王，汝他孰大者，今日明。"董褐往至晋王处，说彼言："我观吴王面色，带忧烦，有怒心，不可与彼争。"立即吴王为大，还本国。

注释：

（一）𗮅𗃉：音译地名"黄池"，又译作"𗱕𗵈"（见 R11·176 下·8）。

（二）𗧁𗢸𗦳：对译人名"王孙雒"，"𗦳"字误。"𗦳"拟音为 ljij，通常对音"离、厉、黎、历、犁"等字。"雒"字拟音为 lak，不能用"𗦳"字音译。"离"的繁体为"離"，概误读"雒"为"離"所致。

（三）𗮅𗾅𗡅𗆧𗮊𗹦，𗏆𗋀𗈁𗪭：字面义为"汝人孰△大者，今日△明"，即今日你和别人要分出大小，对译"孤之事君在今日，不得事君亦在今日"。夏译文较为直白。

𗪨𗆤𗋽𗋀，𗥬𗉅𗨳𗤋，𗒛^{R11·167上·10}𗫼𗷓；

𗤮𗴟𗅢：𗿷𗪨𗱿𗍋。○𗐾𗪨𗅢：𗤋𗼌𗉅𗪨𗤋𗹦，𗄈𗪨，𗥩𗭴𗤏𗆧。○𗄺𗉅𗅢：𗴼𗙐𗄈𗋀𗤋，𗫼𗪨𗷓𗬩𗧌𗴤。

汉译：

轻车先出，近其侧，设战阵；

魏曹曰：欲战争也。○李筌曰：近来诱人者，速战，见爱利也。^[1]○杜牧曰：轻骑^[2]急出，先测设战阵处。

校记：

[1] 此处李注，《十一家注》无。

[2] 轻骑：《十一家注》杜注作"轻车"。

R11·167上·11　茈絹猵肙，豯緽豰；

茤藗谢：豰嫋豴豴豥纵絉，豴豴肙忱缢，豯忱豯緽豰。R11·167上·12 䝮藶蒬敊覆蒞（一）狮豴豴蕻厬，茋敊蒬敊豰縣覓，豴椛緽慨荒。○豥豥谢：死缑絪絸愞，豴絖絳（二）镪豥絳藗豜死（三）继 R11·167上·13 䝮凤燉炰，喬藶蚫緀脁豴芘，絖絖蕻姅，燉豥纵絹豥絖，茋敊蕻绩豴豥豴憸绪，豴豴肙愢。茋豴狓絖豴敊豴豴厬 R11·167上·14 绬豥。翔麦敊燝（四）谜蘢藶蕻脻狮狮豥："豴豴茪蘢荒，絋死豴敊，茋䞍蕻豴绥蕻，豴茪豰肙忱缢豰。茋豴豴茪茈絹豰 R11·167下·1 忱缢，豯忱緽豰。"脻狮茋豴慨缢，谜蘢敊，梮蚁藶蚫絖蚫祇，豥豥绪咉絖豴豴敊姽厬藶缈豴豴。狓絖喬藶 R11·167下·2 絋，敊豚豴絖蚫，缈豥魑巅（五）玁絖荒。豴茪藶燝蘢蘬（六），谜蘢玁豥豴忱藶豴。

汉译：

无约请和，计谋也；

李筌曰：未尝言盟，来请和言者，必计谋也。田单以诈授和言于骑劫，纪信以诈诳项羽，如此谋法有。○杜牧曰：贞元四年[1]中，蕃首领尚结赞军遍来水边劫掠时，己兵马中病患人，多死，恐无归处。故以诈遣人于将军马燧，来请和言。马燧立即奏可授和言。尔时汉大浑瑊谓德宗天子曰："若官用兵，设营地边，欲破彼国时，蕃来请和者，是。今蕃无约来请和者，必谋也。"天子不听彼言，遣浑瑊率二万兵马，于泾州平凉县侧三十里远设军营。立即[2]率己军中三千人，往会处誓坛上。蕃衣下甲穿，攻浑瑊，破之。

注释：

（一）覆蒞：骑劫，人名。此前误识"蒞"为"厬"。[1] 按"蒞"字拟音为 kja，"厬"

1　林英津：《夏译〈孙子兵法〉研究》，（台北）"中央研究院"历史语言研究所单刊之 28，1994，第 3—86 页。

字拟音则为 tsewr。"劫"在中古为"见"母字，与"蘸"拟音相符。

（二）𗙅𗟻：字面义为"头主"，即首领。

（三）𗧆𗣼：字面义为"水边"，对译地名"河曲"，夏译者理解有误。

（四）𗴩𗙏：字面义为"汉大"，林英津先生译为"大汉"[1]，误。这里的"大"字，在西夏语里是作为名词独立使用的，如聂鸿音先生所言，这个独立使用的"大"读若"魁"（*khoi），在西夏文献中用以统称政府机构的正副长官。[2] 这里夏译者对浑瑊的官职"河中节度使"，采取了笼统的译法。

（五）𗤁𗵧：誓坛。此前对"𗵧（坛）"字的录文不正确。[3]

（六）𗼨𗢡𗵦𗵭：衣下甲穿，对译"衷甲"。

校记：

[1] 贞元四年：《十一家注》作"三年"，是。关于"平凉劫盟"，史载唐德宗贞元三年（787），"闰五月，浑瑊与尚结赞同盟于平凉，果为蕃兵所劫，瑊单马仅免，将吏皆陷"。[4]

[2] 立即：《十一家注》杜注为具体日期"五月十三日"。

𗺍𗈜𗈓𗰛，𗣼^{R11·167下·3}𗰛𗟓；

　𗣼𗳦𗴺：𗙅𗈤𗣼𗙅𗰛𗰋，𗰜𗼨𗢡𗙅𗤧𗵦。（一）○𗣼𗤁𗴺：𗼨𗼨𗢡𗤧𗣼𗴪𗰛𗵦𗙅𗤧𗵦𗼨，𗵦𗰜𗵭𗵭。《𗴩^{R11·167下·4}𗳦𗤁》𗳟𗤧："𗰜𗒹𗈓𗰛，𗵦𗼨𗙅𗰛，𗰛𗼩𗰜𗵧。"

汉译：

急定列，有会言[1]；

李筌曰：我为会日，遣将军急速往。杜牧曰：初遣人于会处地上急速立旗，往设战阵。《周礼》中曰："车骤马驰，投立旗处，设阵于彼。"[2]

1　林英津：《夏译〈孙子兵法〉研究》，（台北）"中央研究院"历史语言研究所单刊之 28，1994，注 276。

2　聂鸿音：《释"大"》，《西夏学》第 1 辑，宁夏人民出版社，2006。

3　林英津：《夏译〈孙子兵法〉研究》，（台北）"中央研究院"历史语言研究所单刊之 28，1994，第 3—87 页。

4　（后晋）刘昫：《旧唐书》卷 133《李晟传》。

注释：

（一）𗧰𗵐𗖻𗖻𗅲𗍛，𗣼𗈜𗗙𗖻𗗙𗏴：我为会日，遣将军急速往，对译"战有期及将用，是以奔走之"。夏译者把句中"将要"的"将"，误解为"将军"的"将"。

校记：

[1] 急定列，有会言：此句经文原文《十一家注》作"奔走而陈兵车者，期也"，《魏武帝注》无"车"字。夏译文合于《魏武帝注》。

[2] 本句杜注，夏译者采用了意译。《十一家注》原文作"上文'轻车先出，居其侧者，阵也'，盖先出车定战场界，立旗为表，奔走赴表，以为阵也。旗者，期也，与民期于下也。《周礼·大蒐》曰'车骤徒趋，及表乃止'是也。"译文省去"上文'轻车先出，居其侧者，阵也'，盖先出车定战场界"、"旗者，期也，与民期于下也"及"大蒐"等语。

𗦲𗵘𗦲𗫐，𗤋𗤋^{（一）}𗖍。

𗣼𗖻𗖻：𗣼^{R11·167下·5}𗇁𗤒𗈪𗈪𗆀𗄻。○𗗙𗤒𗖻：𗄻𗵐𗄻𗵔，𗄻𗦺𗇁𗅲𗖍，𗧰𗣼𗤋𗖍𗄻𗆀𗅹𗄻。

汉译：

半进半退，置饵。

李筌曰：令军人佯散散而行。○杜牧曰：诈乱，如队列不整，欲诱我军来战。

注释：

（一）𗤋𗤋：置饵，对译"诱"。

𗤻𗭼𗤒𗆀𗰗，^{R11·167下·6}𗤝；

𗣼𗖻𗖻：𗐆𗐆𗆀𗰗𗖍。○𗗙𗤒𗖻：𗆀𗫴𗐆𗐆，𗤻𗭼𗇁�ᢵ𗖍。

汉译：

持杖柱立者，饥；

李筌曰：困不能齐。○杜牧曰：无食而困，依于杖柱。[1]

校记：

［1］杜注句末，《十一家注》有"一本从此'仗'字"。

□□□□□，□；

R11·167下·7 □□□：□□□□□□，□□□□□□，□□（一）。○□□□：□□（二）□□，□□□□□，□□□□□□□□？

汉译：

汲而先饮者，渴；

李筌曰：度于汲者渴，则必谓士卒渴。○杜牧曰：遣汲者，睹先自饮，则其外全军岂有不渴？

注释：

（一）□□：反问句式，"……还用说吗"。[1]

（二）□□，汲水。经文中又译作"□□"。

□ R11·167下·8 □□□，□□□。

□□□：□□□□□。○□□□：□□□□□□。

汉译：

见利不攻，疲倦也。

魏曹曰：军人劳苦也。○李筌曰：军人难使用也。

□□ R11·167下·9 □□□，□□□；

□□□：□□□□□，□□，□□□□。○□□□：□□□□□□，□□□ R11·167下·10 □□："□□□□□□□□，□□□□□□（一）□。"□□□□□□□□，□□□□□□。□□□□□，□□□□□，□□ R11·167下·11 □□。□□□□□□，□□□□□□，

1　林英津：《夏译〈孙子兵法〉研究》，（台北）"中央研究院"历史语言研究所单刊之 28，1994，注 282。

[西夏文]。[西夏文]，[西夏文]。

汉译：

营头鸟居，军不住；

> 李筌曰：城头鸟栖，则军遁，人不住也。○杜牧曰：齐晋二国战时，晋臣叔向曰："齐之军营上鸟乌戏，军卒走也。"后周齐王宪率兵伐高欢国，兵马将还时，以柏叶为幕，烧粪放烟。过二日后，高欢见军营空，追亦不及。此者，设置虚形而走也。[1]

注释：

（一）[西夏文]，[西夏文]：齐之军营上鸟乌戏，军卒走也。其中虚词"[西夏文]"在这里并无转折的意思，等于说"……的样子"。

校记：

[1] 杜注开头，《十一家注》有"设留形而遁"，盖与句末"此乃设留形而遁走也"重复，为夏译者所删。

[西夏文]，^{R11·167下·12}[西夏文]；

> [西夏文]：[西夏文]，[西夏文]。○[西夏文]：[西夏文]，[西夏文]，[西夏文]^{R11·167下·13}[西夏文]。○[西夏文]：[西夏文]，[西夏文]，[西夏文]。

汉译：

黑夜呼叫，心畏惧；

> 魏曹曰：军卒夜下相呼叫者，将军不勇也。○李筌曰：军人怯弱，军将不勇，故惊惧呼叫喊告也。○杜牧曰：有恐惧心，则夜下呼叫如强壮。

[西夏文]，[西夏文]；

> [西夏文]^{R11·167下·14}[西夏文]：[西夏文]，[西夏文]。○[西夏文]：[西夏文]，[西夏文]（一）[西夏文]。[西夏文]，[西夏文]。

汉译：

兵马混杂，将无威；

李筌曰：军将威重不有，故军人杂混乱也。○杜牧曰：言军将行住，轻佻率易。威仪不堂堂，则军人扰乱也。

注释：

（一）𗈪𗈪：字面义为"头轻"，对译"率易"。此前误以为"𗈪"与"𗤛（脱）"同义，导致出现"头脱"一词，不可理解。参考藏文མགོ་ཡང，字面义亦为"头轻"，意思是"轻浮人、不持重者"。

R11·168上·1　▢▢▢▢，▢▢▢；

▢▢▢：▢▢▢▢▢，▢▢▢▢▢。▢▢▢▢▢，▢▢ R11·168上·2 ▢："▢▢▢▢▢。"▢▢▢："▢▢▢▢▢（一）？▢▢▢▢？"▢▢▢："▢▢▢▢▢、▢▢▢▢▢▢，▢▢▢▢▢。"

汉译：

旗帜不定，乱扰见；

杜牧曰：鲁庄公率军往攻齐军，齐军退时，曹刿曰："追战。"庄公曰："败真及非？云何追？"答曰："我因见足迹乱扰，旌旗混杂，故可追也。"

注释：

（一）▢▢▢▢▢：败真及非，即"真败还是假败"，并列连词"▢"可以用来构成选择疑问句。

▢（一）▢，R11·168上·3 ▢▢▢▢；

▢▢▢：▢▢▢▢▢，▢▢▢▢，▢▢▢▢。

汉译：

吏怒，人疲倦；

杜牧曰：众兵疲倦，则吏忿怒，不畏将军。[1]

注释：

（一）▢：列，对译"吏"，疑字下脱"▢（主）"字。注文中即用"▢▢（列主）"一词对译"吏"。

校记：

[1] 则吏忿怒，不畏将军：对译"故吏不畏而忿怒也"。夏译者按习惯，把句中两个并列部分做了颠倒翻译（见前文 E5·151·2）。

𗘜𗾴𗗿𗤋，𗅋 R11·168上·4 𗅁𘃅；𗣼𘃸𗆧𘆄𗤁𗡪，𗣼 (一)。

𗜓𗤋𘄑：𗗿𗾴𗗿𗤋𘄦，𘓱𗅁𗣼𘃅𘆄。𘜔 R11·168上·5 𗫂𗆧𗪚𗤋，𗥃𗤁 (二)𗡪𘃅𘆄。

汉译：

杀马食肉，军粮无；贮甀不取，穷[1]。

杜牧曰：杀马食肉，故曰军无粮。不来舍内者，当不及灶。[2]

注释：

（一）𗣼𘃸𗆧𘆄𗤁𗡪，𗣼：意思是"贮甀不取，穷"。林英津先生认为该句对译"军无悬甀"，句下当有脱文，即"不返其舍"四字，没有着落，据夏译注文，当补"𘜔𗫂𗆧𗪚（舍内不来）"。[1] "𗣼𘃸（甀贮）"，即贮甀，对译"悬甀"，不大确切。甀指汲水的瓦罐，用时以绳系之，不用时悬之，故称"悬甀"，这里泛指炊具，夏译者理解为贮存东西的甀。又今人也有把"军无悬甀"理解为"军队收拾起炊具"，准备与敌决一死战，[2] 录此存异。

（二）𗥃𗤁：做饭，对译"穷迫不及灶"的"灶"。"𗥃"字本义为"喉"，引申为口喉所食之物，即"饭食"。[3]

校记：

[1] 本句经文原本有三，《十一家注》本作"粟马肉食，军无悬甀，不返其舍者，穷寇也"。下有异文"一云：杀马肉食者，军无粮也；军无悬甀，不返其舍者，穷寇也"。《魏武帝注》本作"杀马肉食者，军无粮也；悬甀不返其舍者，穷寇也"。夏

1　林英津：《夏译〈孙子兵法〉研究》，（台北）"中央研究院"历史语言研究所单刊之 28，1994，注 294。

2　徐勇、邵鸿主编《先秦兵书通解》，天津人民出版社，2002，第 51 页。

3　韩小忙：《西夏文词典（世俗文献部分）》第二册，中国社会科学出版社，2021，第 25 页。

译文作"军无粮"和"穷寇"两种判断，而非"穷寇"一种判断，又有"军无悬
瓿"之义，则所据本合于《十一家注》异文。

[2] 夏译文之杜注，内容合于《十一家注》之李注："杀其马而食肉，故曰军无粮也。不返
舍者，穷迫不及灶也。"《十一家注》另有杜注："粟马，言以粮谷秣马也。肉食者，杀
牛马飨士也。军无悬瓿者，悉破之，示不复炊也。不返其舍者，昼夜结部伍也。如此皆
是穷寇，必欲决一战尔。瓿音府，炊器也。"估计夏译文漏译杜注，导致张冠李戴。

𘃎𘃎^(一) 𗥤𗥤，𗇇𘏪𗹭𗷦𗀁，𗴴^{R11·168上·6} 𗣾𗗙𗾓𗖵𗟻；

　　𗧇𗙏𘝞：𘃎𘃎𗥧𗥧𗀁，𗇇𘏪𗷦𗹭𗀁，𗴴𗴴𗾓𗖵𗟻𗗙。○𗾬𗥃𘝞：^{R11·168上·7}𘃎𘃎𗹭𗷦𗀁，
𗴴𗴴𗟻𗴲𗖵，�5𗀔𗆫𗜟^(二)𗷦𗟻。○𗐓𗥃𘝞：𘃿𘃎𘃎𗷦𗹭𗀁，�5𗡮𗾓𗮅𗆫𘍦，�5𗴭𗀔𗆫
�󠄀𗣾𗖵𗟻。

汉译:

谆谆翕翕，共己言者，与将心不同也；

　　魏曹曰：谆谆翕翕者，共己私语，与将军不和也。○李筌曰：谆谆语者^[1]，言畏将军或
闻，军人心堕也。○杜牧曰：此谆谆语者，军卒有忧烦心，将军与人心不和也。^[2]

注释:

（一）𘃎𘃎：暗暗，对译"谆谆"。李筌注"谆谆翕翕，窃语貌"，为其所本。

（二）�� 𗟻�2𗖵，�� 𗆫𗜟：畏将军或闻，军人心堕。合于原文"士卒之心恐上，则
私语而言，是失众也"。《十一家注孙子校理》断句为"士卒之心恐，上则私语而
言，是失众也"¹，误。李筌既然说"谆谆翕翕，窃语貌"，窃窃私语，一定指士卒
而言，所以"上"字不当下属，作"士卒之心恐上"，是。

校记:

[1] 谆谆语者：《十一家注》李注作"谆谆翕翕"，且句下有"窃语貌"三字。

[2] 杜注开头，《十一家注》有"谆谆者，乏气声促也；翕翕者，颠倒失次貌"。

1　（春秋）孙武撰，（三国）曹操等注，杨丙安校理《十一家注孙子校理》，中华书局，1999，第200页。

R11·168上·8 𗀔𗀔𗀔𗀔𗀔, 𗀔𗀔𗀔𗀔;

𗀔𗀔𗀔: 𗀔𗀔𗀔𗀔𗀔𗀔𗀔, 𗀔𗀔𗀔𗀔。○𗀔𗀔𗀔: R11·168上·9 𗀔𗀔𗀔𗀔𗀔𗀔, 𗀔𗀔𗀔𗀔𗀔。

𗀔𗀔𗀔𗀔, 𗀔𗀔𗀔𗀔。

汉译：

时时赏给，窘迫故也；

李筌曰：窘迫贫苦之赏给，劝战也。○杜牧曰：军卒势力穷，恐逃跑耶。时时赏给，使心悦也。

𗀔𗀔𗀔𗀔𗀔𗀔, 𗀔 R11·168上·10 𗀔𗀔𗀔;

𗀔𗀔𗀔: 𗀔𗀔𗀔𗀔𗀔𗀔𗀔, 𗀔𗀔𗀔𗀔。○𗀔𗀔𗀔: 𗀔𗀔𗀔𗀔, 𗀔𗀔𗀔𗀔𗀔𗀔𗀔𗀔(一) R11·168上·11 𗀔𗀔𗀔。

汉译：

时时行罚者，疲倦故也；

李筌曰：疲倦人之罚，使尽力战。○杜牧曰：人倦不战，不畏戒令，时时行罚而使惧。

注释：

（一）𗀔：该字有"置"义，原误为"𗀔（处）"，据重出之文改。

𗀔𗀔𗀔𗀔, 𗀔𗀔𗀔𗀔𗀔, 𗀔𗀔𗀔 R11·168上·12 𗀔;

𗀔𗀔𗀔: 𗀔𗀔𗀔𗀔𗀔𗀔, 𗀔𗀔𗀔𗀔𗀔, 𗀔𗀔𗀔𗀔。○𗀔𗀔𗀔: 𗀔𗀔𗀔𗀔𗀔, 𗀔𗀔𗀔𗀔。

○𗀔𗀔𗀔: 𗀔𗀔, R11·168上·13 𗀔𗀔𗀔𗀔𗀔。

汉译：

先虽勇悍，后有畏心者，巧心无也；

魏曹曰：先虽不敬心生，后见人军众，心生疑惧。○李筌曰：先勇后畏者，巧心无也。

○杜牧曰：此者，不能料敌也。

𗀔𗀔𗀔𗀔(一)𗀔𗀔, 𗀔𗀔𗀔𗀔。

𗀔𗀔𗀔: 𗀔 R11·168上·14 𗀔𗀔𗀔𗀔𗀔, 𗀔𗀔𗀔𗀔, 𗀔𗀔𗀔𗀔, 𗀔𗀔𗀔𗀔。[1]

汉译：

来归己请和者，心欲息力。

杜牧曰：来归己请和者，军人疲倦，别有阻碍，欲息力也。

注释：

（一）𗹬𘝞𗈪𗥤：归己请和，对译"委谢"，不大确切。委谢，即遗礼言好。委，委质。古人相见，多执贽以为礼，故称"委贽"或"委质"。[1]

校记：

［1］《十一家注》杜注前，有李注"徐前而疾后曰委谢"。

𗸎𘓩𗤛𗤶，𗅲𗤱𗣼[R11·168下·1]𘋡，𗤛𘝞𘟣𗤱𗄼𘟛，𗌮𗌮𘍞𘂤。

𘕿𗤋𗹦：𗣼𘐨𘋢[R11·168下·2]𗮄𘂤。○𘜶𘝞𗹦：𗤱𘒹𗣼�"𘟣，𗌮𗌮𘍞𗄼𘂤。○𘊜𗢳𗹦：𗸎𘓩𘕘𗣼𗤱𘇂，𗅲𗤱𗣼𘕘，�"𘟣𗤱𗄼𘟛，𗤱𗮄�#𘟣，[R11·168下·3]𘒹𗸎𗮺𘖑，𗌮𗌮𘍞𗄼�+。

汉译：

怒而起兵，相停不战，亦不肯分离者，必谨察之。

魏曹曰：应疑伏兵。○李筌曰：必有伏兵，须善善量察。○杜牧曰：虽怒而设战阵，相停不战，复不肯分离者，有所待；恐出伏兵，当善善量察。

𗸎𗢳(一)𘟛𗤱，𘕘�"𘋢，

𘕿𗤋𗹦：𘖑𘟛𘆄𘈈，𘓩𘟛。

汉译：

兵多亦非真利，

魏曹曰：所用足时，可率。[1]

1　徐勇、邵鸿主编《先秦兵书通解》，天津人民出版社，2002，第51页。

注释：

（一）𗣼：数，这里附加在名词后面，表示复数。

校记：

[1] 此句曹注末尾，《十一家注》有"一云'兵非贵益多'"。

R11·168下·4 𗣼𗣼𗣼𗣼，𗣼𗣼𗣼，

𗣼𗣼𗣼：𗣼𗣼𗣼，𗣼𗣼。

汉译：

己不恃勇悍而进，

魏曹曰：不利，则不战。

𗣼𗣼𗣼R11·168下·5𗣼，𗣼𗣼𗣼𗣼，𗣼𗣼𗣼𗣼（一）𗣼，𗣼。

𗣼𗣼𗣼：𗣼𗣼𗣼（二）R11·168下·6𗣼𗣼𗣼𗣼𗣼𗣼𗣼。○𗣼𗣼𗣼：𗣼𗣼𗣼𗣼，𗣼𗣼𗣼𗣼𗣼𗣼。
○𗣼𗣼𗣼：𗣼𗣼𗣼𗣼，𗣼𗣼𗣼𗣼𗣼，𗣼𗣼𗣼𗣼𗣼R11·168下·7𗣼。𗣼𗣼𗣼𗣼𗣼，𗣼𗣼𗣼𗣼，
𗣼𗣼𗣼𗣼，𗣼𗣼𗣼𗣼，𗣼𗣼𗣼𗣼。𗣼𗣼𗣼𗣼𗣼𗣼？

汉译：

并兵力，能料敌，巧人得选，则胜。

魏曹曰：厮养中强人得选，则能。○李筌曰：二军力均，战时得巧人者胜。○杜牧曰：
己他力均，不敢往战者，未得巧人故也。己厮养中，选择有材，得强人，则可料敌，战
亦能胜，他所求寻何有？

注释：

（一）𗣼𗣼𗣼𗣼：即"巧人得选"，对译"并力、料敌、取人"的"取人"。夏译者显然
    是受了下系注文的影响。今人也有把"取人"理解为"取胜于敌"[1]，录此存异。

（二）𗣼𗣼𗣼：下面人，对译"厮养"。

1　中国人民解放军军事科学院战争理论研究部《孙子》注释小组：《孙子兵法新注》，中华书局，1977，
第94页。

𗈦𗏹𗣼𗣼，^{R11·168下·8}𗏹𗣼𗣼𗣼^{（一）}𗣼𗣼，𗣼𗣼𗣼𗣼𗣼𗣼。

　　𗤁𗣼𗣼：𗣼^{R11·168下·9}𗣼𗣼𗣼，𗣼𗣼𗣼𗣼，𗈦𗣼𗣼𗣼，𗣼𗣼𗣼𗣼𗣼，𗣼𗣼𗣼𗣼𗣼𗣼𗣼。

汉译：

不量己力而易敌者，必擒于人。

　　杜牧曰：深谋不有，计域不大，独恃己力，不顾爱利者，必为敌人所擒也。

注释：

（一）𗣼𗣼：不敬，这里对译“无虑而易敌者”的“易”，轻视。

𗣼𗣼𗣼𗣼𗣼^{R11·168下·10}𗣼，𗣼𗣼𗣼𗣼𗣼，𗣼𗣼；𗣼𗣼𗣼，𗣼𗣼𗣼；

^{R11·168下·11}𗤁𗣼𗣼：𗣼𗣼𗣼𗣼𗣼𗣼，𗣼𗣼𗣼𗣼𗣼𗣼𗣼。

汉译：

军卒与将未附而罚罪时，不服，不服则难使用；

　　杜牧曰：先未行恩信而罚军卒也。

𗣼𗣼𗣼𗣼𗣼，𗣼𗣼𗣼^{R11·168下·12}𗣼𗣼𗣼，𗣼𗣼𗣼𗣼。

　　𗤁𗣼𗣼：𗣼𗣼𗣼𗣼，𗣼𗣼𗣼𗣼𗣼𗣼，𗣼𗣼𗣼𗣼𗣼，^{R11·168下·13}𗣼𗣼𗣼𗣼。

汉译：

军卒与将附而罚罪不置，则彼亦难用。

　　魏曹曰：恩信行，罚罪不置，则军卒懈怠，不肯使用。[1]

校记：

[1] 此句曹注，合于《十一家注》“恩信已洽，若无刑罚，则骄惰难用也”，《魏武帝
　　注》则无。

𗣼𗣼𗣼𗣼𗣼，𗣼𗣼𗣼𗣼，

　　𗤁𗣼𗣼：𗣼𗣼，𗣼𗣼；𗣼𗣼，𗣼^{R11·168下·14}𗣼。○𗣼𗣼𗣼：𗣼𗣼，𗣼𗣼𗣼；𗣼𗣼，𗣼𗣼

𗑠。○𗾑𗤓𗗟：𗢳𗯴𗴪𗼃：𗿇𗿉𗼻𗿷𗷝，𗷉𗿲𗾫𗲲𗴪𗼻𗱍𗷝；𗷾𗿲𗾫𗫂𗼇𗷳𗷝。

汉译：

故教之以文法，治之以武行，

　　魏曹曰： 文者，仁也；武者，法也。○**李筌曰：** 文者，仁恩也；武者，戒罚也。○
　　杜牧曰： 齐晏子言：司马穰苴者，文行而能与众人附，武行而能服敌。

R11·169上·1 𗾑𗷝𗱍𗷊，𗢳𗵺𗲋𗤫。

　　𗾑𗤓𗗟： 𗷉𗵽𗱍𗷝𗱍𗷊，𗢳𗵺�𗴋。

汉译：

依此行，则必取胜。

　　杜牧曰： 文武双行，则必得胜。

𗷝R11·169上·2 𗷝𗽏𗷊^(一)，𗵺𗾫𗷚𗷝𗱍，𗾫𗷝𗻇𗵾。𗷝𗽏R11·169上·3 𗴩𗷊，𗵺𗾫𗷚𗷝𗱍，𗾫𗷝𗵺𗵾。𗽏𗳾𗷝R11·169上·4 𗷚𗷝，𗵦𗾫𗷉𗷊。

　　𗾑𗤓𗗟： 𗵦𗵦𗫻𗴔𗔆𗲲𗶆𗞞，𗦤𗷝𗷝𗾫𗷊、𗴪𗽏𗷊，𗰵𗵽𗴙𗵏𗷝R11·169上·5 𗽏，𗫂𗼇𗷳𗵦，𗴪𗽏𗷊𗿇，𗲲𗲡𗶅𗷝。𗤒𗷂𗞱："𗷝𗷝𗾫𗷊、𗴪𗽏𗾫𗷝𗦂𗨁𗷊𗷝𗲲，𗘂𗤨𗴙𗴙𗻇𗵦𗵺𗴴𗷝𗷝^(二)。"

汉译：

令先行，后教民庶，则民庶亦服。令先未行，后教民庶，则民庶不服。令事显明，则与军卒和。

　　杜牧曰： 若为将军者安定时，久先恩信、戒令行，至于国人，然后与敌战，戒令行时，人皆伏服。韩信曰："先恩信、戒令行于民庶，故市场人亦能使战。"[1]

注释：

（一）𗷝𗷝𗽏𗷊：先令行，对译"令素行"，杜注"素，先也"，为其所本。

（二）𗷝𗷝𗾫𗷊、𗴪𗽏𗾫𗷝𗦂𗨁𗷊𗷝𗲲，𗘂𗤨𗴙𗴙𗻇𗵦𗵺𗴴：先恩信、戒令行于民庶，故市场人亦能使战。按夏译者对韩信所言理解有误。原文为："我非素得拊循士大夫，所谓驱市人而战也。所以使之背水，令其人人自战。"意思是韩信平素没有得到机会抚慰诸位将士，即未行恩信于人，所以只有靠威令把他们置之死地，使人自为战。从夏译者的曲解反映出，西夏人在治军思想方面，是主张礼法互补、恩威并重的。

校记：

[1] 此段杜注，《十一家注》开头有"素，先也"，已被吸收到夏译文中。末尾有杜牧对韩信所言而作的评论"以其非素受恩信，威令之从也"，为了求得逻辑上的一致，为夏译者所删。

R11·169上·6《𗗚𗟲𗥿𗯯𗼖》𗍳𗾔𗢭

𗭴𗣼𗣛𗇁𗪙𗿒𗼖𗷀。𗯯𗇁𗟻𗫂𗣛𗷀𗪙𗫮𗼖𗫅。

汉译：

《孙子兵法三注》中卷终

大二千一百四十八。注一万五千八百四十四。[1]

校记：

[1] 这里关于经文和字数的统计，系抄自汉文底本，又称"计字尾题"，本为计算书籍抄刻报酬的依据，可用以研究一种文献的不同传本的差别，十分难得。《孙子兵法》因版本不同而字数有异，共有 6000 字左右。夏译本所载中卷经文共有 2148 字，为版本考证提供了一条重要线索。

第三章

西夏文《孙子兵法三注》下卷校注

一　西夏文《孙子兵法三注》第十《地形》

……^{R11·169下·1}𗼑𗇋𗰜𗄝𗫸𗫲𗆊。𗊱𗰜𗄝……𗫨𗆊。𗆧𗏹𗧘，𗫸𗰔𗵽。𗱕𗧘……^{R11·169下·2}𗬧，𗊬𗔤𗣼𗤊𗧘𗵒𗡩。𗊱𗫸……𗤋𗵒𗊢𗬧，𗊢𗰜𗈦𗆊𗼑𗆊……

汉译：

［险形者，我先居之，必居高阳以待敌；若敌先居之，引而去之，勿从也。］

［曹操曰：地形险隘，尤不可致于人。○李筌曰：若险阻之地，不可后于人。○杜牧曰：险者，山峻谷深，非人力所能作为，必］居［高阳］以待敌。若敌人［先据之，必不可以争，则］当退。阳者，南面也，［恐敌人持久，我居阴而］生疾也。今若［于崤渑遇敌，则先据北山，此乃是面阴而背阳也；高、阳二者，止可舍阳而］就高，［不可舍高而就阳。孙子乃统而言之也。］[1]

校记：

[1] 下卷开头缺，共缺 5 面。以上括注文字，据《十一家注》补。

……^{R11·169下·3}𗆧𗧘，𗊬𗆊𗵒。𗊬……

……^{R11·169下·4}𗱕𗉌𗆧𗊬𗊱𗄝𗇋𗆊𗄝𗫸……𗡣，𗊬𗊬𗊬𗆊𗵒𗣼𗬧，𗉌𗊬𗧾𗱕……^{R11·169下·5}𗰜𗄝𗊬𗫸，𗆊𗘢𗊬𗆊𗫸𗆊，𗆊……𗊬𗊬。𗊱𗣼𗇋𗆧𗊬^{（一）}，𗫨𗊬𗫨𗣼𗬧，𗴱𗊬𗊬？𗃀𗆊：

□□□□，^{R11·169下·6}□□。

汉译:

[远形者，势] 均，难以挑战，战 [而不利。]

[曹操曰：挑战者，延敌也。○李筌曰：力敌而挑，则利未可知也。○杜牧曰]：譬如我与敌垒相去三十里，[若我来就敌垒]，而延敌欲战者，是我困 [敌锐，故战者不利。若] 敌来就我垒，延我欲战者，[是我佚敌劳，敌亦] 不利。若二者力均，不得已战，则如何？答曰：近设营，可战。^[1]

注释:

（一）□□□□：二者力均，对译"势均"。"势均"指双方所处的地利条件均等[1]，这里夏译者理解为"兵力相当"，不妥。

校记:

[1] 以上括注文字缺，据《十一家注》补。

□□□□□□□□，□□□□□□□，□^{R11·169下·7}□□□□□□。

□□□：□□□□□□□□□□，□□□□□。

汉译:

此六种地势者，将军之要事也，不可不善察。

李筌曰：此六种地势不知，则必败也。

□□□□^{R11·170上·1}□□，□□，□□，□□，□□，□□。□^{R11·170上·2}□□□□，□□□□，□□□□□□。□□^{R11·170上·3}□□□，□□□□□□^{（一）}□，□□□□^{R11·170上·4}□□；

□□□：□□□□□。○□□□：□□□□□。□□□□□□□，□□、□□□□□^{（二）}□，□□□□^{（三）}。○□□□：□^{R11·170上·5}□□□□□□□□□，□□□□□□□，□□□□，□□

1　徐勇、邵鸿主编《先秦兵书通解》，天津人民出版社，2002，第56页。

𘟪𘟪，𘟪𘟪𘟪𘟪，𘟪𘟪𘟪𘟪𘟪𘟪，𘟪𘟪𘟪𘟪𘟪𘟪𘟪𘟪𘟪𘟪。^{R11 · 170上 · 6} 𘟪𘟪𘟪𘟪𘟪𘟪，

𘟪𘟪𘟪𘟪𘟪𘟪𘟪，𘟪𘟪𘟪𘟪𘟪𘟪。

汉译：

故用兵中，或走，或弛，或陷，或崩，或乱，或败。此六种者，非天灾，将

军之过也。若势均时，一人十人上击，则必一人走；

魏曹曰：不料己力。○李筌曰：不能量己。若地形得便，能用计兵、伏兵，则彼亦可。

○杜牧曰：若欲一人十人上击时，先己心思虑，论测敌力，军卒勇怯、天时地形[1]，十

倍过于敌，则然后可一人十人上击。若己他势均，则一人十人上击者，必一人走也。[2]

注释：

（一）𘟪𘟪𘟪𘟪𘟪𘟪：字面义为"人独十人上击"，对译"以一击十"。

（二）𘟪𘟪、𘟪𘟪𘟪𘟪：能用计兵、伏兵，对译"用奇伏之计"。

（三）𘟪𘟪𘟪𘟪：彼亦可。其中"𘟪（做、作、为）"字，原误刻为"𘟪"，据林英津

　　先生校注改。[1]

校记：

[1] 军卒勇怯、天时地形：《十一家注》作"将之智谋、兵之勇怯、天时地利、饥饱劳佚"。

[2] 此句杜注，《十一家注》末尾有"不能返舍复为驻止矣"。

𘟪𘟪𘟪𘟪𘟪𘟪；

𘟪𘟪𘟪：𘟪𘟪，𘟪^{R11 · 170上 · 7}𘟪𘟪𘟪𘟪^(一)𘟪，𘟪。○𘟪𘟪𘟪：𘟪𘟪𘟪𘟪𘟪𘟪，𘟪𘟪𘟪𘟪，𘟪𘟪𘟪

𘟪𘟪，𘟪𘟪𘟪𘟪𘟪。𘟪𘟪𘟪𘟪𘟪𘟪𘟪𘟪，𘟪𘟪𘟪𘟪𘟪𘟪，^{R11 · 170上 · 8}𘟪𘟪𘟪𘟪𘟪𘟪，𘟪𘟪𘟪𘟪

𘟪𘟪𘟪𘟪。𘟪𘟪𘟪𘟪𘟪𘟪𘟪^(二)𘟪。𘟪𘟪𘟪𘟪𘟪𘟪𘟪，𘟪𘟪𘟪𘟪。𘟪𘟪𘟪𘟪𘟪，𘟪𘟪𘟪

𘟪^{R11 · 170上 · 9}𘟪𘟪𘟪，𘟪𘟪𘟪𘟪𘟪𘟪𘟪。𘟪𘟪𘟪𘟪𘟪，𘟪𘟪𘟪，𘟪𘟪𘟪𘟪。𘟪𘟪𘟪𘟪𘟪𘟪。

汉译：

卒强将弱，则弛；

1　林英津：《夏译〈孙子兵法〉研究》，（台北）"中央研究院"历史语言研究所单刊之 28，1994，注 318。

魏曹曰：将弱，不能统军人，则弛。○杜牧曰：若军卒力强，军将怯弱，不能命令，则必军卒弛。我唐长庆元年中，遣将军田布率魏州属军，往捕逆人王廷凑[1]。彼田布先魏州人也，军卒因与之相熟知，心无敬畏。人二三万许，军营中乘驴乱行，田布不能禁止。二三月过后，战时，军人逃散。田布自刭。

注释：

（一）𗅁𘂆𘎆𗏴𗏴：不能统军人。𗏴，该字《夏汉字典》不载其义，只说其与骨头有关，这里对译"吏不能统"的"统"。又由于"𗏴𗏴"二字模糊，加上"𘎆𗏴𗏴（不能统）"不大符合西夏文表达方式，按常例当作"𗏴𘎆𗏴（统不能）"，此前疑其为"𗏴"字的叠用，经目验原件，确为"𘎆𗏴𗏴"，这种译法当系迁就汉文底本所致。夏译汉籍中的西夏语语法时有"汉化"的趋向。[1]

（二）𗝰𗗙𗧘𗺉𗩽𘂆𘂆：彼田布先魏州人，对译"（田）布长在魏"。其中"𘂆（人）"字模糊，此前未识，据残存字形和上下文义补。

校记：

[1] 王廷凑：《十一家注》作"王延凑"，"延"为"廷"之误，《旧唐书》有王廷凑本传。

𗫂𗤋𗧘𗏴𗷀^{R11 · 170上 · 10}𘕿；

𗵃𗥿𗰔：𗅁𗫂𗤋𗵃，𗅁𘂆𗏴𘝠，𗕿𘓄𗔉𘉞𗷀，�《𗷉𘂆𘕿。○𘎑�△𗰔：𗧘𗏴𘔊𘁨𘉞𗟻。�〔𗇋𗅁𗤙，𗝰𗥤𗗙𘕿^{R11 · 170上 · 11}𗷀，𗰊𘓾𘕿𘅝。○𘃡𗱲𗰔：𗅁𗫂𘉞𘝍，𗅁𗧘𗏴𘝠，𘉞𗔱𗟻𘀤，𗝰𗥤𗗙𗤊𗷀，𘅍𗄻𗍲𗄂。

汉译：

将强卒弱，则陷；

魏曹曰：将军勇悍，军人怯弱，敌战自进，则必人陷。○李筌曰：卒弱，不一心也，不敢往战，逼迫而使战，故败陷。[1]○杜牧曰：将军欲战，军卒怯弱，不量己力，逼迫而

1　Nishida, *A study of the His-Hsia language, reconstruction of the His-Hsia language and decipherment of the His-Hsia script*. Tokyo. Vol. 2. 1966（562-565）．

行，则死于人手。

校记：

[1] 此处李注，《十一家注》开头有“陷，败也”。

[illegible](一)[illegible]R11·170上·12[illegible]，[illegible]，[illegible]；

[illegible]R11·170上·13[illegible]：[illegible]，[illegible]。[illegible]，[illegible]，[illegible]。○[illegible]：[illegible]，[illegible]，[illegible]R11·170上·14[illegible]，[illegible]。○[illegible]：[illegible]，[illegible]。[illegible]，[illegible]。[illegible]：R11·170下·1“[illegible]，[illegible]，[illegible](二)[illegible]；[illegible]，[illegible]；[illegible]，[illegible]R11·170下·2[illegible](三)；[illegible]。[illegible](四)[illegible]，[illegible]。”[illegible](五)[illegible]，[illegible]，[illegible]，[illegible]R11·170下·3[illegible]，[illegible]。[illegible]，[illegible](六)[illegible]，[illegible]。[illegible]R11·170下·4[illegible]，[illegible]，[illegible]。[illegible]。[illegible]，[illegible]，[illegible]，[illegible]R11·170下·5[illegible]。[illegible]，[illegible]，[illegible]。[illegible]：“[illegible]，[illegible]，[illegible]。”[illegible]：“[illegible]R11·170下·6[illegible]，[illegible](七)[illegible]，[illegible]。[illegible]。”[illegible]：“[illegible]。”[illegible]、[illegible](八)[illegible]，[illegible]R11·170下·7[illegible]。[illegible](九)[illegible]，[illegible](十)[illegible]，[illegible]，[illegible]，[illegible]。

汉译：

小将怒而战，敌军能不能，大将不知，则崩；

魏曹曰：大将生怒，小将亦不服，怒而与敌战，不思能不能，则必崩败。[1] ○李筌曰：将军为敌所怒，不晓己弱，以刚率军使战者，必崩败。○杜牧曰：昔楚王起兵，往攻郑国，晋国起兵来救护。楚将军伍参言于楚王曰：“晋国将军者，新人也，兵马中不能行令；其佐先縠性粗无慈，不受命言；其三小将各自随意行事，不伏大将，诸军卒亦不知往处。此番往用兵，则晋军必败。”尔时晋魏锜依节亲求爵不得，故怨心结，欲晋军之败，谓我往诱楚军，将军不肯。不许诱军，则谓我往为和使，亦或可许，晋将军立即许彼言，往为使。赵旆求上大夫官不得，故彼亦怨心结，谓我往立功，将军不肯。无许立功，则谓我往请和事，晋将许言，立即与魏锜皆往。彼魏锜等和言未请，而请战事，还。尔时郤克曰："二怨主往，不供备则必败。"随会曰："若此二人使楚王怒，来掩于我，则军卒伤毁。先应供备。"先縠曰："汝非。"随会立即遣巩朔、赵穿[2]，令住七处伏兵于敖前。故上军随会未败，中军先縠破[3]。军中上下不和，相言不听，则必崩也。[4]

注释：

（一）􀀀：小将，对译"大吏"。曹注"大吏，小将也"，为其所本，盖指低于主将的中上层将官。接下来用"􀀀（大将）"对译"将"，以示区别。

（二）􀀀：用口，对译"行令"。

（三）􀀀，􀀀：其三小将各自随意行事，不伏大将。按夏译者理解有误。原文为"其三帅者专行不获，听而无上"，意思是其三帅不能独断专行，又没有可以听从的上司。邲之战中晋国三帅指荀林父、随会和赵朔，夏译者误把他们等同于低于主将的中上层将官。

（四）􀀀：此番。其中"􀀀（番）"字模糊，此前误识为"􀀀（若）"。

（五）􀀀：节亲，指皇族，这里对译"公族"。此前误译为"节近"[1]。

（六）􀀀：我往为和使，亦或可许。其中"􀀀"二字模糊，此前未识。

（七）􀀀：来掩于我。其中"􀀀（覆、掩袭）"字模糊，误识为"􀀀（攻）"。[2]

（八）􀀀：赵穿，人名。其中"穿"的译音字"􀀀"，此前被误识为"旆"的译音字

1　林英津：《夏译〈孙子兵法〉研究》，（台北）"中央研究院"历史语言研究所单刊之28，1994，第3—109页。

2　林英津：《夏译〈孙子兵法〉研究》，（台北）"中央研究院"历史语言研究所单刊之28，1994，第3—110页。

"𗱒", 1 字迹模糊所致。

（九）𗥦𘊩：上军。其中"𗥦（上）"字，字迹模糊，被误识为"𘋊"，拟音为 tsjĭ，音
　　译晋朝的"晋"2。

（十）𗾚𗵒：破。其中"𗵒（破）"字，字迹模糊，被误识为"𘐼（恨）"3。

校记：

[1] 此处曹注开头，《十一家注》有"大吏，小将也"。

[2] 赵穿：夏译文误，《十一家注》作"韩穿"。

[3] 上军随会未败，中军先縠破：《十一家注》杜注作"上军不败，而中军、下军果
　　败"，夏译文有误。邲之战中晋军将领构成：荀林父将中军，先縠佐之。随会将上
　　军，郤克佐之。赵朔将下军，栾书佐之。赵括、赵婴齐为中军大夫。巩朔、韩穿为
　　上军大夫。荀首、赵同为下军大夫。夏译者显然不了解邲之战的情况。按照夏译者
　　的翻译方式，正确的表述为"上军随会未败，中军荀林父、下军赵朔破"。

[4] 军中上下不和，相言不听，则必崩也：《十一家注》杜注末尾无此句，另有"七覆，
　　七处伏兵也；敖，山名也"，为夏译者所略。

𗥦𗥯𗾚^{R11·170下·8}𗱒，𗾚𘐼𘐼𘐼，𗼒𘐼𘐼𗥯^{(一)}，𗥦𘐼𘐼𗵒𘈩，^{R11·170下·9}𘐼𗏹；
　　𗾚𘐼𗤊：𗥦𗥯𘐼𘐼𘐼，𘐼𘐼𘐼𘐼。○𘐼𗾚𗤊：𗥦𗥯𘐼𘐼𘐼𘈩，𘐼𘐼𘐼𘐼。○𘐼𘐼𗤊：𗥦
　　𘐼𘐼𗾚𘐼𘐼𗤊𘈩，𘐼𗥦^{R11·170下·10}𘐼𘐼𘐼，𘐼𘐼𘐼𘐼。

汉译：

将弱不严，军法不明，依义不为，行列不正，则曰乱；

　　魏曹曰：为将行若此，乱根也。○李筌曰：将依上有而行，则乱根也。○杜牧曰：将卒

1　林英津：《夏译〈孙子兵法〉研究》，（台北）"中央研究院"历史语言研究所单刊之 28，1994，第
3—110 页。

2　林英津：《夏译〈孙子兵法〉研究》，（台北）"中央研究院"历史语言研究所单刊之 28，1994，第
3—110 页。

3　林英津：《夏译〈孙子兵法〉研究》，（台北）"中央研究院"历史语言研究所单刊之 28，1994，第
3—110 页。

皆不守军法，故行列混杂，乱根也。

注释：

（一）〔西夏文〕：依义不为，对译"吏卒无常"。"无常"，指没有法度规矩。

〔西夏文〕R11·170下·11〔西夏文〕，〔西夏文〕(一)〔西夏文〕。

〔西夏文〕：〔西夏文〕(二)，R11·170下·12〔西夏文〕。○〔西夏文〕：〔西夏文〕。○〔西夏文〕：《〔西夏文〕》〔西夏文〕："〔西夏文〕，〔西夏文〕(三)〔西夏文〕，〔西夏文〕。"《〔西夏文〕》〔西夏文〕：R11·170下·13"〔西夏文〕，〔西夏文〕，〔西夏文〕，〔西夏文〕，〔西夏文〕。"〔西夏文〕(四)〔西夏文〕，〔西夏文〕R11·170下·14〔西夏文〕，〔西夏文〕，〔西夏文〕、〔西夏文〕、〔西夏文〕(五)、〔西夏文〕、〔西夏文〕、〔西夏文〕、〔西夏文〕，〔西夏文〕，〔西夏文〕。〔西夏文〕R11·171上·1〔西夏文〕，〔西夏文〕。〔西夏文〕，〔西夏文〕，〔西夏文〕(六)。

汉译：

将不能料敌，以少攻众，以弱击强，无先导巧人，则败。

魏曹曰：势力既若此，则必败走。○李筌曰：不料敌力故也。[1]○杜牧曰：《李靖兵法》中曰："若战争时，量状择强兵，以为战争先锋。"[2]《司马法》中曰："择精男，先战中未立功者，后战时导于前，勇心有，尽战力也。"[3]昔东晋将军谢玄守北方广陵城，尔时秦帝苻坚国盛，与遇，战时，谢玄选择精男刘牢之、何谦、诸葛侃、高衡、刘轨、田洛、孙无终等，皆勇悍人也。其中遣刘牢之，择强兵，使导于前，百战百胜[4]，敌畏，行处成。

注释：

（一）〔西夏文〕：先导巧人，对译"选锋"，即选拔精锐，任为前锋。

（二）〔西夏文〕：此前学界多以"〔西夏文〕"字下属来断句，认为"〔西夏文〕"与"〔西夏文〕"呼应，构成西夏语的"虽……，则……"复句。西夏文《孝经传》中的"〔西夏文〕"字，在上述用法中无一例外上属，字右皆以朱笔点断，表明今人以"〔西夏文〕"字下属的点断方式或误。

（三）𗽎𗁬：字面义为"状量"，即"量状"，按照一定的标准。

（四）𘂈𘃸：谢玄，人名。其中"谢"的译音字"𘂈"，字迹模糊，被误识为"𗫉"[1]。按"𗫉"的拟音为 sja，"𘂈"的拟音为 śiə。"谢"在中古为"邪"母字，宋代西北方音浊音清化，读如"心"母字，是以知"𘂈"字正确。

（五）𗭒𗕿𘀗：人名"诸葛侃"的音译。夏译文对复姓"诸葛"的音译比较混乱，又作"𗭒𘂈"（R11·159下·14）或"𗭒𘓦"（R11·157下·5、R11·171下·13）。

（六）𗼋𗸐𗣷𗳮，字面义为"行处成为"，对译"所向必克"。

校记：

［1］此处李注，《十一家注》开头有"军败曰北"。

［2］若战争时，量状择强兵，以为战争先锋：该句本为杜牧对《李靖兵法》中"战锋队"一词所作的解释，夏译者误作李靖兵法中的内容。原文为"卫公《李靖兵法》有战锋队，言拣择敢勇之士，每战皆为先锋"。

［3］这里译出的，仅是《司马法》中"选良次兵，益人之强"一句下的注文"勇猛劲捷，战不得功，后战必选于前，当以激致其锐气也"。夏译者出于向本国人充分传达汉文典籍内容的需要，不惜舍正文而译注文，其"解释性翻译"风格，于此昭然可见。又"战不得功，后战必选于前"，亦有点断为"战不得功后，战必选于前"，不妥。

［4］百战百胜：句下《十一家注》有"号为北府兵"。

𗼋𗥃𗹙𗣷，𗣷𘄴^{R11·171上·2}𗼋𗥸，𗣷𗩰𗍋𗵘𘄴𘅤，𗍋𗍋𗬆𗢤𘄴𗥃。^{R11·171上·3}𘈴𗼋𗣷，𗣷𗍋𗼋𗬆𗼋𘄴。

𗋽𘄴𗌧：𗣷𗼋𗍋𗤁𗣷，𗈍𗥃𗹙𗬆𗸐𗣷𗬆𗼋^{R11·171上·4}𗬆，𘈴𗼋𗣷𗤧^{（一）}𗤁，𗣷𗍋𘈴𗬆𗤁𗥸，𗬆𘃩𘄴𗣴𗬊？

───────────────

1　林英津：《夏译〈孙子兵法〉研究》，（台北）"中央研究院"历史语言研究所单刊之 28，1994，第 3—112 页。

汉译：

此六种者，毁军之道，将军之要事也，不可不善察。地形者，兵之辅助也。

　　杜牧曰：用兵之本者，岂徒守仁义戒令，又得地形利，为兵之辅助者，不胜处岂有？[1]

　　注释：

（一）𗰔𗑣𗾔𗱱𗟻𗢭𗈪𗧘𗾔，𗈜𗩱𗠁𗶆：其中"𗾔（不）"字模糊，此前疑其为"𗪙（礼）"1，误。句式"……𗈪𗢭𗾔"，对译汉语的"岂徒……又……"，有时候也写作"……𗈪𗢭𗢝"。2

　　校记：

［1］杜注末尾，《十一家注》有"'助'一作'易'"。

𗄛𗂅𗩱𗪱，𗢭𗱱𗈪𗤙，[R11·171上·5]𗤣𗊟𗵘𗋽𗰴，𗢭𗍊𗥃𗱱𗟻。

　　𗤓𗂅𗟩：𗊟𗎗𗄼𗜐、𗢭𗤣𗟩𗆄，𗈜[R11·171上·6]𗥃、𗪘𗟻、𗤣𗊟𗮉𗸕。𗣼𗵒𗤙𗥃，𗉘𗩱𗰴𗟻。𗘂𗤘𗈪𗲲（一）。

　　汉译：

与敌争利，险难能知，远近能测[1]者，将军[2]之道也。

　　杜牧曰：人马势力、军粮输运[3]，依险地、恶道、远近而为。能料量，则胜事也。最为重要。

　　注释：

（一）𗘂𗤘𗈪𗲲：字面义为"极中要爱"，其中"𗈪𗲲（要爱）"可译作"要害"。此四字对译"乃为将臻极之道"中的"臻极"。

　　校记：

［1］险难能知，远近能测：夏译文底本合于《十一家注》"计险厄远近"。其中"险厄"，《通典》《御览》引作"险易"。按：作"险易"是，"险"对"易"，"远"对"近"。

1　林英津：《夏译〈孙子兵法〉研究》，(台北)"中央研究院"历史语言研究所单刊之28，1994，第3—113页。

2　彭向前：《西夏文〈孟子〉整理研究》，上海古籍出版社，2012，第137页。

[2] 将军：原文作"上将"。

[3] 人马势力、军粮输运：《十一家注》作"馈用之费，人马之力，攻守之便"。

〔西夏文〕^{R11·171上·7}〔西夏文〕。

　　〔西夏文〕：〔西夏文〕。

汉译：

知此而战，则胜；不知，战则败。

　　杜牧曰：此者，知险难远近也。

〔西夏文〕^{R11·171上·8}〔西夏文〕，〔西夏文〕，〔西夏文〕；〔西夏文〕^{R11·171上·9}〔西夏文〕，〔西夏文〕，〔西夏文〕。

　　〔西夏文〕：〔西夏文〕^{R11·171上·10}〔西夏文〕，〔西夏文〕。〔西夏文〕。○〔西夏文〕：〔西夏文〕："〔西夏文〕，〔西夏文〕；〔西夏文〕，〔西夏文〕^{（一）R11·171上·11}〔西夏文〕，〔西夏文〕。〔西夏文〕，〔西夏文〕，〔西夏文〕，〔西夏文〕：'〔西夏文〕，〔西夏文〕^{（二）}，〔西夏文〕。'"

汉译：

若往战必将得胜中，君曰无战，亦可战也；战不将得胜中，君曰战，亦不可战。

　　李筌曰：战得胜，则必可战；战不得胜，则必勿战。[1] ○杜牧曰：黄石公曰："军出往征时，将军己意断；或进或退，听君命，则战功难成。故圣主明王遣送将军，将车上坐，己推车毂曰：'宫门出后，一律至尾，随意而行。'"[2]

注释：

（一）〔西夏文〕：听君命，对译"内御"，较为直白。

（二）〔西夏文〕：一律至尾，即整个过程。"〔西夏文〕（尾）"字此前未识。

校记：

[1] 此处李注，《十一家注》末尾有"立主人者，发其行也"。

[2] 此处杜注，《十一家注》开头有"主者，君也"。

𗷛[R11·171上·12]𗹬𗫂𘗽𗣼，𘙣𘐽𘗽𘐙，𘓄𗼮𗤻𗬗𗩮𗵰，[R11·171上·13]𘋢𘂷𗤻𗤋𗭴，𗵶�

𘒛𗩷𗤋𘂽。

　　𗎽𗰖𗖵：𗹬𗫂𗸐𗤋𘝄𗵜，𘘍�𗼉[R11·171上·14]𗹬。○𘊵𗏇𗖵：𗹬，𘕕𗷝𗫂𗽐𗣼；𘗽，𘏞𘀞

�½𗽐𗣲。

　　汉译：

故进不求名，退不避罪，唯养育民庶，安天子者，国中珍宝也。[1]

　　李筌曰：进退利人，已利不求。○杜牧曰：进不求战胜之名，退不避违诏之罪。[2]

　　校记：

　　[1] 本句经文有两种，《十一家注》作"唯人是保，而利合于主，国之宝也"，《魏武帝
　　　　注》作"唯民是保，而利于主"，"人"作"民"，无"合"字。夏译文合于后者。

　　[2] 此处杜注，《十一家注》末尾有"如此之将，国家之珍宝，言其少得也"。

𘚶𗀄𗟲𗼉𘓄𘗓𗓁，𘙣[R11·171下·1]𘃽𗇐[(一)]𘘍𘊟𗰛𘄉；𗫜𘓄𗳫𗓁，𘙣𘄫𗰛𘄉。

[R11·171下·2]𗎽𗰖𗖵：𘚶𗰛�½𘕕𗵜𗓁，𘃽𘄫𗽐𗳫。𗹬𘗋𗤻𗼝𘃊𗪊𗵫𗇌𗺝𗹬，𘚶�𘙀𗵷𗝞�½𘈷

𘉦[(二)]�½𘏁。○𘊵𗏇𗖵：𗹬𘗋𘟽𘘍𘚶[R11·171下·3]𘏞𗵜𗓒，𘚶�𘙣𘄫𘀞𗮇𘏦𘈷，𘄂𘔵𘌠。

𘋝𘓞𗽐𗩱，𘅗𗭴𗽐�，𘘍𗼉𘘍𘈤，𗸐𗀄𘊟𘊖𗵜。𘚶��½𗯨，𘏁𘏞𘀞𘕕𘂽𗵜。

𗭴[R11·171下·4]𗪊�𗤋𘗽𘚶𗤋𗓁。𘚶�𗴿𘍂："𗴻𗫜𘚶𘏞𗳫𘈤𘀞𘕕𘂽𗵜𗷛𗫂，𘍬𗸐𘊟

𘖕?"𘊚𘍂："𗵶𘏞𗤇𗤇𗫜𘚶�〈𘀞𘕕𘂽𗵜�，𘄞[R11·171下·5]𘀞〈(三)〉𘕕�g𘘍�〈。�〈𘈤𘖕�

�〈𘀞𘕕𘂽𗵜𗓁，𗪊𘗋𘄫𘊖𘂽�〈(四)〉。"

　　汉译：

养军卒如婴儿，则亦可共险程而自攻；爱如子，则亦可俱死。

　　李筌曰：若抚之如此，则战死不惜。昔楚子良言一句行，军人暖如冬季穿绵衣。○

　　杜牧曰：昔吴起为将军时，与军人中最下者穿同衣，饮同食。卧不置席，行不乘马，

　　自执己粮，与军卒一法。军人出疽，吴起吮脓血，母闻而哭之于家人。或人问曰：

　　"汝子，将军爱而吮脓血，何哭泣？"母曰："彼将先吮子父之脓血，故立即战而死。

今吮我子之脓血，则不过何时死耳。”

注释：

（一）[illegible]：共险程，对译“赴深溪”，夏译者采用了意译。

（二）[illegible]：字面义为“绵有衣穿”，即穿绵衣，对译“挟纩”，较为直白。

（三）[illegible]：立即，对译“不旋踵”，来不及转身。比喻时间极短。较为直白。

（四）[illegible]：字面义为“何时死不然谓”，意思是不过何时死罢了，即迟早战死。如果按照字面意思，把“[illegible]”这个词理解为“不然”，则无法通读全句，故林英津先生认为“[illegible]”字当是“[illegible]（为、做）”之误。[1] 实际上，西夏文无误，“[illegible]”一词位于句末，其义略相当于“不过……”“仅限于……”“唯……”“除……”（见前文 R11・157下・13）。

[illegible]，[illegible] R11・171下・6 [illegible]；[illegible]，[illegible]。[illegible] R11・171下・7 [illegible]，[illegible]，[illegible]，[illegible]。

R11・171下・8 [illegible]：[illegible]，[illegible]。[illegible]，[illegible]（一），[illegible]。○[illegible]：[illegible] R11・171下・9 [illegible]。[illegible]，[illegible]，[illegible]，[illegible]。○[illegible]：[illegible]：“[illegible]，[illegible]（二）。”[illegible]，[illegible] R11・171下・10 [illegible]；[illegible]，[illegible]。《[illegible]》[illegible]：“[illegible]。”[illegible]：“[illegible]，[illegible]；[illegible]，[illegible]；[illegible]，R11・171下・11 [illegible]。[illegible]，[illegible]，[illegible]（三）。[illegible]，[illegible]。[illegible]，[illegible]，R11・171下・12 [illegible]（四）。”[illegible]：“[illegible]，[illegible]，[illegible]。[illegible]，[illegible]；[illegible]，[illegible] R11・171下・13 [illegible]。[illegible]，[illegible]；[illegible]，[illegible]。”[illegible]，[illegible]。[illegible]，[illegible] R11・171下・14 [illegible]。[illegible]（五）[illegible]，[illegible]。[illegible]，[illegible]。[illegible]（六）[illegible]，[illegible] R11・172上・1 [illegible]，[illegible]。[illegible]，[illegible]。[illegible]，[illegible]。○[illegible]：[illegible]

1 林英津：《夏译〈孙子兵法〉研究》，（台北）“中央研究院”历史语言研究所单刊之28，1994，注353。

旎，藏務藏緣[R11·172上·2]瑪緣緻(七)缘，叕吠狲绊菔。藏杨瑜蕆觚瓩旎務緣，蕆牧狲瓻绊菔瑶瑻乹賕莘旎状，緂驿弞巯。薪穑緻叕旎缃缘，蕆绩穁[R11·172上·3]緈嬔。

汉译：

施恩多，则不可使用；爱惜多，则不能命令，是以乱而不能禁止，譬如骄子，使用难也。

魏曹曰：恩不专用，罚不独严，若骄子与己心不合，则必目前为害，故不可用。[1]○李筌曰：若爱惜人厚也，不听言，则如骄子，生恶逆心，不可用。○杜牧曰：黄石公曰："军人己卑，不着懈怠心。"故身卑下行，则谓己卑；依律禁止，则谓不懈怠。《阴符》中曰："害因恩生。"吴起曰："皮鼓铜鼓，告知用也；执旌挂旗，目之可视；戒令赏罚，心之可怖[2]。耳妄勿听，目妄勿视，心妄勿思，此三种不设置，则必敌得胜。此三种依，则将军东指东自攻，西指西处往。"李靖曰："昔善战将军者，军人十中杀三，次十中杀一。十中杀三者，他国生畏惧；十中杀一者，己军生畏惧。故畏我则不畏敌，畏敌则不畏我。"功不谓小，给大赏；罪不谓小，判严罚。马谡兵败时，诸葛亮哭而诛；乡人某盗某顶冠，将军吕蒙哭而斩；马逸食苗，曹公割发己罪受；二都案案头公事中杂入，故黄盖问而使伏罪，俱杀。故戒多于恩，则兵小亦胜；恩多于戒，则兵大亦败。○又杜牧曰[3]：唯务行恩，抚多时禁止，则必生怨心；若一律军政严，则使军人生怨恶心，恩功虽行，亦岂肯亲近？故能赏罚并用，则可以为将。

注释：

（一）蕆叕緂務：目前为害，对译"对目还害"。原文"若骄子之喜怒，对目还害，而不可用也"，今人亦有主张点断为"若骄子之喜怒对目，还害而不可用也"。根据夏译文，"对目还害"应单独成句。

（二）蕆牧蕆杨蕆，颙瓩绊叕斷：军人己卑，不着懈怠心。黄石公的原话为"士卒可下不可骄"，这句话是说将帅应该如何对待士卒，大致意思是，将帅要礼贤下士，但不可骄纵下属。夏译者错误地理解为，士卒应该处在卑下的地位，服从将帅管理，不生懈怠之心。是故下文对杜牧解释何为"可下"的翻译，"莘鲼蕆瓩缘，蕆蕆夯（身卑下行，则谓己卑）"，也是从这个逻辑出发的，与原文"夫恩以养士，谦以接之，故曰'可下'"大相径庭。

(三) 𘕕𗭞𗵧𗅲，𘟣𗭞𗵧𗝾，𗧨𗭞𗵧𗰦：耳妄勿听，目妄勿视，心妄勿思，对译"耳威于声，不得不清；目威于色，不得不明；心威于刑，不得不严"，夏译者采用了意译。

(四) 𗾴𗭩𗭬𗙏𗎤𗒀𗈪，�youtube𗹙𗍫𗴧𗙏：将军东指东自攻，西指西处往，对译"将之所执，莫不从移；将之所指，莫不前死"，夏译者采用了意译。

(五) 𗍊𘗾𗦀：识知人，对译"乡人"。

(六) 𗣼𘏞𘀄𗪟：字面义为"大都集头"，《掌中珠》译作"都案案头"，对译"掾"。其中"𗣼𘏞（大都）"是出于构词习惯而对宋代职官名称"都大"一词的颠倒翻译，这里对译"都案"。之所以出现与该词字面义无关的"案"字，因其系专掌"文案"的文书官员，翻译时兼取其义而选择了"案"字。

(七) 𘓶𗧢𗾴𘞶𗏵𗥃𗆍：抚多时禁止。其中"𗾴𘞶（△多）"二字，字迹模糊，此前未识。

校记：

[1] 此句曹注，夏译文合于《十一家注》"恩不可专用，罚不可独任，若骄子之喜怒，对目还害，而不可用也"，《魏武帝注》只有前两句。

[2] 戒令赏罚，心之可怖：对译"禁令刑罚，所以威心"。《十一家注》原本误"心"为"必"，夏译文可证。

[3] 以下内容非杜注，实为孟氏注。《十一家注》原文为："孟氏曰：唯务行恩，恩势已成，刑之必怨；唯务行刑，刑怨已深，恩之不附。必使恩威相参，赏罚并用，然后可以为将，可以统众也。"夏译文与之吻合。夏译"三家注"与梁孟氏本无涉，最大的可能是此前已经有人把唐杜牧注与梁孟氏注抄录在一起，进而误为杜牧一人所注，才会在夏译本中出现这种情况。换句话而言，夏译本中唐杜牧注与梁孟氏注混淆的情形表明，在曹操、李筌和杜牧三家注本出现之前，一定有这么一个注本，注家包括梁孟氏和唐杜牧。

𗒀𘓶𘏞𘞶𗙏𗅳，𘏷𗧢𘏞𘞶𘟣𗵧𘏗𘞶，𘏗^{R11·172上·4}�youtube𗵧𗅲；𘏷𗧢𘏞𘞶𗬩𗅳，𗒀𘓶�9𘞶�F^{R11·172上·5}𗵧�17，�17�youtube𗵧𗅲；

𗾒𗧘𘝾：𗷉𗥃𗤊𗹙，𗤮𘝊𗧁𘏾𗅡𘏭𗤊。𗷉𘝞𗤊𗥋𗤊𗹙，𗭼𗭼[R11·172上·6]𘏭𗏹𘏭𗤊。

汉译：

知己卒可击，不知人不可击，则胜负不明；知人可击，不知己卒不可击，则胜负不明；

杜牧曰：谓可击者，刚健不惜命之谓；谓不可击者，疲倦怯弱之谓。

𘕀𗥓𗷉𗤊𗘗𗧁，𗋽𗫦𘔼𗷉𘝞𘏍𗧁，[R11·172上·7]𘏭𗤊𗤊𘏭𗤊𗪱，𗡪𘏭𗤊𗹙。

𗮀、𘊜𘝾：𗡪𘏭𗤊𗹙𗭼。○𗾒𗧘[R11·172上·8]𘝾：𗤊𘏭𗤊𗹙，𗌦𘏾𗀚𗫲、𗤊𘝞𘊗𗧁、𗰖𘜶𘕀𗧁、𘓐𘏾𗤊𗤤。

汉译：

知人上可击，知己卒亦可击，不知战处地形，则胜负不明。

曹、李曰：胜负不明也。[1]○杜牧曰：谓地形者，山池险难、地程远近、道径偏斜、出入也。

校记：

[1] 曹、李合注，合于《十一家注》"胜之半者，未可知也"。《魏武帝注》则无此曹注。

𘘴𗰖𗷉𘄽𗪱，𗣓𗟻[R11·172上·9]𗧁𗫦；𗷉𗫦𗧁𘍞。

𗾒𗧘𘝾：𘄽𗣓𘄽𗷉𗦴𘄽𗪱，𗤊𘝉𘏍𘑠𘏾𘝊𗧁𗇹，𘘴𗣓𗫦𗧁𗫦，𗷉𗫦𗧁[R11·172上·10]𘍞𗦴。

汉译：

故善用兵人，动时不迷，举时不败。

杜牧曰：于未动未举前，明定损益，后动时不迷，举时不败也。[1]

校记：

[1] 此句杜注末尾，《十一家注》有"一云：动而不困，举而不顿"。夏译者为免生枝节，弃之不用。

𗣜𗴺𗫔𗫿𗋽，𘝈𗫪𗪒𗪵；𗾟𗆮𗪒𗰖^{R11·172上·11}𗋽，𗪵𘝈𗫣𗭽𗋿？

汉译：

知彼知己，则不失胜；知天知地，则不胜何有？[1]

校记：

[1] 本句经文，《十一家注》下有李筌注：“人事、天时、地利三者同知，则百战
百胜。”

二　西夏文《孙子兵法三注》第十一《九地》

^{R11·172上·12}𗢷𗆮𗴿𗴺𗳇𗫩

𘝞𗴢𗸞：𘚠𗴤𗆮𗢷𗭽𘞪。○𗢍𘜶𗸞：𘝈𘓄𗫪𗢷𗭽𘞪，𘍦^{R11·172上·13}《𗆮𗫪》𗴿𗴻𗪵𘝉𗋿。

汉译：

九地篇第十一

魏曹曰：战地有九种。○李筌曰：胜败法有九种，故属《地形》篇末。

^{R11·172上·14}𗋽𗘲𗭫：𘚠𗬱𗵒𗴬，𘘂𗆮、𗸏𗆮、𗴱𗆮、^{R11·172下·1}𘋠𗆮、𗟷𗆮、𗧿
𗆮、𗴘𗆮、𗴤𗆮、𗴏𗆮^{R11·172下·2}𗘲𘞪。

𗴢、𗢍𗸞：𘚢𘚤，𗢷𗆮𗫉𘚌。[1]

汉译：

孙子曰：用兵法中，有散地、近地、争地、交地、合地、远地、圮地、围地、
死地等。

曹、李曰：此者，九地之名也。[1]

校记：

[1] 本句李注，《十一家注》无。

𗊠𗰜𘎑𗟲𗼇𗏁𗰗^{R11·172下·3}𗴿，𘝈𗟲𗾔。

𗒷𗋕𗙏：𘝈𗦲𗴭𗪺𗟲𗧓，𗟲𗷲𗑘�ꗴ，𘝈𘝈𗟲𗾔。○𗟨𗰜𗙏：𗴭𗪺𗷲�ꗴ，𗄊𘝁^{R11·172下·4}𗴿𗄈(一)，𘟙𗌦𘝈𘈈𘊄(二)𗴿，𘝈𘝈𗟲𗾔。○𗅁𘝅𗙏：𘝈𗦲𗴭𗪺�ꗴ，𗱕𘟙𗴿𗍳，𗀖𘈈𘝈𗍉𘝈�꘏。

汉译：

诸侯战于己属地，则谓散地。

魏曹曰：军人心归家宅，地程侧近，故谓散地。○李筌曰：家宅侧近，心念妻子，战迫穷而走，故谓散地。○杜牧曰：军人家宅侧近，无死战心，退走投家也。

注释：

（一）𗄊𘝁𗴿𗄈：心念妻子。其中"𗄈（念）"，误识为"𗪺（怀）"。[1]

（二）𘟙𗌦𘝈𘈈𘊄：战迫穷而走，对译"急则散"。可参考"𘈈𗼇𘈈𘟙（穷上勿迫）"，对译"穷寇勿迫"。

𗊮𘝍𘝈^{R11·172下·5}𗃛𘝈𗊠�꘏𗴿，�꘏𗟲(一)𗾔。

𗒷𗋕𗙏：𘝈𗦲𘝈𗴿𗃛𗟲(二)，�꘏�꘏�꘏。○𗟨𗰜𗙏：^{R11·172下·6}�꘏�꘏�꘏。○𗅁𘝅𗙏：𘝈𗷲，𗊮𘈈�꘏𗩱�꘏，�꘏�꘏𗩱，�꘏�꘏�꘏�꘏𗟲𗃛�꘏�꘏�꘏。

汉译：

人国用兵不深，则谓轻地。

魏曹曰：军人战心不满，轻返。○李筌曰：轻退也。○杜牧曰：师出，入人地堂中，焚舟梁，军卒见而心不欲退是也。[1]

注释：

（一）�꘏𗟲：字面义为"近地"，对译"轻地"。"轻地"指军队出战，距离本土不远，危急时，军卒容易逃回。与"轻地"相对的是"重地"，西夏人译作"远地"（R11·173上·7）。

1　林英津：《夏译〈孙子兵法〉研究》，（台北）"中央研究院"历史语言研究所单刊之28，1994，第3—125页。

（二）𗼋𗢸𗽜𗙴𗔡𗎛：军人战心不满。其中"𗎛（圆、满）"字模糊，此前误识为"𗗙（黑）"[1]。

校记：

[1] 本句下系三家注的顺序，《十一家注》为曹操、杜牧、李筌。通观全书，皆以"曹、李、杜"为序，夏译文是。

𗰖𗄭𗩰𗰅，^R11·172下·7 𗢸𗄭𗩰𗰅𗙴，𗣼𗳒𗵒𗢷。

𗾝𗜈𗹝：𗣼𗰅𗼋𗙴，𗣼𗳒𗜈𗘍𗱕，𗱕𗳒^R11·172下·8 𗟍𗘍𗭪。○𗑲𗼋𗹝：𗪊𗳒，𗣼𗱕𗼋𗜆，𗙞𗵒𗼋𗳒𗜈。𗠅𗎅𗟍𗶷𗵒𗒀，𗣼𗵒𗳒𗵒。○𗾪𗵒𗹝：𗣼𗰖𗵒𗟍𗶷𗵒𗳒𗵒。𗳒𗟍^R11·172下·9 𗳵𗱕𗼋𗰖𗩰𗷉𗣖𗵒𗒀，𗜊𗵒𗔡𗩰𗾒𗪊𗼋𗵣𗔡𗙴𗒀，𗪊𗵒𗰖𗵒𗞓𗳵，𗰅𗙞𗾒𗪊𗵣𗳵。𗰖𗼋𗙴𗱕，𗾒𗸯𗙴^R11·172下·10 𗴱。𗪊𗵒𗶷𗭪𗵒𗲆𗵒，𗎣𗻅𗾝𗵒𗼋𗵛（一）𗯉。𗰖𗵒𗾒𗸯𗙴𗘍𗴱𗙴，𗰖𗾝𗵒𗵣𗟍。𗎣𗔡𗭪𗵣𗜊𗵒𗵛𗙴，𗻅𗵒𗭪𗵣^R11·172下·11 𗵒𗵣𗲆。𗸽𗗐𗗙𗸀（二）𗔡𗭟𗶷："𗭪𗵣𗾒𗲆𗜊𗵒𗰖𗿷𗵛，𗰖𗵒𗞓𗰖，𗙞𗵒𗾒𗘍。𗺄𗸯𗰖𗙴（三）𗙴，𗭪𗵚𗰖𗿷𗰆𗳒𗵒𗙴^R11·172下·12 𗳵�B�B𗶷𗔡𗙴，𗾒�B。𗪊�C𗳒𗳒�B�B𗟍�B𗙴，𗻅𗼋𗣼𗹂�B�B�B，𗻅�B（四）𗰖�B。𗣼�B𗔡，𗪊𗔡�B�B𗟍�B�B^R11·172下·13 𗙴，�B�B𗼋𗸀（五）𗟍�B�B，𗼞�B�B𗹂。𗺄𗪊�B�B�B�B𗔡�B𗙴，𗣼�B𗙞𗟍。𗪊𗣼�B𗳒𗙴，𗪊�B�B。" 𗎣�B𗪊𗻅𗔡^R11·172下·14 �B𗳒，𗜊�B�B�B𗰖𗿷�B。

汉译：

己得亦利，人得亦利，故谓争地。

魏曹曰：地利得，则小者胜于大，弱者胜于强。○李筌曰：此者，地险道狭，先得者胜，与扼咽喉同，故谓争地。○杜牧曰：地中要害，谓争地。前秦苻坚遣将军吕光，西域龟兹国[1]上往用兵，后苻坚亲率大军，东晋国上往击，己军败，失国境。苻坚之臣梁熙，彼时为凉州将军，知己帝失国境，则自据凉州。[2] 其后吕光自西域还，梁熙欲拒吕光。高昌城主杨翰曰："吕光今破西国，军卒勇悍，不可抗拒。若执沙道，则其之军实

---

1 林英津：《夏译〈孙子兵法〉研究》，（台北）"中央研究院"历史语言研究所单刊之28，1994，第3—126页。

莫可测量。若高梧谷中来，则水难。我先守水口，则彼军饥渴逼时，自然自降。谓地程远，如此不可为，则守伊吾之关，亦可抗拒。若此二种事不为，则别无他计。谓争地者，此是也。”梁熙不听此事，故吕光破之。

注释：

（一）[illegible]：凉州将军，对译“凉州刺史”。把“刺史”替换为“将军（[illegible]）”，另见 R11 · 178 上 · 12。在其他夏译汉籍中则直接音译为“[illegible]（刺史）”，如西夏文《类林》“（桓玄）晋朝为郡公时，与荆州刺史殷仲堪语”，其中“荆州刺史”，西夏文为“[illegible]”。[1]《新集慈孝传》“刺史尹耀捕其盗，（吕）荣往尹耀处索盗报仇”，其中“刺史尹耀”，西夏文为“[illegible]”。[2]

（二）[illegible]：城主，对译“太守”。可知西夏职官“[illegible]（城主）”，相当于一州的行政长官。

（三）[illegible]：执沙道，对译“出流沙”。原文的意思是越过沙漠地带，夏译者理解有误。

（四）[illegible]：字面义为“彼顺”，即“顺彼”，对译“自然”。

（五）[illegible]：字面义为“山狭”，对译“伊吾之关”的“关”。

校记：

［1］西域龟兹国：“龟兹国”为夏译者所擅加。

［2］苻坚之臣梁熙，彼时为凉州将军，知己帝失国境，则自据凉州：本句是夏译者为交待历史背景而擅加。

[illegible]，[illegible] R11 · 173上 · 1 [illegible]，[illegible]（一）[illegible]。

[illegible]：[illegible]，[illegible]（二）[illegible]。○ [illegible]：[illegible]，[illegible]。○ [illegible]：R11 · 173上 · 2 [illegible]，[illegible]，[illegible]。

1　史金波、黄振华、聂鸿音：《类林研究》卷 5《辩捷》，宁夏人民出版社，1993，第 113 页。

2　聂鸿音：《西夏文〈新集慈孝传〉研究》，宁夏人民出版社，2009，第 7、154 页。

汉译：

己可以往，人亦可以来，则谓交地。

> 魏曹曰：地形道利，战士相合也。○李筌曰：地平，战士混合也。[1]○杜牧曰：地境宽
> 阔，往来易，则可设营迎战。

注释：

（一）𗹭𗾈：字面义为"共地"，对译"交地"，指地势平坦、道路纵横、交通便利之地。

（二）𗾔𗆈：字面义为"相中"，互相。

校记：

[1] 此句李注，《十一家注》无。

𗼃𗤋𗾈𗾈𗼃𗆈𗹭𗾈^{R11·173上·3}𗱕，

> 𗗙𗌰𗆧：𗦾𗤜𗤊𗤊^{（一）}，𗴈𗦻𗨴𗤞�𗤂，𗦀𗆈𗆈𗦻𗱕^{（二）}𗵐。

汉译：

诸侯地域三处共有，

> 魏曹曰：己他相当，旁有他国，故三处接边。

注释：

（一）𗤊𗤊：直直，相对。

（二）𗆈𗦻𗱕𗱕：三处接边。其中"𗱕（接）"字模糊，此前未识。

𗼃𗼃𗼃𗭤，𘄑^{R11·173上·4}𗱕𗟱𗤚𗭓^{（一）}𗼃，𗸷𗾈^{（二）}𗵐。

> 𗗙𗌰𗆧：𗼃𗼃𗼃𗭤，𗱕𗟱𗭓𗭓。○𗢺𗾔𗆧：^{R11·173上·5}𗦾𗤜𗤊𗤊，𗴈𗦻𗨴𗤞�𗤂，𗦀𗸷
> 𗾈𗵐。𗼃𗼃𗼃𗭤，𗾈𗱱𗭓𗤂，𗦀𗱕𗟱𗸷𗱕𗱕。○𗥃𗆈𗆧：𗸷𗾈𗱱，𗆈𘄑𗴈𗱕𗾈^{R11·173上·6}
> 𗭓。𗱱𗦀𗼃𗼃𗼃𗭤，𗱱𗦻𗱱𗤜，𗴈𗟱𘄑𗆈𗼃𗱱𗯦𗵐。

汉译：

先至得邻国助者，谓衢地。

> 魏曹曰：先至得助者也。○李筌曰：己他相对，旁有他国一，故谓衢地。先至得地利，

故得助者之众。○杜牧曰：衢地者，三国接边地也。我先往彼利处设营，结其旁国。[1]

注释：

（一）𗡪𘆄𗝣𗟦𗐽：得邻国助者，对译"得天下之众者"。杜注"天下，犹言诸侯也"，为其所本。

（二）𗁮𗏇：字面义为"合地"，对译"衢地"。

校记：

[1] 杜注末尾，《十一家注》有"天下，犹言诸侯也"。

𗣼𗏇𘃭𘉒，𘅜𗭣[R11·173上·7]𘈈𘏨𗴲，𘅜𗏇[(一)]𗟦。

𘘦𗙏𘜶：𗔆𗉛𗏇𘉎𗟦。○𗣴𘕿𘜶：𗧘𗴲𘏨𗴭。𘃺𘃝𘝠𗸷𘏸𘒯[(二)]……

汉译：

人地堂往，过城多，则谓重地。

魏曹曰：难返地之谓。○李筌曰：心持志也。昔将军白［起攻楚，乐毅伐齐，皆为重地。○杜牧曰：入人之境已深，过人之城已多，津梁皆为所恃，要冲皆为所据，还师返旆，不可得也］。[1]

注释：

（一）𘅜𗏇：远地，对译"重地"。

（二）𘒯𘏸：白起，人名。"𘏸（起）"字据重出之文补。

校记：

[1] 括注文字夏译本缺。以下缺 8 面。

……[R11·173上·8]𗴩。

𘘦𗙏𘜶：𗏇𘝠𘃭𘉒，𘏸𘃺𗴲𗟦𗴭。○𗬃𗟦𘜶：𗏇𗉛𗟦𘏸，𘏸𘆃𘅜𘉎𗴲，𘜶𘏸𘖲𗴲𗟦，𘏸𘅜𗝦𗴲𗭣。

汉译：

［士人］尽［力］[1]。

魏曹曰：难地上住，军卒心并也。○杜牧曰：与难地遇，己非独死，故军人同心，战不畏惧也。[2]

校记：

[1] 本处括注文字为缺文。

[2] 此杜注，《十一家注》系于"兵士甚陷则不惧"下，是。本句经文"士人尽力"下，只有曹注。

𗫴^{R11·173上·9} 𗼃𗥃𗣼^(一)。

𗧠𗣫𘃥：𗵉𗾔𗼃𗤻𗹙𗤛^(二)。○𘓿𗵒𘃥：𗼃𗥃𗫴𗥰𗤼，𗥃𗧢𗧦𗧩𗷸？

汉译：

死不惜命[1]。

魏曹曰：军人蓬命上攻。○杜牧曰：赌命死战，不胜处岂有？

注释：

（一）𗫴𗼃𗥃𗣼：死不惜命，原文作"死焉不得"，漏译"不得"二字。

（二）𗧠𗣫𗼃𗥰𗹙𗤛：字面义为"军人命蓬上攻"，对译"士死，安不得也"。句中的"𗥰（蓬）"字，克平把字中的"𛇠"误录为"𛇡"，把"𛇢"误录为"𛇣"，[1] 导致该字不可识。林英津先生疑其为"𗥰（钵）"，同时也指出"放在这里无法通读"。[2] 经目验原件，其当为"𗥰（蓬）"字。"𗼃𗥰（命蓬）"，即"蓬命"，意思是视命如蓬草。

校记：

[1] "死不惜命"，与上一句经文"士人尽力"位置互倒。原文作"死焉不得，士人尽力"，本句不大好理解，争议较多。宋代就有人不赞成点断："诸家断为二句者，非武之本意也"[3]，今人多主张点断为"死，焉不得士人尽力"[4]。亦有人认

1　К. Б. Кепинг, *Сунь Цзы в тангутском переводе*, Москва：Наука, 1979, с. 434, 837.

2　林英津：《夏译〈孙子兵法〉研究》，（台北）"中央研究院"历史语言研究所单刊之 28, 1994, 注 386。

3　（宋）郑友贤：《孙子遗说》，宋本《十一家注》附刻。

4　吴九龙主编《孙子校释》，军事科学出版社，1990。

为“死”字衍[1]，或认为“士”乃发语词“夫”之讹[2]，皆无实据。夏译本显示，汉文底本为“士人尽力，死焉不得”，为我们诠释这句经文提供了一个新的角度。联系上下文来看，“投之无所往，死且不北。士人尽力，死焉不得？”意思是：“把部队投入无路可走的境地，死也不会败退。士兵竭尽全力，以死相拼，怎么会不取得胜利？”文通字顺。

[illegible]R11·173上·10[illegible]，[illegible]，

[illegible]：[illegible]。

汉译：

军卒陷险锐处则无所惧，

魏曹曰：军人尽力战也。[1]

校记：

[1] 此处曹注，《十一家注》无。《魏武帝注》作“士陷在死地，则意专不惧”，与之有出入。《十一家注》下有杜牧注“陷于危险，势不独死，三军同心，故不惧也”，夏译本中则被移至“士人尽力”句下。

[illegible]R11·173上·11[illegible]，[illegible]，

[illegible]：[illegible]（一），[illegible]。○[illegible]：[illegible]（二）[illegible]。○[illegible]：R11·173上·12[illegible]，[illegible]，[illegible]。[illegible]。

汉译：

无所往则固，战深则拘，

魏曹曰：拘缚，无所往也。○李筌曰：坚固不败也。○杜牧曰：敌之地堂深入，退走不可脱，则人心坚固如拘缚也。[1]

---

1 （明）赵本学：《孙子书校解引类》，明隆庆刊本。

2 （清）黄巩：《孙子集注》，光绪存几堂刊本。

注释：

（一）𗹦𗼭：拘缚。夏译者理解有误。《十一家注》原文为"拘，缚也"，是解释"拘"字的，夏译者句读为"拘缚也"。《魏武帝注》"缚"作"专"。

（二）𗵐𗹦：坚固。原文为"固，坚也"。致误原因同上。

校记：

［1］杜注开头，《十一家注》有"往，走也"。

𗹦𗘾𗹦𗤒𗋽𗫂。

R11·173上·13 𗽜𗴛𗏁：𗺉𗒾𗵿𗫂。○𗣼𗾔𗏁：𗶷𗶷𗵿𗫂𗆧。○𗼃𗀝𗏁：𗹦𗫂𗹦𗤒𗖃𗴾，𗋽𗄒𗤺𗺉，𗶷𗿷𗄭𗜓(一)，𗽏𗆧𗧨𗫲，𗽏𗹦𗫂 R11·173上·14 𗹦𗤒𗖃。

汉译：

不得已则斗。

魏曹曰：尽力而战。○李筌曰：决命而战也。○杜牧曰：不得已战者，至死地上，将不生，以不可脱，故不得已战。

注释：

（一）𗶷𗿷𗄭𗜓，字面义为"命上△出"，对译"不生"。

𗽏𗫬𗵹𗹦𗾔𗤒𗏼(一)，𗹦𗴓𗺉𗰧，𗹦 R11·173下·1 𗤺𗤺𗣓，𗹦𗵐𗤳𗱈，

𗽜𗴛𗏁：𗻟𗫬𗴛𗭾𗈜𗹦𗻻(二)𗘾，𗣓𗫂。○𗣼𗾔𗏁：𗋽𗄒 R11·173下·2 𗏼𗾔𗏼𗴛，𗤺𗾜𗹦𗈜𗤳𗱈𗫂。○𗼃𗀝𗏁：𗶜𗴾，𗫬𗈜𗋽𗄒𗏼𗄭𗜓，𗶷𗄤𗵿𗳢。𗤺𗺉𗹦𗻻，𗻟𗰧𗵹𗏼；𗴓𗺉𗹦𗻻，𗻟𗰧 R11·173下·3 𗤒𗰧；𗤺𗺉𗹦𗻻，𗻟𗰧𗤺𗣓；𗵐𗺉𗹦𗻻，𗻟𗰧𗤳𗱈。

汉译：

故军卒不治而齐正，不求而施力，不近而自睦，不令而自信，

魏曹曰：彼军人之意不驱，自战。○李筌曰：使住死地上，则不行命令亦自战。○杜牧曰：此者兵马死地上出，上下同心，不治自齐正，不求自施力，不近而自睦，不令而自信[1]。

注释：

（一）綫榐：全聚，引申为"齐正"。

（一）"羿（有）"，此前误识为"羿（放）"，形近致误。

校记：

[1] 此处杜注"不治自齐正，不求自施力，不近而自睦，不令而自信"，异于《十一家注》"不待修整而自戒惧，不待收索而自得心，不待约令而自亲信"。或许是夏译者结合经文而对杜注作了改译。

𗧤𗆧𘃪𘃪，𘋧𗭧𗵐𘊭^{R11·173下·4}𗦎，𘝞𗙇𗎫𘗐^{（一）}𗾔𗟻𗮈𘃪𘐉。

𘊳𗵣𘝵：𗧤𗆧𘃽𗿌^{（二）}𘋧𗾔𗎫^{R11·173下·5}𘊭𗦎。○𗧤𗾔𘝵：𘝌𗧠𘃽𗿌𗟻，𘋧𗭖𗭧𗾔𘊭𗵐𗦎，�½𗿌𘐉𗵐。○𗳦𗷉�：𗃀�/𗭺𗿌："𗾔�½𗧤�/、�8𗵣、𗿆𗟻𗟻^{（三）}^{R11·173下·6}𗧤𗆧�I𗵣𘊭𗦎。�9𗎫，�9�I𘗐�4𗭧𘊭�9�3�9。"�9��§�§�3�3，�9�{�2�2�，�9��§��9。

汉译：

吉凶不思，疑心禁除，则至死亦不生他心。

魏曹曰：吉凶瑞相疑惑事，应禁。^[1]○李筌曰：禁除善恶瑞相之言，疑惧心惑之事，则祸灾无有。○杜牧曰：黄石公曰："应禁军头测天、灼骨、求卦等吉凶记言，此者，恐军卒生疑惑故也。"军卒疑心除，则至死亦战心不退也。

注释：

（一）𘝞𗙇𗎫𘗐：字面义为"命上至往"，对译"至死"。一作"�9�{�9�9（命上出，见前文 R11·161 下·3）"。

（二）�½𗿌：字面义为"瑞相"，即"祥瑞"。如佛经《十二缘生祥瑞经》，西夏文译作《𗄊𗄼�2�§�½𗿌�6𗮈》，经题中"祥瑞"，西夏文作"�½𗿌（瑞相）"。

（三）此句与原文"禁巫祝不得为史士卜问军之吉凶"不能对应，夏译者做了发挥。其中"�8（卜骨）"字模糊，此前误识为"�3（骨）"。¹"�8𗵣"，即"灼骨"，是

1　林英津：《夏译〈孙子兵法〉研究》，（台北）"中央研究院"历史语言研究所单刊之 28，1994，第 3—134 页。

党项族固有的占卜习俗。《宋史·夏国传下》记载:"卜有四:一、以艾灼羊脾骨以求兆,名'炙勃焦';二、擗竹于地,若揲蓍以求数,谓之'擗算';三、夜以羊焚香祝之,又焚谷火布静处,晨屠羊,视其肠胃通则兵无阻,心有血则不利;四、以矢击弓弦,审其声,知敌至之期与兵交之胜负,及六畜之灾祥、五谷之凶稔。"[1] 史载西夏军队在战斗中确实存在求助于"骨卜"的现象,如琉璃堡之战,"(张)亢知可用,始谋击琉璃堡。谍伏贼寨旁草中,见老羌方炙羊脾(髀)占吉凶,惊曰:'明日当有急兵,且趋避之。'皆笑曰:'汉儿方藏头膝间,何敢至此!'亢知无备,夜引兵袭击,大破之。斩首二百余级,敌弃堡遁去。"[2]

校记:

[1] 此处曹注末尾,《十一家注》有"一本作'至死无所灾'"。

𗗰[R11·173下·7] 𗼓𗼺𗟲𘜶𗤳,𗼺𘆖𗸕𗉛;𗔡𘜊𗤑𗟲,[R11·173下·8] 𗼺𘆖𗂸𗉛。

𗣼𗙏𗈪:𗆫𘆖𗗰𗴳𗊰𘅗𗼓𘆩𗯨𗟲,𗼺𘆖𗸕𗉛;𗵞𗯨𗵀𗕑𗸌,𗤳𘅗𗔡𗄈𘆖𗼓𗖌[R11·173下·9]𘗠(一),𘆖𘜶𗖖𗝎。○𗢳𗸕𗈪:𗗰𗰖𘄾𘜶,𗤳𘅗𗼓𗟲𘜶𗤛,𗼺𘜶𘆧𗴱𗝎。○𗼅𗝢𗈪:𘜡𗗰𘅗𘄾𗼓𗎮𗊅𘐰𗸆,𗥃𗷏𗝲𘈩(二),[R11·173下·10]𘜲𘖝𗵞𘐥𗝎。

汉译:

军卒委弃财者,并非恶财;赌命战者,亦非恶命。

魏曹曰:意而军人焚食财者,非恶财;不得已,军人决命而搜物,欲战也。○李筌曰:善用兵者,使军人弃财,舍命而战也。[1]○杜牧曰:若军人心着于食财,则贪暂存,战不尽力也。

注释:

(一)𗼺𘜶𘆖𗟲𘗠:决命而搜物,对译"弃财致死",即把财物抛弃到活不下去的程度。

(二)𗥃𗷏𗝲𘈩:贪暂存,对译"有苟生之意"。其中"𗥃(暂)"字,林英津先生误

---

1 (元)脱脱等:《宋史》卷486《夏国传下》。

2 (宋)李焘:《续资治通鉴长编》卷133庆历元年九月庚戌。

识为"𘟙（故）"；"𗿛（有、存）"字，疑其为"𗵐（老）"；"𗴺（贪）"字，疑其为"𗼇（恐）"，[1] 皆字迹模糊所致。

校记：

[1] 此处李注，《十一家注》无。

𗰔𗿕𗦀�亥𗊫，𗫈𗾈𗉋𗞞𗌰，𗤺𗫦^{R11·173下·11}𗉋𗢹𗏴。

𗊫𗤓𗌰：𘝊𗡸𗒹𗰽𗢭𗙬𘜶𗦀。○𗊲𗤓𗌰：𗊩𗉛𗫷𗦁𗫛，𘝊𗡸𗫯𘟂𘉄𗰔𗦁𘄰，𘟙𗉋�亥𗙬。○𗥹𗤓^{R11·173下·12}𗌰：𗰔𗿕𗥹𗫷𗝧𗤓^(一)，𘝵𗰱�𗗙𗡩，𗰔𗵫𗦀�亥："𘉄𗫦𗤝𗰱𗫷𗫒𘉄𘉙𘜶𘈷𗗙𗢭𘋥。𗫷𗫯𗰱𗤓𘄰𘜶，𘍦𗢭𗍒𗸱，𘍮𗢭𘈙^{R11·173下·13}𗙬。"𘟙𗰔𗿕𘜶𗤓𗙬。

汉译：

军卒命令后，坐者涕沾襟，卧者涕涂面。

魏曹曰：必死战之计也。○李筌曰：军人能使弃财，必赌命而战，故流涕也。○杜牧曰：与军卒以决命为约，未战前，号令兵马："今日一举以死破敌。不敢决命战，则尸置旷野，野兽食也。"故军卒哭泣也[1]。

注释：

（一）𗝧𗤓：分言，对译"士皆以死为约"的"约"。参见 R11·174 下·14。

校记：

[1] 故军卒哭泣也：《十一家注》杜注无。

𘝞𗤓𗏭𘉄𘘥𗗙𘜶，𗭗、𗆾𗏱𗆐^{R11·173下·14}𗰔𗫒。

𗊲𗤓𗌰：𘜲𘍦𗫦𘙡，𗤺𘍮𗫦𘉙。𗫈𘊟𗫒，𗊩𗉛𗷖𗭗、𘏞𗆾𗉛𗏱𗆐𗰔𗫒𗙬。○𗥹𗤓𗌰：𗰹𗤓𗤓𗷖𗪩，^{R11·174上·1}𘏞𗷖𗭗、𘏞𗆾𗉛𗏱𗆐𗰔𗸱𗫒𗍬。

汉译：

投之无所往，则勇悍如诸、刿。

1　林英津：《夏译〈孙子兵法〉研究》，（台北）"中央研究院"历史语言研究所单刊之 28，1994，第 3—135 页。

李筌曰：兽穷则搏，鸟穷则啄。令急，则军人勇悍如专诸、曹刿等也。〇杜牧曰：至战处时，皆勇悍如专诸、曹刿等。

[illegible](一)[illegible]。R11·174上·2 [illegible]，[illegible](二)[illegible]。[illegible] R11·174上·3 [illegible]；[illegible]；[illegible] R11·174上·4 [illegible]。[illegible]：[illegible] R11·174上·5 [illegible]？[illegible]：[illegible]。[illegible]、[illegible] R11·174上·6 [illegible]，[illegible] R11·174上·7 [illegible]，[illegible]，[illegible] R11·174上·8 [illegible]。[illegible]，[illegible] R11·174上·9 [illegible]，[illegible](三)。[illegible]，[illegible] R11·174上·10 [illegible]，[illegible]，[illegible](四)。

[illegible]：[illegible]，[illegible] R11·174上·11 [illegible]。[illegible]，[illegible]。[illegible]，[illegible]，[illegible]。〇[illegible]：[illegible]，[illegible]。[illegible] R11·174上·12 [illegible]。[illegible]、[illegible]，[illegible]。〇[illegible]：[illegible]，[illegible]。[illegible]，[illegible]。[illegible]，[illegible] R11·174上·13 [illegible]，[illegible]。[illegible](五)[illegible]，[illegible]，[illegible]。[illegible]，[illegible]，[illegible]。

汉译：

故善用兵人，譬如率然。率然者，山中蛇之谓。其蛇击首时，以尾护；击尾时，以首护；击中时，首尾俱护。问曰：用兵可如率然乎？孙武曰：可。譬吴国人、越国人等虽相恶，若一独舟上共济，与大风遇时，其亦如左右手共己相救。死地上投时，共己相守亦若此。若至平地上，有走处，则缚马埋轮，亦不可依恃。

魏曹曰：缚者，拘也。埋轮者，谓不动。若不为计谋以求利，虽缚马埋轮，亦不可依恃。〇李筌曰：无所往之地上住，则军人自斗，如蛇首尾相守也。昔吴国、越国人舟上共济，弃怨相救。[1]〇杜牧曰：缚马者，方阵也；埋轮者，不动也。若依此为，亦不一心，则不可依恃。故为计谋以求利，使死地上住，则军人自进战险，相救如两手，固守战胜，足可依恃。

注释：

（一）𗱟𗱟：爬行，对译常山之蛇"率然"。"𗱟"字，《文海宝韵》37.122 将其解释为"𗼇𗾣𗱟𗲲𗱟𗲲"，意思是"无足腹行也"。率然，梅尧臣曰"相应之容易也"，即以其义名蛇，形容其反应之敏捷。夏译者则以蛇类爬行之状指称蛇。

（二）𗾺𗴺𗸰：山中蛇，对译"常山之蛇"，夏译者略去山名，作了笼统的翻译。

（三）𗤁𗵐𗨁𗤁：与此一法，可译为"若此"。

（四）𗫴𗴴𗏁𗵎𗴴，𗤁𗻓𗦀𗲲，𗩱𗫸𗫸𗷝𗲲𗴱，𗩱𗲞𗵎𗾣：若至平地上，有走处，则缚马埋轮，亦不可依恃。对译"是故方马埋轮，未足恃也"。其中"若至平地上，有走处"，与上一句"死地上投时，共己相守亦若此"，为夏译者所添加，使上下文义豁然贯通。整段意思是说，如果把士兵置之死地，他们会如常山之蛇遭到攻击时那样首尾相救。即便如吴越人有世仇，同舟共济，遇到风浪而面临死亡，也会相救如左右手。但如果是在平易之地作战，危急时容易逃散，即便缚住战马、埋起车轮，也不能稳定军队。原来"方马埋轮"只是个假设，用以突出"置士于必死之地"的重要性，后世附会为一种作战方法，不察之甚。

（五）𗡞𗢸𗣼𗅳𗢳：为计谋以求利，对译"须任权变"。

校记：

[1] 此处李注末尾，《十一家注》有"虽缚马埋轮，未足恃也"。

𗈦^{R11·174上·14} 𗦟𗼂𗰖，𗫸𗵋𗴴𗤐；

𗥤𗏇𗴺：𗼂𗰖𗥃，𗼆𗮔𗷝𗏁𗵎𗨁𗴴。○𗦟𗵐𗴺：𗫸𗲞𗢸𗉖^{（一）}，𗈦^{R11·174下·1} 𗦟𗼂𗥃𗥃，𗫸𗵋𗴴𗩱𗴴。

汉译：

齐勇一心，军政正也；

李筌曰：齐勇者，将昔习战之法也。○杜牧曰：军卒齐正，一心勇悍者，军政正故也。

注释：

（一）𗢸𗉖：字面义为"全聚"，对译"齐正"。

𗾈𗿒𘝼𗙏𗰔，𗜓𘆚𗾈𗫂。

　　𗧓𗤷𗟲：𗜓^{R11·174下·2}𘝿𗤉𘃡𘝗。○𗣀�217𗟲：𗾈𗿒𗜓𘆚𘃡𘛘。○𗍫𘄡𗟲：𘝿𘃡𘛥𘃉𗜓𘆚𘌗𘃡𗊪。

　　汉译：

刚柔得丰者，在于地形。

　　魏曹曰：依地为强弱。○李筌曰：刚柔依地形成。○杜牧曰：强弱威力依地形也。

𘀊𘛒𗭣𗕊𘉃，^{R11·174下·3}𗜓𘉃𘟢𗙏𗰩𗟩𗉦𗬲𘏲，𘇂𘛒𗭣𗸟𘝗^{R11·174下·4}𘉃^(一)。

　　𗧓𗤷𗟲：𘄡𘄡𗉦𘄡𘗝𘛘。○𗣀�217𗟲：𘛒𘏞𗪙𗐹𘉃，𘛒𘏞𗪙𘘂𘌗𘌗。○𗍫𘄡𗟲：𘛒𘏞𗭣𘉃，𘟢𘉃𗰩𗟩𗉦𗬲𘏲^{R11·174下·5}𗸟𘅍𗭣𘝗𘉃。𘟢𘛒，𘃉𗰩𘏞𘈆𘉃𘇂𘛘。

　　汉译：

故善用兵人，譬如携一人之手，能使众军皆战。

　　魏曹曰：齐齐自攻义也。○李筌曰：号令大军者，与号令小军不异。○杜牧曰：用大军时，如牵一人之手，悉皆能使战。此者，畏我之令法故也。[1]

　　注释：

（一）𘀊𘛒𗭣𗕊𘉃，𗜓𘉃𘟢𗙏𗰩𗟩𗉦𗬲𘏲，𘇂𘛒𗭣𗸟𘝗𘉃：意思是"故善用兵人，譬如携一人之手，能使众军皆战"。原文为"故善用兵者，携手若使一人，不得已也"，夏译者作了意译。

　　校记：

［1］杜注末尾，《十一家注》有"喻易也"。此处杜牧的原意为，善用兵者，指挥大军如同牵住一人之手，这样士兵就不得不服从法令。夏译者归结为法令所使然，为求得逻辑上的一致，只好删除"喻易也"。

𘛘𘛒𘛘𗭣𘉃，𘋝𗰌𘟢，𗜓^{R11·174下·6}𗰌𘃉，

　　𗧓𗤷𗟲：𘐶𗰌，𘌗𘄡𘉃，𗷻𘟢𘈆𘄡𘋝。○𗍫𘄡𗟲：𘋝𘙼𘃉，𘛒𘙕𘌗𘄡𘃉𗰩𘙼。𘟢𘙼𘃉，𘈆𘄡𘄡𘋝𗰩𘙼。^{R11·174下·7}𘃉𘃉，𘌗𘟀；𘃉𘃉，𗷻𘃉。

汉译：

将军用兵时，静故深，正故治，

　　魏曹曰：默悟，不喧哗，玄密难测量。○杜牧曰：谓静者，军卒不喧哗之谓；谓深者，不可测量之谓；正者，不偏；治者，治人。

[西夏文]，[西夏文]；

R11·174下·8　[西夏文]。○[西夏文]，R11·174下·9[西夏文]。○[西夏文]（一）[西夏文]。

汉译：

军卒如聋盲，不可使闻见；

　　魏曹曰：用法计谋，军人始不知。[1]○李筌曰：计谋未定，此方军卒先不知；定，后依行得利。故欺军人，不使知闻也。○杜牧曰：使军卒唯将军一人命令行时知，其外不闻、不见他言，如目盲耳聋。

注释：

（一）[西夏文]：句中的"[西夏文]（之）"是宾格助词，加在"[西夏文]（军卒）"之后，表明它不是句中的主语，而是句中的宾语，句中的主语省略了。该句不可译作"军卒唯将军一人命令行时知"，而应译作"使军卒唯将军一人命令行时知"，即军卒只知道盲从将军一人的命令，不是出自他们的本愿，而是被迫这样做的。

校记：

[1]　此处曹注原文为"愚，误也。民可与乐成，不可与虑始"。夏译者仅译出与本句经文有关的"不可与虑始"。

R11·174下·10[西夏文]，[西夏文]，[西夏文]；

　　[西夏文]，[西夏文]R11·174下·11[西夏文]。○[西夏文]，[西夏文]，[西夏文]，[西夏文]

𘂤𗟲。

汉译：

事易，谋革，军卒不应使知；

> 李筌曰：谋事变易，人不知。○杜牧曰：所为计谋，事体根本，军人不知。

𗢳𗟲𘃩，𗄛𗗙𗋽𘃩𗼃^{R11·174下·12}𗫂𘂤𗿩𘍞𗢳𗟲。

> 𘎫𗽿𗟨：𗄛𘙽𘂚𗢳，𗫂𘏨�356𘇂𗧾𗢳𗟲。○𗢳𗟲𗟨：𗢳𗟲𘃩𘍞，^{R11·174下·13}𗻻𗫂𘎳，�356𘎳𘈷。𗄛𗗙𗋽𘍞，𘍔𘎳𘂤𘃩，𘍷𘎳𗡝𗗙，𗫂𘂚𗢳𘍀𘂤𗿩𘂤𗐯。

汉译：

居处易，道径变，而军卒不知测量。

> 李筌曰：依路住行，将军所攻，军人不知。○杜牧曰：住处易者，违安地而往难处；道径变者，近处不往而远处自攻，军人必死不惜命。

𗫂𘏨𗫂𗿩𘂤^{R11·174下·14}𘃿𘂤，𗒹𗫂𗾈𘃜𗢳𘃩，𗬝𗄛𗗑𗐯；𗫂^{R11·175上·1}𗿩𘂤𗤹𘇂，𘍞𗒹𘍞𘃩，𘖑𘍶𘖑𗐯^(一)，

> 𗢳𘂤𗟨：𗫂^{R11·175上·2}𘍀𗬝𗒹𘍠𗫂。𘃜𘕈𗒹𗫂𘂤𗄜𘂤𘕑𘃜𗢨，𗫂𘍶𘂤𘍞，𗄛�356𗗙𗗑。

汉译：

将军与军卒约，譬登高险而去木梯；与军卒往人地堂，深为计谋，

> 杜牧曰：军人使无退心，昔秦将孟明往击齐国，军渡水，焚舟船。^[1]

注释：

（一）𘖑𘍶𘖑𗐯：深为计谋，对译"发其机"，"机"，夏译者理解为"心机"而非"弩机"。

校记：

[1] 此处杜注末尾，《十一家注》有"一本'帅与之登高'"。

𗒹𘃩𗫂𗰜，𗫂^{R11·175上·3}𗫂𗗑𘃩，𗢳𗗑𘕑𗐯^(一)，𘃩𘂤𘎳𗹢𗪍。

𗾔𗫂𗏁：𗉆[R11·175上·4]𗏋𗢢𗆫。○𗣼𗾔𗫂：𗗙𗒅𗷅[（二）]𗡪𗒫𗳾，𗉆𗏋𗒫𗆫，𗎴𗊬𗏋𗼇，𗰜𗨁𗆫𗿨𗽻𗷉。○𗶷𗈁𗫂：𗂖𗪶𗐰𗰖𗹟𗢣𗷅，𗢟𗊛𗹬[R11·175上·5]𗹬𗹬𗰖[（三）]。

汉译：

焚舟破釜[1]，如牧群羊，驱来驱往，使往处迷误。

魏曹曰：使一心。○李筌曰：断渡梁舟道，使一心，退走心断，故如驱群羊也。○杜牧曰：军卒但知来往事，不知攻战处。

注释：

（一）𗢣𗷅𗷉𗷅：驱来驱往。𗢣𗷅，对译"驱而来"，因为动词趋向前缀𗢣表示向近的方向；𗷉𗷅，对译"驱而往"，因为动词趋向前缀𗷉表示向远的方向。这里的趋向前缀除了表示该动作的方向信息外，还赋予其特别的含义，在译文中必须体现出来。又该句是对原文"驱而往，驱而来"的颠倒翻译。

（二）𗗙𗒅𗷅：字面义为"渡梁舟"，对译"舟梁"。"舟梁"又译作"𗒫𗒅"（R11·172下·6）。

（三）𗂖𗪶𗐰𗰖𗹟𗢣𗷅，𗢟𗊛𗹬𗹬𗹬𗰖：军卒但知来往事，不知攻战处。此前不了解对比连词"�£𗷅"的用法，误译为"军卒不知来往事，不知攻战处"。

校记：

[1] 焚舟破釜：焚舟是春秋时期秦将孟明所为，破釜则是项羽所为，今人一般认为此四字衍。简本、《魏武帝注》本、《武经七书》本皆无此四字。夏译文合于《十一家注》本。

𗝥𗢣𗾑，𗕣𗕣𗐰𗦀𗏋𗒫𗷅，𗝥𗰖[R11·175上·6]𗀝𗩾�c𗷉。𗤋𗎴𗝊𗷅，𗃀𗉾𗀅𗰀𗷈[R11·175上·7]，𗵽𗵽𗪶𗰖�c𗾑[（一）]。

𗾔𗫂𗏁：𗒅𗷀𗝊𗷷𗤋，𗷅𗷷𗤋𗎴。○𗣼𗾔𗫂：𗤋𗎴𗝊𗷅𗷒𗷅，𗷅𗷷𗤋𗎴。𗤜𗷅，𗤋𗉾𗀅𗰀𗷈。𗟻𗷅𗯴𗃀𗉾𗸂𗷉𗷷𗷅，𗰜𗨁𗉆𗹙𗷉。

汉译：

聚大军，率而投险难处者，将军之要事也。[1]屈伸利害，依九地变化，不可不善察。

　　魏曹曰：人情见利而进，见害而退。○杜牧曰：谓屈伸利害者，见利而进，见害而退，
此者皆依地变化。今欲下文重说九地，故说此言。[2]

　　注释：

（一）𗧤𗋽𗢲𗗚，𗑗𗧥𗧗𗁡𗨲𗂧，𗤁𗤁𗤻𗟭𗄛𗗊：屈伸利害，依九地变化，不可不善察。
　　　　原文为"九地之变，屈伸之利，人情之理，不可不察"。夏译者理解为：屈伸之利
　　　　害，依九地而变化，乃人之常情，即考察的对象为"九地""屈伸"，而非"九地"
　　　　"屈伸""人情"。

　　校记：

[1] 本句经文，《十一家注》中是独立的，且下有曹注"险，难也"。

[2] 此处杜注末尾，《十一家注》有"发端张本也"。

𗧤𗋽𗢲𗗚^{R11·175上·9}𗍁，𗋽𗨳𗄛𗁡𗤻^{（一）}，𗧤𗋽𗨳𗄛𗧿𘂽。𗗚^{R11·175上·10}𗄈𗪛𗌮，
𗋽𗢲𗺌𗢲𗄛，𗢲𗁡𗣼；

　　𗉷𗥃𗰔：𗯴𗢲𗥃^{R11·175上·11}𗧿𗢲𗫼𗣼。

　　汉译：

若他国用兵，深为则坚固，不深为则离散。率大军往至他国，则谓绝地；

　　杜牧曰：与己国分离之谓。[1]

　　注释：

（一）𗤻𗤷：坚固，对译"深则专"的"专"。"深则专"，言深入重地，军心专一不
　　　　涣散。

　　校记：

[1] 本句杜注，《十一家注》无。

𗅁𗄈𗄛𘂽𗃳，𘊒𗁡𗣼。𗋽𗨳𗄛，^{R11·175上·12}𗍻𗁡𗣼。𗧤𗨳𗄛，𗮻𗁡𗣼。𗑗
𗑇^{R11·175上·13}𗍁𗺌𗄛，𗑗𗁡𗣼^{（一）}。𘜶𗥃𘂽𗄛，𗍻𗁡^{R11·175上·14}𗣼。𗧤𘂽𗁡𗗊𗺌

[illegible]，[illegible]R11 · 175下 · 1[illegible]；

[illegible]：[illegible]。○[illegible]：[illegible]；[illegible]。

汉译：

四方无阻者，谓衢地；深为，则谓重地；不深为，则谓轻地；首尾皆险，则谓围地；无所往，则谓死地。若至于散地时，吾应使军人一心；

李筌曰：应使众军一心。○杜牧曰：固守则一心，争战则易散。

注释：

（一）[illegible]，[illegible]：首尾皆险，则谓围地。对译“背固前隘者，围地也”。“背固前隘”，即背后地势险要，前方道路狭隘，进退攻守，皆受制于敌。夏译者作了意译。

[illegible]R11 · 175下 · 2[illegible]，[illegible](一)[illegible](二)[illegible]；

[illegible]R11 · 175下 · 3[illegible]：[illegible]。○[illegible]：[illegible]，[illegible]，[illegible]：[illegible]，[illegible]。[illegible]，[illegible]R11 · 175下 · 4[illegible]，[illegible]。

汉译：

轻地上至时，我军溜应各密近而居；

魏曹曰：应不远设营。[1]○杜牧曰：部伍军营边接，应使各密近而居者，有二种言：一者恐己军退散故也，二者敌来覆时，欲就近相救护故也。

注释：

（一）[illegible]：军溜。西夏文“[illegible]”，有“队列”义，拟音为 rer，汉文史籍中音译为“溜”。“西贼首领各将种落之兵，谓之一溜，少长服习，如臂之使指，既成行列，举手掩口，然后敢食，虑酋长遥见，疑其语言，其整肃如此。”1 按“溜”是西夏军队的基层组织，由若干个“抄”组成。“溜”设首领，由酋长担任，所以西夏文文献中常有“军溜”“溜首领”之称。

1　（宋）赵汝愚：《宋朝诸臣奏议》卷 132，田况《上仁宗兵策十四事》。

（二）𗾻𗾻𗥾𗃛：字面义为"密近各居"，对译"吾将使之属"的"属"，相互连接，以便策应。

校记：

[1] 本句注文，《十一家注》为曹操、李筌所共有。

𗆧𗧾𗾧，𗯨𗫼𗕔𗏁⁽⁻⁾；

　　𗧮𗥃𗤒：𗧴𗴦𗱀𗤊𗦜，𗕔𗕔^{R11·175下·5}𗯨𗥉𗤊。○𗊝𗴦𗤒：𗧴𗴦𗇋𗋽𗑗，𗴦𗱤𗷚𗟻。○𗀔𗣼𗤒：𗆧𗕔，𗧴𗴦𗤉𗑗，𗥃𗯨𗫼𗕔，𗟟𗟻𗣼𗤗。

汉译：

争地上，应急往至；

　　魏曹曰：前有地利，速速急得。○李筌曰：地利入手，则得利得益。[1]○杜牧曰：所争，地利也，则先当疾往，不可懈怠。

注释：

（一）𗯨𗫼𗕔𗏁：应急往至，对译"趋其后"，即使后续部队迅速跟进；或谓"迅速前出到争地的后面"[1]，录此存异。

校记：

[1] 本句李注末尾，《十一家注》有"此筌以'趋'字为'多'字"，即李筌认为"吾将趋其后"当为"吾将多其后"，为夏译者所不取。

𗥩𗆧^{R11·175下·6}𗾧𗫼𗥽，𗱥𗏁𗦻𗣩𗤏；

　　𗀔𗣼𗤒：𗧆𗷟𗱀𗤗，𗣩𗤏𗕔。

汉译：

交地上至时，我固守住处；

　　杜牧曰：浚沟垒，当固守。

───────────────

　　1　中国人民解放军军事科学院战争理论研究部《孙子》注释小组：《孙子兵法新注》，中华书局，1977，第119页。

𗤻𗫣^{R11·175下·7}𗿒𗰖𗫷，𗜐𗷩𗈪^(一)𗏫𗰖；

　　𗗙𘊲𗗚：𗿩𗽏𗡢𘊲𗗜，𗜊𗰖𗫘𗉶，𗬺𗸂𗀱𘈩^{R11·175下·8}𗬀𗫷。

汉译：

衢地上至时，我固守结言；

　　杜牧曰：与接边国议，兵力结合，应一心牢固。

**　注释：**

（一）𗈪𗰖：结言，林英津先生谓当指结盟之誓言，可从。¹

𗤴𗫣𗿒𗰖𗫷，𗜐𗥃𗆟𘈲𗵼^(一)𗏫；

　　𘕘𗏣𗗚：𗤴^{R11·175下·9}𗄒𗈪𗽏𗆟𘊲。○𗥫𗵈𗗚：𘓐𗡢𗁟𗽏𘊲。

汉译：

重地上至时，我军粮使不绝；

　　魏曹曰：敌中粮食求。○李筌曰：他国粮食求。^[1]

**　注释：**

（一）𘈲𗵼：不绝，对译"吾将继其食"的"继"。夏译文从反面表达。

**　校记：**

［1］本句李注末尾，《十一家注》有"'继'一作'掠'"。

𗯟𗫣𗿒𗰖𗫷，𗜐𗥃𘊫^{R11·175下·10}𗵹；

　　𘕘𗏣𗗚：𘊬𗻸𗵹𘊲。○𗥫𗵈𗗚：𗻸，𘈲𗅲𘊲。

汉译：

圮地上至时，我军急过；

　　魏曹曰：急往过也。○李筌曰：往，不止也。

1　林英津：《夏译〈孙子兵法〉研究》，（台北）"中央研究院"历史语言研究所单刊之28，1994，注424。

𗥼𗙳𗏁𗋒𗏵，𗺌𗹙^{R11·175下·11}𗢳𗆐𗑗；

𗰖𗤻𗰜：𗘎𗹭𗔜𗰝𗤁𗋽。○�258𗤻：𗘆𗹭𗥼𗏵，𗢳𗆐𗑗𗤁𗆐，𗄈𗑗𗀒𗞞，𗆮𗆐𗋩^{R11·175下·12}𗏁𗆐。𗘆𗹭𗥼𗏵，𗢳𗆐𗑗𗤁，𗄈𗑗𗆐𗏵，𗑗𗑗𗆐𗞞，𗆐𗄈𗄈𗑗𗆐𗆐。

汉译：

围地中入时，我塞走处路；

魏曹曰：使军卒一心。[1]○杜牧曰：吾围人时，走处路开，无死战心，可击之。吾入人围，过处路开，诱人时，塞彼路，则军人死战而解。后魏齐帝[2]起兵河北，与魏国尒朱兆、天光、度律、仲远等四将军兵会于邺南。彼尒朱兆等率精兵二十万许，围齐军[3]。齐帝骑二千许、步二万许不满[4]。尒朱兆等己军退，走处路放，齐帝立即连牛驴，塞走路。于是军卒赌命，四方自进，破尒朱兆等军。

注释：

（一）𗺌𗹙：字面义为"兔驴"，对译"驴"。藏文称兔子为 རི་ བོང，字面义为"山驴"。

校记：

［1］本句注文，《十一家注》为曹操、李筌合注。

［2］齐帝：《十一家注》作"齐神武"。

［3］围齐军：《十一家注》作"围神武于南陵山"。

［4］步二万许不满：《十一家注》作"步军不满三万"，《通典》亦云"步卒不至三万"。

𗄈𗥼𗏵𗤁𗏵，𗺌𗆐𗖕^{R11·176上·2}𗆪𗏵^{（一）}。

𗤻𗤁𗰜：𗂃𗺉𗰜𗋽。○�258𗤻：𗆐𗏵，𗆈𗆐𗘆𗺉𗄈𗆐𗈜，𗰜𗤁𗆐𗈜。

汉译：

死地上至时，我下令不活。

曹、李曰：励而使战。○杜牧曰：脱难，号令军人自进，战而求脱处。

注释：

（一）𗧊𗄊𗪴𗏁𗏵：字面义为"我不达令行"，原文为"吾将示之以不活"。"𗄊"字有"通达"义，"𗪴𗄊（不达）"对译"不活"。所谓"示之以不活"，贾林注曰"禁财弃粮，堙井破灶"。

𗧊𗄊𗪴[R11·176上·3]𗏵，𗷦𗏁𗺉𗡅，

𗣼𗦻𗓽：𗏵𗧊𗄊，𗷦𗡅𗏵。○𗆍𗓽：𗷦𗅉𗧊𗪴𗺉，𗷉𗡅𗏵。○𗧊𗓽：𗷦[R11·176上·4]𗺉𗾟𗀱𗡅𗺉，𗷦𗏵𗡅𗡅𗷦，𗜓𗦺𗺉𗡅。

汉译：

故军卒者，人围时御，

魏曹曰：以战争可相御。○李筌曰：敌围我时，可抗拒。○杜牧曰：入人围中时，军人——战争而有胜心也。[1]

校记：

[1] 此处杜注末尾，《十一家注》有"相御持也。穷则同心守御"。杨丙安先生指出，此二句与《通典》卷一五九杜佑注文同，疑其为杜佑注而误入于此，[1] 夏译文可证。

𗧊𗄊𗧊𗧆，𗄊𗺉𗾟𗤧，[R11·176上·5]𗼨𗏵𗤴（一）。

𗣼𗦻𗓽：𗧊𗄊𗧊𗧆𗏵𗷉𗷦𗤧，𗼷𗼷𗺉𗷦𗼨𗏵𗤴。○𗆍𗓽：𗼷𗼷𗼨𗾟𗷦𗺉𗤧𗷉，𗺉𗤴（二）。

汉译：

不得已战，战深则从计[1]。

魏曹曰：不得已战时，则谨战而从计。○李筌曰：谨谋而战则解，得固。[2]

注释：

（一）𗄊𗺉𗾟𗤧，𗼨𗏵𗤴：字面义为"战深为则计上来"，即"战深则从计"，对译"过

---

1 （春秋）孙武撰，（三国）曹操等注，杨丙安校理《十一家注孙子校理》，中华书局，1999，第273页。

则从"。曹注"陷之甚过，则从计也"，为其所本。

（二）𗆬𗗙：得固。其中"𗆬（固）"字，此前误识为"𗏱（命）"。1

校记：

[1] 本处两句经文，在《十一家注》中是分开的，上句经文下系曹注"势有不得已
也"，下句经文下系曹注"陷之甚过，则从计也"，夏译文把两处曹注杂糅在一起。
上句经文下系李注"有不得已则战"，夏译文缺。

[2] 本处李注，《十一家注》后有"又云：陷之于过，则谋从之"。

R11·176上·6 𗵘𗊬𗹙𗖨𗊟𗣼𗄼𗲲，𗏁𘐏𗮅𗣼𗴩；𗤗R11·176上·7 𗳦、𗊬𗣫、𗶷𗏱𗊢𗦲𗣼𗲲，𗊟𘕿𗣼𗮓，R11·176上·8 𗊢𘄡𘎧𘝯𗲲，𗊢𗺓𘐏𗗙。（一）

𗤘𘑕𗙴：𗵘𗊬𗹙𗖨，𗏁𘐏𗮅𗣼𗴩，𗵘R11·176上·9 𗣼𗴩𗣼𗮓，𗊟𘕿𗊢𘋸𘑕。

汉译：

唯他国谋略不知，则不能交力；山林、险难、沮泽地形不知，则不能行军；
乡导不率，则不得地利。

魏曹曰：上已陈此三种言，此复云者，用兵中要害也。[1]

注释：

（一）此三句经文重见于《军争》篇，有人认为凡是孙子认为最重要的兵学原则，往
往在"十三篇"中出现两次，也有人认为是错乱导致的。彼处夏译文作"𘘒𗊬𗹙
𗔭𗊟𗣼𗄼𗲲，𘙣𗏁𘐏𗮅𗣼𗴩；𗤗𗳦、𗏃𗮗、𗶷𗊢、𗦲𗮓、𗊢𘄡𘎧𗦲，𗺓𘝯𘐏𗮓，
𗊟𘕿𗣼𗴩"（R11·158上·9），与此处夏译文差别较大。即便同译者，也有前后
不同的现象，西夏人翻译的随意性由此可见一斑。

校记：

[1] 曹注后，《十一家注》又有李注"三事，军之要也"，夏译文缺。

1　林英津：《夏译〈孙子兵法〉研究》，（台北）"中央研究院"历史语言研究所单刊之 28，1994，第
3—154 页。

𗼀𗾾^{（一）}𗽐，𗥃𗀽𗔅𗆈𗾻，𗥻𗍁^{（二）R11·176上·10}𗨁𗕟。𗥻𗍁𗨁𘃀𗥻𗸐𗥑𗑗𘜶，𗊮𗑗^{R11·176上·11}�773𗊢�𗈪𗊮𗗅；𗧓𘃡𗠉𘉒𗌖�𗈪，𗆻𗟻^{R11·176上·12}𗊢𗨁^{（三）}�𗈪。

　𘆴𗴮𗡞：𗧓𘃡𗨁𗵣�𗈪。○𗱚𗨁𗡞：𗨁𗑗𗥉�773𗐯𗾻，𗹙𗵘𗝢𗅲𗅲𗗅𗣼𗀽，𗺏𗽐𗟻𗔅𗥫。○^{R11·176上·13}𗧎𗍁𗡞：𗥉𗤓�773𗸐𗾻，𗧓𘃡𗵤𘔭𗦠𗈛𗟨。

汉译：

九地中，不知一，则非强国之兵。^[1]强国之兵马，伐大国时，使人兵力不聚；使敌生畏惧，议略不成。

　魏曹曰：使敌着迷。^[2]○李筌曰：用兵威力奇殊，则诸侯自为安乐，相互不敢议。○杜牧曰：威仪力大，则能分散敌也。

注释：

（一）𗼀𗾾：九地，对译"四五者"。曹注"谓九地之利害。或曰：上四五事也"，当为其所本。

（二）𗥻𗍁：强国，对译"霸王"。

（三）𗊢𗨁：议略不成，对译"其交不得合"，这里把"交"理解为"谋力结合"。

校记：

［1］本句经文，在《十一家注》中是独立的，下系曹注"谓九地之利害。或曰：上四五事也"，内容已被吸收到译文中，故夏译者把该句经文与下一句经文合并在一起。

［2］此处曹注，《魏武帝注》《十一家注》均无。

𗍁𗸐𘃁𗥻𗺏𗍁𘝵𗊮^{R11·176上·14}𗄈，𗸐𘃁𗥻𗺏𗍁𗑗𗊮𗑗，𗽁𘎤𗣼�773^{R11·176下·1}𘟶𗺏，𗊮𗥻𗑗𗨁𗆈𗾻，𗣼𗌖𗊮𗴮𗌖，^{R11·176下·2}�𗥻𗊮𗼦𗌖^{（一）}。

　𘆴𗴮𗡞：𗥻𗍁𘄒𗍁，𗸐𘃁𗹙𗵘𗍁𗑗�773𗊮𗄈𗊮，𗸐𘃁𗹙𗵘𗍁𗨁�773𗣼^{R11·176下·3}𗈛。𘄒�773𗣼𘃡，𗸐𘃁𗹙𗵘𗈛𗥉𗑗𗼦𗌖。𗣼𗨁𗌖𗾻，𗔅𗨁�^{（二）}𗶷。○𗱚𗨁𗡞：𗸐�1𗹙𗵘𗍁𗊢𗨁𗑗，�773𗄈𗨁𗌖𗾻，𗨁�^{R11·176下·4}𗕟。○𗧎𗍁𗡞：𗹙𗵘�1𘝵𗊮𗄈，𗹙𗵘�1𗑗𗊮𗑒，𘔭𗣼�773𗄈𗊮，𗊮𗥻�1𗪯𗾻，𗣼𗌖�𗴶��，𗣼𗥻�𗊮𗴮𗌖𗶷。𘟶^{R11·176下·5}𗴭𘝺�773𗊒𗎼𘜶�11𘜶𗊮𗜣𗏊。�773𗎼𘝤："𘉒𘉒𗣼𗑗𗌖，𘞤𗑒𘔯，𗏊𗌖𗴶，𗥻𗺏�1𗑗𗎗�1𗾻，𗎗𗝶𗊢𗣼𗑗𗊮𘄃。"�²

𦆯𦇠𦇝^{R11·176下·6}𦆴𦆤𦆬。𦈜𦈖𦇎𦇋、𦆡𦇋、𦈊𦇋𦆤𦆬𦆴𦇎𦈖𦇝𦇝𦈖𦆯𦈈𦈖。𦇨𦇬𦇽𦆴𦆬𦆤𦇽𦈈，𦆄𦈖𦆨𦆬，𦇽𦆤𦇋𦈖𦆬，𦆬𦆴𦇶^{R11·176下·7}𦆤𦈖，𦈜𦆝𦇬𦇋𦇽𦈖𦈖，𦇳𦆳𦇷𦈈𦆤𦆤𦆬𦆨。𦆯𦇎𦆤𦇋𦆄𦇝𦇗𦇝𦇼𦇽𦈖^(三)，𦆤𦆾𦇷𦇽𦆤𦆤𦇬。𦇨𦇬，𦇋𦇽𦈈𦇼，𦇸𦇝^{R11·176下·8}𦇽𦇬𦇗𦇬。𦆄𦇋𦇿𦇡𦆤𦇋，𦇽𦇋𦆡𦆤𦈈，𦈈𦆤𦇽𦆤𦆬𦇬，𦆴𦇬𦈈𦇝𦇽𦇶^(四)，𦇽𦇋𦈈𦇝𦇶𦆤𦇽𦇬，𦇼𦇬。𦇼𦇠𦇿𦆤𦇋𦇽𦇎𦇝𦇼𦇿𦈈。𦆄𦇋𦇎𦇝𦇗𦇽𦇶𦆄𦆄𦇋𦇽𦈖𦆤𦈈。𦆄𦇋𦆤𦇷，𦇽𦆤𦇋𦇡𦈖𦇿𦆈，𦇽𦆤𦇶𦆄𦇽𦈖𦇶。𦆯𦇝𦆾𦇨^{R11·176下·10}𦆙𦆭，𦆄𦈖𦆯𦇫。𦇋𦇝𦇶𦆄𦇽𦈖。𦇨𦇬，𦇶𦆤𦇼𦇬𦇽𦇿𦆈。𦇿𦇝𦇋𦇎𦇽𦈖𦆤𦇋𦈊𦈊𦆫𦆳𦆤𦇼𦇶𦈖𦇶：\"𦆄𦇋𦇨，^{R11·176下·11}𦈊𦆤、𦆬𦆤𦆾、𦇽𦈖𦇗𦇋𦆤𦇝𦇝^(五)𦆙𦆳、𦇽𦆾、𦇸𦇝^(六)𦇶𦆄𦇝𦇼𦇶。𦆯𦆄𦆄𦇋𦇸𦈈，𦆤𦇬，𦇨𦇶𦆤𦈈？\"𦆫𦈈𦇿𦆳：\"𦆾𦆭，𦇨𦇼𦆅𦇷^{R11·176下·12}𦆈。\"𦇫𦆄𦇋𦆤𦆤𦆬。

汉译：

今与天下国不求和，与天下国不结谋，一律依恃己力，用兵于他国，则己城为人所破，己国为人所取。

魏曹曰：霸者，与天下诸侯谋力不结合，与天下诸侯军力不结合，恃帝力而夺天下诸侯之威仪，己贪，则易真不利[1]。○李筌曰：与天下诸侯不结议略，恃力而贪，则非真利[2]。○杜牧曰：与诸侯不求和，与诸侯不结谋，唯依恃己力，与他国交战，则己城亦难守，己国亦易为人所破。齐桓公问用兵法于管仲，管仲曰："先不起兵，修仁德，造城堡，与邻国亲近，则其然后可用兵。"尔时，依彼行事，立即先所取鲁国、卫国、燕国等地，皆还。四方和顺，然后发兵马，南用兵于楚国，北破山戎，东取孤竹国[3]，西服流沙之人。因此与诸国诸侯九次会见，率而朝周帝。此者，与邻国和，谋力结合故也[4]。吴王夫差起兵破越国，败齐军，与商、鲁弃和言，与晋王会于黄池，争大，尔时诸国诸侯悉皆敬畏。后越王勾践伐吴，吴王惧，往齐、楚国中乞兵，齐、楚二王兵不给。于是民庶骇走，兵马疲惫，越王破之。此者，依恃己力故也[5]。尔时越王勾践问战于楚国大臣申包胥："越国者，于南楚，西晋，北齐三国，岁岁献贡币、白玉、金银，相续不绝。因此寻怨吴国，欲战，此言何也？"包胥答曰："是，莫善于此！"故破吴国。

注释：

（一）𦇬𦇬𦇝𦇨𦇽𦈈𦆤𦇿𦈈，𦇬𦇬𦇽𦈈𦇽𦈊𦈖𦆫𦇋，𦆨𦇮𦇬𦇮𦇮𦇮，𦈈𦇽𦆾𦇿𦆴𦆅，𦇮𦇋

𗥃𗥰𗴲，𗡷𗴂𗥃𗥰𗴲：今与天下国不求和，与天下国不结谋，一律依恃己力，用兵于他国，则己城为人所破，己国为人所取，对译"是故不争天下之交，不养天下之权，信己之私，威加于敌，则其城可拔，其国可隳"。本处经文，多数人认为，是霸王之兵威加于敌，拔其城，隳其国。夏译者则理解为自取败亡，意在提醒统治阶级不可穷兵黩武，以免发生"己城为人所破，己国为人所取"的悲剧。句中的"权"，解为"权谋"而非"权势"；"信"，解为"信从"而非其通假字"伸"，显然受了杜注的影响。

（二）𗥁𗒑𗴲：真不利。与之相反的则是"𗒑𗴲（真利）"。

（三）𗼑𗆽𗢭𗵂𗩴𗋽𗥃𗴂𘊟𗴂𘟙：因此与诸国诸侯九次会见，原文为"兵车之会六，乘车之会三"，夏译者作了意译。

（四）𗵃𘟙𗒑𗤋𗵂𗼃：与商鲁弃和言。原文为"阙沟于商鲁"，即掘深沟，通于商、鲁之间。夏译者作了意译。

（五）𗼊𗼊：岁岁，对译"春秋皮币玉帛子女以宾服焉"中的"春秋"，较为直白。

（六）𗍫𗤷、𗫂𗫼、𗫼𗦻：贡物、白玉、金银。"𗦻（银）"字，此前误识为"𗴟（祭）"。[1] 与原文"皮币、玉帛、子女"不能一一对应，夏译者加入了自己的演绎。

校记：

［1］则易真不利：此句曹注中无，为夏译者所添加的按语。

［2］则非真利：此句李注中无，为夏译者所添加的按语。

［3］东取孤竹国：此句杜注作"东制令支、折孤竹"，夏译者漏译"制令支"三字。

［4］此者，与邻国和，谋力结合故也：此句杜注中无，为夏译者所添加的按语。

［5］此者，依恃己力故也：此句杜注中无，为夏译者所添加的按语。

𗥃𗵂𗥰𗴂𗢭𗓟𗴲^(一)，𗤋𗵂𗥰𗴂^{R11·176下·13}𗥃𗓟𗴲^(二)，𗼑𗆽𗫂𗤻𗤍𗰜^(三)，𗴂𗤋

1　林英津：《夏译〈孙子兵法〉研究》，（台北）"中央研究院"历史语言研究所单刊之28，1994，第3—159页。

[illegible][R11 · 176下 · 14][illegible]。

[illegible]：[illegible]。[illegible]，[illegible]。[illegible]，[illegible]，[illegible]。[R11 · 177上 · 1]〇[illegible]：[illegible]，[illegible]，[illegible]，[illegible][（四）]。[illegible]，[illegible]。

汉译：

施法外之赏，行律外之罚，依此用大军时，若使一人。

魏曹曰：用兵法令先不使立。[《司马法》曰]：“见敌战争，赏为功者，则利。”赏罚分明，则用大军时若使一人。[1]〇李筌曰：善用兵人，法令不行，赏罚先行[2]，则人皆依顺。用大军时，若使一人。

注释：

（一）[illegible]：字面义为“法于前赏设置”，即施法外之赏，超越常法，对译“施无法之赏”。

（二）[illegible]：字面义为“律于前罚设置”，即行律外之罚，打破常规，对译“悬无政之令”。

（三）[illegible]：用大军时，对译“犯三军之众”。曹注“犯，用也”。

（四）[illegible]，[illegible]，[illegible]：法令不行，赏罚先行，则人皆依顺。这是对原文“为法作政而人不知；悬事无令而人从之”的颠倒翻译，即“法令不行”对译“悬事无令”，“赏罚先行”对译“为法作政”。李注的意思是说，用兵先不立法令，须按照实际情况论功行赏，而且赏罚要打破常规，这样可以使人服从。夏译者作了意译。

校记：

[1] 此处曹注合于《魏武帝注》两处注文：“言军法令不预施悬之，《司马法》曰：‘见敌作誓，瞻功行赏。’”与“犯，用也。言明赏罚，虽用众，若使一人也”。前者系于经文“施无法之赏，悬无政之令”之下，后者系于经文“犯三军之众，若使一人”之下。夏译文中合并在一起，漏译“司马法曰”。《十一家注》则缺前一处注文。

［2］赏罚先行：对译“为法作政”。《十一家注》误作“为法作攻”，夏译文可证。

𗊟𘂶𗙠^{R11·177上·2}𗤟，𗾬𗢏𗊟𘋥𗔆；𗲰𘂶𗙠𗤟，𘝰𗪙𗤒^{R11·177上·3}𗤐。

𗷼𘃽𗟭：𘝰𗪙𗤒𗤐𘟊。○𗿿𗙻𗟭：𘝰𗪙𗤐𘟊，𗹯𘈇𘓓𗤻𘓐。

汉译：

依事使用，言不使知；依利使用，害事不说。

魏曹曰：不说害事。○李筌曰：害事说，人心生疑惧。^[1]

校记：

［1］此处李注句首“犯，用也”，被吸收到译文中。

𗉛𘗠𗈁𗔭𘟊^{R11·177上·4}𘊟；𘊪𘗠𗈁𗔭𘟊𗰖。𗤻𗬈𘈇𗤒，𘑁𘐶^{R11·177上·5}𗇋𗙸。

𗷼𘃽𗟭：𗊟𘘞𗌷𘗠𗆮𗤽𗊀𘃼。𘐈𗟭𘟊：“𘑁𗰖，𘊪𘗠𗈁𘝰𗪙𗊀𗔆𘊟𗊟𘃅^(一)，𘊪𘗠𗈁𗊟𗔆𘊟^{R11·177上·6}𘃅，𗊟𘘞𘑁𘃼。”○𗿿𗙻𗟭：𘑁𘊪𘗠𗈁𘝰𗔭𘃅，𗊟𘘞𗌷𘗠𘑁，𘐤𗇋𗊟𘋥。𘊪𗬈𘈇𗈁�❀𘄬𘄬。

汉译：

投之亡地则存，投之死地则生。拒大祸，后得利得胜。

魏曹曰：必决命而战，则胜。孙膑曰：“兵者，唯恐不投之死地，投之死地，则必战胜。”○李筌曰：兵居死地，则必决命而斗以求生。韩信设阵水上也。^[1]

注释：

（一）𘊪𘗠𗈁𗆮𗤒𗤽𗊀𘟊𗊟𘃅：唯恐不投之死地。其中“𗊟（投）”字，此前误识为“𗊟（立）”。¹

校记：

［1］此处曹注、李注，《十一家注》均置于“投之亡地然后存；陷之死地然后生”句
　　　下。《魏武帝注》则在“投之亡地然后存；陷之死地然后生。夫众陷于害，然后能

1　林英津：《夏译〈孙子兵法〉研究》，（台北）“中央研究院”历史语言研究所单刊之28，1994，第
3—162页。

为胜败"句下为注，夏译文与之相合。曹注的内容，《十一家注》"在亡地无败者"，《魏武帝注》作"或在死亡之地亦有败者"，夏译文合于前者。

𗧤𗏇^{R11·177上·7} 𗫡𗁅𗟲，𗧓𗰜𗒱𗖟，𗣗𗔭𗆟^(一)。

𗵒𗫼𗏆：𗏇𗏇𗀜𗾞𗾞^{R11·177上·8}𗖟^(二)。𗼓𗧓𗰜𗫂𗪺，𗒱𗔇𗾞𗼎𗪩𗖟。𗧓𗰜𗒌𗌫𗟲，𗒱𗔇𗳆𗍊𗖟。○𗄭𗫑𗏆：𗧓𗰜𗧤𗆟𗫂𗪺𗌫𗟲，𗒱𗔇𗪷𗖈𗧟𗼋𗩱^{R11·177上·9}𗪺𗓑。𗧓𗰜𗧤𗌫𗟲，𗒱𗔇𗬯𗆟𗬜𗪺𗓑。𗵒𗫼𗏇𗏇，𗧓𗰜𗋽𗧼𗒱𗖟。○𗾔𗯟𗏆：𗧓𗰜𗒱𗖟𗎉𗆠，𗼓𗤶𗧓𗰜𗒱𗫡^{R11·177上·10}𗌫𗟲，𗍂𗪺𗳆，𗒱𗔥𗣽𗎪𗴒𗩱^(三)，𗧓𗰜𗧤𗫂𗖟，𗵒𗯟𗌋𗎼。𗼓𗧓𗰜𗌫𗥃𗓑𗟲^(四)，𗫴𗔥𗦺𗏇𗏇^(五)，𗧓𗰜𗺉𗙶𗟠𗫬，𗄊𗨏𗧠𗬯^{R11·177上·11}𗪺𗔥，𗒱𗔇𗫂𗖟𗙶。𗼓𗧓𗰜𗾞𗪺𗓑，𗒱𗔇𗧤𗍊𗖟，𗎉𗰜𗣽𗎼，𗣖𗺉𗣽𗕑。𗄊𗏇𗫡𗎼𗏆𗅳。

汉译:

故将用兵时，顺敌，察何有。

魏曹曰：佯佯如不悟。若敌来攻，我后退设伏；敌退时，我追战。○李筌曰：敌军营上欲来攻时，我固守此营以待来；敌欲战时，我设奇兵而待来。佯负而依顺敌。○杜牧曰：谓顺敌者，若我欲击敌时，不得便，此方隐己藏身，顺敌所贪，不使惊走。若敌力迫时，我佯装怯弱，使敌心生骄，候其懈怠，我攻之。若敌欲退时，我开路，依愿使走，战心无，击之则胜。^[1]

注释:

(一) 𗧓𗰜𗒱𗖟，𗣗𗔭𗆟：顺敌，察何有。对译"顺详敌之意"。夏译者把"顺"理解
     为"顺从"而非其通假字"慎"，把"详"理解为"考察"而非其通假字"佯"。

(二) 𗏇𗏇𗀜𗾞𗾞𗖟：佯佯如不悟，对译"佯愚也"。明赵本学句读为"佯，愚也"，认
     为曹注是以"详"为"佯"，进而认为经文中的"顺详"，即"顺佯"[1]。夏译者把
     "佯愚"看作一个词。

_____

1 （明）赵本学：《孙子书校解引类》，明隆庆刊本。

（三）𗵦𗏚𘓨𗗡𗬬𗫠：此方隐己藏身。其中"𘓨（藏）"字，误识为"𗗡（阵）"。1

（四）𘏨𗾊𗫠𗹬𗒹𗧯𘅤：若敌力迫时。其中"𗫠（迫）"字，误识为"𗒹（大）"。2

（五）𗬬𘃡𗬬𗦮𗥫：我佯装怯弱。其中"𗬬（弱）"字，误识为"𗦮（疑）"。3

校记：

[1] 此处杜注末尾，《十一家注》有"皆顺敌之旨也"。

𗎮𗫂𘓨[R11·177上·12] 𗫨𗏇𗏚，𘏨𘋨𗾊𗏇𗬬𘃡，

𘟣𗤋𗤙：𗵦𗫨𗏇𗏚，𗾊𗏇𗬚𗒹，𘏨[R11·177上·13] 𗏇𗾊𘃡𘅤，𘅤𗒹𗆾𗹬。○𘘦𗒹𗤙：𘓨𘃡𗰖𗗡，𗾊𗏚𗵦𗷉𗹬𗒹𗬬，𗾊𗏚𘏨𗒹𘏨𗷉𘅤𘅤。𗵦𗾊𗏚𘏨𗒹𗵦𘅤，𘏨𗒹𗹬[R11·177上·14] 𗬬𗆾，𗎮𗫂𘓨𗫨𗏇𗏚，𗾊𗏚𗬚𗒹，𘏨𘋨𗾊𘃡𘅤，𗵦𘃡𗹬𗆾。

汉译：

并兵力为一[1]，往千里远杀将，

魏曹曰：并兵而攻敌，往千里远，亦捕将入手。[2] ○杜牧曰：上文谓顺敌所贪者，未见敌之不利也。若见敌之不利，悟可战，则并兵一向而攻敌，往千里远，亦擒将军。

校记：

[1] 并兵力为一：对译"并敌一向"。夏译者把"敌"理解为"抵挡"而非"敌人"。

[2] 此处曹注合于《十一家注》"并兵向敌，虽千里能擒其将也"，而异于《魏武帝注》"先示之以间空虚弱之处，敌则并向而利之，虽千里，可擒其将也"。

𗵦𘃡，𘏨𘋨𗷉𗬬[R11·177下·1] 𗬬𗆾。

𘟣𗤋𗤙：𘏨𗌭𗬬𗆾。

1　林英津：《夏译〈孙子兵法〉研究》，（台北）"中央研究院"历史语言研究所单刊之 28，1994，第3—163 页。

2　林英津：《夏译〈孙子兵法〉研究》，（台北）"中央研究院"历史语言研究所单刊之 28，1994，第3—163 页。

3　林英津：《夏译〈孙子兵法〉研究》，（台北）"中央研究院"历史语言研究所单刊之 28，1994，第3—163 页。

汉译：

此者，巧能做事也。

> 魏曹曰：能用兵也。[1]

校记：

[1] 此处曹注末尾，《十一家注》有"一作'是谓巧攻成事'"。

𗹬𗈼𗈼𗄊𗖵，𗌗𗈪𗰖^{R11·177下·2}𗾔（一），𗈪𗒀𗱢𗈪，

> 𗈪𗒀𗈼：𗹬𗈼𗈪𗱢𗖵，𗈪𗒀𗱢𗒀𗴺，𗰖𗈪𗱢𗖵𗈪，𗱢𗈪𗒀𗈪^{R11·177下·3}𗌗。○𗈪𗒀𗈼：𗹬𗈼𗱢𗱢𗖵，𗈪𗒀𗱢𗒀𗴺，𗰖𗈪𗱢𗈪，𗹬𗈼𗱢𗒀，𗹬𗒀𗱢𗱢𗱢𗈪。○𗈪𗒀𗈼：𗈪𗒀𗱢𗒀𗴺𗱢𗒀，^{R11·177下·4}𗈪𗒀𗱢𗒀𗴺𗱢𗱢𗈪𗈪。𗹬𗈼𗈪𗱢𗒀𗒀𗱢，𗰖𗱢𗱢𗱣？𗈪𗒀：𗈪𗒀𗱢𗒀𗴺𗱢𗒀，𗱢𗈪𗱢𗈪𗌗𗈪𗒀。𗹬𗌗𗈪𗒀，^{R11·177下·5}𗌗𗈪𗱢𗱢𗈪（二），𗈪𗒀𗱢𗱢𗹬𗈪，𗱢𗱢𗹬𗒀，𗈪𗱢𗱢𗈪，𗱢𗱢𗱣𗌗𗈪𗒀。𗌗𗒀𗱢𗈪𗱢𗒀，𗹬𗒀𗌗𗒀，𗈪𗈪𗱢𗈪𗱢𗒀、𗱢^{R11·177下·6}𗱢𗱢�s，𗈪�s�𗒀，𗈪�s����a。𗈪�a𗈼𗈪�a，𗈪�a����a（三）�a。𗈪�a𗈼��a，����a��a，𗈪��a，𗈪�^{R11·177下·7}𗌗�a。𗈪���a。

汉译：

若兵将用时，断出入路，勿通他使，

> 魏曹曰：议事已定，后断渡梁路，相互信言不传，他国使不来。○李筌曰：行事已度，后断渡梁路，信言不传，恐损战事，军卒不生疑心。○杜牧曰：谓断渡梁路者，并非一律敌人之使，若不受敌使，则其不是乎？答曰：断渡梁路者，谓己国人不出入。若出入，则往来混杂。敌恶人己藏，变易姓名，盗传密言，间谍来故也。又谓使勿通者，若使来，则智能如张孟谈、娄敬，何见皆晓，能知我之虚实。我未行前，敌先获利于我也。我率军，入他国后，使来者，先祖制也。应无不利。[1]

注释：

（一）𗌗𗈪𗰖𗾔：断出入路。对译"夷关折符"，即闭关毁符，禁止通行。夏译文较直白。句中"𗾔（使断）"为清声母字，是使动词。按"𗰖（断）"为浊声母字，是自动词。西夏语动词使动式有两种构成方式：形态手段和句法手段，前者如本句用清浊声

母交替的方式，后者在动词后附加"虒（使）"。

（二）慌䶀骹緺：往来混杂。其中"䶀（往）"字，误识为"䶀（车）"。[1]

（三）骹姝纖绗糉緂：敌先获利于我，对译"恐敌人先事以制我也"。这里的动词人称词尾"緂"，为宾语呼应而非主语呼应（见前文 R11·158 下·11）。句中的直接宾语为"绗（利）"，表示动作对谁做的间接宾语"緂（我）"省去。

校记：

[1] 杜注末尾，《十一家注》无"应无不利"，当为夏译者所加的按语。

緺荊縠絀（一），蘦颁覼䜌䜌私䅋，（二）

汉译：

共度议论，谨治用兵事。[1]

［曹操曰：诛，治也。〇杜牧曰：厉，揣厉也。言廊庙之上，诛治其事。成败先定，然后兴师。一本作"以谋其事"。］[2]

注释：

（一）緺荊縠絀：共度议论。对译"厉于廊庙之上"。夏译者把"厉"理解为"磨砺"而非"激励"，省译"廊庙"二字。

（二）蘦颁覼䜌䜌私䅋：谨治用兵事，对译"以诛其事"。曹注"诛，治也"。

校记：

[1] 以下缺。第十一《九地》末尾残，第十二《火攻》全佚，第十三《用间》开头残。共缺 12 面。

[2] 括注文字，据《十一家注》补。

三　西夏文《孙子兵法三注》第十三《用间》

……R11·177下·8　荊䶀（一）䅋䎀，緺稄敇絀緺蘦䚟䅋（二）緂，覭敇霥毂牪（三）而緂（四）殺绗，颁敇霥

1　林英津：《夏译〈孙子兵法〉研究》，（台北）"中央研究院"历史语言研究所单刊之 28，1994，第 3—166 页。

𗫨𗦴𗀔𗰖𗧤𘕤。○𗾖𘄷𗏆：𗥃𘊝𗁬𗎼𗉖𘊟𗎼𘜶[R11·177下·9] 𗏆[（五）]。𘝵𘜶𘊟𗫨𘓁𘊭𘊟𗎼𘜶𘄴，𘎑𘜶𘊟𗦴，𘕯𗎼𗫨𘖑。𗫢𗞞𗀔𘓄𗎼𗀔𗀔𘒬𗫨𘜶𘜶𘙖𗀔𘊝，𘝠𗫨𘚉𗾿𘕔𘄰。

汉译：

[孙子曰：凡兴师十万，出征千里，百姓之费，公家之奉，日费千金；内外骚动，怠于道路，不得操事者，七十万家。]

[曹操曰：古者八家为邻，一家从军，七家奉之，言十万之师举，不事耕稼者七十万家。○李筌曰：古者] 发 [一家之兵][1] 时，家主三族共运粮者，七十万家耕牧不利，皆为十万人运粮也。○杜牧曰：古时一户有地一顷，九顷地之中央一顷地中，凿井为庐，八户人居[2]。故七十万家为十万兵运纳粮食，路长，劳苦不小。

注释：

（一）𘜶𘜶：发。这里表示离心方的趋向前缀"𘜶"，误识为"𘜶（兵）"。[1]

（二）𘊟𗎼𗫨𘜶𘜶𗎼：家主三族共运粮，对译"古者发一家之兵，则邻里三族共资之"的"邻里三族共资之"。曹注"一家从军，七家奉之"。"邻里三族"指井田制度中的"一井八家"之另外七家。这里的"家主"指八家之中发兵的那一家之家主。可印证笔者以往的推测，西夏语中的"家主"不是聚族而居的宗族首领，而是个体家庭中的家主。[2] 其中"𘜶（共）"字，此前误识为"𘜶（顷）"。[3]

（三）𘓄𗎼𘒬𗏆𗀔：七十万家，句中"𗀔（人）"前脱漏"𗏆（家）"字，据本段杜注重出之文补。

（四）𗞞𘄷：耕牧，汉文原本所在句子"不得耕作者七十万家"，只有"耕"没有"牧"。西夏社会半农半牧，夏译者在翻译时，掺杂进了西夏人基于本民族风俗习惯而对某些事物和现象的理解，此其一例。

1　林英津：《夏译〈孙子兵法〉研究》，（台北）"中央研究院"历史语言研究所单刊之 28，1994，第 3—167 页。

2　彭向前：《藏语在解读西夏文献中的作用》，《中国社会科学报》2013 年 3 月 6 日 B01 版。

3　林英津：《夏译〈孙子兵法〉研究》，（台北）"中央研究院"历史语言研究所单刊之 28，1994，第 3—167 页。

（五）𗰔𗣼𗉔𗰔𗴖𗉔：一户有地一顷。其中"𗉔（有）"字，误识为"𗴖（地）"。[1]

校记：

[1] 以上括注文字，据《十一家注》补。

[2] 八户人居：句下《十一家注》有"是为井田。怠，疲也"。

R11·177下·10 𗴮𗆬𗉵𗄈，𗫨𗄊𗵐𗬬(一)，𗢏𗤊𗵒𗵔，𗫩R11·177下·11 𗒛𗡞𗵶𗤁𗰜𗵐，𗸣𗃬𗸓𗰭𗤈(二)𗦹，

　　𗤒𗫨R11·177下·12𗄈：𗄊𗤊𗵒𗵔，𗠣𗯝𗤊𗫻𗬬𗱆，𗫩𗒛𗵐𗣍𗰜𗵐𗣍𗤁𗰜𗵐，𗰭𗤈𗦹□□。

　　○𗴒𗤁𗄈：𗄊𗤊𗵒𗵔，𗠣𗯝𗤊𗡞𗤁𗷖。

汉译：

相望多年，争一日之胜，爱惜爵赏，不知敌情者，不仁人之至也，

李筌曰：爱惜赏物，不与间谍，不知敌安定不安定者，不仁人□□。○杜牧曰：爱惜赏
物，不能遣间谍。

注释：

（一）𗴮𗆬𗉵𗄈，𗫨𗄊𗵐𗬬：争一日之胜，相望多年，是对"相守数年，以争一日之
　　　胜"的颠倒翻译。

（二）𗸣𗃬𗸓𗰭𗤈：字面义为"极中仁不人"，对译"不仁之至"。

R11·177下·13 □𗤈𗷖𗷦𗭺，□𗷤𗷖𗰜𗭺，𗤏𗉵𗱕R11·177下·14𗥔𗭺。𗁅𗍺𗴮𗦤𗵕，𗾔
𗷤𗸓𗰜，𗾫𗾫(一)𗉵R11·178上·1𗱕，𗾫𗾆𗵐𗷖。

　　𗤒𗫨𗄈：𗠣𗯝𗤊𗡞�1𗷖。○𗴒�1𗄈：𗸣𗸣𗫩𗒛𗡞𗵶𗰜。

汉译：

非人之将，非主之佐，非得胜利者。故圣主贤臣，先知人心，所为得胜，成功
特出。

1　林英津：《夏译〈孙子兵法〉研究》，（台北）"中央研究院"历史语言研究所单刊之 28，1994，第 3—167 页。

李筌曰：能遣间谍。○杜牧曰：先知敌情。

注释：

（一）𗰿𗰿：叠用，表示"所为"。

𗣼^{R11·178上·2}𗦖𗾟，𗩾𗢑𗖿𗦖𗫻，𗧓𗐪𗴮𗢑𗤲𗫻^{（一）}，

^{R11·178上·3}𗥤𗆗𗅵：𗩾𗢑𗤲𗍃𗫂𗦖𗫻。𗧓𗐪𗴆𗴮𗢑𗤲𗫻。○𗣼𗾣𗅵：𗩾𗢑、𗴆𗐪𗆐𗤲𗖿𗣫，𗢹𗾫𗷦𗦻𗗙𗫂，𗢳𗰖𗴯𗘟^{R11·178上·4}𗦖𗴯。○𗣄𗾣𗅵：𗴆𗾟，𗧓𗐪𗆐𗴮𗆐𗤲𗫻。

汉译：

先知者，非依鬼神而知，非因有他事而求，

魏曹曰：非以祷祀鬼神而知，非因他事有类而求。○李筌曰：不依于鬼神类事，唯遣间谍而知敌情也。○杜牧曰：象者，非求于他事所同有。

注释：

（一）𗧓𗐪𗴮𗢑𗤲𗫻：非因有他事而求，对译"不可象于事"。夏译者采用了意译，杜注"象者，类也。言不可以他事比类而求"，为其所本。

𗧓𗦖𗢳𗱟𗢰𗧤^{（一）}，

𗥤𗆗𗅵：𗧓𗦖𗢳^{R11·178上·5}𗢰𗧤。○𗣼𗾣𗅵：𗆐𗢆、𗫡𗢳、𗙱𗪺、𗧓𗐪𗢳𗱟𗱕𗧤^{（二）}，𗢹𗙇𗘟𗖿𗓟𗩾𗢑，𗱟𗧤。

汉译：

不可验于数算，

魏曹曰：难测于数算。○李筌曰：不难验于长短阔狭、远近小大，人之心性虚实者，难验。

注释：

（一）𗧓𗦖𗢳𗱟𗢰𗧤：不可验于数算，对译"不可验于度"。李注"度，数也"，为其所本。"𗦖𗢳（数算）"对译"度"。林英津先生以"𗱟（验）"字对译"度"[1]，误。

1　林英津：《夏译〈孙子兵法〉研究》，（台北）"中央研究院"历史语言研究所单刊之28，1994，第3—169页。

（二）𗋽𗏁𗧚：不难验，"𗧚（难）"上脱一"𗏁（不）"字，据上下文义补。

𗢳𗰣𗣼𗣔𗧚^(R11·178上·6)𗙴，𗣼𗦗𗼨𗏁𗧚。

　　𗙶𗤋𗍈：𗧚𗼨𗏁𗧚。○𗬫𗊴𗍈：𗦗𗼨𗣔𗏁𗧚。

汉译：

必问于人，而能知敌心。

　　魏曹曰：因人能知。○李筌曰：因间谍能知。

𗣼𗦗^(R11·178上·7)𗼨𗢳𗤳，𗧘𗰣𗝠。𗴮𗰋，𗤳𗣼、𗤼𗣼、𗺓^(R11·178上·8)𗣼^(一)、𗤳𗣼、𗤟𗣼𗧚。𗧘𗰣𗣼𗼨𗢳𗤳𗧚^(R11·178上·9)𗼨，𗤎𗦧𗖒𗤋𗧚^(二)，𗴮𗰋𗣼𗧘𗧚。

　　𗙶𗤋𗍈：𗣔𗦧𗧚^(R11·178上·10)𗧘𗰣𗣼𗼨𗢳𗤳𗧚𗧘。○𗬫𗊴𗍈：𗧘𗰣𗣼𗼨𗢳𗤳𗧚𗴮𗼨^(三)。○𗢳𗤳𗍈：𗧘𗰣𗣼𗼨𗢳𗤳𗼨，𗣼𗦗𗼨𗊻𗤼𗤳𗝠，𗧚^(R11·178上·11)𗴮𗝠𗏁𗧚。𗴮𗰋，𗣼𗤎𗦧𗖒，𗴮𗰋𗣼𗧘𗧚。

汉译：

故间谍遣法，有五种。此者，因间、内间、反间、死间、生间也。五种间谍皆能用，则难测如有神，国君之宝也。

　　魏曹曰：五种间谍皆使用于一时也。[1]○李筌曰：依五种间谍用兵。○杜牧曰：五种间谍皆遣，则敌之虚实密事，人知而己不觉。此者，如有神灵，国君之宝也。

注释：

（一）𗤳𗣼：变间，对译"反间"。

（二）𗤎𗦧𗖒𗤋𗧚：难测如有神，对译"莫知其道，是谓神纪"。"神纪"，即神妙莫测之道。夏译者作了意译。

（三）𗧘𗰣𗣼𗼨𗢳𗤳𗼨：依五种间谍用兵。夏译者理解有误。原文为"五间者，因五人用之"，意思是须利用好五种人做间谍。

校记：

[1] 此处曹注，《十一家注》作"同时任用五间也"，《魏武帝注》"同"作"因"。夏

译文合于前者。

〔西夏文〕

汉译:

因间者，他国人来而用之。

李筌曰：知敌情[1]。○杜牧曰：他国人来己国作间谍时，宝物多给，复使作己国间谍。晋朝豫州将军祖逖住兵雍丘，疏交贱隶等见，亦皆依礼接受。接边胡国河上有城堡，彼守城者暗暗施恩于人[2]，后谓不依归，佯佯试破之，实无战心。彼人心喜，依附权门，胡国密事皆说于晋将祖逖，故前后战得胜。此者，依间谍也。[3]又西魏韦孝宽为玉璧将军，养育民庶，诸人与之依。间谍遣齐国中，往处事成。或齐国人来己处作间谍时，应知齐国事，故多给贿物与彼间谍。齐国人得金银于韦孝宽，故己国兵马玄密事，悉皆暗暗来言。彼时齐国将军许盆之人某逃，投于孝宽，以谋复遣彼逃人，杀许盆而还。

注释:

（一）〔西夏文〕：来时。其中“〔西夏文〕（时）”字，此前未识。

（二）〔西夏文〕：豫州将军，对译“豫州刺史”。把“刺史”替换为“将军（〔西夏文〕）”，另见 R11·172 下·10。

（三）〔西夏文〕：字面义为“近非”，即“非近”，对译“疏交”。

（四）□□□□□□：字面义为"佯佯破为试为"，对译"时遣游军伪抄之"。其中
　　　　"□"字有"亲戚"义，大概由"亲戚"义引申出"模仿""测试"等义。

（五）□□：字面义为"势下"，即权门[1]。"□（势）"此前误识为"□（日）"。

（六）□□：玉璧，地名。据何氏注"韦孝宽为骠骑大将军，镇玉璧"和西夏文残存字
　　　　形补。

（七）□□□□□：诸人与之依，对译"能得人心"。介词"□（与）"的宾语"韦孝
　　　　宽"承前省。

（八）□□：贿物。其中"□（贿）"字，误识为"□（望）"。[2]

（九）□□□□□：兵马玄密事。其中"□（深、玄）"字，此前未识。[3]

校记：

[1] 此处李注，《十一家注》无。

[2] 接边胡国河上有城堡，彼守城者暗暗施恩于人：《十一家注》作"河上堡固先有任
　　　子在胡者，皆听两属"。夏译者可能不了解"任子制度"，故该词未能译出。

[3] 以下"韦孝宽使齐人斩许盆"事，具体内容《十一家注》不见于此处杜注，系于
　　　上文"故明君贤将"之下，出自何氏注，原文为："韦孝宽为骠骑大将军，镇玉
　　　璧。孝宽善于抚御，能得人心。所遣间谍入齐者，皆为尽力；亦有齐人得孝宽金
　　　货，遥通书疏。故齐之动静，朝廷皆先知之。时有主帅许盆，孝宽委以心膂，令守
　　　一戍；盆乃以城东入。孝宽怒，遣谍取之。俄而斩首而还。其能致物情如此。"盖
　　　夏译底本此处杜注原本有此内容，《十一家注》因与上文之何氏注重复，遂删省，
　　　代之以"西魏韦孝宽使齐人斩许盆而来，犹其义也"。因各自关联的经文内容不同，
　　　注文内容亦小有差别，《十一家注》言许盆叛魏附齐，韦孝宽遣谍取之；夏译文所
　　　据底本则言齐将许盆之人某逃奔西魏，韦孝宽复遣彼逃人，杀许盆而还。

𗹙𗢭𗗿，𗫂𘄄𗾔𗭼𗥦𗗙𗫠𗃽。

R11·178下·5 𗤓𗖜𗰜：𗫂𘄄𗩾𗰛、𗿚𗒹𗃽𗫠𗗿。𗢭𗗿，𗤫𘝞𗿚𗒹𗑱𗖵𗫠𗪚𗗿𗢭𗚜𗗜𗼋。○𗫨𗥦𗰜：𗫂𘄄𗾔𗭼𗤙，𗰜𗆟𗫠𘅤𗰛 R11·178下·6、𗰜𗒘𘔫𗌆𗚜、𗰜𘌽𗈈𘋣𘄡𗺉□□𘄄𗷖、𗰜𘓺𗥦𗨲𗧹𗢭𗥘𗑠𗪺⁽¹⁾。𗢭𘜶𘈈𗈪𗚬𗚬𗤙𗒹𘔫𗑱𗢭𗗿，𘄡𗥦𘄉𗣜，𗲩 R11·178下·7 𘄄𗥑𗤥𘜶𘈮𗺉，𗢭𗊬𗈪𗥘𗹭，𗹙𗗿𘄈𗧹𗺉，𘔫𘄄𗈪𘀾𘄉𗗙𗫠，𗺉𗨝𘄉𗺉𗈪𗥑。

汉译：

内间者，与他国官人言心。

李筌曰：听他国失职逃者之言。此者，魏帝听逃者许攸言而得利。○杜牧曰：他国官人中，或犯罪失职，或贪爱宝物，或巧智虽是不□□等有，或腹心诡诈一头两舌[1]。如此之人，暗暗金银宝物多给，结为腹心。己国兵马密事及我之患事等，使间谍说，复君臣二间为谗舌，使不和睦。

注释：

（一）𗰜𗆟𗫠𘅤𗰛，𗰜𗒘𘔫𗌆𗚜、𗰜𘌽𗈈𘋣𘄡𗺉□□𘄄𗷖，𗰜𘓺𗥦𗨲𗧹𗢭𗥘𗑠𗪺：他国官人中，或犯罪失职，或贪爱宝物，或巧智虽是不□□等有，或腹心诡诈一头两舌。注意"𗷖（有）"的用法，并非置于表示列举的数个并列成分的末尾。此外"𗢭𗥘𗑠𗪺（一头两舌）"对译"常持两端之心"。这种表达方式藏文中也有，ཁ་གཅིག་ལྕེ་གཉིས，字面义为"一口两舌"，意思是"前言不符后语"。1 又 ལྕེ་གཉིས་པ，在藏语中是蛇的别名，可见"一口两舌"具有贬义色彩。

校记：

[1] 或犯罪失职，或贪爱宝物，或巧智虽是不□□等有，或腹心诡诈一头两舌：与原文"有贤而失职者，有过而被刑者，亦有宠嬖而贪财者，有屈在下位者，有不得任使者，有欲因败丧以求展己之材能者，有翻覆变诈常持两端之心者"不能一一对应，夏译者采用了意译。大致"或犯罪失职"对译"有贤而失职者，有过而被刑者"；"或巧智虽是不□□"对译"有屈在下位者，有不得任使者，有欲因败丧以求展己之材能者"。

---

1 张怡荪主编《藏汉大辞典》，民族出版社，1993，第191页。

𘚗𘟙𗹲，𗦫^{R11·178下·8}𘝵𗹉𗤼𘈩𗟲𗏴。

𗤽𘟙𗰖：𗦫𘝵𗹉𗤼𘟙，𗹲𘑨𗾔𗴖𗹩𗥩。𗹲𘇂𘟛，𘈩𗂁𘝊𗂾𘆝^{R11·178下·9}𘕿𘈩，𗦠𗤮𗎁𗹲𗧹𘈛𗏴。○𗥩𗵘𗰖：𘕿𗦫𘝵𗹉𗤼𗥥𗥩𘟛，𘕿𗂁𗷨𘇂𘆝𘕿，𘐊𘓏𘓐𗏴。𗰖𗤼𗾔𗥩，𗦠𗤮𘃡𘙇，𘒏^{R11·178下·10}𗵘𗹷𗎁，𗹲𗂁𗤮𗵞。𗹲𘇂�%𘐊�𘜶𘈛𘎪，�𘑨𘆝�^{…}

〔以下文字无法准确转录〕

汉译：

反间者，敌之间谍，复还用。

李筌曰：敌遣间谍，来视我国虚实，我知时，多给其宝物，而使说己国事于我。○杜牧曰：若敌间谍来时，我佯如未知，示以诡诈，间谍闻后，起往己国，说此事，为利于我。昔楚、汉二国战时，楚国遣使来测汉国，汉帝知后，杀牛，供备食筵，与楚使见时，佯装不知曰："我思是亚父范增遣使。今不是楚王使吗？"尽除先好供备，后弱弱侍奉。彼使还，此言说于楚王。闻后疑范增。[1]

注释：

（一）𘒏𘇂�𗙈𘟛𘙇𗧹𘕿：今不是楚王使吗？其中"𘕿"字用在句末，表示反诘语气，用疑问的形式表达确定的意思。

校记：

[1] 本处杜注关于"陈平巧施反间计，项羽上当逐范增"的内容，译文远较《十一家注》简略。或为原辑注者所改编。原文为："陈平初为汉王护军尉。项羽围于荥阳城，汉王患之，请割荥阳以西和，项王弗听。平曰：'顾楚有可乱者，彼项王骨鲠之臣亚父、钟离眛、龙且、周殷之属，不过数人耳。大王能出捐数万斤金，行反间，间其君臣，以疑其心；项王为人意忌信谗，必内相诛。汉因举兵而攻之。破楚必矣。'汉王以为然，乃出黄金四万斤与平，恣所为，不问出入。平既多以金纵反间于楚军，宣言：诸将钟离眛等为项王将，功多矣，然终不得列地而王，欲与汉为

一，以灭项氏，分王其地。项王果疑之，使使至汉。汉为太牢之具，举进，见楚使，即阳惊曰：'吾以为亚父使，乃项王使也！'复持去，以恶草具进楚使。使归，具以报，项王果大疑亚父。亚父欲急击下荥阳城，项王不信，不肯听亚父。亚父闻项王疑之，乃大怒，疽发而死。卒用陈平之计灭楚也。"

□□^(一)□，□□□□，^{R11·178下·13}□□□□，□□□□^(二)，□□□□。

□□□：□^{R11·178下·14}□□□□□□，□□□□，□□□□，□□□□□。□□□□□□，□□□□□□□□，□□□□。□□□^{R11·179上·1}□□□□□□，□□□□□□，□□□□。□□□□□□□，□□□□，□□□□□□□□，□□□□，□□^{R11·179上·2}□□□。□□□□□□，□□□□。□□，□□□□。

汉译：

死间者，欺己人，使执诈言，他国往说，依此得利。

杜牧曰[1]：求利于敌，故欺己人，使执诈言，敌处往说。敌信彼言，我兵马如愿而攻，必得利。因与间谍先言违，故敌生怒，杀间谍。前汉帝遣郦生，使执好言，往为齐国使。后韩信率兵覆攻齐国，齐王田横怒，杀郦生。此者俱死间也。

注释：

（一）□□：死间。北宋种世衡卖王嵩为死间，离间元昊君臣。此事以沈括所记最详，"世衡厚遗遗之，以军机密事数条与嵩，曰：'可以此藉手，仍伪报西羌。'临行，世衡解所服絮袍赠之，曰：'胡地苦寒，以此为别，至彼须万计求见遇乞，非此人无以得其心腹。'遇乞，虏人之谋臣也。嵩如所教，间关求通遇乞，虏人觉而疑之，执于有司，数日或发袍，领中得世衡与遇乞书，词甚款密。嵩初不知领中书，虏人苦之备至，终不言情。虏人因疑遇乞，舍嵩迁于北境，久之，遇乞终以疑死。嵩邂逅得亡归，尽得虏中事以报，朝廷录其劳，补右侍禁，归姓为王。嵩后官至诸司使，至今边人谓之王和尚。世衡本卖嵩使为死间，邂逅得生还，亦命也"。[1]

1　（宋）沈括：《补笔谈》卷下。《宋史·夏国传上》作"王嵩"，离间的对象为野利旺荣，与野利遇乞皆为元昊野利后之兄弟，骁勇善战，手握重兵。

（二）[illegible]：他国往说，对译“而传于敌间也”。“传”字，《通典》《御览》皆作“待”。李筌注也认为“传”为“待”之误。夏译底本当为“传”，合于《十一家注》。

校记：

［1］杜注之上，《十一家注》另有李筌注“情诈伪，不足信，吾知之，令吾动此间而待之。此筌以‘待’字为非‘传’也”。大概夏译者认为“传”字不误，故不取。杜注之首，《十一家注》有“诳者，诈也”。

[illegible]，[illegible] R11·179上·3 [illegible]。

[illegible]：[illegible]。○[illegible]：[illegible]，[illegible]。[illegible]，[illegible] R11·179上·4 [illegible]，[illegible]，[illegible]（一），[illegible]，[illegible]（二）[illegible]，[illegible]。

汉译：

生间者，能往来报事也。

李筌曰：间谍往来察事。○杜牧曰：往还来过，生间也。彼生间者，应择内明外愚，形劣心壮，勇悍刚健，佯示无业，能受饥寒，不为垢耻人，遣送之。

注释：

（一）[illegible]：字面义为“业无佯佯”，大概意思是“看起来没有职业”。对译“闲于鄙事”，即熟习边鄙之事。夏译者不知道这里“闲”通“娴”，理解有误。

（二）[illegible]，[illegible]：能受饥寒，不为垢耻，对译“能忍饥寒垢耻”，理解亦误。

[illegible] R11·179上·5 [illegible]，[illegible]。

[illegible]：[illegible]□[illegible]□[illegible]。

汉译：

故用兵事中，莫要于间谍，

杜牧曰：间谍受辞□卧内□为[1]。

校记：

[1] 以上二字模糊。《十一家注》杜注原文为"受辞指踪，在于卧内"。

𗷓𗙴𗁬[R11·179上·6]𗑇𗭋𗀔𘜼，𗊕𗷸𗷓𗑇𗭋𘃪𘜼。

𗂧𗄛𘂤：𗵽𗏹𘋩[R11·179上·7]𗌭，𗷓𗑇�。

汉译：

赏给莫多于间谍，密事莫难于间谍。

杜牧曰：言出将口，间谍耳入。[1]

校记：

[1] 杜注末尾，《十一家注》有"'密'一作'审'"。

𗐰𗄛𗀜𗰾，𗷓𗑇𗄢𗄛𘜝？

𗂧𗄛𘂤：𗷓𗑇𗪺……

汉译：

非圣智，则岂能用间谍？

杜牧曰：[先量]间者[之性，诚实多智，然后可用之。厚貌深情，险于山川，非圣人莫能知][1]。

校记：

[1] 下缺6面。此处括注文字，据《十一家注》杜注补。

……[R11·179下·1]《𗣼𗼕𗵹𗄛𘎟𗸣》𗵃𗊴

汉译：

《孙子兵法三注》下卷

附　录

一　《十一家注孙子》相关汉文原文

《十一家注孙子》第六《虚实》

……故兵无常势，水无常形，能因敌变化而取胜者，谓之神。

曹操曰：势盛必衰，形露必败，故能因敌变化，取胜若神。○李筌曰：能知此道，谓之神兵也。○杜牧曰：兵之势，因敌乃见；势不在我，故无常势。如水之形，因地乃有；形不在水，故无常形。水因地之下，则可漂石；兵因敌之应，则可变化如神者也。

故五行无常胜，四时无常位，日有短长，月有死生。

曹操曰：兵无常势，盈缩随敌。○李筌曰：五行者，休囚王相递相胜也。四时者，寒暑往来无常定也。日月者，周天三百六十五度四分度之一。百刻者，春秋二分，则日夜均；夏至之日，昼六十刻、夜四十刻，冬至之日，昼四十刻、夜六十刻，长短不均也。月初为朔，八日为上弦，十五日为望，二十四日为下弦，三十日为晦，则死生义也。孙子以为五行、四时、日月盈缩无常，况于兵之形变，安常定也？

《十一家注孙子》第七《军争》

军争篇

曹操曰：两军争胜。○李筌曰：争者，趋利也。虚实定，乃可与人争利。

孙子曰：凡用兵之法，将受命于君，

> 李筌曰：受君命也。遵庙胜之算，恭行天罚。

合军聚众，

> 曹操曰：聚国人，结行伍，选部曲，起营为军阵。

交和而舍，

> 曹操曰：军门为和门，左右门为旗门，以车为营曰辕门，以人为营曰人门，两军相对为
> 交和。○李筌曰：交间和杂也。合军之后，强弱、勇怯、长短、向背，间杂而伍之，力
> 相兼，后合诸营垒与敌争之。○杜牧曰：《周礼》以旌为左右和门。郑司农曰："军门
> 曰和，今谓之垒门，立两旌旗表之，以叙和出入，明次第也。"交者，言与敌人对垒而
> 舍，和门相交对也。

莫难于军争。

> 曹操曰：从始受命，至于交和，军争难也。○杜牧曰：于争利害难也。

军争之难者，以迂为直，以患为利。

> 曹操曰：示以远，迷其道里，先敌至也。○杜牧曰：言欲争夺，先以迂远为近，以患为
> 利，诳绐敌人，使其慢易，然后急趋也。

故迂其途，而诱之以利，后人发，先人至，此知迂直之计者也。

> 曹操曰：迂其途者，示之远也。后人发，先人至者，明于度数，先知远近之计也。○李
> 筌曰：故迂其途，示不速进，后人发，先人至也，用兵若此，以患为利者。○杜牧曰：
> 上解曰，以迂为直，是示敌人以迂远；敌意已怠，复诱敌以利，使敌心不专。然后倍道
> 兼行，出其不意，故能后发先至，而得所争之要害也。秦伐韩，军于阏与，赵王令赵奢
> 往救之。去邯郸三十里，而令军中曰："有以军事谏者死。"秦军武安西，秦军鼓噪勒
> 兵，武安屋瓦皆震。军中候有一人言急救武安，奢立斩之。坚壁留二十八日不行，复益
> 增垒。秦间来，奢善食而遣之。间以报秦，秦将大喜曰："夫去国三十里而军不行，乃
> 增垒，阏与非赵地也。"奢既遣秦间，乃卷甲而趋，二日一夜至。令善射者去阏与五十
> 里而军。秦人闻之，悉甲而至。有一卒曰："先据北山者胜。"奢使万人据之，秦人来争
> 不得。奢因纵击，大破之，阏与遂得解。

故军争为利，军争为危。

> 曹操曰：善者则以利，不善者则以危。〇李筌曰：夫军者，将善则利，不善则危。〇杜
> 牧曰：善者，计度审也。

举军而争利，则不及；

> 曹操曰：迟不及也。〇李筌曰：辎重行迟。

委军而争利，则辎重捐。

> 曹操曰：置辎重，则恐捐弃也。〇李筌曰：委弃辎重，则军资阙也。〇杜牧曰：举一军
> 之物行，则重滞迟缓，不及于利；委弃辎重，轻兵前追，则恐辎重因此弃捐也。

是故卷甲而趋，日夜不处，

> 曹操曰：不得休息，罢也。

倍道兼行，百里而争利，则擒三将军；劲者先，疲者后，其法十一而至；

> 曹操曰：百里而争利，非也；三将军皆以为擒。〇李筌曰：一日行一百二十里，则为倍
> 道兼行；行若如此，则劲健者先到，疲者后至。军健者少，疲者多，且十人可一人先
> 到，余悉在后，以此遇敌，何三将军不擒哉？魏武逐刘备，一日一夜行三百里，诸葛亮
> 以为强弩之末不能穿鲁缟，言无力也。是以有赤壁之败。庞涓追孙膑，死于马陵，亦其
> 义也。〇杜牧曰：此说未尽也。凡军一日行三十里为一舍，倍道兼行者，再舍；昼夜不
> 息，乃得百里。若如此争利，众疲倦，则三将军皆须为敌所擒。其法什一而至者，不得
> 已必须争利，凡十人中择一人，最劲者先往，其余者则令继后而往。万人中先择千人，
> 平旦先至，其余继至；有巳午时至者，有申未时至者，各得不竭其力，相续而至，与先
> 往者足得声响相接。凡争利必是争夺要害，虽千人守之，亦足以拒抗敌人，以待继至
> 者。太宗以三千五百骑先据武牢，窦建德十八万众而不能前，此可知也。

五十里而争利，则蹶上将军，其法半至；

> 曹操曰：蹶，犹挫也。〇李筌曰：百里则十人一人至，五十里十人五人至，挫军之威，
> 不至擒也。言道近不至疲。〇杜牧曰：半至者，凡十人中择五人劲者先往也。

三十里而争利，则三分之二至。

> 曹操曰：道近至者多，故无死败也。〇李筌曰：近不疲也，故无死亡。〇杜牧曰：三十

里内，凡十人中可以六七人先往也。不言"其法"者，举上文可知也。

是故军无辎重则亡，无粮食则亡，无委积则亡。

曹操曰：无此三者，亡之道也。○李筌曰：无辎重者，阙所供也。袁绍有十万之众，魏武用荀攸计，焚烧绍辎重，而败绍于官渡。无粮食者，虽有金城，不重于食也。夫子曰："足食足兵，民信之矣。"故汉赤眉百万众无食，而君臣面缚宜阳。是以善用兵者，先耕而后战。无委积者，财乏阙也。汉高祖无关中，光武无河内，魏武无兖州，军北身遁，岂能复振也？○杜牧曰：辎重者，器械及军士衣装；委积者，财货也。

故不知诸侯之谋者，不能豫交；

曹操曰：不知敌情谋者，不能结交也。○李筌曰：豫，备也。知敌之情，必备其交矣。○杜牧曰：非也。豫，先也；交，交兵也。言诸侯之谋，先须知之，然后可交兵合战；若不知其谋，固不可与交兵也。

不知山林、险阻、沮泽之形者，不能行军；

曹操曰：高而崇者为山，众树所聚者为林，坑堑者为险，一高一下者为阻，水草渐洳者为沮，众水所归而不流者为泽。不先知军之所据及山川之形者，则不能行师也。

不用乡导者，不能得地利。

李筌曰：入敌境，恐山川隘狭，地土泥泞，井泉不利，使人导之以得地利。《易》曰："即鹿无虞。"则其义也。○杜牧曰：管子曰："凡兵主者，必先审知地图。辕辕之险，滥车之水，名山通谷，经川陵陆丘阜之所在，苴草林木蒲苇之所茂，道里之远近，城郭之大小，名邑废邑园殖之地，必尽知之，地形出入之相错者尽藏之，然后不失地利。"卫公李靖曰："凡是贼徒，好相掩袭。须择勇敢之夫，选明察之士，兼使乡导，潜历山林，密其声，晦其迹。或刻为兽足，而却履于中途；或上冠微禽，而幽伏于丛薄。然后倾耳以远听，竦目而深视，专智以度事机，注心而视气色。睹水痕则知敌济之早晚，观树动则可辨来寇之驱驰。故烽火莫若谨而审，旌旗莫若齐而一。赏罚必重而不欺，刑戮必严而不舍。敌之动静，而我有备也；敌之机谋，而我先知也。"

故兵以诈立，

杜牧曰：诈敌人，使不知我本情，然后能立胜也。

以利动,

　　杜牧曰：利者，见利始动也。

以分合为变者也。

　　曹操曰：兵一分一合，以敌为变也。○李筌曰：以诡诈乘其利动；或合或分，以为变化之形。○杜牧曰：分合者，或分或合，以惑敌人；观其应我之形，然后能变化以取胜也。

故其疾如风,

　　曹操曰：击空虚也。○李筌曰：进退也。其来无迹，其退至疾也。

其徐如林,

　　曹操曰：不见利也。○李筌曰：整阵而行。○杜牧曰：徐，缓也。言缓行之时，须有行列如林木也；恐为敌人之掩袭也。

侵掠如火,

　　曹操曰：疾也。○李筌曰：如火燎原无遗草。○杜牧曰：猛烈不可向也。

不动如山,

　　曹操曰：守也。○李筌曰：驻军也。○杜牧曰：闭壁屹然，不可摇动也。

难知如阴,

　　李筌曰：其势不测如阴，不能睹万象。○杜牧曰：如玄云蔽天，不见三辰。

动如雷震。

　　李筌曰：盛怒也。○杜牧曰：如空中击下，不知所避也。

掠乡分众,

　　曹操曰：因敌而制胜也。○李筌曰：抄掠必分兵为数道，惧不虞也。○杜牧曰：敌之乡邑聚落，无有守兵，六畜财谷，易于剽掠，则须分番次第，使众人皆得往也，不可独有所往。如此，则大小强弱，皆欲与敌争利也。

廓地分利,

　　曹操曰：分敌利也。○李筌曰：得敌地，必分守利害。○杜牧曰：廓，开也。开土拓境，则分割与有功者。韩信言于汉王曰："项王使人有功当封爵者，刻印刓忍不能与。

今大王诚能反其道，以天下城邑封功臣，天下不足取也。"《三略》曰："获地裂之。"

悬权而动。

> 曹操曰：量敌而动也。○李筌曰：权，量秤也。敌轻重与吾有铢镒之别，则动。夫先动
> 为客，后动为主，客难而主易。《太一遁甲》定计之算，明动易也。○杜牧曰：如衡悬
> 权，秤量已定，然后动也。

先知迂直之计者胜，此军争之法也。

> 李筌曰：迂直，道路。劳佚馁寒，生于道路。○杜牧曰：言军争者，先须计远近迂直，
> 然后可以为胜。其计量之审，如悬权于衡，不失锱铢，然后可以动而取胜。此乃军争胜
> 之法也。

《军政》曰："言不相闻，故为金鼓；视不相见，故为旌旗。"夫金鼓旌旗者，
所以一人之耳目也；

> 李筌曰：鼓进铎退，旌赏而旗罚；耳听金鼓，目视旌旗，故不乱也。勇怯不能进退者，
> 由旗鼓正也。

人既专一，则勇者不得独进，怯者不得独退，此用众之法也。

> 杜牧曰：旌以出令，旗以应号。盖旗者，即今之信旗也，《军法》曰："当进不进，当退
> 不退者，斩之。"吴起与秦人战，战未合，有一夫不胜其勇，前，获双首而返，吴起斩
> 之。军吏进谏曰："此材士也，不可斩。"吴起曰："信材士，非令也。"乃斩之。

故夜战多火鼓，昼战多旌旗，所以变人之耳目也。

> 李筌曰：火鼓，夜之所视听；旌旗，昼之所指挥。○杜牧曰：令军士耳目，皆随旌旗火
> 鼓而变也。或曰：夜战多火鼓，其旨如何？夜黑之后，必无原野列阵，与敌刻期而战
> 也。军袭敌营，鸣鼓然火，适足以警敌人之耳，明敌人之目，于我返害，其义安在？答
> 曰：富哉问乎！此乃孙武之微旨也。凡夜战者，盖敌人来袭我垒，不得已而与之战；其
> 法在于立营之法，与阵小同。故《志》曰："止则为营，行则为阵。"盖大阵之中，必
> 包小阵；大营之内，亦包小营。盖前后左右之军，各自有营环绕，大将之营，居于中
> 央，诸营环之，隔落钩联，曲折相对，象天之壁垒星。其营相去上不过百步，下不过五
> 十步，道径通达，足以出队列部，壁垒相望，足以弓弩相救，每于十字路口，必立小

堡，上致柴薪，穴为暗道，胡梯上之，令人看守，夜黑之后，声鼓四起，即以燔燎。是以贼夜袭我，虽入营门，四顾屹然，复有小营，各自坚守，东西南北，未知所攻。大将营或诸小营中，先知有贼至者，放令尽入，然后击鼓，诸营齐应，众堡燎火，明如昼日；诸营兵士于是闭门登垒，下瞰敌人，劲弩强弓，四向俱发。敌人虽有韩、白之将，鬼神之兵，亦无能计也。唯恐夜不袭我，来则必败。若敌人或能潜入一营，即诸营举火出兵，四面绕之，号令营中，不得辄动，须臾之际，善恶自分，贼若出走，皆在罗网矣。故司马宣王入诸葛亮营垒，见其曲折，曰："此天下之奇才也！"今之立营，通洞豁达，杂以居之，若有贼夜来斫营，万人一时惊扰。虽多致斥候，严为备守，晦黑之后，彼我不分，虽有众力，亦不能用。

故三军可夺气，

曹操曰：左氏言：一鼓作气，再而衰，三而竭。○李筌曰：夺气，夺其锐勇。齐伐鲁，战于长勺。齐人一鼓，公将战。曹刿曰："未可。"齐人三鼓，刿曰："可矣。"乃战，齐师败绩。公问其故。刿曰："夫战，勇气也。一鼓作气，再而衰，三而竭。彼竭我盈，故克之。"夺三军之气也。○杜牧曰：《司马法》："战以力久，以气胜。"齐伐鲁，庄公将战于长勺。公将鼓之。曹刿曰："未可。"齐人三鼓，刿曰："可矣。"齐师败绩。公问其故。对曰："夫战，勇气也，一鼓作气，再而衰，三而竭。彼竭我盈，故克之。"晋将毌丘俭、文钦反，诸军屯乐嘉，司马景王衔枚径造之。钦子鸯，年十八，勇冠三军，曰："及其未定，请登城鼓噪击之，可破。"既而三噪之，钦不能应，鸯退，相与引而东。景王谓诸将曰："钦走矣。"发锐军以追之。诸将曰："钦旧将，鸯小而锐，引军内入，未有失利，必不走也。"王曰："一鼓作气，再而衰，三而竭。鸯鼓而钦不应，其势已屈，不走何待。"钦果引去。

将军可夺心。

李筌曰：怒之令愤，挠之令乱，间之令疏，卑之令骄，则彼之心可夺也。○杜牧曰：心者，将军心中所倚赖以为军者也。后汉寇恂征隗嚣，嚣将高峻守高平第一。峻遣军将皇甫文出谒恂，辞礼不屈；恂怒斩之，遣其副。峻惶恐，即日开城门降。诸将曰："敢问杀其使而降其城，何也？"恂曰："皇甫文，峻之腹心，其所取计者。今来辞气不屈，必无降心。全之则文得其计，杀之则峻亡其胆，是以降耳。"后燕慕容垂遣子宝率众伐后魏。始宝之来，垂已有疾。自到五原，道武帝断其来路，父子问绝。道武乃诡其行人之辞，令临河告之曰："父已死，何不遽还？"宝兄弟闻之，忧惧以为信然，因夜遁去。道武袭之，大破于参合陂。

是故朝气锐，昼气惰，暮气归。故善用兵者，避其锐气，击其惰归，此治气者也。

李筌曰：气者，军之气勇。○杜牧曰：阳气生于子，成于寅，衰于午，伏于申。凡晨朝阳气初盛：其来必锐，故须避之；候其衰，伏击之，必胜。武德中，太宗与窦建德战于汜水东。建德列阵，弥亘数里。太宗将数骑登高观之，谓诸将曰："贼度险而嚣，是军无政令；逼城而阵，有轻我心。按兵不出，待敌气衰，阵久卒饥，必将自退，退而击之，何往不克！"建德列阵自卯至午，兵士饥倦，悉列坐右，又争饮水。太宗曰："可击矣。"遂战，生擒建德。

以治待乱，以静待哗，此治心者也。

李筌曰：伺敌之变，因而乘之。○杜牧曰：《司马法》曰："本心固。"言料敌制胜，本心已定，但当调治之，使安静坚固，不为事挠，不为利惑，候敌之乱，伺敌之哗，则出兵攻之矣。

以近待远，以佚待劳，以饱待饥，此治力者也。

李筌曰：客主之势。○杜牧曰：上文云"致人而不致于人"是也。

无邀正正之旗，勿击堂堂之阵，此治变者也。

曹操曰：正正，齐也；堂堂，大也。○李筌曰：正正者，齐整也；堂堂者，部分也。○杜牧曰：堂堂者，无惧也。兵者，随敌而变；敌有如此，则勿击之，是能治变也。后汉曹公围邺，袁尚来救。公曰："尚若从大道来，当避之；若循西山来，此成擒耳。"尚果循西山来，逆击大破之也。

故用兵之法，高陵勿向，背丘勿逆，

李筌曰：地势也。○杜牧曰：向者，仰也。背者，倚也。逆者，迎也。言敌在高处，不可仰攻；敌倚丘山下来求战，不可逆之。此言自下趋高者力乏，自高趋下者势顺也，故不可向迎。

佯北勿从，

> 李筌、杜牧曰：恐有伏兵也。

锐卒勿攻，

> 李筌曰：避强气也。○杜牧曰：避实也。楚子伐隋，隋臣季良曰："楚人尚左，君必左，无与王遇。且攻其右，右无良焉，必败。偏败，众乃携矣。"隋少师曰："不当王，非敌也。"不从，隋师败绩。

饵兵勿食，

> 李筌曰：秦人毒泾上流。○杜牧曰：敌忽弃饮食而去，先须尝试，不可便食，虑毒也。后魏文帝时，库莫奚侵扰，诏济阴王新成率众讨之。王乃多为毒酒；贼既渐逼，使弃营而去。贼至，喜，竞饮。酒酣毒作。王简轻骑纵击，俘虏万计。

归师勿遏，

> 李筌曰：士卒思归，志不可遏也。○杜牧曰：曹公自征张绣于穰，刘表遣兵救绣，以绝军后。公将引还，绣兵来追，公军不得进。表与绣复合兵守险，公军前后受敌。公乃夜凿险为地道，悉过辎重，设奇兵。会明，贼谓公为遁也，悉军来追。乃纵奇兵，步骑夹攻，大破之。公谓荀文若曰："虏遏吾归师，而与吾死地，吾是以知胜矣。"

围师必阙，

> 曹操曰：《司马法》曰："围其三面，阙其一面，所以示生路也。"○李筌曰：夫围敌必空其一面，示不固也。若四面围之，敌必坚守不拔也。项羽坑外黄，魏武围壶关，即其义也。○杜牧曰：示以生路，令无必死之心，因而击之。后汉妖巫维汜弟子单臣、傅镇等，相聚入原武城，劫掠吏人，自称将军。光武遣臧宫将北军数千人围之。贼食多，数攻不下，士卒死伤。帝召公卿诸侯王问方略。明帝时为东海王，对曰："妖巫相劫，势无久立，其中必有悔者；但外围急，不得走耳。小挺缓，令得逃亡，则一亭长足以擒矣。"帝即敕令开围缓守，贼众分散，遂斩臣、镇等。大唐天宝末，李光弼领朔方军，与史思明战于土门，贼众退散，四面围合。光弼令开东南角以纵之。贼见开围，弃甲急走，因追击之，尽歼其众。是开一面也。

穷寇勿迫。

杜牧曰：春秋时，吴伐楚，楚师败走，及清发，阖闾复将击之。夫槩王曰："困兽犹斗，

况人乎？若知不免而致死，必败我。若使半济，而后可击也。"从之，又败之。汉宣帝

时，赵充国讨先零羌。羌睹大军，弃辎重，欲渡湟水；道厄狭，充国徐行驱之。或曰：

"逐利行迟。"充国曰："穷寇也，不可迫。缓之则走不顾，急之则还致死。"诸将曰：

"善。"虏果赴水，溺死者数万，于是大破之也。

此用兵之法也。

《十一家注孙子》第八《九变》

九变篇

曹操曰：变其正，得其所用九也。

孙子曰：凡用兵之法，将受命于君，合军聚众。圮地无舍，

曹操曰：无所依也。水毁曰圮。〇李筌曰：地下曰圮，行必水淹也。

衢地交合，

曹操曰：结诸侯也。〇李筌曰：四通曰衢，结诸侯之交地也。

绝地无留，

曹操曰：无久止也。〇李筌曰：地无泉井、畜牧、采樵之处，为绝地，不可留也。

围地则谋，

曹操曰：发奇谋也。〇李筌曰：因地能通。

死地则战。

曹操曰：殊死战也。〇李筌曰：置兵于必死之地，人自为私斗，韩信破赵，此是也。

涂有所不由，

曹操曰：隘难之地，所不当从；不得已从之，故为变。〇李筌曰：道有险狭，惧其邀

伏，不可由也。〇杜牧曰：后汉光武遣将军马援、耿舒讨武陵五溪蛮，军次下隽，今辰

州也。有两道可入，从壶头则路近而水险，从充道则路夷而运远。帝初以为疑。及军

至，耿舒欲从充道，援以为弃日费粮，不如进壶头，搤其咽喉，则贼自破。以事上之

帝，从援策，乃进营壶头。贼乘高守隘，水疾，船不得上。会暑湿，士卒多疫死，援亦

中病卒。耿舒与兄好畴侯书曰："舒前上言，当先击充，粮虽难运而兵马得用；军人数万，争欲先奋。今壶头竟不得进，大众怫郁行死，诚可痛惜！"

军有所不击，

曹操曰：军虽可击，以地险难久，留之失前利，若得之则利薄，困穷之兵，必死战也。○杜牧曰：盖以锐卒勿攻，归师勿遏，穷寇勿迫，死地不可攻。或我强敌弱，敌前军先至，亦不可击，恐惊之退走也。言有如此之军，皆不可击。斯统言为将须知有此不可击之军，即须不击，益为知变也。故列于《九变》篇中。

城有所不攻，

曹操曰：城小而固，粮饶，不可攻也。操所以置华、费而深入徐州，得十四县也。○杜牧曰：操舍华、费不攻，故能兵力完全，深入徐州，得十四县也。盖言敌于要害之地，深峻城隍，多积粮食，欲留我师；若攻拔之，未足为利，不拔则挫我兵势，故不可攻也。宋顺帝时，荆州守沈攸之反。素蓄士马，资用丰积，战士十万，甲马二千。军至郢城，功曹臧寅以为：攻守异势，非旬日所拔；若不时举，挫锐损威。今顺流长驱，计日可捷，既倾根本，则郢城岂能自固？故兵法曰"城有所不攻"是也。攸之不从。郢郡守柳世隆拒攸之。攸之尽锐攻之，不克，众溃走，入林自缢。后周武帝欲出兵于河阳以伐齐，吏部宇文弼进曰："今用兵须择地。河阳要冲，精兵所聚，尽力攻之，恐难得志。如臣所见，彼汾之曲，戍小山平，攻之易拔；用武之地，莫过于此。"帝不纳。师竟无功。复大举伐齐，卒用弼计以灭齐。国家自元和三年至于今，三十年间，凡四攻寇。魏薄攻寇之南宫县，上党攻寇之临城县，太原攻寇之河星镇。是寇三城池浚壁坚，刍粟米石、金炭麻膏，凡城守之资，常为不可胜之计以备。官军击虏，攻既不拔，兵顿力疲。寇以劲兵来救，故百战百败。故三十年间，困天下之功力，攻数万之寇，四围其境，通计十岁，竟无尺寸之功者，盖常堕寇计中，不能知变也。

地有所不争，

曹操曰：小利之地，方争得而失之，则不争也。○杜牧曰：言得之难守，失之无害。伍子胥谏夫差曰："今我伐齐，获其地，犹石田也。"东晋陶侃镇武昌，议者以武昌北岸有邾城，宜分兵镇之，侃每不答，而言者不已。侃乃渡水猎，引诸将佐语之曰："我所以设险而御寇，正以长江耳。邾城隔在江北，内无所倚，外接群夷；夷中利深，晋人贪利，夷不堪命，必引寇虏。乃致祸之由，非御寇也。且今纵有兵守之，亦无益于江南；

若羯虏有可乘之会，此又非所资也。"后庾亮成之，果大败也。

君命有所不受。

曹操曰：苟便于事，不拘于君命也。○李筌曰：苟便于事，不拘君命。穰苴斩庄贾，魏

绛戮杨干是也。○杜牧曰：尉缭子曰："兵者，凶器也。争者，逆德也。将者，死官也。

无天于上，无地于下，无敌于前，无主于后。"

故将通于九变之地利者，知用兵矣；

李筌曰：谓上之九事也。

将不通于九变之利者，虽知地形，不能得地之利矣。治兵不知九变之术，虽知五利，不能得人之用矣。

曹操曰：谓下五事也。九变，一云"五变"。

是故智者之虑，必杂于利害。

曹操曰：在利思害，在害思利，当难行权也。○李筌曰：害彼利此之虑。

杂于利，而务可信也；

曹操曰：计敌不能依五地为我害，所务可信也。○杜牧曰：信，申也。言我欲取利于敌

人，不可但见取敌人之利，先须以敌人害我之事，参杂而计量之，然后我所务之利，乃

可申行也。

杂于害，而患可解也。

曹操曰：既参于利，则亦计于害，虽有患可解也。○李筌曰：智者为利害之事，必合于

道，不至于极。杜牧曰：我欲解敌人之患，不可但见敌能害我之事，亦须先以我能取敌

人之利，参杂而计量之，然后有患乃可解释也。故上文云，智者之虑必杂于利害也。譬

如敌人围我，我若但知突围而去，志必懈怠，即必为追击；未若励士奋击，因战胜之

利，以解围也。举一可知也。

是故屈诸侯者以害，

曹操曰：害其所恶也。○李筌曰：害其政也。○杜牧曰：恶，音一路反。言敌人苟有其

所恶之事，我能乘而害之，不失其机，则能屈敌也。

役诸侯者以业，

　　曹操曰：业，事也，使其烦劳，若彼入我出，彼出我入也。○李筌曰：烦其农也。○杜
　　牧曰：言劳役敌人，使不得休，我须先有事业，乃可为也。事业者，兵众、国富、人
　　和、令行也。

趋诸侯者以利。

　　曹操曰：令自来也。○李筌曰：诱之以利。○杜牧曰：言以利诱之，使自来至我也，堕
　　吾画中。

故用兵之法，无恃其不来，恃吾有以待也；无恃其不攻，恃吾有所不可攻也。

　　曹操曰：安不忘危，常设备也。○李筌曰：预备不可阙也。

故将有五危：

　　李筌曰：下五事也。

必死，可杀也；

　　曹操曰：勇而无虑，必欲死斗，不可曲挠，可以奇伏中之。○李筌曰：勇而无谋也。○
　　杜牧曰：将愚而勇者，患也。黄石公曰："勇者好行其志，愚者不顾其死。"吴子曰：
　　"凡人之论将，常观于勇；勇之于将，乃数分之一耳。夫勇者必轻合，轻合而不知利，
　　未可将也。"

必生，可虏也；

　　曹操曰：见利畏怯不进也。○李筌曰：疑怯可虏也。○杜牧曰：晋将刘裕溯江追桓玄，
　　战于峥嵘洲。于时，义军数千，玄兵甚盛；而玄惧有败衄，常漾轻舸于舫侧，故其众莫
　　有斗心。义军乘风纵火，尽锐争先，玄众是以大败也。

忿速，可侮也；

　　曹操曰：疾急之人，可忿怒侮而致之也。○李筌曰：急疾之人，性刚而可侮致也。太宗
　　杀宋老生而平霍邑。○杜牧曰：忿者，刚怒也；速者，褊急也，性不厚重也。若敌人如
　　此，可以陵侮，使之轻进而败之也。十六国姚襄攻黄落，前秦苻生遣苻黄眉、邓羌讨
　　之。襄深沟高垒，固守不战。邓羌说黄眉曰："襄性刚很，易以刚动。若长驱鼓行，直
　　压其垒，必忿而出师，可一战而擒也。"黄眉从之。襄怒，出战，黄眉等斩之。

廉洁，可辱也；

> 曹操曰：廉洁之人，可污辱致之也。○李筌曰：矜疾之人可辱也。

爱民，可烦也。

> 曹操曰：出其所必趋，爱民者，则必倍道兼行以救之；救之则烦劳也。○李筌曰：攻其所爱，必卷甲而救；爱其人，乃可以计疲。○杜牧曰：言仁人爱人者，惟恐杀伤，不能舍短从长，弃彼取此，不度远近，不量事力，凡为我攻，则必来救。如此，可以烦之，令其劳顿，而后取之也。

凡此五者，将之过也，用兵之灾也。覆军杀将，必以五危，不可不察也。

《十一家注孙子》 第九 《行军》

行军篇

> 曹操曰：择便利而行也。

孙子曰：凡处军、相敌：绝山依谷；

> 曹操曰：近水草利便也。○李筌曰：军，我；敌，彼也。相其依止，则胜败之数，彼我之势可知也。绝山，守险也；谷近水草。夫列营垒，必先分卒守隘，纵畜牧，收樵采而后宁。○杜牧曰：绝，过也；依，近也。言行军经过山险，须近谷而有水草之利也。吴子曰："无当天灶，大谷之口。"言不可当谷，但近谷而处可也。

视生处高；

> 曹操曰：生者，阳也。○李筌曰：向阳曰生，在山曰高。生高之地可居也。○杜牧曰：言须处高而面南也。

战隆无登；

> 曹操曰：无迎高也。○李筌曰：敌自高而下，我无登而取之。○杜牧曰：隆，高也。言敌人在高，我不可自下往高，迎敌人而接战也。一作"战降无登"。降，下也。

此处山之军也。绝水必远水；

> 曹操、李筌曰：引敌使渡。○杜牧曰：魏将郭淮在汉中，蜀主刘备欲渡汉水来攻，诸将议众寡不敌，欲依水为阵以拒之。淮曰："此示弱而不足挫敌，不如远水为阵，引而致

之；半济而后击，备可破也。"既列阵，备疑，不敢渡。

客绝水而来，勿迎之于水内，令半济而击之，利；

李筌曰：韩信杀龙且于潍水，夫槩败楚子于清发是也。○杜牧曰：楚汉相持，项羽自击彭越，令其大司马曹咎守成皋。汉军挑战，咎涉汜水战。汉军候半涉，击，大破之。"水内"乃"汭"也，误为"内"耳。

欲战者，无附于水而迎客；

曹操曰：附，近也。○李筌曰：附水迎客，敌必不得渡而与我战。○杜牧曰：言我欲用战，不可近水迎敌，恐敌人疑我不渡也。义与上同，但客主词异耳。

视生处高，

曹操曰：水上亦当处其高也；前向水，后当依高而处之。

无迎水流，

曹操曰：恐溉我也。○李筌曰：恐溉我也。智伯灌赵襄子，光武溃王寻，迎水处高乃败之。○杜牧曰：水流就下，不可于卑下处军也。恐敌人开决，灌浸我也。上文云"视生处高"也。诸葛武侯曰："水上之阵，不逆其流。"此言我军舟船，亦不可泊于下流，言敌人得以乘流而薄我也。

此处水上之军也。绝斥泽，惟亟去无留；若交军于斥泽之中，必依水草而背众树；

曹操曰：不得已与敌会于斥泽中。○李筌曰：急过不得，战必依水背树。夫有水树，其地无陷溺也。○杜牧曰：斥卤之地，草木不生，谓之飞锋。言于此忽遇敌，即须择有水草林木而止之。

此处斥泽之军也。平陆处易，

曹操曰：车骑之利也。○杜牧曰：言于平陆，必择就其中坦易平稳之处以处军，使我车骑得以驰逐。

而右背高，前死后生，

曹操曰：战便也。○李筌曰：夫人利用，皆便于右，是以背之。前死，致敌之地；后生，我自处。○杜牧曰：太公曰："军必左川泽而右丘陵。"死者，下也；生者，高也。

下不可以御高，故战便于军马也。

此处平陆之军也。凡此四军之利，

　　李筌曰：四者，山、水、斥泽、平陆也。

黄帝之所以胜四帝也。

　　曹操曰：黄帝始立，四方诸侯无不称帝，以此四地胜之也。○李筌曰：黄帝始受兵法于
　　风后，而灭四方，故曰胜四帝也。

凡军好高而恶下，贵阳而贱阴，养生而处实，军无百疾，是谓必胜。

　　曹操曰：恃满实也。养生，向水草，可放牧，养畜乘。实，犹高也。○李筌曰：夫人处
　　卑下必疠疾，惟高阳之地可居。○杜牧曰：生者阳也；实者高也。言养之于高，则无
　　卑湿阴翳，故百疾不生，然后必可胜也。

丘陵堤防，必处其阳，而右背之。此兵之利，地之助也。

　　杜牧曰：凡遇丘陵堤防之地，常居其东南也。

上雨，水沫至，欲涉者，待其定也。

　　曹操曰：恐半涉而水遽涨也。○李筌曰：恐水暴涨。○杜牧曰：言过溪涧，见上流有
　　沫，此乃上源有雨，待其沫尽水定，乃可涉；不尔，半涉，恐有瀑水卒至也。

凡地有绝涧、天井、天牢、天罗、天陷、天隙，必亟去之，勿近也。

　　曹操曰：山深水大者为绝涧，四方高、中央下为天井，深山所过若蒙笼者为天牢，可以
　　罗绝人者为天罗，地形陷者为天陷，山涧道迫狭、地形深数尺长数丈者为天隙。○杜牧
　　曰：《军谶》曰："地形坳下，大水所及，谓之天井。山涧迫狭，可以绝人，谓之天牢。
　　涧水澄阔，不测浅深，道路泥泞，人马不通，谓之天陷。地多沟坑，坎陷木石，谓之天
　　隙。林木隐蔽，兼葭深远，谓之天罗。"

吾远之，敌近之；吾迎之，敌背之。

　　曹操曰：用兵常远六害，令敌近背之，则我利敌凶。○李筌曰：善用兵者，致敌之受害
　　之地也。○杜牧曰：迎，向也；背，倚也。言遇此六害之地，吾远之向之，则进止自
　　由；敌人近之倚之，则举动有阻。故我利而敌凶也。

军行有险阻、潢井、葭苇、山林、蘙荟者，必谨覆索之，此伏奸之所处也。

曹操曰：险者，一高一下之地；阻者，多水也。潢者，池也；井者，下也。葭苇者，众
草所聚。山林者，众木所居也。翳荟者，可屏蔽之处也。此以上论地形也，以下相敌情
也。○李筌曰：以下恐敌之奇伏诱诈也。

敌近而静者，恃其险也；远而挑战者，欲人之进也；

杜牧曰：若近以挑我，则有相薄之势，恐我不进，故远也。

其所居易者，利也。

曹操曰：所居利也。○李筌曰：居易之地，致人之利。○杜牧曰：言敌不居险阻，而居
平易，必有以便利于事也。一本云：士争其所居者，易利也。

众树动者，来也；

曹操曰：斩伐树木，除道进来，故动。

众草多障者，疑也。

曹操曰：结草为障，欲使我疑也。○杜牧曰：言敌人或营垒未成，或拔军潜去，恐我来
追，或为掩袭，故结草使往往相聚，如有人伏藏之状，使我疑而不敢进也。

鸟起者，伏也；

曹操曰：鸟起其上，下有伏兵。○李筌曰：藏兵曰伏。

兽骇者，覆也。

曹操曰：敌广阵张翼。来覆我也。○李筌曰：不意而至曰覆。○杜牧曰：凡敌欲覆我，
必由他道险阻林木之中，故驱起伏兽骇逸也。覆者，来袭我也。

尘高而锐者，车来也；

杜牧曰：车马行疾，仍须鱼贯，故尘高而尖。

卑而广者，徒来也；

杜牧曰：步人行迟，可以并列，故尘低而阔也。

散而条达者，樵采也；

李筌曰：烟尘之候，晋师伐齐，曳柴从之。齐人登山，望而畏其众，乃夜遁。薪来即其
义也。此筌以“樵采”二字为“薪来”字。○杜牧曰：樵采者，各随所向，故尘埃散
衍。条达，纵横断绝貌也。

少而往来者，营军也。

> 杜牧曰：欲立营垒，以轻兵往来为斥候，故尘少也。

辞卑而益备者，进也；

> 曹操曰：其使来卑辞，使间视之，敌人增备也。○杜牧曰：言敌人使来，言辞卑逊，复增垒涂壁，若惧我者，是欲骄我使懈怠，必来攻我也。赵奢救阏与，去邯郸三十里，增垒不进。秦间来，必善食遣之。间以报秦将。秦将果大喜曰："阏与非赵所有矣！"奢既遣秦间，乃倍道兼行，掩秦不备，击之，遂大破秦军也。

辞强而进驱者，退也；

> 曹操曰：诡诈也。○杜牧曰：吴王夫差北征，会晋定公于黄池，越王勾践伐吴，吴晋方争长未定。吴王惧，乃合大夫而谋曰："无会而归，与会而先晋，孰利？"王孙雒曰："必会而先之。"吴王曰："先之若何？"雒曰："今夕必挑战，以广民心，乃能至也。"于是吴王以带甲三万人，去晋军一里，声动天地。晋使董褐视之，吴王亲对曰："孤之事君在今日，不得事君亦在今日。"董褐曰："臣观吴王之色，类有大忧；吴将毒我，不可与战。"乃许先歃。吴王既会，遂还焉。

轻车先出，居其侧者，阵也；

> 曹操曰：阵兵欲战也。○杜牧曰：出轻车，先定战阵疆界也。

无约而请和者，谋也；

> 李筌曰：无质盟之约请和者，必有谋于人。田单诈骑劫，纪信诳项羽，即其义也。○杜牧曰：贞元三年，吐蕃首领尚结赞因侵掠河曲，遇疫疠，人马死者太半，恐不得回，乃诈与侍中马燧款恩，因奏请盟会。燧乃盟之。时河中节度使浑瑊奏曰："若国家勒兵境上，以谋伐为计，蕃戎请盟，亦听信之。今吐蕃无所求于国家，遽请盟会，必恐不实。"上不纳。浑瑊率众二万，屯泾州平凉县，盟坛在县西三十里。五月十三日，瑊率三千人会坛所，吐蕃果衷甲劫盟焉。

奔走而陈兵车者，期也；

> 李筌曰：战有期及将用，是以奔走之。○杜牧曰：上文'轻车先出，居其侧者，阵也'，盖先出车定战场界，立旗为表，奔走赴表；以为阵也。旗者，期也，与民期于下也。

《周礼·大蒐》曰"车骤徒趋，及表乃止"是也。

半进半退者，诱也。

　　李筌曰：散于前。○杜牧曰：伪为杂乱不整之状，诱我使进也。

杖而立者，饥也；

　　李筌曰：困不能齐。○杜牧曰：不食必困，故杖也。一本从此"仗"字。

汲而先饮者，渴也；

　　李筌曰：汲未至先饮者，士卒之渴。○杜牧曰：命之汲水，未及而先取者，渴也。睹一

　　人，三军可知也。

见利而不进者，劳也。

　　曹操曰：士卒疲劳也。○李筌曰：士卒难用也。

鸟集者，虚也；

　　李筌曰：城上有鸟，师其遁也。○杜牧曰：设留形而遁。齐与晋相持，叔向曰："鸟乌

　　之声乐，齐师其遁。"后周齐王宪伐高齐，将班师，乃以柏叶为幕，烧粪壤去。高齐视

　　之，二日乃知其空营，追之不及。此乃设留形而遁走也。

夜呼者，恐也。

　　曹操曰：军士夜呼，将不勇也。○李筌曰：士卒怯而将懦，故惊恐相呼。○杜牧曰：恐

　　惧不安，故夜呼以自壮也。

军扰者，将不重也；

　　李筌曰：将无威重则军扰。○杜牧曰：言进退举止，轻佻率易，无威重，军士亦扰

　　乱也。

旌旗动者，乱也；

　　杜牧曰：鲁庄公败齐于长勺，曹刿请逐之。公曰："若何？"对曰："视其辙乱而旗靡，

　　故逐之。"

吏怒者，倦也；

　　杜牧曰：众悉倦弊，故吏不畏而忿怒也。

粟马肉食，军无悬瓨，不返其舍者，穷寇也。

一云：杀马肉食者，军无粮也；军无悬瓴，不返其舍者，穷寇也。○李筌曰：杀其马而

食肉，故曰军无粮也。不返舍者，穷迫不及灶也。○杜牧曰：粟马，言以粮谷秣马也。

肉食者，杀牛马飨士也。军无悬瓴者，悉破之，示不复炊也。不返其舍者，昼夜结部伍

也。如此皆是穷寇，必欲决一战尔。瓴音府，炊器也。

谆谆翕翕，徐与人言者，失众也；

曹操曰：谆谆，语貌；翕翕，失志貌。○李筌曰：谆谆翕翕，窃语貌。士卒之心恐上，

则私语而言，是失众也。○杜牧曰：谆谆者，乏气声促也；翕翕者，颠倒失次貌。如此

者，忧在内，是自失其众心也。

数赏者，窘也；

李筌曰：窘则数赏以劝进。○杜牧曰：势力穷窘，恐众为叛，数赏以悦之。

数罚者，困也；

李筌曰：困则数罚以励士。○杜牧曰：人力困弊，不畏刑罚，故数罚以惧之。

先暴而后畏其众者，不精之至也；

曹操曰：先轻敌，后闻其众，则心恶之也。○李筌曰：先轻后畏，是勇而无刚者，不精

之甚也。○杜牧曰：料敌不精之甚。

来委谢者，欲休息也。

李筌曰：徐前而疾后曰委谢。○杜牧曰：所以委质来谢，此乃势已穷，或有他故，必欲

休息也。

兵怒而相迎，久而不合，又不相去，必谨察之。

曹操曰：备奇伏也。○李筌曰：是军必有奇伏，须谨察之。○杜牧曰：盛怒出阵，久不

交刃，复不解去，有所待也；当谨伺察之，恐有奇伏旁起也。

兵非益多也，

曹操曰：权力均。一云"兵非贵益多"。

惟无武进，

曹操曰：未见便也。

足以并力、料敌、取人而已。

曹操曰：厮养足也。〇李筌曰：兵众武，用力均，惟得人者胜也。〇杜牧曰：言我与敌

人兵力皆均，惟未能用武前进者，盖未得见其人也。但能于厮养之中拣择其材，亦足并

力料敌而取胜，不假求于他也。

夫惟无虑而易敌者，必擒于人。

杜牧曰：无有深谋远虑，但恃一夫之勇，轻易不顾者，必为敌人所擒也。

卒未亲附而罚之，则不服；不服，则难用也。

杜牧曰：恩信未洽，不可以刑罚齐之。

卒已亲附而罚不行，则不可用也。

曹操曰：恩信已洽，若无刑罚，则骄惰难用也。

故令之以文，齐之以武，

曹操曰：文，仁也；武，法也。〇李筌曰：文，仁恩；武，威罚。〇杜牧曰：晏子举司

马穰苴，文能附众，武能威敌也。

是谓必取。

杜牧曰：文武既行，必也取胜。

令素行以教其民，则民服；令不素行以教其民，则民不服。令素行者，与众

相得也。

杜牧曰：素，先也。言为将，居常无事之时，须恩信威令先著于人，然后对敌之时，行

令立法，人人信伏。韩信曰："我非素得拊循士大夫，所谓驱市人而战也。所以使之背

水，令其人人自战。"以其非素受恩信，威令之从也。

《十一家注孙子》第十《地形》

地形篇

曹操曰：欲战，审地形以立胜也。〇李筌曰：军出之后，必有地形变动。

孙子曰：地形有通者，有挂者，有支者，有隘者，有险者，有远者。

曹操曰：此六者，地之形也。

我可以往，彼可以来，曰通。通形者，先居高阳，利粮道，以战则利。

曹操曰：宁致人，无致于人。○李筌曰：先之以待敌。○杜牧曰：通者，四战之地，须先据高阳之处，勿使敌人先得，而我后至也。利粮道者，每于津厄或敌人要冲，则筑垒或作甬道以护之。

可以往，难以返，曰挂。挂形者，敌无备，出而胜之；敌若有备，出而不胜，难以返，不利。

李筌曰：往不宜返曰挂。○杜牧曰：挂者，险阻之地，与敌共有，犬牙相错，动有挂碍也。往攻敌，敌若无备，攻之必胜，则虽与险阻相错，敌人已败，不得复邀我归路矣；若往攻敌人，敌人有备，不能胜之，则为敌人守险阻，邀我归路，难以返也。

我出而不利，彼出而不利，曰支。支形者，敌虽利我，我无出也；引而去之，令敌半出而击之，利。

李筌曰：支者，两俱不利，如挂之形，故各分其势。○杜牧曰：支者，我与敌人各守高险，对垒而军，中有平地，狭而且长，出军则不能成阵，遇敌则自下御上，彼我之势俱不利便。如此，则堂堂引去，伏卒待之。敌若蹑我，候其半出，发兵击之，则利；若敌人先去以诱我，我不可出也。

隘形者，我先居之，必盈之以待敌；若敌先居之，盈而勿从，不盈而从之。

曹操曰：隘形者，两山间通谷也，敌势不得挠我也。我先居之，必前齐隘口，陈而守之，以出奇也。敌若先居此地，齐口陈，勿从也。即半隘陈者从之，而与敌共此利也。○李筌曰：盈，平也。敌先守隘，我去之。赵不守井陉之口，韩信下之；陈豨不守漳水，高祖下之是也。○杜牧曰：盈者，满也。言遇两山之间，中有通谷，则须当山口为营，与两山口齐，如水之在器而盈满也。

险形者，我先居之，必居高阳以待敌；若敌先居之，引而去之，勿从也。

曹操曰：地形险隘，尤不可致人。○李筌曰：若险阻之地，不可后于人。○杜牧曰：险者，山峻谷深，非人力所能作为，必居高阳以待敌。若敌人先据之，必不可以争，则当引去。阳者，南面之地，恐敌人持久，我居阴而生疾也。今若于崝滺遇敌，则先据北山，此乃是面阴而背阳也。高、阳二者，止可舍阳而就高，不可舍高而就阳。孙子乃统而言之也。

远形者，势均，难以挑战，战而不利。

> 曹操曰：挑战者，延敌也。○李筌曰：力敌而挑，则利未可知也。○杜牧曰：譬如我与敌垒相去三十里，若我来就敌垒，而延敌欲战者，是我困敌锐，故战者不利。若敌来就我垒，延我欲战者，是我佚敌劳，敌亦不利。故言势均。然则如何？曰：欲必战者，则移相近也。

凡此六者，地之道也；将之至任，不可不察也。

> 李筌曰：此地形之势也，将不知者以败。

故兵有走者，有弛者，有陷者，有崩者，有乱者，有北者。凡此六者，非天之灾，将之过也。夫势均，以一击十，曰走；

> 曹操曰：不料力。○李筌曰：不量力也。若得形便之地，用奇伏之计，则可矣。○杜牧曰：夫以一击十之道，先须敌人与我将之智谋、兵之勇怯、天时地利、饥饱劳佚，十倍相悬，然后可以奋一击十。若势均力敌，不能自料以我之一击敌之十，则须奔走，不能返舍复为驻止矣。

卒强吏弱，曰弛；

> 曹操曰：吏不能统卒，故弛坏。○杜牧曰：言卒伍豪强，将帅懦弱，不能驱率，故弛坏坏散也。国家长庆初，命田布帅魏以伐王延凑。布长在魏，魏人轻易之，数万人皆乘驴行营，布不能禁。居数月，欲合战，兵士溃散。布自刭身死。

吏强卒弱，曰陷；

> 曹操曰：吏强欲进，卒弱辄陷，败也。○李筌曰：陷，败也。卒弱不一，则难以为战，是以强陷也。○杜牧曰：言欲为攻取，士卒怯弱，不量其力，强进之，则陷没于死地也。

大吏怒而不服，遇敌怼而自战，将不知其能，曰崩；

> 曹操曰：大吏，小将也。大将怒之，心不厌服，忿而赴敌，不量轻重，则必崩坏。○李筌曰：将为敌所怒，不料强弱，驱士卒如命者，必崩坏。○杜牧曰：春秋时，楚子伐郑，晋师救之。伍参言于楚子曰："晋之从政者新，未能行令；其佐先縠刚愎不仁，未肯用命；其三帅者专行不获，听而无上，众无适从。此行也，晋师必败。"晋魏锜求公族未得而怒，欲败晋师，请致师，不许；请使，许之。遂往请战而还。赵旃求卿未得，

请挑战，不许；召盟，许之。与魏锜皆命而往。郤克曰："二憾往矣，弗备必败。"随会

曰："若二子怒楚，楚人乘我，丧师无日矣！不如备之。"先縠曰："不可。"随会使巩

朔、韩穿师七覆于敖前，故上军不败，而中军、下军果败。七覆，七处伏兵也；敖，山

名也。

将弱不严，教道不明，吏卒无常，陈兵纵横，曰乱；

曹操曰：为将若此，乱之道也。○李筌曰：将或有一于此，乱之道也。○杜牧曰：言吏

卒皆不拘常度，故引兵出阵，或纵或横，皆自乱之也。

将不能料敌，以少合众，以弱击强，兵无选锋，曰北。

曹操曰：其势若此，必走之兵也。○李筌曰：军败曰北，不料敌也。○杜牧曰：卫公

《李靖兵法》有战锋队，言拣择敢勇之士，每战皆为先锋。《司马法》曰："选良次兵，

益人之强。"注曰："勇猛劲捷，战不得功，后战必选于前，当以激致其锐气也。"东晋

大将军谢玄北镇广陵时，苻坚强盛，玄多募勇劲。刘牢之、何谦、诸葛侃、高衡、刘

轨、田洛、孙无终等以骁猛应募，玄以牢之领精锐，为前锋，百战百胜，号为北府兵。

敌人畏之，所向必克也。

凡此六者，败之道也；将之至任，不可不察也。夫地形者，兵之助也。

杜牧曰：夫兵之主，在于仁义节制而已。若得地形，可以为兵之助，所以取胜也。"助"

一作"易"。

料敌制胜，计险厄远近，上将之道也。

杜牧曰：馈用之费，人马之力，攻守之便，皆在险厄远近也。言若能料此以制敌，乃为

将臻极之道。

知此而用战者必胜，不知此而用战者必败。

杜牧曰：谓知险厄远近也。

故战道必胜，主曰无战，必战可也；战道不胜，主曰必战，无战可也。

李筌曰：得战胜之道，必战可也；失战胜之道，必无战可也。立主人者，发其行也。○

杜牧曰：主者，君也。黄石公曰："出军行师，将在自专；进退内御，则功难成。故圣

主明王，跪而推毂曰：阃外之事，将军裁之。"

故进不求名，退不避罪，唯人是保，而利合于主，国之宝也。

李筌曰：进退皆保人，非为身也。○杜牧曰：进不求战胜之名，退不避违命之罪也。如此之将，国家之珍宝，言其少得也。

视卒如婴儿，故可与之赴深溪，视卒如爱子，故可与之俱死。

李筌曰：若抚之如此，得其死力也。故楚子一言，三军之士皆如挟纩也。○杜牧曰：战国时，吴起为将，与士卒最下者同衣食。卧不设席，行不乘骑，亲裹赢粮，与士卒分劳苦。卒有病疽，吴起吮之，其卒母闻而哭之。或问曰："子，卒也，而将军自吮疽，何为而哭？"母曰："往年吴公吮其父，其父不旋踵而死于敌；今复吮此子，妾不知其死所矣！"

厚而不能使，爱而不能令，乱而不能治，譬若骄子，不可用也。

曹操曰：恩不可专用，罚不可独任，若骄子之喜怒，对目还害，而不可用也。○李筌曰：虽厚爱人，不令如骄子者，有勃逆之心，不可用也。○杜牧曰：黄石公曰："士卒可下而不可骄。"夫恩以养士，谦以接之，故曰"可下"；制之以法，故曰"不可骄"。《阴符》曰："害生于恩。"吴起曰："夫鼓鼙金铎，所以威耳；旌旗麾章，所以威目；禁令刑罚，所以威心。耳威于声，不得不清；目威于色，不得不明；心威于刑，不得不严。三者不立，必败于敌。故曰：将之所执，莫不从移；将之所指，莫不前死。"卫公李靖曰："古之善为将者，必能十卒而杀其三，次者十杀其一。十杀其三，威振于敌国；十杀其一，令行于三军。是知畏我者不畏敌，畏敌者不畏我。"善无细而不赏，恶无微而不贬。马谡军败，诸葛亮对泣而行诛；乡人盗笠，吕蒙垂涕而后斩；马逸犯禾，曹公割发而自刑；两掾辞屈，黄盖诘问而俱斩。故能威克其爱，虽少必济；爱加其威，虽多必败。○孟氏曰：唯务行恩，恩势已成，刑之必怨；唯务行刑，刑怨已深，恩之不附。必使恩威相参，赏罚并用，然后可以为将，可以统众也。

知吾卒之可以击，而不知敌之不可击，胜之半也；知敌之可击，而不知吾卒之不可以击，胜之半也；

杜牧曰：可击者，勇敢轻死也；不可击者，顿弊怯弱也。

知敌之可击，知吾卒之可以击，而不知地形之不可以战，胜之半也。

曹操、李筌曰：胜之半者，未可知也。○杜牧曰：地形者，险易、远近、出入、迂直也。

故知兵者，动而不迷，举而不穷。

杜牧曰：未动未举，胜负已定，故动则不迷，举则不穷也。一云：动而不困，举而不顿。

故曰：知彼知己，胜乃不殆；知天知地，胜乃不穷。

李筌曰：人事、天时、地利三者同知，则百战百胜。

《十一家注孙子》第十一《九地》

九地篇

曹操曰：欲战之地有九。○李筌曰：胜敌之地有九，故次《地形》之下。

孙子曰：用兵之法，有散地，有轻地，有争地，有交地，有衢地，有重地，有圮地，有围地，有死地。

曹操曰：此九地之名也。

诸侯自战其地，为散地。

曹操曰：士卒恋土，道近易散。○李筌曰：卒恃土，怀妻子，急则散，是为散地也。○杜牧曰：士卒近家，进无必死之心，退有归投之处。

入人之地而不深者，为轻地。

曹操曰：士卒皆轻返也。○杜牧曰：师出越境，必焚舟梁，示民无返顾之心。○李筌曰：轻于退也。

我得则利，彼得亦利者，为争地。

曹操曰：可以少胜众，弱击强。○李筌曰：此厄喉守险地，先居者胜，是为争地也。○杜牧曰：必争之地，乃险要也。前秦苻坚先遣大将吕光讨西域，坚败绩。后光自西域还，师至宜禾，坚凉州刺史梁熙谋拒之。高昌太守杨翰曰："吕光新定西国，兵强气锐，其锋不可当，若出流沙，其势难测。高梧谷口险要，宜先守之，而夺其水；彼既困渴，人自然投戈。如以为远不可守，伊吾之关，亦可拒之。若废此二要，难为计矣。地有所必争，真此机也。"熙不从，竟为光所灭也。

我可以往，彼可以来者，为交地。

曹操曰：道正相交错也。○杜牧曰：川广地平，可来可往，足以交战对垒。

诸侯之地三属，

曹操曰：我与敌相当，而旁有他国也。

先至而得天下之众者，为衢地。

曹操曰：先至得其国助也。○李筌曰：对敌之傍，有一国为之属，先往而通之，得其众
也。○杜牧曰：衢地者，三属之地，我须先至其冲，据其形势，结其旁国也。天下，犹
言诸侯也。

入人之地深，背城邑多者，为重地。

曹操曰：难返之地。○李筌曰：坚志也。白起攻楚，乐毅伐齐，皆为重地。○杜牧曰：
入人之境已深，过人之城已多，津梁皆为所恃，要冲皆为所据，还师返旆，不可得也。

行山林、险阻、沮泽，凡难行之道者，为圮地。

曹操曰：少固也。

所由入者隘，所从归者迂，彼寡可以击吾之众者，为围地。

李筌曰：举动难也。○杜牧曰：出入艰难，易设奇伏覆胜也。

疾战则存，不疾战则亡者，为死地。

曹操曰：前有高山，后有大水，进则不得，退则有碍。○李筌曰：阻山背水食尽，利速
不利缓也。○杜牧曰：卫公李靖曰："或有进军行师，不因乡导，陷于危败，为敌所制。
左谷右山，束马悬车之径；前穷后绝，雁行鱼贯之岩。兵阵未整，而强敌忽临，进无所
凭，退无所固，求战不得，自守莫安。驻则日月稽留，动则首尾受敌。野无水草，军乏
资粮，马困人疲，智穷力极。一人守隘，万夫莫向。如彼要害，敌先据之，如此之利，
我已失守，纵有骁兵利器，亦何以施其用乎？若此死地，疾战则存，不疾战则亡。当须
上下同心，并气一力，抽肠溅血，一死于前，因败为功，转祸为福。"此乃是也。

是故散地则无战，

李筌曰：恐走散也。○杜牧曰：已具其上。

轻地则无止，

> 李筌曰：恐逃。〇杜牧曰：兵法之所谓轻地者，出军行师，始入敌境，未背险要，士卒思还，难进易退，以入为难，故曰轻地也。当必选精骑，密有所伏，敌人卒至，击之勿疑；若是不至，逾之速去。

争地则无攻，

> 曹操曰：不当攻，当先至为利也。〇李筌曰：敌先居地险，不可攻。〇杜牧曰：无攻者，言敌人若已先得其地，则不可攻也。

交地则无绝，

> 曹操曰：相及属也。〇李筌曰：不可绝间也。〇杜牧曰：川广地平，四面交战，须车骑部伍，首尾联属，不可使之断绝，恐敌人因而乘我。

衢地则合交，

> 曹操曰：结诸侯也。〇李筌曰：结行也。〇杜牧曰：诸侯，即上文云旁国也。

重地则掠，

> 曹操曰：畜积粮食也。〇李筌曰：深入敌境，不可非义，失人心也。汉高祖入秦，无犯妇女，无取宝货，得人心如此。筌以"掠"字为"无掠"字。〇杜牧曰：言居于重地，进未有利，退复不得，则须运粮，为持久之计以伺敌也。

圮地则行，

> 曹操曰：无稽留也。〇李筌曰：不可为沟隍，宜急去之。

围地则谋，

> 曹操曰：发奇谋也。〇李筌曰：智者不困。〇杜牧曰：难阻之地，与敌相持，须用奇险诡谲之计。

死地则战。

> 曹操曰：殊死战也。〇李筌曰：殊死战，不求生矣。

所谓古之善用兵者，能使敌人前后不相及，众寡不相恃，贵贱不相救，上下不相收，卒离而不集，兵合而不齐。

> 李筌曰：设变以疑之。救左则击其右，惶乱不暇计。〇杜牧曰：多设变诈以乱敌人。或

冲前掩后，或惊东击西，或立伪形，或张奇势，我则无形以合战，敌则必备而众分。使其意慑离散，上下惊扰，不能和合，不得齐集，此善用兵也。

合于利而动，不合于利而止。

曹操曰：暴之使离，乱之使不齐，动兵而战。〇李筌曰：挠之令见利乃动，不乱则止。

敢问：敌众整而将来，待之若何？

曹操曰：或问也。

曰：先夺其所爱，则听矣。

曹操曰：夺其所恃之利。若先据利地，则我所欲必得也。〇李筌曰：孙子故立此问者，以此为秘要也。所爱，谓敌所便爱也，或财帛子女，吾先困辱之，则敌进退皆听也。〇杜牧曰：据我便地，略我田野，利其粮道，斯三者，敌人之所爱惜倚恃者也。若能俱夺之，则敌人虽强，进退胜败，皆须听我也。

兵之情主速，乘人之不及，由不虞之道，攻其所不戒也。

曹操曰：孙子应难以覆陈兵情也。〇李筌曰：不虞不戒，破敌之速。〇杜牧曰：此统言兵之情状，以乘敌间隙。由不虞之道，攻其不戒之处，此乃兵之深情，将之至事也。

凡为客之道：深入则专，主人不克；

李筌曰：夫为客，深入则志坚，主人不能御也。〇杜牧曰：言大凡为攻伐之道，若深入敌人之境，士卒有必死之志，其心专一，主人不能胜我也。克者，胜也。

掠于饶野，三军足食；谨养而勿劳，并气积力；运兵计谋，为不可测。

曹操曰：养士并气，运兵为不可测度之计。〇李筌曰：气盛力积，加之以谋虑，则非敌之可测。〇杜牧曰：斯言深入敌人之境，须掠田野，使我足食；然后闭壁养之，勿使劳苦。气全力盛，一发取胜，动用变化，使敌人不能测我也。

投之无所往，死且不北，

李筌曰：能得其力者，投之无往之地。〇杜牧曰：投之无所往，谓前后进退，皆无所之，士以此皆求力战，虽死不北也。

死焉不得，

曹操曰：士死，安不得也。〇杜牧曰：言士必死，安有不得胜之理？

士人尽力。

> 曹操曰：在难地心并也。

兵士甚陷则不惧，

> 杜牧曰：陷于危险，势不独死，三军同心，故不惧也。

无所往则固，深入则拘，

> 曹操曰：拘，缚也。○李筌曰：固，坚也。○杜牧曰：往，走也。言深入敌境，走无生路，则人心坚固如拘缚者也。

不得已则斗。

> 曹操曰：人穷则死战也。○李筌曰：决命。○杜牧曰：不得已者，皆疑陷在死地，必不生；以死救死，尽不得已也，则人皆悉力而斗也。

是故其兵不修而戒，不求而得，不约而亲，不令而信，

> 曹操曰：不求索其意，自得力也。○李筌曰：投之必死，不令而得其用也。○杜牧曰：此言兵在死地，上下同志，不待修整而自戒惧，不待收索而自得心，不待约令而自亲信也。

禁祥去疑，至死无所之。

> 曹操曰：禁妖祥之言，去疑惑之计。一本作“至死无所灾”。○李筌曰：妖祥之言，疑惑之事而禁之，故无所灾。○杜牧曰：黄石公曰：“禁巫祝不得为吏士卜问军之吉凶，恐乱军士之心。”言既去疑惑之路，则士卒至死，无有异志也。

吾士无余财，非恶货也；无余命，非恶寿也。

> 曹操曰：皆烧焚财物，非恶货之多也；弃财致死者，不得已也。○杜牧曰：若有财货，恐士卒顾恋，有苟生之意，无必死之心也。

令发之日，士卒坐者涕沾襟，偃卧者涕交颐。

> 曹操曰：皆持必死之计。○李筌曰：弃财与命，有必死之志，故感而流涕也。○杜牧曰：士皆以死为约，未战之日，先令曰：“今日之事，在此一举；若不用命，身膏草野，为禽兽所食也。”

投之无所往者，诸、刿之勇也。

李筌曰：夫兽穷则搏，鸟穷则啄，令急迫，则专诸、曹刿之勇也。○杜牧曰：言所投之

处，皆为专诸、曹刿之勇。

故善用兵者，譬如率然：率然者，常山之蛇也。击其首则尾至，击其尾则首

至，击其中则首尾俱至。敢问：兵可使如率然乎？曰：可。夫吴人与越人相

恶也，当其同舟而济，遇风，其相救也如左右手。是故方马埋轮，未足恃也；

曹操曰：方马，缚马也。埋轮，示不动也。此言专难不如权巧。故曰：虽方马埋轮，不

足恃也。○李筌曰：投兵无所往之地，人自斗，如蛇之首尾，故吴越之人，同舟相救，

虽缚马埋轮，未足恃也。○杜牧曰：缚马使为方阵，埋轮使不动，虽如此，亦未足称为

专固而足为恃。须任权变，置士于必死之地，使人自为战，相救如两手，此乃守固必胜

之道而足为恃也。

齐勇若一，政之道也。

李筌曰：齐勇者，将之道。○杜牧曰：齐正勇敢，三军如一，此皆在于为政者也。

刚柔皆得，地之理也。

曹操曰：强弱一势也。○李筌曰：刚柔得者，因地之势也。○杜牧曰：强弱之势，须因

地形而制之也。

故善用兵者，携手若使一人，不得已也。

曹操曰：齐一貌也。○李筌曰：理众如理寡也。○杜牧曰：言使三军之士，如牵一夫之

手，不得已皆须从我之命，喻易也。

将军之事，静以幽，正以治。

曹操曰：谓清净、幽深、平正。○杜牧曰：清净简易，幽深难测，平正无偏，故能

致治。

能愚士卒之耳目，使之无知。

曹操曰：愚，误也。民可与乐成，不可与虑始。○李筌曰：为谋未熟，不欲令士卒知

之，可以乐成，不可与谋始。是以先愚其耳目，使无见知。○杜牧曰：言使军士非将军

之令，其他皆不知，如聋如瞽也。

易其事，革其谋，使人无识；

　　李筌曰：谋事或变，而不识其原。○杜牧曰：所为之事，所有之谋，不使知其造意之端，识其所缘之本也。

易其居，迁其途，使人不得虑。

　　李筌曰：行路之便，众人不得知其情。○杜牧曰：易其居，去安从危；迁其途，舍近即远，士卒有必死之心。

帅与之期，如登高而去其梯；帅与之深入诸侯之地，而发其机，

　　杜牧曰：使无退心，孟明焚舟是也。一本"帅与之登高"。

焚舟破釜；若驱群羊，驱而往，驱而来，莫知所之。

　　曹操曰：一其心也。○李筌曰：还师者，皆焚舟梁，坚其志，既不知谋，又无返顾之心，是以如驱羊也。○杜牧曰：三军但知进退之命，不知攻取之端也。

聚三军之众，投之于险，此谓将军之事也。

　　曹操曰：险，难也。

九地之变，屈伸之利，人情之理，不可不察。

　　曹操曰：人情见利而进，见害而退。○杜牧曰：言屈伸之利害，人情之常理，皆因九地以变化。今欲下文重举九地，故于此重言，发端张本也。

凡为客之道：深则专，浅则散。去国越境而师者，绝地也；四达者，衢地也；入深者，重地也；入浅者，轻地也；背固前隘者，围地也；无所往者，死地也。是故散地，吾将一其志；

　　李筌曰：一卒之心。○杜牧曰：守则志一，战则易散。

轻地，吾将使之属；

　　曹操、李筌曰：使相及属。○杜牧曰：部伍营垒，密近联属，盖以轻散之地，一者备其逃逸，二者恐其敌至，使易相救。

争地，吾将趋其后；

　　曹操曰：利地在前，当速进其后也。○李筌曰：利地必争，益其备也。此筌以"趋"字为"多"字。○杜牧曰：必争之地，我若已后，当疾趋而争，况其不后哉！

交地，吾将谨其守；

杜牧曰：严壁垒也。

衢地，吾将固其结；

杜牧曰：结交诸侯，使之牢固。

重地，吾将继其食；

曹操曰：掠彼也。○李筌曰：馆谷于敌也。"继"一作"掠"。

圮地，吾将进其涂；

曹操曰：疾过去也。○李筌曰：不可留也。

围地，吾将塞其阙；

曹操、李筌曰：以一士心也。○杜牧曰：《兵法》"围师必阙"，示以生路，令无死志，因而击之。今若我在围地，敌开生路以诱我卒，我返自塞之，令士卒有必死之心。后魏末，齐神武起义兵于河北，为尒朱兆、天光、度律、仲远等四将会于邺南，士马精强，号二十万，围神武于南陵山。时神武马二千，步军不满三万。兆等设围不合，神武连系牛驴自塞之。于是将士死战，四面奋击，大破兆等四将也。

死地，吾将示之以不活。

曹操、李筌曰：励士心也。○杜牧曰：示之必死，令其自奋以求生也。

故兵之情：围则御，

曹操曰：相持御也。○李筌曰：敌围我则御之。○杜牧曰：言兵在围地，始乃人人有御敌持胜之心，相御持也。穷则同心守御。

不得已则斗，

曹操曰：势有不得已也。○李筌曰：有不得已则战。

过则从。

曹操曰：陷之甚过，则从计也。○李筌曰：过则审蹑。又云：陷之于过，则谋从之。

是故不知诸侯之谋者，不能预交；不知山林、险阻、沮泽之形者，不能行军；不用乡导者，不能得地利。

曹操曰：上已陈此三事，而复云者，丘恶不能用兵，故复言之。○李筌曰：三事，军之要也。

四五者不知一，非霸王之兵也。

　　曹操曰：谓九地之利害。或曰：上四五事也。

夫霸王之兵，伐大国，则其众不得聚；威加于敌，则其交不得合。

　　李筌曰：夫并兵震威，则诸侯自顾，不敢预交。○杜牧曰：权力有余也；能分散敌也。

是故不争天下之交，不养天下之权，信己之私，威加于敌，故其城可拔，其国可隳。

　　曹操曰：霸者，不结成天下诸侯之权也。绝天下之交，夺天下之权，故己威得伸而自私。○李筌曰：能绝天下之交，惟得伸己之私志，威而无外交者。○杜牧曰：信，伸也。言不结邻援，不蓄养机权之计，但逞兵威加于敌国，贵伸己之私欲，若此者，则其城可拔，其国可隳。齐桓公问于管仲曰：“必先顿甲兵，修文德，正封疆，而亲四邻，则可矣。”于是复鲁、卫、燕所侵地，而以好成，四邻大亲。乃南伐楚，北伐山戎，东制令支、折孤竹，西服流沙，兵车之会六，乘车之会三。乃率诸侯而朝天子。吴夫差破越于会稽，败齐于艾陵，阙沟于商鲁，会晋于黄池，争长而反，威加诸侯，诸侯不敢与争。勾践伐之，乞师齐楚，齐楚不应，民疲兵顿，为越所灭。越王句践问战于申包胥曰：“越国南则楚，西则晋，北则齐，春秋皮币玉帛子女以宾服焉，未尝敢绝，求以报吴，愿以此战。”包胥曰：“善哉，蔑以加焉！”遂伐吴，灭之。

施无法之赏，悬无政之令，犯三军之众，若使一人。

　　曹操曰：犯，用也。言明赏罚，虽用众，若使一人也。○李筌曰：善用兵者，为法作政而人不知；悬事无令而人从之，是以犯众如一人也。

犯之以事，勿告以言；犯之以利，勿告以害。

　　曹操曰：勿使知害。○李筌曰：犯，用也。卒知言与害，则生疑难。

投之亡地然后存；陷之死地然后生。

　　曹操曰：必殊死战，在亡地无败者。孙膑：“兵恐不投之死地也。”○李筌曰：兵居死地，必决命而斗以求生。韩信水上军，则其义也。

夫众陷于害，然后能为胜败。故为兵之事，在于顺详敌之意，

　　曹操曰：佯，愚也。或曰：彼欲进，设伏而退；彼欲去，开而击之。○李筌曰：敌欲

攻，我以守待之；敌欲战，我以奇待之。退伏利诱，皆顺其所欲。○杜牧曰：夫顺敌之

意，盖言我欲击敌，未见其隙，则藏形闭迹，敌人之所为，顺之勿惊。假如强以陵我，

我则示怯而伏，且顺其强，以骄其意，候其懈怠而攻之。假如欲退而归，则开围使去，

以顺其退，使无斗心，遂因而击之。皆顺敌之旨也。

并敌一向，千里杀将，

曹操曰：并兵向敌，虽千里能擒其将也。○杜牧曰：上文言为兵之事，在顺敌人之意，

此乃未见敌人之隙耳。若已见其隙，有可攻之势，则须并兵专力，以向敌人，虽千里之

远，亦可以杀其将也。

此谓巧能成事者也。

曹操曰：是成事巧者也。一作"是谓巧攻成事"。

是故政举之日，夷关折符，无通其使，

曹操曰：谋定，则闭关以绝其符信，勿通其使。○李筌曰：政令既行，闭关折符，无得

有所沮议，恐惑众士心也。○杜牧曰：其所不通，岂敌人之使乎？若敌人之使不受，则

何必夷关折符，然后为不通乎？答曰：夷关折符者，不令国人出入。盖恐敌人有间使潜

来，或藏形隐迹，由危历险，或窃符盗信，假托姓名，而来窥我也。无通其使者，敌人

若有使来聘，亦不可受之，恐有智能之士，如张孟谈、娄敬之属，见其微而知著，测我

虚实也。此乃兵形未成，恐敌人先事以制我也。兵形已成，出境之后，则使在其间，古

之道也。

厉于廊庙之上，以诛其事。

曹操曰：诛，治也。○杜牧曰：厉，揣厉也。言廊庙之上，诛治其事。成败先定，然后

兴师。一本作"以谋其事"。

敌人开阖，必亟入之。

曹操曰：敌有间隙，当急入之也。○李筌曰：敌开阖未定，必急来也。

先其所爱，

曹操曰：据利便也。○李筌曰：先攻其积聚及妻子，利不择其用也。○杜牧曰：凡是敌

人所爱惜倚恃以为军者，则先夺之也。

微与之期，

> 曹操曰：后人发，先人至。○杜牧曰：微者，潜也。言以敌人所爱利便之处为期，将欲谋夺之，故潜往赴期，不令敌人知也。

践墨随敌，以决战事。

> 曹操曰：行践规矩无常也。○李筌曰：墨者，出道也。出迟道而从之，恐不及。○杜牧曰：墨，规矩也。言我常须践履规矩，深守法制，随敌人之形；若有可乘之势，则出而决战也。

是故始如处女，敌人开户；后如脱兔，敌不及拒。

> 曹操、李筌曰：处女示弱，脱兔往疾也。○杜牧曰：言敌人初时谓我无所能为，如处女之弱；我因急去攻之，险迅疾速，如兔之脱走，不可捍拒也。或曰：我避敌走如脱兔。曰：非也。

《十一家注孙子》第十三《用间》

用间篇

> 曹操、李筌曰：战者必用间谍，以知敌之情实也。

孙子曰：凡兴师十万，出征千里，百姓之费，公家之奉，日费千金；内外骚动，怠于道路，不得操事者，七十万家。

> 曹操曰：古者八家为邻，一家从军，七家奉之，言十万之师举，不事耕稼者七十万家。
>
> ○李筌曰：古者发一家之兵，则邻里三族共资之，是以不得耕作者七十万家，而资十万之众矣。○杜牧曰：古者一夫田一顷。夫九顷之地，中心一顷，凿井树庐，八家居之，是为井田。怠，疲也。言七十万家奉十万之师，转输疲于道路也。

相守数年，以争一日之胜，而爱爵禄百金，不知敌之情者，不仁之至也，

> 李筌曰：惜爵赏不与间谍，令窥敌之动静，是为不仁之至也。○杜牧曰：言不能以厚利使间也。

非人之将也，非主之佐也，非胜之主也。故明君贤将，所以动而胜人，成功出于众者，先知也。

李筌曰：为间也。○杜牧曰：知敌情也。○何氏曰：《周官》"士师掌邦谍"，盖异国间

伺之谓也。故兵家之有四机二权，曰事机，曰智权，皆善用间谍者也。故能敌人动静，

我预知矣。韦孝宽为骠骑大将军，镇玉璧。孝宽善于抚御，能得人心。所遣间谍入齐

者，皆为尽力；亦有齐人得孝宽金货，遥通书疏。故齐之动静，朝廷皆先知之。时有主

帅许盆，孝宽委以心膂，令守一戍；盆乃以城东入。孝宽怒，遣谍取之。俄而斩首而

还。其能致物情如此。又，李达为都督义州、弘农等二十一防诸军事，每厚抚境外之

人，使为间谍，敌中动静，必先知之。至有事泄被诛戮者，亦不以为悔。其得人心也

如此。

先知者不可取于鬼神，不可象于事，

曹操曰：不可以祷祀而求，亦不可以事类而求也。○李筌曰：不可取于鬼神象类，唯间

者能知敌之情。○杜牧曰：象者，类也。言不可以他事比类而求。

不可验于度，

曹操曰：不可以事数度也。○李筌曰：度，数也。夫长短、阔狭、远近、小大，即可验

之于度数；人之情伪，度不能知也。

必取于人，知敌之情者也。

曹操曰：因人也。○李筌曰：因间人也。

故用间有五：有因间，有内间，有反间，有死间，有生间。五间俱起，莫知

其道，是谓神纪，人君之宝也。

曹操曰：同时任用五间也。○李筌曰：五间者，因五人用之。○杜牧曰：五间俱起者，

敌人不知其情泄形露之道；乃神鬼之纲纪，人君之重宝也。

因间者，因其乡人而用之。

杜牧曰：因敌乡国之人，而厚抚之，使为间也。晋豫州刺史祖逖之镇雍丘，爱人下士，

虽疏交贱隶，皆恩礼而遇之。河上堡固先有任子在胡者，皆听两属；时遣游军伪抄之，

明其未附。诸坞主感戴，胡有异图，辄密以闻。前后克获，盖由于此。西魏韦孝宽使齐

人斩许盆而来，犹其义也。

内间者，因其官人而用之。

李筌曰：因敌人失职之官，魏用许攸也。○杜牧曰：敌之官人，有贤而失职者，有过而被刑者，亦有宠嬖而贪财者，有屈在下位者，有不得任使者，有欲因败丧以求展己之材能者，有翻覆变诈常持两端之心者，如此之官，皆可以潜通问遗，厚贶金帛而结之。因求其国中之情，察其谋我之事，复间其君臣，使不和同也。

反间者，因其敌间而用之。

李筌曰：敌有间来窥我得失，我厚赂之，而令反为我间也。○杜牧曰：敌有间来窥我，我必先知之，或厚赂诱之，反为我用；或佯为不觉，示以伪情而纵之，则敌人之间，反为我用也。陈平初为汉王护军尉，项羽围于荥阳城，汉王患之，请割荥阳以西和，项王弗听。平曰："顾楚有可乱者，彼项王骨鲠之臣亚父、钟离昧、龙且、周殷之属，不过数人耳。大王能出捐数万斤金，行反间，间其君臣，以疑其心；项王为人意忌信谗，必内相诛。汉因举兵而攻之，破楚必矣。"汉王以为然，乃出黄金四万斤与平，恣所为，不问出入。平既多以金纵反间于楚军，宣言：诸将钟离昧等为项王将，功多矣，然终不得列地而王，欲与汉为一，以灭项氏，分王其地。项王果疑之，使使至汉。汉为太牢之具，举进，见楚使，即阳惊曰："吾以为亚父使，乃项王使也！"复持去，以恶草具进楚使。使归，具以报项王，果大疑亚父。亚父欲急击下荥阳城，项王不信，不肯听亚父。亚父闻项王疑之，乃大怒，疽发而死。卒用陈平之计灭楚也。

死间者，为诳事于外，令吾间知之，而传于敌间也。

李筌曰：情诈伪，不足信，吾知之，令吾动此间而待之。此筌以"待"字为非"传"也。○杜牧曰：诳者，诈也。言吾间在敌，未知事情，我则诈立事迹，令吾间凭其诈迹，以输诚于敌，而得敌信也。若我进取，与诈迹不同，间者不能脱，则为敌所杀，故曰死间也。汉王使郦生说齐，下之。齐罢守备，韩信因而袭之。田横怒，烹郦生。此事相近。

生间者，反报也。

李筌曰：往来之使。○杜牧曰：往来相通报也。生间者，必取内明外愚、形劣心壮、趫捷劲勇、闲于鄙事、能忍饥寒垢耻者为之。

故三军之事，莫亲于间，

杜牧曰：受辞指踪，在于卧内。

赏莫厚于间，事莫密于间。

　　杜牧曰：出口入耳也。"密"一作"审"。

非圣智不能用间，

　　杜牧曰：先量间者之性，诚实多智，然后可用之。厚貌深情，险于山川，非圣人莫

　　能知。

二　西夏文和汉文对照词语索引

本索引为西夏文和汉文对照的词语索引，按西夏字四角号码编排，辅以《夏汉字典》所收西夏字顺序号。逐字开列其字义，并以单字统词语。一些常见字词，反复大量出现，为节省篇幅，仅列举一部分出处。后为西夏词语出处，准确到所在行数。不同出处之间用"//"隔开。俄藏、英藏图版定位，均以上海古籍出版社整理刊布的《俄藏黑水城文献》第 11 册、《英藏黑水城文献》第 5 册为准。R 代表俄藏，E 代表英藏。如 R11·168 下·6，即《俄藏黑水城文献》第 11 册第 168 页下图第 6 行。

	5	𗼔	强	𗼔𗼔,强人	R11·168 下·6//R11·168 下·7
102110	6	𗾽	丘	𗾽𗾽𗾽,毋（册）丘俭	R11·160 上·6
			答	𗾽𗾽,曹答	R11·164 下·14
102120	8	𗽀	毒	𗽀𗽀,热毒	R11·162 下·3
				𗱢𗱢,起兵	R11·156 下·1//R11·170 上·14
				𗱢𗱢,发怒	R11·170 上·13//R11·179 上·1
				𗱢𗱢𗱢𗱢(纷乱△起),起反	R11·160 上·6
102121	9	𗱢	起	R11·156 上·6//R11·158 上·7//R11·160 上·5//R11·160 上·14//R11·160 下·9//R11·161 下·5//R11·161 下·12//R11·161 下·14//R11·162 上·14//R11·164 上·4//R11·164 下·9//R11·166 下·13//R11·167 上·4//R11·168 上·12//R11·168 上·14//R11·170 上·14//R11·171 下·9//R11·171 下·12//R11·171 下·13//R11·172 上·2//R11·172 上·2//R11·172 上·8//R11·172 上·9//R11·172 上·9//R11·173 下·4//R11·173 下·6//R11·175 下·12//R11·176 上·11//R11·176 下·5//R11·176 下·6//R11·176 下·8//R11·177 下·8
				𗱢𗱢,悉皆	R11·161 上·12//R11·178 下·3
102122	10	𗱢	皆	𗱢𗱢,悉皆	R11·174 下·5//R11·176 下·9
				𗱢𗱢,齐勇	R11·174 上·14//R11·174 上·14

续表

			R11·156下·6∥R11·157上·4∥R11·157上·6∥R11·157上·6∥R11·157下·4∥R11·157下·7∥R11·157下·8∥R11·158上·7∥R11·158上·11∥R11·158下·3∥R11·159上·2∥R11·159上·2∥R11·159下·5∥R11·160下·3∥R11·161上·13∥R11·161下·2∥R11·161下·4∥R11·161下·11∥R11·162下·3∥R11·163上·10∥R11·163上·12∥R11·165上·1∥R11·169上·5∥R11·170下·9∥R11·170下·14∥R11·174上·1∥R11·174下·3∥R11·175上·8∥R11·175上·13∥R11·176下·6∥R11·177下·6∥R11·177下·8∥R11·178上·8∥R11·178上·10∥R11·178上·10∥R11·178上·13∥R11·178上·14∥R11·178下·11		
11	□	富	□□,国富	R11·163下·5
13	□	流	□□,流涕	R11·173下·11
			□□,历日	R11·162下·2
			□□□□,悉过辎重	R11·161下·1
14	□	覆	□□,覆攻	R11·159下·7∥R11·160上·6∥R11·166下·4∥R11·166下·5∥R11·179上·2
			□□,掩袭	R11·166下·2
			R11·158下·11∥R11·159下·10∥R11·166下·5∥R11·170下·6∥R11·175下·3	
19	□	遇	□□,会遇	R11·176下·7
			R11·157上·3∥R11·163上·13∥R11·163下·11∥R11·165上·8∥R11·165下·9∥R11·166上·6∥R11·170下·14∥R11·173上·8∥R11·174上·7∥R11·178下·10	
102124	20	路	□□,大道	R11·161上·3
			□□,险道	R11·166下·5
			□□,隘道	R11·162下·2∥R11·164下·2
			□□,恶道	R11·162上·12∥R11·171上·6
			□□,道路	R11·159下·9∥R11·160下·1∥R11·172上·8∥R11·174下·11∥R11·174下·13
			□□□□□,涂有所不由	R11·162上·12
			□□,开路	R11·177上·11
			□□,穴道	R11·159下·10
			□□,狭道	R11·172下·8

续表

				𗾉𗅁𗟻𘃠(营道遇缚),十字路口	R11·159下·9
				𗟻𗅁,退路	R11·161上·14
				𗟻𗟥𗅁,归路	R11·161下·2
				𗾉𗟥𗅁,去路	R11·162下·3
				𗒹𗅁,逃路	R11·175下·14
				𗒹𗟥𗅁(走处路),逃路	R11·175下·11
				𗤋𗅁(过道),生路	R11·161下·4//R11·161下·5//R11·161下·9
				R11·158上·13//R11·158下·1//R11·158下·1//R11·158下·4//R11·159上·1//R11·159下·14//R11·161下·1//R11·161下·10//R11·161下·11//R11·162上·1//R11·162上·13//R11·162上·14//R11·162下·1//R11·162下·1//R11·162下·1//R11·162下·1//R11·162下·1//R11·162下·2//R11·162下·2//R11·162下·3//R11·162下·3//R11·162下·4//R11·166上·1//R11·166上·3//R11·166上·14//R11·172下·11//R11·173上·1//R11·174下·12//R11·175上·4//R11·175下·11//R11·175下·12//R11·175下·12//R11·175下·14//R11·177下·1//R11·177下·2//R11·177下·3//R11·177下·3//R11·177下·4//R11·177下·9	
102140	25	𗤋	乱	𗵐𗤋,纷乱	R11·159下·1//R11·160上·1//R11·167下·14//R11·168上·1//R11·168上·3//R11·170下·9//R11·170下·9//R11·170下·10
				𗵐𗤋𘊐𗰖(纷乱△起),起反	R11·160上·6
102150	26	𗗟	程	𗣼𗗟,险程	R11·171下·1
				𗰖𗗟,地程	R11·156上·3//R11·156上·5//R11·156上·5//R11·157下·14//R11·158下·1//R11·158下·2//R11·158下·3//R11·159上·10//R11·159上·10//R11·172上·8//R11·172下·3//R11·172下·12
				𗢏𗗟,水程	R11·160下·2//R11·164下·12//R11·178上·13
				R11·167上·7//R11·167下·1	

续表

102222	27	禤	皆	禤禤,悉皆	R11·174下·5//R11·176下·9
102224	30	頏	呚		R11·171下·3//R11·171下·4//R11·171下·4//R11·171下·5
	31	頏	谗	頏纫,谗舌	R11·178下·7
	32	舫	尒	舫舫觥,尒朱兆	R11·175下·13//R11·175下·13//R11·175下·14//R11·176上·1
102240	36	頁	伍	頁搬,伍参	R11·170上·14
102250	41	蒶	略	獅蒶,议略	R11·158上·9//R11·162上·13//R11·176上·6//R11·176上·11//R11·176下·3
102420	46	蕆	见		R11·158下·10//R11·158下·13//R11·158下·13//R11·158下·13//R11·158下·13//R11·159下·14//R11·161上·2//R11·161下·11//R11·163上·13//R11·163下·6//R11·163下·12//R11·163下·13//R11·164上·2//R11·164上·14//R11·167上·10//R11·167下·8//R11·167下·11//R11·168上·1//R11·168上·3//R11·168上·12//R11·172下·6//R11·174下·7//R11·174下·9//R11·175上·7//R11·175上·7//R11·175上·8//R11·175上·8//R11·176下·14//R11·177上·13//R11·177上·13//R11·177下·6//R11·178上·13
			观		R11·158下·9//R11·167上·8
			睹		R11·161下·14//R11·167下·7
	47	薜	爬	薜薜(爬行),率然蛇	R11·174上·1//R11·174上·2//R11·174上·4
102444	54	蒋	顶	蒋帪(顶冠),笠	R11·171下·14
104000	63	夐	举	飶夐,举炬	R11·159下·10
				胺夐,高举	R11·158下·5
				巃夐,举火	R11·159下·6//R11·159下·13
				R11·159下·4	
	70	甀	开	蔽甀,开路	R11·177上·11
				R11·161下·5//R11·161下·9//R11·161下·9//R11·161下·10//R11·175下·11//R11·175下·12	
	71	甀	夏	E5·151·4	

104110	74	□	半	□□,半渡	R11·165 下·10
				杨□□□(一半水渡),半渡	R11·164 下·10
				□□□□,半进半退	R11·167 下·4//R11·167 下·4
				R11·157 下·11//R11·157 下·14//R11·164 下·12//R11·164 下·14	
104121	78	□	祷	□□,祷祀	R11·178 上·3
	79	□	往	□□,来往	R11·175 上·4//R11·177 下·5
104122	80	□	巳	R11·157 下·9	
			蛇	R11·174 上·2//R11·174 上·2//R11·174 上·11	
	81	□	智	□□,智伯	R11·165 上·2
104124	86	□	行	□□□□□(昼夕夜行兼),倍道兼行	R11·157 下·4//R11·164 上·9//R11·167 上·2
				R11·156 上·7	
104140	89	□	上	□□□□□,以少攻众	R11·170 下·10
				□□□(意不置),不意	R11·156 上·7
				□□(愿上),如愿	R11·159 下·11//R11·178 下·14
				□□□□,穷寇勿迫	R11·161 下·11
				□□□□(面上勿战),不可仰攻	R11·161 上·6
				□□□□(面上战来),迎战	R11·156 下·7
				□□□(谋上往),得其计	R11·160 上·14
				□□□(计上来),从计	R11·176 上·5//R11·176 上·5
				□□□□□□,以一击十	R11·170 上·3//R11·170 上·5
				□□□□(命上△出),死	R11·161 下·2//R11·173 上·13
				□□□□(命上至往),至死	R11·173 下·4//R11·173 下·6

			R11・156下・1∥R11・156下・7∥R11・156下・7∥R11・157下・6∥R11・157下・6∥R11・158上・6∥R11・158下・6∥R11・158下・7∥R11・159上・10∥R11・159下・7∥R11・159下・10∥R11・159下・10∥R11・159下・10∥R11・159下・12∥R11・159下・13∥R11・160上・3∥R11・160上・7∥R11・160上・14∥R11・160下・1∥R11・160下・2∥R11・160下・2∥R11・160下・5∥R11・160下・7∥R11・160下・7∥R11・160下・11∥R11・160下・14∥R11・161上・1∥R11・161上・13∥R11・161上・14∥R11・161下・2∥R11・161下・10∥R11・161下・10∥R11・161下・10∥R11・161下・12∥R11・161下・14∥R11・162上・1∥R11・162上・6∥R11・162上・8∥R11・162上・9∥R11・162上・10∥R11・162上・11∥R11・162上・11∥R11・162上・12∥R11・162上・14∥R11・162下・4∥R11・162下・5∥R11・162下・5∥R11・162下・5∥R11・163上・1∥R11・163上・11∥R11・163上・11∥R11・163上・11∥R11・163下・3∥R11・163下・14∥R11・164上・3∥R11・164上・10∥R11・164下・5∥R11・164下・5∥R11・164下・6∥R11・164下・7∥R11・164下・12∥R11・164下・12∥R11・164下・13∥R11・164下・14∥R11・165上・1∥R11・165上・4∥R11・165上・9∥R11・165上・14∥R11・165下・7∥R11・165下・7∥R11・165下・9∥R11・165下・12∥R11・166上・1∥R11・166上・6∥R11・166上・14∥R11・166上・14∥R11・166下・4∥R11・166下・4∥R11・166下・5∥R11・167上・2∥R11・167上・3∥R11・167上・4∥R11・167上・4∥R11・167上・5∥R11・167上・6∥R11・167下・2∥R11・167下・2∥R11・167下・3∥R11・167下・3∥R11・167下・10∥R11・167下・10∥R11・168上・1∥R11・169上・5∥R11・170上・5∥R11・170上・6∥R11・170上・14∥R11・170下・5∥R11・170下・6∥R11・171上・11∥R11・172上・2∥R11・172上・2∥R11・172上・3∥R11・172上・4∥R11・172上・6∥R11・172下・2∥R11・172下・9∥R11・172下・9∥R11・172下・13∥R11・173上・8∥R11・173上・9∥R11・173上・13∥R11・173下・2∥R11・173下・2∥R11・173下・13∥R11・174上・6∥R11・174上・8∥R11・174上・9∥R11・174上・11∥R11・174上・12∥R11・174上・13∥R11・174下・14∥R11・175上・14∥R11・175下・2∥R11・175下・4∥R11・175下・6∥R11・175下・7∥R11・175下・8∥R11・175下・9∥R11・175下・11∥R11・175下・13∥R11・176上・1∥R11・176上・5∥R11・176上・10∥R11・176下・1∥R11・176下・6∥R11・176下・8∥R11・176下・9∥R11・177上・3∥R11・177上・4∥R11・177上・5∥R11・177上・5∥R11・177上・6∥R11・177上・6∥R11・177上・8∥R11・177上・9∥R11・177上・11∥R11・177上・12∥R11・177上・14∥R11・178上・9∥R11・178上・13∥R11・179上・2∥E5・151・4
91	覟	遇	姺覟，染病	R11・162下・3∥R11・162下・4
92	蕊	母	R11・171下・4∥R11・171下・4	

续表

104200	100	▢	一	散▢兹通,太一遁甲	R11·159上·6
					R11·169上·6//R11·169上·6//R11·171下·12//R11·171下·12//R11·172上·12//R11·175下·3//R11·176上·9//E5·151·4
	102	▢	夜	▢敊,夜间	R11·159下·5//R11·159下·6//R11·159下·6//R11·160上·1//R11·160下·2//R11·161下·1//R11·166下·9//R11·167下·12
				▢敊,黑夜	R11·167下·11
				▢敊敪辭,黑夜之中	R11·160上·1
				▢蔙,夜战	R11·159下·4
				祀▢,今夕	R11·167上·6
				纙▢,日夜	R11·157上·7
				纙▢,昼夜	R11·157下·7
				纙▢敪(昼夕夜),昼夜	R11·156上·7
				纙▢敪魤翌(昼夕夜行兼),倍道兼行	R11·157下·4//R11·164上·8//R11·167上·2
				敪敊,夜下	R11·167下·13
				刻▢桾翍,二日一夜	R11·156下·6
				刻翍刻▢,一日一夜	R11·157下·5
104220	105	▢	求	▢骸,寻求	R11·168下·7
					R11·178上·2//R11·178上·3
104240	108	▢	星	▢▢,星宿	R11·158下·13
	109	▢	星	▢▢,星宿	R11·158下·13
	111	▢	爬		R11·159下·9
				▢蔣(爬行),率然蛇	R11·174上·1//R11·174上·2//R11·174上·4
104248	113	▢	立	龗縱詤韺▢,兵以诈立	R11·158下·6
			成	▢綕悗,成皋城	R11·164下·14
					R11·158下·9//R11·166下·2//R11·171上·1//R11·171上·11//R11·174下·2//R11·176上·12
			城	巍▢悗,穰城	R11·161上·14
			宣	甄▢刿,汉宣帝	R11·161下·14
104280	115	▢	暖	R11·171下·2	

续表

104420	123	𣊫	步	𣊫毅，步骑	E5·150·4
				𣊫𣊫，步兵	R11·166下·7 // R11·166下·7
				R11·175下·14	
			行	R11·157下·5 // R11·157下·7 // R11·166下·6	
	124	薇	首	纞薇，禽首	R11·158下·4
			顶	峑薇，山顶	R11·165下·11 // R11·166下·8
104525	134	䶓	顾	慨䶓，不顾	R11·162上·1
			望	R11·159下·8	
105122	139	䶓	安	R11·164下·3 // R11·164下·4	
				㱇䶓，不利	R11·163下·3 // R11·169下·5 // R11·176下·3 // R11·177上·13 // R11·177下·7
			利	R11·156上·2 // R11·156上·3 // R11·156上·6 // R11·157上·2 // R11·158上·11 // R11·158上·13 // R11·158下·6 // R11·159下·6 // R11·161上·6 // R11·162下·13 // R11·162下·13 // R11·163上·8 // R11·163上·10 // R11·163上·10 // R11·163上·11 // R11·163上·13 // R11·163下·6 // R11·163下·6 // R11·164上·14 // R11·165上·10 // R11·165上·11 // R11·165上·14 // R11·166上·7 // R11·166上·14 // R11·171上·4 // R11·171上·13 // R11·171上·13 // R11·172下·6 // R11·172下·7 // R11·173上·1 // R11·173上·6 // R11·175上·7 // R11·175上·8 // R11·175下·5 // R11·177上·2 // R11·177上·13 // R11·178下·10	
			易	R11·165上·9 // R11·166上·14	
			便	R11·170上·4	
			益	R11·165下·8	
105220	140	䶓	佚	䶓佚誦假（佚住劳待），以逸待劳	R11·160下·13
			乐	劮䶓，安乐	R11·176上·12
105420	142	薇	悍	犕薇，勇悍	R11·159下·3 // R11·159下·3 // R11·160上·6 // R11·160上·8 // R11·163下·11 // R11·163下·11 // R11·163下·12 // R11·168上·11 // R11·168下·4 // R11·170上·10 // R11·170下·14 // R11·172下·11 // R11·173下·14 // R11·173下·14 // R11·174上·1 // R11·174下·1 // R11·179上·4

107240	144	薇	笙	夔薇,李笙	R11·156上·5
			黳	绥薇,湿黳	R11·165下·7
107241	147	鬲	乞	蘈鬲,乞兵	R11·176下·9
			请	蒹媲薱鬲(已归和请),委谢	R11·168上·13//R11·168上·14
				薱鬲,请和	R11·167上·11//R11·167上·14//R11·167上·14
				R11·167上·11//R11·167上·13//R11·170下·4//R11·170下·5//R11·170下·5	
109000	150	希	柱	希骹,抵御	R11·176上·3
				希骹,抗拒	R11·157下·10//R11·164下·9//R11·172下·13
109200	152	释	金	释鬼,金银	R11·158上·6//R11·176下·11//R11·178下·2//R11·178下·6
109500	154	霹	祖	纎霹飒(先祖世),古时	R11·163上·14//R11·177下·8
				纎霹嬲(先祖制),古制	R11·177下·6
111000	155	墅	邺	墅槭,邺城	R11·161上·3
				墅姘,邺南(地名)	R11·175下·13
			跃	缨墅,驰跃	R11·166上·1
112122	162	祂	谦	醜祂,何谦	R11·170下·14
	166	蘫	告	蘫骹,告知	R11·171下·10
	168	禠	昔	禠禠,往昔	R11·163上·1//R11·162下·7//R11·170上·14//R11·171下·2//R11·171下·2//R11·175上·2
				R11·173上·7	
	169	耗	垂	烫恍耗,慕容垂	R11·160上·14
		耗	水	烫耗,汜水(地名)	R11·160下·7
112124	173	禲	炫	禲禲,炫炫	R11·158下·13
	174	祕	圆		R11·172下·5
	176	祕	悄	骹祕(骑悄),轻骑	R11·166下·10//R11·167上·10
			黑	燚祕,污泥	R11·158上·14
112125	182	禳	许	R11·170下·3//R11·170下·4	
112140	185	禨	春	E5·151·4	

112154	194	輜	辎	輜䡛,辎重	R11·157上·4 // R11·157上·5 // R11·158上·5
				輜䡛䊆(车重粮),辎重	R11·157上·5
			载	燉蘸䓹輜(坚甲△载),卷甲	R11·156下·6
				R11·158上·9	
112222	201	祁	明	巍䋣祁,史思明	R11·161下·10
			静	R11·160下·10	
	206	䚸	益	蘸䊆䚸䚻,得利得益	R11·175下·5 // R11·177上·5
			胜	禳䚸,胜于	R11·172下·7 // R11·172下·8
				䚸䡕,胜败	R11·164下·2 // R11·172上·12
				䚸䚻,得胜	R11·169上·1
				䚸絆,胜心	R11·176上·4
				䚸狣,胜利	R11·177下·13 // E5·150·3
				䚸䡕,得胜	R11·165下·5 // R11·169上·1
				䋣䓹䓹䚸,百战百胜	R11·171上·1
				䓹䚸,战胜	R11·171上·14 // R11·174上·13 // R11·177上·6
				R11·158下·9 // R11·158下·10 // R11·159上·1 // R11·159上·8 // R11·160下·12 // R11·163上·11 // R11·165下·2 // R11·165下·3 // R11·165下·4 // R11·165下·7 // R11·168下·5 // R11·168下·6 // R11·168下·7 // R11·171上·4 // R11·171上·6 // R11·171上·6 // R11·172上·1 // R11·172上·11 // R11·173上·9 // R11·177上·5 // R11·177上·11 // R11·178下·1 // E5·151·1 // E5·151·3	
112250	213	髹	近	髹髹,近近	R11·175下·2 // R11·175下·2 // R11·175下·3 // R11·175下·3
				髹䊆(近地),轻地	R11·172上·14 // R11·172下·5 // R11·175上·12 // R11·175下·1
				髹䊆,远近	R11·156上·5 // R11·158下·2 // R11·159上·10 // R11·159上·10 // R11·164上·10 // R11·171上·4 // R11·171上·6 // R11·171上·7 // R11·172上·8
				髹䚻(近非),疏交	R11·178上·13

续表

			近	⬚⬚,侧近	R11·164下·2∥R11·164下·4∥R11·164下·4∥R11·165上·1∥R11·172下·3∥R11·172下·3∥R11·172下·4∥R11·173上·6∥R11·166上·5∥R11·166上·5
				⬚⬚,远近	R11·178上·5
				⬚⬚⬚⬚(远者近为),以迂为直	R11·156上·2∥R11·156上·3
				⬚⬚,就近	R11·175下·4
					R11·156上·2∥R11·156上·6∥R11·157下·11∥R11·157下·14∥R11·158上·1∥R11·158上·2∥R11·159下·9∥R11·160下·12∥R11·162下·1∥R11·165下·13∥R11·166上·4∥R11·166上·6∥R11·166上·10∥R11·166上·12∥R11·167上·10∥R11·174下·13
			直	⬚⬚,迂直	R11·157上·1∥R11·159上·7
			亲	⬚⬚,亲近	R11·172上·2∥R11·176下·5
				⬚⬚(节亲),公族	R11·170下·2
112252	214	⬚	贫	⬚⬚,贫苦	R11·168上·8
				⬚⬚(贫地),绝地	R11·162上·8∥R11·162上·9
112420	218	⬚	平	⬚⬚,平坦	R11·165上·10
112422	223	⬚	呼	⬚⬚,呼叫	R11·160下·2∥R11·167上·7∥R11·167下·11∥R11·167下·12∥R11·167下·12∥R11·167下·13
112525	236	⬚	劳	⬚⬚⬚⬚(佚住劳待),以逸待劳	R11·160下·13
			疲	⬚⬚,疲倦	R11·167下·8∥R11·168上·3∥R11·168上·3∥R11·168上·9∥R11·168上·10∥R11·168上·14∥R11·169下·4∥R11·172上·5
					R11·176下·10
114100	250	⬚	沙		R11·172下·11
114114	255	⬚	诈	⬚⬚,诡诈	R11·166下·12∥R11·167上·3∥R11·167下·5∥R11·178下·9
				⬚⬚,谎言	R11·164上·7∥R11·178下·13∥R11·178下·14
					R11·167上·12∥R11·167上·12∥R11·167上·13

续表

114117	256	虺	亡	椭虺,死亡	R11·158 上·2∥R11·170 上·11
					R11·164 上·12
114120	258	羝	裾	巍巍羝蒙(甲着裾卷),卷甲	R11·157 上·7
	261	巍	吾		R11·166 上·4∥R11·166 上·4
114122	269	琉	集	琉蔬(集荫),隐蔽	R11·166 上·1∥R11·166 上·3
	275	瓶	眉	飙瓶,苻眉(人名)	R11·164 上·4∥R11·164 上·5∥R11·164 上·6
				瓶瓶,赤眉	R11·158 上·6
	276	巍	子	結巍,夫子	R11·158 上·6
114124	284	瓢	夜	緲瓢,日夜	E5·151·4
114140	289	椷	城	椷辒扅,守城者	R11·178 上·13
				椷缡缐情蔬,城有所不攻	R11·162 下·7
				椷緿(城主),太守	R11·172 下·11
				椷叙,城门	R11·160 上·12
				鞲椷,城郭	R11·158 下·2
				楮椷,城堡	R11·176 下·5∥R11·178 上·13
					R11·156 下·1∥R11·156 下·1∥R11·156 下·3∥R11·156 下·3∥R11·156 下·3∥R11·156 下·5∥R11·156 下·6∥R11·157 上·1∥R11·159 上·5∥R11·160 上·6∥R11·160 上·8∥R11·160 上·11∥R11·160 上·11∥R11·160 上·13∥R11·160 下·8∥R11·161 上·3∥R11·161 上·3∥R11·161 上·14∥R11·161 下·4∥R11·161 下·6∥R11·161 下·7∥R11·161 下·7∥R11·162 上·14∥R11·162 下·7∥R11·162 下·8∥R11·162 下·8∥R11·162 下·8∥R11·162 下·10∥R11·162 下·11∥R11·162 下·12∥R11·164 上·3∥R11·164 上·4∥R11·164 上·4∥R11·164 下·14∥R11·164 下·14∥R11·165 上·2∥R11·166 下·13∥R11·166 下·14∥R11·167 上·1∥R11·167 下·9∥R11·170 下·13∥R11·173 上·6∥R11·176 下·1∥R11·176 下·4
	290	椷	如	諓帼旎椷,如入网内	R11·159 下·13
				瀡椷,如此	R11·156 上·6∥R11·157 下·6∥R11·157 下·7∥R11·159 上·2∥R11·162 下·6∥R11·164 上·10∥R11·167 上·12∥R11·172 下·12
				絹……椷,譬如	R11·174 上·1
				猕椷,如神	E5·151·1
				犇椷槪蔹,不动如山	R11·158 下·13
				叚椷,何如	R11·158 下·5

编号	序号	西夏字	释义	例句	出处
					R11·156上·5//R11·156上·6//R11·158下·4//R11·158下·9//R11·158下·10//R11·158下·11//R11·158下·11//R11·158下·13//R11·158下·13//R11·158下·14//R11·158下·14//R11·158下·14//R11·159下·12//R11·159下·12//R11·159下·12//R11·161下·4//R11·166上·1//R11·166下·1//R11·166下·2//R11·166下·6//R11·166下·13//R11·167上·3//R11·167上·6//R11·167下·5//R11·167下·13//R11·169下·4//R11·170下·9//R11·170下·11//R11·171上·14//R11·171下·1//R11·171下·2//R11·171下·2//R11·171下·7//R11·171下·9//R11·173上·12//R11·173下·13//R11·173下·14//R11·174上·1//R11·174上·4//R11·174上·7//R11·174上·11//R11·174上·11//R11·174上·13//R11·174下·3//R11·174下·4//R11·174下·7//R11·174下·9//R11·175上·3//R11·175上·4//R11·177上·7//R11·177下·6//R11·178上·9//R11·178上·11//R11·178下·6//R11·178下·9
	297	〔西夏字〕	甲	巍巍雉筮(甲着裾卷),卷甲	R11·157上·6
114141	303	〔西夏字〕	肯	敠巍,不肯	R11·166下·14//R11·168下·1//R11·168下·2//R11·168下·13//R11·170下·3
					R11·170下·4//R11·172上·2
114144	310	〔西夏字〕	蒙	氇巍,吕蒙	R11·171下·14
	320	〔西夏字〕	柔	班巘,刚柔	R11·174下·1//R11·174下·2
114220	322	〔西夏字〕	故		R11·156上·5//R11·157上·6//R11·157下·4//R11·158上·9//R11·158上·10//R11·158上·11//R11·159下·3//R11·160上·5//R11·160上·11//R11·160下·3//R11·161上·4//R11·161上·6//R11·161下·3//R11·163上·4//R11·163上·14//R11·163下·5//R11·163下·7//R11·164上·9//R11·164下·3//R11·165上·14//R11·165下·4//R11·165下·6//R11·165下·7//R11·166上·12//R11·166下·2//R11·166下·6//R11·167下·12//R11·167下·14//R11·167下·14//R11·168上·3//R11·168上·4//R11·168下·13//R11·169上·5//R11·169下·7//R11·170上·11//R11·170下·9//R11·171上·11//R11·171下·8//R11·171下·9//R11·171下·13//R11·172上·1//R11·172上·2//R11·172上·8//R11·172上·9//R11·172上·12//R11·172下·3//R11·172下·4//R11·172下·7//R11·172下·8//R11·173上·3//R11·173上·5//R11·173上·5//R11·173上·8//R11·173上·13//R11·173上·14//R11·173下·11//R11·173下·13//R11·174上·1//R11·174上·13//R11·174下·2//R11·174下·8//R11·175上·4//R11·175上·8//R11·176上·2//R11·176下·12//R11·177上·6//R11·177下·9//R11·177下·14//R11·178上·6//R11·179上·1//R11·179上·4//E5·150·1//E5·150·3

续表

114222	326	瑡	钦	玁瑡,文钦	R11·160上·6
114224	334	颡	育	馺颡,养育	R11·171上·12∥R11·178下·1
	335	翔	边	翔胖,侧近	R11·164下·4∥R11·164下·4∥R11·165上·1∥R11·172下·3∥R11·172下·3∥R11·172下·4∥R11·173上·6
				翔兆,旁边	R11·173上·3∥R11·173上·5
				翔祝,接边	R11·162下·10∥R11·173上·5∥R11·175下·3∥R11·175下·7∥R11·178上·13
				兆翔,侧边	R11·159下·8∥R11·164下·1
					R11·160下·8∥R11·162上·14∥R11·163下·14∥R11·164上·5∥R11·167上·7∥R11·167上·9∥R11·167下·1
114420	359	祓	千	祓妫,千里	R11·177上·12∥R11·177上·12
					R11·157下·9∥R11·157下·10∥R11·161下·6∥R11·163下·13∥R11·167下·2∥R11·169上·6∥R11·169上·6∥R11·175下·14∥R11·177上·14
114422	368	羉	察	妣羉,观察	R11·158下·4
				樌羉,间谍	R11·156下·4
					R11·156下·5∥R11·158下·3∥R11·160上·1∥R11·166下·11∥R11·166下·14∥R11·177下·5∥R11·177下·12∥R11·177下·12∥R11·178上·1∥R11·178上·3∥R11·178上·6∥R11·178上·7∥R11·178上·8∥R11·178上·10∥R11·178上·10∥R11·178上·10∥R11·178上·12∥R11·178上·12∥R11·178下·1∥R11·178下·1∥R11·178下·2∥R11·178下·2∥R11·178下·7∥R11·178下·8∥R11·178下·8∥R11·178下·9∥R11·178下·9∥R11·178下·14∥R11·179上·1∥R11·179上·3∥R11·179上·5∥R11·179上·5∥R11·179上·6∥R11·179上·7∥R11·179上·7

续表

114440	374	[illegible]	悔	[illegible],心悔	R11·161下·8
			夺	R11·160上·2//R11·160上·3	
			退	R11·160上·5//R11·163下·1//R11·173下·6//R11·175下·14	
114442	377	[illegible]	饭	[illegible],做饭	R11·168上·5
				[illegible],咽喉	R11·172下·8
114550	385	[illegible]	能	[illegible](能不能),能否	R11·170上·13
				[illegible],不能	R11·164下·9
				R11·160上·7//R11·161上·4//R11·161上·9//R11·161下·7//R11·161下·8//R11·161下·13//R11·164下·10//R11·167上·1//R11·170上·9//R11·170上·12//R11·170上·12//R11·170下·10//R11·171上·4	
115100	388	[illegible]	其	[illegible],其中	R11·157下·9//R11·166上·10
				R11·158下·9//R11·159下·10//R11·160上·12//R11·161上·13//R11·164下·12//R11·165上·1//R11·167上·6//R11·170下·1//R11·170下·14//R11·172下·11//R11·175下·11//R11·177上·10//R11·177上·11	
			彼	R11·161上·8//R11·167下·4//R11·178下·8	
	390	[illegible]	伐	[illegible],伐木	R11·166上·14
			断	[illegible](言断处),所取计者	R11·160上·13
	391	[illegible]	午	[illegible],午	R11·160下·3//R11·160下·9
115140	394	[illegible]	居	R11·156下·5//R11·162上·7//R11·164下·4//R11·164下·4//R11·164下·5//R11·164下·5//R11·164下·8//R11·165上·1//R11·165上·2//R11·165下·7//R11·165下·9//R11·166上·12//R11·166上·14//R11·166上·14//R11·166上·14//R11·166上·14//R11·167上·7//R11·167下·9//R11·175下·2//R11·175下·3	
115144	402	[illegible]	旃	[illegible],赵旃	R11·170下·3
115150	404	[illegible]	干	[illegible],杨干	R11·162下·14
	405	[illegible]	郭	[illegible],城郭	R11·158下·2
115252	413	[illegible]	困	[illegible],困困	R11·167下·6
				[illegible],困兽犹斗	R11·161下·12
			倦	[illegible],疲倦	R11·157下·4//R11·157下·8//R11·158上·2//R11·167下·8//R11·168上·3//R11·168上·3//R11·168上·10//R11·168上·10//R11·168上·14//R11·169下·4//R11·172上·5

续表

115555	425	𤔬	击	R11·162下·4∥R11·170下·11
			迎	𤔬慌㩵𤔬（丘来勿迎），背丘勿逆	R11·161上·5
				巍𤔬，逆战	R11·163下·1∥R11·164上·6∥R11·173上·2∥R11·176下·4
				R11·161上·6∥R11·161上·9∥R11·161上·9∥R11·161下·1∥R11·165上·6
	423	𤔬	会	R11·175下·13
117120	429	𤔬	昔	R11·171下·12
			往	𤔬𤔬，往昔	R11·162下·7∥R11·163上·1∥R11·170上·14∥R11·171下·2∥R11·171下·2∥R11·175上·2
				R11·173上·7
117122	433	𤔬	从	R11·164上·6
			以	𤔬𤔬㩵𤔬𤔬，兵以诈立	R11·158下·6
				㩵𤔬㩵𤔬（官于△到），奏	R11·162下·2
				R11·158下·7
			而	R11·175上·7∥R11·175上·7∥R11·175上·8∥R11·175上·8
			因	𤔬𤔬，因此	R11·157上·1∥R11·157下·6∥R11·157下·11∥R11·160上·4∥R11·160上·14∥R11·162上·2∥R11·170下·7∥R11·171下·6∥R11·175下·14∥R11·176下·7∥R11·176下·9∥R11·176下·11
				𤔬𤔬，因间	R11·178上·7∥R11·178上·11
				R11·159上·10∥R11·159下·1∥R11·161上·5∥R11·161下·3∥R11·161下·11∥R11·161下·14∥R11·162上·10∥R11·163下·14∥R11·164上·1∥R11·164下·10∥R11·168上·3∥R11·169上·5∥R11·170上·8∥R11·171上·6∥R11·171上·11∥R11·173上·13∥R11·173下·8∥R11·174下·1∥R11·178上·6∥R11·178上·6∥R11·178上·14∥R11·178下·5
			合	R11·171下·8
			附	R11·168下·14
			和	𤔬𤔬，和顺	R11·176下·6
				R11·176下·7

				𘝵𘜶,如愿	R11·177上·11
				𘝵𘜶,依行	R11·174下·8
				𘝵𘜶,依次	E5·151·3∥E5·150·7
				𘝵𘜶,依靠	R11·162上·7∥R11·164下·2∥R11·165上·7∥R11·165上·8∥R11·178上·3
				𘝵𘜶,依顺	R11·177上·9
				𘝵𘜶,依归	R11·178上·14
				𘝵𘜶,依恃	R11·174上·10∥R11·174上·11∥R11·174上·13∥R11·174上·13
			依	𘝵𘜶,依此	R11·157下·8∥R11·158上·7∥R11·159上·10∥R11·159上·12∥R11·169上·1∥R11·174上·12∥R11·176下·13∥R11·178下·13
				𘝵𘜶,乘风	R11·164上·1
				𘝵𘜶,依礼	R11·178上·13
				R11·158上·3∥R11·159上·1∥R11·159上·7∥R11·159下·1∥R11·159下·5∥R11·160上·5∥R11·160上·7∥R11·160下·5∥R11·162下·13∥R11·162下·13∥R11·162下·14∥R11·163上·2∥R11·163上·13∥R11·164上·14∥R11·165上·5∥R11·165上·11∥R11·165上·13∥R11·165下·3∥R11·165下·8∥R11·165下·11∥R11·170下·2∥R11·170下·8∥R11·170下·9∥R11·171上·6∥R11·171下·10∥R11·171下·11∥R11·174下·2∥R11·174下·2∥R11·174下·2∥R11·174下·12∥R11·175上·6∥R11·175上·8∥R11·176下·6∥R11·177上·1∥R11·177上·2∥R11·178上·2∥R11·178上·10∥R11·178下·1∥R11·178下·1∥E5·150·3∥E5·151·1∥E5·151·3	
			随	𘝵𘜶,随意	R11·170下·1∥R11·171上·11
				R11·161上·2	
117140	438	𘝵	都	杨𘝵𘜶苄(大都集头),都案案头	R11·171下·14
117142	442	𘏿	狭	苶𘏿,狭沟	R11·166上·3

117145	443	䤤	长	䤤䤤,长草	R11·166上·8
				䤤䤤䤤䤤,舍短从长	R11·164上·10
				䤤䤤,长短	R11·178上·5//E5·150·5//E5·151·2//E5·151·4
				R11·156上·5	
117220	444	䤨	长	䤨䤨䤨䤨,长庆元年	R11·170上·7
			仲	䤨䤨,管仲	R11·176下·5
			充	䤨,充(县名)	R11·162下·1
				䤨䤨䤨,赵充国	R11·161下·14
			昌	䤨䤨䤨,武昌城	R11·162下·8
				䤨䤨,高昌	R11·172下·11
117224	447	䤯	长	䤯䤯,长勺	R11·160上·3
117240	448	䤵	一	䤵䤵䤵䤵,十中而一	R11·157下·3
				䤵䤵,独一	R11·161下·9
				R11·156下·3/R11·156下·4//R11·156下·7//R11·157下·4//R11·159下·2//R11·159下·9//R11·162上·1//R11·163上·4//R11·163下·14//R11·173上·5//R11·174上·6//R11·174下·3//R11·174下·9	
			某	R11·171下·14//R11·171下·14//R11·178下·3	
117441	457	䤺	使	䤺䤺,天使	R11·163上·3//R11·163上·3
				䤺䤺,楚使	R11·178下·10
				䤺䤺,遣使	R11·166下·12//R11·166下·14//R11·178下·10
				䤺䤺,和使	R11·170下·3
				R11·156下·4//R11·156下·5//R11·160上·13//R11·166下·11//R11·166下·12//R11·167上·1//R11·170下·3//R11·177下·2//R11·177下·2//R11·177下·4//R11·177下·4//R11·177下·5//R11·177下·5//R11·177下·6//R11·178下·11//R11·178下·11//R11·178下·11//R11·179上·1	
117442	458	䤻	喉	䤻䤻,嗌道	R11·162下·2//R11·164下·2
				䤻䤻,咽喉	R11·172下·8
119120	463	䥅	危	䥅䥅,危险	R11·174下·14
			高	䥅䥅,处高	R11·164下·4
				䥅䥅䥅䥅,好高恶下	R11·165下·4
				䥅䥅,高丘	R11·158上·13
				R11·165下·8//R11·166下·5	

续表

编号	序号	西夏字	义	词例	出处
119121	465	□	投		R11·173下·13//R11·174上·8//R11·175上·5//R11·177上·3//R11·177上·4
119140	466	□	丘	□雊,高丘	R11·158上·13
	467	□	术	鞀祝,巫术	R11·161下·5//R11·161下·8
					R11·163上·7
			法	□祝,法式	R11·159上·8
				㣥钆祝,司马法（书名）	R11·160下·11//R11·161下·3//R11·170下·12
				㮣㤪,一法	R11·171下·3
					R11·158上·3//R11·159上·4//R11·161下·5//R11·172上·14
121000	475	□	席		R11·171下·3
121080	476	□	有	㣥劙,岂有	R11·161上·9
122024	478	□	合	㲀祝,分合	R11·158下·6//R11·158下·7//R11·158下·9
					R11·158下·7//R11·158下·9
			聚		R11·158上·14
122127	487	□	生	□□,生生	R11·160下·10
				□缌,养生	R11·165下·5
				□榋,生间	R11·178上·8//R11·179上·2//R11·179上·3
				糀㐱,生死	R11·160下·1//E5·151·5
					R11·164下·5//R11·164下·5//R11·164下·5//R11·164下·5//R11·165上·11//R11·165上·12//R11·165上·13//R11·165下·7//R11·177上·4
122170	490	□	依	燃鸏,固依	R11·162下·9//R11·165上·7//R11·165上·9
			靠	祝鸏,依靠	R11·162上·7//R11·164下·2//R11·165上·7//R11·165上·8//R11·178上·3

122420	491	敳	岂	敳嶷,岂能	R11·157下·6
				敳翿,岂有	R11·161上·9
				敳糀,岂可	R11·164下·10
				敳陵,岂有	R11·157下·5//R11·158上·11//R11·160下·9//R11·162下·8//R11·167下·7//R11·171上·4//R11·173上·9//E5·151·6
					R11·158下·13//R11·161下·13//R11·172上·2//R11·179上·7
			何		R11·158上·6//R11·158上·8//R11·159上·1
	493	敳	寻	㤿敳,王寻	R11·165上·3
			信	㲆敳,纪信	R11·167上·12
				㰛敳,韩信	R11·159上·4//R11·159下·12//R11·162上·12//R11·164下·13//R11·169上·5//R11·177上·6//R11·179上·1
	494	敳	阴	敳颰茇,阴符	R11·171下·10
				綖敳廕,济阴王	R11·161上·11//R11·161上·12
	496	敳	旺	绛藐敳禚,休囚旺相	E5·151·3
			盛	敳蘷,盛衰	E5·151·5
					R11·160下·3//R11·160下·4//R11·160下·7//R11·160下·7//R11·165下·10//R11·170下·14
	497	敳	数	敳㡶,数算	R11·178上·4
					R11·168下·3//R11·168下·4//R11·173上·6//E5·151·4
122422	500	敳	触	敳甊(触怒),怒	R11·170上·13
				敳䢟(触闹),烦	R11·160上·10//R11·163下·5//R11·164上·2//R11·164上·5
				桶紃敳嫨嘉藬敳,再而衰	R11·160上·5
				敳紃敳嫨嘉藬娟,三而竭	R11·160上·5
			击	拐敳,击鼓	R11·156下·3//R11·159下·6//R11·159下·10//R11·159下·11//R11·160上·2//R11·160上·2//R11·160上·2//R11·160上·3//R11·160上·4//R11·160上·5//R11·160上·7//R11·160上·9//R11·160上·9//R11·160上·9//R11·164上·5//R11·167上·7

续表

					R11·159上·14//R11·159下·1//R11·160上·9//R11·174上·2//R11·174上·3//R11·174上·3
	502	[illegible]	少	[illegible],少许	R11·161下·8//R11·162下·5
				[illegible],以少攻众	R11·170下·10
				[illegible],再而衰	R11·160上·5
					R11·160上·2//R11·160上·9//R11·166下·9//R11·166下·10//R11·171下·13//R11·171下·13//R11·172上·1//R11·172下·7//R11·177下·9
			小	[illegible],小军	R11·174下·4
122424	508	[illegible]	也		R11·156上·5//R11·156上·5//R11·156上·6//R11·157上·2//R11·157上·3//R11·157下·6//R11·157下·10//R11·158上·4//R11·158上·9//R11·158上·10//R11·158上·14//R11·158上·14//R11·158上·14//R11·158上·14//R11·158上·14//R11·158下·7//R11·158下·13//R11·159上·8//R11·159上·12//R11·159上·13//R11·159上·13//R11·159上·14//R11·159下·1//R11·159下·6//R11·159下·12//R11·160上·3//R11·160上·5//R11·160上·8//R11·160上·11//R11·160上·13//R11·160下·5//R11·160下·5//R11·160下·11//R11·160下·13//R11·160下·14//R11·161上·1//R11·161上·2//R11·161上·2//R11·161上·2//R11·161上·3//R11·161上·3//R11·161上·5//R11·161上·6//R11·161上·8//R11·161下·4//R11·161下·8//R11·161下·11//R11·162上·3//R11·162上·7//R11·162上·8//R11·162上·9//R11·162上·12//R11·162下·1//R11·162下·4//R11·162下·14//R11·162下·14//R11·162下·14//R11·163上·5//R11·163上·8//R11·163上·9//R11·163下·6//R11·163下·10//R11·164上·12//R11·164上·13//R11·164下·2//R11·164下·3//R11·164下·5//R11·164下·5//R11·164下·5//R11·164下·6//R11·164下·6//R11·164下·7//R11·179上·2//R11·179上·3//E5·150·4//E5·150·4//E5·150·5//E5·150·5//E5·150·5//E5·150·6//E5·150·7//E5·151·1//E5·151·4//E5·151·5//E5·151·7//E5·151·7
			是		R11·159下·3//R11·159下·6//R11·162上·2//R11·162上·13//R11·162下·3//R11·162下·6//R11·166下·8//R11·166下·9//R11·167上·5//R11·167上·14//R11·172下·6//R11·172下·13//R11·174上·5//R11·176下·11//R11·177下·4//R11·178下·6//R11·178下·11//R11·178下·11
122425	509	[illegible]	摇	[illegible],震震	R11·158上·14
				[illegible],摇动	R11·166上·14
				[illegible],泥动	R11·166上·1

				𘜶𘜶𘜶𘜶(轩辕天帝),轩辕皇帝	R11·165 下·2 // R11·165 下·3
				𘜶𘜶,天中	R11·159 下·9
				𘜶𘜶,天牢	R11·165 下·12 // R11·165 下·13 // R11·166 上·1 // R11·166 上·2
				𘜶𘜶,天罗	R11·165 下·12 // R11·165 下·14 // R11·166 上·1 // R11·166 上·3
				𘜶𘜶,天井	R11·165 下·12 // R11·165 下·13 // R11·165 下·14 // R11·166 上·2
122442	510	𘜶	天	𘜶𘜶,天下	R11·159 下·14 // R11·176 上·13 // R11·176 上·14 // R11·176 下·2 // R11·176 下·2
				𘜶𘜶,天隙	R11·165 下·12 // R11·165 下·14 // R11·166 上·1 // R11·166 上·3
				𘜶𘜶,天使	R11·163 上·3
				𘜶𘜶,天陷	R11·165 下·12 // R11·165 下·14 // R11·166 上·1 // R11·166 上·3
				𘜶𘜶,观天	R11·173 下·5
				R11·158 下·13 // R11·176 下·3 // R11·176 下·3	
				𘜶𘜶,步骑	E5·150·4
122452	520	𘜶	骑	𘜶𘜶(骑悄),轻骑	R11·166 下·10 // R11·167 上·10
				R11·157 下·10 // R11·160 下·7 // R11·163 下·13 // R11·175 下·14	
			令	𘜶𘜶,法令	R11·174 下·5
				R11·173 下·1 // R11·173 下·3	
122457	524	𘜶		𘜶𘜶,命令	R11·156 下·2 // R11·159 下·3 // R11·159 下·13 // R11·160 上·1 // R11·163 上·7 // R11·170 上·7 // R11·171 下·6 // R11·173 下·2 // R11·173 下·10 // R11·173 下·12 // R11·174 下·4 // R11·174 下·4 // R11·174 下·9 // R11·176 上·2
			命	𘜶𘜶,命言	R11·170 下·1
				𘜶𘜶,君命	R11·156 上·1 // R11·162 上·5 // R11·162 下·13 // R11·162 下·13 // R11·163 上·1 // R11·163 上·2 // E5·150·2

				剗籇爄(听君命),内御	R11·171上·10
				R11·162下·12∥R11·176上·2	
			教	R11·169上·2∥R11·169上·3	
			辞	R11·179上·5	
124172	535	籇	式	籇禊,法式	R11·159上·8
				羢籇(彼式),而	R11·167上·5
				羢籇(彼式),自然	R11·162下·2∥R11·172下·12∥R11·173下·2
				杨籇,一式	R11·163下·1∥R11·171下·8 R11·171下·8∥R11·172上·2 R11·176上·14∥R11·177上·11 R11·177上·14
				R11·157上·1∥R11·159上·7∥R11·159下·6∥R11·160下·12∥R11·165上·10∥R11·165上·12∥R11·167上·5∥R11·171上·6∥R11·172上·10∥R11·172上·10∥R11·172上·12∥R11·173下·2∥R11·173下·3∥R11·173下·3∥R11·178下·1∥E5·150·3∥E5·150·6∥E5·151·1	
			形	綪籇,地形	R11·158下·3∥R11·161上·5∥R11·162上·10∥R11·166上·2∥R11·166上·10∥R11·169下·6∥R11·169下·7∥R11·170上·4∥R11·170上·5∥R11·171上·3∥R11·171上·4∥R11·172上·7∥R11·172上·8∥R11·174下·2∥R11·174下·2∥R11·176上·7
				綪籇爼,地形篇	R11·172上·13
				魟籇,队形	R11·159上·11
				R11·173上·1∥R11·174下·1	
			法	藁舫籇,用兵法	R11·176下·5
				舫籇,用法	R11·174下·8
				藲籇,战法	R11·158下·9
				豧籇,用法	R11·162上·4
				R11·156上·6∥R11·157下·8∥R11·158下·9∥R11·159上·14∥R11·160下·11∥R11·160下·13∥R11·161上·1∥R11·161上·3∥R11·161上·4∥R11·161下·7∥R11·162上·2∥R11·162上·5∥R11·163上·4∥R11·163上·6∥R11·163上·8∥R11·163上·10∥R11·163上·11∥R11·163上·11∥R11·163上·11∥R11·163上·14∥R11·163下·1∥R11·163下·1∥R11·163下·7∥R11·164上·2∥R11·164下·7∥R11·165上·5∥R11·165上·9∥R11·165上·14∥R11·165下·1∥R11·178上·7∥E5·151·5	

续表

			顺	□□□,顺敌	R11·177上·9
				□□,和顺	R11·176下·6
				□□,依顺	R11·177上·9
				□□,顺水	R11·165上·4
					R11·165下·9∥R11·177上·7∥R11·177上·10∥R11·177上·13
			循		R11·164上·14
124300	536	憂包	包	□□□,申包胥	R11·176下·10
124400	540	□	丰	□□(失丰),蹶	R11·157下·11∥R11·157下·11∥R11·157下·11
				□□,得丰	R11·174下·1
			实	□□,军实	R11·161下·3∥R11·172下·11
	546	□	无	□□□,孙无终	R11·170下·14
			五	□□□□,五溪蛮	R11·162上·14
			毋	□□□,毋(册)丘俭	R11·160上·6
			武	□□□,武原城	R11·161下·6
				□□□,武昌城	R11·162下·8
				□□□□,五溪蛮	R11·162上·14
				□□□,武牢关	R11·157下·10
				□□□□,武德年间	R11·160下·7
				□□,武陵(地名)	R11·162上·14
				□□□,武安城	R11·156下·2
				□□□,道武帝	R11·160上·14
				□□□,光武帝	R11·158上·7∥R11·158上·8
				□□□,魏武帝	R11·157下·5∥R11·158上·5∥R11·158上·8∥R11·161下·5
				□□□□,诸葛武侯	R11·165上·4
				□□,孙武	R11·159下·6∥R11·174上·5∥E5·151·5
				□□□,汉光武	R11·161下·6∥R11·165上·3
124414	555	□	阆	□□□,阆与城	R11·156下·1∥R11·156下·5∥R11·166下·13∥R11·167上·1
			器	□□,隗器	R11·160上·11
	556	□	意	□□□(意不置),不意	R11·156上·7∥R11·166下·4∥R11·167上·2

续表

	557	𘟣	诡	𘟣𗥦,诡辞	R11·160 下·1
			欺	R11·156 上·3 // R11·156 上·4 // R11·156 上·7 // R11·174 下·8 // R11·178 下·12 // R11·178 下·14	
124420	558	𗗙	野	𗗙𗟲,野兽	R11·166 下·5
				𗗙𗗙,草野	R11·158 下·11 // R11·173 下·12
				𘃥𗗙,野兽	R11·173 下·12
			兽	𗗙𘚵(射兽),射猎	R11·162 下·9
				𗗙𘃜,兽足	R11·158 下·4
				R11·166 下·4	
	563	𗉛	逆	𗉛𗑱,恶逆	R11·171 下·9
				𗉛𗢳,逆人	R11·170 上·8
				R11·164 上·3	
	567	𗙦	前	𗌧𗙦,目前	R11·171 下·8
				𗙦𗙦,前	R11·156 上·7 // R11·156 上·7 // R11·161 上·6 // R11·163 上·1 // R11·164 下·6 // R11·164 下·7 // R11·165 上·11 // R11·165 上·12 // R11·170 下·6 // R11·170 下·13 // R11·172 上·9 // R11·173 下·12 // R11·175 下·4 // R11·176 下·12 // R11·177 下·6
				𗙦𗙦,迎	R11·166 上·4 // R11·166 上·6
				𗙦𗙦𗙲,前方	R11·157 下·8
				R11·165 上·14 // R11·179 上·1	
124422	571	𘜶	柱	𗇹𘜶,柱杖	R11·167 下·5 // R11·167 下·6
	572	𘐀	计	𘐀𗄭,计谋	R11·160 上·11 // R11·162 上·10 // E5·150·3
				𗟲𘐀,定计	R11·159 上·6
				𘐀𘟣(计兵),奇兵	R11·170 上·4 // R11·177 上·9
				𘐀𗄭,计谋	R11·156 上·6 // R11·158 上·5 // R11·158 下·5 // R11·163 下·8 // R11·167 上·11 // R11·167 上·11 // R11·172 下·13 // R11·174 上·11 // R11·174 上·13 // R11·174 下·11 // R11·175 上·1 // R11·174 下·8
				𘐀𘚵,计域	R11·168 下·9
				R11·163 下·11	

续表

			谋	[illegible],不结谋	R11 · 176 上 · 14 // R11 · 176 下 · 4
				[illegible],谋略	R11 · 158 上 · 9 // R11 · 162 上 · 13 // R11 · 176 上 · 6
				[illegible],谋攻	R11 · 163 下 · 1 // R11 · 163 下 · 4
				[illegible],谋力	R11 · 176 下 · 2 // R11 · 176 下 · 7
				[illegible](计谋度),计度	R11 · 157 上 · 3
				R11 · 178 下 · 3	
	575	[illegible]	迹	[illegible],足迹	R11 · 158 下 · 4 // R11 · 158 下 · 5 // R11 · 158 下 · 9 // R11 · 168 上 · 3
	576	[illegible]	刿	[illegible],曹刿	R11 · 160 上 · 3 // R11 · 160 上 · 4 // R11 · 168 上 · 1 // R11 · 173 下 · 14
			轨	[illegible],刘轨	R11 · 170 下 · 14
	582	[illegible]	何	[illegible](敌人之何有),敌情	R11 · 158 上 · 10 // R11 · 158 上 · 11
				[illegible],何敢	R11 · 163 下 · 1
				[illegible],何云	R11 · 159 下 · 6 // R11 · 160 上 · 4 // R11 · 160 上 · 13 // R11 · 167 上 · 5 // R11 · 168 上 · 3
				[illegible],何有	R11 · 158 上 · 11 // R11 · 158 上 · 12 // R11 · 177 上 · 7 // R11 · 177 下 · 11 // R11 · 178 上 · 1 // R11 · 178 上 · 3
				[illegible],何真	R11 · 162 上 · 1
	583	[illegible]	卑	[illegible],自卑	R11 · 166 下 · 12 // R11 · 171 下 · 9
				[illegible],卑下	R11 · 171 下 · 9
				R11 · 160 上 · 10 // R11 · 166 下 · 10 // R11 · 166 下 · 11 // R11 · 166 下 · 12 // R11 · 171 下 · 9	
124424	585	[illegible]	草	[illegible],茅草	R11 · 166 下 · 2
				[illegible],长草	R11 · 166 上 · 8
				[illegible],结草	R11 · 166 下 · 1
				[illegible],丛草	R11 · 158 下 · 4 // R11 · 166 下 · 1
				[illegible],树动草响	R11 · 158 下 · 5
				[illegible],水草	R11 · 158 上 · 14 // R11 · 165 上 · 8
				[illegible],柴薪	R11 · 159 下 · 10
				R11 · 158 下 · 11 // R11 · 162 上 · 9 // R11 · 164 下 · 1 // R11 · 164 下 · 3 // R11 · 164 下 · 4 // R11 · 165 上 · 6 // R11 · 165 上 · 8 // R11 · 165 上 · 8 // R11 · 165 下 · 6	

124440	586	◻	徐	◻◻,徐州	R11·162下·7
			胥	◻◻◻,申包胥	R11·176下·10
	594	◻	徐	◻◻,徐徐	R11·158下·10//R11·158下·10//R11·158下·10//R11·158下·10
				◻◻,徐缓	R11·162上·1
124442	598	◻	蛮	◻◻◻◻,五溪蛮	R11·162上·14
125054	605	◻	兄弟	R11·160下·2	
125058	607	◻	人	◻◻◻◻,强人强马	R11·161上·13
				◻◻,人马	R11·166上·3//R11·171上·4
125150	609	◻	舒	◻◻,耿舒	R11·162上·14//R11·162上·1
125420	612	◻	引	◻◻,引导	R11·162下·9//R11·170下·4//R11·175上·1//R11·176下·7
				◻◻◻(引导者),副	R11·160上·12
125450	613	◻	拒	◻◻,抗拒	R11·157下·10//R11·164下·9//R11·172下·13//R11·176上·3
				◻◻,抗拒	R11·172下·11
				◻◻,拒敌	R11·164下·9
				◻◻,遏止	R11·161上·14
				R11·161上·11//R11·164下·12//R11·172下·11//R11·177上·4	
			御	R11·176上·3	
	615	◻	知	◻◻,告知	R11·171下·10
				◻◻,知觉	R11·158下·5//R11·174下·9
				R11·174下·8//R11·177上·2//R11·178上·11//R11·178下·8//R11·178下·9//R11·178下·10	
125452	616	◻	负	◻◻,怯弱	R11·177上·10
				◻◻,胜负	R11·159下·13//R11·172上·4//R11·172上·5//R11·172上·7//R11·172上·7
				R11·177上·9	
127048	618	◻	暑	◻◻◻◻,寒来暑往	E5·151·3
			热	◻◻,热毒	R11·162下·3

续表

127147	624	□	队	□□(军队),军溜	R11·159上·1//R11·159上·2// R11·160上·7//R11·175下·2
				□□□□(军队正为),列队	R11·156下·3//R11·164上·5
				□□,队形	R11·159上·11
				□□(列主),将佐	R11·162下·9//R11·162下·9// R11·164下·9//R11·168上·3
				□□,定列	R11·167下·2
				□□□□(行列正为),勒兵	R11·158下·10//R11·165上·11// R11·166下·4
				□□,行列	R11·158下·10//R11·159下·9// R11·167下·5//R11·170下·8// R11·170下·10//R11·175下·3// E5·150·4
129400	636	□	坡	□□(坡脊),坑堑	R11·158上·14
				□□(坡脊),丘陵	R11·158下·2//R11·165上·13// R11·165下·9//R11·166上·7// R11·166上·9
				□□(山坡),丘陵	R11·165下·7
				R11·164下·6//R11·164下·6	
	638	□	迫	□□,逼迫	R11·162下·11//R11·170上·10// R11·170上·11
				R11·177上·10	
			驱	R11·175上·3//R11·175上·3//R11·175上·4	
132141	645	□	助	□□,助者	R11·173上·4//R11·173上·5
				□□,辅助	R11·171上·3//R11·171上·4
				R11·157下·9//R11·173上·4	
132152	648	□	遗	□□(后遗),捐弃	R11·157上·5
				□□,遗食	R11·161上·10//R11·161上·11
			留	R11·161下·3//R11·161下·4	
	649	□	违	□□,违诏	R11·171上·14
				R11·174下·13//R11·179上·1	
			失	R11·158上·6//R11·163下·3	
132222	653	□	敖	□,敖(地名)	R11·170下·6
134121	676	□	往	□□,往来	R11·166下·9
				R11·166下·10	

134142	681	〓	没		R11·162上·2
			堕		R11·166上·3
134220	683	〓	孝	〓〓〓,韦孝宽	R11·178下·2
134222	685	〓	善	〓〓(善善),谨	R11·168下·1//R11·168下·1//R11·168下·2//R11·168下·2//R11·168下·3//R11·168下·3//R11·169下·6//R11·169下·7//R11·171上·2//R11·171上·2//R11·175上·7//R11·175上·7//R11·176上·5//R11·176上·5//R11·176上·5//R11·176上·5
				〓〓(善善),颇	R11·160下·12//R11·160下·12//R11·164上·13//R11·164上·13
			良	〓〓,良言	R11·171下·2//R11·179上·1
				R11·166下·14//R11·166下·14//R11·177下·7//R11·177下·7//R11·178下·11	
134420	705	〓	时	〓〓〓〓〓〓,再而衰	R11·160上·5
				〓〓〓〓〓〓,以一击十	R11·170上·3
				〓〓〓〓〓〓,三而竭	R11·160上·5
				R11·156上·1//R11·156上·3//R11·156下·3//R11·157上·3//R11·157下·5//R11·157下·7//R11·158下·1//R11·158下·1//R11·158下·3//R11·158下·9//R11·158下·9//R11·158下·10//R11·159上·1//R11·159上·3//R11·159上·10//R11·159下·1//R11·159下·6//R11·159下·7//R11·159下·7//R11·159下·7//R11·159下·10//R11·159下·10//R11·159下·11//R11·159下·13//R11·160上·1//R11·160上·3//R11·160上·5//R11·160下·9//R11·160下·9//R11·160下·12//R11·161下·4//R11·161下·12//R11·161下·12//R11·162上·10//R11·177上·9//R11·177上·10//R11·177上·10//R11·177上·11//R11·177下·1//R11·177下·8//R11·178上·12//R11·178下·2//R11·178下·8//R11·178下·9//R11·178下·10//E5·150·2//E5·150·4//E5·150·5	
	706	〓	处	〓〓,处处	R11·166下·2//R11·166下·2
				R11·158上·8//R11·173上·2//R11·173上·3	

续表

	707	敔	丘	恍敔,雍丘	R11・178上・13
			州	徽敔,豫州	R11・178上・12
				敭敔繡䍐䋲,泾州平凉县	R11・167下・1
				繡敔䋲,辰州城	R11・162上・14
				糵敔,魏州	R11・170上・8
				欂敔,凉州	R11・172下・10
				牗敔,兖州	R11・158上・8
			周	敔䍐,周易	R11・158下・1
				敔夋夋,周礼	R11・167下・3∥E5・150・6
				燉敔佩㸚庸讀,后周齐王宪	R11・167下・10
	709	敤	幕		R11・167下・10
134440	716	戮	屠		R11・168上・3∥R11・168上・4
			杀		R11・178下・10
135124	720	敊	治		R11・171下・2
			抚		R11・172上・1
135420	724	靮	等		R11・159下・9∥R11・159下・11∥R11・159下・12∥R11・160上・6∥R11・161下・9∥R11・164上・4∥R11・165上・7∥R11・165上・8∥R11・170下・5∥R11・170下・14∥R11・172下・2∥R11・173下・5∥R11・173下・14∥R11・174上・1∥R11・174上・6∥R11・175下・13∥R11・175下・13∥R11・175下・14∥R11・176上・1∥R11・176下・6∥R11・178上・13∥R11・178下・6∥R11・178下・7∥R11・179上・4∥E5・150・6
137400	731	敓	击	敓䮒敔敓䍏敔,以一击十	R11・170上・3
				㲀敓敔敓䍏敔,以一击十	R11・170上・5
					R11・160下・5∥R11・160下・9∥R11・160下・10∥R11・161上・3∥R11・161上・13∥R11・164下・10∥R11・165上・1∥R11・167上・2∥R11・170上・5∥R11・170上・6
			伐		R11・167上・4
			进	敓㸚,进退	R11・159下・1
				㸚敓,自进	R11・159下・2∥R11・163下・13
					R11・159上・14∥R11・159下・1∥R11・159下・2

续表

				𘚱𘚱𘞃𘞃，以少攻众	R11·170下·10
				𘞃𘝓，攻击	R11·159上·1∥R11·160上·14∥R11·160下·12
				𘞃𘝀，攻掠	R11·161上·11
				𘞃𘝀，攻战	R11·175上·4
				𘞃𘝓，来攻	R11·177上·8∥R11·177上·8
				𘞇𘞃，自攻	R11·160上·7∥R11·171下·1∥R11·171下·11∥R11·174下·4∥R11·174下·13
			攻	𘞃𘝀𘞃（高住勿攻），高陵勿向	R11·161上·5
				𘞃𘞃，谋攻	R11·163下·1∥R11·163下·4
				𘞃𘞃，覆攻	R11·166下·4∥R11·166下·5∥R11·179上·2
				𘞃𘞃，掩攻	R11·159下·7
				𘞃𘞃，掩袭	R11·160上·6
				𘞃𘞃，进攻	R11·167上·2
					R11·156上·7∥R11·156下·1∥R11·158下·3∥R11·158下·14∥R11·159上·1∥R11·159上·13∥R11·159下·11∥R11·160下·10∥R11·161上·14∥R11·161下·2∥R11·162下·5∥R11·164下·6∥R11·164下·12∥R11·164下·14∥R11·164下·14∥R11·165上·4∥R11·165上·13∥R11·166下·2
			投	𘞃𘞃𘞃，投毒	R11·161上·10
				𘞃𘞃𘞃𘞃𘞃𘞃𘞃死，强弩之末	R11·157下·6
137420	733	𘞃	至	R11·160下·9	
139400	737	𘞃	下	R11·166下·7	
141122	740	𘞃	倍	𘞃𘞃，十倍	R11·170上·5
142122	744	𘞃	疾	𘞃𘞃，疾疾	R11·158下·9
			急	𘞃𘞃（性急），忿速	R11·164上·1
				𘞃𘞃，性急	R11·164上·2∥R11·164上·5
	747	𘞃	多	R11·162下·3∥R11·167上·13	
	748	𘞃	今	𘞃𘞃，今夕	R11·167上·6
				𘞃𘞃，今日	R11·167上·8∥R11·173下·12

续表

			令	R11·159下·11∥R11·160下·1∥R11·160下·2∥R11·161下·7∥R11·161下·9∥R11·162上·14∥R11·163下·14∥R11·164下·14∥R11·165下·3∥R11·167下·1∥R11·167下·5∥R11·169上·5∥R11·170上·8∥R11·170下·7∥R11·179上·1	
				罷歟嬬祀(左方大使),尚左	R11·161上·8
				絳嬬嶅祀(使着大心),骄其意	R11·177上·10
	749	祀	使	R11·156上·3∥R11·156上·6∥R11·156上·7∥R11·156下·1∥R11·156下·7∥R11·157下·10∥R11·158下·1∥R11·158下·9∥R11·159上·1∥R11·159上·5∥R11·159下·7∥R11·160上·1∥R11·160上·10∥R11·160上·11∥R11·161上·11∥R11·161上·12∥R11·161下·5∥R11·162下·3∥R11·162下·8∥R11·162下·11∥R11·162下·12∥R11·163上·2∥R11·163上·2∥R11·163下·4∥R11·163下·4∥R11·163下·5∥R11·163下·12∥R11·164上·2∥R11·164上·2∥R11·164上·3∥R11·164上·5∥R11·164上·8∥R11·164上·10∥R11·166下·2∥R11·166下·2∥R11·166下·13∥R11·166下·14∥R11·166下·14∥R11·167上·2∥R11·167上·7∥R11·168上·8∥R11·168上·9∥R11·168上·10∥R11·170上·10∥R11·170上·13∥R11·170上·14∥R11·170下·6∥R11·170下·12∥R11·171上·1∥R11·172上·1∥R11·172上·2∥R11·173下·2∥R11·173下·9∥R11·173下·9∥R11·173下·11∥R11·173下·11∥R11·174上·13∥R11·174下·3∥R11·174下·5∥R11·174下·7∥R11·174下·9∥R11·174下·10∥R11·175上·2∥R11·175上·3∥R11·175上·4∥R11·175上·4∥R11·175下·1∥R11·175下·1∥R11·175下·3∥R11·175下·8∥R11·175下·11∥R11·176上·2∥R11·176上·11∥R11·176上·11∥R11·176上·12∥R11·176上·12∥R11·176下·7∥R11·176下·8∥R11·176下·14∥R11·177上·2∥R11·177上·5∥R11·177上·5∥R11·177上·6∥R11·178上·12∥R11·178下·7∥R11·178下·7∥R11·178下·9∥R11·178下·9∥R11·178下·13∥R11·178下·14∥R11·179上·1∥E5·150·3∥E5·150·3∥E5·150·5	
			备	龍祀,刘备	R11·157下·5∥R11·164下·11
				骸廉龍祀,蜀主刘备	R11·164下·8
			弼	夌蠵祀,李光弼	R11·161下·10
	750	訛	啄	R11·173下·14	
142124	754	訛	粗	訛誻(粗暴),喧器	R11·160下·8
142125	760	祀	判	R11·171下·13	

142142	762	□	轮	□□,埋轮	R11·174 上·10 // R11·174 上·11 // R11·174 上·11 // R11·174 上·12
142150	764	□	马	□□,车马	R11·157 下·8 // R11·162 上·6 // R11·166 下·6 // R11·176 上·10 // R11·176 下·6 // E5·150·3
				□□□□(兵马归),班师	R11·167 下·10
				□□□(兵马事),军事	R11·156 下·2
				□□,缚马	R11·174 上·10 // R11·174 上·11 // R11·174 上·12
				□□,驰马	R11·163 上·2 // R11·163 上·3 // R11·163 上·3
				□□□(马唇捆),衔枚	R11·160 上·6
				□□□□,强人强马	R11·161 上·13
				□□,人马	R11·166 上·3
					R11·160 下·5 // R11·160 下·7 // R11·160 下·8 // R11·160 下·9 // R11·162 下·12 // R11·163 上·7 // R11·165 下·10 // R11·165 下·11 // R11·166 下·6 // R11·167 上·13 // R11·167 下·1 // R11·167 下·13 // R11·168 上·4 // R11·170 下·1 // R11·171 上·4 // R11·171 下·14 // R11·173 下·2 // R11·173 下·12 // R11·176 下·10 // R11·178 下·3 // R11·178 下·7 // R11·178 下·14 // E5·150·3 // E5·150·5
142152	768	□	及	□□,继及	R11·157 下·9 // R11·157 下·10
					R11·160 下·3 // R11·167 下·11
142154	771	□	置	□□,设置	R11·159 上·11
				□□□□(战场设置),列阵	R11·167 上·7
				□□,设置	R11·164 下·10 // R11·167 下·11 // R11·171 下·11 // R11·176 下·12 // R11·176 下·13
142220	773	□	赏	□□,大赏	R11·171 下·13
				□□,赏赐	R11·159 上·4 // R11·168 上·8 // R11·168 上·8 // R11·168 上·9 // R11·176 下·14 // R11·179 上·5
				□□,赏罚	R11·159 下·1 // R11·171 下·10 // R11·176 下·14 // R11·177 上·1
				□□□□,赏罚并用	R11·172 上·2
				□□,赏物	R11·159 上·5 // R11·177 下·12 // R11·177 下·12
				□□,爵赏	R11·177 下·10

续表

142420	775	□	玉	□□,玉璧(地名)	R11·178下·1
144100	779	□	偏		R11·174下·7
144120	785	□	边	□□,旁边	R11·159下·8∥R11·173上·3∥R11·173上·5
				□□,接边	R11·173上·3
				□□,地边	R11·161上·11∥R11·167上·14
				□□(水边),岸	R11·162下·8
					R11·158下·5∥R11·164下·13∥R11·167上·12
144122	796	□	穴	□□,穴道	R11·159下·10
	797	□	意	□□□(己意断),自专	R11·171上·10
				□□,随意	R11·170下·1∥R11·171上·11
	795	□	△	谓词趋向前缀,表示完成体不定方	R11·156上·5∥R11·156下·4∥R11·156下·4∥R11·156下·4∥R11·159下·14∥R11·160上·12∥R11·160下·7∥R11·160下·10∥R11·160下·14∥R11·161上·11∥R11·161下·7∥R11·161下·7∥R11·161下·8∥R11·161下·8∥R11·162下·3∥R11·162下·9∥R11·163上·3∥R11·163上·5∥R11·163下·8∥R11·163下·9∥R11·164上·6∥R11·167上·1∥R11·167上·7∥R11·167上·8∥R11·167上·8∥R11·167上·13∥R11·167下·1∥R11·167下·2∥R11·167下·2∥R11·167下·3∥R11·169上·5∥R11·170上·8∥R11·170下·3∥R11·171上·11∥R11·172下·9∥R11·173下·1∥R11·174上·14∥R11·175上·8∥R11·175上·10∥R11·175下·13∥R11·176上·8∥R11·177上·13∥R11·177下·6∥R11·178下·1∥R11·178下·4∥R11·178下·10∥R11·178下·10∥R11·178下·11∥R11·178下·12

144124	800	□	争	□□,争地	R11·172 上·14 // R11·172 下·7 // R11·172 下·8 // R11·172 下·8 // R11·172 下·13 // R11·175 下·4
				□□(争利),军争	R11·156 上·1 // R11·156 上·1 // R11·157 上·2 // R11·159 上·8 // E5·150·7
				□□(争利),趋利	E5·151·7
				□□,争利	R11·157 上·4 // R11·157 上·5 // R11·157 上·6 // R11·157 上·7 // R11·157 下·1 // R11·157 下·3 // R11·157 下·3 // R11·157 下·10 // R11·157 下·11 // R11·159 上·3 // R11·171 上·4 // R11·177 下·10 // E5·150·1 // E5·151·7
				□□,争长	R11·176 下·8
144140	804	□	△	谓词趋向前缀,表示完成体向心方	R11·170 上·4 // R11·176 下·6 // R11·176 下·7
	807	□	江	□□□□(泽江湿泥),沮泽	R11·158 上·12 // R11·158 上·14
				□□,江水	R11·162 下·9
				□□,江南	R11·162 下·11
				R11·162 下·9 // R11·162 下·10	
	811	□	日	□□□□,二十八日	R11·156 下·4
				□□,聚期	R11·167 下·3
				□□,多日	R11·161 下·8 // R11·162 上·9 // R11·162 上·9
				□□,历日	R11·162 下·2
				R11·167 下·11	
144144	817	□	轩宪	□□□□,轩辕皇帝	R11·165 下·2 // R11·165 下·3
				□□□□□,后周齐王宪	R11·167 下·10
144150	819	□	殊	□□,奇殊	R11·176 上·12
144220	822	□	圮	□□,圮地	R11·162 上·6 // R11·172 下·1 // R11·175 下·9
				□□,圮毁	R11·162 上·7

续表

144520	824	□	忽	□□,立即	R11·158下·10 // R11·159下·13 // R11·160下·10 // R11·161上·11 // R11·161上·12 // R11·161下·9 // R11·162下·2 // R11·167上·6 // R11·167上·9 R11·167上·13 // R11·167下·1 // R11·170下·3 // R11·170下·4 // R11·170下·6 // R11·171下·4 // R11·175下·14 // R11·176下·6
147122	835	□	结	□□□,不结谋	R11·176上·14 // R11·176下·3 // R11·176下·4
			接	□□,接边	R11·162下·10 // R11·173上·3 // R11·173上·5 // R11·175下·3 // R11·178上·13
					R11·159下·8
					R11·175下·7
152222	849	□	动	□□(摇动),发作	R11·161上·13
152527	856	□	本	□□,根本	R11·174下·11
				□□,本国	R11·161上·14 // R11·167上·9
					R11·171上·3
152942	860	□	体	□□,军体	R11·162上·4 // R11·167下·7
				□□,事体	R11·174下·11
				□□,言体	R11·177上·2
154125	868	□	吾	□□,伊吾	R11·172下·13
			吴	□□□,吴国人	R11·174上·5
				□□,吴起	R11·159下·2 // R11·171下·2 // R11·171下·10
				□□,吴王	R11·161下·12
				□□□□,吴王夫差	R11·167上·3 // R11·176下·8
				□□□□,吴王阖闾	R11·161下·12
			梧	□□□,高梧谷	R11·172下·12
164322	895	□	搏	R11·173下·14	

170525	2983	㞬	中	R11·161上·3//R11·161上·12//R11·163上·3//R11·167上·12//R11·170上·7//R11·170上·8//R11·171上·13//R11·172下·6//R11·172下·12//R11·175下·10//R11·176上·4//R11·176下·9	
			内	㣂蕤㪍㞬，武德年间	R11·160下·7
				㪍㞬㪍㪍，如入网内	R11·159下·13
				㞬㪍㣂㣂，内明外愚	R11·179上·3
				㞬㪍，内间	R11·178上·7//R11·178下·4
				R11·156下·3//R11·158上·2//R11·158下·4//R11·159下·8//R11·159下·8//R11·159下·14//R11·160上·8//R11·161下·6//R11·161下·7//R11·162下·8//R11·162下·10//R11·162下·10//R11·163上·2//R11·164上·6//R11·164下·4//R11·164下·8//R11·165下·13//R11·166上·3//R11·168上·5//R11·179上·5	
171000	902	㪍	实	㪍㪍㪍㦤，实不可信	R11·166下·12
				㪍㦤，虚实	R11·177下·6//R11·178上·5//R11·178上·10//R11·178下·8
				R11·161上·2//R11·161上·8//R11·165下·5//R11·165下·6//R11·165下·7//R11·178上·14	
171120	909	㫭	秤	R11·159上·6	
172100	914	㞬	乐	㞬㪍㪍，乐嘉城	R11·160上·6
172122	933	藏	玉	藏㪍，白玉	R11·176下·11
	937	禠	相	绛㪍㪍禠，休囚旺相	E5·151·3
	938	㪍	雒	㦤㪍㪍，王孙雒	R11·167上·5
	929	㪍	纯	R11·161下·6//R11·172上·1	
	930	㪍	存	㪍㪍（暂存），苟生	R11·173下·9
				㪍㪍，何有	R11·162下·11//R11·168下·7
				㪍㪍，同有	R11·178上·4
			有	R11·156下·2//R11·158上·2//R11·159上·4//R11·161下·8//R11·162上·4//R11·162上·12//R11·162下·4//R11·162下·7//R11·162下·10//R11·162下·12//R11·162下·13//R11·162下·13//R11·163上·2//R11·163下·10//R11·165上·8//R11·167上·12//R11·167下·3//R11·168上·14//R11·168下·2//R11·170下·3//R11·171上·3//R11·172上·12//R11·172上·12//R11·172下·2//R11·173上·3//R11·173上·10//R11·173下·5//R11·175下·3//R11·177上·4//R11·178上·2//R11·178上·3//R11·178上·7//R11·178下·6//E5·151·2//E5·151·2	

续表

172124	942	巍	北	巍巍,北方	R11·167 上·3
				巍巍,北岸	R11·162 下·10
				巍巍巍巍,东南西北	R11·159 下·11
				R11·156 下·7∥R11·162 下·8∥R11·169 下·2∥R11·170 下·13∥ R11·176 下·6∥R11·176 下·11	
	943	巍	错	巍巍,错误	R11·164 上·11
	944	巍	穷	R11·168 上·4	
	945	巍	怒	巍巍,触怒	R11·170 上·13
				巍巍,忿怒	R11·158 下·14∥R11·164 上·6∥ R11·168 上·3
				巍巍,发怒	R11·170 上·13∥R11·179 上·1
				巍巍,怒心	R11·167 上·8
				巍巍,大怒	R11·160 上·10
				R11·164 上·2∥R11·164 上·3∥R11·164 上·5∥R11·164 上·6∥ R11·168 上·3∥R11·168 上·14∥R11·168 下·2∥R11·170 上· 11∥R11·170 上·13∥R11·170 下·6∥R11·179 上·2	
	952	巍	能	R11·167 上·6∥R11·168 下·6∥R11·170 上·4	
172125	959	巍	大	巍巍巍,上大夫	R11·170 下·4
			太	巍巍巍,唐太宗	R11·157 下·10∥R11·160 下·7∥ R11·164 上·2
				巍巍,太公	R11·165 上·13
172140	965	巍	城	巍巍,浑瑊(人名)	R11·167 上·14∥R11·167 下·1∥ R11·167 下·2
	966	巍	万	巍巍巍巍,带甲三万	R11·167 上·6
				R11·156 下·7∥R11·157 下·8∥R11·157 下·11∥R11·158 上·5∥ R11·158 上·7∥R11·162 上·2∥R11·167 下·1∥R11·169 上· 6∥R11·170 上·8∥R11·175 下·13∥R11·175 下·14∥R11·177 下·8∥R11·177 下·8∥R11·177 下·9∥R11·177 下·9	
	968	巍	诸	巍巍巍巍(诸军头监),诸将	R11·160 上·8
				巍巍,处处	R11·159 下·14
				R11·159 上·1∥R11·159 下·8∥R11·159 下·12∥R11·160 上·8∥ R11·160 上·12∥R11·160 下·7∥R11·161 上·7∥R11·162 上· 2∥R11·162 下·9∥R11·162 下·9∥R11·164 下·9∥R11·167 上·4∥R11·170 下·2∥R11·176 下·7∥R11·176 下·8∥R11·178 下·1	

续表

172152	981	𗣴	财	𗣴𗧆，弃财	R11·173下·11
				𗏆𗣴，委积	R11·158上·4
			物	𗼪𗣴，赏物	R11·159上·5∥R11·177下·12
				𗯨𗣴，贡物	R11·176下·11
				𗴂𗣴，财货	R11·158上·9∥R11·159上·2∥ R11·173下·8∥R11·173下·9
				𗭡𗣴，贿物	R11·178下·2
				𗧅𗣴，宝物	R11·162下·10∥R11·162下·10∥ R11·178上·12∥R11·178下·6∥ R11·178下·6∥R11·178下·8
172154	983	𗤱	驰	𗴂𗤱，驰马	R11·163上·2∥R11·163上·3
				R11·163上·3	
172210	989	𗤊	藏	R11·158下·4∥R11·166下·3	
172220	993	𗧠	牧	𗘂𗧠，放牧	R11·164下·3
				𗧠𗅆，耕牧	R11·177下·8
				R11·162上·9∥R11·175上·3	
172222	1003	𗾊	满	R11·175下·14	
	1005	𗾆	律	𗎘𗾆，度律（人名）	R11·175下·13
	1012	𗼆	许	𗾆𗼆，少许	R11·161下·8∥R11·162下·5
				R11·156下·6∥R11·157下·3∥R11·157下·4∥R11·157下·11∥ R11·158上·2∥R11·158上·5∥R11·158上·7∥R11·160下· 7∥R11·160下·7∥R11·161下·6∥R11·162上·2∥R11·163 下·14∥R11·164下·14∥R11·166下·14∥R11·169下·4∥R11· 170上·8∥R11·175下·13∥R11·175下·14∥R11·175下·14∥ R11·176上·9	
	1013	𗾋	郄	𗾋𗏆，郄城	R11·162下·8∥R11·162下·10∥ R11·162下·12
			诸	𗾋𗾤𗏈，诸葛亮	R11·159下·14∥R11·171下·13
				𗾋𗏈𗧅，诸葛武侯	R11·165上·4
				𗾋𗏈𗗿，诸葛侃	R11·170下·14
				𗑱𗾋，专诸（人名）	R11·173下·14
			朱	𗿷𗾋𗏈，尔朱兆	R11·175下·13
	1017	𗼆	少	R11·157下·4	

续表

172224	1020	𦊆	穿	R11·157下·6	
	1028	𥛲	睦	𥛲𥛲,和睦	R11·178下·7
	1030	𦊄	张	𦊄𣀷,张绣	R11·161上·14
				𦊄𤟅𤫩,张孟谈	R11·177下·5
172240	1034	貢	广	貢祥𥂞,广陵城	R11·170下·13
			国	𥈁𣂬貢,赵充国	R11·161下·14
			孤	貢𥾭𥎊,孤竹国	R11·176下·7
			郭	貢𣀷,郭淮	R11·164下·8
172244	1040	𨾛	十	E5·151·5	
172250	1045	𧮫	曰	𧮫𧮫,答曰	R11·160上·4∥R11·177下·4
				R11·156下·7∥R11·159下·3∥R11·159下·3∥R11·159下·3∥R11·159下·6∥E5·150·2	
			言	𧮫𧮫,命言	R11·170下·1
				𥽤𧮫,敕令	R11·161下·9∥E5·150·3
				𧭟𧮫,会言	R11·167下·3
				𧯐𧮫,和言	R11·167上·11∥R11·167上·13∥R11·170下·5∥R11·176下·8
				𧭈𧮫,信言	R11·177下·2∥R11·177下·3
				𧯤𧮫,相言	R11·159上·10
				𧯛𧮫𧲧𨸐,问战	R11·176下·10
				𧯨𧮫,密言	R11·177下·5
				𧱆𧮫,谎言	R11·164上·7∥R11·178下·13∥R11·178下·14
				𥼙𧮫,言心	R11·178下·4
				𧮫𧱛,良言	R11·171下·2∥R11·179上·1
				𧮫𥼞,言体	R11·177上·2
				𧮫𥼮,授言	R11·159下·13
				𧮫𥼫,恶言	R11·164上·8
				𧮫𥼳(分言),约	R11·173下·12∥R11·174下·14
				𧮫𤬦𥼳(言断处),所取计者	R11·160上·13
				𧮫𥼕,结言	R11·175下·7
				𥼖𧮫,记言	R11·173下·6
				𥼇𧮫,先言	R11·179上·1
				R11·156下·4∥R11·157下·11∥R11·158下·2∥R11·159上·4∥R11·178下·14∥R11·179上·6	

				矮𗄊,私语	R11·168 上·6
			语	𗄊𗙈(深语),微旨	R11·159 下·6
				R11·168 上·7∥R11·168 上·7	
			说	R11·164 上·5	
				骇𗄊,诡辞	R11·160 下·2
			辞	𗄊𗥦,强辞	R11·167 上·2
				𗄊𗤎,辞卑	R11·166 下·12
				R11·166 下·10∥R11·166 下·11	
172255	1054	甭	真	甭甭(真真),堂堂	R11·161 上·1∥R11·161 上·2
172400	1063	𗤓	旗	𗤙𗤓,旌旗	R11·158 下·5∥R11·159 下·4∥R11·159 下·5∥R11·159 下·5∥R11·168 上·3
				骇蔽,未见	R11·177 上·13
				骇𗙅,未尝	R11·167 上·11
172412	1064	骇	未	R11·158 下·10∥R11·159 下·2∥R11·159 下·3∥R11·160 上·7∥R11·161 上·10∥R11·163 上·2∥R11·167 上·4∥R11·168 下·6∥R11·168 下·9∥R11·168 下·11∥R11·169 上·3∥R11·170 下·5∥R11·170 下·7∥R11·170 下·13∥R11·172 上·9∥R11·172 上·9∥R11·173 下·12∥R11·174 下·8∥R11·176 下·14∥R11·177 下·6∥R11·178 下·9	
	1068	𗩅	堕	絣𗩅,心堕	R11·161 上·9∥R11·168 上·7
				R11·156 下·3∥R11·160 上·14	
	1071	蔽	隐	蔽𗤙,隐蔽	R11·158 下·4
	1074	蔽	石	蔽𗍳,粗石	R11·162 下·8
				E5·151·1	
172420				骇𗥦,十倍	R11·170 上·5
				骇𗥦𗫔𗫔,十六国时	R11·164 上·3
				骇𗥦骇𗙈,十中而一	R11·157 下·2
				𗥦骇𗤎(六十里),再舍	R11·157 下·7
	1084	骇	十	𗫔𗤙骇𗫔𗫔骇,以一击十	R11·170 上·3
				𗣜𗫔骇𗫔𗫔骇,以一击十	R11·170 上·5
				𗩅骇𗙅,年十八	R11·160 上·6
				R11·156 下·1∥R11·156 下·4∥R11·156 下·5∥R11·156 下·6∥R11·157 下·4∥R11·157 下·4∥R11·157 下·7∥R11·157 下·8∥R11·157 下·10∥E5·151·4∥E5·151·4∥E5·151·4∥E5·151·5∥E5·151·5	

续表

	1085	▢	男	▢▢(勇男),健儿	R11·158下·3 // R11·170下·13 // R11·170下·14
	1087	▢	学	▢▢,弟子	R11·161下·5
			教	R11·168下·13	
172422	1092	▢	供	▢▢,供备	R11·158上·5 // R11·158上·5 // R11·158上·7 // R11·166下·11 // R11·166下·11 // R11·170下·5 // R11·170下·6
				▢▢,供给	R11·163下·5 // R11·163下·8 // R11·163下·9 // R11·163下·14 // R11·178下·10 // R11·178下·11
	1093	▢	山	▢▢,山穴	R11·166上·2
				▢▢,山塞	R11·164下·4
				▢▢(山狭),关	R11·172下·13
	1097	▢	戏	R11·167下·10	
172424	1101	▢	将	R11·159下·11 // R11·161下·10 // R11·161下·12 // R11·171上·8 // R11·171上·9 // R11·177上·7 // R11·177下·1 // E5·150·2	
	1102	▢	坚	▢▢,符坚	R11·172下·9
				▢▢▢▢,秦帝符坚	R11·170下·14
				▢▢▢▢▢,前秦帝符坚	R11·172下·9
			建	▢▢▢,窦建德	R11·160下·7
172442	1105	▢	与	R11·159上·4 // R11·179上·5	
			施	R11·178上·14	
			给	R11·156上·7 // R11·163下·6 // R11·171下·13 // R11·176下·9 // R11·177下·12 // R11·178上·12 // R11·178下·2 // R11·178下·6 // R11·178下·9	
			授	▢▢,授言	R11·159下·13
				R11·167上·12 // R11·167上·13	
			赐	▢▢,赏赐	R11·159上·4 // R11·168上·8 // R11·168上·8 // R11·168上·9 // R11·176下·14

172450	1111	𗗙	险	𗗙𗥃,险难	R11·162上·13∥R11·166上·14∥R11·171上·4∥R11·171上·7∥R11·172上·8∥R11·175上·5∥R11·176上·7
				𗗙𗏾,危险	R11·174下·14
				𗗙𗾖,战险	R11·174上·13
				𗗙𗺉,险程	R11·171下·1
	1115	𗵘	午	𗵘𗵜,午时	R11·157下·9∥R11·160下·7
			马	R11·167下·4∥R11·168上·3∥R11·171下·3	
	1118	𗋒	令	𗳇𗋒,戒令	R11·171下·10
			习	R11·174上·14	
172522	1123	𗼨	膑	𗼨𗼨,孙膑	R11·157下·6
172545	1133	𘄒	合	𘄒𗳈,混合	E5·150·6
172554	1136	𘔼	中	𗼦𗔅𘆌𘔼,黑夜之中	R11·160上·1
				𘋠𘔼,天中	R11·159下·9
				𘔼𗙏,中央	R11·159下·8∥R11·165下·13∥R11·165下·14∥R11·177下·9
				𘔼𗅀,中军	R11·170下·7
				𘔼𘋒,中卷	R11·169上·6
				𗁾𘔼,空中	R11·158下·14
				R11·162上·8∥R11·165下·14	
172920	1139	𗴲	之	R11·156上·2∥R11·156上·3∥R11·156上·7∥R11·156下·3∥R11·156下·5∥R11·157上·4∥R11·157上·4∥R11·158上·3∥R11·158上·4∥R11·158上·5∥R11·158上·9∥R11·158上·10∥R11·158上·11∥R11·158上·11∥R11·158下·7∥R11·158下·9∥R11·158下·11∥R11·159上·1∥R11·159上·4∥R11·159上·4∥R11·159上·4∥R11·159上·5∥R11·159上·6∥R11·159上·6∥R11·159上·6∥R11·159上·6∥R11·159上·12∥R11·159下·4∥R11·159下·6∥R11·159下·6∥R11·159下·6∥R11·159下·14∥R11·160上·2∥R11·160上·7∥R11·160上·8∥R11·160上·11∥R11·160上·12∥R11·160上·13∥R11·160下·8∥R11·160下·11∥R11·160下·14∥R11·161上·9∥R11·161上·1∥R11·161下·2∥R11·161下·2∥R11·161下·5∥R11·161下·7∥R11·162下·8∥R11·162下·9∥R11·162下·10∥R11·162下·11∥R11·163上·3∥R11·163上·9∥R11·163上·10∥R11·163上·10∥R11·163上·11∥R11·163上·13∥R11·163下·3∥R11·163下·3∥R11·163下·7∥R11·163下·9∥

续表

				R11·164上·3//R11·164上·5//R11·164上·7//R11·164上·8//R11·164上·11//R11·164上·12//R11·165上·3//R11·165下·13//R11·165下·13//R11·165下·13//R11·165下·14//R11·165下·14//R11·165下·14//R11·166上·6//R11·166上·7//R11·166下·12//R11·166下·13//R11·167上·7//R11·167上·12//R11·167上·14//R11·167下·10//R11·167下·12//R11·168上·8//R11·168上·10//R11·168上·10//R11·168下·11//R11·169下·5//R11·169下·6//R11·170上·2//R11·170上·14//R11·170下·1//R11·171上·2//R11·171上·3//R11·171上·3//R11·171上·4//R11·171上·4//R11·171上·12//R11·171上·13//R11·171上·13//R11·171下·4//R11·171下·4//R11·171下·5//R11·171下·10//R11·171下·11//R11·172上·5//R11·172上·6//R11·172下·8//R11·172下·10//R11·172下·11//R11·172下·11//R11·173上·2//R11·173上·6//R11·173上·7//R11·173上·12//R11·173下·1//R11·173下·6//R11·173下·8//R11·174上·2//R11·174下·3//R11·174下·4//R11·174下·5//R11·174下·6//R11·174下·6//R11·174下·9//R11·175上·6//R11·175上·11//R11·176下·3//R11·176下·6//R11·176下·8//R11·176下·10//R11·176下·11//R11·176下·14//R11·177上·9//R11·177上·13//R11·177上·13//R11·177下·4//R11·177下·6//R11·177下·8//R11·177下·9//R11·177下·9//R11·177下·12//R11·177下·13//R11·177下·13//R11·178上·5//R11·178上·5//R11·178上·9//R11·178上·10//R11·178上·11//R11·178上·13//R11·178下·1//R11·178下·2//R11·178下·3//R11·178下·5//R11·178下·6//R11·178下·7//R11·178下·7//R11·178下·8//R11·178下·10//R11·178下·12//R11·178下·14//E5·150·3	
174000	1152	[illegible]	交	[illegible](兵△交),战	R11·160下·7
	1142	[illegible]	礼	[illegible],周礼	R11·167下·4//E5·150·6
			李	[illegible],卫公李靖	R11·158下·3
				[illegible],李筌	R11·156上·5
				[illegible],李靖	R11·171下·12
				[illegible],李靖兵法	R11·170下·12
				[illegible],李光弼	R11·161下·10
			郦	[illegible],郦生	R11·179上·1
	1147	[illegible]	造	[illegible],修造	R11·156下·5//R11·166下·13
				[illegible](沟垒修造),坚壁	R11·156下·4

续表

				[illegible][illegible],合围	R11·161下·10
	1152	[illegible]	合	[illegible][illegible](合地),衢地	R11·162上·7//R11·162上·8//R11·172下·1//R11·173上·4//R11·173上·5//R11·173上·5//R11·175下·6//R11·175上·11
	1156	[illegible]	备	[illegible][illegible],供备	R11·158上·5//R11·158上·5//R11·158上·7//R11·163下·5//R11·163下·8//R11·163下·9//R11·163下·14//R11·166下·11//R11·166下·12//R11·170下·5//R11·170下·6//R11·178下·10//R11·178下·11
174100	1160	[illegible]	分	[illegible][illegible],分合	R11·158下·6//R11·158下·7//R11·158下·9
				[illegible][illegible],划分	E5·150·4
				R11·158下·7//R11·158下·9	
			绝	[illegible][illegible],绝地	R11·175上·10
			离	[illegible][illegible],分离	R11·168下·2//R11·168下·1//R11·175上·11
			散	R11·164上·1	
			解	[illegible][illegible],解患	R11·163上·13
				R11·163上·12//R11·163上·14	
	1164	[illegible]	仲	[illegible][illegible],仲远(人名)	R11·175下·13
	1165	[illegible]	皮	[illegible][illegible],皮鼓	R11·159上·14
	1170	[illegible]	贞	[illegible][illegible],贞元(年号)	R11·167上·12
174110	1175	[illegible]	诳		R11·167上·12
174120	1183	[illegible]	事	[illegible][illegible],大事	R11·164上·10
				[illegible][illegible][illegible](兵马事),军事	R11·156下·2
				[illegible][illegible],害事	R11·177上·2//R11·177上·3//R11·177上·3//R11·178下·7
				[illegible][illegible],议事	R11·177下·2
				[illegible][illegible],他事	R11·178上·2
				[illegible][illegible],妄事	R11·160下·12
				[illegible][illegible],类事	R11·178上·3
				[illegible][illegible],和事	R11·170下·4

				□□,谋事	R11·174下·10
				□□,公事	R11·171下·14
				□□,事体	R11·174下·11
				□□(要事),至任	R11·169下·6 // R11·171上·2 // R11·175上·6
				□□,报事	R11·179上·2
				□□,察事	R11·179上·3
				□□,战事	R11·170下·5 // R11·177下·3
				□□,密事	R11·178上·10 // R11·178下·7 // R11·179上·6
				□□,令事	R11·169上·3
174124	1196	□	驱	R11·161上·7	
174140	1204	□	面	□□□,东南面	R11·165下·9
				□□,四面	R11·159下·10 // R11·159下·10 // R11·159下·12 // R11·159下·13 // R11·161下·4 // R11·161下·10
				□□,对面	R11·164下·5 // E5·150·5
				□□,面色	R11·167上·8
				□□□□(面上勿战),不可仰攻	R11·161上·6
				□□□□(面上战来),迎战	R11·156下·7
				□□,一面	R11·161下·4
				□□,水面	R11·163下·14 // R11·165下·11
174141	1207	□	衰	□□,盛衰	E5·151·5
174150	1213	□	骄	□□□,骄子	R11·171下·7
174200	1220	□	仁	□□,仁恩	R11·168下·14
				□□,不仁	R11·177下·11
				□□,仁义	R11·171上·3
				□□,仁德	R11·176下·5
				R11·164上·9 // R11·168下·13	
	1221	□	足	R11·159下·12	
	1224	□	暂	□□(暂存),苟生	R11·173下·9
	1227	□	绍	□□,袁绍	R11·158上·5
			少	□□,少师(官名)	R11·161上·9

续表

	1234	□	廷	□□□,王廷凑	R11·170上·8
			天	□□,天宝(年号)	
				□□,天光(人名)	R11·175下·13
			田	□□,田横	R11·179上·2
				□□,田布	R11·170上·7
				□□,田洛	R11·170下·14
				□□,田单	R11·167上·12
	1238	□	足	R11·168下·3	
174221	1244	□	静	R11·174下·6	
			隐	R11·177上·10	
174222	1245	□	己	□□,己军	R11·162下·5//R11·169下·4//R11·171下·12//R11·175下·3
				□□,己国	R11·178上·12//R11·178下·9
				□□□□□□□□,致人而不致于人	R11·160下·14
				□□□□,自到	R11·170上·9
				□□□(己意断),自专	R11·171上·10
				□□□□(己归和请),委质来谢	R11·168上·13
				□□,己力	R11·176下·10
				□□(共己),互相	R11·168上·6//R11·174上·7//R11·174上·8//E5·151·3
				□□,各自	R11·157下·9//R11·159下·8//R11·159下·11//R11·161下·9//R11·165下·3//R11·170下·1
				□□,己卑	R11·171下·9
				□□(己他),敌我	R11·169下·4
				□□□□□□□□(己他二军相前营设),交合	R11·156上·1
				□□□□,知彼知己	R11·172上·10
			自	□□,自攻	R11·160上·7//R11·171下·1//R11·171下·11//R11·174下·4//R11·174下·13
				□□,自进	R11·159下·2//R11·163下·13
				□□,自自	R11·176上·12

续表

				□□,自卑	R11·166下·12
				□□,自退	R11·160下·9
				□□,自战	R11·162上·12//R11·173下·1//R11·173下·2//R11·174上·11
				□□,自矜	R11·164上·7
				□□,自进	R11·160上·2//R11·160上·3//R11·160上·4//R11·160上·5//R11·160上·9//R11·170上·10//R11·174上·13//R11·176上·1//R11·176上·2
174224	1259	□	庄	□□,庄贾	R11·162下·13//R11·163上·1
				□□□,鲁庄公	R11·160上·3//R11·168上·1
			聚	R11·158上·14//R11·166下·2	
	1262	□	烦	□□,烦难	R11·162下·11
				□□,忧烦	R11·167上·8//R11·168上·7
174240	1270	□	结	□□□□(兵力结合),并兵	R11·161下·1//R11·177上·12//R11·177上·12//R11·177上·14
				□□□□(兵力结合),交兵	R11·158上·12
				□□□□(兵力结合),豫交	R11·175下·7
				□□□(力结合),豫交	R11·176上·6
				□□□□(战力结合),豫交	R11·158上·10
				□□□□(力结合战),结交	R11·158上·11//R11·158上·10
				□□,结合	R11·161下·6//R11·161下·8//R11·162上·6//R11·173上·6//R11·176上·11//R11·176下·2//R11·176下·8
	1274	□	当	□□,当斩	R11·159下·2//R11·159下·3//R11·163上·3
	1277	□	愿	□□,如愿	R11·159下·11//R11·177上·11//R11·178下·14
	1278	□	谓	R11·156上·1//R11·156上·5//R11·156上·5//R11·156上·6//R11·156下·2//R11·156下·3//R11·156下·5//R11·175上·12//R11·175上·13//R11·175上·14//R11·175下·3//R11·176上·13//R11·176下·12//R11·177上·9//R11·177上·13//R11·177下·3//R11·177下·4//R11·177下·5//R11·178上·14//R11·178下·3//R11·178下·7//R11·178下·11//R11·178下·11	
			说	R11·178下·13//R11·178下·14	

	1281	▢	和	▢▢,不和	R11·168 上·6
				R11·168 上·7	
			附	R11·168 下·10∥R11·168 下·11	
174272	1290	▢	第	▢▢,第八	R11·162 上·4
				R11·164 上·14∥R11·172 上·12∥E5·151·7	
174400	1299	▢	道	▢▢▢,道武帝	R11·160 上·14
	1306	▢	巩	▢▢,巩朔(人名)	R11·170 下·6
			宫	▢▢,臧宫(人名)	R11·161 下·6
	1312	▢	郸	▢▢▢,邯郸城	R11·156 下·1∥R11·166 下·14
	1319	▢	齐	▢▢▢▢▢,后周齐王宪	R11·167 下·10
				▢▢▢▢▢,后魏朝齐帝	R11·175 下·12
				▢▢▢,齐桓公	R11·176 下·4
				▢▢▢,齐晏子	R11·168 下·14
				▢▢,齐国	R11·160 上·3∥R11·178 下·2
			要	▢▢(要爱),要害	R11·157 下·10∥R11·171 上·6∥R11·172 下·8∥R11·176 上·9
				▢▢▢,莫要于	R11·179 上·5
				▢▢(要事),至任	R11·169 下·6∥R11·171 上·2∥R11·175 上·6
				R11·158 下·2∥R11·166 下·12	
	1324	▢	损	▢▢(损益),胜负	R11·172 上·9
				R11·166 上·5	
			负	▢▢,战负	R11·157 下·11
	1325	▢	安	R11·158 上·6∥R11·171 上·13	
	1326	▢	△	▢▢,必	R11·159 下·13∥R11·160 下·9∥R11·170 上·14∥R11·177 上·6∥R11·178 上·5∥R11·178 下·14
				谓词趋向前缀,表示完成体向近方	R11·156 下·5∥R11·156 下·7∥R11·157 下·5∥R11·157 下·5∥R11·157 下·6∥R11·157 下·10∥R11·158 上·5∥R11·158 上·7∥R11·158 上·11∥R11·158 下·1∥R11·159 上·5∥R11·159 上·10∥R11·159 上·10∥R11·159 上·11∥

				R11·159 下·13 // R11·160 上·1 //
				R11·160 上·11 // R11·160 上·12 //
				R11·160 上·13 // R11·160 上·14 //
				R11·160 下·2 // R11·160 下·2 //
				R11·160 下·7 // R11·160 下·10 //
				R11·161 上·3 // R11·161 上·4 //
				R11·161 上·4 // R11·161 上·11 //
				R11·161 上·12 // R11·161 上·13 //
				R11·161 下·1 // R11·161 下·2 //
				R11·161 下·2 // R11·161 下·3 //
				R11·161 下·5 // R11·161 下·5 //
				R11·161 下·6 // R11·161 下·6 //
				R11·161 下·7 // R11·161 下·7 //
				R11·161 下·11 // R11·162 上·1 //
				R11·162 上·10 // R11·162 上·11 //
				R11·162 上·11 // R11·162 上·14 //
				R11·162 上·14 // R11·162 下·2 //
				R11·162 下·3 // R11·162 下·3 //
				R11·162 下·6 // R11·162 下·12 //
				R11·163 上·13 // R11·163 上·14 //
				R11·163 上·14 // R11·163 下·1 //
				R11·163 下·1 // R11·163 下·6 //
				R11·163 下·14 // R11·164 上·1 //
				R11·164 上·4 // R11·164 上·4 //
				R11·164 上·5 // R11·164 上·7 //
				R11·164 上·9 // R11·164 上·9 //
				R11·164 上·10 // R11·164 下·10 //
				R11·164 下·12 // R11·164 下·12 //
				R11·165 上·1 // R11·165 上·1 //
				R11·165 上·3 // R11·165 上·3 //
				R11·165 下·5 // R11·165 下·6 //
				R11·165 下·7 // R11·166 上·2 //
				R11·166 上·14 // R11·166 下·2 //
				R11·166 下·5 // R11·166 下·13 //
				R11·166 下·13 // R11·167 上·2 //
				R11·167 上·4 // R11·167 上·4 //
				R11·167 上·5 // R11·167 上·8 //
				R11·167 上·8 // R11·167 上·11 //
				R11·167 上·13 // R11·167 上·13 //
				R11·167 下·1 // R11·167 下·1 //
				R11·167 下·2 // R11·167 下·11 //
				R11·168 上·9 // R11·168 下·2 //

					R11·168 下·8∥R11·168 下·9∥ R11·169 上·1∥R11·169 上·1∥ R11·169 下·5∥R11·169 下·7∥ R11·170 上·3∥R11·170 上·6∥ R11·170 上·7∥R11·170 上·7∥ R11·170 上·10∥R11·170 上·13∥ R11·170 下·2∥R11·170 下·5∥ R11·170 下·6∥R11·170 下·7∥ R11·170 下·12∥R11·171 上·1∥ R11·171 上·7∥R11·171 上·10∥ R11·171 上·10∥R11·171 下·8∥ R11·171 下·11∥R11·172 上·2∥ R11·172 下·8∥R11·172 下·9∥ R11·172 下·12∥R11·173 上·13∥ R11·173 下·2∥R11·173 下·9∥ R11·173 下·11∥R11·173 下·11∥ R11·173 下·14∥R11·174 下·8∥ R11·174 下·10∥R11·174 下·11∥ R11·174 下·13∥R11·175 上·2∥ R11·175 上·2∥R11·175 上·3∥ R11·175 上·5∥R11·175 下·13∥ R11·175 下·14∥R11·176 下·5∥ R11·176 下·6∥R11·176 下·7∥ R11·176 下·7∥R11·176 下·8∥ R11·176 下·9∥R11·177 上·5∥ R11·177 上·6∥R11·177 下·6∥ R11·178 下·3∥R11·179 上·1∥ E5·150·3∥E5·150·5
174414	1332	骸	传	髄骸,盗传	R11·177 下·5
				R11·177 下·2∥R11·177 下·3	
174420	1336	蘵	迷	蘵蠀,着迷	R11·176 上·12
				R11·159 下·5∥R11·172 上·9∥R11·172 上·9	
	1338	蘙	好	蘹蘙繏稄,好高恶下	R11·165 下·4
				蘙蘙,好进	R11·163 下·10
				R11·163 下·11	
			贪	R11·176 下·3∥R11·176 下·3∥R11·177 上·10∥R11·177 上·13	
			爱	欮蘙（吾爱）,吾自	R11·159 上·6∥R11·165 上·12
				蘬蘙,贪爱	R11·178 下·6

			𡥝𡥝,爱惜	R11・164 上・8∥R11・171 下・6∥R11・171 下・8∥R11・177 下・10
			𡥝𦭒,爱利(所看重的利益)	R11・163 下・12∥R11・167 上・10∥R11・168 下・9
			R11・165 上・12	
	1346	报	屈	䍦报,屈服	R11・163 下・3
				R11・163 下・2	
			服	R11・165 下・4∥R11・168 下・14
	1352	㩗	降	㩗絆,降心	R11・160 上・13
				R11・158 上・7∥R11・160 上・12∥R11・160 上・13∥R11・160 上・14∥R11・172 下・12∥R11・176 下・7
	1354	叕	守	叕𡥝,救护	R11・161 上・3∥R11・164 上・4∥R11・164 上・9
				R11・174 上・8∥R11・174 上・12	
	1355	㠪	篇	𠃌㠪㠪,九地篇	R11・172 上・12
				㠪𤲃㠪,地形篇	R11・172 上・13
				㣇𤲃㠪,争胜篇	E5・151・7
			列	㧻㠪,一列	R11・156 下・2
	1357	𤲃	并	𥙇𢇌𤲃𥙇,赏罚并用	R11・172 上・2
			均	𤲃𤲃,势均	R11・170 上・3∥R11・170 上・6
174422	1363	㡿	宣	㣇𦉕㡿庸,司马宣王	R11・159 下・14
			时	R11・158 下・9∥R11・158 下・9	
	1364	㡿	空	𡨄㡿,空虚	R11・158 下・9
				㡿𤰃,空中	R11・158 下・14
				R11・167 下・11	
	1365	㡿	固	㡿𥕗,得固	R11・176 上・5
	1366	㡿	粮	㡿㡿,军粮	R11・157 上・5∥R11・168 上・4∥R11・168 上・4∥R11・171 上・4∥R11・175 下・8
				㡿㧁,粮绝	R11・162 下・2
				㡿㡿,运粮	R11・177 下・8∥R11・177 下・8
				𢌳㡿㡿(食粮运),运粮	R11・158 上・8
				㣇㧻㡿(车重粮),辎重	R11・157 上・5
				㢟㡿(车粮),辎重	R11・157 上・5∥R11・157 上・6∥R11・157 上・6∥R11・161 下・14

续表

				□□,粮食	R11·157上·6//R11·158上·4//R11·158上·6//R11·158上·7//R11·158上·7//R11·158上·9//R11·161下·7//R11·175下·9//R11·177下·9//R11·158上·6
				R11·171下·3	
	1369	□	望	□,望日	E5·151·5
174424	1374	□	尔	□□,尔时	R11·162下·1//R11·167上·14//R11·170下·2//R11·170下·5//R11·176下·5//R11·176下·8//R11·176下·10
			其	R11·170下·13	
				□□,不如	R11·162下·2//R11·164下·10
				□□,其外	R11·157下·4//R11·163下·12//R11·167下·7
				R11·156上·7//R11·156下·7//R11·162下·11//R11·163下·1//R11·170上·5//R11·170下·3//R11·174下·9//R11·176下·5	
174440	1391	□	聋	□□,聋盲	R11·174下·7
				□□,耳聋	R11·174下·9
174455	1395	□	乘	R11·160下·11//R11·163下·3	
174472	1399	□	害	□□,伤害	R11·163上·13
174525	1408	□	场	□□,市场	R11·169上·5
			阵	□□,方阵	R11·174上·12
				□□,战阵	R11·156下·7//R11·159下·7//R11·159下·7//R11·159下·8//R11·161上·2//R11·164下·9//R11·164下·10//R11·164下·11//R11·165上·4//R11·167上·10//R11·167上·10//R11·167下·3//R11·168下·2
				□□□□(设战场),列阵	R11·160下·8
				□□□□(战阵正为),列阵	R11·156下·6//R11·160下·7
				□□□(战阵设),列阵	R11·159下·7//R11·160下·9
				□□□□(战阵设置),列阵	R11·167上·7
				□□,设阵	R11·177上·6
				□□,大阵	R11·161上·2
				R11·161上·1//R11·167下·4	

续表

	1410	𤲃	喜	㺼𤲃,心喜	R11·156下·5∥R11·161上·12∥R11·167上·1∥R11·168上·9∥R11·178上·14
174574	1421	𤲃	昼	㺼𤲃,白昼	R11·159下·5∥R11·159下·12
175100	1427	𢀸	失	R11·160下·8	
	1429	𢀸	龟	𢀸㧁㺼,龟兹国	R11·172下·9
175250	1447	𤲃	思	𤲃㺼,思归	R11·161上·14
175272	1451	𩇏	巫	𩇏㺼,巫术	R11·161下·5∥R11·161下·8
175400	1452	𢀸	△	谓词趋向前缀,表示完成体向下方	R11·156下·1∥R11·156下·1∥R11·156下·2∥R11·156下·6∥R11·159上·7∥R11·160上·14∥R11·160下·7∥R11·160下·8∥R11·161上·10∥R11·162上·2∥R11·164下·11∥R11·165下·11∥R11·166上·2∥R11·166上·9∥R11·167上·7∥R11·168下·2∥R11·170下·2∥R11·170下·4∥R11·171上·11∥R11·171下·4∥R11·174下·8∥R11·175下·14∥R11·177下·2∥R11·177下·3
	1453	𢀸	方	𢀸㺼,下方	R11·163上·8∥R11·163下·10∥R11·175上·8
				𢀸㺼㺼㺼(下面将军),禁兵将领	R11·161下·6
				𢀸㺼㺼(下面人),厮养	R11·168下·5∥R11·168下·7
175424	1457	𣫶	养	𣫶㺼,养育	R11·171上·12∥R11·178下·1
175450	1465	𣫶	奉	窦非,侍奉	R11·156下·4∥R11·167上·1
				R11·178下·11	
	1467	𣫶	劲	R11·157下·2∥R11·157下·4∥R11·157下·14	
			奉	㺼𣫶,侍奉	R11·156下·4∥R11·167上·1
				R11·178下·11	
			勇	𣫶㺼,勇怯	R11·170上·5
			强	𣫶㺼,强弱	R11·159上·2∥R11·174下·2∥E5·150·5
				𣫶㺼,强壮	R11·157下·4∥R11·167下·13
				㺼𣫶,坚固	R11·173上·10∥R11·175上·9
				㺼𣫶㺼𣫶,强人强马	R11·161上·13
				R11·170上·6∥R11·170下·11	

续表

175452	1473	□	于	□□□,莫难于	R11·179上·5 // R11·179上·6 // E5·150·7
				□□,胜于	R11·172下·7
				□□,多于	R11·172上·1
				□□□,莫多于	R11·179上·6
				□□□□,莫善于此	R11·176下·11
					R11·156上·4 // R11·156上·5 // R11·156上·7 // R11·165下·2 // R11·165下·4 // R11·167上·5 // R11·167上·5 // R11·167上·6 // R11·170上·5 // R11·172上·9 // R11·173下·12 // R11·176下·12 // R11·176下·12
			胜	□□,不如	R11·162下·2 // R11·163下·1 // R11·164下·10
175459	1474	□	勤		R11·166下·10
175500	1475	□	薄	□□(缟薄),鲁缟	R11·157下·6
175520	1476	□	臧	□□,臧宫(人名)	R11·161下·6
			左	□□□,左氏(书名)	R11·160上·2
175540	1477	□	寅	□□,寅时	R11·157下·9
177100	1483	□	慈	□□,不仁	R11·170下·1
	1481	□	结		R11·170下·2 // R11·170下·4
177144	1490	□	冬	□□,冬季	R11·171下·2
177172	1491	□	息	□□(懈怠),骄惰	R11·168下·12
				□□(懈怠),慢易	R11·156上·3
				□□,懈怠	R11·156上·6 // R11·166下·13 // R11·171下·9 // R11·171下·10 // R11·175下·5 // R11·177上·10
177224	1498	□	佯	□□,佯佯	R11·161上·12 // R11·161上·12 // R11·177上·7 // R11·177上·7 // R11·177上·9 // R11·177上·9 // R11·177上·10 // R11·177上·10 // R11·178上·14 // R11·178上·14 // R11·178下·10 // R11·178下·11 // R11·179上·4 // R11·179上·4
				□□,佯败	R11·161上·6
					R11·156上·4 // R11·156上·5 // R11·156上·6 // R11·167下·5 // R11·178下·9

	1501	𗧓	沟	𗧓𘉼,狭沟	R11·166 上·3		
	1506	𗨁	北	𗧁𗨁,河北(地名)	R11·175 下·12		
177240	1507	𗋽	和	𗋽𗖻,和门	E5·150·4∥E5·150·5∥E5·150·7		
				𗋽𗧓,交和	E5·150·4		
				𗟱𗟱𗜓𗋽,上下不和	R11·170 下·7		
				𗁮𗋽,人和	R11·163 下·6		
				𗋽𗋽,和睦	R11·178 下·7		
				R11·160 上·10∥R11·169 上·4∥R11·173 下·1∥R11·173 下·3∥E5·150·6			
				𘊐𘊐,败陷	R11·170 上·11		
				𗼛𘊐,佯败	R11·161 上·7		
				𘊐𗟱,败走	R11·170 下·12		
				𘊐𗢳,死败	R11·158 上·2		
				𗣫𘊐,崩坏	R11·170 上·13∥R11·170 上·14		
				𗝠𘊐,胜败	R11·164 下·2∥R11·172 上·12		
177242	1508	𘊐	败	R11·157 下·6∥R11·158 上·3∥R11·158 上·4∥R11·158 上·4∥R11·158 上·4∥R11·158 上·8∥R11·160 上·4∥R11·160 上·5∥R11·160 上·9∥R11·160 下·9∥R11·160 下·12∥R11·161 上·10∥R11·162 下·2∥R11·163 下·14∥R11·164 上·1∥R11·164 上·3∥R11·164 上·12∥R11·168 上·3∥R11·169 下·7∥R11·170 下·2∥R11·170 下·2∥R11·170 下·5∥R11·170 下·7∥R11·170 下·11∥R11·171 上·7∥R11·171 下·13∥R11·172 上·1∥R11·172 上·9∥R11·172 上·10∥R11·172 下·9			
177250	1510	𗚩	健	𗀚𗚩,刚健	R11·160 上·7∥R11·172 上·5∥R11·179 上·4		
			报	𗔹𗟻,报事	R11·179 上·3		
177322	1514	𗟻	卷	𘜶𗌭𗔹𗟻(甲着裾卷),卷甲	R11·157 上·7∥R11·164 上·9		
			还	𗟻𘞤,还用	R11·178 下·8		
				R11·160 上·12∥R11·176 下·6			
			引	𗧁𗤁,引导	R11·163 下·6		
177400	1516	𗤁	携	R11·174 下·3			
			牵	R11·174 下·4			
	1526	𗘲	侍	𗘲𗦎,侍奉	R11·156 下·4∥R11·166 下·14∥R11·178 下·11		

	1527	𗗧	禁	𗗧𗗓,禁除	R11・173 下・5
				R11・173 下・3∥R11・173 下・6	
			断	R11・173 下・5	
	1528	𗎆	若	𗏹𗰖𗎆,苟文若	R11・161 下・2
177442	1531	𗥃	士	𗥃𗣼,士卒	R11・161 下・7
			师	𗁃𗥃,归师	R11・161 上・13
			军	𗥃𗆟,小军	R11・174 下・4
				𗥃𗦜,军实	R11・161 下・3∥R11・172 下・11
				𗥃𗼨𗫊𗤀𗼨,军有所不击	R11・162 下・4
				𗥃𗼨,军体	R11・162 上・4∥R11・167 下・7
				𗥃𗒅𗥑𗦀(军家营设),处军	R11・164 下・1∥R11・164 下・3∥R11・165 上・10
				𗥃𗦀,军营	R11・156 下・1∥R11・156 下・2∥R11・159 下・7∥R11・159 下・8∥R11・159 下・8∥R11・159 下・14∥R11・159 下・14∥R11・161 上・12∥R11・161 上・12∥R11・162 上・6∥R11・162 上・14∥R11・163 上・2∥R11・163 上・3∥R11・164 上・5∥R11・164 上・6∥R11・165 上・3∥R11・166 下・10∥R11・167 下・1∥R11・169 下・4∥R11・170 上・8∥R11・175 下・3∥R11・177 上・8∥E5・150・6
				𗥃𗦀𗦜(军设营),驻军	R11・158 下・13
				𗥃𗫸(军飞),委军	R11・157 上・4
				𗥃𗼨,行军	R11・158 上・13∥R11・164 上・14∥R11・165 上・10
				𗥃𗗉,大将	R11・159 下・11∥R11・159 下・12∥R11・160 上・3∥R11・160 上・6∥R11・160 上・11∥R11・170 下・1

续表

			㲋镬,将军	R11·156 下·1 // R11·156 下·4 // R11·157 下·1 // R11·157 下·3 // R11·157 下·5 // R11·157 下·11 // R11·159 下·2 // R11·167 下·12 // R11·167 下·12 // R11·167 下·14 // R11·167 下·14 // R11·168 上·3 // R11·168 上·6 // R11·168 上·7 // R11·168 上·7 // R11·169 下·6 // R11·170 上·2 // R11·170 上·7 // R11·170 上·7 // R11·170 上·10 // R11·170 上·11 // R11·170 上·13 // R11·170 上·14 // R11·170 下·3 // R11·170 下·3 // R11·170 下·4 // R11·175 上·5 // R11·178 上·12 // E5·150·2 // E5·150·3 // E5·150·7
			㲋镬叕,旧将	R11·160 上·8
			㲋㸚,军力	R11·157 下·14 // R11·160 上·1 // R11·160 上·1 // R11·160 上·5 // R11·176 下·2
			㲋㲋,军粮	R11·157 上·5 // R11·168 上·3 // R11·168 上·4 // R11·171 上·4 // R11·175 下·8
			㲋茨(军文),军政	R11·159 上·10
			㲋茨(军文),军法	R11·159 下·1
			㲋甝,率军	R11·157 下·11 // R11·158 上·5 // R11·160 上·8 // R11·167 上·6
			㲋㲋,监军	R11·163 上·1
			㲋牧,军人	R11·159 下·5 // R11·159 下·12 // R11·170 上·10 // E5·150·7
			㲋䡄,军政	R11·163 下·3 // R11·172 上·2 // R11·174 上·14 // R11·174 下·1
			㲋䡄鞊㢀(执军政者),军吏	R11·159 下·3
			㲋㺇,军卒	R11·156 下·3 // R11·159 下·2 // R11·159 下·12 // R11·164 下·9 // R11·167 上·6 // R11·167 下·7 // R11·167 下·10 // R11·167 下·12 // R11·168 下·9 // R11·168 下·11 // R11·170 上·7 // R11·176 上·2

西夏文，释义	出处
軍門	E5 · 150 · 4
（军列），军溜	R11 · 159 上 · 1 // R11 · 159 上 · 2 // R11 · 160 上 · 7 // R11 · 175 下 · 2
（军列正为），勒兵	R11 · 156 下 · 3 // R11 · 164 上 · 5
（军足△行），出发	R11 · 156 上 · 1
（军仪），军威	R11 · 157 下 · 14 // E5 · 151 · 2
（军头），吏士	R11 · 173 下 · 5
（诸军头监），诸将	R11 · 160 上 · 8
中军	R11 · 170 下 · 7
己军	R11 · 162 下 · 5 // R11 · 171 下 · 12 // R11 · 175 下 · 3
（己他二军相前营设），交合	R11 · 156 上 · 1
（下面将军），禁兵将领	R11 · 161 下 · 6
右军	R11 · 161 上 · 9
上军	R11 · 170 下 · 7
大将	R11 · 157 上 · 3 // R11 · 159 上 · 14 // R11 · 174 下 · 4 // R11 · 175 上 · 5
我军	R11 · 165 上 · 4
他军	R11 · 160 下 · 8
众军	R11 · 175 下 · 1
步兵	R11 · 166 下 · 7
乞兵	R11 · 176 下 · 9
兵车	R11 · 158 下 · 2
精兵	R11 · 175 下 · 13
用兵	R11 · 156 上 · 6 // R11 · 156 下 · 1 // R11 · 170 上 · 14 // R11 · 171 上 · 3
用兵法	R11 · 176 下 · 5
善用兵	R11 · 158 上 · 7
住兵	R11 · 162 下 · 8 // R11 · 178 上 · 13
兵力	R11 · 162 下 · 6 // R11 · 176 上 · 10
（兵力结合），并兵	R11 · 161 下 · 1 // R11 · 177 上 · 11 // R11 · 177 上 · 12 // R11 · 177 上 · 14

				□□□□(兵力结合),交兵	R11·158上·12
				□□□□(兵力结合),豫交	R11·175下·7
				□□□□,兵以诈立	R11·158下·6
				□□,兵法	R11·159下·7∥R11·165下·4
				□□,兵马	R11·157下·7∥R11·162上·6∥R11·165下·11∥R11·176上·10∥R11·176下·6∥E5·150·3
				□□□□(兵马归),班师	R11·167下·10
				□□□(兵马事),军事	R11·156下·2
				□□,兵众	R11·163下·5
				□□,分兵	R11·158下·14∥R11·159上·2
				□□,兵势	R11·158下·13
				□□□(兵△交),战	R11·160下·7
				□□,伏兵	R11·161上·7∥R11·166下·2∥R11·166下·3∥R11·166下·3∥R11·166下·5∥R11·168下·1∥R11·168下·2
				□□,伏兵	R11·166上·8∥R11·166上·10∥R11·170上·4
				□□,强兵	R11·170下·12∥R11·171上·1
				□□,奇兵	R11·161下·2
				□□□□□□,孙子兵法三注	R11·169上·6∥R11·179下·1
				□□,贼兵	R11·158下·3∥R11·159下·10∥R11·159下·11∥R11·159下·13∥R11·161上·12∥R11·161下·9
				□□,奇兵	R11·170上·4∥R11·177上·9
				□□□□,李靖兵法	R11·170下·12
			卒	□□,锐卒	R11·161上·7∥R11·161上·9∥R11·162下·5
177470	1537	□	舍	R11·168上·4	

| 177550 | 1542 | 綇 | 则 | R11・156上・4∥R11・156上・5∥R11・156上・7∥R11・156下・7∥R11・157上・2∥R11・157上・2∥R11・157上・3∥R11・157上・3∥R11・157上・3∥R11・157上・6∥R11・157下・1∥R11・157下・3∥R11・157下・4∥R11・157下・5∥R11・157下・7∥R11・157下・7∥R11・157下・7∥R11・157下・8∥R11・157下・10∥R11・157下・11∥R11・157下・11∥R11・157下・14∥R11・157下・14∥R11・157下・14∥R11・158上・1∥R11・158上・1∥R11・158上・2∥R11・158上・3∥R11・158上・3∥R11・158上・4∥R11・158上・4∥R11・158上・4∥R11・158上・5∥R11・158上・6∥R11・158上・7∥R11・158上・8∥R11・158上・9∥R11・158上・10∥R11・158上・12∥R11・158上・14∥R11・158上・14∥R11・158上・14∥R11・158上・14∥R11・158上・14∥R11・158下・1∥R11・158下・3∥R11・158下・6∥R11・158下・13∥R11・159上・1∥R11・159上・2∥R11・159上・2∥R11・159上・5∥R11・159上・7∥R11・159上・8∥R11・159上・10∥R11・159上・13∥R11・159下・7∥R11・159下・13∥R11・160上・4∥R11・160上・7∥R11・160上・14∥R11・160上・14∥R11・160下・7∥R11・160下・9∥R11・160下・9∥R11・161上・3∥R11・161上・3∥R11・161上・4∥R11・161上・6∥R11・161上・6∥R11・161上・6∥R11・161上・6∥R11・161上・9∥R11・161上・9∥R11・161下・1∥R11・161下・4∥R11・161下・5∥R11・161下・9∥R11・161下・13∥R11・162上・1∥R11・162上・2∥R11・162上・13∥R11・162下・1∥R11・162下・1∥R11・162下・2∥R11・162下・2∥R11・162下・6∥R11・162下・7∥R11・162下・9∥R11・163上・2∥R11・163上・5∥R11・163上・6∥R11・163上・7∥R11・163上・11∥R11・163上・12∥R11・163下・1∥R11・163下・1∥R11・163下・3∥R11・163下・11∥R11・164上・3∥R11・164上・5∥R11・164上・6∥R11・164上・7∥R11・164上・9∥R11・164上・11∥R11・164下・2∥R11・164下・5∥R11・164下・10∥R11・164下・12∥R11・165上・1∥R11・165上・7∥R11・165上・8∥R11・165上・12∥R11・165上・14∥R11・165下・4∥R11・165下・7∥R11・165下・11∥R11・165下・11∥R11・166上・14∥R11・166上・14∥R11・166上・14∥R11・166上・14∥R11・166下・3∥R11・166下・6∥R11・166下・7∥R11・166下・12∥R11・167上・1∥R11・167上・6∥R11・167下・7∥R11・167下・7∥R11・167下・9∥R11・167下・12∥R11・167下・13∥R11・167下・14∥R11・167下・14∥R11・168上・3∥R11・168上・4∥R11・168下・4∥R11・168下・5∥R11・168下・6∥R11・168下・7∥R11・168下・10∥R11・168下・12∥R11・168下・12∥R11・169上・1∥R11・169上・1∥R11・169上・2∥R11・169上・3∥R11・169上・4∥R11・169下・2∥R11・169下・2∥R11・169下・4∥ |

			R11・169 下・5 // R11・169 下・7 // R11・170 上・3 // R11・170 上・4 // R11・170 上・5 // R11・170 上・6 // R11・170 上・6 // R11・170 上・7 // R11・170 上・7 // R11・170 上・9 // R11・170 上・10 // R11・170 上・11 // R11・170 上・11 // R11・170 上・12 // R11・170 上・13 // R11・170 下・2 // R11・170 下・3 // R11・170 下・4 // R11・170 下・5 // R11・170 下・6 // R11・170 下・7 // R11・170 下・8 // R11・170 下・9 // R11・170 下・9 // R11・170 下・11 // R11・170 下・11 // R11・171 上・4 // R11・171 上・6 // R11・171 上・6 // R11・171 上・7 // R11・171 上・10 // R11・171 上・10 // R11・171 上・11 // R11・171 上・14 // R11・171 下・1 // R11・171 下・2 // R11・171 下・5 // R11・171 下・5 // R11・171 下・6 // R11・171 下・8 // R11・171 下・9 // R11・171 下・9 // R11・171 下・10 // R11・171 下・11 // R11・171 下・11 // R11・171 下・13 // R11・171 下・13 // R11・172 上・1 // R11・172 上・1 // R11・172 上・2 // R11・172 上・2 // R11・172 上・2 // R11・172 上・3 // R11・172 上・5 // R11・172 上・7 // R11・172 上・10 // R11・172 上・11 // R11・172 下・3 // R11・172 下・3 // R11・172 下・4 // R11・172 下・5 // R11・172 下・7 // R11・172 下・7 // R11・172 下・10 // R11・172 下・11 // R11・172 下・12 // R11・172 下・12 // R11・172 下・13 // R11・172 下・13 // R11・172 下・13 // R11・173 上・1 // R11・173 上・2 // R11・173 上・3 // R11・173 上・5 // R11・173 上・5 // R11・173 上・7 // R11・173 上・8 // R11・173 上・10 // R11・173 上・10 // R11・173 上・12 // R11・173 上・12 // R11・173 下・2 // R11・173 下・4 // R11・173 下・5 // R11・173 下・6 // R11・173 下・9 // R11・173 下・11 // R11・173 下・12 // R11・173 下・13 // R11・173 下・14 // R11・173 下・14 // R11・173 下・14 // R11・174 上・10 // R11・174 上・11 // R11・174 上・11 // R11・174 上・13 // R11・174 上・13 // R11・175 上・9 // R11・175 上・9 // R11・175 上・10 // R11・175 上・11 // R11・175 上・12 // R11・175 上・13 // R11・175 上・13 // R11・175 下・1 // R11・175 下・1 // R11・175 下・5 // R11・175 下・5 // R11・175 下・12 // R11・176 上・4 // R11・176 上・5 // R11・176 上・5 // R11・176 上・6 // R11・176 上・7 // R11・176 上・8 // R11・176 上・9 // R11・176 上・12 // R11・176 上・13 // R11・176 下・1 // R11・176 下・3 // R11・176 下・3 // R11・176 下・4 // R11・176 下・5 // R11・176 下・14 // R11・176 下・14 // R11・177 上・1 // R11・177 上・5 // R11・177 上・6 // R11・177 上・6 // R11・177 上・11 // R11・177 上・14 // R11・177 下・4 // R11・177 下・4 // R11・177 下・5 // R11・178 上・9 // R11・178 上・10 // R11・179 上・7 // E5・150・5 // E5・150・5 // E5・150・5 // E5・150・6
178200	1546	豸	身	豸鞍（身化），死	R11・162 下・12
				豸䟽，藏身	R11・177 上・10
				R11・171 下・9	

续表

179220	1560	[illegible]	葛	[illegible],诸葛侃	R11·170下·14
179400	1567	[illegible]	子	[illegible],弟子	R11·161下·6
				[illegible],妻子	R11·172下·3
				[illegible],儿子	R11·160上·6
				[illegible],骄子	R11·171下·8
				[illegible],骄子	R11·171下·7//R11·171下·9
				R11·160上·7//R11·160上·8//R11·160上·9//R11·160上·14//R11·161下·8//R11·171下·1//R11·171下·4//R11·171下·4//R11·171下·5	
179500	1572	[illegible]	白	[illegible],白玉	R11·176下·11
			庞	[illegible],庞涓	R11·157下·6
179900	1575	[illegible]	险	[illegible],险阻	R11·158上·12
				[illegible],险厄	R11·166上·7//R11·166上·9
				[illegible](险梁),隄防	R11·165下·9
				R11·158上·14	
181000	1576	[illegible]	并	[illegible],并头(表示横列)	R11·166下·7
			兼	[illegible](昼夕夜行兼),倍道兼行	R11·157下·4//R11·164上·9//R11·167上·2
				E5·150·6	
181420	1582	[illegible]	利	[illegible](利因不随),不为利惑	R11·160下·12
				[illegible],利益	R11·162下·11
				[illegible],得利	R11·159上·3
182120	1586	[illegible]	音	[illegible](声音),鼓噪	R11·160上·7
182124	1596	[illegible]	浑	[illegible],浑瑊(人名)	R11·167上·14
	1599	[illegible]	得	[illegible],在利思害	R11·163上·9
				[illegible],得利得胜	R11·177上·4
				[illegible],得利	R11·157上·3//R11·164下·2//R11·164下·13//R11·165上·12
				[illegible],得丰	R11·174下·1
				[illegible],得利	R11·159上·3
				[illegible],得胜	R11·165下·5
				[illegible],得利	R11·157上·2//R11·158下·7//R11·158下·9//R11·159上·10//R11·174下·8//R11·178下·5//R11·178下·13//R11·178下·14

			狝狝,得胜	R11·156下·7∥R11·160下·7∥R11·171上·7∥R11·171下·11∥R11·178上·1	
			狝狝,所得	R11·159上·5	
			R11·156下·1∥R11·157上·1∥R11·157下·10∥R11·158上·13∥R11·158下·3∥R11·158下·9∥R11·159上·2∥R11·159上·3∥R11·159上·3∥R11·159上·3∥R11·159上·3∥R11·159上·3∥R11·159上·10∥R11·161下·3∥R11·162上·1		
182140	1600	毗	立	毗毗,设立	R11·159下·8
				毗毗毗毗(设战阵),列阵	R11·160下·8
				毗毗毗(战阵设),列阵	R11·160下·9∥R11·159下·7
				毗毗毗毗(战阵设置),列阵	R11·167上·7
			设	毗毗,设阵	R11·177上·6
				毗毗,设置	R11·164下·10∥R11·167下·11∥R11·171下·11∥R11·176下·12∥R11·176下·13
				R11·159下·7∥R11·159下·8∥R11·159下·14∥R11·164下·9∥R11·164下·11∥R11·165上·4∥R11·167上·10∥R11·167上·10∥R11·167下·3∥R11·167下·4∥R11·168下·2	
182144	1601	黄	何	黄黄,何谦	R11·170下·14
			皇	黄黄黄,皇甫文	R11·160上·12∥R11·160上·13∥R11·160上·14
				黄黄黄,黄石公(人名)	R11·163下·11∥R11·171上·10∥R11·171下·9∥R11·173下·5
			黄	黄黄,黄盖	R11·171下·14
				黄黄黄,黄落城	R11·164上·4
				黄黄黄,外黄城	R11·161下·4
				黄黄,黄池	R11·176下·8
				黄黄,黄池	R11·167上·3
			河	黄黄,河内	R11·158上·8
	1602	周	全	周周,不周	R11·160上·12
			尽	周周,未尽	R11·157下·7
			足	R11·163下·5	
			备	R11·163下·5	

	1605	𗹬	牢	𗹬𗾺，天牢	R11·165下·12∥R11·165下·13∥R11·166上·1∥R11·166上·2
182152	1608	𗾺	同	𗾺𗾺𗾺𗾺（同性议者），腹心	R11·160上·13
				𗾺𗾺，同类	R11·161下·6
				𗾺𗾺，同心	R11·173下·2
				𗾺𗾺，同有	R11·178上·4
				R11·159下·7∥R11·171下·3∥R11·172下·8	
182224	1616	𗙏	入	R11·158下·1∥R11·172下·6∥R11·177下·6	
				R11·179上·7	
	1617	𗙏	敢	𗙏𗙏，不敢	R11·156下·5∥R11·159下·1∥R11·163下·13∥R11·164下·11∥R11·168下·6∥R11·170上·10∥R11·173下·12
				𗙏𗙏，何敢	R11·163下·1
				R11·171下·1∥R11·171下·1	
			能	R11·167下·6	
			可	R11·172上·5	
182242	1623	𗹾	宫	𗹾𗹾，宫门	R11·171上·11
182420	1634	𗸯	罗	𗸯𗸯，天罗	R11·165下·12∥R11·165下·14∥R11·166上·1∥R11·166上·3
			网	𗸯𗸯𗸯𗸯，如入网内	R11·159下·13
	1638	𗸯	清	𗸯𗸯（清净），廉洁	R11·164上·7
182422	1640	𗹛	过	R11·158上·5∥R11·159下·9∥R11·165下·11∥R11·165下·13	
			济	𗹛𗹛，共济	R11·174上·7∥R11·174上·12
			涉	R11·165下·11	
			渡	𗹛𗹛，半渡	R11·165下·10
				𗹛𗹛𗹛𗹛（一半水渡），半渡	R11·164下·10
				𗹛𗹛，渡水	R11·164下·8∥R11·164下·9∥R11·164下·11∥R11·164下·11
				R11·161下·13∥R11·161下·14∥R11·162下·1∥R11·162下·9∥R11·164下·8∥R11·164下·12∥R11·164下·14∥R11·165上·1∥R11·165上·5∥R11·165上·6∥R11·165下·9∥R11·165下·10∥R11·175上·2	

续表

编号	序号	字	楷	词条	出处
	1643	〔篆〕	欢	〔篆〕,高欢	R11·167下·10
			桓	〔篆〕,齐桓公	R11·176下·5
				〔篆〕,桓玄	R11·163下·14//R11·163下·14
182424	1649	〔篆〕	宽	〔篆〕,韦孝宽	R11·178下·1
182522	1661	〔篆〕	陵	〔篆〕,武陵(地名)	R11·162上·14
				〔篆〕,广陵城	R11·170下·13
				〔篆〕,马陵	R11·157下·6
182545	1663	〔篆〕	混	〔篆〕,混合	R11·173上·1
184100	1671	〔篆〕	红		R11·158下·13
184112	1673	〔篆〕	饵	〔篆〕(置饵),诱	R11·167下·4
184120	1677	〔篆〕	恩	〔篆〕,施恩	R11·171下·5
				〔篆〕,恩功	R11·172上·1//R11·172上·2
				〔篆〕,恩信	R11·168下·11//R11·168下·12//R11·169上·4//R11·169上·5
				〔篆〕,仁恩	R11·168下·14
				〔篆〕,害生于恩	R11·171下·10
				R11·171下·8//R11·172上·1//R11·172上·1//R11·178上·13	
	1682	〔篆〕	祀	〔篆〕,祷祀	R11·178上·3
184121	1683	〔篆〕	臣	〔篆〕,单臣(人名)	R11·161下·7
			襄	〔篆〕,姚襄	R11·164上·3
				〔篆〕,赵襄子	R11·165上·2
			穰	〔篆〕,穰城	R11·161上·14
184122	1686	〔篆〕	知	〔篆〕,明知	R11·156上·5
184140	1693	〔篆〕	成	〔篆〕,成事	R11·178下·2
	1720	〔篆〕	陶	〔篆〕,陶器	R11·160上·11
			外	〔篆〕,外黄城	R11·161下·4
184240	1724	〔篆〕	他	〔篆〕(己他),敌我	R11·169下·4
				〔篆〕(己他二军相前营设),交合	R11·156上·1
				〔篆〕,知彼知己	R11·172上·10
				〔篆〕,他军	R11·160下·8
				R11·166上·14//R11·168下·6//R11·170上·6//R11·173上·3//R11·173上·5	
			彼		R11·160上·5
184244	1727	〔篆〕	赏	〔篆〕,赏勇	R11·158下·5

184400	1733	𗆟	之	𗂾𗏹𗆟,刘牢之	R11·170 下·14
	1734	𗆟		𗏾𗆟𗆟𗱡(利因不随),不为利惑	R11·160 下·12
			不	R11·160 下·8//R11·160 下·12//R11·161 上·1//R11·161 上·1//R11·162 上·6//R11·166 下·2//R11·174 下·8//R11·174 下·10//R11·174 下·11//R11·174 下·12//R11·175 上·5//R11·175 下·5	
				𗱰𗣼𗆟𗷝(丘来勿迎),背丘勿逆	R11·161 上·5
				𘂀𗪛𗆟𗏹(高住勿攻),高陵勿向	R11·161 上·5
			勿	𗴿𗟩𗆟𘔧,穷寇勿迫	R11·161 下·11
				𗤛𗪛𗆟𗟩(面上勿战),不可仰攻	R11·161 上·6
				𗆟𗟩,勿战	R11·162 下·5
				R11·161 上·6//R11·161 上·7//R11·161 上·7//R11·161 上·9//R11·161 上·11//R11·161 上·13//R11·161 下·3//R11·162 上·7//R11·162 上·9//R11·162 上·9//R11·162 上·12//R11·162 下·5//R11·162 下·5//R11·162 下·5	
	1736	𗆟	事	𗆟𗤋,成事	R11·177 上·14//R11·178 下·2
			职	𗆟𗡶,失职	R11·178 下·5
			官	𗼗𗆟,死官	R11·162 下·14
	1737	𗆟		𗆟𗆟,齐齐	R11·159 下·12//R11·159 下·11//R11·159 下·11//R11·174 下·4//R11·174 下·4
			齐	𗫂𗆟,齐心	R11·173 上·8
				𗤙𗆟,齐头(表示纵列)	R11·166 下·6
			并	R11·168 下·5	
			均	𗫂𗆟,力均	R11·168 下·6//R11·169 下·5
				R11·168 下·6//R11·169 下·3//E5·151·4//E5·151·4	
	1741	𗆟	湟	𗆟𗰖,湟水	R11·161 下·14
184412	1746	𗤋	诈	𗒀𗰓𗄝𗷰𗣫,兵以诈立	R11·158 下·6
				𗤙𗤋,诡诈	R11·158 下·7//R11·178 下·6
				R11·158 下·7//R11·158 下·9	
184414	1747	𗇋	指	R11·171 下·11//R11·171 下·12	

	1754	叕	盲	叕叕,聋盲	R11・174 下・7
				叕叕,目盲	R11・174 下・9
	1757	叕	阴	叕叕叕叕,贵阳贱阴	R11・165 下・5
	1761	叕	时	叕叕,屡屡	R11・168 上・8∥R11・168 上・9
184420				叕叕,时时	R11・161 下・7
				R11・168 上・9∥R11・168 上・9∥R11・168 上・10∥R11・168 上・10	
	1762	叕	迟	R11・157 上・4∥R11・157 上・4∥R11・157 上・6∥R11・163 上・1	
			缓	叕叕,迟缓	R11・158 下・10∥R11・166 下・7
	1764	叕	惑	叕叕,疑惑	R11・173 下・4∥R11・173 下・6
				叕叕,惑乱	R11・160 下・12
				叕叕,心惑	R11・173 下・5
184424	1768	叕	韦	叕叕叕,韦孝宽	R11・178 下・1
	1770	叕	取	叕叕叕叕,舍短从长	R11・164 上・10
			夺	R11・176 下・3	
			取	R11・165 下・3∥R11・167 上・1∥R11・176 下・2∥R11・176 下・6∥R11・176 下・7	
184440	1771	叕	贤	叕叕,贤臣	R11・177 下・14
				叕叕,智者	R11・163 上・8∥R11・163 上・13
			智	叕叕,智能	R11・177 下・5
				叕叕,圣智	R11・179 上・7
				叕叕,巧智	R11・178 下・6
				R11・163 上・14	
184525	1778	叕	前	叕叕叕叕叕叕叕(已他二军相前营设),交合	R11・156 上・1
185254	1791	叕	暴	叕叕(粗暴),喧嚣	R11・160 下・8
	1793	叕	劫	R11・161 下・8	
			惧	R11・168 上・11	
185400	1794	叕	主	叕叕,怨主	R11・170 下・5
				叕叕,家主	R11・159 上・3∥R11・177 下・8
			属	R11・162 下・8	
	1796	叕	楚	叕叕,楚使	R11・178 下・10
				叕叕,楚子	R11・171 下・2
185420				叕叕,楚国	R11・178 下・10
				叕叕,楚王	R11・161 上・8
				叕叕叕叕,楚王项羽	R11・164 下・14

续表

185450	1800	□	守	□□,固守	R11·159下·11//R11·174上·13
			坚	□□,坚守	R11·161下·4
			固	□□,固守	R11·158下·13//R11·160下·11//R11·164上·4//R11·175下·1//R11·175下·6//R11·175下·6//R11·175下·7//R11·175下·7//R11·177上·8
					R11·159下·7
	1801	□	他	□□,他事	R11·178上·2//R11·178上·3//R11·178上·4
				□□,他心	R11·173下·4
					R11·158上·11//R11·166下·5//R11·168上·14//R11·168下·2//R11·168下·7//R11·172下·13//R11·173上·3//R11·173上·5//R11·177下·2
187120	1809	□	少	□□,寡少	R11·164下·9
187220	1817	□	误	□□,错误	R11·164上·11
				□□,迷误	R11·175上·3
					R11·158下·5
	1818	□	审		R11·157上·3//R11·159上·8//R11·159上·10//R11·159下·11
187242	1822	□	曰	□□,问曰	R11·160上·12
189140	1832	□	丘	□□□□(丘来勿迎),背丘勿逆	R11·161上·5
					R11·161上·6
			阻	□□(地阻),隈防	R11·165下·8
				□□,险阻	R11·158上·12//R11·165上·13
					R11·158上·14
			岭	□□,丘陵	R11·158下·2
	1833	□	疑	□□,疑虑	R11·162下·1
189240	1836	□	正	□□□□(军队正为),勒兵	R11·156下·3//R11·164上·5
				□□□□(队列正为),勒兵	R11·158下·10//R11·165上·11//R11·166下·4
				□□□□(战阵正为),列阵	R11·156下·6//R11·160下·7
				□□(法正),令行	R11·163下·6
					R11·159下·1//R11·167下·5//R11·167下·6//R11·170下·8//R11·174上·14//R11·174下·1//R11·177下·7//E5·150·4

续表

189400	1838	䅒	厄	赫䅒,险厄	R11·166 上·7∥R11·166 上·9
189420	1839	䅒	失	𣂎䅒(失丰),瞰	R11·157 下·11∥R11·157 下·11
				𣂎䅒,失职	R11·178 下·5
				廄䅒,失职	R11·178 下·5
				R11·157 下·14∥R11·158 下·3∥R11·160 上·10∥R11·172 上·10∥R11·172 下·10∥R11·172 下·10	
192124	1844	䕃	集	杨滩䕃苛(大都集头),都案案头	R11·171 下·14
192225	1849	䍩	声	䍩䍩(声音),鼓噪	R11·160 上·7
194220	1857	𤞤	除	巍𤞤,弃除	R11·159 上·4
			去	R11·174 下·14	
			斩	R11·159 下·3∥R11·171 下·14	
			诛	R11·171 下·14	
			戮	R11·162 下·14∥R11·164 下·13	
194225	1866	𤠔	下	𤠔䐗,卑下	R11·171 下·9
194244	1868	䄄	除	䄄𥼝,禁除	R11·173 下·3∥R11·173 下·5
				R11·173 下·6∥R11·178 下·11	
194274	1869	䄒	宝	䄒,宝(人名)	R11·160 上·14
			堡	䄒㡾,城堡	R11·176 下·5∥R11·178 上·13
195252	1879	䄶	避	R11·158 下·14∥R11·160 下·4∥R11·160 下·7∥R11·161 上·3∥R11·161 上·8∥R11·161 上·8∥R11·161 上·8∥R11·166 上·6∥R11·171 上·12∥R11·171 上·14	
210100	1890	髟	高	髟𣥺𣂎𣂎(高住勿攻),高陵勿向	R11·161 上·5
				髟㡷,高处	R11·164 下·6∥R11·165 上·11∥R11·165 上·13∥R11·169 下·2
				髟𤞤,高阳	R11·165 下·6
				𤠔髟,高地	R11·161 上·6∥R11·164 下·5∥R11·164 下·5∥R11·164 下·7∥R11·165 上·1∥R11·165 上·12∥R11·165 上·13∥R11·165 下·7
				𤠔髟𣥺杨爰,登高	R11·160 下·7
				R11·158 上·14∥R11·161 上·6∥R11·165 上·1∥R11·165 上·13∥R11·165 上·14∥R11·165 下·7∥R11·165 下·13∥R11·166 上·9∥R11·169 下·2	

续表

210112	1892	□	宅	□□,家宅	R11·172下·3∥R11·172下·3∥R11·172下·4
			家	□□□□(军家营设),处军	R11·164下·1∥R11·164下·3∥R11·165上·10
					R11·165下·6∥E5·150·4∥E5·150·6
210121	1896	□	迟	□□,迟缓	R11·166下·7
210122	1901	□	懈	□□(懈怠),骄惰	R11·168下·12
				□□(懈怠),慢易	R11·156上·3
				□□,懈怠	R11·156上·6∥R11·166下·13∥R11·171下·9∥R11·171下·10∥R11·175下·5∥R11·177上·10
	1902	□	威	□□(军仪),军威	E5·151·2∥R11·157下·14
			仪	□□,威仪	R11·167下·14∥R11·167下·14∥R11·176上·13∥R11·176下·3
	2629	□	图	□□,地图	R11·158下·2
210124	1906	□	又	R11·160上·14∥R11·162下·8∥R11·172上·1∥R11·177下·5∥R11·178下·1∥R11·178下·7	
			及	R11·178下·7	
			外	□□,其外	R11·157下·4∥R11·163下·12∥R11·167下·7∥R11·174下·9
				R11·159下·13∥R11·164上·6	
			后	□□,然后	R11·156上·3∥R11·156上·7∥R11·158上·11∥R11·158上·11∥R11·158下·9∥R11·158下·9∥R11·158下·9∥R11·159上·7∥R11·159上·10∥R11·159下·11∥R11·161下·5∥R11·163上·14∥R11·163下·5∥R11·164下·3∥R11·169上·5∥R11·170上·5∥R11·176下·5∥R11·176下·6∥E5·151·7

			慨微(后方),后	R11·156 上·4 // R11·156 上·5 // R11·156 上·7 // R11·156 下·5 // R11·157 下·8 // R11·159 下·10 // R11·160 上·4 // R11·162 上·5 // R11·163 上·1 // R11·165 上·11 // R11·165 上·12 // R11·167 上·2 // R11·167 上·4 // R11·172 上·9 // R11·172 下·9 // R11·174 下·8 // R11·177 上·11 // R11·179 上·1
			慨慨,后退	R11·159 上·13 // R11·162 上·2 // R11·177 上·8
			慨祇(后遗),捐弃	R11·157 上·5
			尧慨(相后),相续	R11·157 下·9
			R11·177 下·3 // R11·177 下·6 // R11·178 上·14 // R11·178 下·9 // R11·178 下·10 // R11·178 下·12	
		复	敖慨(及复),及	R11·159 下·11
			R11·156 上·7 // R11·163 下·9 // R11·171 上·4	
1909	牝	牛	R11·175 下·14 // R11·178 下·10	
		令	缦慨,戒令	R11·168 上·10 // R11·169 上·4 // R11·169 上·5 // R11·169 上·5 // R11·171 上·3
			慨兑,令事	R11·169 上·3
			R11·169 上·2 // R11·169 上·2	
		礼	兢慨(行礼),辞礼	R11·160 上·12 // R11·160 上·13
			慨蕤,依礼	R11·178 上·13
		制	缥霖慨(先祖制),古制	R11·177 下·7
1910	慨	法	敖慨,法令	R11·174 下·5
			蠹慨,军法	R11·170 下·8
			缦慨,法令	R11·176 下·14 // R11·177 上·1
			茇慨,文法	R11·168 下·13
			杨慨,一法	R11·176 下·14 // R11·176 下·14 // R11·177 上·1
			慨祢(法正),令行	R11·163 下·6
			R11·167 上·12 // R11·170 下·9 // R11·174 上·9 // R11·174 上·14 // R11·176 下·12	
		道	R11·171 上·4	

续表

210125	1914	□	坎	□焮,坎穴	R11·165下·14
			侃	緻□,陶侃	R11·162下·9
				韝韝□,诸葛侃	R11·170下·14
	1915	□	五	□縵,五原（地名）	R11·160下·1
	1917	□	空	R11·165下·13	
210127	1918	□	不	骹□□（意不置），不意	R11·156上·7∥R11·166下·4∥R11·167上·2
				鞍□□，不求和	R11·176上·13∥R11·176下·4
				鞿帨□菽，不动如山	R11·158下·13
				□□□，上下不和	R11·170下·7
				□□□，不得便	R11·177上·10
				□□□，不结谋	R11·176上·14∥R11·176下·4
				□□□（不惜命），轻死	R11·172上·5
				□莘，不服	R11·168下·10∥R11·170上·13
				□□，不悟	R11·177上·7
				□□，不同	R11·168上·6
				□□□，不得已战	R11·159下·7∥R11·159下·7∥R11·165上·7∥R11·165上·7∥R11·169下·5∥R11·169下·5∥R11·173上·13∥R11·173上·13∥R11·173上·13∥R11·173上·14∥R11·176上·4∥R11·176上·4∥R11·176上·5∥R11·176上·5
				□□，不义	R11·163上·13
				□□，不断	R11·176下·11
				□□，不难	R11·159上·5
				□□，不顾	R11·162上·1
				□□，不周	R11·160上·12
				□□，未尽	R11·157下·7
				□鐾（不达），不活	R11·176上·1
				□□（不定），无常	E5·151·1∥E5·151·3
				□□，不定	E5·151·3
				□□，不听	R11·162下·13
				□□，不异	R11·174下·4

续表

			慨移慨萧（不为不成），不得已	R11·157 下·8 // R11·157 下·8 // R11·173 上·12 // R11·173 下·8 // R11·173 下·8
			慨縏，不和	R11·168 上·6
			縺恈慨縺恈（安定不安定），动静	R11·158 下·5 // R11·177 下·12
			橃绕慨霞，死不惜命	R11·173 上·9 // R11·174 下·13
210140	1922	既	射	飛既（射兽），射猎	R11·162 下·9
				既橃，善射	R11·156 下·6
210142	1926	雎	久	雎繈，久先	R11·169 上·4
			前	R11·163 下·9
210151	1932	骿	生	瓶骿，苟生	R11·164 上·4
				䂂骿，邮生	R11·179 上·1
210154	1935	骹	沟	骹骹，沟垒	R11·156 下·5 // R11·159 下·7 // R11·164 上·4 // R11·166 下·12 // R11·166 下·14 // R11·167 上·1 // R11·175 下·6
				骹骹霧，壁垒星	R11·159 下·9
				骹骹扎霞（沟垒修造），坚壁	R11·156 下·4
210222	1941	帰	会	R11·163 上·1
			聚	繱帰（全聚），齐正	R11·173 上·14
				R11·161 下·7 // R11·173 下·2 // R11·175 上·5 // E5·150·3 // E5·150·3 // E5·150·5
	1943	帰	非	螫辄繱帰，实不可信	R11·166 下·12
				睪帰（近非），疏交	R11·178 上·13
				R11·157 上·3 // R11·158 上·12 // R11·159 下·3 // R11·161 上·3 // R11·161 上·6 // R11·161 上·14 // R11·162 上·1 // R11·162 上·9 // R11·162 下·4 // R11·162 下·7 // R11·163 下·1 // R11·163 下·12
	1946	愢	念	R11·172 下·4
210224	1951	㦄	连	R11·175 下·14

续表

210255	1959	□	勇	□□,勇悍	R11·159 下·3 // R11·160 上·6 // R11·160 上·8 // R11·163 下·11 // R11·163 下·12 // R11·168 上·11 // R11·168 下·4 // R11·170 上·10 // R11·170 下·14 // R11·172 下·11 // R11·173 下·13 // R11·173 下·14 // R11·174 上·1 // R11·174 下·1 // R11·179 上·4
				□□,勇怯	E5·150·5
				□□,恃勇	R11·163 下·10
				□□,齐勇	R11·174 上·14
				R11·159 上·13 // R11·163 下·11 // R11·163 下·12 // R11·167 下·12 // R11·168 上·12	
210545	1982	□	头	□□,壶头(地名)	R11·162 上·14
210950	1986	□	修	R11·176 下·5	
212100	1987	□	沙	□□,流沙	R11·176 下·7
212122	1990	□	穿	□□,赵穿	R11·170 下·6
212124	1996	□	饮	R11·160 下·9 // R11·167 下·6 // R11·167 下·7	
	1999	□	五	□□,五行	E5·151·1 // E5·151·3 // E5·151·5
				R11·156 下·6 // R11·157 下·10 // R11·157 下·11 // R11·157 下·14 // R11·157 下·14 // R11·157 下·14 // R11·159 下·9 // R11·160 下·7	
212125	2004	□	井	□□,天井	R11·165 下·12 // R11·165 下·13 // R11·165 下·14 // R11·166 上·2
				□□,凿井	R11·177 下·9
212140	2005	□	泥	□□□□(泽河湿泥),沮泽	R11·158 上·12
				□□,污泥	R11·158 上·14
				□□,泥水	R11·165 上·8
				R11·158 下·1 // R11·166 上·1	
212142	2012	□	东	□□,东晋	R11·162 下·8 // R11·170 下·13 // R11·172 下·9
				□□□,东海王	R11·161 下·8
		□	董	□□,董褐	R11·167 上·7
212144	2014	□	谈	□□□,张孟谈	R11·177 下·5
			滩	□□□,峥嵘洲	R11·163 下·14

			其	羆䕫,其中	R11・161 下・8
212150	2019	羆	彼	羆㿱(彼式),而	R11・167 上・5
				羆㿱(彼式),自然	R11・162 下・2 // R11・172 下・12 // R11・173 下・2 // R11・173 下・2 // R11・173 下・3 // R11・173 下・3
				羆藭,是以	R11・157 下・6
				羆藭,因此	R11・157 上・1 // R11・157 下・11 // R11・162 上・2 // R11・163 下・14 // R11・170 下・7 // R11・171 上・11 // R11・171 下・6 // R11・175 下・14 // R11・176 下・7 // R11・176 下・9 // R11・176 下・11
				羆㷉(彼后),然后	R11・161 下・5
				羆夌,彼时	R11・167 上・4 // R11・172 下・10
212222	2027	絧	绝		R11・175 下・8
212400	2042	縵	贾	荔縵,庄贾	R11・162 下・13
212412	2043	縸	驰	縸䮠,驰跃	R11・166 上・1
			疾	縸䮂,疾驰	R11・157 上・7
				縸縵(疾疾),竞	R11・161 上・12 // R11・161 上・13 // R11・164 上・1 // R11・164 上・1 // E5・150・6
					R11・162 下・2 // E5・150・6
212420	2047	繹	施	羆繹,施恩	R11・171 下・5
	2045	馶	酒	緞馶,毒酒	R11・161 上・12
212422	2049	糵	先	糵𤯟,先穀(人名)	R11・170 下・6
				䙷糵駘彷,先零羌	R11・161 下・14
212424	2052	儗	范	虓魝儗𤣥,亚父范增	R11・178 下・11
212525	2057	倗	骇	毰倗,惊骇	R11・166 下・5
					R11・166 下・4 // R11・176 下・10
214000	2061	姃	须发		R11・171 下・14
214100	2064	彮	生	緷靬緂彮,害生于恩	R11・171 下・10

214100	2064	𗾅	起	R11·160下·9∥R11·162下·11∥R11·178下·9
	2065	𗾅	我	𗧠𗾅，我	R11·160上·7∥R11·160上·8∥R11·160下·8∥R11·161下·2∥R11·161下·2∥R11·162下·9∥R11·162下·10∥R11·162下·10∥R11·164上·5∥R11·164下·9∥R11·166下·2∥R11·166下·11∥R11·166下·13∥R11·170上·7∥R11·170下·6∥R11·172下·12∥R11·175下·11∥R11·177上·8∥R11·177上·8∥R11·177上·9∥R11·178下·7∥R11·178下·9
				R11·161上·3∥R11·173上·6∥R11·175下·12∥R11·177上·8∥R11·177上·11∥R11·177上·11∥R11·178下·14
214120	2074	𗦎	勾	𗒓𗟭𗦎𗠬，越王勾践	R11·167上·4
			皋	𗪙𗦎𗼃，成皋城	R11·164下·14
			高	𗦎𗬠，高衡	R11·170下·14
				𗦎𗔸𗲗，高梧谷	R11·172下·12
				𗦎𗪥，高欢	R11·167下·10
				𗦎𗰔，高昌	R11·172下·11
				𗦎𗱲𗼃，高平城	R11·160上·11
				𗦎𗴂，高峻	R11·160上·12
				𗪮𗦎𗗟，汉高祖	R11·158上·7
	2077	𗩭	垒	𗢸𗩭𗴀，壁垒星	R11·159下·9
				𗢸𗩭，壁垒	R11·159下·7∥R11·164上·4∥R11·175下·6
				R11·159下·7∥R11·163上·3∥E5·150·4∥E5·150·6
			营	𗴀𗩭，军营	R11·156下·1∥R11·156下·2∥R11·159下·7∥R11·159下·8∥R11·159下·8∥R11·159下·14∥R11·159下·14∥R11·161上·12∥R11·161上·12∥R11·162上·6∥R11·162上·14∥R11·163上·2∥R11·164上·5∥R11·164上·6
				𗴀𗭼𗩭𗆀(军家营设)，处军	R11·164下·1∥R11·164下·3∥R11·165上·10

				軍營（Tangut），军营	R11·165上·3∥R11·166下·10∥R11·167下·1∥R11·169下·4∥R11·170上·8∥R11·175下·3∥R11·177上·8∥E5·150·6
				（Tangut）（军设营），驻军	R11·158下·13
				（Tangut）（己他二军相前营设），交合	R11·156上·1
				（Tangut）（营道遇缚），十字路口	R11·159下·9
				（Tangut），设营	R11·156下·3∥R11·159下·8∥R11·164下·2∥R11·165上·1∥R11·165下·8∥R11·166下·1∥R11·166下·14∥R11·167上·14∥R11·169下·5∥R11·173上·2∥R11·173上·6∥R11·175下·3∥E5·150·4∥E5·150·5
				（Tangut），住营	R11·164下·10
				（Tangut），小营	R11·159下·10
				（Tangut），营域	R11·159下·14
				（Tangut），营门	R11·159下·12
				（Tangut），一营	R11·159下·13
				R11·159下·8∥R11·159下·8∥R11·159下·8∥R11·159下·9∥R11·159下·9∥R11·159下·10∥R11·159下·11∥R11·159下·11∥R11·159下·11∥R11·159下·12	
	2079	姚	午	姚午（Tangut），午	R11·160下·3∥R11·160下·9
214121	2080	怅	毁	（Tangut），圮毁	R11·162上·7
	2082	绕	问	（Tangut），问曰	R11·160上·12
				（Tangut），问战	R11·176下·10
				R11·157下·8∥R11·159下·6∥R11·159下·6∥R11·160上·4∥R11·161下·8∥R11·163上·3∥R11·171下·4∥R11·171下·14∥R11·174上·4∥R11·176下·5∥R11·178上·5	
	2083	绳	利	R11·167上·5	
	2085	聚	聚	R11·165上·3	
	2087	姚	何	（Tangut），何时	R11·171下·5

214122	2090	𗢭		晷辄𗢭慣,实不可信	R11·166下·12
			可		R11·158上·12//R11·158上·12//R11·159上·5//R11·159上·6//R11·159上·7//R11·159下·3//R11·160上·10//R11·160下·11//R11·160下·12//R11·161上·3//R11·161上·6//R11·161上·14//R11·161下·5//R11·162上·1//R11·162上·9//R11·164上·14
			必		R11·166上·9//R11·168下·1
			当		R11·157下·3//R11·161上·3//R11·161上·8//R11·161上·8//R11·161上·8//R11·161上·10//R11·161下·3//R11·161下·3//R11·165上·1//R11·168下·3//R11·169下·1//R11·175下·5
			应		R11·163下·3//R11·163下·3//R11·163下·4//R11·163下·4//R11·163下·5//R11·163下·6//R11·164下·8//R11·165上·1//R11·165上·6//R11·165上·7//R11·165上·7//R11·165上·10//R11·165下·9//R11·166上·2//R11·168下·2//R11·169下·1//R11·170下·6//R11·173下·5
			所		R11·156下·1//R11·158上·5//R11·160下·9//R11·161下·13//R11·162上·9//R11·162下·4//R11·162下·10//R11·162下·11//R11·168上·4//R11·168上·5//R11·168下·2//R11·168下·3//R11·168下·7//R11·173上·10//R11·173下·2//R11·173下·2//R11·173下·3//R11·173下·3//R11·174下·11//R11·175下·5
	2091	𗢭	极	𗢭𗢭(极中),之至	R11·177下·11
				𗢭𗢭(极中),最	R11·165下·1//R11·171上·6
					R11·171下·3
	2098	𗢭	我	豾𗢭,彼我	R11·160上·1
				𗢭藏,我军	R11·165上·4
					R11·156下·2//R11·156下·5//R11·158下·6//R11·158下·7//R11·158下·9//R11·158下·11//R11·159下·6//R11·159下·7//R11·159下·10//R11·159下·12//R11·160上·5//R11·160上·8//R11·161下·6//R11·161下·13//R11·162下·6//R11·162下·7//R11·163上·2//R11·163上·10//R11·163上·11//R11·163上·11//R11·163上·13//R11·163上·13//R11·163上·14//R11·163下·4//R11·163下·4//R11·163下·5//R11·164下·2//R11·164下·2//R11·164下·7//R11·165上·2//R11·165上·4//R11·165上·4//R11·166上·5//R11·166上·6//

			R11·166上·6//R11·166上·12//R11·166下·4//R11·166下·5//R11·167上·8//R11·167下·3//R11·167下·5//R11·168上·3//R11·169上·5//R11·169上·5//R11·169下·5//R11·169下·5//R11·170下·3//R11·170下·3//R11·170下·4//R11·170下·4//R11·171上·5//R11·171下·13//R11·171下·13//R11·174下·5//R11·175上·14//R11·175下·2//R11·175下·6//R11·175下·7//R11·175下·8//R11·175下·9//R11·175下·10//R11·176上·1//R11·176上·3//R11·177上·9//R11·177上·10//R11·177下·6//R11·177下·6//R11·177下·6//R11·177下·6//R11·178下·8//R11·178下·8//R11·178下·9//R11·178下·10//R11·178下·11//R11·178下·11	
2103	□	元	訢組□皈,长庆元年	R11·170上·7
		初	□□,月初	E5·151·4
		始	□□,先	R11·156上·2//R11·156上·6//R11·157下·10//R11·158上·11//R11·158下·6//R11·159上·7//R11·159上·10//R11·159下·2//R11·161上·11//R11·161下·13//R11·167下·7//R11·168下·11//R11·169上·2//R11·169上·5//R11·170上·5//R11·171下·4//R11·174下·8
				R11·165下·3//R11·165下·3//R11·169上·4//R11·170下·6//R11·172下·12//R11·173上·3//R11·173上·4//R11·173上·5//R11·173上·6//R11·176下·5//R11·178上·1
2104	□	先	□霹佩(先祖世),古时	R11·177下·8
			□霹孩(先祖文),古文	R11·163上·14
			□霹愀(先祖制),古制	R11·177下·6
			□□豩(先△云),上文	R11·160下·14
			□豩,上说	R11·157下·7
			□豣孩(先有文),上文	R11·158上·3
			□鄐,先言	R11·179上·1
			□□,先前	R11·163下·9
			□□,久先	R11·169上·4
				R11·156上·3//R11·159上·6//R11·159上·13//R11·159下·6//R11·159下·11//R11·163上·5//R11·163下·8//R11·163下·9

续表

			昔	R11·159下·14//R11·161下·12//R11·170下·13//R11·174上·12//R11·174上·14//R11·178下·10	
			前	[illegible],前后	R11·159下·8//R11·178下·1
				[illegible],前锋	R11·170下·12//R11·171上·1
				[illegible](前导巧人),选锋	R11·170下·11
				[illegible],前秦	R11·164上·4
				[illegible],前秦帝苻坚	R11·172下·8
214125	2122	[illegible]	壑	R11·166上·8	
214140	2127	[illegible]	继	[illegible],继及	R11·157下·9//R11·157下·10
	2129	[illegible]	妻	[illegible],妻子	R11·172下·3
	2136	[illegible]	分	[illegible],划分	E5·150·4
				R11·160上·10	
	2137	[illegible]	堡	[illegible],烽火	R11·158下·5
				[illegible],堡台	R11·159下·9
				R11·159下·10	
214141	2144	[illegible]	险	[illegible],险道	R11·166下·5
				[illegible],险锐	R11·173上·9
				[illegible],险地	R11·160下·8//R11·161下·1//R11·162上·12//R11·162下·5//R11·166上·11//R11·171上·6//R11·172下·8//R11·173上·8
				R11·164下·2//R11·175上·13	
			难	[illegible],难守	R11·176下·4
				[illegible],险难	R11·162上·13//R11·166上·14//R11·171上·4//R11·171上·7//R11·172上·8//R11·175上·5//R11·176上·7
				[illegible],莫难于	R11·179上·6//E5·150·7
				[illegible],难返	R11·173上·7
				[illegible],不难	R11·159上·5
				R11·156上·1//R11·156上·1//R11·156上·1//R11·158下·13//R11·159上·6	

214142	2149	熛	分		R11·160 上·1
			表		E5·150·7
			明	熛縱(明悟),通	R11·163 上·4
			帜	飊熛,旗帜	R11·168 上·1
			显	熛縱(分明),屹然	R11·159 上·10 // R11·159 下·10 // R11·159 下·13 // R11·169 上·3 // R11·176 下·14
				緲熛,透显	R11·158 下·11
				R11·170 下·8	
	2152	爥	石	醮纆靴,黄石公(人名)	R11·163 下·11
	2153	爧	峥	爧嵘洲,峥嵘洲	R11·163 下·14
	2154	㶊	泽	㶊蘢,沮泽	R11·176 上·7
				㶊沰,泽地	R11·165 上·5 // R11·165 上·8 // R11·165 上·9
				㶊沘緲㶊(泽河湿泥),沮泽	R11·158 上·12
				㶊缄,川泽	R11·165 上·13
				R11·165 上·6 // R11·165 上·7 // R11·165 下·2	
214144	2164	爈	忧	靵爈,忧愁	R11·160 下·2
				爈絥,忧烦	R11·167 上·8 // R11·168 上·7
214150	2171	爌	逼	爌敠,逼迫	R11·162 下·11 // R11·170 上·10 // R11·170 上·11
				爡硗殁爌,穷寇勿迫	R11·161 下·11
		迫	爡爌,窘迫	R11·168 上·8	
				R11·162 上·1 // R11·162 下·5 // R11·172 下·4 // R11·172 下·12	
	2173	爊	此		R11·156 下·5
214172	2178	爏	俭	殁爊爏,毋(冊)丘俭	R11·160 上·6
214174	2180	爓	舍	繲爓,舍命	R11·173 下·9
			弃	靆爓,弃财	R11·173 下·11
214175	2181	爔	谷	爢舺爔,高梧谷	R11·172 下·12
				爔叛,谷口	R11·164 下·4 // R11·164 下·4 // R11·164 下·4
				巻爔,山谷	R11·158 下·1 // R11·158 下·2
				R11·164 下·1 // R11·164 下·2	
			涧	爔夔,溪涧	R11·165 下·11
				爔蘢,绝涧	R11·165 下·12 // R11·165 下·13
				爔缄,涧水	R11·166 上·2

214200	2184	▯	为	▯▯,何为	R11・163 上・3
				▯▯▯,何为	R11・169 下・5
					R11・174 下・7
214220	2187	▯	喊	▯▯,喊告	R11・167 下・13
	2191	▯	譬		R11・157 下・5//R11・158 下・13//R11・159 上・7//R11・159 上・10//R11・163 上・14//R11・171 下・7//R11・173 上・12//R11・174 上・1//R11・174 上・5//R11・174 下・3//R11・174 下・14//E5・151・1
	2192	▯	尸		R11・173 下・12
214222	2193	▯	平	▯▯,地平	R11・162 下・1
			亡	▯▯,亡地	R11・177 上・3
				▯▯▯▯▯▯,三而竭	R11・160 上・5
				▯▯▯▯▯▯,三而竭	R11・160 上・9
	2194	▯	无		R11・157 下・11//R11・158 上・3//R11・158 上・4//R11・158 上・4//R11・158 上・4//R11・158 上・5//R11・158 上・5//R11・174 上・13//R11・174 下・6//R11・175 上・2//R11・175 上・7//R11・175 上・11//R11・175 上・13//R11・175 下・11//R11・176 上・6//R11・176 上・12//R11・177 上・11//R11・177 下・7//R11・178 上・4//R11・178 上・14//R11・179 上・4
			不	▯▯,不仁	R11・170 下・1
				▯▯,不仁	R11・177 下・12//R11・177 下・11
				▯▯,不许	R11・170 下・3
			莫	▯▯▯,莫难于	R11・179 上・5//R11・179 上・6//E5・150・7
				▯▯▯,莫多于	R11・179 上・6
				▯▯▯▯,莫善于此	R11・176 下・11
	2199	▯	项	▯▯,一项	R11・177 下・8//R11・177 下・9
214224	2205	▯	四	▯▯,四面	R11・159 下・10//R11・159 下・10//R11・159 下・12//R11・159 下・13//R11・161 下・4//R11・161 下・10
				▯▯,四方	R11・165 下・4//R11・165 下・13//R11・166 上・1//R11・175 上・11//R11・176 上・1//R11・176 下・6
				▯▯▯,四方帝	R11・165 下・2
				▯▯,四季	E5・151・1//E5・151・3//E5・151・5

续表

				R11·160下·7//R11·160下·7//R11·161下·6//R11·162上·8//R11·165下·1//R11·165下·1	
	2207	▢	穴	▢▢,坎穴	R11·165下·14
				▢▢,山穴	R11·166上·2
214225	2212	▢	益	▢▢(损益),胜负	R11·172上·9
				R11·158下·3	
214240	2216	▢	速	▢▢,急速	R11·164上·9//R11·167下·3//R11·175下·4
				▢▢▢▢(远缩急速),倍道兼行	R11·156上·7//R11·157下·1//R11·157下·7
	2218	▢	苗	R11·171下·14	
	2219	▢	泾	▢▢▢▢▢,泾州平凉县	R11·167下·1
				▢▢,泾水	R11·161上·10
			景	▢▢▢▢,司马景王	R11·160上·6
			结	▢▢▢,尚结赞(人名)	R11·167上·12
			敬	▢▢,娄敬	R11·177下·6
			△	谓词趋向前缀,表示未完成体向近方	R11·161下·13//R11·162下·11//R11·164下·8//R11·166上·4//R11·166上·5//R11·166上·6//R11·175下·5
214242	2221	▢	属	R11·160上·11//R11·161上·14//R11·170上·8//R11·172下·2//R11·178上·13	
214280	2226	▢	为	R11·156上·4//R11·156上·5//R11·156下·5//R11·157上·2//R11·157上·6//R11·157下·2//R11·157下·7//R11·158上·14//R11·159上·6//R11·159下·10//R11·162下·11//R11·166上·4//R11·166上·6//R11·167上·5//R11·167上·6//R11·167上·9//R11·171上·2//R11·171上·4//R11·171下·7//R11·173下·14//R11·173下·14//R11·174上·1//R11·174下·2//R11·174下·9//R11·175上·4//R11·178下·10//E5·151·5	
			成	R11·164上·12	
214400	2228	▢	费	▢▢▢,华费	R11·162下·7
			壁	▢▢,赤壁	R11·157下·6
	2234	▢	试	R11·178上·14	
	2236	▢	徐	▢▢,徐徐	R11·162上·1

续表

214420	2246	𘜶	口	𘜶𘟣（口用），行令	R11·170下·1
				𘜶𘞨，属口	R11·158下·1
				𘟣𘜶，谷口	R11·164下·4
				R11·164下·4∥R11·179上·6	
	2256	𘙴	生	𘟙𘟚𘙴，宋老生	R11·164上·3
214422	2258	𘜩	视	𘜩𘜪，视听	R11·159下·5
				𘜫𘜬𘜩（相头视），专一	R11·159上·12
				R11·158下·4∥R11·159上·11∥R11·159下·1∥R11·159下·1∥R11·159下·5∥R11·159下·10∥R11·171下·10∥R11·171下·11	
			顾	R11·159下·10∥R11·168下·9	
			望	𘜫𘜩，相望	R11·177下·10
			察	R11·159下·5	
	2259	𘝜	孟	𘝝𘝜𘝞，张孟谈	R11·177下·5
				𘝜𘝟，孟明	R11·175上·2
	2262	𘞸	飞	𘞹𘞸（军飞），委军	R11·157上·4
			飞	R11·166下·3	
			鸟	𘞸𘞺，乌鸟	R11·167下·10
				R11·166下·3∥R11·167下·9∥R11·167下·9∥R11·173下·14	
			禽	𘞸𘞻，禽首	R11·158下·4
214440	2263	𘟈	次	𘟉𘟈，一次	R11·160上·2∥R11·160上·5∥R11·176下·7
				𘟊𘟈，二次	R11·160上·2∥R11·160上·9
				𘟋𘟈，三次	R11·160上·2∥R11·160上·5
				𘟌𘟈，九次	R11·160上·3
				𘟊𘟈𘟍𘟎𘟏𘟐𘟑，再而衰	R11·160上·5
				R11·160上·9∥R11·160上·9	
			度	𘟈𘟒，分度	E5·151·4
				E5·151·4	
214520	2285	𘠣	垒	𘠤𘠣，沟垒	R11·156下·5∥R11·166下·12∥R11·166下·14∥R11·167上·1
				𘠤𘠣𘠥𘠦（沟垒修造），坚壁	R11·156下·4
214545	2289	𘡈	结	𘡉𘡊，结草	R11·166下·1
				𘡊𘡋，结绑	R11·166下·1∥R11·166下·2
214900	2296	𘢒	柱	𘢒𘢓，抗拒	R11·172下·11

续表

215154	2302	鞁	风	鞁鞴,乘风	R11·164上·1
				鞁鞴,大风	R11·174上·7
				R11·158下·9∥R11·165上·4	
217140	143	粝	寒	粝粝,饥寒	R11·159上·10∥R11·179上·4
	2313	纵	表	能纵,刘表	R11·161上·14
	2316	纵	尝	骸纵,未尝	R11·167上·11
217142	2320	轭	严	磁轭,严罚	R11·171下·13
				R11·158下·5∥R11·160上·1∥R11·170下·8∥R11·171下·8∥R11·172上·2	
			急	绥轭,水急	R11·162下·1
				R11·162上·1∥R11·173下·14	
			紧	R11·161下·8	
217150	2321	牝	惊	牝俑,惊骇	R11·166下·5
				牝菱,惊走	R11·177上·10
				牝耀,惊惧	R11·160下·2
				胁牝,惊惧	R11·167下·12
				R11·166下·3	
217154	2322	鞁	忧	鞁僦,忧愁	R11·160下·2
217252	2325	辅	忘	R11·158下·4	
217442	2331	绎	献	R11·176下·11∥R11·177下·9	
218124	2337	缰	益	鼗缰,利益	R11·162下·11
				R11·162下·10∥R11·162下·11	
218220	2341	衍	利	霸衍,利益	R11·157下·10
				霸龊衍龘,得利得胜	R11·177上·4
				霸龊衍龘,得利得益	R11·175下·5
				裥衍,胜利	R11·177下·13∥E5·150·3
				姈衍,地利	R11·163上·4
				衍龘,得利	R11·157上·2
				衍毖,获利	R11·177下·6
				衍骸,求利	R11·174上·11∥R11·174上·13
				衍瓶(争利),军争	R11·156上·1∥R11·157上·2∥R11·159上·8∥R11·177下·10∥E5·150·1∥E5·150·7∥E5·151·7

				𮠞𮥈,争利	R11·157上·4∥R11·157上·5∥R11·157上·6∥R11·157上·7∥R11·157下·1∥R11·157下·3∥R11·157下·10∥R11·157下·11∥R11·159上·3∥R11·171上·4
				𮠞𮥈,得利	R11·157上·2∥R11·158下·7∥R11·158下·9∥R11·159上·10∥R11·166上·14∥R11·174下·8∥R11·178下·5∥R11·178下·13∥R11·178下·14
					R11·156上·1∥R11·156上·2∥R11·156上·3∥R11·156下·1∥R11·156下·7∥R11·157上·3∥R11·157下·7∥R11·157下·8∥R11·158上·1∥R11·158下·3∥R11·158下·6∥R11·158下·9∥R11·159上·10∥R11·162上·1∥R11·162上·13∥R11·163上·6∥R11·163上·12∥R11·163下·3∥R11·163下·13∥R11·164上·14
			便	𮠞𮥈𮥈,不得便	R11·177上·10
			胜	𮠞𮥈𮥈,争胜篇	E5·151·7
				𮠞𮥈,得胜	R11·156下·7∥R11·160下·7∥R11·171上·7∥R11·171上·9∥R11·171下·11∥R11·177下·14
					R11·159上·10∥R11·171上·8∥R11·171上·10∥R11·172上·10∥R11·172下·8∥E5·150·6
			益	𮠞𮥈,利益	R11·163上·6
218420	2345	𮠞	关	𮠞𮥈,关中	R11·158上·8
				𮠞𮥈,壶关(地名)	R11·161下·5
218525	2348	𮠞	壮	𮠞𮥈,强壮	R11·157下·4∥R11·167下·13
218920	2349	𮠞	子	𮠞𮥈,天子	R11·161上·8∥R11·167上·14∥R11·167上·1∥R11·171上·13
220121	2356	𮠞	追	𮠞𮥈(追战),逐	R11·161下·13∥R11·168上·3∥R11·177上·8
				𮠞𮥈,来追	R11·166下·2
					R11·157下·5∥R11·157下·6∥R11·157下·6∥R11·160上·8∥R11·160下·2∥R11·161下·5∥R11·161下·11∥R11·161下·12∥R11·162上·1∥R11·163下·1∥R11·163下·14∥R11·167下·11∥R11·168上·3∥R11·168上·3

220151	2358	𘟽	驰	𘟽𘟽,疾驰	R11·157 上·7
220420	2362	𘟽	背	𘟽𘟽,向背	E5·150·6
220422	2364	𘟽	思	𘟽𘟽,思虑	R11·163 上·10∥R11·170 上·5
					R11·157 下·11∥R11·173 下·3
			测	𘟽𘟽,观天	R11·173 下·5
				𘟽𘟽,测量	R11·159 上·7∥R11·159 上·10∥R11·164 上·13∥R11·168 下·2∥R11·168 下·3∥R11·172 下·11
			察	𘟽𘟽,察事	R11·179 上·3
					R11·168 下·1∥R11·169 下·7∥R11·171 上·2∥R11·175 上·7
	2365	𘟽	别		R11·161 下·1∥R11·162 下·7
	2366	𘟽	伏	𘟽𘟽,伏服	R11·169 上·5
					R11·170 下·2
	2369	𘟽	畏		R11·160 下·8
			敬	𘟽𘟽𘟽𘟽,易敌	R11·168 下·8
					R11·164 上·1∥R11·164 上·2∥R11·164 上·3∥R11·168 上·12
220424	2373	𘟽	来	𘟽𘟽𘟽𘟽(面上战来),迎战	R11·156 下·7
					R11·156 下·7∥R11·161 上·12∥R11·166 上·6∥R11·167 上·13∥R11·170 上·14∥R11·178 下·10
220440	2384	𘟽	臣	𘟽𘟽,大臣	R11·172 下·10∥R11·176 下·10
				𘟽𘟽,官吏	R11·159 上·4∥R11·178 下·4∥R11·178 下·5
220444	2387	𘟽	清	𘟽𘟽,清发(河名)	R11·161 下·12∥R11·164 下·13
			靖	𘟽𘟽𘟽𘟽,卫公李靖	R11·158 下·3
				𘟽𘟽,李靖	R11·171 下·12
				𘟽𘟽𘟽𘟽,李靖兵法	R11·170 下·12
220452	2393	𘟽	害		R11·163 下·3
			陷	𘟽𘟽,败陷	R11·170 上·11
				𘟽𘟽,或陷	R11·170 上·1
					R11·170 上·10∥R11·170 上·10
			毁	𘟽𘟽,毁散	R11·176 上·13
				𘟽𘟽,伤毁	R11·170 下·6
					R11·162 上·7∥R11·162 下·12∥R11·165 下·11∥R11·171 上·1

221000	2396	▯	坐	R11·160下·9//R11·171上·11//R11·173下·10	
			栖	R11·167下·9	
	2397	▯	推	R11·171上·11	
222022	2398	▯	祸	▯▯,灾祸	R11·173下·5
222211	6030	▯	骤	R11·167下·4	
222242	2408	▯	池	拜▯,黄池	R11·176下·8
				▯▯,黄池	R11·167上·3
			沫	▯▯,水沫	R11·165下·11
				R11·165下·9//R11·165下·11	
222422	2415	▯	斜	▯▯,偏斜	R11·172上·8
	2417	▯	用	▯▯,用处	R11·162下·8
				R11·158上·13	
222440	2422	▯	苇	▯▯,蒲苇	R11·166上·3//R11·166上·8//R11·166上·10
222442	2428	▯	诽	▯▯,诽谤	R11·164上·7
222444	2430	▯	罚	▯▯,罚罪	R11·158下·5//R11·168下·10//R11·168下·11//R11·168下·12
				▯▯▯▯,赏罚并用	R11·172上·2
				▯▯,赏罚	R11·159下·1//R11·171下·10//R11·176下·14//R11·177上·1
				▯▯,戒罚	R11·168下·14
				▯▯,严罚	R11·171下·13
				▯▯,行罚	R11·168上·9//R11·168下·11
				R11·171下·8//R11·176下·13	
224028	2440	▯	日	祂▯,今日	R11·167上·8//R11·173下·12
				刻另楠▯,二日一夜	R11·156下·6
				刻▯,一日	R11·157下·3//R11·177下·10
				刻▯刻另,一日一夜	R11·157下·5
			昼	▯▯,昼战	R11·159下·4
				▯▯,白昼	R11·159下·5//R11·159下·11
				▯另,昼夜	R11·157上·7//R11·157下·7
				▯▯,日夜	E5·151·4
				▯另▯(昼夕夜),昼夜	R11·156上·7
				▯另▯魤兼(昼夕夜行兼),倍道兼行	R11·157下·4//R11·167上·2//R11·164上·8

续表

224040	2442	燃	弱	繞燃,怯弱	R11·163下·13//R11·164下·10//R11·167下·12//R11·170上·7//R11·170上·10//R11·170上·11//R11·172上·6
224042	2444	緔	凶	繍緔,吉凶	R11·164上·10//R11·173下·3//R11·173下·4//R11·173下·6
			危		R11·157上·2//R11·157上·3//R11·163下·10//R11·163下·11
			灾	緲緔,灾祸	R11·173下·5
				䐀緔,天灾	R11·170上·2
				R11·164上·12	
			害	緔鞄緻妘,害生于恩	R11·171下·10
				R11·171下·8	
			难	稬緔,烦难	R11·162下·11
			患	緔毲,解患	R11·163上·13
				R11·163上·12//R11·163上·14//R11·163下·2	
			祸	緔散,大祸	R11·177上·4
224055	2447	緔	弟	緔綝,幼弟	R11·161下·12
224080	2449	斜	日	斜瓤,日月	E5·151·3//E5·151·5
				斜缀(日出),卯	R11·160下·9
224121	2451	繞	逃	繞瘆,逃者	R11·178下·5
				繞欂,逃散	R11·170上·9
				繞叟,逃走	R11·166下·2
				繞㑉,逃人	R11·178下·3
			跑	嬙繞,逃跑	R11·168上·9
			遁	R11·158上·8//R11·167下·9	
224400	2460	燚	司	藵燚縺,郑司农	E5·150·6
				燚鼀敭庯,司马景王	R11·160上·6
				燚鼀襯,司马法(书名)	R11·160下·11//R11·161下·3//R11·170下·12
				燚鼀淼庯,司马宣王	R11·159下·14
				燚鼀忛繡,司马穰苴	R11·162下·13//R11·163上·1//R11·168下·14
			汜	燚託,汜水(地名)	R11·160下·7
			思	瓤燚祸,史思明	R11·161下·10

224420	2466	𗥺	暴	𗥺𘜶,暴涨	R11·165 下·11
			骤		R11·166 下·4
	2469	𗤡	赞	𗼜𗼃𗤡,尚结赞(人名)	R11·167 上·12
224422	2472	𗤻	坚	𗤻𗱾,坚甲	R11·156 下·6∥R11·161 下·11
				𗤻𗱾𘀗𗆤(坚甲△载),卷甲	R11·156 下·5∥R11·164 上·9
				𗤻𗴦,坚固	R11·159 下·14∥R11·173 上·12
				𗤻𗜓,坚守	R11·159 下·11
			固	𗤻𗋕,固依	R11·162 下·9∥R11·165 上·7∥R11·165 上·9
				𗤻𗴦,坚固	R11·173 上·10∥R11·175 上·9
				𗤻𗴦,固守	R11·174 上·13
	2474	𗥃	过	𗥃𗆧(过道),生路	R11·161 下·3∥R11·161 下·5∥R11·161 下·9
				R11·158 下·2∥R11·158 下·4∥R11·158 下·4∥R11·161 下·10∥R11·162 上·12∥R11·162 上·13∥R11·164 下·4∥R11·165 上·7∥R11·165 下·11∥R11·166 上·1∥R11·166 上·2∥R11·166 上·3∥R11·167 下·11∥R11·170 上·9∥R11·175 下·10∥R11·175 下·10∥R11·175 下·12∥R11·179 上·3	
			绝		R11·164 下·1
			流	𗥃𗥃,流水	R11·165 上·1∥R11·165 上·3
					R11·158 下·1
	2476	𗥄	发	𘜀𗥄,清发(河名)	R11·161 下·12∥R11·164 下·13
			华	𗥄𗆐𗆎,华费	R11·162 下·7
			项	𗼋𗤼𗥄𗼋,楚王项羽	R11·164 下·14
				𗥄𗙏,项羽	R11·161 下·4∥R11·167 上·12
	2484	𗥆	因	𗽼𗥆𗆤𘉨(利因不随),不为利惑	R11·160 下·12
				𘏚𗼧𗥆𗸦,害生于恩	R11·171 下·10
				R11·175 上·8∥R11·178 上·2∥R11·179 上·1	

		故	R11·156 上·5 // R11·157 上·3 // R11·157 下·6 // R11·158 上·7 // R11·158 下·10 // R11·159 上·11 // R11·159 下·1 // R11·159 下·3 // R11·160 上·12 // R11·161 上·10 // R11·161 上·11 // R11·161 下·7 // R11·161 下·8 // R11·161 下·11 // R11·161 下·14 // R11·162 下·3 // R11·162 下·4 // R11·162 下·10 // R11·162 下·12 // R11·163 上·1 // R11·164 上·13 // R11·166 上·12 // R11·166 下·2 // R11·167 上·13 // R11·168 上·8 // R11·168 上·10 // R11·168 下·6 // R11·170 下·2 // R11·170 下·4 // R11·170 下·12 // R11·171 下·4 // R11·171 下·14 // R11·172 下·14 // R11·173 下·6 // R11·174 下·5 // R11·174 下·5 // R11·174 下·6 // R11·175 下·3 // R11·175 下·4 // R11·176 下·8 // R11·176 下·10 // R11·177 下·5 // R11·178 上·3 // R11·178 下·1 // R11·178 下·2 // R11·178 下·3 // R11·178 下·14	

224440	2491	𘝤	夜	𘝤𘈚𘝤𘄄,黑夜之中	R11·160 上·1
				𘄄𘝤𘝤(昼夕夜),昼夜	R11·156 上·7
				𘄄𘝤𘝤𘅣𘄄(昼夕夜行兼),倍道兼行	R11·157 下·4 // R11·167 上·2 // R11·164 上·9
	2492	𘝤	度	𘝤𘝤,度量	R11·159 上·7
				𘝤𘝤𘝤(计谋度),计度	R11·157 上·3
				R11·158 上·7 // R11·159 上·1 // R11·164 上·10 // R11·167 下·7 // E5·150·3	
			测	𘝤𘝤,论测	R11·170 上·5
				R11·167 上·10 // R11·171 上·4 // R11·177 下·7 // R11·178 上·5 // R11·178 上·9	
			量	𘝤𘝤,测量	R11·174 下·6 // R11·174 下·12
				𘝤𘝤,量立	R11·166 下·10
				𘝤𘝤,料量	R11·171 上·6
				𘝤𘝤,测量	R11·159 上·10 // R11·168 下·2 // R11·168 下·3 // R11·172 下·11
				𘝤𘝤,思量	R11·159 上·8 // R11·164 上·13
				R11·160 下·14 // R11·170 上·4	
	2493	𘝤	待	𘝤𘝤,何待	R11·160 上·10
				R11·160 下·8 // R11·161 下·8	
			留	R11·162 上·9	
			停	R11·168 上·14 // R11·168 下·2	

续表

	2495	𘜜	定	𘜜𘜜，上弦	E5·151·5
				𘜜𘜜，下弦	E5·151·5
	2496	𘜜	喧	𘜜𘜜，喧哗	R11·174下·6
			鸣	𘜜𘜜，雷鸣	R11·158下·14
			哗	R11·160下·10	
	2498	𘜜	木	𘜜𘜜（列立），林木	R11·158下·2∥R11·158下·11
				𘜜𘜜，树木	R11·166上·1∥R11·166上·3∥R11·166下·5
			立	𘜜𘜜，立旗	R11·167下·3
				R11·166上·10∥R11·167下·4∥E5·150·7	
			有	R11·177下·9	
224441	2503	𘜜	后	𘜜𘜜𘜜𘜜𘜜，后周齐王宪	R11·167下·10
				𘜜𘜜𘜜𘜜，后魏文帝	R11·161上·11
				𘜜𘜜𘜜𘜜𘜜，后魏朝齐帝	R11·175下·12
				𘜜𘜜，后燕	R11·160上·14
				𘜜𘜜，后汉	R11·158上·6
				𘜜𘜜，后遗	R11·157下·2∥R11·157下·4
				𘜜𘜜，前后	R11·159下·8
				R11·156上·5∥R11·157下·4∥R11·158上·7∥R11·159上·6∥R11·161下·5∥R11·168上·11∥R11·168上·12∥R11·168上·12∥R11·169上·2∥R11·169上·3∥R11·170下·13∥R11·176下·9∥R11·178下·1∥R11·178下·11	
224450	2510	𘜜	陶	𘜜𘜜，陶侃	R11·162下·8∥R11·162下·8∥R11·162下·9
			透	𘜜𘜜，透显	R11·158下·11
	2511	𘜜	去	R11·160上·8∥R11·160上·10∥R11·170下·5	
			往	R11·170下·5	
			出	E5·150·5	
224455	2513	𘜜	常	R11·166上·5∥E5·151·2∥E5·151·2	
	2514	𘜜	与	𘜜𘜜𘜜，阆与城	R11·156下·1∥R11·156下·5∥R11·166下·13∥R11·167上·1
			庚	𘜜𘜜，庚亮	R11·162下·12
			豫	𘜜𘜜，豫州	R11·178上·12
			羞	𘜜𘜜，羞耻	R11·179上·4

续表

224472	2516	綫	阻		R11·175 上·11
			害	虆綫,利害	R11·163 上·9 // R11·163 上·13 // R11·163 上·14 // R11·175 上·6 // R11·175 上·7
				虆虌綫姝,在利思害	R11·163 上·9
				綫綴虆姝,在害思利	R11·163 上·9
				綫慨,阻碍	R11·166 上·6 // R11·168 上·14
				綫覑,害事	R11·177 上·2 // R11·177 上·3 // R11·177 上·3
					R11·163 上·10 // R11·163 上·11 // R11·163 上·11 // R11·163 上·11 // R11·163 上·12 // R11·163 上·12 // R11·163 上·12 // R11·163 下·2 // R11·163 下·3 // R11·175 上·7 // R11·175 上·8
			患	綫覑,患事	R11·178 下·7
					R11·156 上·2 // R11·156 上·3 // R11·156 上·6
224570	2518	絆	心	輚絆,信心	R11·158 上·6
				虆絆,战心	R11·160 上·5 // R11·160 上·5 // R11·163 下·1 // R11·164 上·1 // R11·167 上·1 // R11·172 下·5 // R11·173 下·6 // R11·177 上·11 // R11·178 上·14
				龐絆,怒心	R11·167 上·8
				虩虠絆㺰,形劣心壮	R11·179 上·4
				猣絆,怨心	R11·170 下·2 // R11·170 下·4 // R11·172 上·2
				�勝絆,一心	R11·158 下·4 // R11·170 上·10 // R11·174 上·12 // R11·174 上·14 // R11·174 下·1 // R11·175 上·4 // R11·175 上·4 // R11·175 上·14 // R11·175 下·1 // R11·175 下·1 // R11·175 下·7 // R11·175 下·11
				絞絆,畏心	R11·163 下·13 // R11·168 上·11
				絆霥,心堕	R11·161 上·9 // R11·168 上·7
				絆矤,心悔	R11·161 下·8
				絆緤,治心	R11·160 下·11

				□□,心喜	R11·156下·5//R11·161上·12//R11·167上·1//R11·168上·9//R11·178上·14
				□□,同心	R11·173下·2
				□□,心欲	R11·162下·7
				□□,心下	R11·162下·2//R11·163上·9//R11·163上·14
				□□,心惑	R11·173下·5
				□□,齐心	R11·173上·8//R11·173上·8
				□□,言心	R11·178下·4
				□□□□(使着大心),骄其意	R11·177上·10
				□□,心性	R11·178上·5
				□□,顾恋	R11·173下·9
				□□,胜心	R11·176上·4
				□□,勇心	R11·159下·2//R11·168上·11//R11·168上·12//R11·170下·13
				□□,降心	R11·160上·13
				□□,他心	R11·173下·4
				□□,疑心	R11·173下·3//R11·173下·6//R11·177下·3
				□□,逃心	R11·163下·14
				□□,腹心	R11·156上·7//R11·162下·1//R11·178下·6//R11·178下·6
				□□,退心	R11·167上·3//R11·172下·6//R11·175上·2
225022	2521	□	亟	R11·165上·5//R11·165上·8//R11·165下·13	
			急	R11·156上·5//R11·156下·3//R11·159下·13//R11·162下·6//R11·165上·7//R11·165下·9//R11·166上·2//R11·167上·10//R11·167下·2//R11·175下·4//R11·175下·5//R11·175下·9//R11·175下·10	
			速	□□,速战	R11·167上·10
			疾	□□,疾往	R11·175下·5
				R11·157上·6	

续表

225400	6034	𗰲	急		R11·156 上·4∥R11·156 上·5∥R11·157 上·6∥R11·158 下·9
			疾	𗰲𗄼𗰲𘄡(疾速而行),急趋	R11·156 上·3
				R11·158 下·11∥R11·166 下·6	
225450	2524	𗰳	立	E5·151·4	
227042	2528	𗈪	政	𘟣𗈪,战政	R11·160 下·8∥R11·163 上·2∥R11·163 下·3∥R11·172 上·2∥R11·174 上·14∥R11·174 下·1
				𘟣𗈪𘟣𗵈(执军政者),军吏	R11·159 下·3∥R11·163 上·3
227122	2529	𗮳	冠	𘟣𗮳(顶冠),笠	R11·171 下·14
				R11·158 下·4	
227400	2532	𘒦	朔	𘒦,朔日	E5·151·4
				𘒦𘒧,上弦	E5·151·5
				𘚿𘒦,晦朔	E5·151·2
227422	2533	𗮰	外	𗮾𗮰𗮰𗮰,内明外愚	R11·179 上·3
				R11·162 下·10	
227440	2536	𗮵	△	谓词趋向前缀,表示未完成体向远方	R11·166 上·4∥R11·166 上·4∥R11·166 上·6∥R11·166 上·11
	2537	𗮶	遗	𗮶𗮶,后遗	R11·157 下·2∥R11·157 下·5
			留	𘟣𗮶,停留	R11·163 下·9
227442	2539	𗰚	怖	R11·171 下·11	
			畏	𗰚𗰛,畏心	R11·163 下·13∥R11·168 上·11
				𗰚𗰜,畏惧	R11·161 上·2∥R11·167 下·12∥R11·171 下·12∥R11·171 下·13∥R11·173 上·8∥R11·176 上·11
				𘟣𗰚,敬畏	R11·170 上·8∥R11·176 下·9
				R11·168 上·3∥R11·168 上·7∥R11·168 上·10∥R11·171 下·13∥R11·171 下·13∥R11·171 下·13∥R11·171 下·13∥R11·174 下·5	
			惧	𘟣𗰚,疑惧	R11·168 上·12∥R11·173 下·5∥R11·177 上·3
				R11·160 上·7∥R11·163 上·1∥R11·173 上·10	

227450	2541	𗏁	人	𗐊𗼖𗏁(下面人),斯养	R11·168 下·5∥R11·168 下·7
				𗟲𗏁𗏁𗏁𗢳𗤎,以一击十	R11·170 上·5
				𗥃𗏁,逃人	R11·178 下·3
				𗴾𗏁,逆人	R11·170 上·8
				𗣼𗏁,清人	R11·164 上·7
				𗒹𗏁,众人	R11·159 上·2∥R11·161 上·9∥R11·168 下·14
				𗤴𗾱𗏁,吴国人	R11·174 上·5
				𗏁𗥃,下人	R11·178 上·13
				𗏁𗤲,人和	R11·163 下·5
				𗏁𗧔,人门	E5·150·5
				𗏁𗦀,众	R11·173 上·5
				𗏁𗖰,治人	R11·174 下·7
				𗏁𗐛,遣人	R11·163 上·2
				𗏁𗴴,用人	R11·163 上·8
				𗏁𗦀,诱人	R11·167 上·10
				𗏁𗮍,巧人	R11·168 下·5∥R11·168 下·6∥R11·168 下·6
				𗏁𗤎,人情	R11·175 上·7
				𗏁𗤙,恶人	R11·177 下·5
				𗏁𗮤,新人	R11·170 下·1
				𗏁𗆫,强人	R11·168 下·6∥R11·168 下·7
				𗏁𗤎,一人	R11·176 下·13∥R11·176 下·14∥R11·177 上·1
				𗏁𗤎𗏁𗏁𗢳𗤎,以一击十	R11·170 上·3∥R11·170 上·3
				𗧠𗤻𗏁(识知人),乡人	R11·171 下·14
				𗥃𗏁,军人	R11·159 下·5∥R11·159 下·12∥E5·150·7
				𗵤𗏁,家人	R11·171 下·4
				𗾱𗏁,国人	R11·169 上·4
				𗤴𗾱𗏁,越国人	R11·174 上·6
				𗵘𗰭𗏁𗮍(前导巧人),选锋	R11·170 下·11
228000	2544	𗊊	圣	𗊊𗤎,圣智	R11·179 上·7
				𗊊𗤻,圣主	R11·177 下·14
				𗊊𗤻𗵆𗫨,圣主明王	R11·171 上·11

续表

228420	2546	㲋	神	㲋𢇛,如神	E5·151·1
				㳄㲋,鬼神	R11·159下·12∥R11·178上·2∥R11·178上·3
228422	2547	㲋	右	㲋㲋,左右	R11·159下·8∥R11·174上·7∥E5·150·4∥E5·150·6
				㲋㲋,右军	R11·161上·9
				㲋㲋,右方	R11·165上·11∥R11·165上·12∥R11·165下·8
229400	2549	㲋	杂	㲋㲋,杂入	R11·171下·14
				㲋㲋,混杂	R11·159下·14∥R11·161上·2∥R11·167下·13∥R11·167下·14∥R11·168上·3∥R11·170下·10∥R11·177下·5
230152	2556	㲋	陷	㲋㲋,天陷	R11·165下·12∥R11·165下·14∥R11·166上·1∥R11·166上·3
230242	2559	㲋	唐	㲋㲋,唐朝	R11·161下·9
				㲋㲋㲋,唐太宗	R11·157下·10∥R11·160下·7∥R11·164上·2
230252	2560	㲋	堂	㲋㲋,地堂	R11·172下·6
230400	2562	㲋	有	㲋㲋,岂有	R11·157下·5∥R11·158上·11∥R11·160下·9∥R11·167下·7∥R11·171上·4∥R11·173上·9∥E5·151·6
					R11·158上·8∥R11·158下·9∥R11·159上·2∥R11·159下·14∥R11·161下·11∥R11·161下·13∥R11·162上·14∥R11·162下·5∥R11·162下·8∥R11·162下·10∥R11·165下·12∥R11·166上·8∥R11·170上·5∥R11·172上·4∥R11·172上·6∥R11·172下·13∥R11·172下·14∥R11·172下·14∥R11·173上·2∥R11·173上·3∥R11·173上·5∥R11·174上·9∥R11·175下·4∥R11·176下·5∥R11·177上·13∥R11·178上·13
230450	2569	㲋	围	㲋㲋,包围	R11·161下·8
				㲋㲋,环绕	R11·159下·8
					R11·159下·8∥R11·160上·11∥R11·161上·3∥R11·161下·4∥R11·161下·5
232110	2576	㲋	强	㲋㲋,力强	R11·170上·7

续表

232400	2584	𗧯	梁	𗧯𗧯,渡梁	R11·175 上·4 // R11·177 下·2 // R11·177 下·3 // R11·177 下·3 // R11·177 下·4
				𗄊𗧯,舟梁	R11·172 下·6
232420	2585	𗨳	震	𗨳𗷅,震动	R11·167 上·7
	2586	𗦇	土	𗫨𗦇,尘土	R11·166 下·6 // R11·166 下·7 // R11·166 下·8 // R11·166 下·9
232422	2588	𗤛	吾	𗤛𗤛(吾爱),吾自	R11·159 上·6 // R11·165 上·12
	2590	𘃡	△	谓词趋向前缀,表示完成体向远方	R11·156 上·1 // R11·156 下·2 // R11·156 上·5 // R11·156 下·6 // R11·157 上·1 // R11·158 上·5 // R11·159 下·2 // R11·159 下·12 // R11·160 上·8 // R11·160 上·12 // R11·160 上·12 // R11·160 下·8 // R11·160 下·9 // R11·160 下·12 // R11·161 上·11 // R11·161 上·13 // R11·161 下·1 // R11·161 下·1 // R11·161 下·8 // R11·161 下·9 // R11·161 下·14 // R11·162 上·1 // R11·162 上·5 // R11·162 下·9 // R11·163 上·1 // R11·163 上·14 // R11·163 下·3 // R11·163 下·5 // R11·163 下·9 // R11·164 上·6 // R11·164 下·10 // R11·165 上·5 // R11·165 上·12 // R11·165 下·3 // R11·166 上·1 // R11·166 下·14 // R11·167 上·6 // R11·167 上·6 // R11·167 上·9 // R11·167 下·10 // R11·167 下·11 // R11·168 上·1 // R11·168 下·12 // R11·170 下·5 // R11·170 下·13 // R11·171 下·2 // R11·171 下·4 // R11·171 下·4 // R11·171 下·5 // R11·171 下·14 // R11·172 下·10 // R11·172 下·10 // R11·175 上·3 // R11·176 下·6 // R11·176 下·6 // R11·176 下·10 // R11·177 上·8 // R11·177 下·6 // R11·178 上·14 // R11·178 下·4 // R11·178 下·5 // R11·178 下·11 // R11·178 下·12

续表

232452	2596	敆	威	敆臧,威力	R11·160上·3//R11·160上·4//R11·160上·9//R11·160下·5//R11·160下·14//R11·174下·2//R11·176上·12
				敆燊,威气	R11·160下·3//R11·160下·3//R11·160下·4//R11·160下·5//R11·160下·5
				敆臧,威仪	R11·167下·14//R11·167下·14//R11·176上·13//R11·176下·3
234000	2599	夔	隙	瞰夔,天隙	R11·165下·12//R11·165下·14//R11·166上·1//R11·166上·3
				燍夔,溪涧	R11·165下·11
	2601	燊	闹	祓燊(触闹),烦扰	R11·160上·10//R11·163下·5//R11·164上·2//R11·164上·5
234120	2605	狁	库	狁狨豂,库莫奚	R11·161上·11
234122	2612	縦	上	縦霡,上军	R11·170下·7
				縦绵,上下	R11·173下·2
				縦绵慨弰,上下不和	R11·170下·7
				縦甂瓶,上大夫	R11·170下·3
				R11·161上·6	
234140	2617	糀	思	羆糚緂糀,在利思害	R11·163上·9
				緂缀羆糀,在害思利	R11·163上·9
				R11·160下·12//R11·163上·11//R11·163上·11//R11·163上·13//R11·163上·14//R11·163下·1//R11·163下·1//R11·170上·13//R11·171下·11//R11·178下·11	
			虑	编糀,杂虑	R11·163上·9//R11·163上·10//R11·163上·11//R11·163上·12//R11·163上·14
				憰糀,思虑	R11·163上·10//R11·170上·5
				R11·163下·10//R11·163下·11	
	2619	烧	脱	糀烧(头轻),率易	R11·167下·14
	2620	毦	能	祓毦,岂能	R11·157下·6
				斋翇獜毦,知彼知己	R11·172上·10
				馻毦,善巧	R11·177上·14

				R11·156上·6∥R11·156下·1∥R11·158下·13∥R11·160上·1∥R11·163上·5∥R11·163上·8∥R11·163上·12∥R11·163上·14∥R11·163下·3∥R11·164上·10∥R11·164下·2∥R11·168上·13∥R11·168下·5∥R11·168下·7∥R11·168下·14∥R11·168下·14∥R11·169上·5∥R11·170上·4∥R11·170上·7∥R11·171上·4∥R11·171上·6
			善	R11·164下·5
234220	2627	狥	地	釋狥(近地),轻地	R11·172上·14∥R11·172下·5∥R11·175上·12∥R11·175下·2
				燚狥,泽地	R11·165上·5∥R11·165上·8∥R11·165上·9
				勍狥,圮地	R11·162上·6∥R11·172下·1∥R11·175下·9
				紌狥,九地	R11·172上·12∥R11·175上·6∥R11·176上·9
				絹狥,亡地	R11·177上·3
				甤狥,绝地	R11·175上·10
				膗狥,天地	R11·167上·7
				狥蘿,安地	R11·174下·13
				狥蘿,易地	R11·165上·10∥R11·166上·12∥R11·166上·14
				狥蘿,地利	R11·158下·1∥R11·158下·3∥R11·172下·7∥R11·173上·5∥R11·175下·4∥R11·175下·5∥R11·176上·8
				狥蘿,地势	R11·161上·5∥R11·169下·6∥R11·169下·7
				狥蘿,地形	R11·158下·2∥R11·162上·10∥R11·166上·2∥R11·166上·10∥R11·170上·4∥R11·170上·5∥R11·171上·3∥R11·171上·4∥R11·172上·7∥R11·172上·8∥R11·172上·13∥R11·173上·1∥R11·174下·1∥R11·174下·2∥R11·176上·7

续表

				𪗟𪗔,险地	R11·160 下·8∥R11·161 下·1∥R11·162 上·12∥R11·162 下·5∥R11·166 上·11∥R11·171 上·4∥R11·172 下·8∥R11·173 上·8
				𪗟𪗔,地边	R11·161 上·11∥R11·167 上·14
				𪗟𪗔,地脊	R11·164 下·6
				𪗟𪗔(地阻),隁防	R11·165 下·7
				𪗟𪗔(贫地),绝地	R11·162 上·8∥R11·162 上·9
				𪗟𪗔,高地	R11·161 上·6∥R11·164 下·5∥R11·164 下·7∥R11·165 上·1∥R11·165 上·12∥R11·165 上·13∥R11·165 上·13∥R11·165 下·7
				𪗟𪗔𪗔𪗔,登高	R11·160 下·7
				𪗟𪗔,地下	R11·159 下·10
				𪗟𪗔,地名	R11·157 下·6∥R11·160 上·3∥R11·160 下·1∥R11·160 下·2∥R11·160 下·7
				𪗟𪗔,地堂	R11·172 下·6
				𪗟𪗔,洼地	R11·165 上·2∥R11·165 上·3
				𪗟𪗔,平地	R11·162 下·1∥R11·165 上·9∥R11·165 上·14∥R11·174 上·9
				𪗟𪗔,恶地	R11·166 上·1∥R11·166 上·5∥R11·166 上·6∥R11·166 上·6∥R11·166 下·5∥R11·173 上·8
				𪗟𪗔,低地	R11·162 上·7∥R11·165 上·12∥R11·165 上·13
				𪗟𪗔,地图	R11·158 下·2
				𪗟𪗔,地域	R11·159 上·4∥R11·173 上·2∥R11·173 上·2
				𪗟𪗔,地形	R11·163 上·6
				𪗟𪗔,地堂	R11·162 下·7∥R11·173 上·6∥R11·173 上·12∥R11·175 上·1
				𪗟𪗔,搜地	R11·166 下·10

			□□,地程	R11·156上·3//R11·156上·5// R11·156上·5//R11·157下·14// R11·158下·1//R11·158下·2// R11·158下·3//R11·159上·8// R11·159上·10//R11·172上·8// R11·172下·3//R11·172下·12
			□□(地识),向导	R11·158上·13//R11·176上·8
			□□,散地	R11·172上·14//R11·172下·3// R11·172下·4
			□□(远地),重地	R11·172下·1//R11·173上·7// R11·175上·12//R11·175下·8
			□□,交地	R11·172下·1//R11·173上·1// R11·175下·5
			□□,围地	R11·162上·10//R11·172下·1// R11·175上·13//R11·175下·10
			□□,死地	R11·162上·11//R11·162上·11// R11·162下·5//R11·172下·1// R11·173上·13//R11·173下·1// R11·173下·2//R11·174上·8// R11·174上·13//R11·175上·13// R11·177上·4//R11·177上·5// R11·177上·5//R11·177上·6
			□□(合地),衢地	R11·162上·8//R11·162上·8// R11·172下·1//R11·173上·4// R11·173上·5//R11·175上·11// R11·175下·6
			□□,争地	R11·172上·14//R11·172下·7// R11·172下·8//R11·172下·8// R11·172下·13//R11·175下·4
	2628	□	君	□□,夫子	R11·158上·6
234224	2632	□	锐	R11·166下·6
	2634	□	显	R11·167上·2//R11·178下·9
234240	2635	□	风	□□,风后	R11·165下·4
234242	2636	□	善	□□,善恶	R11·173下·5

234282	2639	䎡	名	姤䎡,地名	R11·160下·7
				䎱䎡,姓名	R11·177下·5
				R11·157下·6∥R11·158上·5∥R11·159上·4∥R11·161下·10∥R11·161下·12∥R11·162上·14∥R11·164上·3∥R11·164上·4∥R11·164下·8∥R11·165下·3∥R11·167上·3∥R11·170下·6∥R11·170下·14∥R11·171上·12∥R11·171上·14∥R11·172下·2∥R11·175下·12∥R11·175下·13∥R11·176下·8∥R11·178上·13	
234420	2649	妭	中	妭妭,关中	R11·158上·8
				妭妭,汉中	R11·164下·8
			终	䎣䎣妭,孙无终	R11·170下·14
234422	2658	䑘	埋	䑘䑘,埋轮	R11·174上·10
	2668	䑙	缓		R11·161下·8∥R11·162上·1
234424	2670	䏑	阳	尾䏑,高阳	R11·165下·6
				䏑䆲䎲䏑,贵阳贱阴	R11·165下·5
				䏑䏒,阳方	R11·164下·5
				䏑䏓,阳气	R11·160下·7
				R11·164下·5∥R11·165下·7∥R11·169下·1	
234442	2679	䑚	至	䑛䑜䑝䑞䑚䑟䑚䖅,强弩之末	R11·157下·6
				䑚䑠,往至	R11·157下·9∥R11·160下·1∥R11·161上·12∥R11·173上·3∥R11·173上·4∥R11·173上·5∥R11·175上·10∥R11·175下·4
				姚䑡䑚䑠(命上至往),至死	R11·173下·4∥R11·173下·6
				R11·156上·5∥R11·156上·6∥R11·156上·7∥R11·156下·2∥R11·156下·4∥R11·157下·3∥R11·157下·4∥R11·157下·4∥R11·157下·4∥R11·157下·7∥R11·157下·9∥R11·157下·9∥R11·157下·9	

续表

	2694	𗹛	敌	𗹛𗢳,敌人	R11·160 下·11 // R11·162 下·9 // R11·162 下·11 // R11·162 下·11 // R11·163 上·1 // R11·163 上·10 // R11·163 上·11 // R11·163 上·11 // R11·163 上·11 // R11·163 上·12 // R11·163 上·13 // R11·163 上·13 // R11·163 上·14 // R11·163 上·14 // R11·163 下·1 // R11·163 下·2 // R11·163 下·3 // R11·163 下·3 // R11·163 下·3 // R11·163 下·5 // R11·163 下·13 // R11·164 下·8 // R11·164 下·9 // R11·164 下·10 // R11·165 上·3 // R11·165 上·4 // R11·165 上·7 // R11·165 上·12 // R11·166 上·5 // R11·166 上·5 // R11·166 上·5 // R11·166 上·6 // R11·166 上·10 // R11·166 上·14 // R11·166 下·1 // R11·166 下·4 // R11·166 下·5 // R11·166 下·11 // R11·166 下·12 // R11·168 下·9 // R11·168 下·14 // R11·169 上·5 // R11·169 下·1
				𗹛𗢳𗖻,顺敌	R11·177 上·7 // R11·177 上·9
				𗹛𗢳𗏵𗒴𗖻(敌人之何有),敌情	R11·158 上·10 // R11·158 上·11
				𗹛𗢳𗟲𗏁,易敌	R11·168 下·8
				𗹛𗢳𗾈,料敌	R11·168 上·13 // R11·168 下·5 // R11·170 下·10
240114	2698	𗹈	性	𗹈𗉮,性急	R11·164 上·1 // R11·164 上·2 // R11·164 上·5
				𗹈𗴮,秉性	R11·164 上·2
				𗹈𗼶,性粗	R11·164 上·2 // R11·164 上·3 // R11·170 下·1
				𗹈𗂫𗴴𗰖(同性议者),腹心	R11·160 上·13
				𗒹𗹈,心性	R11·178 上·5
			情	𗹛𗹈,人情	R11·175 上·7
				𗼇𗹈,行情	R11·158 下·7

续表

240122	2699	□	知	□□,熟知	R11·158下·3∥R11·170上·8
				□□,闻知	R11·174下·9
				□□,知觉	R11·158下·5
				□□,不知	R11·177下·11
				R11·158上·3∥R11·158上·3∥R11·158上·9∥R11·158上·10∥R11·158上·11∥R11·158上·12∥R11·158下·2∥R11·158下·3∥R11·158下·6∥R11·164下·2∥R11·169下·7∥R11·170上·12∥R11·170下·2∥R11·171上·4∥R11·171上·6∥R11·171上·6∥R11·171上·7∥R11·172上·3∥R11·172上·3∥R11·172上·4∥R11·172上·5∥R11·172上·6∥R11·172上·6∥R11·172上·7∥R11·172上·10∥R11·172下·10∥R11·174下·8∥R11·174下·9∥R11·174下·10∥R11·174下·11∥R11·174下·11∥R11·174下·12∥R11·174下·12	
240124	2705	□	助	□□(助者),佐	R11·170下·1
				□□,辅助	R11·171上·3∥R11·171上·4
				R11·177下·13	
240142	2712	□	岁	□□,岁岁	R11·176下·11
240144	2713	□	脊	□□(坡脊),坑堑	R11·158上·14
				□□(坡脊),丘陵	R11·164下·6∥R11·165下·9∥R11·166上·7∥R11·166上·9
240152	2716	□	巧	□□,巧人	R11·168下·5∥R11·168下·6∥R11·168下·6
				□□,巧智	R11·178下·6
				□□,奇巧	R11·159下·14
			勇	□□□□(前导勇人),选锋	R11·170下·11
				□□(勇男),健儿	R11·158下·3∥R11·170下·13∥R11·170下·14
				□□,赏勇	R11·158下·5
				□□,勇心	R11·159下·2∥R11·168上·11∥R11·168上·12∥R11·170下·13
			能	□□,智能	R11·177下·5
			善	□□□,善用兵	R11·158上·7
				□□,大怒	R11·160上·10
				□□,善射	R11·156下·6
				□□,善战	R11·171下·12
				R11·157上·2∥R11·157上·3∥R11·157上·3∥R11·157上·3∥R11·157上·3∥R11·160下·4∥R11·166上·5∥R11·172上·8∥R11·173下·9∥R11·174上·1∥R11·174下·2∥R11·177上·1	

续表

242122	2722	☒	铢	☒☒,铢镒	R11·159上·6
	2724	☒	有	☒☒☒☒☒(敌人之何有),敌情	R11·158上·10∥R11·158上·11
				☒☒,何有	R11·158上·11∥R11·158上·12∥R11·177上·7∥R11·177下·11∥R11·178上·1∥R11·178上·3
					R11·160上·13∥R11·162下·6∥R11·163下·13∥R11·163下·13∥R11·163下·14∥R11·164下·3∥R11·164下·4∥R11·165下·6∥R11·166上·3∥R11·166下·3∥R11·166下·3∥R11·167上·8∥R11·167下·13∥R11·168上·7∥R11·168上·11∥R11·168下·2∥R11·170下·13∥R11·171下·2∥R11·176上·4
			包		R11·159下·8
	2725	☒	围	☒☒,包围	R11·161下·8
				☒☒,围地	R11·162上·10∥R11·172下·1∥R11·175上·13∥R11·175下·10
				☒☒,解围	R11·163下·1
				☒☒,合围	R11·161下·10
				☒☒,突围	R11·163上·14
					R11·161下·3∥R11·161下·3∥R11·161下·4∥R11·161下·7∥R11·162上·10∥R11·163上·14∥R11·163下·1∥R11·166下·13∥R11·175下·11∥R11·175下·12∥R11·175下·13∥R11·176上·3∥R11·176上·3∥R11·176上·4∥R11·178上·14
			环	☒☒,环绕	R11·159下·8
			周	☒☒,周天	E5·151·3
242140	2731	☒	响	☒☒☒☒,树动草响	R11·158下·5
242144	2734	☒	血	☒☒,脓血	R11·171下·3∥R11·171下·4
242150	2737	☒	重	☒☒,轻重	R11·159上·6∥R11·159上·7∥R11·159上·10
				☒☒,辎重	R11·157上·4∥R11·157上·5∥R11·158上·3∥R11·158上·5∥R11·158上·9∥R11·161下·1
	2736	☒	马	☒☒☒(车重粮),辎重	R11·157上·5
				☒☒☒☒,司马景王	R11·160上·6
				☒☒☒,司马法(书名)	R11·160下·11∥R11·161下·3∥R11·170下·12

			㡣㡣㡣㡣,司马宣王	R11·159 下·14	
			㡣㡣㡣㡣,司马穰苴	R11·162 下·13∥R11·163 上·1∥R11·168 下·14	
			㡣㡣,马援	R11·162 上·13∥R11·162 下·1	
			㡣㡣,马陵	R11·157 下·6	
			㡣㡣,马谡	R11·171 下·13	
			㡣㡣,马燧	R11·167 上·13	
242152	2738	㡣	云	R11·158 下·13	
244122	2746	㡣	急	㡣㡣,急速	R11·164 上·9∥R11·167 下·3∥R11·167 下·3
				㡣㡣㡣㡣(远缩急速),倍道兼行	R11·157 下·1
	2748	㡣	德	㡣㡣,仁德	R11·176 下·5
				R11·162 下·14	
			正	R11·174 下·5∥R11·174 下·7	
	2750	㡣	头	㡣㡣(军头),吏士	R11·173 下·5
				㡣㡣㡣㡣(诸军头监),诸将	R11·160 上·8
				㡣㡣,头监	R11·160 上·8
				㡣㡣㡣(相头视),专一	R11·159 上·12
				㡣㡣㡣㡣(一头两舌),两端之心	R11·178 下·6
				㡣㡣,齐头(表示纵列)	R11·166 下·6
				㡣㡣(头轻),率易	R11·167 下·14
				㡣㡣(头主),首领	R11·167 上·12
				㡣㡣,并头(表示横列)	R11·166 下·7
				R11·166 下·5∥R11·166 下·6∥R11·166 下·7∥R11·167 下·8	
				R11·167 下·9	
			首	㡣㡣,首尾	R11·161 下·1∥R11·174 上·3∥R11·174 上·12∥R11·175 上·12
				R11·174 上·2∥R11·174 上·3	
	2752	㡣	速	㡣㡣㡣㡣(疾速而行),急趋	R11·156 上·3
				㡣㡣㡣㡣(远缩急速),倍道兼行	R11·156 上·7
244124	2764	㡣	愚	㡣㡣㡣㡣,内明外愚	R11·179 上·3
				㡣㡣,愚顽	R11·163 下·11

续表

244125	2769	□	卜骨	□□，灼骨	R11·173 下·5
	2770	□	群	□□，羊群	R11·175 上·3 // R11·175 上·4
	2771	□	白	□□，白起	R11·159 下·12 // R11·173 上·7
			彭		R11·164 下·14
244140	2774	□	器	□□，器械	R11·158 上·9
	2775	□	投	□□，投家	R11·172 下·4
					R11·167 下·4 // R11·178 下·3
	2776	□	救	□□，救护	R11·156 下·1 // R11·166 下·13 // R11·170 上·14 // R11·175 下·4
				□□，相救	R11·159 下·9
				□□□□，救命	R11·163 上·1
					R11·156 下·3 // R11·157 上·1 // R11·164 上·9 // R11·164 上·10 // R11·174 上·8 // R11·174 上·12 // R11·174 上·13
	2777	□	哗	□□，喧哗	R11·174 下·6
	2780	□	绛	□□，魏绛	R11·162 下·13
	2782	□	溪	□□□□，五溪蛮	R11·162 上·14
244150	2797	□	出	□□，出处	R11·165 下·14
				□□，解围	R11·163 下·2
				□□，特出	R11·178 上·1
					R11·157 上·4 // R11·159 下·13 // R11·159 下·14 // R11·160 上·7 // R11·160 上·7 // R11·160 上·9 // R11·160 下·8 // R11·164 上·4 // R11·164 上·6 // R11·164 上·6 // R11·166 上·11 // R11·166 上·12 // R11·166 下·14 // R11·167 上·9 // R11·167 上·10 // R11·168 下·3 // R11·171 上·10 // R11·171 上·11 // R11·172 下·6 // R11·179 上·7
	2798	□	百	□□，百步	R11·159 下·9
				□□，百刻	E5·151·4
				□□□□，百战百胜	R11·171 上·1
					R11·157 下·1 // R11·157 下·3 // R11·157 下·3 // R11·157 下·5 // R11·157 下·7 // R11·157 下·10 // R11·157 下·14 // R11·158 上·7 // R11·169 上·6 // R11·169 上·6 // E5·151·3
244172	2800	□	玄	□□，桓玄	R11·163 下·14 // R11·163 下·14
				□□，谢玄	R11·170 下·13
			县	□□□□□，泾州平凉县	R11·167 下·1

244220	2804	帅	里	颁帅,千里	R11·177上·12∥R11·177上·13
				递徙帅(六十里),再舍	R11·157下·7
				R11·156下·2∥R11·156下·5∥R11·156下·6∥R11·157下·1∥R11·157下·3∥R11·157下·4∥R11·157下·5∥R11·157下·7∥R11·157下·7∥R11·157下·11∥R11·157下·14∥R11·157下·14∥R11·157下·14∥R11·158上·2∥R11·160下·7∥R11·166下·14∥R11·167上·7∥R11·167下·1∥R11·169下·4∥R11·177上·14	
244224	2805	镬	将	颟镬,大将	R11·159下·11∥R11·159下·12∥R11·160上·3∥R11·160上·6∥R11·160上·11
				颟镬,将军	R11·156下·1∥R11·156下·4∥R11·157下·1∥R11·157下·3∥R11·157下·5∥R11·159下·2∥R11·167下·12∥R11·170上·2∥R11·170上·7∥R11·178上·12∥E5·150·2∥E5·150·3∥E5·150·7
				颟镬叕,旧将	R11·160上·8
				羿嫩颟镬(下面将军),禁兵将领	R11·161下·6
				镬冀,杀将	R11·177上·12
				镬绪(小将),大吏	R11·170上·11∥R11·170上·13
				镬缙,大将	R11·170上·12∥R11·170上·13
				衍狐,争利	R11·157下·11
				R11·156下·5∥R11·157上·3∥R11·157上·3∥R11·157下·8∥R11·157下·14∥R11·159下·8∥R11·160上·10∥R11·160上·11∥R11·175上·2∥R11·175上·5∥R11·175下·13∥R11·177上·13∥R11·177上·14∥R11·177下·13∥R11·178上·14∥R11·178下·1∥R11·178下·3∥R11·179上·6	
	2806	镬	诏	镬毓,违诏	R11·171上·14
			敕	镬郭,敕令	R11·161下·9∥E5·150·3
248122	2814	觊	月	剡觊,日月	E5·151·3∥E5·151·5
				觊缠,月初	E5·151·4
				R11·170上·9∥E5·151·2	
248124	2815	觊	贡	觊靟,贡物	R11·176下·11

续表

250115	2820	□	邑	繼□（村邑），聚落	R11·158下·2//R11·159上·1
250125	2827	□	拘	□□，拘缚	R11·173上·12
				□□，缚马	R11·174上·10//R11·174上·11//R11·174上·12
					R11·174上·10
250244	2831	□	扰	□□，侵扰	R11·163下·5
250254	2832	□	侵	□□，侵扰	R11·163下·5
250420	2833	□	必	□□，必	R11·177上·6//R11·178上·5//R11·178下·14
				必	R11·156下·5//R11·159上·5//R11·159上·10//R11·159下·13//R11·160下·7//R11·160下·9//R11·161上·4//R11·161下·5//R11·162上·11//R11·163上·13//R11·163上·14//R11·163下·1//R11·163下·6//R11·164上·6//R11·164上·9//R11·164上·10//R11·164下·10//R11·164下·12//R11·165下·5//R11·165下·6//R11·165下·7//R11·166上·14//R11·166下·5//R11·167上·11//R11·167下·1//R11·168下·2//R11·168下·8//R11·168下·9//R11·169上·1//R11·169上·1//R11·169下·7//R11·170上·3//R11·170上·6//R11·170上·7//R11·170上·10//R11·170上·13//R11·170上·14
			定	□□，定计	R11·159上·6
				□□（不定），无常	E5·151·1//E5·151·3
				□□，定列	R11·167下·2
				□□，安定	R11·162下·11//R11·169上·4
				□□□□□（安定不安定），动静	R11·158下·5//R11·177下·12
250547	2839	□	光	□□□□，汉光武帝	R11·165上·3
				□□□，光武帝	R11·158上·7//R11·158上·8
				□□，吕光	R11·172下·9//R11·172下·10
				□□，天光（人名）	R11·175下·13
				□□□，李光弼	R11·161下·10
251100	2842	□	息	繈□（力息），休息	R11·168上·13
252547	2850	□	且	□□，龙且（人名）	R11·164下·13
				□□□□，司马穰苴	R11·162下·13//R11·163上·1//R11·168下·14
254100	2855	□	降	R11·166下·3	

续表

254122	2857	𗀰	患	𗀰𗀰,病患	R11·160 下·1∥R11·165 下·6∥R11·165 下·7∥R11·167 上·13∥R11·169 下·2
			病	𗀰𗀰,染病	R11·162 下·3∥R11·162 下·4
			疾	R11·165 下·6	
	2858	𗀰	长	R11·177 下·9	
			遍	𗀰𗀰,遍往	R11·159 上·1
				R11·159 上·2∥R11·159 下·11∥R11·167 上·12	
			循	R11·161 上·4	
254125	2862	𗀰	村	𗀰𗀰(村邑),聚落	R11·158 下·2∥R11·159 上·1
			居	R11·177 下·9	
			家	𗀰𗀰,家宅	R11·172 下·3∥R11·172 下·3∥R11·172 下·4
				𗀰𗀰,投家	R11·172 下·4
				𗀰𗀰,家主	R11·159 上·3∥R11·177 下·8
				𗀰𗀰,家人	R11·171 下·4
254140	2865	𗀰	安	𗀰𗀰,安定	R11·162 下·11∥R11·169 上·4
				𗀰𗀰𗀰𗀰(安定不安定),动静	R11·158 下·5∥R11·177 下·12
254200	2871	𗀰	瓦	R11·156 下·3	
254222	2872	𗀰	文	𗀰𗀰𗀰𗀰,后魏文帝	R11·161 上·11
				𗀰𗀰𗀰,皇甫文	R11·160 上·12∥R11·160 上·13∥R11·160 上·14
				𗀰𗀰,文钦	R11·160 上·6∥R11·160 上·7∥R11·160 上·10
				𗀰𗀰𗀰,荀文若	R11·161 下·2
254570	2888	𗀰	姓	𗀰𗀰,姓名	R11·177 下·5
254900	2893	𗀰	大	𗀰𗀰𗀰𗀰(左方大使),尚左	R11·161 上·8
				𗀰𗀰,大将	R11·170 上·12∥R11·170 上·13
				𗀰𗀰,大小	R11·158 下·2∥R11·159 上·2∥R11·167 上·4∥R11·178 上·5
				𗀰𗀰,大风	R11·174 上·7
				𗀰𗀰𗀰𗀰,形劣心壮	R11·179 上·4
				𗀰𗀰𗀰𗀰(使着大心),骄其意	R11·177 上·10

254900	2893	𗾘	大	𗾘𗾘（汉大）,汉长官	R11・167上・14
				𗾘𗽏,争长	R11・176下・8
				R11・167上・5∥R11・167上・5∥R11・167上・6∥R11・167上・8∥R11・167上・9∥R11・169上・6∥R11・170下・1	
	2894	𗾘	季	𗾦𗾘,四季	E5・151・1∥E5・151・3∥E5・151・5
270121	2909	𗼺	真	𗼺𗼺,果真	R11・160上・10
270122	2912	𗽇	归	𗽇𗽇,思归	R11・161上・14
				𗽇𗽇,归师	R11・161上・13
				𗽇𗽇𗽇,归路	R11・161下・2
				R11・163上・2∥R11・167上・5∥R11・167上・13	
			还	𗽇𗽇𗽇𗽇,班师	R11・167下・10
				𗽇𗽇,往还	R11・179上・2∥R11・179上・3∥R11・179上・3
				R11・160下・2∥R11・167上・9∥R11・170下・5∥R11・172下・10∥R11・178下・4∥R11・178下・12	
			返	𗽇𗽇,难返	R11・173上・7
				R11・159下・3	
			屈	𗽇𗽇,屈伸	R11・175上・6∥R11・175上・7
			退	𗾆𗾆𗾆𗽇,半进半退	R11・167下・4
				𗽇𗽇,进退	R11・159下・1
				𗽇𗽇,进退	R11・171上・13
				𗽇𗽇,进退	R11・158下・9
				𗽇𗽇,自退	R11・160下・9
				𗽇𗽇,后退	R11・159上・14∥R11・162上・2∥R11・177上・8
				𗽇𗽇,退路	R11・161上・14
				𗽇𗽇,退散	R11・175下・3
				𗽇𗽇,退走	R11・162下・5∥R11・172下・4∥R11・173上・12∥R11・175上・4
				𗽇𗽇,退心	R11・167上・3∥R11・172下・6∥R11・175上・2
				R11・158下・9∥R11・159下・1∥R11・159下・2∥R11・159下・2∥R11・160上・8∥R11・160下・9∥R11・163下・4∥R11・163下・4∥R11・168上・1∥R11・169下・1∥R11・171上・10∥R11・171上・12∥R11・171上・14∥R11・172下・5∥R11・172下・6∥R11・175上・7∥R11・175上・8∥R11・177上・8∥R11・177上・11	

	2919	毗	明	戁毗,孟明	R11・175 上・2
270140	2920	毗	左	毗旅,左右	R11・159 下・8 // R11・174 上・7 // E5・150・4 // E5・150・6
				毗敓媾祇(左方大使),尚左	R11・161 上・8
				R11・165 上・13	
270152	2925	鼠	时	绲鼠,何时	R11・171 下・5
270220	2927	修	锐	修戁,刚锐	R11・164 上・2
	2928	彤	注	韜糈霾荿散彤,孙子兵法三注	R11・169 上・6 // R11・169 上・6 // R11・179 下・1
270222	2931	潫	算	散潫,数算	R11・178 上・4
				R11・159 上・7 // E5・151・4 // E5・151・5	
	2932	崭	贪	崭霾,贪爱	R11・178 下・6
	2935	欙	丛	狦欙,草丛	R11・158 下・4 // R11・166 下・1
				藗欙,树丛	R11・158 下・2 // R11・166 上・7 // R11・166 上・9 // R11・166 上・14
			密	R11・159 下・4	
270224	2937	頯	国	黢戁祇頯,五溪蛮	R11・162 上・14
				頯戁,吴国人	R11・174 上・5
				歔頯,他国	R11・159 上・3 // R11・178 下・5 // R11・178 下・13 // R11・178 上・11
				靾頯,楚国	R11・178 下・10
				贲绕頯,孤竹国	R11・176 下・7
				祋姕頯凧,十六国时	R11・164 上・3
				嘉頯,己国	R11・178 上・12 // R11・178 上・12 // R11・178 下・9
				茲頯,齐国	R11・160 上・3 // R11・178 下・2
				耗沭頯,龟兹国	R11・172 下・9
				褊頯,本国	R11・161 上・14 // R11・167 上・9
				绢頯,秦国	R11・156 下・1
				姕頯岌,六国时(战国时期)	R11・166 下・13
				燘頯,晋国	R11・160 上・6
				敓頯,隋国	R11・161 上・8
				熏頯欼,越国人	R11・174 上・5
				頯散,大国	R11・176 上・10
				頯翁,国君	R11・178 上・9 // R11・178 上・11

				□□,国富	R11·163下·5
				□□,邻国	R11·163下·2//R11·173上·3//R11·176下·7
				□□,国人	R11·169上·4
				□□,国境	R11·159上·5//R11·172下·9
				□□,强国	R11·176上·9
				□□□(强国帝),霸者	R11·176下·2
				□□,国王	R11·163上·3
				□□,赵国	R11·156下·1
				□□□,胡国	R11·178上·13//R11·178上·14
				□□□,汉国	R11·178下·10
270240	2939	□	着	□□,着疑	R11·164下·11//R11·166下·1//R11·166下·2
				□□,顾恋	R11·173下·9
				□□□□(使着大心),骄其意	R11·177上·10
				□□,着迷	R11·176上·12
				R11·156上·3//R11·156上·6//R11·162下·3//R11·166下·13//R11·167上·8//R11·168上·12//R11·168下·12//R11·171下·9//R11·177上·3//R11·177下·3	
	2940	□	休	□□,休止	R11·163下·5
270242	2945	□	西	□□□,东南西北	R11·159下·11
				□□,西方	R11·156下·3//R11·161上·4
				□□,西域	R11·172下·9//R11·172下·10
				□□,西魏	R11·178下·1
				□□,西山	R11·161上·4
				R11·171下·12//R11·171下·12//R11·172下·11//R11·176下·7//R11·176下·11	
270250	2949	□	熟	□□,熟知	R11·158下·3//R11·170上·8
270322	2952	□	妄	□□,妄事	R11·160下·12
				R11·171下·11//R11·171下·11//R11·171下·11	
270422	2963	□	爱	□□(要爱),要害	R11·157下·10//R11·171上·6//R11·172下·8//R11·176上·9
	2961	□	涨	□□,暴涨	R11·165下·11
				R11·165下·10	

续表

270425	2967	懰	弛	羉懰，或弛	R11·170上·1
				R11·170上·6//R11·170上·7	
			散	妣懰，离散	R11·175上·9
				綫懰，逃散	R11·170上·9
				爤懰，退散	R11·175下·3
				懰糅，毁散	R11·176上·13
				懰筄，散地	R11·172上·14//R11·172下·3//R11·172下·3//R11·172下·4//R11·175上·14
				爩懰，散散	R11·167下·5
				R11·166下·8//R11·175下·1	
270450	2975	骹	官	骹鐷，官印	R11·159上·4
				R11·170下·4	
			爵	骹穆，爵赏	R11·177下·10
				R11·170下·2	
270525	2984	楕	量	楕缀，测量	R11·159上·7//R11·174下·6//R11·174下·6//R11·174下·12
				楕翘，称量	R11·159上·5
				R11·168下·7	
271000	2996	鏊	达	慨鏊（不达），不活	R11·176上·1
272121	3004	筑	涕	筑瓻，流涕	R11·173下·11
				R11·173下·10//R11·173下·11	
272124	3008	蕊	覆	菽蕊，隐蔽	R11·158下·4
				瓻蕊（覆盖），掩袭	R11·166下·2
272140	3011	绲	源	绵绲，泉源	R11·158下·1//R11·165上·6
272142	3013	绯	陷	姞绯，洼地	R11·162上·7//R11·165上·2//R11·165上·3//R11·165下·14//R11·166上·1//R11·166上·2
			潢	瓻绯，潢井	R11·166上·8
				R11·166上·10	

			及	□□，不及	R11·157 上·4∥R11·157 上·6
272152	3015	□	得	□□□□，得利得益	R11·175 下·5
				□□，得利	R11·157 上·3
				R11·158 下·1∥R11·158 下·3∥R11·169 上·1∥R11·172 下·7∥R11·172 下·8∥R11·175 下·5	
	3017	□	类	□□，类事	R11·178 上·3
				□□，同类	R11·161 下·6
				R11·178 上·3∥R11·178 上·4	
			象	R11·159 下·9	
			族	□□，三族	R11·177 下·8
272200	3018	□	樂	□□，夫槩（人名）	R11·161 下·12∥R11·164 下·13
			盖	□□，黄盖	R11·171 下·14
272222	3027	□	里	R11·158 下·13	
			答	□□，答曰	R11·160 上·4∥R11·177 下·4
				R11·159 下·6∥R11·160 上·13∥R11·161 下·8∥R11·168 上·3∥R11·169 下·5∥R11·176 下·11	
272240	3030	□	陵	R11·164 上·3	
	3031	□	湿	□□□□（泽河湿泥），沮泽	R11·158 上·12
				□□，湿翳	R11·165 下·7
			济	□□□，济阴王	R11·161 上·11∥R11·161 上·12
272255	3037	□	堂	□□（严严），堂堂	R11·167 下·14
272400	3042	□	养	□□，养生	R11·165 下·5
				R11·171 上·14	
272420	3045	□	曹	□□，曹公	R11·161 上·3∥R11·171 下·14
				□□，曹咎	R11·164 下·14
				□□，曹刿	R11·160 上·3∥R11·160 上·4∥R11·168 上·1∥R11·173 下·14
				□□，魏曹	R11·156 上·2
				R11·156 上·4∥R11·157 上·2∥R11·157 上·4∥R11·157 上·5∥R11·157 下·3∥R11·157 下·11∥R11·158 上·1∥R11·158 上·4∥R11·158 上·10∥R11·158 上·13∥R11·158 下·7∥R11·158 下·9∥R11·158 下·10∥R11·158 下·11∥R11·158 下·13∥R11·159 上·1∥R11·159 上·3∥R11·159 上·5∥R11·159 上·8∥R11·160 上·2∥R11·160 上·4∥R11·161 上·2∥R11·161 上·3∥R11·161 上·14∥R11·161 下·1∥R11·161 下·1∥R11·161 下·2∥R11·161 下·3∥R11·162 上·4∥R11·162 上·6∥R11·162 上·8	
			凑	□□□，王廷凑	R11·170 上·8

272422	3052	㲒	水	㲒㲒,汲水	R11·167下·6∥R11·167下·7
272424	3053	㳶	渡	㳶㳶,渡梁	R11·175上·4∥R11·177下·2∥R11·177下·3∥R11·177下·4
272440	3057	㲽	鱼	㲽㲽,鱼贯	R11·166下·6
	3058	㲸	水	㲸㲸,川泽	R11·165上·13
				㲸㲸,泾水	R11·161上·10
				㲸㲸,湟水	R11·161上·14
				㲸㲸,江水	R11·162下·9
				㲸㲸,涧水	R11·166上·2
				㲸㲸㲸(一半水渡),半渡	R11·164下·10
				㲸㲸,顺水	R11·165上·4
				㲸㲸,水草	R11·158上·14∥R11·165上·8
				㲸㲸(水边),岸	R11·162下·8
				㲸㲸,水岸	R11·164下·9
				㲸㲸,渡水	R11·164下·7∥R11·164下·9∥R11·164下·11∥R11·164下·11
				㲸㲸,泥水	R11·165上·8
				㲸㲸,水沫	R11·165下·11
				㲸㲸,水面	R11·163下·14∥R11·165下·11
				㲸㲸,潢井	R11·166上·8
				㲸㲸,水急	R11·162下·1
				㲸㲸,水口	R11·172下·12
				㲸㲸,洪水	R11·162上·7
				㲸㲸,水流	R11·165下·11∥R11·165下·14
				㲸㲸,流水	R11·165上·1∥R11·165上·3
				㲸㲸,水池	R11·166上·10
				㲸㲸(水尾),下流	R11·165上·4
				㲸㲸,汲水	R11·164下·3
				㲸㲸,水程	R11·164下·11∥R11·178上·13
				㲸㲸㲸(水程上),河上	R11·160下·2
272452	3068	㲷	阴	㲷㲷,天阴	R11·158下·13

272500	3070	𗥼	舟	𗥼𗝾𗥔𗗙,焚舟破釜	R11・175 上・2
				𗥼𗥻,舟梁	R11・172 下・6
				𗚜𗥼,舟船	R11・175 上・2
				R11・174 上・6∥R11・174 上・12	
			船	𗥼𗸯(小船),轻舸	R11・163 下・14
				𗥼𗫂,乘船	R11・165 上・4
				𗥼𗜓,放船	R11・165 上・4
				R11・163 下・14	
272520	3072	𗥴	死	R11・160 下・2∥R11・160 下・4	
272522	3075	𗥫	尽	R11・165 下・11	
272525	3078	𗥼	混	𗤋𗥼(混合),交和	E5・150・4
			混	𗤍𗥼,混杂	R11・159 下・14∥R11・161 上・2∥R11・167 下・13∥R11・167 下・14∥R11・168 上・3∥R11・170 下・10∥R11・177 下・5
			杂	𗥼𗙏,杂虑	R11・163 上・9∥R11・163 上・10∥R11・163 上・11∥R11・163 上・12∥R11・163 上・14
272545	3081	𗥞	粪	R11・167 下・10	
274000	3087	𘝗	中	R11・174 上・3	
	3092	𘝘	则		R11・159 上・4∥R11・159 下・3∥R11・162 上・13∥R11・162 下・1∥R11・162 下・1∥R11・162 下・6∥R11・166 下・8∥R11・166 下・10
			然	𗤋𘝘(不然),但	R11・157 下・14∥R11・159 下・13∥R11・160 上・9∥R11・163 下・12∥R11・171 下・5∥R11・174 下・9∥R11・175 上・4∥R11・177 上・5
				R11・160 下・8∥R11・164 下・10∥R11・165 下・3∥R11・166 下・12∥R11・167 下・10	
	3094	𗐫	庆	𗡅𗐫𗟲𗤁,长庆元年	R11・170 上・7
	3095	𗐬	伏	𗫨𗐬,伏兵	R11・161 上・7∥R11・166 上・8∥R11・166 上・10∥R11・166 下・2∥R11・166 下・3∥R11・166 下・3∥R11・166 下・5∥R11・168 下・1∥R11・168 下・2∥R11・170 上・4∥R11・170 下・7

续表

		遁	逡巍,设伏	R11·177上·8
			R11·160下·7∥R11·160下·7∥R11·162上·13∥R11·166下·3∥R11·168下·3	
		遁	骹刃蘇逡,太一遁甲	R11·159上·6
		藏	豹逡,藏身	R11·177上·10
			R11·177下·5	
3098	逡	止	R11·175下·10	
3099	逡	在	R11·166上·10∥R11·166上·11∥R11·166上·12∥R11·166上·12	
		有	R11·159上·1∥R11·161上·7∥R11·166上·8∥R11·166上·10∥R11·166下·2	
		住	霹逡誦很(伏住劳待),以逸待劳	R11·160下·13
			藏逡,住兵	R11·162下·8∥R11·178上·13
			尾逡叕敆(高住勿攻),高陵勿向	R11·161上·5
			魋逡,住营	R11·164下·10
			逡叕,住处	R11·158下·1∥R11·175下·6
			庀逡,住行	R11·167下·14∥R11·174下·12
			R11·156下·2∥R11·156下·4∥R11·156下·7∥R11·159上·2∥R11·159下·7∥R11·159下·8∥R11·160下·12∥R11·160下·13∥R11·161上·6∥R11·161上·6∥R11·161上·6∥R11·162上·9∥R11·162上·9∥R11·162上·10∥R11·162下·5∥R11·162下·5∥R11·164下·6∥R11·164下·7∥R11·164下·8∥R11·165上·2∥R11·165上·12∥R11·165上·13∥R11·165上·13∥R11·165下·6∥R11·167下·9∥R11·167下·9∥R11·169下·1∥R11·169下·2∥R11·170下·7∥R11·173上·8∥R11·173下·2∥R11·174上·11∥R11·174上·13∥R11·174下·12∥R11·177上·6	
		定	R11·165下·10	
		居	緶逡,共居	R11·159下·14
			R11·156上·6∥R11·165下·7∥R11·174下·11	
		置	R11·162上·11	
3101	逡	复	逡逡,频频	R11·160上·4∥R11·162下·9
			R11·161下·12∥R11·175上·8∥R11·176上·9∥R11·178上·12∥R11·178下·3∥R11·178下·8	

续表

274100	3104	𗣟	虚	𗢳𗣟,虚实	R11·177下·6 // R11·178上·5 // R11·178上·10 // R11·178下·8
				𗣟𗫿,虚实	E5·151·7
				𗣟𗆍,虚形	R11·167下·11
				𗣟𗣝,空虚	R11·158下·9
				𗾺𗣟,勇怯	E5·150·5
	3107	𗥤	主	𗥤𗐱,主客	R11·160下·14
				R11·159上·6	
	3111	𗥷	灵	𗣫𗥷,神灵	R11·178上·11
			神	R11·178上·9	
274120	3112	𗣟	鬼	𗣟𗣫,鬼神	R11·159下·12 // R11·178上·2 // R11·178上·3 // R11·178上·3
	3113	𗥰	九	𗥰𗗙,九次	R11·176下·7
				𗥰𗵘,九地	R11·172上·12 // R11·175上·6 // R11·176上·9
				𗥰𗼜,九变	R11·162上·4 // R11·163上·4 // R11·163上·5 // R11·163上·7
				R11·162上·4 // R11·163上·5 // R11·164上·14 // R11·172上·12 // R11·172上·12 // R11·172下·2 // R11·175上·8 // R11·177下·9	
274122	3118	𗪩	夫	𗪩𗐯,夫槩(人名)	R11·161下·12 // R11·164下·13
				𗺟𗷻𗪩𗥰,吴王夫差	R11·167上·3 // R11·176下·8
				𗝊𗣹𗪩,上大夫	R11·170下·4
			父	𗿛𗪩𗬧𗥺,亚父范增	R11·178下·11
			甫	𗣵𗪩𗥣,皇甫文	R11·160上·12 // R11·160上·13 // R11·160上·14
			符	𗪩𗜓,苻生	R11·164上·4
				𗪩𗫴,苻坚	R11·172下·9
				𗪩𗪩,苻眉	R11·164上·4
				𗾺𗣛𗭴𗪩𗫴,前秦帝苻坚	R11·172下·9
			符	𗤊𗪩𗵍,阴符(书名)	R11·171下·10
	3119	𗫹	众	𗤊𗤊𗫹𗫂𗣢,以少攻众	R11·170下·10
				𗫹𗣺,众军	R11·175下·1
				𗫹𗏹,众人	R11·159上·2 // R11·161上·9 // R11·168下·14
				R11·158上·14 // R11·168上·3 // R11·174下·3	

续表

		多		R11·168下·3
		伊	□□,伊吾	R11·172下·13
		易	□□,周易	R11·158下·1
3124	□	繁	□□,繁多	R11·158上·6//R11·161上·12//R11·161下·7//R11·178下·6
3126	□	有		R11·164上·9//R11·168下·7//R11·168下·9//R11·178上·9//R11·178上·11
3130	□	宫	□□(宫宿),度数	R11·156上·5
274124 3133	□	今		R11·159上·4//R11·163上·3//R11·175上·8//R11·176上·13//R11·178下·11
274125 3139	□	朝	□□□□□,后周朝齐王宪	R11·167下·10
			□□□□□,后魏朝齐帝	R11·175下·12
			□□□□,十六国时	R11·164上·3
			□□,唐朝	R11·161下·9
			□□,晋朝	R11·163下·13
274140 3149	□	统		R11·170上·7
274142 3157	□	私	□□,私语	R11·168上·6
			□□,听受	E5·150·2
3159	□	受	□□,接受	R11·178上·13
				R11·156上·1//R11·162上·5//R11·170下·1//R11·171下·14//R11·177下·4//R11·179上·4//E5·150·3
274172 3174	□	悟	□□,默悟	R11·174下·6
			□□□□(已归和请),委谢	R11·168上·13//R11·168上·14
			□□,依归	R11·178上·14
3175	□	归	□□(归命),决命	R11·163下·1//R11·173上·13//R11·173下·8//R11·173下·12//R11·173下·12//R11·173下·12//R11·177上·5//R11·177上·6
				R11·172下·3

274200	3182	絳	止	絳譧,休止	R11・163下・5
				R11・158下・3	
			处	R11・157上・7	
			休	絳蕽骹襫,休囚旺相	E5・151・3
			息	R11・157下・7	
	3183	繧	义	慨繧,不义	R11・163上・13
				羿繧,仁义	R11・171上・3
				R11・159下・6//R11・170下・8//R11・174下・4//E5・151・5	
274220	3190	紉	舌	函紉,谗舌	R11・178下・7
				楬紕槐紉(一头两舌),两端之心	R11・178下・6
	3193	绢	秦	绢菀,秦人	R11・156下・4
				绢陳,秦国	R11・156下・1
				绢刻瓲襫,秦帝苻坚	R11・170下・13
				纗绢,前秦	R11・164上・4
	3194	纈	足	R11・158上・6	
	3195	綹	句	R11・171下・2	
	3196	絎	易	絎絎(易易),轻	R11・172下・5//R11・172下・6
				R11・159上・6//R11・159上・7//R11・164上・3//R11・164上・5//R11・164上・6//R11・164上・11//R11・173上・2//R11・175下・1//R11・176下・3//R11・176下・4	
	3199	繢	轻	颙繢,轻佻	R11・167下・14
	3200	綒	六	肹綒陳瓲,十六国时	R11・164上・3
				綒肹�(六十里),再舍	R11・157下・7
				綒陳叐,六国时(战国时期)	R11・166下・13
				R11・158上・2//R11・166上・5//R11・166上・6//R11・169下・6//R11・169下・7//R11・170上・2//R11・171上・1//E5・151・3//E5・151・4	
274222	3208	绲	平	妧绢,平地	R11・165上・9//R11・165上・14//R11・174上・9
				绢瓻,平易	R11・166上・14
				R11・173上・1	
			坦	夜绢,平坦	R11・165上・10
	3211	絥	云	纛絥,何云	R11・159下・6//R11・160上・4//R11・160上・13//R11・167上・5//R11・168上・3

续表

	3212	媚	儿	媚祢,儿子	R11·160 上·6
	3213	媚	晋	瓶媚,东晋	R11·162 下·8 // R11·170 下·13 // R11·172 下·9
				媚荊斮,晋定公	R11·167 上·3
				媚颷,晋朝	R11·163 下·13
				媚隨,晋国	R11·160 上·6
			增	豼瓶假媚,亚父范增	R11·178 下·11
	3216	媚	会	靴娴,聚期	R11·167 下·3
				娴藏,会遇	R11·176 下·7
				娴釿,会言	R11·167 下·2
				荔娴(和会),盟	R11·167 上·11
				R11·167 上·4 // R11·167 上·4 // R11·167 上·5 // R11·167 上·5 // R11·167 下·2 // R11·167 下·3 // R11·176 下·8	
			盟	狮娴,议盟	R11·162 上·8
				R11·162 上·7	
	3217	媚	泉	媚绕,泉源	R11·158 下·1 // R11·165 上·6
	3222	媚媚	涂	R11·173 下·11	
274240	3239	媷	多	R11·171 下·5 // R11·171 下·6 // R11·172 上·1	
	3240	缕	全	缕帽(全聚),齐正	R11·173 下·2 // R11·173 上·14 // R11·174 上·14
274242	3248	媚	计	媚毪慨(计上来),从计	R11·176 上·5 // R11·176 上·5
				毖媚缀(计谋度),计度	R11·157 上·3
				R11·157 上·1 // R11·173 下·11	
			谋	媚霾,奇兵	R11·161 下·2
				媚冼,谋事	R11·174 下·10
				媚箴,深谋	R11·168 下·8
				媚獭,谋变	R11·162 下·7 // E5·151·1
				媚毪薼(谋上往),得其计	R11·160 上·14
				毖媚,计谋	R11·156 上·6 // R11·158 上·5 // R11·158 下·6 // R11·160 上·11 // R11·162 上·10 // R11·163 下·9 // R11·167 上·11 // R11·167 上·11 // R11·172 下·13 // R11·174 上·11 // R11·174 上·13 // R11·174 下·8 // R11·174 下·8 // R11·174 下·11 // R11·175 上·1 // E5·150·3

续表

				R11·162上·10//R11·163下·10//R11·167上·5//R11·167上·12//R11·167下·1//R11·174下·10//R11·176上·5	
	3249	(西夏文)	申	(西夏文),申包胥	R11·176下·10
			辰	(西夏文),辰州城	R11·162上·14
274274	3264	(西夏文)	尘	(西夏文),尘土	R11·166下·6//R11·166下·7//R11·166下·8//R11·166下·8//R11·166下·9
				R11·166下·5//R11·166下·6//R11·166下·7//R11·166下·9//R11·166下·10	
274280	3266	(西夏文)	主	(西夏文)(城主),太守	R11·172下·11
				(西夏文)(列主),将佐	R11·162下·9
				(西夏文)(列主),吏	R11·168上·3
				(西夏文)(头主),首领	R11·167上·12
				R11·167上·7//R11·177下·13	
			君	(西夏文),国君	R11·178上·9//R11·178上·11
274322	3268	(西夏文)	治	(西夏文),治人	R11·174下·7
				(西夏文),治心	R11·160下·11
				(西夏文),以治待乱	R11·160下·10
				R11·161上·1//R11·168下·13//R11·173上·14//R11·173下·2//R11·174下·6//R11·174下·7	
			禁	(西夏文),禁止	R11·170上·9//R11·171下·7//R11·171下·10//R11·172上·2
	3269	(西夏文)	兽	(西夏文),野兽	R11·173下·12
274400	2782	(西夏文)	气	(西夏文),威气	R11·160下·3//R11·160下·3//R11·160下·4//R11·160下·5//R11·160下·5
				(西夏文),阳气	R11·160下·7
	3273	(西夏文)	襟	(西夏文),沾襟	R11·173下·10
	3276	(西夏文)	旧	(西夏文),旧将	R11·160上·8
	3277	(西夏文)	践	(西夏文),越王勾践	R11·167上·4
	3287	(西夏文)	狭	(西夏文),狭道	R11·172下·8
				(西夏文)(山狭),关	R11·172下·13
				(西夏文),狭窄	R11·162上·13
				(西夏文),狭窄	R11·162上·1
				(西夏文),阔狭	R11·178上·5
				R11·158下·1//R11·165下·14	

续表

	3289	□	刻	□□(此刻),今	R11・172 下・11
	3293	□	驴	□□,乘驴	R11・170 上・8
				□□(兔驴),驴	R11・175 下・14
	3294	□	神	□□,神灵	R11・178 上・11
274420	3305	□	年	□□□□,武德年间	R11・160 下・7
				□□,末年	R11・161 下・10
				□□□□,长庆元年	R11・170 上・7
				□□,多年	R11・177 下・10
	3310	□	阔		R11・166 上・2
274422	3313	□	合	□□□□(兵力结合),并兵	R11・161 下・1 // R11・177 上・12 // R11・177 上・14
				□□□□(兵力结合),交兵	R11・158 上・12
				□□□□(兵力结合),豫交	R11・175 下・7
				□□□□(战力结合),豫交	R11・158 上・10
				□□□(力结合),豫交	R11・176 上・6
				□□□□(力结合战),结交	R11・158 上・10
				□□□□(力结合战),结交	R11・158 上・11
				□□,结合	R11・161 下・6 // R11・161 下・8 // R11・162 上・6 // R11・173 上・6 // R11・176 上・11 // R11・176 下・3 // R11・176 下・8
	3315	□	色	□□,面色	R11・167 上・8
	3317	□	唯		R11・161 下・8 // R11・171 上・12 // R11・174 下・9 // R11・176 上・6 // R11・176 下・4 // R11・178 上・3
	3320	□	学		R11・158 上・3 // R11・165 下・4
	3323	□	晏	□□□,齐晏子	R11・168 下・14
274450	3349	□	方	□□□□(左方大使),尚左	R11・161 上・8
				□□,南方	R11・164 下・6 // R11・165 下・8 // R11・169 下・1
				□□,北方	R11・167 上・3
				□□,右方	R11・165 上・11 // R11・165 上・12 // R11・165 下・8
				□□,下方	R11・165 上・3
				□□,四方	R11・165 下・4 // R11・165 下・13 // R11・166 上・1 // R11・175 上・11 // R11・176 上・1 // R11・176 下・6

续表

				词条	出处
				□□,西方	R11·156下·3∥R11·161上·4
				□□,西域	R11·172下·9∥R11·172下·10
				□□,方阵	R11·174上·12
				□□(后方),后	R11·156上·4∥R11·156上·5∥R11·156上·7∥R11·156下·5∥R11·157下·8∥R11·159下·10∥R11·160上·4∥R11·162上·6∥R11·163上·1∥R11·165上·11∥R11·167上·2∥R11·167上·4∥R11·172上·9∥R11·172下·9∥R11·174下·8∥R11·177上·11∥R11·179上·1
				□□,阳方	R11·164下·5
				□□□,前方	R11·157下·8
			向	□□,相向	R11·159下·8
274455	3354	纖	力	□□,兵力	R11·157下·14∥R11·160上·1∥R11·160上·2∥R11·160上·5∥R11·162下·6∥R11·176上·11∥R11·176下·2
				□□□□(兵力结合),并兵	R11·161下·1∥R11·177上·12∥R11·177上·12∥R11·177上·14
				□□□□(兵力结合),交兵	R11·158上·12
				□□□□(兵力结合),豫交	R11·175下·7
				□□,己力	R11·176下·10
				□□,威力	R11·160上·3∥R11·160上·4∥R11·160上·9∥R11·160下·5∥R11·160下·14∥R11·174下·2
				□□,势力	R11·168上·9∥R11·170下·11∥R11·171上·4
				□□□(力结合),豫交	R11·176上·6
				□□□□(力结合战),结交	R11·158上·10∥R11·158上·11
				□□,力均	R11·168下·6∥R11·169下·5
				□□,力强	R11·170上·7
				□□,力乏	R11·161上·6
				□□(力息),休息	R11·168上·13∥R11·168上·14

续表

				臧鞃,效力	R11·173上·14∥R11·173下·3
				臧斁,尽力	R11·168上·10∥R11·170下·13∥R11·173上·10∥R11·173上·13
				臧驫,恃力	R11·176下·3
				臧矗,省力	R11·160下·13
				龇臧,战力	R11·173下·10
				龇臧帗徽(战力结合),豫交	R11·158上·10
				剢臧,帝力	R11·176下·3
				叡報徦敊臧掕臧死,强弩之末	R11·157下·6
				彶臧,谋力	R11·176下·2∥R11·176下·7
			势	臧燚,势均	R11·170上·3∥R11·170上·6
274470	3357	嫒	欲	姘嫒,心欲	R11·162下·7
					R11·156上·3∥R11·158下·1∥R11·161上·3∥R11·161下·13∥R11·161下·14∥R11·162下·1∥R11·163上·13∥R11·163下·2∥R11·164下·9∥R11·166上·12∥R11·166下·11∥R11·166下·12∥R11·166下·13∥R11·167上·3∥R11·167上·10∥R11·167上·14∥R11·167下·5∥R11·168上·13
274520	3363	姘	死		R11·167上·13∥R11·171下·5
274525	3370	媥	共	嵜媥(共己),互相	R11·168上·6∥R11·174上·8∥R11·174上·8∥E5·151·3
				媥眿,共济	R11·174上·6∥R11·174上·12
				媥迩,共居	R11·159下·14
				媥嵏,共分	R11·159上·3
					R11·168上·5∥R11·171上·14∥R11·173上·2∥R11·177下·7∥R11·177下·8
			交	媥炾,交地	R11·172下·1∥R11·173上·1∥R11·175下·5
			俱		R11·171下·1
274545	3377	燔	瑞	燔嵮,瑞相	R11·173下·4∥R11·173下·5
	3379	緉	后	姟緉,风后	R11·165下·4
			侯	鼎緪燚緉,诸葛武侯	R11·165上·4
274550	3382	姝	南	墾姝,邺南(地名)	R11·175下·13
274574	3387	姺	涧	峜姺,山涧	R11·166上·2

续表

274620	3388	□	哭	□弩,哭泣	R11·171下·4∥R11·173下·13
					R11·171下·4∥R11·171下·13∥R11·171下·14
277124	3397	□	海	□庸,东海王	R11·161下·8
277222	3404	□	虑	群□,疑虑	R11·162下·1
277240	3407	□	状	□蘸,量状(按照一定的标准)	R11·170下·12
277442	3419	□	敬	□敠,敬畏	R11·170上·8∥R11·176下·9
	3423	□	向	散□,叔向(人名)	R11·167下·10
277540	3424	□	畏		R11·166下·9∥R11·168上·12∥R11·171上·1
			恐		R11·160上·12
			惧	□□,畏惧	R11·161上·2∥R11·167下·12∥R11·171下·12∥R11·171下·13∥R11·173上·8∥R11·176上·11
				□□,惊惧	R11·160下·2
				□□,恐惧	R11·167下·13
					R11·163上·1∥R11·163上·3∥R11·166下·13∥R11·167上·4∥R11·176下·9
			惊	□叟,惊走	R11·162下·6
278124	3431	□	雨		R11·165下·11
278220	3433	□	浅	□蘸,深浅	R11·166上·3
279141	3444	□	诡	□託,诡诈	R11·158下·7∥R11·166下·12∥R11·167上·3∥R11·167下·5∥R11·178下·6∥R11·178下·9
	3447	□	妄		R11·165下·3
280122	3452	□	羊	□绳,羊群	R11·175上·2∥R11·175上·4
280124	3456	□	来	敠慌,来攻	R11·177上·8
				機慌,来追	R11·166下·2
				蘸慌,来战	R11·157下·11∥R11·164上·2∥R11·166下·12
				羡皽敠敠蘸敠慌移,致人而不致于人	R11·160下·14
				蘸慌敠蘸(丘来勿迎),背丘勿逆	R11·161上·5
				揿慌媺蘸,寒来暑往	E5·151·3
				纲蘸慌(计上来),从计	R11·176上·5

续表

				□□,往来	R11·173上·2
				□□,往来	R11·166下·9//R11·175上·4//R11·177下·5
				R11·168上·14//R11·169下·1//R11·169下·5//R11·170下·6//R11·172下·5//R11·172下·12//R11·172下·14//R11·175下·4//R11·177上·9//R11·177上·9//R11·177下·3//R11·177下·5//R11·177下·5//R11·177下·6//R11·178上·11//R11·178上·12//R11·178下·2//R11·178下·3//R11·178下·8//R11·178下·9//R11·179上·3	
	3457	□	新	□□,新人	R11·170下·1
280142	3466	□	赤	□□,赤壁	R11·157下·6
			肉	□□,食肉	R11·168上·4
				R11·168上·3	
280151	3469	□	识	□□(地识),向导	R11·158上·13//R11·176上·8
				□□□(识知人),乡人	R11·171下·14
				R11·156下·4	
280222	3474	□	损	R11·177下·3	
280400	3485	□	手	□□□(人手入),擒	R11·157下·2//R11·157下·3//R11·157下·8//R11·168下·8
				□□(手入),擒	R11·161上·4//R11·163下·13//R11·168下·9//R11·177上·14
				□□(手入),获得	R11·159上·2//R11·161下·9//R11·175下·5//R11·177上·13
				□□(战手),战士	R11·173上·1
				R11·157下·5//R11·157下·14//R11·170上·11//R11·174上·7//R11·174上·13//R11·174下·3//R11·174下·4	
280420	3487	□	粗	□□,粗石	R11·162下·8
				□□(性粗),刚愎	R11·164上·2//R11·164上·3//R11·170下·1
280422	3497	□	阻	□□,阻碍	R11·166上·6//R11·168上·14
			陷	R11·173上·10	
	3501	□	疑	□□,疑惑	R11·173下·4//R11·173下·6
				□□,疑惧	R11·168上·12//R11·173下·5//R11·177上·3

				□□,着疑	R11·164 下·11 // R11·166 下·1 // R11·166 下·2
				□□,疑心	R11·173 下·3 // R11·173 下·6 // R11·177 下·3
				R11·159 上·1 // R11·166 下·1 // R11·168 下·1 // R11·178 下·12	
280440	3506	□	高矜	□□,高举	R11·158 下·5
				□□,自矜	R11·164 上·7
	3508	□	臣	□□,贤臣	R11·177 下·14
				□□,大臣	R11·159 上·4 // R11·172 下·10 // R11·176 下·10 // R11·178 下·4 // R11·178 下·5
				□□,君臣	R11·178 下·7
				□□,王臣	R11·158 上·7
				R11·161 上·8 // R11·161 下·7 // R11·167 上·4 // R11·167 下·9 // E5·150·3	
280444	3510	□	刚	□□,刚柔	R11·174 下·1 // R11·174 下·2
				□□,刚健	R11·160 上·7 // R11·172 上·5 // R11·179 上·4
				□□,刚锐	R11·164 上·2
			锐	□□,锐卒	R11·161 上·7 // R11·161 上·9 // R11·162 下·5
				□□,险锐	R11·173 上·10
				R11·161 上·8	
			强	□□,强兵	R11·170 下·12 // R11·171 上·1
				□□,强辞	R11·167 上·2
				R11·170 上·13	
			精	□□,精兵	R11·175 下·13
280450	3512	□	窦	□□□,窦建德	R11·157 下·10 // R11·160 下·7
	3513	□	天	□□,天灾	R11·170 上·2
				□□,天地	R11·167 上·7
				□□,天时	R11·170 上·5
				□□,周天	E5·151·3
				□□,天子	R11·161 上·8 // R11·167 上·14 // R11·167 下·1 // R11·171 上·13
				□□,天阴	R11·158 下·13

				朡剢(天晚),暮	R11·160下·3
				朡魏,天晓	R11·160下·3
				朡䖌槪糓,不拘于天	R11·162下·14
280545	3519	隣	裕	旎隣,刘裕	R11·163下·13∥R11·164上·1
			羽	㩟隣,项羽	R11·161下·4∥R11·167上·12
281140	3521	鎚	输	鎚纞,运输	R11·171上·4
282140	3527	㿢	然	㿢慨,然后	R11·156上·3∥R11·156上·7∥R11·158上·11∥R11·158上·11∥R11·158下·9∥R11·158下·9∥R11·158下·9∥R11·159上·7∥R11·159上·10∥R11·159下·11∥R11·163上·14∥R11·163下·5∥R11·164下·3∥R11·169上·4∥R11·170上·5∥R11·176下·5∥R11·176下·6∥E5·151·7
			恐		R11·157上·6∥R11·158下·11∥R11·159下·12∥R11·161上·7∥R11·162下·6∥R11·163下·14∥R11·165上·2∥R11·165上·3∥R11·165下·10∥R11·165下·10∥R11·166上·8∥R11·166上·10∥R11·166上·12∥R11·166下·2∥R11·166下·2∥R11·167上·13∥R11·168上·7∥R11·168上·9∥R11·168下·3∥R11·173下·6∥R11·175下·3∥R11·177上·5∥R11·177下·3
282400	3540	㚇	合	㪅㚇,参合(地名)	R11·160下·2
			河	㚇㮬,河北	R11·175下·12
			阖	瞯庸㚇䜌,吴王阖闾	R11·161下·12
			褐	瓱㚇,董褐	R11·167上·7
282420	3545	㣃	落		R11·160上·10
282422	3546	徼	障		R11·166上·9
	3547	㣃	醉		R11·161上·13
282442	3551	䜌	恶	薆䜌,恶道	R11·162上·12∥R11·171上·6
				䏊䜌,恶逆	R11·171下·9
				䏅䜌,恶地	R11·166上·1∥R11·166上·5∥R11·166上·6∥R11·166上·6∥R11·166下·5
				䏅䜌,难地	R11·173上·8

				例证	出处
				▢▢,善恶	R11·173下·5
				▢▢▢▢,好高恶下	R11·165下·5
				▢▢,恶人	R11·177下·5
				▢▢,恶言	R11·164上·8
				▢▢,怨恶	R11·172上·2
			凶		R11·166上·7
	3552	▢	掘		R11·165上·3
282444	3553	▢	管	▢▢,管仲	R11·176下·5
				▢▢,官渡	R11·158上·5
				▢▢,管子	R11·158下·2
282500	3554	▢	良	▢▢,李良	R11·161上·8//R11·161上·9
			亮	▢▢,庚亮	R11·162下·12
				▢▢▢,诸葛亮	R11·157下·5//R11·171下·13
			凉	▢▢▢▢▢,泾州平凉县	R11·167下·1
			梁	▢▢,梁熙	R11·172下·10//R11·172下·13
284100	3566	▢	农	▢▢▢,郑司农	E5·150·6
			鲁	▢▢▢,鲁庄公	R11·160上·3//R11·168上·1
				▢▢,鲁国	R11·176下·6
284120	3570	▢	劣	▢▢▢▢,形劣心壮	R11·179上·4
			卑	▢▢,下人	R11·178上·13
			怯	▢▢,怯弱	R11·163下·13//R11·164下·10//R11·167下·12//R11·170上·7//R11·170上·10//R11·170上·11//R11·172上·6
					R11·159上·13
			疲	▢▢,疲倦	R11·157下·4//R11·157下·8//R11·158上·2
					R11·157下·2//R11·157下·4
			弱	▢▢,强弱	R11·159上·2//R11·159下·1//R11·170上·5//R11·174下·2//R11·174下·2//E5·150·5
				▢▢,怯弱	R11·177上·10
				▢▢,弱弱	R11·178下·11
					R11·162下·6//R11·170上·6//R11·170上·6//R11·170上·9//R11·170上·10//R11·170上·13//R11·170下·7//R11·170下·10//R11·171下·3//R11·172下·7

续表

284121	3572	䥂	银	黼䥂,金银	R11·158 上·6∥R11·176 下·11∥R11·178 下·2∥R11·178 下·6
284122	3574	䁵	晓		R11·163 上·6∥R11·170 上·13∥R11·177 下·6
			悟	噍䁵(明悟),通	R11·163 上·5
			悟		R11·177 上·14
	3575	䁗	听	䌛䁗,视听	R11·159 下·5
				䁗䌛,听受	E5·150·2
				刿鮫䁗(听君命),内御	R11·171 上·10
					R11·158 上·5∥R11·159 下·1∥R11·161 上·10∥R11·161 下·14∥R11·162 下·9∥R11·162 下·12∥R11·162 下·13∥R11·163 上·1∥R11·163 上·2∥R11·167 上·6
	3576	䀿	明	噍䀿(分明),屹然	R11·159 上·10∥R11·159 下·10∥R11·159 下·13∥R11·169 上·4∥R11·176 下·14
				噍䀿,明知	R11·156 上·5∥R11·157 上·1∥R11·157 下·11
					R11·158 上·11∥R11·159 上·10∥R11·164 下·2∥R11·166 上·3∥R11·167 上·8∥R11·172 上·4∥R11·172 上·5∥R11·172 上·7∥R11·172 上·7∥R11·172 上·9∥E5·151·7
284124	3583	䌛	者	鼟䌛詼䊠蓟,兵以诈立	R11·158 下·6
				蒿敃䀿敚荒敃恍㑇,致人而不致于人	R11·160 下·14
				桄䌛睜㑇(远者近为),以迂为直	R11·156 上·2∥R11·156 上·3
					R11·156 上·1∥R11·156 上·1∥R11·156 上·2∥R11·156 上·2∥R11·156 上·2∥R11·156 上·3∥R11·156 上·5∥R11·156 上·5∥R11·156 上·6∥R11·156 上·6∥R11·156 上·6∥R11·156 下·2∥R11·156 下·5∥R11·157 上·1∥R11·157 上·2∥R11·157 上·3∥R11·157 下·2∥R11·157 下·2∥R11·157 下·4∥R11·157 下·4∥R11·157 下·4∥R11·157 下·4∥R11·157 下·4∥R11·157 下·10∥R11·157 下·11∥R11·157 下·14∥R11·158 上·7∥R11·158 上·9∥R11·158 上·10∥R11·158 上·11∥R11·158 上·13∥R11·158 下·2∥R11·158 下·7∥R11·158 下·9∥R11·158 下·9
	3584	䤵	坑	䤵薨,深坑	R11·166 上·3
284127	3587	䑾	霸	䑾怳,霸王	R11·159 上·4∥R11·159 上·5

284129	3589	▢	时	▢▢，午时	R11・160 下・7
				▢▢，寅时	R11・157 下・9∥R11・160 下・7
				▢▢，子时	R11・160 下・7
				▢▢，申时	R11・160 下・7
				▢▢，天时	R11・170 上・5
				▢▢，农时	R11・163 下・5
				▢▢，冬时	R11・171 下・2
				▢▢，一时	R11・160 上・1∥R11・178 上・9
					R11・156 下・3∥R11・157 下・9∥R11・157 下・9∥R11・159 下・2∥R11・159 下・2∥R11・160 下・4∥R11・162 下・3∥R11・170 下・13
284140	3591	▢	攻		R11・161 下・7∥R11・162 下・7∥R11・163 下・8∥R11・163 下・8∥R11・164 上・4
	3594	▢	委	▢▢，委弃	R11・157 上・5∥R11・157 上・6∥R11・161 下・11∥R11・161 下・14∥R11・162 下・7∥R11・173 下・7∥R11・173 下・9
	3601	▢	口	▢▢（缺口），隘	R11・164 下・3
				▢▢，水口	R11・172 下・12
			克	▢▢，邵克（人名）	R11・170 下・5
			寇	▢▢，寇恂	R11・160 上・11∥R11・160 上・12∥R11・160 上・13
284142	3606	▢	观		R11・158 下・2∥R11・167 上・7∥R11・178 下・8
284172	3614	▢	命	▢▢，舍命	R11・173 下・9
				▢▢▢▢，死不惜命	R11・174 下・13
				▢▢，惜命	R11・163 下・12
				▢▢▢（不惜命），轻死	R11・172 上・5
				▢▢▢▢，救命	R11・163 上・1
				▢▢，断命	R11・163 下・11∥R11・164 上・10
				▢▢（归命），决命	R11・163 下・1∥R11・173 上・13∥R11・173 下・8∥R11・173 下・12∥R11・177 上・5∥R11・177 上・6
				▢▢，蓬命	R11・173 上・9

				姚薇,赌命	R11·161 下·13 ∥ R11·162 上·2 ∥ R11·162 上·12 ∥ R11·173 上·9 ∥ R11·173 下·7 ∥ R11·173 下·11 ∥ R11·176 上·1
				姚祝叕缀(命上△出),死	R11·161 下·2 ∥ R11·173 上·13
				姚祝纖巟(命上至往),至死	R11·173 下·4 ∥ R11·173 下·6
				R11·162 上·11 ∥ R11·163 下·12 ∥ R11·173 上·9 ∥ R11·173 下·8	
284174	3617	姚	会	数姚,随会(人名)	R11·170 下·5
284220	3621	㛃	做	R11·163 下·9	
	3622	㛃	屋	㛃藘,屋梁	R11·156 下·3
			庐	R11·177 下·9	
284221	3627	媸	谆	媸媸(暗暗),谆谆	R11·168 上·5 ∥ R11·168 上·6 ∥ R11·168 上·7
				媸媸(暗暗),潜	R11·159 下·13 ∥ R11·166 下·2
				媸媸(暗暗),阴	R11·160 上·6
			暗	媸媸,暗暗	R11·158 下·3 ∥ R11·166 下·11 ∥ R11·178 上·13 ∥ R11·178 下·3 ∥ R11·178 下·6
284222	3628	嫄	元	㐀嫄,贞元(年号)	R11·167 上·12
			远	蘪嫄,仲远(人名)	R11·175 下·13
			袁	嫄霜,袁绍	R11·158 上·5 ∥ R11·158 上·5
				嫄麒,袁尚	R11·161 上·3
			原	㸚嫄恍,武原城	R11·161 下·6
				厖嫄,五原(地名)	R11·160 下·1
			援	㸚嫄,马援	R11·162 上·13 ∥ R11·162 下·1
			辕	薇嫄鞁刿,轩辕皇帝	R11·165 下·2 ∥ R11·165 下·3 ∥ R11·165 下·3
284224	3630	嫋	卜	嫋骹,卜求	R11·173 下·5
	3632	嫼	关	㸚薇嫼,武牢关	R11·157 下·10
284240	3639	嫋	成	嫋赇,成功	R11·178 上·1
	3640	嫋	依	R11·167 下·6	

	3666	𗦌	电	𗦌𗖻(雷电),雷霆	R11・158下・14
284400	3667	𗦌	差	𗱊𗡌𗦌𗙴,吴王夫差	R11・167上・3∥R11・176下・8
	3668	𗦌	农	𗦌𘕕,农时	R11・163下・5
			耕	𗎳𗦌,耕牧	R11・177下・8
	3673	𗦌	烟	𗦌𗴹,放烟	R11・167下・11
284420	3678	𗦊	生		R11・160下・7∥R11・165上・8
				𗜈𗦊𗀔𗣼,在害思利	R11・163上・9
				𗼃𗦊(日出),卯	R11・160下・9
				𗥃𗭱𗦊𗦊(命上△出),死	R11・161下・3∥R11・173上・13
			出	R11・159下・13∥R11・160上・1∥R11・160上・7∥R11・160下・11∥R11・160下・12∥R11・162上・11∥R11・162下・6∥R11・163下・3∥R11・163下・4∥R11・164上・7∥R11・164上・9∥R11・166上・2∥R11・166下・10∥R11・171下・3∥R11・173下・2∥R11・173下・14∥R11・176上・5	
			登	R11・166下・8	
	3679	𗦋	辨	R11・158下・5	
	3683	𗦉	谢	𗦉𗦈,谢玄	R11・170下・13
			△	表示反诘语气	R11・178下・11
284422	3688	𗦔	卧		R11・171下・3∥R11・173下・10∥R11・179上・5
	3689	𗦕	凿	𗦖𗦕,凿井	R11・177下・9
				R11・164上・4	
284424	3690	𗦛	时		R11・159下・2∥R11・160下・10∥R11・170上・9∥R11・174下・9
284440	3692	𗦝	掷	𗦝𗘜,委弃	R11・161上・12
	3693	𗦞	侧	𗦞𗋕,侧近	R11・166上・5∥R11・166上・5∥R11・166上・6
			近	𗦞𗋕,亲近	R11・172上・2∥R11・176下・5
				R11・156下・6∥R11・158下・13∥R11・164上・5∥R11・164下・9∥R11・167上・9∥R11・169下・5∥R11・173下・1∥R11・173下・3	
284442	3699	𗦢	毒	𗦢𗾺𗄽,投毒	R11・161上・10
				𗦢𗦤,毒酒	R11・161上・12
				R11・161上・13	

续表

284450	3706	[illegible]	△	谓词趋向前缀,表示未完成体不定方	R11·157下·8//R11·162下·3//R11·170下·13
	3708	[illegible]	绝	R11·161上·14	
			断	[illegible][illegible],不断	R11·176下·11
				[illegible][illegible][illegible](己意断),自专	R11·171上·10
				R11·160下·1//R11·161下·2//R11·162下·3//R11·175上·4//R11·177下·2//R11·177下·2//R11·177下·3//R11·177下·3//R11·177下·4	
284472	3712	[illegible]	择	[illegible][illegible],选择	R11·158下·3//R11·163下·11//R11·165上·10//R11·168下·7//R11·170下·14
287252	3738	[illegible]	公	[illegible][illegible][illegible],齐桓公	R11·176下·5
				[illegible][illegible][illegible],黄石公(人名)	R11·163下·11//R11·171上·10//R11·171下·9//R11·173下·5
				[illegible][illegible],曹公	R11·161上·3//R11·171下·14
				[illegible][illegible][illegible],晋定公	R11·167上·3
				[illegible][illegible][illegible][illegible],卫公李靖	R11·158下·3
				[illegible][illegible][illegible],鲁庄公	R11·160上·3//R11·168上·1
				[illegible][illegible],太公	R11·165上·13
287420	3740	[illegible]	令	[illegible][illegible],法令	R11·168上·10//R11·169上·4//R11·169上·5//R11·169上·5//R11·171上·3//R11·176下·14//R11·177上·1
				R11·173下·14	
			戒	[illegible][illegible],戒令	R11·171下·10
				[illegible][illegible],戒罚	R11·168下·14
				R11·172上·1//R11·172上·1	
			法	R11·168下·13	
			律	R11·171下·10//R11·176下·12	
287452	3744	[illegible]	信	[illegible][illegible][illegible][illegible],实不可信	R11·166下·12
				[illegible][illegible],恩信	R11·168下·11//R11·168下·12//R11·169上·4//R11·169上·5

				𘕿𘕿,信心	R11·158 上·6
				𘕿𘕿,信言	R11·177 下·2∥R11·177 下·3
				R11·160 下·2∥R11·173 下·1∥R11·173 下·3∥R11·178 下·14	
287545	3747	𘕿	哨	𘕿𘕿,置哨	R11·166 下·10
				𘕿𘕿,哨位	R11·164 下·3
			查	𘕿𘕿,搜查	R11·166 上·9
288420	3753	𘕿	公	𘕿𘕿,公事	R11·171 下·14
			官	𘕿𘕿𘕿𘕿(官依△到),奏	R11·162 下·2
				R11·167 上·14	
289400	3756	𘕿	续	R11·157 下·10∥R11·176 下·11	
290225	3763	𘕿	山	𘕿𘕿,山戎	R11·176 下·6
292242	3774	𘕿	尚	𘕿𘕿,袁尚	R11·161 上·3
				𘕿𘕿𘕿,尚结赞(人名)	R11·167 上·12
			商	商(国名)	R11·176 下·8
294000	3779	𘕿	兔	𘕿𘕿(兔驴),驴	R11·175 下·14
294121	3780	𘕿	勺	𘕿𘕿,长勺	R11·160 上·3
			竹	𘕿𘕿𘕿,孤竹国	R11·176 下·7
			谡	𘕿𘕿,马谡	R11·171 下·13
			盗	R11·171 下·14	
294140	3784	𘕿	行	𘕿𘕿(行行),正正	R11·160 下·14∥R11·161 上·2
294220	3788	𘕿	祖	𘕿𘕿,祖逖	R11·178 上·12∥R11·178 上·14
				𘕿𘕿𘕿,汉高祖	R11·158 上·8∥R11·159 上·4∥R11·164 下·14
294222	3789	𘕿	平	𘕿𘕿𘕿,高平城	R11·160 上·11
				𘕿𘕿𘕿𘕿𘕿,泾州平凉县	R11·167 下·1
			逃	𘕿𘕿,逃跑	R11·168 上·9
294225	3791	𘕿	下	𘕿𘕿,上下	R11·173 下·2
				𘕿𘕿𘕿𘕿,上下不和	R11·170 下·7
				𘕿𘕿𘕿𘕿,好高恶下	R11·165 下·4
				𘕿𘕿,下处	R11·165 下·6
				R11·158 上·14∥R11·161 上·6∥R11·161 上·6∥R11·165 上·3∥R11·165 下·13∥R11·165 下·14∥R11·166 上·2∥R11·169 下·2	
			低	𘕿𘕿,低地	R11·162 上·7∥R11·165 上·12∥R11·165 上·13
				R11·165 上·13∥R11·165 上·14∥R11·165 下·11∥R11·166 上·9∥R11·166 下·7∥R11·166 下·7	

续表

294274	3798	緢	小	雄緢,小营	R11·159下·10
				舻緢(小船),轻舸	R11·163下·14
				緢緢,幼弟	R11·161下·12
				緢緢(小将),大吏	R11·170上·11//R11·170上·13
				緢緢,大小	R11·158下·2//R11·159上·2//R11·167上·4//R11·178上·5
				庻緢(小王),诸侯	R11·158上·10//R11·162上·8//R11·172下·2//R11·173上·2//R11·176上·12//R11·176下·2//R11·176下·2
				緢緢,年少	R11·160上·8
					R11·159下·8//R11·159下·8//R11·159下·11//R11·162上·2//R11·162上·8//R11·165下·3//R11·170下·1//R11·176下·3//R11·176下·3//R11·176下·4//R11·176下·4//R11·176下·7//R11·176下·9
294544	3806	緢	蒲	緢緢,蒲苇	R11·166上·3//R11·166上·8//R11·166上·10
294574	3807	緢	轻	緢緢,轻重	R11·159上·6//R11·159上·7//R11·159上·10
				緢緢,轻车	R11·167上·9
			许	緢麛,许攸	R11·178下·5
				緢燹,许盆	R11·178下·3
			荀	緢麛,荀攸	R11·158上·5
297242	3811	緢	穷	緢珌叕矴,穷寇勿迫	R11·161下·11
					R11·161下·13//R11·162上·1//R11·162下·5//R11·172下·4//R11·173下·14//R11·173下·14
			窘	緢矴,窘迫	R11·168上·8
302121	3813	庻	送	緢庻,遣送	R11·167上·1
302220	3818	彦	者	森彦,谏者	R11·156下·2
				緢蕲彦,守城者	R11·178上·13
				緢蝴蕲彦(执军政者),军吏	R11·159下·3//R11·163上·3
				彂彦,智者	R11·163上·9//R11·163上·13
				緢彦,逃者	R11·178下·5
				疏彦,助者	R11·173上·4//R11·173上·5

				R11·157下·9∥R11·158下·2∥R11·158下·3∥R11·159上·4∥R11·160上·13∥R11·161下·5∥R11·161下·8∥R11·163上·14∥R11·164上·8∥R11·164上·12∥R11·166下·8∥R11·166下·9∥R11·166下·11∥R11·167下·7∥R11·178下·9∥R11·178下·14∥R11·179上·1∥R11·179上·3∥R11·179上·7	
	3819	□	职	□□,失职	R11·178下·5
302420	3826	□	缚	□□,拘缚	R11·173上·10
				R11·173上·12	
302900	3830	□	王	□□,吴王	R11·161下·12
				□□□□,吴王夫差	R11·167上·3∥R11·176下·8
				□□,楚王	R11·161上·8∥R11·170上·14∥R11·178下·11
				□□□□,楚王项羽	R11·164下·14
				□□□□□□,后周齐王宪	R11·167下·10
				□□□,东海王	R11·161下·8
				□□□□,司马景王	R11·160上·6
				□□□□,司马宣王	R11·159上·14
				□□□,济阴王	R11·161上·11∥R11·161上·12
				□□□□,越王勾践	R11·167上·4∥R11·176下·9∥R11·176下·10
				□□,国王	R11·163上·3
				□□□□,蜀主刘备	R11·164下·8
				□□(小王),诸侯	R11·158上·10∥R11·162上·8∥R11·165下·3∥R11·176下·2∥R11·176下·2
				□□,君臣	R11·158上·7
				□□□□,吴王阖闾	R11·161下·12
				□□□□,圣主明王	R11·171上·11
304400	3835	□	脱	R11·173上·12∥R11·173上·13∥R11·176上·2∥R11·176上·2∥R11·177上·6	
			逸	R11·171下·14	
			解	R11·175下·12∥R11·176上·5	
305200	3836	□	定	□□□,晋定公	R11·167上·3
307120	3837	□	绑	□□,结绑	R11·166下·1∥R11·166下·2
				R11·166下·1	

续表

307520	3841	㙙	捆	㲃㲃㙙(马唇捆),衔枚	R11·160 上·6
				㝩㙙,结言	R11·175 下·7
			绳	㙙䋻(绳放),骄	R11·160 上·10
312121	3844	㲃	击	敓㲃,攻击	R11·160 上·14∥R11·160 下·12
				R11·158 下·9∥R11·160 下·7∥R11·161 上·1∥R11·161 上·8	
			用	㲃㲃,用兵	R11·156 上·6∥R11·171 上·3
				㲃㲃㲃,用兵法	R11·176 下·5
				㲃㲃㲃,善用兵	R11·158 上·7
				㸪㡭㲃㲃,赏罚并用	R11·172 上·2
				㲃㲃,用法	R11·174 下·8
				R11·157 上·1∥R11·158 上·3∥R11·158 下·2∥R11·158 下·9∥R11·159 上·14∥R11·159 下·9∥R11·160 上·1∥R11·160 上·13∥R11·160 下·4∥R11·161 上·4∥R11·161 下·5	
			发	R11·161 上·14	
			动	R11·158 下·6∥R11·158 下·7∥R11·158 下·9∥R11·158 下·14∥R11·158 下·14∥R11·159 上·5	
			征	㲃㲃,往征	R11·171 上·10∥E5·150·3
			行	㲃㲃,行军	R11·158 上·13∥R11·164 上·14∥R11·165 上·10
				㲃㲃,依行	R11·174 下·8
				㲃㲃㲃㲃(疾速而行),急趋	R11·156 上·3
				㲃㲃,行遭	R11·158 上·5
			进	㲃㲃,进退	R11·171 上·13
				R11·171 上·10∥R11·171 上·12∥R11·171 上·14	
			举	R11·172 上·9∥R11·172 上·9∥R11·172 上·9	
312140	3852	㲅	行	㲅㲅,五行	E5·151·1∥E5·151·3∥E5·151·5
				㲅㲅(住行),举止	R11·167 下·14∥R11·174 下·12
				㲅㲅,行驿	E5·150·7
				R11·167 下·5∥R11·170 上·9∥R11·171 下·3∥R11·171 下·9	
312400	3859	㲆	子	㲆㲆,子时	R11·160 下·7
314122	3882	㲇	饱	㲇㲇,饱饿	R11·159 上·10
				R11·160 下·13	
314222	3874	㲈	饥	㲈㲈,饥寒	R11·159 上·10∥R11·179 上·4
				㲈㲈,饥渴	R11·172 下·12
				R11·167 下·6	

续表

314440	3879	𗹦	器		R11·162下·14
314525	3883	𗾴	势	𗾴𘃡,势力	R11·168上·9∥R11·170下·11∥R11·171上·4
322421	3890	𗵆	列	𗵆𘀗,队列	R11·167下·5
				𗵆𘀗𗸑𗰞(队列正为),勒兵	R11·165上·11∥R11·166下·4
			行	𗵆𘀗,行列	R11·158下·10∥R11·159下·9∥R11·170下·8∥R11·170下·9∥R11·175下·3∥E5·150·4
				𗵆𘀗𗸑𗰞(行列正为),整阵	R11·158下·10
			林	𗵆𗖰,林木	R11·158下·2∥R11·158下·11
				𗗙𗵆,山林	R11·158上·12∥R11·158下·4∥R11·166上·7
				𗴟𗵆,树林	R11·165上·8
				𗵽𗵆,树林	R11·165上·8
					R11·158上·14∥R11·158下·10∥R11·176上·7
324420	3896	𗵌	璧	𗵌𗵌,玉璧(地名)	R11·178下·1
324422	3900	𗵜	腹	𗵜𗾟,腹心	R11·156上·7∥R11·160下·11∥R11·162下·1∥R11·178下·6∥R11·178下·6
332420	3909	𗸈	宝	𗳸𗸈,天宝(年号)	R11·161下·10
			布	𗳸𗸈,田布	R11·170上·7
332422	3912	𗸉	步	𗾫𗸉,百步	R11·159下·9
				R11·159下·9	
334122	3916	𗸣	用		R11·158上·9∥R11·160下·10∥R11·167下·10∥R11·171上·2∥R11·171上·3∥R11·171下·4∥R11·171下·10
342124	3925	𗺬	黑	𘀦𗺬,黑夜	R11·167下·11
				𘀦𗺬𘃠𗏹,黑夜之中	R11·160上·1
		3926	汝		R11·160下·2∥R11·167上·7∥R11·167上·8∥R11·171下·4
			彼	𗺭𘂤,彼我	R11·160上·1
				R11·164下·2	
344140	3933	𗼈	宿	𗺟𗼈(宫宿),度数	R11·156上·5
	3934	𗼉	珍	𗼉𗼊,珍宝	R11·171上·13
			实	虚实,𗴉𗼉	E5·151·7

				敓敓，敌人	R11 · 156 上 · 2 ∥ R11 · 156 上 · 3 ∥ R11 · 156 上 · 6 ∥ R11 · 156 上 · 7 ∥ R11 · 157 下 · 5 ∥ R11 · 158 下 · 4 ∥ R11 · 158 下 · 5 ∥ R11 · 158 下 · 7 ∥ R11 · 158 下 · 9 ∥ R11 · 158 下 · 9 ∥ R11 · 158 下 · 11 ∥ R11 · 159 上 · 1 ∥ R11 · 159 上 · 1 ∥ R11 · 159 上 · 2 ∥ R11 · 159 上 · 6 ∥ R11 · 159 下 · 2 ∥ R11 · 159 下 · 6 ∥ R11 · 159 下 · 6 ∥ R11 · 159 下 · 7 ∥ R11 · 159 下 · 11 ∥ R11 · 159 下 · 12 ∥ R11 · 159 下 · 13 ∥ R11 · 160 上 · 1 ∥ R11 · 160 上 · 5 ∥ R11 · 160 下 · 8 ∥ R11 · 160 下 · 11 ∥ R11 · 161 上 · 2 ∥ R11 · 161 上 · 2 ∥ R11 · 161 上 · 6 ∥ R11 · 161 下 · 4 ∥ R11 · 161 下 · 4 ∥ R11 · 162 下 · 9 ∥ R11 · 162 下 · 11 ∥ R11 · 162 下 · 11 ∥ R11 · 163 上 · 1 ∥ R11 · 163 上 · 10 ∥ R11 · 163 上 · 11 ∥ R11 · 163 上 · 11 ∥ R11 · 163 上 · 11 ∥ R11 · 163 上 · 12 ∥ R11 · 163 上 · 13 ∥ R11 · 163 上 · 13 ∥ R11 · 163 上 · 14 ∥ R11 · 163 上 · 14 ∥ R11 · 163 下 · 1 ∥ R11 · 163 下 · 2 ∥ R11 · 163 下 · 3 ∥ R11 · 163 下 · 3 ∥ R11 · 164 下 · 9 ∥ R11 · 165 上 · 3 ∥ R11 · 165 上 · 4 ∥ R11 · 165 上 · 7 ∥ R11 · 166 上 · 5 ∥ R11 · 166 上 · 5 ∥ R11 · 166 上 · 5 ∥ R11 · 166 上 · 6 ∥ R11 · 166 上 · 10 ∥ R11 · 169 下 · 1 ∥ R11 · 176 上 · 3 ∥ R11 · 176 上 · 11 ∥ R11 · 177 上 · 8 ∥ R11 · 177 上 · 8 ∥ R11 · 177 上 · 9 ∥ R11 · 177 上 · 9 ∥ R11 · 177 上 · 12 ∥ R11 · 177 上 · 14 ∥ R11 · 177 下 · 4 ∥ R11 · 177 下 · 6 ∥ R11 · 177 下 · 11 ∥ R11 · 177 下 · 12 ∥ R11 · 178 上 · 6 ∥ R11 · 178 上 · 10 ∥ R11 · 178 下 · 8 ∥ R11 · 179 上 · 1 ∥ E5 · 151 · 3
344270	3935	敓	敌		
				敓敓敓，顺敌	R11 · 177 上 · 7 ∥ R11 · 177 上 · 9
				敓敓敓敓敓（敌人之何有）， 敌情	R11 · 158 上 · 10 ∥ R11 · 158 上 · 11

续表

				▨▨▨▨,易敌	R11·168下·8
				▨▨▨,料敌	R11·168上·13∥R11·168下·5∥R11·170下·10
				▨▨,拒敌	R11·164下·9
352547	3939	▨	姚	▨▨,姚襄	R11·164上·3
			攸	▨▨,许攸	R11·178下·5
				▨▨,荀攸	R11·158上·5
372240	3951	▨	设	▨▨,设置	R11·159上·11∥R11·159上·11
			土	▨▨,土门(地名)	R11·161下·10
			杜	▨▨,杜牧	R11·156上·1
			度	▨▨,度律(人名)	R11·175下·13
			渡	▨▨,官渡	R11·158上·6
372242	3955	▨	邓	▨▨,邓羌	R11·164上·4
		▨	愚	▨▨,愚顽	R11·163下·11
				R11·163下·11	
382140	3985	▨	驮	▨▨(驮粮),辎重	R11·157上·5∥R11·157上·6∥R11·161下·14
			立	▨▨,足立	R11·164下·3
			葛	▨▨▨,诸葛亮	R11·159下·14
382420	3989	▨	△	谓词趋向前缀,表示未完成体向上方	R11·156下·2∥R11·156下·4∥R11·158上·5∥R11·166下·1∥R11·167下·5∥R11·171上·9∥R11·173下·9
	3990	▨	足	▨▨▨▨(军足△行),出发	R11·156上·1
				▨▨(足行),发	R11·156上·4∥R11·156上·5∥R11·156上·6∥R11·156上·7
				▨▨▨(足△行),出发	R11·167上·1
				▨▨,足立	R11·164下·3
				R11·156下·1∥R11·156下·5∥R11·156下·6∥R11·160下·1	
384142	3998	▨	尝	R11·161上·11	
384420	4003	▨	汲	▨▨,汲水	R11·167下·6
				▨▨,汲水	R11·167下·7
				R11·167下·7	
384470	4005	▨	汲	▨▨,汲水	R11·164下·3

续表

385400	4007	羲	败		R11·161下·13
			破		R11·157上·1//R11·157下·6//R11·158上·6//R11·159上·5//R11·159下·13//R11·160上·7//R11·160下·3//R11·161上·4//R11·161上·4//R11·161上·9//R11·161上·13//R11·161下·2//R11·161下·4//R11·161下·4//R11·161下·7//R11·161下·10//R11·161下·11//R11·161下·13//R11·161下·14//R11·162上·2//R11·162上·12//R11·163上·14//R11·163下·1//R11·164上·6//R11·164上·11//R11·164下·10//R11·165上·1//R11·165上·3//R11·167上·2//R11·167上·14//R11·167下·2//R11·170下·7//R11·172下·11//R11·172下·14//R11·173下·12
			崩	羲矗,崩坏	R11·170上·13//R11·170上·14
				R11·170上·1//R11·170上·12//R11·170下·7	
385424	4008	韝	分	散韝䡶橪韝(三分中二分),三分之二	R11·158上·1
				E5·151·4	
392124	4011	䡶	行	䡶䡶,行行	R11·158上·14
392420	4015	韄	驿	庇韄,行驿	E5·150·7
			客	繇韄,主客	R11·160下·14
				R11·159上·6//R11·159上·6	
410112	4018	瓩	本	R11·158上·4	
			赤	瓩瓱,赤眉	R11·158上·6
			根	蕭瓩,根本	R11·174下·11
				R11·170下·9//R11·170下·10	
	4022	瓱	停	瓱燃,停留	R11·163下·9
412122	4024	橪	俱	橪橪,二者	R11·169下·5
				R11·172上·1	
				R11·174上·4	
				R11·179上·2	
412150	4027	橪	二	橪䡶橪藏蕊橪橳橪(已他二军相前营设),交合	R11·156上·1
				橪絎,二次	R11·160上·2//R11·160上·5
				橪絎伤敔橪韄敔,再而衰	R11·160上·9
				橪橳,二间	R11·178下·7
				橪燃,二间	R11·159下·9
				橪橪,二者	R11·169下·5

				□□□□，二日一夜	R11·156 下·6
				□□□□□（三分中二分），三分之二	R11·158 上·1
				R11·156 下·4∥R11·157 下·3∥R11·159 下·2∥R11·162 上·2∥R11·162 下·2∥R11·163 上·11∥R11·163 下·13∥R11·164 下·13∥R11·167 上·4∥R11·167 下·1∥R11·167 下·9∥R11·167 下·11∥R11·168 下·6∥R11·169 上·6∥R11·170 上·8∥R11·170 上·9∥R11·170 下·5∥R11·170 下·5∥R11·171 下·14∥R11·172 上·1∥R11·172 下·13∥R11·175 下·3∥E5·150·5∥E5·151·7	
			两	□□□，两杆旗	E5·150·7
				□□□□（一头两舌），两端之心	R11·178 下·6
				R11·162 上·14∥R11·174 上·13	
414900	4031	□	吉	□□，吉祥	R11·162 下·14
				□□，吉凶	R11·164 上·10∥R11·173 下·3∥R11·173 下·4∥R11·173 下·6
420440	4037	□	固	R11·161 下·4	
422425	4039	□	乘	□□，乘驴	R11·170 上·9
				□□，乘船	R11·165 上·4
				R11·171 下·3	
424440	4040	□	接	□□，接受	R11·178 上·13
				□□，接战	R11·164 下·7
427400	4041	□	恶	R11·173 下·8	
440114	4047	□	足	□□，兽足	R11·158 下·4
				R11·158 下·11	
447140	4052	□	寒	□□□□，寒来暑往	E5·151·3
472124	4060	□	缩	□□□□（远缩急速），倍道兼行	R11·156 上·7∥R11·157 上·7∥R11·157 下·7
472420	4063	□	贵	□□□□，贵阳贱阴	R11·165 下·5
			爱	□□，骄子	R11·171 下·8
				□□，爱民	R11·164 上·8∥R11·164 上·9
				R11·164 上·8∥R11·171 下·1∥R11·171 下·4	

续表

		惜	櫼繇慨霞,死不惜命	R11·173上·9//R11·174下·13
			聶霞,爱惜	R11·164上·8//R11·171下·6//R11·171下·8//R11·177下·10//R11·177下·12//R11·177下·12//R11·177下·12//R11·177下·12
			繇霞,惜命	R11·163下·12
			繇慨霞(不惜命),轻死	R11·172上·5
			R11·163下·12//R11·164上·9//R11·171下·2	
474240	4069	蕶	劝	蕶蘠,劝战	R11·168上·8
			励	R11·176上·2	
			谏	蕶蓡,谏者	R11·156下·2
			R11·159下·3	
474422	4074	蘮	绵	R11·171下·2	
474440	4075	蘱	省	繊蘱,省力	R11·160下·13
482550	4088	樻	凉	樻姇,凉州	R11·172下·10
			亮	龍虓樻,诸葛亮	R11·159下·14
487400	4092	搋	厌	R11·164上·10	
			恶	R11·163下·2//R11·173下·7//R11·173下·8	
502124	4110	蕽	蓬	繇蕽,蓬命	R11·173上·9
	4115	蕽	野	蕽胈,草野	R11·158下·11//R11·173下·12
	4118	蕽	柏	蕽騾,柏叶	R11·167下·10
	4121	蕽	洪	緓蕽,洪水	R11·162上·7
502127	4123	蕽	流	緓蕽,水流	R11·165下·11//R11·165下·14
			变	R11·174下·11	
502144	4136	蕽	梁	猪蕽,屋梁	R11·156下·3
502250	4161	蕽	沾	缓蕽,沾襟	R11·173下·10
			流	R11·158上·14//R11·165上·3//R11·166上·2//E5·151·1	
502420	4172	菝	庶	報菝,庶民	R11·161下·6//R11·169上·2//R11·169上·3//R11·169上·5//R11·171上·12//R11·176下·9//R11·178下·1
	4174	菝	动	緅菝,摇动	R11·166上·14
				叅菝,震动	R11·167上·7
				毟摋慨菝,不动如山	R11·158下·13
				R11·158下·13//R11·159上·6//R11·159上·6//R11·159上·7//R11·166上·6//R11·166上·10//R11·174上·11//R11·174上·12	

			摇	𗱕𗾔（摇动），发作	R11·161上·13
	4179	𗷻	船	𗷻𗥓，舟船	R11·175上·2
502422	4184	𗱷	单	𗱷𗩾，单臣（人名）	R11·161下·6∥R11·161下·7
			朝		R11·176下·7
502450	4200	𗹝	囚	𗏁𗹝𗼃𗩱，休囚旺相	E5·151·3
502550	4204	𗱾	堂	𗣼𗱾，地堂	R11·162下·7∥R11·173上·6∥R11·173上·12∥R11·175上·1
504120	4225	𗰔	杀	𗤀𗤀𗰔𗰔，自刭	R11·170上·9
				𗢭𗰔，杀将	R11·177上·12
				R11·156下·2∥R11·159下·2∥R11·160上·13∥R11·160上·14∥R11·163上·4∥R11·163下·10	
			斩	𗰔𗤻，当斩	R11·159下·2∥R11·159下·3∥R11·163上·3
				R11·156下·3∥R11·159下·3∥R11·160上·12∥R11·161下·9∥R11·162下·13∥R11·163上·1∥R11·163上·2∥R11·163上·4	
	4226	𗰕	入	𗢯𗰕，杂入	R11·171下·14
504121	4233	𗱨	车	𗱨𗳮，辎重	R11·158上·3∥R11·158上·9∥R11·161·1
				𗱨𗰖，车马	R11·166下·6
				𗱨𗰗，轻车	R11·167上·9
				𗱨𗰘，车毂	R11·171上·11
				𗱨𗰙，辕门	E5·150·5
				𗱩𗱨，兵车	R11·158下·2
				R11·166下·6∥R11·167下·4∥R11·171上·11∥E5·150·5	
504122	4236	𗱪	荫	𗱪𗱪（集荫），隐蔽	R11·166上·1∥R11·166上·3
504140	4250	𗱫	树	𗣓𗱫，木梯	R11·174下·14
				𗱫𗙴，树林	R11·165上·8
				𗱫𗰚，柴薪	R11·159下·10
				𗱫𗰛，林木	R11·166下·5∥R11·166上·1∥R11·166上·3
				𗱫𗰜，树丛	R11·158下·2∥R11·166上·7∥R11·166上·9∥R11·166上·14
			薪	𗱫𗰝，樵采	R11·164下·3∥R11·166下·8∥R11·166下·9

续表

504144	4269	□	郑	□𢇁𢇁,郑司农	E5·150·6
				□頤,郑国	R11·170上·14
			载	R11·157上·6	
				E5·151·1	
504200	4279	□	服	□□,伏服	R11·169上·5
				□□,不服	R11·168下·10∥R11·170上·13
				R11·168下·10∥R11·169上·2∥R11·169上·3	
504224	4294	□	专	□□,专诸(人名)	R11·173下·14
504240	4301	□	甲	□□□□,太一遁甲	R11·159上·6
	4305	□	宗	□□□,唐太宗	R11·157下·10∥R11·160下·7∥R11·164上·2
				□□,德宗	R11·167上·14
504414	4342	□	△	谓词趋向前缀,表示完成体离心方	R11·156下·3∥R11·156下·4∥ R11·157上·1∥R11·157上·3∥ R11·157下·6∥R11·157下·6∥ R11·158上·6∥R11·158上·11∥ R11·159上·8∥R11·159上·10∥ R11·159上·10∥R11·159下·2∥ R11·160上·1∥R11·160上·3∥ R11·160上·4∥R11·160上·8∥ R11·160上·8∥R11·160上·9∥ R11·160上·10∥R11·160上·10∥ R11·160上·12∥R11·160上·12∥ R11·160上·13∥R11·160上·14∥ R11·160下·2∥R11·160下·2∥ R11·160下·2∥R11·160下·3∥ R11·160下·8∥R11·160下·9∥ R11·161上·4∥R11·161上·9∥ R11·161上·10∥R11·161上·12∥ R11·161上·13∥R11·161上·13∥ R11·161上·13∥R11·161下·1∥ R11·161下·2∥R11·161下·4∥ R11·161下·5∥R11·161下·7∥ R11·161下·9∥R11·161下·9∥ R11·161下·11∥R11·161下·11∥ R11·161下·12∥R11·161下·13∥ R11·161下·14∥R11·162上·1∥ R11·162上·1∥R11·162上·2∥

				R11·162 上·7 // R11·162 上·12 // R11·162 下·4 // R11·162 下·5 // R11·162 下·12 // R11·162 下·13 // R11·162 下·14 // R11·163 上·1 // R11·163 上·1 // R11·163 上·2 // R11·163 上·3 // R11·163 上·4 // R11·164 上·1 // R11·164 上·1 // R11·164 上·3 // R11·164 上·6 // R11·164 上·6 // R11·164 下·13 // R11·164 下·13 // R11·165 上·1 // R11·165 上·3 // R11·165 下·2 // R11·165 下·3 // R11·165 下·4 // R11·165 下·4 // R11·166 上·6 // R11·166 下·9 // R11·166 下·9 // R11·166 下·13 // R11·167 上·2 // R11·167 上·4 // R11·167 上·8 // R11·167 上·12 // R11·167 上·13 // R11·167 下·2 // R11·167 下·10 // R11·167 下·11 // R11·168 上·3 // R11·170 上·9 // R11·170 下·5 // R11·170 下·5 // R11·170 下·7 // R11·170 下·14 // R11·171 上·1 // R11·171 下·5 // R11·171 下·5 // R11·171 下·6 // R11·171 下·8 // R11·171 下·13 // R11·171 下·13 // R11·171 下·14 // R11·171 下·14 // R11·172 上·1 // R11·172 上·1 // R11·172 上·9 // R11·172 下·4 // R11·172 下·9 // R11·172 下·9 // R11·172 下·10 // R11·172 下·11 // R11·172 下·14 // R11·176 上·1 // R11·176 下·5 // R11·176 下·8 // R11·176 下·8 // R11·176 下·9 // R11·176 下·10 // R11·176 下·10 // R11·176 下·12 // R11·177 上·9 // R11·177 上·10 // R11·177 下·8 // R11·178 下·4 // R11·178 下·9 // R11·179 上·1 // R11·179 上·2 // E5·151·7

续表

	4343	薇	径	薉薇,道路	R11·159 下·9 // R11·160 下·1 // R11·172 上·8 // R11·174 下·11 // R11·174 下·13
504420	4348	薇	牢	燚薇姍,武牢关	R11·157 下·10
			娄	薇姁,娄敬	R11·177 下·5
504470	4370	薇	赌	衔薇,争胜	E5·151·7
				姚薇,赌命	R11·161 下·13 // R11·162 上·2 // R11·162 上·12 // R11·173 上·9 // R11·173 下·7 // R11·173 下·11 // R11·176 上·1
504545	4379	蘸	茅	蘸猫,茅草	R11·166 下·2
505154	4389	蘸	单	殇蘸,田单	R11·167 上·12
	4398	蘸	进	乇蘸乇㦂,半进半退	R11·167 下·4
				豦蘸,自进	R11·160 上·2 // R11·160 上·2 // R11·160 上·2 // R11·160 上·3 // R11·160 上·4 // R11·160 上·5 // R11·160 上·5 // R11·160 上·5 // R11·160 上·9 // R11·160 上·9 // R11·170 上·10 // R11·174 上·13 // R11·176 上·1 // R11·176 上·2
505450				蘸孜,进攻	R11·167 上·2
				蘸薿,好进	R11·163 下·10
				R11·160 上·9 // R11·161 上·1 // R11·168 下·4	
			执	薇蛐蘸㦂(执军政者),军吏	R11·159 下·3 // R11·163 上·3
				蘸蘸,执旗	R11·164 上·5
				R11·171 下·3 // R11·171 下·10 // R11·172 下·8 // R11·172 下·11 // R11·178 下·13 // R11·178 下·14 // R11·179 上·1	
505520	4401	蘸		㧑蘸㦂,守城者	R11·178 上·13
				蘸姃,难守	R11·176 下·4
			守	骹蘸,固守	R11·158 下·13 // R11·161 下·4 // R11·164 上·4 // R11·175 下·1 // R11·175 下·6 // R11·175 下·6 // R11·175 下·7 // R11·177 上·8

				R11·158上·8∥R11·158上·8∥R11·160上·11∥R11·160下·11∥R11·161下·1∥R11·162下·11∥R11·162下·12∥R11·164上·11∥R11·164下·2∥R11·164下·3∥R11·164下·14∥R11·170下·9∥R11·170下·13∥R11·171上·3∥R11·172下·12∥R11·172下·13	
			取	R11·162下·1∥R11·162下·2∥R11·162下·3	
			持	R11·158上·6∥R11·167下·5∥R11·173上·7	
			据	R11·157下·10	
507140	4408	𗼖	火	燃𗼖,烽火	R11·158下·5
				𗼖伤,火鼓	R11·159下·4∥R11·159下·5∥R11·159下·5
				𗼖伤,明火	R11·159下·11
				𗼖𗼖,放火	R11·164上·1
				𗼖翼,举火	R11·159下·6∥R11·159下·13
				𗼖𗼖(燃火),燔	R11·159下·10
				R11·158下·11∥R11·158下·13	
507400	4413	𗫶	烧	燃𗫶,燃烧	R11·158下·11
				R11·158上·5∥R11·158下·11	
			焚	𗫶𗫶养猵,焚舟破釜	R11·175上·2
				𗫶𗫶,灼骨	R11·173下·5
				R11·172下·6∥R11·173下·8∥R11·175上·2	
508200	4423	𗅆	头	杨𗅆𗅆𗅆(大都集头),都案案头	R11·171下·14
517151	4435	𘃜	何	𘃜𘃜𘃜,何为	R11·169下·5
			孰	R11·167上·5∥R11·167上·8	
517252	4437	𗞞	祥	𗞞𗞞,吉祥	R11·162下·14
			兆	R11·166上·14∥R11·166下·1	
527450	4444	𗥃	及	𗥃𗥃(及复),及	R11·159下·11
				R11·167上·5∥R11·168上·3∥R11·171上·3	
			则	R11·157下·14∥R11·160上·9	
			并	R11·173下·7∥R11·173下·8∥R11·177下·4	
			虽	R11·157上·6∥R11·159上·4∥R11·159下·3∥R11·162上·13∥R11·162下·1∥R11·162下·6∥R11·166下·8∥R11·166下·10∥R11·168上·11∥R11·168上·12∥R11·168下·2∥R11·170下·5∥R11·178下·6	
			既	R11·170下·11∥R11·171上·10	

续表

547152	4448	[illegible]	涓	[illegible],庞涓	R11·157下·6
550220	4450	[illegible]	动	[illegible],树动草响	R11·158下·5
579400	4456	[illegible]	太	[illegible],太一遁甲	R11·159上·6
			大	[illegible],大事	R11·164上·10
				[illegible],大道	R11·161上·3
				[illegible],大赏	R11·171下·13
				[illegible],大祸	R11·177上·4
				[illegible],大将	R11·157上·3//R11·159上·14//R11·174下·4
				[illegible],大心	R11·167上·6//R11·177上·10
				[illegible],大国	R11·176上·10
				[illegible],大阵	R11·161上·2
				R11·157上·1//R11·157上·6//R11·157下·7//R11·159下·7//R11·159下·8//R11·160上·14//R11·161上·11//R11·161下·14//R11·162上·2//R11·162下·11//R11·163下·14//R11·165下·13//R11·166上·2//R11·168下·9//R11·172上·1//R11·172下·7//R11·172下·9//R11·174下·4//R11·175上·5//R11·175上·10//R11·176上·13//R11·176下·13//R11·176下·14//R11·177上·1	
580400	4459	[illegible]	乏	[illegible],力乏	R11·161上·6
			穷	R11·168上·9	
			断	[illegible],强弩之末	R11·157下·6
				[illegible],断命	R11·163下·11//R11·164上·10
				R11·158上·7//R11·161下·4//R11·175上·4	
			阙	[illegible],粮绝	R11·162下·2
				R11·157上·6//R11·157上·6	
			竭	R11·157下·9//R11·157下·14	
587450	4464	[illegible]	论	[illegible],议论	R11·177下·7
				[illegible],论测	R11·170上·5
587452	4465	[illegible]	劳	[illegible],烦劳	R11·163下·4//R11·163下·4//R11·164上·8//R11·164上·9//R11·164上·10
				[illegible],劳苦	R11·159上·10//R11·162下·5//R11·164上·9//R11·167下·8//R11·177下·9

602121	4469	𗰛	往	R11·156下·3//R11·159下·14//R11·161下·6//R11·161下·12//R11·161下·12//R11·161下·14//R11·162下·9//R11·164上·4//R11·167上·3//R11·167上·8//R11·167下·2//R11·167下·10//R11·168上·1//R11·170上·14//R11·172下·9//R11·172下·9//R11·175上·2//R11·176下·9
604000	4478	𗟻	走	𗟻𗟻,败走　R11·170下·12
				𗰜𗟻,逃走　R11·166下·2
				𗰟𗟻,惊走　R11·177上·10
				𗱳𗟻,退走　R11·162下·5//R11·172下·4//R11·173上·12//R11·175上·4
				𗾪𗟻,惊走　R11·162下·6
				R11·160上·8//R11·160上·9//R11·160上·10//R11·161上·12//R11·161下·5//R11·161下·8//R11·161下·8//R11·161下·9//R11·161下·11//R11·161下·11//R11·161下·12//R11·162上·1//R11·163下·1//R11·163下·1//R11·167下·10//R11·167下·11//R11·170上·4//R11·170上·6//R11·172下·4//R11·173上·10//R11·173下·13//R11·174上·9//R11·174上·11//R11·175下·10//R11·175下·14//R11·176下·10//R11·177上·11
			逃	𗟻𗰳,逃路　R11·175下·14
				𗟻𗰳𗰳(走处路),逃路　R11·175下·11
				𗟻𗴷,逃心　R11·163下·14
				𗟻𗰳,逃处　R11·175上·13
			逸	R11·166下·5
			遁	R11·160下·2//R11·166下·9
604100	4480	𗰦	分	𗰦𗴷,区分　R11·164上·10
			离	R11·156下·2
604120	4481	𗰧	进	𗰧𗱳,进退　R11·158下·9
				R11·158下·9//R11·158下·10//R11·161下·1//R11·175上·7//R11·175上·8
			伸	𗰧𗱳,屈伸　R11·175上·6//R11·175上·7
			往	𗀔𗟻𗟻𗴷𗰧𗴷𗰧𗰧,致人而不致于人　R11·160下·14
				𗱳𗰧𗰟𗰧,寒来暑往　E5·151·3
				𗲲𗲲𗰧(谋上往),得其计　R11·160上·14

续表

				𪩘𪩘,往征	R11·171上·10∥E5·150·3
				𪩘𪩘,往还	R11·179上·2∥R11·179上·3
				𪩘𪩘,往来	R11·173上·2
				𪩘𪩘𪩘,去路	R11·162下·3
				𪩘𪩘,往战	R11·166下·14∥R11·168下·6∥R11·170上·10∥R11·170上·13
				𪩘𪩘(分往),条达	R11·166下·8
				𪩘𪩘,往至	R11·157下·9∥R11·160下·1∥R11·161上·12∥R11·173上·3∥R11·173上·4∥R11·175上·10∥R11·175下·4
				𪩘𪩘,遍往	R11·159上·1
				𪩘𪩘,疾往	R11·175下·5
				𪩘𪩘𪩘𪩘(命上至往),至死	R11·173下·4∥R11·173下·6
				R11·156上·6∥R11·156上·7∥R11·156下·1∥R11·156下·2∥R11·156下·4∥R11·157上·4∥R11·157上·5∥R11·157上·6∥R11·157下·1∥R11·157下·3∥R11·157下·4∥R11·157下·8∥R11·157下·9∥R11·157下·11∥R11·157下·11∥R11·157下·14∥R11·158上·1∥R11·158上·1∥R11·158上·2∥R11·158下·4∥R11·158下·5∥R11·159上·2∥R11·159上·2∥R11·159上·2∥R11·159下·7∥R11·160上·6∥R11·160上·7∥R11·171上·10∥R11·171下·12∥R11·172下·14∥R11·173上·5∥R11·173上·6∥R11·173上·10∥R11·174下·13∥R11·174下·14∥R11·175上·1∥R11·175上·3∥R11·175下·10∥R11·177上·12∥R11·177上·13∥R11·177上·14∥R11·178下·2∥R11·178下·13∥R11·178下·14∥R11·179上·1∥E5·150·2	
	4482	𪩘	随	𪩘𪩘𪩘𪩘(利因不随),不为利惑	R11·160下·12
604142	4485	𪩘	向	𪩘𪩘,面向	R11·164下·5∥R11·164下·6∥E5·150·5
				𪩘𪩘,向背	E5·150·6
			施	𪩘𪩘,效力	R11·173上·14∥R11·173下·3

604222	4489	□	用	□□,还用	R11·178下·8
				□□(口用),行令	R11·170下·1
				□□,使用	R11·167下·8∥R11·168下·10∥R11·168下·13∥R11·171下·5∥R11·171下·7∥R11·171下·9∥R11·176下·14∥R11·177上·1∥R11·177上·2∥R11·178上·10
				□□,用人	R11·163上·8
					R11·168下·12∥R11·171下·8∥R11·177上·1∥R11·178上·8∥R11·178上·11∥R11·179上·7
			使		R11·163上·3∥R11·176下·13
604322	4491	□	斗	□□□□,困兽犹斗	R11·161下·12
604420	4494	□	德	□□□□,武德年间	R11·160下·7
				□□,德宗	R11·167上·14
				□□□,窦建德	R11·157下·10∥R11·160下·7
	4495	□	遣	□□,遣送	R11·167上·1∥R11·171上·11
605140	4497	□	过		R11·173上·7
608122	4501	□	晦	□□,晦尾	E5·151·5
				□□(晦定),下弦	E5·151·5
				□□,晦朔	E5·151·2
682450	4503	□	驱	□□,驱遣	R11·156下·5
				□□,使用	R11·167下·8∥R11·168下·10∥R11·168下·13∥R11·171下·5∥R11·171下·7∥R11·171下·9∥R11·176下·14∥R11·177上·2∥R11·178上·10
712140	4507	□	引	□□,引军	R11·160上·8
			导	□□,引导	R11·162下·9∥R11·170下·4∥R11·175上·1∥R11·176下·7
				□□□(引导者),副	R11·160上·12
				□□,引导	R11·163下·6∥R11·166上·5
				□□(先导),前锋	R11·170下·11∥R11·170下·12∥R11·171上·1
					R11·158下·1∥R11·163下·6∥R11·170下·13

续表

			𗧂𗥃,率军	R11・157 下・11 // R11・158 上・5 // R11・167 上・6
		率		R11・157 下・10 // R11・158 上・7 // R11・159 下・12 // R11・160 上・6 // R11・160 上・11 // R11・160 下・7 // R11・161 上・3 // R11・161 上・8 // R11・161 上・8 // R11・161 上・9 // R11・161 上・11 // R11・161 上・14 // R11・161 下・7 // R11・161 下・10 // R11・162 上・12 // R11・163 下・14 // R11・164 上・4 // R11・164 上・5 // R11・164 上・6 // R11・164 下・13 // R11・164 下・13 // R11・164 下・14 // R11・167 下・1 // R11・167 下・2 // R11・167 下・10 // R11・168 上・1 // R11・168 下・3 // R11・169 下・4 // R11・170 上・8 // R11・170 上・14 // R11・172 下・9 // R11・175 上・5 // R11・175 上・10 // R11・175 下・13 // R11・176 上・8 // R11・177 下・6 // R11・179 上・1
712140	4508	𗤖	食	𗤖𗤇,财货	R11・158 上・9 // R11・159 上・2 // R11・173 下・8 // R11・173 下・9
				𗤖𗤛,食筵	R11・178 下・10
				𗤖𗤙,遗食	R11・161 上・10 // R11・161 上・11
				𗤖𗤠,粮食	R11・175 下・9
				R11・167 下・6 // R11・171 下・3	
712142	4513	𗤘	食	𗤘𗤠,粮食	R11・157 上・6 // R11・158 上・3 // R11・158 上・6 // R11・158 上・6 // R11・158 上・7 // R11・158 上・7 // R11・158 上・9 // R11・161 下・7 // R11・175 下・9 // R11・175 下・9 // R11・177 下・9
				𗤘𗤠𗤒(食粮运),粮运	R11・158 上・8
712144	4517	𗤝	食	𗤝𗤝,食肉	R11・168 上・4
				R11・168 上・3 // R11・171 下・14 // R11・173 下・12	
712145	4520	𗤞	令	𗤞𗤞,命令	R11・156 下・2 // R11・159 下・3 // R11・159 下・13 // R11・160 上・1 // R11・163 上・7 // R11・170 上・7 // R11・171 下・6 // R11・173 下・2 // R11・173 下・10 // R11・173 下・12 // R11・174 下・4 // R11・174 下・4 // R11・174 下・9 // R11・176 上・2

	4531	□	赞		R11·159下·14
	4532	□	渴	�案□,饥渴	R11·172下·12
					R11·167下·6∥R11·167下·7∥R11·167下·7∥R11·167下·7
712242	4533	□	叫	被□,呼叫	R11·160下·2∥R11·167下·11∥R11·167下·12∥R11·167下·12∥R11·167下·13
	4534	□	饿	□□,饱饿	R11·159上·10
			饥		R11·158上·6∥R11·160下·8∥R11·160下·9∥R11·160下·13
712442	4543	□	唇	□□□(马唇捆),衔枚	R11·160上·6
714440	4557	□	炬	□□(举炬),燎	R11·159下·10
725000	4567	□	叶	□□,柏叶	R11·167下·10
732442	4573	□	人	□□□(人手落),擒	R11·157下·1∥R11·157下·3∥R11·157下·8∥R11·168下·8
				□□,他国	R11·159上·3∥R11·178上·11∥R11·178下·5∥R11·178下·13
				□□□□□□□□□,致人而不致于人	R11·160下·14
				R11·156上·3∥R11·156上·4∥R11·156上·5∥R11·156上·7∥R11·157下·5∥R11·157下·14∥R11·158上·9∥R11·158上·10∥R11·158上·10∥R11·159下·4∥R11·160上·11∥R11·160下·12∥R11·161下·3∥R11·162上·10∥R11·162上·13∥R11·162下·4∥R11·162下·6∥R11·162下·10∥R11·163上·10∥R11·163下·4∥R11·163下·4∥R11·163下·7∥R11·163下·8∥R11·163下·10∥R11·163下·12∥R11·164上·1∥R11·164上·8∥R11·164下·2	
742140	4579	□	吕	□□,吕蒙	R11·171下·14
				□□,吕光	R11·172下·9∥R11·172下·10
			闾	□□□□,吴王阖闾	R11·161下·12
752242	4587	□	功	□□,成功	R11·178上·1
				□□,恩功	R11·172上·1∥R11·172上·2
				□□,战功	R11·171上·11
				R11·159上·3∥R11·159上·4∥R11·159上·5∥R11·170下·4∥R11·170下·4∥R11·176下·14	
				R11·170下·13∥R11·171下·13	
762140	4592	□	离	□□,区分	R11·164上·10

续表

772140	4595	圂	掠	孜圂,攻掠	R11·161 上·11
				甄圂,劫掠	R11·161 下·6//R11·162 下·10//R11·167 上·13
			驰		R11·167 下·4
772144	4600	禩	誓	禩礀,盟坛	R11·167 下·2
772147	4601	汲	汝		R11·159 上·5//R11·159 下·6//R11·160 上·3//R11·167 上·6//R11·167 上·8//R11·170 下·3//R11·170 下·6//R11·171 上·11//R11·171 下·4//R11·176 下·11
772240	4602	圆	八	圆磢,第八	R11·162 上·4
				圆毅,八家	R11·177 下·9
				藐孜圆,年十八	R11·160 上·6
772440	4613	諸	葛	諸葛詳,诸葛亮	R11·157 下·5
				諸葛樻,诸葛亮	R11·171 下·13
				諸葛炛編,诸葛武侯	R11·165 上·4
772444	4620	媯	建	竆媯藶,窦建德	R11·157 下·10
772545	4625	鬜	下	鬜翺,下卷	R11·179 下·1
			尾	藏鬜,晦尾	E5·151·5
775000	4633	燃	燃	蘳燃(燃火),燔	R11·159 下·10
					R11·162 上·9//R11·167 下·10
782242	4639	佻	佻	佻鑄,轻佻	R11·167 下·14
782545	4658	逖	逖	鑄逖,祖逖	R11·178 上·12//R11·178 上·14
			饮		R11·161 上·10//R11·161 上·11//R11·161 上·13//R11·161 上·13//R11·171 下·3
784244	4660	燕	燕	燉燕,后燕	R11·160 上·14
				燕鑕,燕国	R11·176 下·6
784442	4662	火	火	火鑄,放火	R11·158 下·11
802000	4674	莘	婴	崮莘,婴儿	R11·171 上·14
802100	4675	苦	苦	鑸苦,烦劳	R11·163 下·4//R11·163 下·4//R11·164 上·8//R11·164 上·9//R11·164 上·10
				鑸苦,劳苦	R11·159 上·10//R11·162 下·5//R11·164 上·9//R11·167 下·8//R11·177 下·9

	4681	□	耳	□□,耳聋	R11·174下·9
				□□,耳目	R11·159上·12∥R11·159下·5
				R11·158下·4∥R11·171下·11∥R11·179上·7	
	4683	□	悉	□□,悉皆	R11·161上·12∥R11·178下·3
802122	4684	□	目	□□,目前	R11·171下·8
				□□,目盲	R11·174下·9
				□□,耳目	R11·159上·12∥R11·159下·5
				R11·159下·6∥R11·171下·10∥R11·171下·11	
			察	□□,监军	R11·163上·1
				R11·158下·1	
	4689	□	越	□□□,越国人	R11·174上·5
				□□□□,越王勾践	R11·167上·4∥R11·176下·9∥R11·176下·10
802124	4693	□	幽	□□,绝涧	R11·165下·12∥R11·165下·13
				□□,深坑	R11·166上·3
				□□,深谋	R11·168下·9
				□□,深浅	R11·166上·3
				□□,玄密	R11·174下·6∥R11·178下·3
				□□(深语),微旨	R11·159下·6
			深	R11·157下·6∥R11·165下·13∥R11·165下·14∥R11·166上·2∥R11·166上·9∥R11·166下·14∥R11·167上·1∥R11·172下·5∥R11·173上·10∥R11·173上·12∥R11·174下·5∥R11·174下·6∥R11·175上·1∥R11·175上·9∥R11·175上·9∥R11·175上·11∥R11·175上·12∥R11·175下·6∥R11·176上·4	
	4700	□	遇	□□□□(营道遇缚),十字路口	R11·159下·9
				R11·157下·5∥R11·159下·2	
802140	4707	□	池	□□,沮泽	R11·176上·7
				□□,水池	R11·166上·10
				R11·172上·8	
	4713	□	界	□□,敌界	R11·159上·3

续表

	4714	蘸	诱	䢦蘸,诱人	R11·167上·10
				R11·163下·6//R11·164上·2//R11·164上·3//R11·164下·10//R11·164下·14//R11·166上·11//R11·166上·12//R11·166上·12//R11·167下·5//R11·169下·3//R11·169下·4//R11·169下·5//R11·170下·3//R11·170下·3//R11·175下·12	
802150	4729	蘸	衣	蘸㦽蘸蘸(衣下甲穿),裹甲	R11·167下·2
				蘸蘸,穿衣	R11·171下·2
				R11·171下·3	
802152	4732	蘸	贮	覆蘸(贮瓵),悬瓵	R11·168上·4
802190	4739	蘸	节	蘸㦽(节亲),公族	R11·170下·2
			劫	覆蘸,骑劫(人名)	R11·167上·12
802222	4751	蘸	净	㦽蘸(清净),廉洁	R11·164上·7
			清	蘸㦽,清人	R11·164上·7
	4752	蘸	坛	魆蘸,盟坛	R11·167下·2
802224	4760	蘸	安	㦽蘸㦽,武安城	R11·156下·3
	4761	蘸	翕	蘸蘸,翕翕	R11·168上·5//R11·168上·6
	4762	蘸	行	蘸㦽㦽蘸(军足△行),出发	R11·156上·1//R11·156上·4//R11·156上·5//R11·156上·6//R11·156上·7//R11·167上·2
				R11·156下·1//R11·156下·5//R11·156下·6//R11·160下·1	
802240	4772	蘸	缟	蘸㦽(缟薄),鲁缟	R11·157下·6
	4775	蘸	羌	蘸㦽蘸,先零羌	R11·161下·14
				蘸蘸,邓羌	R11·164上·4
				蘸蘸㦽蘸,先零羌	R11·161下·14
				R11·164上·5	
	4778	蘸	七	R11·158上·2	
802242	4783	蘸	台	㦽蘸,堡台	R11·159下·9
802254	4792	蘸	峻	㦽蘸,高峻	R11·160上·12//R11·160上·13//R11·160上·14
			恟	㦽蘸,寇恟	R11·160上·11//R11·160上·12//R11·160上·13
				蘸蘸㦽,荀文若	R11·161下·2
802255	4794	蘸	门	蘸蘸,土门(地名)	R11·161下·10

	4796	𗏁	南	𗏁𗫲,南方	R11·164下·6∥R11·165下·8∥R11·169下·1
				𗫲𗏁𗆟𗱕,东南西北	R11·159下·11
				𗫲𗏁𗫲,东南面	R11·165下·9
				𗫲𗏁,江南	R11·162下·11
				R11·161下·10∥R11·176下·6∥R11·176下·11	
802400	4797	𗾞	书名号	𗀔𗳜𗾞,阴符	R11·171下·10
				𗿒𗹬𗾞,周礼	R11·167下·4∥E5·150·6
				𗖵𗵐𗾞,左氏(书名)	R11·160上·2
				𗊟𗼻𗾞𗾞𗀔𗰗,孙子兵法三注	R11·169上·6∥R11·179下·1
				𗂧𗩾𗾞𗾞,李靖兵法	R11·170下·12
			文	𗾞𗮇,文武	R11·169上·1
				𗾞𗑗,文行	R11·168下·14
				𗾞𗠨,文法	R11·168下·13
				𗾞𗾞,军政	R11·159上·10
				𗾞𗾞,兵法	R11·159下·1∥R11·159下·7∥R11·165下·4
				𗫲𗝑𗾞(先有文),上文	R11·158上·3
802420	4807	𗫝	起	𗫲𗫝,吴起	R11·159下·2∥R11·159下·12∥R11·171下·2∥R11·171下·10∥R11·173上·7
			锜	𗹦𗫝,魏锜	R11·170下·2
			郤	𗫝𗱛,郤克	R11·170下·5
			骑	𗫝𗤒,骑劫(人名)	R11·167上·12
	4814	𗫇	釜	𗝑𗾞𗫇𗱤,焚舟破釜	R11·175上·2
			瓯	𗫇𗤒(贮瓯),悬瓯	R11·168上·4
802422	5337	𗫆	次	𗫆𗱜,依次	E5·151·3
				𗫲𗫆,此次	R11·160上·4
				𗀔𗫆,三次	R11·160上·7∥R11·170下·2
			遍	𗢳𗫆,一遍	R11·173下·12

续表

802440	4829	癈	争	癈蔴,战争	R11·158上·7∥R11·158上·8∥R11·158上·12∥R11·158上·12∥R11·159下·6∥R11·162下·14∥R11·164下·2∥R11·165上·11∥R11·167上·10∥R11·170下·12∥R11·170下·12∥R11·175下·1∥R11·176上·3∥R11·176上·4∥R11·176上·5∥R11·176下·14
802442	4831	薇	果	薇愢,果真	R11·160上·10
802500	4841	祥	△	谓词趋向前缀,表示未完成体离心方或向心方	R11·158上·6∥R11·159上·13∥R11·159上·13∥R11·159下·3∥R11·159下·12∥R11·159下·12∥R11·160上·1∥R11·160上·1∥R11·160上·1∥R11·163上·1∥R11·163上·2∥R11·163上·6∥R11·163上·8∥R11·166上·5∥R11·166上·5∥R11·166上·6∥R11·166上·6∥R11·166上·6∥R11·166上·7∥R11·166下·11∥R11·167上·5∥R11·167上·8∥R11·170下·2∥R11·172上·1∥R11·172上·1∥R11·172上·2∥R11·173下·8∥R11·174上·1∥R11·174下·9∥R11·174下·9∥R11·175下·11∥R11·177上·11∥R11·177上·11
802525	4850	蘠	混	蘠蘠,混合	R11·173上·1∥E5·150·6
				R11·173上·1	
804000	4859	夌	登	狁尾茆揚夌,登高	R11·160下·7
	4861	夌	时	琵夌,彼时	R11·167上·4∥R11·172下·10
				殞夌,尔时	R11·162下·1∥R11·167上·14∥R11·170下·2∥R11·170下·5∥R11·176下·5∥R11·176下·8∥R11·176下·10
				嵾陙夌,六国时(战国时期)	R11·166下·13
				R11·160下·1∥R11·163下·14∥R11·167上·13∥R11·167下·9∥R11·167下·10∥R11·168上·1∥R11·169上·4∥R11·170下·14∥R11·171下·3∥R11·178下·3∥R11·178下·10	
	4863	龥	和	龥愢龇,不求和	R11·176上·13∥R11·176下·4

804100	4866	菳	缺	菳熦(缺口),隘	R11·164下·3
		菳	耿	菳耺,耿舒	R11·162上·14∥R11·162下·1
	4868	菳		麹慨菳,不求和	R11·176上·14
			求	R11·171上·12∥R11·171上·14∥R11·171上·14∥R11·176下·4
			贿	菳鼶,贿物	R11·178下·2
			利	R11·156上·4∥R11·156上·7∥R11·163下·6
			约	R11·167上·11∥R11·167上·14
			贪	R11·162下·10∥R11·173下·9
			欲	R11·157上·6∥R11·165上·12∥R11·166上·11∥R11·170下·2∥R11·173下·9∥R11·175下·4
	4870	甤	骄	甊甤祣,骄子	R11·171下·7∥R11·171下·9
	4871	耗	山	憪耗,西山	R11·161上·4
				耗薇,山顶	R11·165下·11∥R11·166下·8
				耗慨慨菽,不动如山	R11·158下·13
				耗菨,山林	R11·158上·12∥R11·158下·4∥R11·166上·7∥R11·176上·6
				耗湬,山下	R11·164下·5
				耗嬬,山涧	R11·166上·2
				耗颣,山谷	R11·158下·1∥R11·158下·2
				耗祣(山坡),丘陵	R11·165下·7
				R11·156下·7∥R11·156下·7∥R11·158上·14∥R11·161上·6∥R11·164下·1∥R11·164下·2∥R11·164下·2∥R11·164下·3∥R11·164下·7∥R11·165下·2∥R11·165下·13∥R11·166上·9∥R11·172上·8∥R11·174上·2
	4874	耗	阔	R11·166下·7
	4878	甤	皮	甤伤,鼙鼓	R11·171下·10
	4880	甤	铜	甤伤(铜鼓),金铎	R11·159下·1∥R11·171下·10

804120	4884	茷	△	加在表示人的名词之后，表示复数	R11·156 下·3 // R11·156 下·7 // R11·156 下·7 // R11·157 下·11 // R11·158 上·7 // R11·160 上·3 // R11·160 上·4 // R11·160 上·7 // R11·160 上·7 // R11·160 上·8 // R11·160 上·13 // R11·160 上·14 // R11·160 下·8 // R11·160 下·9 // R11·161 上·4 // R11·161 上·9 // R11·161 上·9 // R11·161 下·3 // R11·161 下·13 // R11·162 上·1 // R11·162 上·1 // R11·162 上·1 // R11·162 上·1 // R11·162 下·11 // R11·163 上·3 // R11·164 上·5 // R11·164 下·9 // R11·164 下·10 // R11·164 下·10 // R11·164 下·10 // R11·164 下·10 // R11·166 上·14 // R11·167 上·1 // R11·167 上·14 // R11·167 上·14 // R11·167 上·14 // R11·167 下·2 // R11·168 上·3 // R11·168 上·3 // R11·170 下·5 // R11·170 下·5 // R11·172 下·12 // R11·172 下·12 // R11·172 下·13 // R11·172 下·13 // R11·173 下·12 // R11·177 上·5 // R11·177 上·5 // R11·177 上·10 // R11·177 上·11 // R11·177 上·11 // R11·177 下·4 // R11·177 下·4
		茷	人	绢茷，秦人	R11·156 下·4
	4889	莶	者	凤毡狮莶（性同议者），腹心	R11·160 上·13
				狮莶（议者），谋臣	R11·160 上·12 // R11·162 下·8 // R11·162 下·9
				籹麗莶（引导者），副	R11·160 上·12
				胀莶（助者），佐	R11·170 下·1
			相	羡鶸桷霙莶辩雉羧（已他二军相前营设），交合	R11·156 上·1
				隟莶，邻国	R11·163 下·2 // R11·173 上·4 // R11·176 下·7
				莶緻，相望	R11·177 下·10

				𗥃𗥃,相救	R11·159下·9
				𗥃𗥃,相向	R11·159下·8
				𗥃𗥃(相后),相续	R11·157下·9
				𗥃𗥃,相言	R11·159上·10
				𗥃𗥃(相中),互相	R11·173上·1∥R11·176上·12∥R11·177下·2∥E5·150·6
				𗥃𗥃𗥃(相头视),专一	R11·159上·12
					R11·157下·9∥R11·159下·1∥R11·161下·8∥R11·164下·14∥R11·167下·12∥R11·168上·14∥R11·168下·2∥R11·170上·8∥R11·170下·7∥R11·174上·6∥R11·174上·8∥R11·174上·8∥R11·174上·12∥R11·174上·12∥R11·174上·13∥R11·175下·4∥R11·176上·3∥R11·176上·13∥R11·176上·14∥R11·176下·5∥E5·150·5
804122	4897	𗥃	龙	𗥃𗥃,龙且(人名)	R11·164下·13
	4898	𗥃	甲	𗥃𗥃𗥃𗥃(衣下甲穿),衷甲	R11·167下·2
				𗥃𗥃,坚甲	R11·161下·11
				𗥃𗥃𗥃𗥃(坚甲△载),卷甲	R11·156下·6
				𗥃𗥃𗥃𗥃(坚甲下卷),卷甲	R11·164上·9
				𗥃𗥃𗥃𗥃,带甲三万	R11·167上·6
804124	4900	𗥃	运	𗥃𗥃,运输	R11·171上·4
				𗥃𗥃,运粮	R11·177下·8
				𗥃𗥃𗥃(食粮运),粮运	R11·158上·8
					R11·158上·9∥R11·177下·8∥R11·177下·9
804140	4906	𗥃	穿	𗥃𗥃,穿衣	R11·171下·2
					R11·171下·3
			着	𗥃𗥃𗥃𗥃(甲着裾卷),卷甲	R11·157上·7
			着	𗥃𗥃𗥃𗥃(衣下甲穿),衷甲	R11·167下·2
			着	𗥃𗥃𗥃𗥃,带甲三万	R11·167上·6
	4907	𗥃	酿		R11·161上·12
804144	4916	𗥃	斗		R11·173上·12
			武	𗥃𗥃,文武	R11·169上·1
			武	𗥃𗥃,武行	R11·168下·13∥R11·168下·14
					R11·168下·13∥R11·168下·14

			□□,夜战	R11·159下·4
			□□,劝战	R11·168上·8
			□□,攻战	R11·175上·4
			□□,战争	R11·158上·7∥R11·158上·8∥R11·158上·12∥R11·159下·6∥R11·162下·14∥R11·164下·2∥R11·165上·11∥R11·167上·10∥R11·170下·12∥R11·175下·1∥R11·176上·3∥R11·176上·4∥R11·176上·5∥R11·176下·14
			□□(追战),逐	R11·161下·13∥R11·168上·3∥R11·177上·8
			□□,战险	R11·174上·13
			□□,自战	R11·162上·12∥R11·173下·1∥R11·173下·2∥R11·174上·11
			□□,昼战	R11·159·4
	战		□□□□,百战百胜	R11·171上·1
			□□□□(面上勿战),不可仰攻	R11·161上·6
			□□□□(面上战来),迎战	R11·156下·7
			□□,勿战	R11·162下·5
			□□□□(力结合战),结交	R11·158上·11
			□□□□,不得已战	R11·159下·7∥R11·165上·7∥R11·169下·5∥R11·173上·13∥R11·176上·4∥R11·176上·5
			□□,死战	R11·158下·9∥R11·162上·2∥R11·172下·4∥R11·173上·9∥R11·173下·11∥R11·175下·12
			□□,迎战	R11·163下·1∥R11·164上·6∥R11·173上·2∥R11·176下·4
			□□(战手),战士	R11·173上·1
			□□,战负	R11·157下·11
			□□,战胜	R11·171上·14∥R11·174上·13∥R11·177上·6
			□□,战力	R11·173下·10

				蕕蘮粸嫩（战力结合），豫交	R11・158 上・10
				蕕鶃，战事	R11・170 下・5 // R11・177 下・3
				蕕蕏，往战	R11・166 下・14 // R11・168 下・6 // R11・170 上・10 / R11・170 上・13
				蕕槪，战死	R11・171 下・2
				蕕蚎，战政	R11・160 下・8
				蕕絴，战心	R11・160 上・5 // R11・160 上・5 // R11・163 下・1 // R11・164 上・1 // R11・167 上・1 // R11・172 下・5 // R11・173 下・6 / R11・177 上・11 // R11・178 上・14
				蕕賳，战功	R11・171 上・11
				蕕魮蕤綤，问战	R11・176 下・10
				蕕蟲，战阵	R11・156 下・7 / R11・159 下・7 // R11・159 下・7 / R11・159 下・8 // R11・161 上・2 / R11・164 下・9 // R11・164 下・10 // R11・164 下・11 // R11・165 上・4 // R11・167 上・9 // R11・167 上・10 // R11・167 下・3 // R11・168 下・2
				蕕蟲蕶龀（设战场），列阵	R11・160 下・8
				蕕蟲粣艐（战阵正为），列阵	R11・156 下・6 // R11・160 下・7
				蕕蟲龀（战阵设），列阵	R11・159 下・7 // R11・160 下・9
				蕕蟲龀魮（战场设置），列阵	R11・167 上・7
				蕕鮺，善战	R11・171 下・12
				蕕恍，来战	R11・157 下・11 // R11・164 上・2 // R11・166 下・12
				杨絴儥祅蕕蟲蕤，一鼓作气	R11・160 上・5
				鮺蕕，接战	R11・164 下・7
				䚮蕕，速战	R11・167 上・10
804214	4921	荔	孙	荔焱，孙武	R11・159 下・6 / R11・174 上・5 // E5・151・5
				荔褅，孙膑	R11・157 下・6 // R11・177 上・5
				荔糈，孙子	R11・162 上・5 // R11・164 下・1 // E5・150・2

续表

				[illegible],孙子兵法三注	R11·169上·6//R11·179下·1
				[illegible],王孙雒	R11·167上·5//R11·167上·6
				[illegible],孙无终	R11·170下·14
			宋	[illegible],宋老生	R11·164上·3
804220	4922	[illegible]	密	[illegible],玄密	R11·178下·3
				[illegible],坚固	R11·159下·14
				[illegible],密事	R11·178上·10//R11·178上·14//R11·178下·7//R11·179上·6
				[illegible],玄密	R11·174下·6
				[illegible],密言	R11·177下·5
			固	R11·173上·12	
804240	4940	[illegible]	邑	[illegible],霍邑城	R11·164上·3
804270	4943	[illegible]	和	[illegible](己归和请),委谢	R11·168上·13//R11·168上·14
				[illegible],请和	R11·167上·11//R11·167上·14
				[illegible],和使	R11·170下·3
				[illegible](和会),盟	R11·167上·11
				[illegible],和事	R11·170下·4
				[illegible],和言	R11·167上·11//R11·167上·13//R11·170下·5//R11·176下·8
				R11·167上·12//R11·167上·13	
804400	4950	[illegible]	与	R11·176下·13//R11·176下·14//R11·177上·1//R11·178下·1//R11·178下·4//R11·178下·10//R11·179上·1//E5·150·1	
	4956	[illegible]	履	R11·158下·4	
	4962	[illegible]	卫	[illegible],卫公李靖	R11·158下·3
				[illegible],卫国	R11·176下·6
			衡	[illegible],高衡	R11·170下·14
			魏	[illegible],后魏	R11·160上·14
				[illegible],后魏文帝	R11·161上·11
				[illegible],后魏朝齐帝	R11·175下·12
				[illegible],西魏	R11·178下·1
				[illegible],魏武帝	R11·157下·5//R11·158上·5//R11·158上·8
				[illegible],魏州	R11·170上·8
				[illegible],魏曹	R11·156上·2
				[illegible],魏绛	R11·162下·13
				[illegible],魏锜	R11·170下·2

	4971	▨	年	▨▨▨,年十八	R11·160 上·6
				▨▨,年少	R11·160 上·8
	4976	▨	护	▨▨,救护	R11·156 下·1∥R11·166 下·13∥R11·170 上·14∥R11·175 下·4
				▨▨,救护	R11·161 上·3∥R11·164 上·4∥R11·164 上·9
				R11·174 上·3∥R11·174 上·3∥R11·174 上·4	
			救	R11·161 上·14	
804420	4978	▨	若	▨▨,夫	R11·170 上·2
				▨▨,假若	R11·158 下·11∥R11·160 上·1
				R11·158 上·3∥R11·158 上·12∥R11·158 上·14∥R11·158 下·3∥R11·159 上·1∥R11·159 下·6∥R11·159 下·13∥R11·161 上·2∥R11·161 上·4∥R11·161 上·7∥R11·161 下·4∥R11·161 下·4∥R11·161 下·13∥R11·162 上·14∥R11·162 下·4∥R11·162 下·6∥R11·162 下·11∥R11·163 下·1∥R11·163 下·2∥R11·163 下·11∥R11·164 上·5∥R11·164 下·3∥R11·164 下·3	
			或	▨▨,或败	R11·170 上·1
				▨▨,或崩	R11·170 上·1
				▨▨,或陷	R11·170 上·1
				▨▨,或弛	R11·170 上·1
				▨▨,或走	R11·170 上·1
				▨▨,或乱	R11·170 上·1
				R11·158 下·4∥R11·158 下·7∥R11·158 下·7∥R11·159 下·5∥R11·162 下·6∥R11·171 上·10∥R11·171 上·10∥R11·171 下·4∥R11·178 下·2	
	4981	▨	或	R11·157 下·9∥R11·157 下·9∥R11·157 下·9∥R11·178 下·5∥R11·178 下·6∥R11·178 下·6∥R11·178 下·6	
804440	4993	▨	识	▨▨▨(识知人),乡人	R11·171 下·14
	4990	▨	近	R11·169 下·2	
804450	4999	▨	割	▨▨,割发	R11·171 下·14
804550	5009	▨	恃	▨▨,恃勇	R11·163 下·10∥R11·163 下·10
				▨▨,恃力	R11·176 下·3
				▨▨,依恃	R11·174 上·10∥R11·174 上·11∥R11·174 上·13∥R11·174 上·13

续表

				□□,依恃	R11·176 下·1//R11·176 下·4//R11·176 下·10
				R11·166 上·11//R11·168 下·4//R11·168 下·9//R11·176 下·3	
805420	5024	□	化	□□(身化),死	R11·162 下·12
			易	□□,变化	R11·174 下·10//R11·177 下·5
			变	□□,九变	R11·162 上·4//R11·163 上·4//R11·163 上·7
				□□,变化	R11·158 下·7//R11·161 上·1//R11·161 上·2//R11·161 上·3//R11·162 上·4//R11·175 上·6//R11·175 上·8//E5·151·2//E5·151·3//E5·151·6
805450	5026	□	闻	R11·156 下·2//R11·156 下·6//R11·159 上·10//R11·159 下·10//R11·160 下·2//R11·167 上·4//R11·168 上·7//R11·171 下·4//R11·174 下·7//R11·174 下·9//R11·178 上·14//R11·178 下·9//R11·178 下·12	
805452	5029	□	怒	□□,忿怒	R11·158 下·14//R11·164 上·6//R11·168 上·3
807145	5033	□	旌	□□,旌旗	R11·158 下·5//R11·159 下·4//R11·159 下·5//R11·159 下·5//R11·168 上·3
				R11·171 下·10//E5·150·6	
			旗	□□□,两杆旗	E5·150·7
				□□,旗帜	R11·168 上·1
				□□,执旗	R11·164 上·5
				□□,立旗	R11·167 下·3
				□□,旗鼓	R11·159 上·11//R11·159 下·1
				□□,旗门	E5·150·4
				R11·159 上·11//R11·159 下·1//R11·159 下·1//R11·160 下·14//R11·167 下·4	
807442	5044	□	老	□□□,宋老生	R11·164 上·3
			牢	□□□,刘牢之	R11·170 下·14
			洛	□□,田洛	R11·170 下·14
			落	□□□,黄落城	R11·164 上·4

续表

808124	5049	□	父		R11·160上·9//R11·160下·1//R11·160下·1//R11·160下·2//R11·171下·4
809000	5054	□	成	□□□□,不得已战	R11·159下·7//R11·165上·7//R11·169下·5//R11·173上·13//R11·173上·14//R11·176上·4//R11·176上·5
				□□□□(不为不成),不得已	R11·157下·8//R11·173上·12//R11·173下·8
809200	5057	□	真	□□,真利	R11·162上·3//R11·165下·1//R11·168下·3//R11·176下·3
				□□,何真	R11·162上·1
				R11·159下·13//R11·159下·14//R11·168上·3//R11·176下·3	
812120	5065	□	入	□□□(人手入),擒	R11·157下·2//R11·157下·3//R11·157下·8//R11·168下·8
				□□(手入),获得	R11·175下·5
				□□(手入),擒	R11·161上·4//R11·163下·13//R11·168下·9
				□□,入手	R11·159上·2//R11·161下·9//R11·177上·13
				□□□□,如入网内	R11·159下·13
				□□,出入	R11·159下·9//R11·172上·8//R11·177下·1//R11·177下·4//E5·150·7
				R11·157下·5//R11·157下·14//R11·162上·7//R11·165下·6//R11·165下·7//R11·165下·14//R11·167上·13//R11·169下·2//R11·175下·10//R11·175下·12//R11·176上·4//R11·177上·14//R11·177下·4	
812122	5071	□	遣	□□,行遣	R11·158上·5
			用	□□,委积	R11·158上·4
812124	5077	□	迷	□□,迷误	R11·175上·3
812140	5087	□	王	□□,霸王	R11·159上·4//R11·159上·5
				□□,王寻	R11·165上·3
				□□□,王孙雉	R11·167上·5//R11·167上·6
				□□□,王廷凑	R11·170上·8

			杨	㤘甄,杨翰	R11·172下·11
				㤘祀,杨干	R11·162下·13
			鸯	㤘,鸯(人名)	R11·160上·6
			容	㸡㤘祀,慕容垂	R11·160上·14
			雍	㤘㺍,雍丘	R11·178上·13
812142	5091	甑	我	甑㐌,我	R11·160上·7 // R11·160上·8 // R11·160下·8 // R11·161上·3 // R11·161下·2 // R11·161下·2 // R11·162下·9 // R11·162下·10 // R11·162下·10 // R11·164上·5 // R11·164上·9 // R11·166下·2 // R11·166下·11 // R11·166下·13 // R11·170上·7 // R11·170下·6 // R11·172下·12 // R11·173上·6 // R11·175下·11 // R11·175下·12 // R11·177上·8 // R11·177上·8 // R11·177上·9 // R11·177上·11 // R11·178下·7 // R11·178下·9 // R11·178下·14
	5264	瓿	卒	㩾瓿,军卒	R11·156下·3 // R11·159下·2 // R11·159下·12 // R11·161下·7 // R11·164下·9 // R11·167上·6 // R11·167下·7 // R11·167下·12 // R11·168下·9 // R11·170上·7 // R11·176上·2
812144	5093	甗	兆	㾬㾊甗,尒朱兆	R11·175下·13
			赵	甗㾊朿,赵襄子	R11·165上·2
				甗㿀贡,赵充国	R11·161下·14
				甗䏽,赵奢	R11·156下·1
				甗㿁,赵穿	R11·170下·6
				甗㿂,赵国	R11·156下·1
				甗䩾,赵旃	R11·170下·3
	5094	甖	筵	庞甖,食筵	R11·178下·10
812170	5107	㯇	结	㯇㤇,结合	R11·176下·2

续表

812220	5113	[illegible]	为	[illegible]（军溜正为），列阵	R11·156下·3//R11·164上·5
				[illegible]（队列正为），勒兵	R11·158下·10//R11·165上·11//R11·166下·4
				[illegible]，犯罪	R11·178下·5
				[illegible]（远者近为），以迂为直	R11·156上·2//R11·156上·3
				[illegible]（马唇捆为），衔枚	R11·160上·6
				[illegible]（不为不成），不得已	R11·157下·8//R11·173上·12//R11·173下·8
				[illegible]（战阵正为），列阵	R11·156下·6//R11·160下·7
				[illegible]，所为	R11·163上·10//R11·163上·10//R11·163上·11//R11·163上·11//R11·177下·14//R11·177下·14
				[illegible]，域为（划分的区域）	R11·159下·8
				[illegible]（行为），施动助词	R11·156下·3//R11·160下·1//R11·161下·2//R11·161下·10//R11·162下·3//R11·163上·14//R11·164上·3//R11·176下·9//R11·176下·10
				[illegible]，立功	R11·159上·4//R11·159上·4//R11·159上·5//R11·170下·4//R11·170下·4//R11·176下·14
				[illegible]，何为	R11·178上·12
				R11·156上·2//R11·156上·2//R11·156上·3//R11·156上·3//R11·156上·3//R11·156上·3//R11·156上·4//R11·156上·5//R11·156上·6//R11·156上·6//R11·156上·7//R11·156下·6//R11·157上·1//R11·157下·6//R11·158上·5//R11·158上·7//R11·158上·11//R11·158下·1//R11·158下·4//R11·158下·5//R11·158下·5//R11·158下·5//R11·158下·6//R11·158下·7//R11·158下·7//R11·158下·9//R11·158下·14//R11·159上·2//R11·159上·2//R11·159上·4//R11·159上·5//R11·159上·7//R11·159下·1//R11·159下·4//R11·159下·5//R11·159下·7//R11·159下·7//R11·159下·9//R11·159下·9//R11·159下·12//R11·159下·13//R11·160上·2	
			用	[illegible]，用法	R11·162上·4
			做	[illegible]，做饭	R11·168上·5

续表

812224	5120	[illegible]	辰	[illegible],三辰	R11・158 下・13
			明	[illegible],圣主明王	R11・171 上・11
				[illegible],明火	R11・159 下・11
812244	5128	[illegible]	直	[illegible](直直),相对	R11・173 上・3//R11・173 上・5
812250	5130	[illegible]	服	[illegible],屈服	R11・163 下・3
812420	5134	[illegible]	乌	[illegible],乌鸟	R11・167 下・10
			鸟	R11・166 下・3	
812452	5146	[illegible]	求	R11・173 上・14//R11・173 下・2	
812454	5148	[illegible]	过	R11・170 上・2	
			罪	[illegible],伏罪	R11・171 下・14
				[illegible],罚罪	R11・158 下・5//R11・168 下・10//R11・168 下・11//R11・168 下・12
				[illegible],犯罪	R11・178 下・5
				[illegible](罪置),行罚	R11・168 上・10
				R11・171 上・12//R11・171 上・14//R11・171 下・13//R11・171 下・14	
812545	5151	[illegible]	淮	[illegible],郭淮	R11・164 下・8//R11・164 下・9
			嵘	[illegible],峥嵘洲	R11・163 下・14
			横	[illegible],田横	R11・179 上・2
			潍	[illegible],潍水	R11・164 下・13
812927	5155	[illegible]	毂	[illegible],车毂	R11・171 上・11
814100	5157	[illegible]	汜	[illegible],维汜(人名)	R11・161 下・5
			纪	[illegible],纪信	R11・167 上・12
	5163	[illegible]	分	[illegible],分离	R11・168 下・1//R11・168 下・2//R11・175 上・11
			离	[illegible],离散	R11・175 上・9
814120	5165	[illegible]	处	[illegible],各自	R11・157 下・9//R11・159 下・8//R11・159 下・11//R11・161 下・9//R11・165 下・3//R11・166 下・9//R11・170 下・1
				[illegible],高处	R11・164 下・6//R11・165 上・11
				[illegible],登高	R11・160 下・7
				[illegible],下处	R11・165 下・6
				[illegible],强弩之末	R11・157 下・6

续表

			R11·158下·9∥R11·159上·1∥R11·159上·2∥R11·159上·2∥R11·161上·6∥R11·161上·6∥R11·162上·7∥R11·163下·2∥R11·163下·2∥R11·164上·8∥R11·164上·9∥R11·164下·4∥R11·165上·1∥R11·165上·1∥R11·165上·2∥R11·165上·3∥R11·165上·8∥R11·165上·10∥R11·165上·13∥R11·165下·5∥R11·166上·7∥R11·166上·12∥R11·166上·14∥R11·166下·3∥R11·166下·4∥R11·166下·5∥R11·169下·2∥R11·171上·1∥R11·171下·12∥R11·173上·6∥R11·173上·10∥R11·174下·12∥R11·174下·13∥R11·174下·13∥R11·175上·5∥R11·178下·2	
	5167	𰀀 鹿	R11·158下·1∥R11·158下·1	
	5172	𰀀 搜	𰀀𰀀,搜地	R11·166下·10
			𰀀𰀀,搜查	R11·166上·9
	5173	𰀀 伏 取	𰀀𰀀,伏罪	R11·172上·1
			R11·162下·7∥R11·163下·11∥R11·168上·4	
814121	5176	𰀀 可	𰀀𰀀,不可	R11·172上·4∥R11·172上·5
			R11·172上·3∥R11·172上·6∥R11·174上·13	
	5179	𰀀 雷	𰀀𰀀(雷电),雷霆	R11·158下·14
			𰀀𰀀,雷鸣	R11·158下·14
814122	5183	𰀀 闭 塞	𰀀𰀀,闭门	R11·158下·13
			R11·159下·12	
			R11·175下·11∥R11·175下·12∥R11·175下·14	
814222	5212	𰀀 议	𰀀𰀀𰀀𰀀(同性议者),腹心	R11·160上·13
			𰀀𰀀,议略	R11·162上·8∥R11·176上·11∥R11·176下·3
			𰀀𰀀,议事	R11·177下·2
			𰀀𰀀(议者),谋臣	R11·160上·12∥R11·162下·8∥R11·162下·9
			𰀀𰀀,议论	R11·177下·7
			R11·164下·9∥R11·167上·4∥R11·175下·7∥R11·176上·12	
	5217	𰀀 刻	R11·158下·4	
814224	5218	𰀀 开 穿	R11·161下·11	
			𰀀𰀀,突围	R11·163下·1
			R11·161下·1∥R11·163下·1∥R11·165下·13∥R11·166上·14	

续表

814240	5222	□	奚	□,库莫奚(族名)	R11·161上·11
			熙	□,梁熙	R11·172下·10//R11·172下·13
814244	5226	□	结		R11·178下·6
814245	5227	□	利	□,爱利(所看重的利益)	R11·163下·12//R11·167上·10//R11·168下·9
814280	5230	□	朔	□,巩朔(人名)	R11·170下·6
814400	5233	□	羌	□,先零羌	R11·161下·14
			盆	□,许盆	R11·178下·3
			蕃		R11·167上·12//R11·167上·14//R11·167上·14//R11·167下·2
814440	5241	□	采	□,樵采	R11·164下·3//R11·166下·8//R11·166下·9
814442	5243	□	民	□,爱民	R11·161下·6//R11·164上·8//R11·164上·9//R11·169上·2//R11·169上·3//R11·169上·5//R11·171上·12//R11·176下·9//R11·178下·1
822122	5258	□	域	□,营域	R11·159下·14
				□,地方	R11·159上·4
				□,域为(划分的区域)	R11·159下·8
				□,计域	R11·168下·9
					R11·158上·2//R11·160下·7//R11·173上·2
			境	□,地境	R11·173上·2
				□,国境	R11·172下·9
					R11·159上·5//R11·170下·14//R11·172下·10
	5259	□	刘	□,刘备	R11·157下·5//R11·164下·11
				□,刘裕	R11·163下·13//R11·164上·1
				□,刘牢之	R11·170下·14
				□,刘表	R11·161上·14
				□,刘轨	R11·170下·14
				□,蜀主刘备	R11·164下·8
			缭	□,尉缭子(书名)	R11·162下·14
			流	□,流沙	R11·176下·7

822127	5262	𗇁	乱	𗇁𗹦,惑乱	R11·160下·12
				𗇁𗰞,纷乱	R11·159下·1∥R11·160上·1∥R11·170下·9∥R11·170下·9∥R11·170下·10
				𗇁𗰞,扰乱	R11·167下·14∥R11·168上·1∥R11·168上·3
				𗇁𗰞𗼻𗤀(纷乱△起),起反	R11·160上·6
				𘀄𗩽𗇁𗤀,以治待乱	R11·160下·10
					R11·156上·7∥R11·160上·10∥R11·167下·5∥R11·167下·14∥R11·170上·9∥R11·170下·9∥R11·171下·6
822150	5267	𗇊	零	𗨁𗇊𗓋,先零羌	R11·161下·14
				𗵒𗨁𗇊𗓋,先零羌	R11·161下·14
822170	5274	𗇓	脓	𗇓𗤀,脓血	R11·171下·3∥R11·171下·4∥R11·171下·4∥R11·171下·5
822420	5285	𗇞	一	𗇞𗇞,一一	R11·176上·4
			也		R11·156上·6∥R11·156上·6∥R11·156下·5∥R11·157上·5∥R11·157上·6∥R11·157上·6∥R11·157下·7∥R11·157下·14∥R11·157下·14∥R11·158上·7∥R11·158下·1∥R11·158下·9∥R11·159上·5∥R11·159上·6∥R11·159下·1∥R11·159下·3∥R11·160上·11∥R11·160下·8∥R11·162上·2∥R11·162上·7∥R11·162上·13∥R11·163上·5∥R11·163下·11∥R11·164上·2∥R11·164上·9∥R11·164上·9∥R11·164上·11∥R11·164下·3∥R11·165上·14∥R11·165下·11∥R11·165下·11∥R11·166上·12∥R11·166上·14∥R11·166上·14∥R11·166下·5∥R11·166下·10∥R11·166下·12∥R11·166下·13
822422	5289	𗇠	谤	𗇠𗇠,诽谤	R11·164上·7
822450	5297	𗇨	蜀	𗇨𗣼𗇨𘃔,蜀主刘备	R11·164下·8
			叔	𗇨𗣼,叔向(人名)	R11·167下·9
824020	5300	𗇱	一	𗤀𗦮𗱵𗇶,二日一夜	R11·156下·6
				𗇱𗇶,一日	R11·157下·3∥R11·177下·10
				𗇱𗇶𗇱𗦮,一日一夜	R11·157下·5∥R11·157下·5
			若	𗇱𗰗,夫	R11·170上·2
				𗇱𗰗,假若	R11·158下·11∥R11·160上·1
824022	5301	𗇲	晚	𗾝𗇲(天晚),暮	R11·160下·4

824024	5302	𤜽	卷	𤜽𤜽,中卷	R11・169 上・6
				𤜽𤜽,下卷	R11・179 下・1
824050	5303	𤜽	申	𤜽𤜽,申时	R11・157 下・9∥R11・160 下・7
			兽	𤜽𤜽,野兽	R11・166 下・5
				𤜽𤜽𤜽𤜽,困兽犹斗	R11・161 下・12
				R11・173 下・14	
824080	5306	𤜽	王	R11・159 上・4	
			主	𤜽𤜽,圣主	R11・177 下・14
				𤜽𤜽𤜽𤜽,圣主明王	R11・171 上・11
			君	𤜽𤜽,君命	R11・156 上・1∥R11・162 上・5∥R11・162 下・13∥R11・163 上・1∥R11・163 上・2∥E5・150・2
				𤜽𤜽𤜽(听君命),内御	R11・171 上・10
				𤜽𤜽𤜽𤜽𤜽,君命有所不受	R11・162 下・12
				𤜽𤜽,君臣	R11・178 下・7
				R11・171 上・8∥R11・171 上・9∥E5・150・3	
			势	𤜽𤜽(势下),权门	R11・178 上・14
			胜	𤜽𤜽,胜负	R11・159 下・13∥R11・172 上・3∥R11・172 上・5∥R11・172 上・7
			帝	𤜽𤜽𤜽𤜽,轩辕皇帝	R11・165 下・2∥R11・165 下・3
				𤜽𤜽𤜽𤜽,后魏文帝	R11・161 上・11
				𤜽𤜽𤜽𤜽𤜽,后魏朝齐帝	R11・175 下・12
				𤜽𤜽𤜽,道武帝	R11・160 上・14
				𤜽𤜽𤜽,光武帝	R11・158 上・7∥R11・158 上・8
				𤜽𤜽𤜽𤜽,秦帝苻坚	R11・170 下・13
				𤜽𤜽𤜽,魏武帝	R11・157 下・5∥R11・158 上・5∥R11・158 上・8∥R11・161 下・5
				𤜽𤜽𤜽(强国帝),霸者	R11・176 下・2
				𤜽𤜽,帝力	R11・176 下・3
				𤜽𤜽𤜽,汉宣帝	R11・161 下・14
				𤜽𤜽𤜽𤜽,汉光武帝	R11・165 上・3
				𤜽𤜽𤜽𤜽𤜽,前秦帝苻坚	R11・172 下・9
				R11・160 下・1∥R11・160 下・1∥R11・160 下・2∥R11・161 下・7∥R11・161 下・9∥R11・164 上・4∥R11・165 下・2∥R11・165 下・3∥R11・165 下・4∥R11・172 下・10∥R11・175 下・14∥R11・175 下・14∥R11・176 下・7∥R11・178 下・5∥R11・178 下・10∥R11・179 上・1	

824420	5323	◇	随	◇◇,随会	R11·170下·5
			隋	◇◇,隋国	R11·161上·8
			燧	◇◇,马燧	R11·167上·13
824455	5341	◇	止	◇◇,禁止	R11·170上·9 // R11·171下·7 // R11·171下·10 // R11·172上·2
			遏	◇◇,遏止	R11·161上·14
					R11·161上·13 // R11·162下·5
825450	5347	◇	寻	◇◇,寻求	R11·168下·7
				◇◇,寻怨	R11·176下·11
			求	◇◇,卜求	R11·173下·5
				◇◇,求利	R11·162上·10
				◇◇,求利	R11·174上·11 // R11·174上·13
					R11·170下·2 // R11·170下·4 // R11·175下·9 // R11·175下·9 // R11·176上·2 // R11·177上·6 // R11·178下·14
			搜		R11·173下·9
832124	5353	◇	巧	◇◇,善巧	R11·177上·14
832142	5354	◇	此	◇◇,此次	R11·170下·2
				◇◇,如此	R11·156上·6 // R11·157下·6 // R11·157下·7 // R11·159上·2 // R11·162下·6 // R11·164上·10 // R11·167上·12 // R11·171下·2 // R11·172上·12 // R11·178下·6 // R11·170下·9 // R11·170下·11
				◇◇◇◇,莫善于此	R11·176下·11
				◇◇(此刻),今	R11·159下·14 // R11·160上·13 // R11·162下·11 // R11·167上·14 // R11·176上·8
				◇◇(此刻),今	R11·172下·11
				◇◇,依此	R11·158上·7 // R11·165下·11 // R11·169上·1 // R11·174上·12
				◇◇,因此	R11·157下·8 // R11·159上·10 // R11·159上·12 // R11·160上·4 // R11·160上·14 // R11·176下·13 // R11·178下·13

续表

	5356	黀	独	黀黀,独独	R11·159 上·2
				黀翃,独一	R11·161 下·9
				牧黀,一人	R11·176 下·13 // R11·176 下·14 // R11·177 上·1
				牧黀故牧稂故,以一击十	R11·170 上·3
				R11·168 下·9 // R11·170 上·4 // R11·170 上·6 // R11·173 上·8 // R11·174 上·6 // R11·174 下·3 // R11·174 下·9	
834120	5374	黇	此	R11·172 下·11	
834142	5377	黊	伤	黊藏,伤害	R11·163 上·13
				黊臟,伤毁	R11·170 下·6
				R11·165 上·8	
834152	5378	黍	破	绎菽馫黍,焚舟破釜	R11·175 上·2
834170	5379	黐	次	黐黐,依次	E5·150·7
				R11·171 下·12	
834220	5382	黎	足	黎藏,足迹	R11·158 下·4 // R11·158 下·5 // R11·158 下·9 // R11·168 上·3
	5388	茲	慕	茲慨黜,慕容垂	R11·160 上·14
			莫	茪茲黖,库莫奚	R11·161 上·11
			牧	彭茲,杜牧	R11·156 上·1
	5390	茲	开	R11·160 上·12	
834400	5391	茲	绣	荮茲,张绣	R11·161 上·14
	5392	茲	刻	漾茲(此刻),今	R11·159 下·14 // R11·160 上·13 // R11·162 下·11 // R11·167 上·14 // R11·176 上·9
				R11·164 下·9 // R11·171 下·5	
834420	5394	茲	投	R11·177 上·5 // R11·177 上·5	
	5395	茲	短	茲黗耗稂,舍短从长	R11·164 上·10
				耗茲,长短	R11·178 上·5 // E5·150·6 // E5·151·2 // E5·151·4
834422	5399	黝	下	夛黝,夜间	R11·159 下·5 // R11·159 下·6 // R11·159 下·6 // R11·160 上·1 // R11·160 下·2 // R11·161 下·1 // R11·166 下·9 // R11·167 下·12
				黝黝,天下	R11·159 下·14 // R11·176 上·13 // R11·176 上·14 // R11·176 下·2 // R11·176 下·2

续表

				▢▢,以下	R11·163 上·8 // R11·163 下·10 // R11·175 上·8
				▢▢▢▢(下面将军),禁兵将领	R11·161 下·6
				▢▢▢(下面人),厮养	R11·168 下·5 // R11·168 下·7
				▢▢,下方	R11·165 上·3
				▢▢,地下	R11·159 下·10
				▢▢,夜下	R11·167 下·13
				▢▢▢▢(衣下甲穿),裹甲	R11·167 下·2
				▢▢,山下	R11·164 上·5
				▢▢▢▢(坚甲下卷),卷甲	R11·164 上·9
				▢▢(势下),权门	R11·178 上·14
				▢▢,心下	R11·162 下·2 // R11·163 上·9 // R11·163 上·14
				R11·162 上·7 // R11·165 上·2 // R11·165 上·2 // R11·165 上·3 // R11·166 下·3 // R11·166 下·7 // R11·176 下·3 // R11·176 下·3	
834442	5402	▢	到	▢▢▢▢(官依△到),奏	R11·162 下·2
				R11·167 上·13	
834520	5404	▢	记	▢▢,记言	R11·173 下·6
842120	5411	▢	修	▢▢,修造	R11·156 下·5 // R11·166 下·12
				▢▢▢▢(沟垒修造),坚壁	R11·156 下·4
842122	5413	▢	戎	▢▢,山戎	R11·176 下·6
			穰	▢▢▢▢,司马穰苴	R11·162 下·13 // R11·163 上·1 // R11·168 下·14
	5414	▢	众	▢▢,兵众	R11·163 下·5
				▢▢,众	R11·173 上·5
			多	▢▢,多于	R11·172 上·1
				▢▢▢,莫多于	R11·179 上·6
				▢▢,多日	R11·161 下·8 // R11·162 上·9
				▢▢,多年	R11·177 下·10
				▢▢,繁多	R11·158 上·6 // R11·161 上·12 // R11·161 下·7 // R11·178 下·6

				R11・157下・4∥R11・158上・2∥R11・159下・4∥R11・160上・1∥R11・160上・1∥R11・161下・7∥R11・162下・10∥R11・166上・3∥R11・168上・12∥R11・173上・7∥R11・178上・12∥R11・178下・2∥R11・178下・8	
	5415	𣦼	明	悁𣦼𣦼𣦼,内明外愚	R11・179上・3
	5416	𣦼	前	𣦼𣦼,前	R11・161上・6∥R11・162下・14∥R11・164下・6∥R11・164下・7∥R11・165上・11∥R11・165上・12∥R11・170下・6∥R11・170下・13∥R11・172上・9∥R11・173下・12∥R11・175下・4∥R11・176下・12∥R11・177下・6
				𣦼𣦼,先	R11・156上・7
				𣦼𣦼,迎	R11・166上・4∥R11・166上・6
				𣦼𣦼𣦼,前方	R11・157下・8
	5417	𣦼	速	殑𣦼,立即	R11・158下・10∥R11・159下・13∥R11・160下・10∥R11・161上・11∥R11・161上・12∥R11・161下・9∥R11・162下・2∥R11・167上・6∥R11・167上・9∥R11・167上・13∥R11・167下・1∥R11・170下・4∥R11・170下・6∥R11・171下・5∥R11・175下・14∥R11・176下・6
842124	5419	𣦼	分	𣦼𣦼(分往),条达	R11・166下・8
				R11・166下・9	
			异	慨𣦼,不异	R11・174下・4
842140	5424	𣦼	出	𣦼𣦼,出入	R11・159下・9∥R11・172上・8∥R11・177下・1∥R11・177下・4∥E5・150・7
				R11・177下・4	
844120	5439	𣦼	晨	𣦼𣦼(旦晨),平旦	R11・157下・9∥R11・160下・7
844122	5442	𣦼	氏	释𣦼茇,左氏(书名)	R11・160上・2
			史	𣦼𣦼祸,史思明	R11・161下・10
			师	𥀍𣦼,少师(官名)	R11・161上・9

续表

844140	5447	[illegible]	于	[illegible],致人而不致于人	R11・160下・14
					R11・156下・1//R11・156下・4//R11・156下・6//R11・158上・6//R11・158上・7//R11・162下・8//R11・163上・1//R11・165下・4//R11・167上・7//R11・167上・8//R11・167上・13//R11・167下・4//R11・174上・6//R11・176下・5//R11・178上・14//R11・178下・2//R11・178下・2//R11・178下・3//R11・178下・9//R11・178下・12//R11・178下・14
	5449	[illegible]	置	[illegible](意不置),不意	R11・156上・7//R11・166下・4//R11・167上・2
				[illegible](罪置),行罚	R11・168上・10//R11・168上・10
				[illegible](置饵),诱	R11・167下・4
				[illegible](置罚),行罚	R11・168上・9//R11・168下・11
				[illegible],置哨	R11・166下・10
				[illegible],置怨	R11・174上・6
				[illegible],设伏	R11・177上・8
					R11・158下・4//R11・158下・5//R11・158下・13//R11・159上・10//R11・159下・10//R11・165上・4//R11・165上・12//R11・166上・4//R11・166上・6//R11・168下・10//R11・168下・12//R11・168下・12//R11・171下・3//R11・173下・12//E5・151・1
844142	5453	[illegible]	晓	[illegible],天晓	R11・160下・3
			旦	[illegible](旦晨),平旦	R11・157下・9//R11・160下・7
844150	5457	[illegible]	贯	[illegible],鱼贯	R11・166下・6
844274	5460	[illegible]	监	[illegible](诸军头监),诸将	R11・160上・8
852150	5464	[illegible]	居	[illegible],安佚	R11・159上・10
852227	5467	[illegible]	兖	[illegible],兖州	R11・158上・8
854120	5474	[illegible]	亚	[illegible],亚父范增	R11・178下・11
854122	5477	[illegible]	量	[illegible],量状(按照一定的标准)	R11・170下・12
854142	5479	[illegible]	病	[illegible],病患	R11・160下・1//R11・165下・6//R11・165下・7//R11・167上・13//R11・169下・2
854200	5481	[illegible]	杖	[illegible],柱杖	R11・167下・5//R11・167下・6

续表

871000	5491	鏊	胡	鏊嬶,胡国	R11·178上·13∥R11·178上·14
			壶	鏊姌,壶头(地名)	R11·162上·14∥R11·162下·2
				鏊姭,壶关	R11·161下·5
			穀	寐鏊,先穀(人名)	R11·170下·1∥R11·170下·6
			霍	鏊雺桅,霍邑城	R11·164上·3
871120	5493	甐	汉	燉甐,后汉	R11·158上·6∥R11·160上·11∥R11·161上·3
				甐繭刿,汉宣帝	R11·161下·14
				甐毼繡,汉高祖	R11·158上·7∥R11·159上·4∥R11·164下·14
				甐妭,汉中	R11·164下·8
				甐繏燊,汉光武	R11·161下·6∥R11·165上·3
				甐嬶,汉国	R11·178下·10
			翰	伙甐,杨翰	R11·172下·11
872122	5498	甿	形	嬴甿,兵势	R11·158下·13
				妎甿,地形	R11·163上·6
				媐甿,虚形	R11·167下·11
				甿繩絑繻,形劣心壮	R11·179上·4
			相	燿甿,瑞相	R11·173下·4∥R11·173下·5
				R11·166上·10∥R11·174下·2	
872140	5501	馋	具	馋娍,器械	R11·158上·9
872142	5504	氙	未	氙犧,未时	R11·157下·9
	5505	妮	奢	氙妮,赵奢	R11·156下·1∥R11·156下·3∥R11·156下·4∥R11·166下·13
872170	5513	祗	合	R11·176下·2	
872220	5522	犸	伺	R11·160下·11	
			待	霸绥諽犸(佚住劳待),以逸待劳	R11·160下·13
				嘉敫犱娏葹敫慌犸,致人而不致于人	R11·160下·14
				殻犸,何待	R11·160下·2
				緣毢耺犸,以治待乱	R11·160下·10
				R11·159下·3∥R11·160下·11∥R11·160下·13∥R11·160下·13∥R11·168下·2∥R11·169下·1∥R11·177上·9∥R11·177上·9	

	5523	□	许	□形,秉性	R11·164上·2
				形□,不许	R11·170下·3
				R11·162下·13//R11·163上·3//R11·170下·3//R11·170下·4	
872222	5525	□	儿	□幸,婴儿	R11·171上·14
			仆	□□,童仆	R11·163上·4
872224	5528	□	鼓	□鼓,击鼓	R11·156下·3//R11·159下·6//R11·159下·10//R11·159下·11//R11·160上·2//R11·160上·2//R11·160上·2//R11·160上·3//R11·160上·4//R11·160上·5//R11·160上·7//R11·160上·9//R11·160上·9//R11·160上·9//R11·164上·5//R11·167上·7
				□□,鼙鼓	R11·171下·10
				□□,皮鼓	R11·159上·14
				□□(铜鼓),铎	R11·159下·1//R11·171下·10
				□□,旗鼓	R11·159上·11//R11·159下·1
				□□,火鼓	R11·159下·4//R11·159下·5//R11·159下·5
				R11·159上·10//R11·159下·1//R11·159下·6//R11·160上·9	
	5531	□	奇	□□,奇殊	R11·176上·12
				□□,奇巧	R11·159下·14
			益	R11·166下·11	
			厚	R11·171下·8	
872225	5533	□	镒	□□,铢镒	R11·159上·6
872242	5541	□	敌	□□,敌界	R11·159上·3
				R11·166上·14//R11·170上·10//R11·170上·13//R11·170下·12//R11·171上·4//R11·176下·14	
872250	5543	□	惧	□□,惊惧	R11·167下·12
			恐	□□,恐惧	R11·167下·13
872252	5545	□	志	R11·173上·7	
872422	5553	□	各	□□□□,十中而一	R11·157下·2
				R11·157下·4//R11·157下·8//R11·175下·3//R11·175下·2	

续表

872427	5555	[illegible]	央	[illegible][illegible],中央	R11·159下·8//R11·165下·13//R11·165下·14//R11·177下·9
872440	5561	[illegible]	窄	[illegible][illegible],狭窄	R11·162上·13
872450	5566	[illegible]	苦	[illegible][illegible],贫苦	R11·168上·8
872525	5574	[illegible]	尉	[illegible][illegible][illegible],尉缭子(书名)	R11·162下·14
			维	[illegible][illegible],维汜(人名)	R11·161下·5
874100	5586	[illegible]	弃	[illegible][illegible],委弃	R11·157上·5//R11·157上·6//R11·161上·12//R11·161下·11//R11·161下·14//R11·162下·7//R11·173下·7//R11·173下·9
874120	5592	[illegible]	计		R11·163上·11
			权		R11·159上·5//R11·159上·6
			秤		R11·159上·10
			称	[illegible][illegible],称量	R11·159上·5
					R11·159上·5//R11·159上·6//R11·159上·7
			验		R11·178上·4//R11·178上·5//R11·178上·5
			量		R11·160下·12//R11·178下·10
	5593	[illegible]	观	[illegible][illegible],观察	R11·158下·4
874150	5604	[illegible]	行	[illegible][illegible],文行	R11·168下·14
				[illegible][illegible],武行	R11·168下·13//R11·168下·14
				[illegible][illegible],行情	R11·158下·7
				[illegible][illegible](行为),施动助词	R11·156下·3//R11·160下·1//R11·161下·2//R11·161下·10//R11·162下·3//R11·163上·14//R11·164上·1//R11·164上·3//R11·176下·9//R11·176下·10
				[illegible][illegible](行礼),辞礼	R11·160上·12//R11·160上·13
					R11·164上·4//R11·168下·7//R11·172下·14
	5607	[illegible]	舍	[illegible][illegible][illegible][illegible],舍短从长	R11·164上·10
			弃	[illegible][illegible],弃除	R11·159上·4
				[illegible][illegible],弃怨	R11·174上·12
					R11·176下·8

续表

874200	5612	□	云	□□□(先△云),上文	R11·160下·14
				R11·163上·14∥R11·176上·9∥R11·177上·13	
			曰	R11·158下·1∥R11·160下·11∥R11·161下·3∥R11·167下·4∥R11·167下·10∥R11·170下·12∥R11·170下·12∥R11·171下·10∥E5·150·6∥E5·150·6	
			言	R11·160上·2∥R11·163下·3∥R11·166上·2	
			陈	R11·176上·8	
			说	□□,上说	R11·157下·7
				R11·156下·4∥R11·159上·10∥R11·159下·1∥R11·159下·7∥R11·163上·5∥R11·167上·1∥R11·167上·8∥R11·175上·8∥R11·175上·8∥R11·177上·3∥R11·177上·3∥R11·177上·3∥R11·178上·14∥R11·178下·7∥R11·178下·9∥R11·178下·10∥R11·178下·12	
	5614	□	泣	□□,哭泣	R11·171下·4∥R11·173下·13
874220	5619	□	童	□□,童仆	R11·163上·4
874222	5625	□	同	R11·168上·6∥R11·171下·3	
874240	5633	□	置	R11·163下·8	
874400	5643	□	不	□□□□(不敬敌),易敌	R11·168下·8
				□□□□□□□,致人而不致于人	R11·160下·14
				□□□(能不能),能否	R11·170上·13
				□□,不安	R11·160下·12
				□□,不利	R11·158下·1∥R11·163下·3∥R11·169下·5∥R11·176下·3∥R11·177上·13∥R11·177下·7
				□□,不肯	R11·166下·14∥R11·168上·1∥R11·168下·2∥R11·168下·13∥R11·170下·3∥R11·170下·4
				□□,不可	R11·172上·4∥R11·172上·5
				□□,不敢	R11·156下·5∥R11·159下·1∥R11·163下·13∥R11·164下·11∥R11·168下·6∥R11·170上·10∥R11·173下·12
				□□,不及	R11·157上·4∥R11·157上·4∥R11·157上·6

		叕䍤,不能	R11·164 下·9 // R11·170 上·9 // R11·170 下·10
		叕㕭,不知	R11·177 下·11
		叕䙋(不然),仅仅	R11·157 下·14 // R11·159 下·13 // R11·160 上·9 // R11·163 下·12 // R11·164 下·10 // R11·171 下·5 // R11·174 下·9 // R11·177 上·5
5644	叕	与	R11·159 上·5 // R11·159 下·1
		飚叕,用处	R11·162 下·8
		姚叕,出处	R11·165 下·14
		迳叕,住处	R11·158 下·1 // R11·175 下·6
		蠨叕,哨位	R11·164 下·3
		㮤叕薇,归路	R11·161 下·2
		㽬叕薇,去路	R11·162 下·3
		叓叕,走处	R11·175 上·13
		叓叕薇(走处路),逃路	R11·175 下·11
		彣毛叕(言断处),所取计者	R11·160 上·13
5645	叕	处	R11·156 下·2 // R11·156 下·4 // R11·157 下·5 // R11·157 下·11 // R11·158 上·8 // R11·158 上·8 // R11·158 上·10 // R11·158 上·11 // R11·158 上·13 // R11·158 下·1 // R11·158 下·2 // R11·158 下·4 // R11·158 下·9 // R11·158 下·13 // R11·158 下·13 // R11·158 下·14 // R11·159 上·2 // R11·159 上·12 // R11·159 上·13 // R11·159 上·14 // R11·159 下·8 // R11·159 下·11 // R11·159 下·14 // R11·160 上·1 // R11·160 上·12 // R11·160 下·9 // R11·161 下·1 // R11·161 下·8 // R11·161 下·8 // R11·161 下·11 // R11·161 下·13 // R11·162 上·7 // R11·162 上·8 // R11·162 上·9 // R11·162 上·11 // R11·162 上·12 // R11·162 上·13 // R11·162 上·14 // R11·162 下·4 // R11·162 下·5 // R11·162 下·10 // R11·162 下·11 // R11·163 上·4 // R11·164 上·13 // R11·164 下·2 // R11·164 下·3 // R11·164 下·4 // R11·165 上·2 // R11·165 上·7 // R11·165 上·8 // R11·165 上·10 // R11·165 上·11 // R11·165 上·12 // R11·165 上·13 // R11·165 上·13 // R11·165 下·14 // R11·166 上·1 // R11·166 上·1 // R11·166 上·2 // R11·166 上·3 // R11·166 上·9 // R11·166 上·10 // R11·166 上·14 // R11·166 下·14 // R11·167 上·10 // R11·167 上·13 // R11·167 下·2 // R11·167 下·3 // R11·167 下·7 // R11·169 下·7 // R11·170 上·5 // R11·170 下·2

874420	5655	䥽	宝	姚䘗,珍宝	R11·171 上·13
				䘗䄜,宝物	R11·162 下·10∥R11·162 下·10∥R11·178 上·12∥R11·178 下·6∥R11·178 下·6∥R11·178 下·8
				R11·178 上·9∥R11·178 上·11	
	5659	䥈	强	陬䥈,强国	R11·176 上·9
				陬䥈䥏(强国帝),霸者	R11·176 下·2
				R11·176 上·10	
	5660	䋵	镫	䋵䋶(镫弓),神臂弓	R11·157 下·5∥R11·159 下·12
874442	5667	䋶	弓	䋵䋶(镫弓),神臂弓	R11·159 下·12
					R11·157 下·5
				䋶䌅,弓箭	R11·159 下·9
874500	5670	䍐	在		R11·174 下·1
			有	䋵䍐,何有	R11·167 下·7∥R11·172 上·11
				䎘䍐䎙(先有文),上文	R11·158 上·3
				R11·161 下·13∥R11·164 下·3∥R11·164 下·4∥R11·165 下·6∥R11·166 上·3∥R11·166 上·9∥R11·167 上·1∥R11·167 下·14∥R11·170 下·9∥R11·173 下·1∥R11·173 下·2∥R11·173 下·2∥R11·173 下·3∥R11·173 下·3	
			挂		R11·171 下·10
			属	䍔䍐,属口	R11·158 下·1
				R11·172 上·13	
	5671	䍑	尽	䍒䍑,尽力	R11·168 上·10∥R11·170 下·13∥R11·173 上·10∥R11·173 上·13
				R11·173 下·10	
			放		R11·161 下·4∥R11·173 上·8∥R11·175 下·14
			驱		R11·166 下·5
874520	5675	䍓	怨	䍓䍔,寻怨	R11·176 下·11
				䍓䍕,怨恶	R11·172 上·2
				䍓䍖,怨主	R11·170 下·5
				䍓䍗,置怨	R11·174 上·6
				䍓䍘,弃怨	R11·174 上·12
				䍓䍙,怨心	R11·170 下·2∥R11·170 下·4∥R11·172 上·2

续表

874525	5677	獙	末	㧊獙，末年	R11・161 下・10
				R11・172 上・13	
			尾	㲒獙(水尾)，下流	R11・165 上・4
				㳀獙，首尾	R11・161 下・1 // R11・174 上・4 // R11・174 上・12 // R11・175 上・12
				R11・174 上・3 // R11・174 上・3	
874550	5682	㹦	料	敆狋㹦，料敌	R11・168 上・13 // R11・168 下・5
				㶠㲪㹦㲨，知彼知己	R11・172 上・10
				㳀㹦，料量	R11・171 上・6
				R11・168 下・7 // R11・170 上・4 // R11・170 下・10 // R11・170 下・12	
			量	R11・164 上・10 // R11・170 上・11	
			察	R11・177 上・7	
874900	5687	㹧	梁	㥦㹧(险梁)，隄防	R11・165 下・9
	5688	㩅	何	㩅䋊，何为	R11・163 上・3
				㩅㲳，何为	R11・178 上・12
				㩅㲜，何有	R11・162 下・11 // R11・168 下・7
				㩅㺲，何有	R11・167 下・7 // R11・172 上・11
				㩅㲼，何如	R11・158 下・5
				㩅㷘，何待	R11・160 上・10
				㩅㲊，何待	R11・160 下・2
				R11・161 下・13 // R11・171 下・4 // R11・176 下・11 // R11・177 下・6	
875450	5689	㩒	门	㲊㩒，城门	R11・160 上・12
				㲨㩒，辕门	E5・150・5
				㲱㩒，军门	E5・150・4
				㲽㩒，和门	E5・150・4 // E5・150・5 // E5・150・7
				㶶㩒，宫门	R11・171 上・11
				㲲㩒，营门	R11・159 下・12
				㶴㩒，旗门	E5・150・4
				㲱㩒，人门	E5・150・5
				㩒㲺，闭门	R11・158 下・13
				E5・150・4 // E5・150・6 // E5・150・7	
			户	㲱㩒，八家	R11・177 下・9
				㲹㩒，一家	R11・177 下・8
				R11・177 下・9	

续表

882124	5694	[西夏文]	可	[西夏文]敍糒,岂可	R11·164下·10
				R11·163上·10 // R11·163上·12 // R11·164上·10 // R11·168下·7	
			能	R11·170上·7 // R11·170下·1	
882144	5697	[西夏文]	辱	R11·164上·7 // R11·164上·8	
882170	5702	[西夏文]	疸	R11·171下·3	
882254	5708	[西夏文]	过	R11·170上·5	
882420	5710	[西夏文]	箭	[西夏文],放箭	R11·159下·12
				[西夏文],弓箭	R11·159下·9
				[西夏文]死,强弩之末	R11·157下·6
	5712	[西夏文]	终	R11·169上·6	
			毕	R11·176上·8	
882422	5713	[西夏文]	偏	[西夏文],偏斜	R11·172上·8
	5714	[西夏文]	特	[西夏文],特出	R11·178上·1
884122	5725	[西夏文]	东	[西夏文],东南西北	R11·159下·11
				[西夏文],东南面	R11·165下·9
				R11·160下·7 // R11·171下·11 // R11·171下·11 // R11·176下·7	
884224	5739	[西夏文]	安	[西夏文],安乐	R11·176上·12
884240	5742	[西夏文]	择	R11·156下·6 // R11·157下·8 // R11·157下·9 // R11·161上·13 // R11·170下·12 // R11·170下·13 // R11·171上·1 // R11·179上·4	
			选	[西夏文],选择	R11·158下·3 // R11·163下·11 // R11·165上·10 // R11·168下·7 // R11·170下·14
				R11·167上·6 // R11·168下·5 // R11·168下·6	
884400	5751	[西夏文]	分	[西夏文],分兵	R11·158下·14 // R11·159上·2
				[西夏文],分度	E5·151·4
				[西夏文],共分	R11·159上·3
				[西夏文](分言),约	R11·173下·12 // R11·174下·14
				R11·159上·1 // E5·151·4	

884420	5754	🈳	夺	R11·156 上·2∥R11·156 上·3
			房	R11·163 下·12
			捕	𗅁🈳,获利　R11·177 下·6
				R11·158 下·1∥R11·158 下·1∥R11·170 上·8∥R11·177 上·13
			擒	R11·160 下·10∥R11·161 下·9
	5755	🈳	立	R11·165 下·3∥R11·167 下·5∥R11·176 下·14
	5757	🈳	间	𗅁🈳,二间　R11·159 下·9
	5759	🈳	遣	𗅁🈳,驱遣　R11·156 下·5
884440	5765	🈳	立	𗅁🈳,处高　R11·164 下·4
				𗅁🈳,量立　R11·166 下·10
				R11·166 下·10
			设	𗅁𗅁🈳(军家营设),处军　R11·158 下·13∥R11·164 下·1∥R11·164 下·3∥R11·165 上·11
				𗅁𗅁𗅁𗅁𗅁🈳𗅁🈳(已他二军相前营设),交合　R11·156 上·1
				𗅁🈳,设营　R11·156 下·3∥R11·159 下·8∥R11·164 下·2∥R11·165 上·1∥R11·165 下·8∥R11·166 下·2∥R11·166 下·14∥R11·167 上·14∥R11·169 下·5∥R11·173 上·2∥R11·173 上·6∥R11·175 下·3∥E5·150·4
				𗅁🈳,设立　R11·159 下·8
884442	5766	🈳	攻	R11·163 下·2∥R11·163 下·2∥R11·164 上·9∥R11·174 下·12∥R11·178 下·14
884550	5772	🈳	依	𗅁𗅁,依恃　R11·176 下·1∥R11·176 下·4∥R11·176 下·10
885254	5776	🈳	通	R11·177 下·2∥R11·177 下·5
887452	5779	🈳	印	𗅁𗅁,官印　R11·159 上·4
894220	5791	🈳	使	R11·158 下·3
			放	𗅁🈳,放箭　R11·159 下·12
				𗅁🈳,放船　R11·165 上·4
				𗅁🈳,放烟　R11·167 下·11
				𗅁🈳,放火　R11·158 下·11
				𗅁𗅁,乘风　R11·164 上·1
				🈳𗅁,放牧　R11·164 下·3

续表

				瀧獵(绳放),骄	R11·160上·11
					R11·159下·11∥R11·160上·13∥R11·165上·2∥R11·165上·3
			赦		R11·163上·2
				菟獵,遣使	R11·166下·12∥R11·178下·10
				铰獵,遣人	R11·163上·2
				数獵,遣送	R11·179上·4
			遣		R11·163上·1∥R11·166下·11∥R11·167上·13∥R11·167下·7∥R11·177下·12∥R11·178上·1∥R11·178上·3∥R11·178上·7∥R11·178上·10∥R11·178下·2∥R11·178下·4∥R11·178下·8∥R11·178下·11
894225	5795	獵	默	獵㛜,默悟	R11·174下·6
894274	5800	獵	塞	薇獵,山塞	R11·164下·4
902250	5807	梯	梯	梯薮,木梯	R11·174下·14
905500	5814	莽	树	莽栎,树林	R11·165上·8
				莽狝,树木	R11·165上·7
				莽镨獵㸄,树动草响	R11·158下·5
				莽耗,伐木	R11·166上·14
					R11·158上·14∥R11·165上·6∥R11·165上·8∥R11·165上·9
907240	5815	亦	子	㺨亦,管子	R11·158下·2
				㵲㺨亦,赵襄子	R11·165上·2
			亦		R11·156上·7∥R11·157下·1∥R11·157下·8∥R11·157下·11∥R11·158上·6∥R11·159上·13∥R11·159上·13∥R11·159下·10∥R11·159下·12∥R11·160上·1∥R11·160上·1∥R11·160下·1∥R11·161下·7∥R11·161下·9∥R11·162下·4∥R11·162下·5∥R11·162下·11∥R11·162下·13∥R11·162下·13∥R11·163上·2∥R11·163上·6∥R11·163上·8∥R11·163上·12∥R11·164上·6∥R11·165上·9∥R11·166下·11∥R11·166下·12∥R11·167上·6∥R11·167下·11∥R11·168下·1∥R11·168下·3∥R11·168下·7∥R11·168下·12∥R11·169上·2∥R11·169上·5∥R11·170上·4∥R11·170上·13∥R11·170下·2∥R11·170下·3∥R11·170下·4∥R11·171上·8∥R11·171上·9∥R11·171下·1∥R11·171下·1∥R11·172上·1∥R11·172上·1∥R11·172上·2∥R11·172上·6∥R11·172下·6∥R11·172下·7∥R11·172下·14∥R11·173下·2∥R11·173下·4∥R11·173下·6∥R11·173下·8∥R11·174上·6∥R11·174上·7∥R11·174上·9∥R11·174上·10∥R11·174上·11∥R11·174上·12∥R11·176下·4∥R11·176下·4∥R11·177上·13∥R11·177上·14∥R11·178上·13∥E5·150·7

			犹	獥甬 赤 蕀,困兽犹斗	R11·161下·12
			复		R11·168下·2
			兹	耗 赤 嬾,龟兹国	R11·172下·9
912117	5817	甀	劫	甀厄,劫掠	R11·161下·6∥R11·162下·10∥R11·167上·13
			贼	甀藏,贼兵	R11·158下·3∥R11·159下·10∥R11·159下·11∥R11·159下·13∥R11·161上·12∥R11·161下·9
					R11·161上·12∥R11·161下·9∥R11·161下·10∥R11·161下·10∥R11·161下·11∥R11·162下·2∥R11·162下·3
			盗	甀骸,盗传	R11·177下·5
					R11·158上·7
912120	5820	甀	依		R11·164下·1
912152	5466	甀	岸	甀甀,北岸	R11·162下·10
				甀甀,水岸	R11·164下·9
					R11·165下·11
912422	5828	甀	秋		E5·151·4
915121	5834	甀	化	甀甀,变化	R11·161上·1∥R11·161上·2∥R11·161上·3∥R11·175上·6∥R11·175上·8∥E5·151·2∥E5·151·3∥E5·151·3∥E5·151·6
915141	5841	甀	刻	甀甀,百刻	E5·151·4
			反	甀甀,反间	R11·178上·7∥R11·178下·7
			易		R11·174下·12
	5842	甀	变	甀甀,谋变	R11·162下·7∥R11·174下·10
					E5·151·1
				甀甀,变化	R11·158下·6∥R11·158下·7∥R11·162上·4∥R11·174下·10∥R11·177下·5
					R11·158下·9∥R11·174下·11∥R11·174下·13
			革		R11·174下·10

续表

	5855	𘝿	双	R11·169 上·1
917145	5856	𘝿	于	R11·160 下·8∥R11·160 下·9∥R11·160 下·14∥R11·161 下·7∥R11·161 下·13∥R11·162 上·14∥R11·162 下·8∥R11·162 下·9∥R11·162 下·10∥R11·162 下·14∥R11·162 下·14∥R11·163 下·14∥R11·163 下·14∥R11·164 上·4∥R11·164 上·5∥R11·164 下·9∥R11·165 上·4∥R11·165 上·4∥R11·165 上·7∥R11·165 上·7∥R11·165 上·8∥R11·165 上·12∥R11·165 上·13∥R11·165 下·8∥R11·167 上·7∥R11·167 上·9∥R11·167 下·1∥R11·167 下·6∥R11·167 下·7∥R11·169 上·4∥R11·173 下·9∥R11·174 下·1∥R11·178 上·3∥R11·178 上·4∥E5·151·4
917242	5858	𘝿	寡	𘝿𘝿,寡少	R11·164 下·9
920410	5870	𘝿	列	R11·159 下·9
922420	5864	𘝿	阔	𘝿𘝿,阔狭	R11·178 上·5
				𘝿𘝿,宽阔	R11·165 上·10∥R11·173 上·2
				R11·164 下·4
	5865	𘝿	三	𘝿𘝿𘝿𘝿𘝿𘝿,孙子兵法三注	R11·169 上·6∥R11·179 下·1
				𘝿𘝿,三次	R11·160 上·4∥R11·160 上·7
				𘝿𘝿,三次	R11·160 上·2∥R11·160 上·5
				𘝿𘝿𘝿𘝿𘝿𘝿,三而竭	R11·160 上·9
				𘝿𘝿,三族	R11·177 下·8
				𘝿𘝿𘝿𘝿𘝿(三分中二分),三分之二	R11·158 上·1
				𘝿𘝿𘝿𘝿,带甲三万	R11·167 上·6
				𘝿𘝿,三辰	R11·158 下·13
	5871	𘝿	遣	𘝿𘝿,遣送	R11·179 上·4
				R11·156 下·1∥R11·156 下·7∥R11·157 下·8∥R11·158 下·3∥R11·159 下·2∥R11·160 上·14∥R11·161 上·11∥R11·161 下·2∥R11·161 下·6∥R11·161 下·9∥R11·162 上·14∥R11·162 下·11∥R11·162 下·12∥R11·164 上·4∥R11·164 下·14∥R11·166 下·13∥R11·167 下·1∥R11·167 下·3∥R11·167 下·3∥R11·170 上·7∥R11·170 下·6∥R11·171 上·1∥R11·172 下·9∥R11·179 上·1
925400	5875	𘝿	市	𘝿𘝿,市场	R11·169 上·5
927048	5877	𘝿	内	𘝿𘝿,河内(地名)	R11·158 上·8

续表

927142	5878	旄	杆	梢旄旗，两杆旗	E5・150・7
			条	R11・162 上・14	
927442	5880	敖		敖敖旓旗攷，以少攻众	R11・170 下・10
				绿敖敝俏，以治待乱	R11・160 下・10
			以	R11・156 上・4∥R11・156 上・7∥R11・158 下・7∥R11・159 上・7∥R11・160 下・2∥R11・160 下・10∥R11・161 下・8∥R11・162 上・1∥R11・162 上・11∥R11・163 下・1∥R11・163 下・6∥R11・163 下・6∥R11・164 上・2∥R11・164 上・2∥R11・164 上・3∥R11・164 上・3∥R11・164 上・5∥R11・164 上・7∥R11・164 上・8∥R11・164 下・9∥R11・166 下・11∥R11・167 上・12∥R11・167 上・12∥R11・167 上・13∥R11・167 下・5∥R11・167 下・10∥R11・168 上・10∥R11・168 上・11∥R11・168 下・4∥R11・168 下・13∥R11・168 下・13∥R11・168 下・14∥R11・168 下・14∥R11・170 上・13∥R11・170 下・11∥R11・172 下・13∥R11・173 下・12∥R11・174 上・3∥R11・174 上・3∥R11・174 上・13∥R11・176 上・2∥R11・176 上・3∥R11・176 上・5∥R11・178 上・4∥R11・178 下・3∥E5・150・5∥E5・150・5∥E5・150・6∥E5・150・7
				敖瀨敖旓（疾速而行），急趋	R11・156 上・3
			而	R11・158 下・9∥R11・159 上・1∥R11・159 上・5∥R11・159 上・6∥R11・159 上・14∥R11・159 下・7∥R11・160 上・1∥R11・160 上・9∥R11・160 上・10∥R11・163 下・3∥R11・163 下・6∥R11・164 上・1∥R11・164 上・11∥R11・164 下・8∥R11・165 上・8∥R11・165 下・3∥R11・166 上・12∥R11・167 上・7∥R11・167 下・11∥R11・168 上・14∥R11・168 下・2∥R11・169 下・1∥R11・170 上・10∥R11・170 上・11∥R11・170 上・12∥R11・170 上・13∥R11・171 下・4∥R11・171 下・5∥R11・171 下・13∥R11・171 下・14∥R11・172 下・6∥R11・173 上・13∥R11・173 上・13∥R11・173 下・8∥R11・173 下・8∥R11・173 下・9∥R11・173 下・11∥R11・174 下・11∥R11・176 上・1∥R11・176 上・2∥R11・176 上・5∥R11・176 下・3∥R11・177 上・5∥R11・177 上・9∥R11・178 上・3∥R11・178 上・3∥R11・178 上・4∥R11・178 上・5∥R11・178 上・6∥R11・178 下・6∥R11・178 下・9
	5882	敖	汉	敖犕（汉大），汉长官	R11・167 上・14
935152	5021	觥	角	R11・161 下・10	
937442	5902	衰	衰	R11・160 下・3∥R11・160 下・4∥R11・160 下・7	

945140	5910	𗥔	嘉	𗥔𗥔，乐嘉城	R11·160 上·6
			贾	𗥔𗥔，庄贾	R11·163 上·1
	5911	𗥔	迁	𗥔𗥔，迁直	R11·157 上·1//R11·159 上·7
			远	𗥔𗥔，远近	R11·156 上·5//R11·158 下·2//R11·159 上·10//R11·164 上·10//R11·171 上·4//R11·171 上·6//R11·171 上·7//R11·172 上·8//R11·178 上·5
				𗥔𗥔𗥔𗥔（远缩急速），倍道兼行	R11·156 上·7//R11·157 上·7//R11·157 下·7
				𗥔𗥔（远地），重地	R11·172 下·1//R11·173 上·7//R11·175 上·12//R11·175 下·8
				𗥔𗥔𗥔𗥔（远者近为），以迁为直	R11·156 上·2//R11·156 上·3
				R11·156 上·2//R11·156 上·3//R11·156 上·5//R11·156 上·5//R11·156 上·6//R11·156 上·6//R11·157 下·3//R11·158 下·4//R11·159 下·9//R11·160 下·12//R11·162 下·1//R11·164 下·8//R11·164 下·10//R11·166 上·4//R11·166 上·11//R11·166 上·12//R11·172 下·12//R11·174 下·13//R11·174 下·13//R11·175 下·3	
945150	5913	𗥔	缚	𗥔𗥔𗥔𗥔（营道遇缚），十字路口	R11·159 下·9
				𗥔𗥔𗥔𗥔，不缚于地	R11·162 下·14
				𗥔𗥔，拘缚	R11·159 上·12
				𗥔𗥔，就近	R11·175 下·4
			远	𗥔𗥔𗥔𗥔，三十里远	R11·156 下·5
				R11·156 下·2//R11·156 下·6//R11·157 下·1//R11·157 下·4//R11·157 下·5//R11·157 下·7//R11·157 下·7//R11·157 下·11//R11·157 下·14//R11·157 下·14//R11·157 下·14//R11·158 上·2//R11·166 下·14//R11·167 上·7//R11·167 下·1//R11·169 下·4//R11·177 上·12//R11·177 上·13//R11·177 上·14	
947144	1502	𗥔	韩	𗥔𗥔，韩信	R11·179 上·1
			邯	𗥔𗥔𗥔，邯郸城	R11·156 下·1

续表

				虉樦,死败	R11·158上·2
				樦藏,生死	R11·160下·1∥E5·151·5
				樦叕,死官	R11·162下·14
955122	5918	樦	死	樦骱,死地	R11·162上·11∥R11·162上·11∥R11·162下·5∥R11·172下·1∥R11·173上·13∥R11·173下·1∥R11·173下·2∥R11·174上·8∥R11·174上·13∥R11·175上·13∥R11·176上·1∥R11·177上·4∥R11·177上·5∥R11·177上·5∥R11·177上·6
				樦蔝,死战	R11·162上·2∥R11·172下·4∥R11·173上·9∥R11·173下·11∥R11·175下·11∥R11·175下·12
				樦樧,死间	R11·178上·8∥R11·178下·12∥R11·179上·2
				樦绕慨霞,死不惜命	R11·174下·13
				樦魆,死亡	R11·158上·2∥R11·170上·11
				蔝樦,战死	R11·171下·2
957142	5919	龖	贱	蝙霞淼龖,贵阳贱阴	R11·165下·5
972152	5921	耙	耻	鐖耙,羞耻	R11·179上·4
972222	5925	精	子	縠精,楚子	R11·171·2
				叕娰精,齐晏子	R11·168下·14
				犛精,孙子	R11·162上·5∥R11·164下·1∥E5·150·2
				精躯精,尉缭子(书名)	R11·162下·14
972420	5929	殻	宽	殻叕,宽阔	R11·165上·10∥R11·173上·2
			狭	殻叕,狭窄	R11·162上·1
972452	5932	骹	种	杨骹,一律	R11·163上·11∥R11·163下·12∥R11·171上·11∥R11·172上·1∥R11·177下·4

续表

				R11·158上·4//R11·162上·4//R11·163上·5//R11·163上·8//R11·163下·9//R11·163下·10//R11·164上·11//R11·164上·13//R11·165下·1//R11·165下·2//R11·165下·3//R11·166上·5//R11·166上·6//R11·169下·6//R11·169下·7//R11·170上·2//R11·171上·1//R11·171下·11//R11·171下·11//R11·172上·12//R11·172上·12//R11·172下·13//R11·175下·3//R11·176上·8//R11·178上·7//R11·178上·8//R11·178上·10//R11·178上·10//R11·178上·10	
975242	5949	[illegible]	间	[illegible][illegible],二间	R11·178下·7
				R11·159下·9	
977244	5964	[illegible]	参	[illegible][illegible],参合(地名)	R11·160下·2
				[illegible][illegible],伍参	R11·170上·14
982124	5970	[illegible]	伯	[illegible][illegible],智伯(人名)	R11·165上·2
982420	5973	[illegible]	遣	[illegible][illegible],遣使	R11·166下·14
				R11·156下·4//R11·156下·4//R11·160上·12//R11·167上·7	
984440	5979	[illegible]	拘	[illegible][illegible],拘缚	R11·159上·12
				[illegible][illegible],拘缚	R11·173上·10
				R11·162下·14//R11·173上·10//R11·174上·10	
985240	5981	[illegible]	△	谓词趋向前缀,表示完成体向上方	R11·156上·1//R11·156下·1//R11·156下·4//R11·156下·6//R11·157下·5//R11·158上·3//R11·158上·6//R11·158上·6//R11·158上·7//R11·159上·4//R11·159下·2//R11·160上·4//R11·160上·6//R11·160上·7//R11·160上·14//R11·160下·1//R11·160下·1//R11·160下·7//R11·160下·7//R11·160下·8//R11·160下·9//R11·161上·4//R11·161上·9//R11·161上·14//R11·161下·2//R11·161下·3//R11·161下·10//R11·162下·3//R11·162下·6//R11·163下·14//R11·164上·4//R11·164上·6//R11·164上·6//R11·165下·3//R11·166上·9//R11·167上·1//R11·170下·3//R11·170下·6//R11·171下·9//R11·174下·14//R11·175下·12//R11·175下·13//R11·175下·14//R11·176下·6//R11·178下·3//R11·178下·10//R11·178下·12//R11·179上·2//E5·150·3

续表

				[illegible](一半水渡),半渡	R11・164 下・10
				[illegible],一遍	R11・173 下・12
				[illegible],一律	R11・163 下・1 // R11・171 下・8 // R11・172 上・2 // R11・176 上・14
				[illegible],一向	R11・177 上・11 // R11・177 上・14
				[illegible],一列	R11・156 下・2
				[illegible],一营	R11・159 下・13
				[illegible],一顷	R11・177 下・8 // R11・177 下・9
				[illegible],一次	R11・160 上・2 // R11・160 上・3 // R11・160 上・5
				[illegible],一鼓作气	R11・160 上・9
				[illegible],一面	R11・161 下・4
				[illegible],一律	R11・163 上・11 // R11・163 下・12 // R11・171 上・11 // R11・172 上・1 // R11・177 下・4
				[illegible],一时	R11・160 上・1 // R11・178 上・9
			一	[illegible](大都集头),都案案头	R11・171 下・14
				[illegible],以一击十	R11・170 上・5
				[illegible],一心	R11・158 下・4 // R11・170 上・10 // R11・174 上・12 // R11・174 上・13 // R11・174 上・14 // R11・175 上・3 // R11・175 上・4 // R11・175 上・14 // R11・175 下・1 // R11・175 下・1 // R11・175 下・7 // R11・175 下・11
				[illegible],一家	R11・177 下・8
				[illegible],一法	R11・171 下・3 // R11・176 下・13 // R11・176 下・14 // R11・177 上・1
				[illegible](一头两舌),两端之心	R11・178 下・6
				R11・156 下・6 // R11・157 下・8 // R11・157 下・14 // R11・157 下・14 // R11・158 上・14 // R11・158 上・14 // R11・161 下・3 // R11・161 下・11 // R11・166 下・2 // R11・167 上・7 // R11・170 上・5 // R11・170 上・6 // R11・171 下・2 // R11・174 上・9 // R11・174 下・4	
985400	5983	[illegible]	燃	[illegible],燃烧	R11・158 下・11

985545	5985	◻	间	◻◻,生间	R11·178上·7 // R11·178上·8 // R11·179上·2 // R11·179上·3 // R11·179上·3
				◻◻,内间	R11·178下·4
				◻◻,因间	R11·178上·7 // R11·178上·11
				◻◻,死间	R11·178上·8 // R11·178下·12 // R11·179上·2
				◻◻,反间	R11·178上·8 // R11·178下·7
			察	◻◻,间谍	R11·156下·4 // R11·156下·5 // R11·158下·3 // R11·160上·1 // R11·166下·11 // R11·166下·14 // R11·177下·5 // R11·177下·12 // R11·177下·12 // R11·178上·1 // R11·178上·3 // R11·178上·6 // R11·178上·6 // R11·178上·8 // R11·178上·10 // R11·178上·10 // R11·178上·10 // R11·178上·12 // R11·178上·12 // R11·178下·1 // R11·178下·1 // R11·178下·2 // R11·178下·2 // R11·178下·7 // R11·178下·8 // R11·178下·8 // R11·178下·9 // R11·178下·9 // R11·178下·14 // R11·179上·1 // R11·179上·3 // R11·179上·5 // R11·179上·5 // R11·179上·5 // R11·179上·6 // R11·179上·7 // R11·179上·7 // R11·179上·7
997244	5993	◻	中	◻◻◻◻,十中而一	R11·157下·2
				◻◻◻◻◻◻(三分中二分),三分之二	R11·158上·1
				◻◻,其中	R11·157下·9 // R11·166上·10
				◻◻,其中	R11·161下·8
				◻◻(极中),最	R11·165下·1 // R11·171上·6 // R11·177下·11
				◻◻(相中),互相	R11·173上·1 // R11·176上·12 // R11·177下·2 // E5·150·6

续表

			R11 · 156 下 · 2 // R11 · 156 下 · 7 // R11 · 157 下 · 4 // R11 · 157 下 · 8 // R11 · 157 下 · 14 // R11 · 157 下 · 14 // R11 · 158 上 · 2 // R11 · 158 下 · 1 // R11 · 158 下 · 4 // R11 · 159 上 · 6 // R11 · 159 上 · 10 // R11 · 159 下 · 1 // R11 · 159 下 · 2 // R11 · 159 下 · 7 // R11 · 159 下 · 11 // R11 · 160 上 · 2 // R11 · 160 上 · 7 // R11 · 160 下 · 11 // R11 · 161 上 · 9 // R11 · 161 上 · 10 // R11 · 161 下 · 3 // R11 · 161 下 · 6 // R11 · 161 下 · 10 // R11 · 162 上 · 1 // R11 · 162 上 · 2 // R11 · 162 上 · 3 // R11 · 163 上 · 7 // R11 · 163 上 · 14 // R11 · 164 下 · 3 // R11 · 164 下 · 7 // R11 · 165 上 · 8 // R11 · 165 上 · 9 // R11 · 165 下 · 6 // R11 · 166 上 · 2 // R11 · 167 上 · 1 // R11 · 167 上 · 4 // R11 · 167 上 · 5 // R11 · 167 上 · 11 // R11 · 167 上 · 13 // R11 · 167 下 · 2 // R11 · 167 下 · 4 // R11 · 168 下 · 6 // R11 · 168 下 · 7 // R11 · 169 下 · 2 // R11 · 169 下 · 7 // R11 · 170 下 · 1 // R11 · 170 下 · 7 // R11 · 170 下 · 12 // R11 · 170 下 · 13 // R11 · 170 下 · 14 // R11 · 171 上 · 8 // R11 · 171 上 · 9 // R11 · 171 下 · 3 // R11 · 171 下 · 4 // R11 · 171 下 · 10 // R11 · 171 下 · 12 // R11 · 171 下 · 12 // R11 · 171 下 · 14 // R11 · 172 上 · 14 // R11 · 172 下 · 8 // R11 · 174 上 · 2 // R11 · 175 下 · 9 // R11 · 176 上 · 9 // R11 · 177 下 · 9 // R11 · 178 下 · 1 // R11 · 178 下 · 5 // R11 · 179 上 · 5 // E5 · 151 · 4 // E5 · 151 · 5 // E5 · 150 · 6

三　汉文和西夏文对照词语索引

本索引为汉文和西夏文对照的词语索引，按汉字笔画编排，后为西夏词语出处，准确到所在行数。一些常见词语，反复大量出现，为节省篇幅，仅列举一部分出处。不同出处之间用"∥"隔开。俄藏、英藏图版定位，均以上海古籍出版社整理刊布的《俄藏黑水城文献》第 11 册、《英藏黑水城文献》第 5 册为准。R 代表俄藏，E 代表英藏。如 R11·158 下·4，即《俄藏黑水城文献》第 11 册第 158 页下图第 4 行。

一心	𗰜𗦮	R11·158 下·4∥R11·174 上·12∥R11·175 下·1
一户	𗰜𗈪	R11·177 下·8
一日	𗧅𗆟	R11·157 下·3∥R11·177 下·10
一日一夜	𗧅𗆟𗧅𗍫	R11·157 下·5
一列	𗰜𗒂	R11·156 下·2
一向	𗰜𗲗	R11·177 上·11∥R11·177 上·14
一次	𗰜𗣜	R11·160 上·2∥R11·160 上·3∥R11·160 上·5
一时	𗰜𗱈	R11·178 上·9
一夜	𗧅𗍫	R11·156 下·6
一法	𗰜𗨳	R11·176 下·13∥R11·176 下·14∥R11·177 上·1
一顷	𗰜𗤋	R11·177 下·8∥R11·177 下·9
一律	𗰜𗆢	R11·163 上·11∥R11·163 下·12∥R11·172 上·1∥R11·177 下·4
	𗰜𗲗	R11·163 下·1∥R11·171 下·8∥R11·172 上·2∥R11·176 上·14
一面	𗰜𗤁	R11·161 下·4
九变	𗏁𗟻	R11·163 上·4∥R11·163 上·5∥R11·163 上·7
二日	𗍫𗆟	R11·156 下·6
二次	𗍫𗣜	R11·160 上·2∥R11·160 上·5
人门	𗼛𗈪	E5·150·5
人马	𗼛𗟨	R11·163 上·2∥R11·166 上·3
人和	𗼛𗦺	R11·163 下·5
儿子	𗖔𗏵	R11·160 上·6
力强	𗧾𗝖	R11·170 上·7

十字路口	（营道遇）	R11・159 下・9
求卦		R11・173 下・5
三分之二	（三分中二分）	R11・158 上・1
三次		R11・160 上・4∥R11・160 上・7
		R11・160 上・2∥R11・160 上・5
三辰		R11・158 下・13
上文	（先△云）	R11・160 下・14
	（先有文）	R11・158 上・3
上弦	（朔定）	E5・151・5
下人		R11・178 上・13
下方		R11・165 上・3
		R11・161 下・6
下处		R11・165 下・6
下弦	（晦定）	E5・151・5
下面		R11・163 上・8
下流	（水尾）	R11・165 上・4
乞兵		R11・176 下・9
士卒		R11・161 下・7
大小		R11・159 上・2∥R11・178 上・5
大军		R11・157 上・3
大吏	（小将）	R11・170 上・11
大臣		R11・172 下・10
大将	（军将）	R11・159 下・11∥R11・159 下・12∥R11・160 上・3∥R11・160 上・6∥R11・160 上・8∥R11・160 上・11∥R11・170 下・1
		R11・170 上・12∥R11・170 上・13
大怒		R11・160 上・10
大祸		R11・177 上・4
子时		R11・160 下・6
小将		R11・170 上・13
山下		R11・164 下・5
山穴		R11・166 上・2
山谷		R11・158 下・1∥R11・158 下・2
山林		R11・158 上・12∥R11・158 下・4∥R11・176 上・6
山顶		R11・165 下・11∥R11・166 下・8

山涧	𗥤𗣼	R11·166上·2
川泽	𗫓𗫓	R11·165上·13
己军	𗣼𗽲	R11·162下·5∥R11·169下·4
己国	𗣼𗆊	R11·178下·9
弓箭	𗰔𗸕	R11·159下·9
不义	𗤡𗦀	R11·163上·13
不为利惑	𗼺𗤺𗝔𗠫（利因不随）	R11·160下·12
不仁	𗾫𗤗	R11·170下·1
不及	𗥇𗸔	R11·157上·4∥R11·157上·6
不可仰攻	𗤡𗵒𗥇𗟻（面上勿战）	R11·161上·6
不同	𗤡𗦻	R11·168上·6
不安	𗥇𗜶	R11·160下·11∥R11·160下·12
不许	𗮀𗤗	R11·170下·3
不过	𗥇𗗚	R11·157下·13∥R11·159下·13∥R11·160上·9∥R11·163下·12∥R11·164下·10∥R11·171下·5∥R11·174下·9∥R11·177上·5
不利	𗥇𗝔	R11·158下·1∥R11·163下·3∥R11·169下·5
不听	𗤡𗫂	R11·162下·13
不定	𗤡𗷸	E5·151·3
不服	𗤡𗻋	R11·170上·13
不肯	𗥇𗭁	R11·166下·14∥R11·168下·1∥R11·170下·3∥R11·170下·4
不活	𗤡𗠦（不达）	R11·176上·1
不悟	𗤡𗪟	R11·177上·7
不能	𗥇𗸪	R11·170上·9
不难	𗤡𗼑	R11·159上·5
不得已	𗤡𗮅𗤡𗾈（不为不成）	R11·157下·8∥R11·173上·12∥R11·173下·8
不得已战	𗤡𗨻𗤡𗾈（不战不成）	R11·159下·7∥R11·169下·5∥R11·173上·13∥R11·173上·13∥R11·176上·4∥R11·176上·5
不得便	𗑠𗤡𗍫	R11·177上·10
不敢	𗥇𗗔	R11·156下·5∥R11·159下·1∥R11·163下·13∥R11·164下·11∥R11·168下·6∥R11·170上·10∥R11·173下·12
不意	𗦀𗤡𗟲𗷾（意不置上）	R11·156上·7∥R11·166下·4∥R11·167上·2
专一	𗥤𗫓𗫴（相头视）	R11·159上·12

中央	□□	R11·159下·8∥R11·165下·13∥R11·165下·14∥R11·177下·9
中军	□□	R11·170下·7
乌鸟	□□	R11·167下·10
云何	□□	R11·168上·2
五行	□□	E5·151·1∥E5·151·3∥E5·151·5
仁义	□□	R11·171上·3
仁恩	□□	R11·168下·14
仁德	□□	R11·176下·5
今	□□（此刻）	R11·159下·14∥R11·160上·13
今日	□□	R11·167上·8
从计	□□□（计上来）	R11·176上·5
公事	□□	R11·171下·14
内间	□□	R11·178上·7∥R11·178下·4
内御	□□□（君命听）	R11·171上·10
分合	□□	R11·158下·6∥R11·158下·7∥R11·158下·8
分明	□□	R11·159上·9∥R11·159下·13∥R11·169上·3∥R11·176下·14
分度	□□	E5·151·4
分离	□□	R11·168下·1∥R11·168下·2∥R11·175上·11
区分	□□	R11·164上·10
午	□□	R11·160下·3∥R11·160下·9
午时	□□	R11·160下·6
及	□□（及复）	R11·159下·11
反间	□□	R11·178上·7
天下	□□	R11·176上·13∥R11·176下·2
天子	□□	R11·161上·8∥R11·167上·14∥R11·171上·13
天井	□□	R11·165下·12∥R11·165下·13∥R11·165下·14∥R11·166上·2
天阴	□□	R11·158下·13
天时	□□	R11·170上·5
天灾	□□	R11·170上·2
天牢	□□	R11·165下·12∥R11·165下·13∥R11·166上·1
天使	□□	R11·163上·3

续表

天罗	▯▯	R11·165下·12∥R11·165下·14∥R11·166上·1∥R11·166上·3
天晓	▯▯	R11·160下·3
天陷	▯▯	R11·165下·12∥R11·165下·14∥R11·166上·1∥R11·166上·3
天隙	▯▯	R11·165下·12∥R11·165下·14∥R11·166上·1∥R11·166上·3
太一	▯▯	R11·159上·6
太守	▯▯（城主）	R11·172下·11
夫	▯▯	R11·170上·2
夫子	▯▯	R11·158上·6
少许	▯▯	R11·161下·8∥R11·162下·5
引导	▯▯	R11·163下·6∥R11·166上·5
	▯▯	R11·162下·9∥R11·170下·4∥R11·175上·1∥R11·176下·7
心下	▯▯	R11·162下·2∥R11·163上·9∥R11·163上·14
心性	▯▯	R11·178上·5
心悔	▯▯	R11·161下·8
心欲	▯▯	R11·162下·7
心喜	▯▯	R11·156下·5∥R11·161上·12∥R11·167上·1∥R11·178上·14
文法	▯▯	R11·168下·13
斗心	▯▯	R11·164上·1
方阵	▯▯	R11·174上·12
无常	▯▯（不定）	E5·151·1∥E5·151·3
日月	▯▯	E5·151·5
日夜	▯▯	R11·157上·7
木梯	▯▯	R11·174下·14
水口	▯▯	R11·172下·12
水池	▯▯	R11·166上·10
水沫	▯▯	R11·165下·11
水草	▯▯	R11·158上·14∥R11·165上·8
水面	▯▯	R11·163下·14
水流	▯▯	R11·165上·1∥R11·165上·3
水程	▯▯	R11·178上·13

续表

计度	□□□（计谋度）	R11·157上·3
计谋	□□	R11·156上·6∥R11·158上·5∥R11·158下·5∥R11·160上·11∥R11·162上·10∥R11·163下·8∥R11·167上·11∥R11·167上·11∥R11·172下·13∥R11·174上·11∥R11·174上·13∥R11·174下·8∥R11·174下·8∥R11·174下·11∥R11·175上·1∥E5·150·3
车马	□□	R11·166下·6
车毂	□□	R11·171上·11
长短	□□	R11·178上·5∥E5·150·5∥E5·151·2
队伍	□□	R11·159下·9∥R11·170下·8
队形	□□	R11·159上·11
丘陵	□□	R11·166上·7∥R11·166上·9
	□□	R11·158下·2∥R11·165上·13
	□□	R11·165下·7
主客	□□	R11·160下·14
他军	□□	R11·160下·8
他国	□□	R11·159上·3∥R11·178下·5∥R11·178下·13
令行	□□（法正）	R11·163下·6
以下	□□	R11·163下·10
以迂为直	□□□□（远者近为）	R11·156上·2∥R11·156上·3
以逸待劳	□□□□（佚住劳待）	R11·160下·13
出入	□□	R11·159下·9∥R11·172上·8∥R11·177下·1∥R11·177下·4∥E5·150·7
出处	□□	R11·165下·14
击鼓	□□	R11·156下·3∥R11·159下·6∥R11·159下·10∥R11·159下·11∥R11·160上·2∥R11·160上·2∥R11·160上·2∥R11·160上·3∥R11·160上·4∥R11·160上·5∥R11·160上·7∥R11·160上·9∥R11·164上·5
包围	□□	R11·161下·8
卯	□□（日出）	R11·160下·9
去路	□□□	R11·162下·3
发	□□（足行）	R11·156上·4∥R11·156上·5∥R11·156上·6∥R11·156上·7
发作	□□（摇动）	R11·161上·13
发怒	□□	R11·170上·13∥R11·179上·1

古	□□（先祖）	R11・163 上・14∥R11・177 下・6∥R11・177 下・8
右方	□□	R11・165 上・11∥R11・165 上・12
右军	□□	R11・161 上・9
号令	□□	R11・156 下・2∥R11・159 下・13∥R11・160 上・1∥R11・163 上・7∥R11・170 上・7∥R11・171 下・6∥R11・173 下・2∥R11・173 下・10∥R11・173 下・12∥R11・174 下・4∥R11・174 下・4∥R11・174 下・9∥R11・176 上・2
司马法	□□□	R11・161 下・3
四方	□□	R11・176 上・1
四季	□□	E5・151・1∥E5・151・5
四面	□□	R11・159 下・10∥R11・159 下・12∥R11・161 下・4∥R11・161 下・10
圣主明王	□□□□	R11・171 上・11
处处	□□	R11・159 下・14
	□□	R11・166 下・2
处军	□□□□（军家营设）	R11・164 下・1∥R11・164 下・3∥R11・165 上・10
失职	□□	R11・178 下・5
	□□	R11・178 下・5
头监	□□	R11・160 上・8
尔时	□□	R11・162 下・1∥R11・167 上・14∥R11・170 下・2∥R11・176 下・5∥R11・176 下・10
左右	□□	R11・159 下・8∥E5・150・4
巧人	□□	R11・168 下・5∥R11・168 下・6∥R11・168 下・6
巧心	□□	R11・168 上・11∥R11・168 上・12
巧智	□□	R11・178 下・6
市场	□□	R11・169 上・5
平旦	□□	R11・157 下・9∥R11・160 下・6
平地	□□	R11・174 上・9
平陆	□□	R11・165 上・9∥R11・165 上・14
平坦	□□	R11・165 上・10
平易	□□	R11・166 上・13
归师	□□	R11・161 上・13
归路	□□□	R11・161 下・2
未尽	□□	R11・157 下・7
未尝	□□	R11・167 上・11

续表

末年	[illegible]	R11・161 下・10
本国	[illegible]	R11・161 上・14
正正	[illegible]（行行）	R11・160 下・14//R11・161 上・2
汉长官	[illegible]（汉大）	R11・167 上・14
玄密	[illegible]	R11・178 下・3
	[illegible]	R11・174 下・6
生生	[illegible]	R11・160 下・10
生死	[illegible]	R11・160 下・1
生间	[illegible]	R11・178 上・8//R11・179 上・2//R11・179 上・3//R11・179 上・3
用兵	[illegible]	R11・156 上・6
用法	[illegible]	R11・174 下・8
申时	[illegible]	R11・160 下・6
白玉	[illegible]	R11・176 下・11
白昼	[illegible]	R11・159 下・5//R11・159 下・11
皮鼓	[illegible]	R11・159 上・14
目盲	[illegible]	R11・174 下・9
目前	[illegible]	R11・171 下・8
立功	[illegible]	R11・170 下・4
立即	[illegible]	R11・158 下・10//R11・159 下・13//R11・160 下・10//R11・161 上・11//R11・161 上・12//R11・161 下・9//R11・162 下・2//R11・167 上・6//R11・167 上・9//R11・167 上・13//R11・167 下・1//R11・170 下・3//R11・170 下・4//R11・170 下・6//R11・171 下・4//R11・176 下・6
立足	[illegible]	R11・164 下・3
立旗	[illegible]	R11・167 下・3
议者	[illegible]	R11・162 下・8//R11・162 下・9
议略	[illegible]	R11・176 上・11//R11・176 下・3
议盟	[illegible]	R11・162 上・8
边接	[illegible]	R11・175 下・3//R11・175 下・7//R11・178 上・13
饥寒	[illegible]	R11・159 上・9//R11・179 上・4
饥渴	[illegible]	R11・172 下・12
争	[illegible]（疾疾）	R11・164 上・1
争长	[illegible]	R11・176 下・8
争地	[illegible]	R11・172 上・14//R11・172 下・13//R11・175 下・4

争利	𗥽𗅲	R11·157 上·4∥R11·157 上·5∥R11·157 上·6∥R11·157 上·7∥R11·157 下·1∥R11·157 下·3∥R11·157 下·11∥R11·159 上·3∥R11·171 上·4
争胜	𗥽𗅲	E5·151·7
交合	𗦻𗴄𗴖𗾜𗴂𗏹𗗰（己他二军相前营设）	R11·156 上·1
交地	𗕟𗰖	R11·172 下·1∥R11·173 上·1∥R11·175 下·5
交兵	𗴗𗍫𗏹𗄈（兵力结合）	R11·158 上·12
交和	𗵐𗕟	E5·150·4
伏兵	𗋢𗴗	R11·166 上·8∥R11·166 上·10∥R11·170 上·4∥R11·170 下·7
	𗴗𗋢	R11·161 上·7∥R11·166 下·2∥R11·166 下·3∥R11·166 下·5∥R11·168 下·1∥R11·168 下·2
伏服	𗋢𗾚	R11·169 上·5
伐木	𗧾𗰗	R11·166 上·14
休止	𗾽𗂧	R11·163 下·5
休囚旺相	𗾽𗰱𗸩𗗚	E5·151·3
休息	𗺉𗁾（力息）	R11·168 上·13∥R11·168 上·14
众人	𗤁𘝞	R11·159 上·2∥R11·161 上·9∥R11·168 下·14
众军	𗤁𗴖	R11·175 下·1
会遇	𗥤𗴥	R11·176 下·7
伤害	𗭩𗠁	R11·163 上·13
伤毁	𗭩𗮾	R11·170 下·6
先	𗵘𗵘	R11·156 上·2∥R11·156 上·7∥R11·156 上·6∥R11·157 下·10∥R11·158 上·11∥R11·158 下·6∥R11·159 上·7∥R11·159 上·9∥R11·159 下·2∥R11·161 上·11∥R11·162 下·6∥R11·163 上·11∥R11·163 上·14∥R11·163 下·5∥R11·164 下·3∥R11·167 下·3∥R11·168 下·11∥R11·169 上·1∥R11·169 上·4∥R11·169 上·5∥R11·170 上·5∥R11·170 下·6∥R11·171 下·4∥R11·173 上·5∥R11·173 上·6∥R11·174 下·8
	𗤟𗵘	R11·156 上·7
先前	𗵘𗰩	R11·163 下·9
先锋	𗵘𗰖（先导）	R11·170 下·12
再舍	𗭪𗅔𗴖（六十里）	R11·157 下·7
军人	𗴖𗷲	R11·170 上·10

续表

军力	𥁕	R11·160上·1∥R11·160上·5∥R11·176下·2
军士	𥁕	R11·159下·5∥R11·159下·12
军门	𥁕	E5·150·4
军队	𥁕	R11·159上·1∥R11·159上·2∥R11·160上·7
军争	𥁕（利争）	R11·156上·1∥R11·157上·2∥R11·159上·8∥E5·150·7
军吏	𥁕（执军政者）	R11·159下·3∥R11·163上·3
军体	𥁕	R11·162上·4∥R11·167下·7
军事	𥁕（兵马事）	R11·156下·2
军卒	𥁕	R11·156下·3∥R11·159下·2∥R11·159下·12∥R11·167上·6∥R11·167下·10∥R11·167下·12∥R11·168下·11∥R11·170上·8
军法	𥁕	R11·170下·8∥R11·170下·9
军法	𥁕	R11·159下·1
军威	𥁕	R11·157下·13
军丰	𥁕	R11·161下·3∥R11·172下·11
军政	𥁕	R11·163上·2∥R11·163下·3∥R11·172上·2∥R11·174上·14∥R11·174下·1
军政	𥁕（军法）	R11·159上·10
军营	𥁕	R11·156下·1∥R11·156下·4∥R11·157下·1∥R11·157下·5∥R11·157下·12∥R11·159下·2∥R11·167下·3∥R11·167下·12∥R11·167下·14∥R11·168上·3∥R11·168上·6∥R11·168上·7∥R11·169下·6∥R11·170上·2∥R11·170上·7∥R11·170上·10∥R11·170上·11∥R11·170上·13∥R11·170上·14∥R11·170下·3∥R11·170下·4∥E5·150·2∥E5·150·3∥R11·157下·3∥E5·150·7
军溜	𥁕	R11·175下·2
军粮	𥁕	R11·157上·5∥R11·168上·3∥R11·168上·4∥R11·171上·5∥R11·175下·8
农时	𥁕	R11·163下·5
死	𥁕（归命）	R11·163下·1∥R11·173上·13∥R11·173下·8∥R11·173下·12∥R11·177上·5∥R11·177上·6
划分	𥁕	E5·150·4

列阵	▢▢▢▢（战阵正为）	R11·156下·6//R11·160下·7
	▢▢▢▢（战场设置）	R11·167上·7
	▢▢▢（战阵设）	R11·160下·9
	▢▢▢（战场△设）	R11·160下·8
刚柔	▢▢	R11·174下·1//R11·174下·2
刚健	▢▢	R11·160上·7//R11·172上·5
刚愎	▢▢（性粗）	R11·170下·1
刚锐	▢▢	R11·164上·2
动动	▢▢	R11·158上·14
动静	▢▢▢▢（安定不安定）	R11·158下·5
危险	▢▢	R11·174下·14
各自	▢▢	R11·157下·9//R11·159下·8//R11·159下·11//R11·161下·9//R11·165下·3//R11·166下·9//R11·170下·1
合兵	▢▢▢▢（兵力结合）	R11·161下·1
合围	▢▢	R11·161下·10
吉凶	▢▢	R11·164上·10//R11·173下·3//R11·173下·4//R11·173下·6
吉祥	▢▢	R11·162下·14
同心	▢▢	R11·173下·2
同类	▢▢	R11·161下·6
后	▢▢（后方）	R11·156上·4//R11·156上·5//R11·156上·7//R11·156下·5//R11·157下·8//R11·159下·10//R11·160上·4//R11·163上·1//R11·165上·11//R11·165上·12//R11·167上·2//R11·172上·9//R11·172下·9//R11·174下·8
后退	▢▢	R11·159上·13//R11·162上·2//R11·177上·8
后遗	▢▢	R11·157下·2//R11·157下·4
吏	▢▢（列主）	R11·168上·3
吏士	▢▢（军头）	R11·173下·5
向导	▢▢（地识）	R11·158上·13//R11·176上·8
向背	▢▢	E5·150·6

续表

因此	[illegible]	R11·157下·8//R11·159上·9//R11·159上·12//R11·160上·4//R11·160上·14//R11·176下·13//R11·178下·13
	[illegible]	R11·157上·1//R11·157下·11//R11·162上·2//R11·163下·14//R11·170下·7//R11·171上·11//R11·171下·6//R11·175下·14//R11·176下·7//R11·176下·9//R11·176下·11
因而	[illegible](彼后)	R11·161下·5
因间	[illegible]	R11·178上·7//R11·178上·11
圮地	[illegible]	R11·162上·6//R11·172下·1//R11·175下·9
圮毁	[illegible]	R11·162上·7
地方	[illegible]	R11·159上·4
地边	[illegible]	R11·161上·11//R11·167上·14
地名	[illegible]	R11·157下·6//R11·160上·3//R11·160下·1//R11·160下·2//R11·170下·6//R11·172下·2
地利	[illegible]	R11·163上·4
	[illegible]	R11·158下·1//R11·158下·3//R11·172下·7//R11·173上·5
地形	[illegible]	R11·158下·2//R11·162上·10//R11·166上·2//R11·166上·10//R11·170上·5//R11·171上·3//R11·172上·7//R11·172上·8//R11·172上·13//R11·173上·1//R11·174下·1//R11·174下·2//R11·176上·7
	[illegible]	R11·163上·6
地势	[illegible]	R11·161上·5//R11·169下·6//R11·169下·7
地图	[illegible]	R11·158下·2
地脊	[illegible]	R11·164下·6
地域	[illegible]	R11·173上·2
地堂	[illegible]	R11·172下·6
	[illegible]	R11·162下·7//R11·173上·6//R11·173上·12//R11·175上·1
地程	[illegible]	R11·159上·8//R11·159上·9//R11·172上·8//R11·172下·3//R11·172下·12
地境	[illegible]	R11·173上·2
如此	[illegible]	R11·156上·6//R11·157下·6//R11·159上·2//R11·162下·6//R11·164上·10//R11·167上·12//R11·171下·2//R11·172下·12//R11·178下·6

如愿	𗑗𘄡	R11·177 上·11
	𗑗𘄡（愿上）	R11·159 下·11
妄言	𗅭𗗟	R11·164 上·7
妄事	𗐯𗏇	R11·160 下·12
守护	𘕕𗥃	R11·161 上·3 // R11·164 上·4 // R11·164 上·9
安乐	𗎫𗠣	R11·176 上·12
安地	𗭧𗙏	R11·174 下·13
安佚	𗙏𗎫	R11·159 上·9
安定	𗭴𗋽	R11·162 下·11 // R11·169 上·4 // R11·177 下·12
寻求	𗹢𗉝	R11·168 下·7
寻怨	𗘸𗉝	R11·176 下·11
尘土	𗭴𘊄	R11·166 下·6 // R11·166 下·7 // R11·166 下·8 // R11·166 下·9
尽力	𗭴𗾔	R11·170 下·13 // R11·173 上·10 // R11·173 上·13
屹然	𗟻𗡝（分明）	R11·159 下·10
岂可	𗼃𘜶	R11·164 下·10
岂有	𗼃𗟭	R11·157 下·5 // R11·158 上·11 // R11·160 下·9 // R11·162 下·8 // R11·167 下·7 // R11·171 上·4 // R11·173 上·9 // E5·151·6
	𗼃𘝞	R11·161 上·9
岂徒……又	……𘜶𗖟𗒹	R11·171 上·3
岂能	𗼃𗥃	R11·157 下·6
并兵	𗔀𘜶𗴴𗈶（兵力结合）	R11·177 上·11 // R11·177 上·12 // R11·177 上·14
并非	……𗥃𗏸	R11·173 下·8 // R11·177 下·4
当斩	𗴴𗣼	R11·159 下·2 // R11·163 上·3
成功	𗎫𗷉	R11·178 上·1
成事	𗢸𗏇	R11·178 下·2
执旗	𗴴𗤙	R11·164 上·5
曲折	𗠣𗣼（坚固）	R11·159 下·14
杂入	𗤙𗴴	R11·171 下·14
杂虑	𗑐𘏳	R11·163 上·9 // R11·163 上·10 // R11·163 上·11 // R11·163 上·12 // R11·163 上·14
此次	𘊄𘏳	R11·170 下·2
死	𗷉𗤙（身化）	R11·162 下·12
	𗶷𘄡𘈩𗾔（命上 △ 出）	R11·161 下·2 // R11·173 上·13

续表

死亡	𘜶𘝾	R11·158上·2∥R11·170上·11
死地	𘜶𘝾	R11·162上·11∥R11·162上·11∥R11·162下·5∥R11·172下·1∥R11·173上·13∥R11·173下·1∥R11·174上·13∥R11·175上·13∥R11·176上·1∥R11·177上·4∥R11·177上·6
死间	𘜶𘝾	R11·178上·8∥R11·178下·12∥R11·179上·2
死败	𘜶𘝾	R11·158上·2
死战	𘜶𘝾	R11·172下·4
污泥	𘜶𘝾	R11·158上·14
汲水	𘜶𘝾	R11·167下·6
	𘜶𘝾	R11·167下·7
	𘜶𘝾	R11·164下·3
百战百胜	𘜶𘝾𘜶𘝾	R11·171上·1
约	𘜶𘝾(言分)	R11·173下·12∥R11·174下·14
羊群	𘜶𘝾	R11·175上·2∥R11·175上·4
而	𘜶𘝾(彼顺)	R11·167上·5
耳目	𘜶𘝾	R11·159上·12∥R11·159下·5
耳聋	𘜶𘝾	R11·174下·9
自进	𘜶𘝾	R11·159下·2
	𘜶𘝾	R11·160上·2∥R11·160上·3∥R11·160上·4∥R11·160上·5∥R11·160上·9∥R11·170上·10∥R11·174上·13∥R11·176上·1∥R11·176上·2
自卑	𘜶𘝾	R11·166下·12
自战	𘜶𘝾	R11·173下·1∥R11·173下·2
自矜	𘜶𘝾	R11·164上·7
自然	𘜶𘝾(彼顺)	R11·162下·2∥R11·172下·12∥R11·173下·2∥R11·173下·3
至任	𘜶𘝾(事要)	R11·169下·6∥R11·171上·2∥R11·175上·6
舟梁	𘜶𘝾	R11·172下·6
舟船	𘜶𘝾	R11·175上·2
行令	𘜶𘝾(口用)	R11·170下·1
行军	𘜶𘝾	R11·158上·13∥R11·165上·10∥R11·166上·7
行列	𘜶𘝾(列显)	R11·158下·11
	𘜶𘝾	R11·158下·10∥R11·170下·9∥R11·175下·3∥E5·150·4

汉文	西夏文	出处
行行	𗣼𗣼	R11·158 上·14
行情	𗣼𗍫	R11·158 下·7
行遣	𗣼𗣼	R11·158 上·5
西方	𗤁𗦻	R11·156 下·3
观天	𗫉𗀀	R11·173 下·5
观察	𗫉𗤋	R11·158 下·4
论测	𗏁𗫢	R11·170 上·5∥R11·177 下·7
设立	𗐯𗿷	R11·159 下·8
设伏	𗐯𗆧	R11·177 上·8
设阵	𗐯𗿷	R11·177 上·6
设营	𗐯𗥃	R11·156 上·1∥R11·156 下·3∥R11·159 下·8∥R11·164 下·2∥R11·166 下·1∥R11·167 下·11∥R11·169 下·5∥R11·173 上·2∥R11·173 上·6
设置	𗐯𗭪	R11·164 下·10
设置	𗐯𗭪	R11·159 上·11∥R11·167 下·11∥R11·171 下·11∥R11·176 下·12∥R11·176 下·13
迂直	𗈁𗏵	R11·157 上·1∥R11·159 上·7
过道	𗠅𗟲	R11·161 下·3∥R11·161 下·9
阳方	𗢳𗦻	R11·164 下·5
阳气	𗢳𗁩	R11·160 下·6
阴	𗼻𗼻（暗暗）	R11·160 上·6
驰马	𗼃𗿒	R11·163 上·3
驰跃	𗼃𗢼	R11·166 上·1
齐心	𗧅𗆤	R11·173 上·8
齐正	𗧅𗏹	R11·174 上·14
齐齐	𗧅𗧅	R11·159 下·11
两端心	𗢝𗒹𗹙𗆤（一头两舌）	R11·178 下·6
低地	𗏹𗓈	R11·165 上·12∥R11·165 上·13
住处	𗼖𗂧	R11·158 下·1∥R11·165 上·12∥R11·165 上·13∥R11·175 下·6
住兵	𗾈𗼖	R11·162 下·8
佐	𗸐𗋐（助相）	R11·170 下·1
何为	𗧀𗿀𗂧	R11·169 下·5
何为	𗄻𗂧	R11·163 上·3

何云	𗇤𗫲	R11·159 下·6//R11·160 上·4//R11·160 上·13//R11·167 上·5
何如	𗇤𗫦	R11·158 下·5
何有	𗇤𗕵	R11·162 下·11//R11·168 下·7
	𗇤𗫴	R11·167 下·7//R11·172 上·11
	𗇤𗫩	R11·177 上·7//R11·177 下·11//R 11·178 上·1
何时	𗇤𗫵	R11·171 下·5
何敢	𗇤𗫸	R11·163 下·1
余	𗇤𗫦（其外）	R11·157 下·4//R11·174 下·9
兵力	𗼭𗫲	R11·157 下·14//R11·162 下·6
兵车	𗼭𗫵	R11·158 下·2
兵众	𗼭𗫴	R11·163 下·5
兵法	𗼭𗫸	R11·159 下·7//R11·169 上·6//R11·170 下·12
利害	𗼭𗫲	R11·163 上·9//R11·163 上·13//R11·163 上·14//R11·175 上·6//R11·175 上·7
利益	𗼭𗫲	R11·162 下·11
	𗼭𗫵	R11·157 下·10//R11·163 上·6
劫掠	𗫴𗫵	R11·161 下·6//R11·162 下·10//R11·167 上·13
劳苦	𗫩𗼭	R11·159 上·9//R11·162 下·5//R11·164 上·9//R11·167 下·8//R11·177 下·9
君臣	𗫦𗫲	R11·158 上·7
	𗫦𗫲	R11·178 下·7
君命	𗫦𗫸	R11·156 上·1//R11·162 上·5//R11·162 下·12//R11·163 上·1//R11·163 上·2//E5·150·2
君命	𗫦𗫴	R11·162 下·13
吾自	𗇤𗫲（吾爱）	R11·159 上·6//R11·165 上·12
告知	𗫦𗫵	R11·171 下·10
困困	𗫴𗫴	R11·167 下·6//R11·168 上·3
困兽	𗫴𗫴	R11·161 下·12
围地	𗫵𗫸	R11·162 上·10//R11·172 下·1//R11·175 上·13//R11·175 下·10
坎穴	𗫲𗫸	R11·165 下·14
坑堑	𗫦𗫲（坡脊）	R11·158 上·14
坚甲	𗫸𗫵	R11·156 下·6//R11·161 下·11

续表

坚守	[illegible]	R11·161下·4
	[illegible]	R11·159下·11
坚固	[illegible]	R11·173上·12
	[illegible]	R11·173上·11//R11·175上·9
坚壁	[illegible](沟壕修造)	R11·156下·4
弃除	[illegible]	R11·159上·4
弟子	[illegible]	R11·161下·5
忧烦	[illegible]	R11·167上·8//R11·168上·7
忧愁	[illegible]	R11·160下·2
我	[illegible]	R11·160上·7//R11·160上·8//R11·161上·3//R11·161下·2//R11·162下·9//R11·162下·10//R11·164上·5//R11·164下·9//R11·166下·2//R11·166下·11//R11·166下·13//R11·170上·7//R11·170下·6//R11·172下·12//R11·173上·6//R11·175下·11//R11·175下·12//R11·177上·8//R11·177上·9//R11·177上·11//R11·178下·7//R11·178下·14
我军	[illegible]	R11·165上·4
戒令	[illegible]	R11·168上·10//R11·169上·4//R11·169上·5//R11·171上·3//R11·176下·14//R11·177上·1
戒令	[illegible]	R11·171下·10
戒罚	[illegible]	R11·168下·14
戒惧	[illegible](全聚)	R11·173下·2//R11·173上·14
扰乱	[illegible]	R11·167下·14//R11·168上·1//R11·168上·2
抗拒	[illegible]	R11·172下·11
	[illegible]	R11·157下·10//R11·164下·9//R11·172下·13
攻击	[illegible]	R11·159上·1//R11·160下·12
攻掠	[illegible]	R11·161上·11
时时	[illegible]	R11·161下·7
李筌	[illegible]	R11·158下·13
杜牧	[illegible]	R11·172下·4
来往	[illegible]	R11·175上·4
来战	[illegible]	R11·157下·11//R11·164上·2
极中	[illegible]	R11·165下·1//R11·171上·6//R11·177下·11
步兵	[illegible]	R11·166下·7
步骑	[illegible]	E5·150·4

求利	𗷻𗫴	R11·174 上·11∥R11·174 上·13
沟垒	𗉛𗆟	R11·164 上·4
沟壕	𗉛𗆟	R11·166 下·14∥R11·167 上·1
灼骨	𗺼𗾔	R11·173 下·5
灾祸	𗀛𗹦	R11·173 下·5
纷乱	𗏁𗗚	R11·159 下·1∥R11·160 上·1∥R11·170 下·9∥R11·170 下·10
良言	𗰖𗟲	R11·171 下·2
言体	𗟲𘒣	R11·177 上·2
言断处	𗟲𗖒𗊬	R11·160 上·13
谷口	𗰀𗀱	R11·164 下·4
财货	𗏹𗇃	R11·158 上·9∥R11·159 上·2∥R11·173 下·8∥R11·173 下·9
走处	𗐯𗊬	R11·174 上·9∥R11·175 上·13
足迹	𗌶𗍫	R11·158 下·4∥R11·158 下·5∥R11·158 下·9∥R11·168 上·2
迎战	𗾱𘟣𗦴𗦴（面上战来）	R11·156 下·7
	𗦴𗗨	R11·164 上·6∥R11·173 上·2∥R11·176 下·4
运粮	𗼝𘝵	R11·177 下·8
运输	𗴺𘝵	R11·171 上·5
近地	𗢳𗉘	R11·172 上·14
进攻	𗣼𗣼	R11·167 上·2
进退	𗫜𘋊	R11·171 上·13
	𗣼𘋊	R11·159 下·1
	𗫂𘋊	R11·158 下·9
远近	𗤁𗢳	R11·156 上·5∥R11·158 下·2∥R11·159 上·9∥R11·159 上·9∥R11·164 上·10∥R11·171 上·5∥R11·171 上·6∥R11·171 上·7
违诏	𗤋𗤜	R11·171 上·14
迟缓	𗫂𗴺	R11·166 下·7
邻国	𗢳𗂧	R11·163 下·2

间谍	𗾟𗟻	R11·156下·4∥R11·156下·5∥R11·158下·3∥R11·160上·1∥R11·166下·11∥R11·166下·14∥R11·177下·5∥R11·177下·12∥R11·178上·1∥R11·178上·3∥R11·178上·6∥R11·178上·8∥R11·178上·10∥R11·178上·12∥R11·178下·1∥R11·178下·2∥R11·178下·7∥R11·178下·8∥R11·178下·9∥R11·178下·14∥R11·179上·1∥R11·179上·3∥R11·179上·5∥R11·179上·6∥R11·179上·7
阻碍	𗾟𗑗	R11·166上·6∥R11·168上·14
驱遣	𗾕𗝢	R11·156下·5
事体	𗢳𗏚	R11·174下·11
佯佯	𗤫𗤫	R11·161上·12∥R11·177上·7∥R11·177上·9∥R11·177上·10∥R11·178上·14∥R11·178下·10∥R11·179上·4
佯败	𗤫𗤮	R11·161上·6
使用	𗷦𗣼	R11·167下·8∥R11·168下·10∥R11·168下·13∥R11·171下·5∥R11·171下·7∥R11·171下·9∥R11·176下·14∥R11·177上·1∥R11·177上·2∥R11·178上·10
侍奉	𗧦𗰜	R11·156下·4∥R11·166下·14∥R11·178下·11
供备	𗼃𗇐	R11·158上·5∥R11·158上·7∥R11·166下·11
供给	𗼃𗇐	R11·163下·5∥R11·163下·8∥R11·163下·9∥R11·163下·14∥R11·170下·5∥R11·170下·6∥R11·178下·11
依次	𗂫𗪆	E5·150·7
依此	𗂫𗪆	R11·158上·7∥R11·165下·11∥R11·169上·1∥R11·174上·12
依行	𗟭𗪆	R11·174下·8
依恃	𗫨𗤳	R11·174上·10∥R11·174上·11∥R11·174上·13
依恃	𗫟𗤳	R11·176下·1∥R11·176下·4∥R11·176下·10
依顺	𗫨𗟳	R11·177上·9
依靠	𗫨𗰿	R11·162上·7∥R11·164下·2∥R11·165上·7∥R11·165上·8∥R11·178上·3
侧边	𗾛𗭡	R11·159下·8
侧边	𗭡𗾛	R11·166上·5∥R11·166上·6∥R11·172下·3∥R11·172下·4∥R11·173上·6

其中	𡒍𩆜	R11·157 下·9∥R11·166 上·10
	𡏇𩆜	R11·161 下·8
其外	𩂩𢁁	R11·163 下·12∥R11·167 下·7
势	𢼊𤲃（威力）	R11·174 下·2∥R11·176 上·12
势力	𩵋𤲃	R11·160 下·14∥R11·168 上·9∥R11·170 下·11∥R11·171 上·5
卑下	𩀫𡙅	R11·171 下·9
卷甲	𧝞𡵨𩆜𣴎（甲着裾卷）	R11·157 上·6
	𤊵𡵨𤉷𣴎（坚甲下卷）	R11·164 上·9
	𤊵𡵨𣜰𧰼（坚甲△载）	R11·156 下·5
取道	𣄰𦱾	R11·162 下·2
周天	𡺅𩁀	E5·151·3
呼叫	𥛠𣏓	R11·160 下·2∥R11·167 上·7∥R11·167 下·11∥R11·167 下·12∥R11·167 下·12
命令	𨣢𨡿	R11·159 下·3
命言	𨣢𦤛	R11·170 下·1
和门	𤢊𥁗	E5·150·4
	𤢊𣝒	E5·150·7
和言	𤢊𦤛	R11·167 上·11∥R11·167 上·13∥R11·170 下·5∥R11·176 下·8
和事	𤢊𧠛	R11·170 下·4
和使	𤢊𤕟	R11·170 下·3
和顺	𤢊𩈘	R11·176 下·6
和睦	𥮷𤢊	R11·178 下·7
固守	𣓃𦱾	R11·158 下·12∥R11·160 下·11∥R11·164 上·4∥R11·175 下·1∥R11·175 下·6∥R11·175 下·6∥R11·175 下·7∥R11·177 上·8
	𤉷𣓃	R11·174 上·13
固依	𤉷𡵨	R11·165 上·9
国人	𩇈𣐺	R11·169 上·4
国王	𩇈𥿏	R11·163 上·3
国君	𩇈𩰦	R11·178 上·9∥R11·178 上·11
国富	𩇈𥁲	R11·163 下·5
国境	𩇈𣣏	R11·159 上·5∥R11·172 下·9
坡脊	𣓃𥑉	R11·165 下·9

夜间	𗫂𗫩	R11・159 下・5 // R11・159 下・6 // R11・160 上・1 // R11・160 下・2 // R11・161 下・1 // R11・166 下・9 // R11・167 下・12
奇巧	𗧓𗾇	R11・159 下・14
奇兵	𗇾𗗘	R11・161 下・2 // R11・170 上・4 // R11・177 上・9
姓名	𗣼𗤓	R11・177 下・5
委军	𗫩𗢑（军飞）	R11・157 上・4
委弃	𗫩𗗗	R11・157 上・5 // R11・157 上・6 // R11・161 上・12 // R11・161 下・11 // R11・162 下・7 // R11・173 下・9 // R11・173 下・7
委弃	𗫩𗗗	R11・161 下・14
委积	𗟺𗗗	R11・158 上・4
委谢	𗫩𗤙𗷶𗣈（己归请和）	R11・168 上・13
官印	𗄊𗬷	R11・159 上・4
官吏	𗄊𗱸	R11・159 上・4 // R11・178 下・4 // R11・178 下・5
定计	𗫲𗥃	R11・159 上・6
宝物	𗑰𗬷	R11・162 下・10 // R11・178 上・12 // R11・178 下・6 // R11・178 下・8
屈伸	𗤭𗮦	R11・175 上・6 // R11・175 上・7
屈服	𗤭𗗉	R11・163 下・3
岸	𗗛𗼲（水边）	R11・162 下・8
巫术	𗧓𗱸	R11・161 下・5 // R11・161 下・8
弩	𗾈𗿨（镫弓）	R11・159 下・12
彼我	𗊟𗋽	R11・160 上・1
彼时	𗊟𗰖	R11・167 上・4
往至	𗫔𗫒	R11・160 下・1 // R11・161 上・12 // R11・173 上・3 // R11・173 上・4 // R11・173 上・5 // R11・173 下・4 // R11・173 下・6 // R11・175 上・10 // R11・175 下・4
往来	𗼕𗥃	R11・177 下・5
	𗼕𗥃	R11・166 下・9
	𗫒𗼕	R11・173 上・2
往还	𗫒𗫔	R11・179 上・2 // R11・179 上・3
往昔	𗼷𗣓	R11・162 下・7 // R11・163 上・1 // R11・170 上・14 // R11・171 下・2 // R11・175 上・2
往战	𗫔𗥃	R11・170 上・13

续表

忿怒	〔西夏字〕	R11·158下·14∥R11·164上·6∥R11·168上·3
忿速	〔西夏字〕（性急）	R11·164上·1
性急	〔西夏字〕	R11·164上·2∥R11·164上·5
性粗	〔西夏字〕	R11·164上·2∥R11·164上·3
怯弱	〔西夏字〕	R11·177上·10
	〔西夏字〕	R11·163下·13∥R11·164下·10∥R11·167下·12∥R11·170上·7∥R11·170上·10∥R11·170上·11∥R11·172上·6
所为	〔西夏字〕	R11·163上·10∥R11·163上·11
所得	〔西夏字〕	R11·159上·5
抵御	〔西夏字〕	R11·176上·3
拘缚	〔西夏字〕	R11·159上·12
	〔西夏字〕	R11·173上·11
	〔西夏字〕	R11·173上·12
放火	〔西夏字〕	R11·158下·11∥R11·164上·1
放牧	〔西夏字〕	R11·164下·3
放船	〔西夏字〕	R11·165上·4
明知	〔西夏字〕	R11·156上·5∥R11·157上·1∥R11·157下·11
易地	〔西夏字〕	R11·165上·10∥R11·166上·12∥R11·166上·13
林木	〔西夏字〕（列立）	R11·158下·2
	〔西夏字〕（树立）	R11·158下·11
果真	〔西夏字〕	R11·160上·10
武行	〔西夏字〕	R11·168下·13
沮泽	〔西夏字〕（泽河湿泥）	R11·158上·12
	〔西夏字〕	R11·176上·7
河上	〔西夏字〕（水程上）	R11·160下·2
法令	〔西夏字〕	R11·174下·5
法式	〔西夏字〕	R11·159上·8
泥水	〔西夏字〕	R11·165上·8
泽地	〔西夏字〕	R11·165上·8∥R11·165上·9
环绕	〔西夏字〕	R11·159下·8
知觉	〔西夏字〕	R11·158下·5
秉性	〔西夏字〕	R11·164上·2
空中	〔西夏字〕	R11·158下·14
空虚	〔西夏字〕	R11·158下·9

舍命	𗦲𗩴	R11·173下·9
苟生	𗦲𗩴（暂存）	R11·173下·9
茅草	𗟲𗆤	R11·166下·2
若此	𗰜𗤁	R11·170下·9//R11·170下·11
视听	𗠻𗍶	R11·159下·5
诡诈	𗟻𗙏	R11·158下·7//R11·178下·6
	𗟻𗭪	R11·166下·12//R11·167上·3//R11·167下·5//R11·178下·9
贪爱	𗾊𗪲	R11·178下·6
贫苦	𗾉𗰱	R11·168上·8
金铎	𗴮𗵜（铜鼓）	R11·171下·10
金银	𗴮𗵜	R11·158上·6//R11·176下·11//R11·178下·2//R11·178下·6
降心	𗣛𗠵	R11·160上·13
驻军	𗣛𗇋𗥃（设军营）	R11·158下·12
鱼贯	𗦖𗰖	R11·166下·6
皇帝	𗩳𗖍	R11·165下·2
举火	𗣪𗉙	R11·159下·6//R11·159下·13
举止	𗣪𗣈（行住）	R11·167下·14
侵扰	𗩾𗫵	R11·163下·5
亲近	𗦎𗗿	R11·172上·2//R11·176下·5
信心	𗼇𗠵	R11·158上·6
修造	𗅲𗨙	R11·156下·5//R11·166下·12
养生	𗢳𗰜	R11·165下·5
养育	𗢳𗹙	R11·171上·12//R11·178下·1
前	𗃀𗥃	R11·175下·4
	𗃀𗥃	R11·161上·6//R11·164下·6//R11·164下·7//R11·164下·7//R11·165上·11//R11·165上·12//R11·166上·4//R11·166上·6//R11·170下·6//R11·170下·13//R11·177下·6
前方	𗃀𗥃𗒱	R11·157下·8
前后	𗃀𗵘	R11·159下·8//R11·178下·1
前锋	𗃀𗨁（先导）	R11·171上·1
勇心	𗦡𗠵	R11·159下·2//R11·170下·13
勇男	𗦡𗸴	R11·170下·13//R11·170下·14

续表

勇怯	[illegible]	E5・150・5
	[illegible]	R11・159下・1//R11・170上・5
勇悍	[illegible]	R11・159下・3//R11・159下・3//R11・160上・6//R11・160上・8//R11・163下・11//R11・163下・12//R11・168上・11//R11・168下・4//R11・170上・10//R11・170下・14//R11・172下・11//R11・173下・13//R11・173下・14//R11・174上・1//R11・174下・1//R11・179上・4
南方	[illegible]	R11・164下・6
南面	[illegible]	R11・169下・1
变化	[illegible]	R11・161上・1//R11・161上・2//R11・175上・6//R11・175上・8//E5・151・2//E5・151・3//E5・151・3//E5・151・6
	[illegible]	R11・158下・6//R11・158下・7//R11・162上・4//R11・174下・10
变易	[illegible]	R11・177下・5
咽喉	[illegible]	R11・172下・8
咽喉要道	[illegible]	R11・162下・2//R11・164下・2
城门	[illegible]	R11・160上・12
城郭	[illegible]	R11・158下・2
城堡	[illegible]	R11・176下・5//R11・178上・13
奏	[illegible](官于△到)	R11・162下・2
威力	[illegible]	R11・160上・3//R11・160上・4//R11・160上・9//R11・160下・5
威气	[illegible]	R11・160下・3//R11・160下・4//R11・160下・5
威仪	[illegible]	R11・167下・14//R11・176上・13//R11・176下・3
威重	[illegible]	R11・167下・14
宫门	[illegible]	R11・171上・11
将军	[illegible]	R11・156下・1//R11・156下・4//R11・157下・1//R11・157下・5//R11・157下・12//R11・159下・2//R11・167下・3//R11・167下・12//R11・167下・14//R11・168上・3//R11・168上・6//R11・168上・7//R11・169下・6//R11・170上・2//R11・170上・7//R11・170上・10//R11・170上・11//R11・170上・13//R11・170上・14//R11・170下・3//R11・170下・4//E5・150・2//E5・150・3//R11・157下・3//E5・150・7
将佐	[illegible](列主)	R11・162下・9//R11・164下・9

屋梁	𗦳𗆊	R11·156 下·3
度量	𗍫𗵘	R11·159 上·7
度数	𗍫𗏁（宫宿）	R11·156 上·5
思虑	𗤓𗧅	R11·163 上·10 // R11·170 上·5
思量	𗤓𗵘	R11·159 上·7 // R11·164 上·13
急速	𗤶𗑱	R11·164 上·9 // R11·167 下·3
急趋	𗤶𗑱𗯿𗅲（疾速而行）	R11·156 上·3
怨心	𗊟𗟻	R11·170 下·2 // R11·172 上·2
怨恶	𗊟𗷭	R11·172 上·2
恃力	𗗟𗥃	R11·176 下·3
战士	𗢾𗟲（战手）	R11·173 上·1
战心	𗢾𗟻	R11·160 上·5 // R11·163 下·1
战争	𗢾𗒹	R11·158 上·7 // R11·158 上·8 // R11·158 上·12 // R11·159 下·6 // R11·162 下·14 // R11·164 下·2 // R11·165 上·11 // R11·167 上·10 // R11·170 下·12 // R11·175 下·1 // R11·176 上·3 // R11·176 上·4 // R11·176 上·5 // R11·176 下·14
战阵	𗢾𗥛	R11·156 下·7 // R11·159 下·7 // R11·159 下·8 // R11·161 上·2 // R11·164 下·10 // R11·165 上·4
战事	𗢾𗋡	R11·170 下·5
战法	𗢾𗤒	R11·158 下·8
施动助词	𗫸𗯲	R11·156 下·3 // R11·163 上·14 // R11·164 上·1
施恩	𗫸𗣼	R11·171 下·5
既然……则	𗦤𗊱𗗚	R11·170 下·11
星宿	𗿎𗖰	R11·158 下·13
是以	𗉓𗢤	R11·157 下·6
昼夜	𗆐𗖟𗖻（昼夕夜）	R11·156 上·7
	𗆐𗖟	R11·157 下·7
染病	𗤶𗣼	R11·162 下·3 // R11·162 下·4
柱杖	𗫻𗄛	R11·167 上·5
树木	𗧓𗭼	R11·165 上·7
	𗤌𗭼	R11·166 上·1 // R11·166 上·3 // R11·166 下·5
树丛	𗤌𗒘	R11·158 下·2 // R11·166 上·7 // R11·166 上·9 // R11·166 上·14
树林	𗧓𗋰	R11·165 上·8

续表

泉源	𘜶𘝓	R11・165 上・6
洪水	𗫂𘃽	R11・162 上・7
测量	𘂅𘄴	R11・159 上・9∥R11・172 下・11∥R11・174 下・6∥R11・174 下・12
炫炫	𗹬𗹬	R11・158 下・12
独一	𗝎𗢨	R11・161 下・9
独人	𗳒𗝎	R11・170 上・3
独独	𗝎𗝎	R11・159 上・2
狭窄	𘟙𗒥	R11・162 上・1
	𗒥𗒥	R11・162 上・13
狭道	𘏤𗒥	R11・172 下・8
狭沟	𗷢𘓺	R11・166 上・3
珍宝	𗷅𗵒	R11・171 上・13
畏惧	𗟻𗍫	R11・161 上・2∥R11・167 下・12∥R11・171 下・12∥R11・171 下・13∥R11・173 上・8∥R11・176 上・11
皇族	𗗙𗯰（节亲）	R11・170 下・2
相中	𘝰𗟆	R11・173 上・1∥R11・176 上・12∥R11・177 下・2∥E5・150・6
相向	𘝰𗥑	R11・159 下・8
相当	𗼃𗼃（直直）	R11・173 上・3
相识	𘚢𘃔	R11・171 下・14
相望	𘝰𗤒	R11・177 下・10
相续	𘝰𗏹	R11・157 下・9
省力	𘕾𘎑	R11・160 下・13
穿衣	𗱕𘄒	R11・171 下・2
突围	𗒅𗿷	R11・163 上・14
结	𗣼𘘵（捆言）	R11・175 下・7
结交	𗤁𘃽𘄒（力结合）	R11・158 上・10∥R11・158 上・11
结合	𘝌𘖯	R11・176 下・2
	𘃽𘄒	R11・161 下・6∥R11・161 下・8∥R11・162 上・6∥R11・173 上・6∥R11・176 上・6∥R11・176 下・2∥R11・176 下・8
结绑	𗮉𘖯	R11・166 下・1∥R11・166 下・2
绝地	𘚝𗉔	R11・175 上・10
	𗉔𗣊（贫地）	R11・162 上・8∥R11・162 上・9

绝涧	𗹬𗂧	R11·165下·12∥R11·165下·13
罚罪	𗥩𗟻	R11·158下·5∥R11·168下·10∥R11·168下·11∥R11·168下·12
胜负	𗼛𗤢	R11·159下·13∥R11·172上·3∥R11·172上·5∥R11·172上·7∥R11·172上·7
	𗼛𗤢	R11·172上·9
胜利	𗼛𗺸	E5·150·3
胜败	𗼛𗤢	R11·164下·2∥R11·172上·12
草丛	𗻸𗢑	R11·158下·4
草野	𗢑𗢺	R11·173下·12
虽……则	𗿳……𗤋	R11·159上·4∥R11·159下·3∥R11·162上·13∥R11·162下·1∥R11·162下·6
要害	𗤢𗢑（要爱）	R11·157下·10∥R11·171上·6∥R11·172下·8∥R11·176上·9
轻	𗤢𗤢（易易）	R11·172下·5∥R11·172下·6
轻车	𗤢𗤢	R11·167上·9
轻地	𗤢𗤢	R11·172下·5∥R11·175上·12∥R11·175下·1
轻佻	𗤢𗤢	R11·167下·14
轻重	𗤢𗤢	R11·159上·6∥R11·159上·7∥R11·159上·9
轻骑	𗤢𗤢（骑悄）	R11·166下·10∥R11·167上·10
迷误	𗤢𗤢	R11·175上·3
追击	𗤢𗤢	R11·161下·13
退心	𗤢𗤢	R11·172下·6∥R11·175上·2
退走	𗤢𗤢	R11·162下·5∥R11·172下·4∥R11·173上·12
退散	𗤢𗤢	R11·175下·3
退路	𗤢𗤢	R11·161上·14
逃人	𗤢𗤢	R11·178下·3
逃走	𗤢𗤢	R11·166下·2
逃者	𗤢𗤢	R11·178下·5
逃散	𗤢𗤢	R11·170上·9
逃跑	𗤢𗤢	R11·168上·9
逆战	𗤢𗤢	R11·163下·1
选择	𗤢𗤢	R11·158下·3∥R11·163下·11∥R11·165上·10∥R11·168下·7∥R11·170下·14
选锋	𗤢𗤢𗤢𗤢（先导巧人）	R11·170下·11

续表

重地	（远地）	R11・172 下・1 // R11・173 上・7 // R11・175 上・12 // R11・175 下・8
闻知		R11・174 下・9
险厄		R11・166 上・7 // R11・166 上・9
险地		R11・160 下・8 // R11・161 下・1 // R11・162 下・5 // R11・166 上・11 // R11・171 上・5 // R11・172 下・8 // R11・173 上・8
险阻		R11・176 上・7
		R11・158 上・12
险难		R11・162 上・13 // R11・166 上・13 // R11・171 上・4 // R11・171 上・7 // R11・172 上・8 // R11・175 上・5
险梁		R11・165 下・9
险程		R11・171 下・1
险道		R11・166 下・5
面向		R11・164 下・5
面色		R11・167 上・8
顺水		R11・165 上・4
食粮		R11・157 上・6 // R11・158 上・6
首尾		R11・161 下・1 // R11・174 上・12 // R11・175 上・12
首领	（头主）	R11・167 上・12
骄	（绳放）	R11・160 上・10
骄子		R11・171 下・8
		R11・171 下・7 // R11・171 下・9
骄其意	（使着大心）	R11・177 上・10
骄惰	（懈怠）	R11・168 下・12
鬼神		R11・159 下・12 // R11・178 上・2 // R11・178 上・3
乘风		R11・164 上・1
乘船		R11・165 上・4
俱		R11・159 下・12
倍道兼行	（远缩急速）	R11・156 上・7 // R11・157 上・7 // R11・157 下・7
	（昼夕夜行兼）	R11・156 上・7 // R11・157 下・4 // R11・164 上・8 // R11・167 上・2
健儿	（勇男）	R11・158 下・3
原野		R11・158 下・11

哨位	𗹝𗑱	R11·164下·3
哭泣	𗗙𗾔	R11·171下·4∥R11·173下·13
埋轮	𗵘𗰔	R11·174上·10∥R11·174上·11∥R11·174上·12
害事	𗾔𗄊	R11·177上·2∥R11·177上·3
家主	𗼇𗡴	R11·159上·3∥R11·177下·8
家宅	𗼇𗉮	R11·172下·3∥R11·172下·4
宽阔	𗣼𗗙	R11·165上·10∥R11·173上·2
射猎	𗃛𗗙	R11·162下·9
徐徐	𗈪𗈪	R11·158下·10
	𗈪𗈪	R11·162上·1
恐惧	𗓋𗤱	R11·167下·13
恩功	𗩾𗣼	R11·172上·1∥R11·172上·2
恩信	𗩾𗗙	R11·168下·11∥R11·168下·12∥R11·169上·4∥R11·169上·5
恶人	𗤱𗷝	R11·177下·5
恶地	𗤱𗰗	R11·166上·1∥R11·166上·5∥R11·166上·6∥R11·166下·5
恶言	𗗙𗤱	R11·164上·8
恶逆	𗓋𗤱	R11·171下·9
恶道	𗜈𗤱	R11·171上·6
捐弃	𗉆𗒅(后遗)	R11·157上·5
效力	𗣼𗷝	R11·173上·14∥R11·173下·3
敌人	𗥏𗷝	R11·156上·2∥R11·156上·3∥R11·156上·6∥R11·156上·7∥R11·157下·5∥R11·158下·4∥R11·158下·5∥R11·158下·7∥R11·158下·8∥R11·158下·11∥R11·159上·1∥R11·159上·2∥R11·159上·6∥R11·159下·2∥R11·159下·6∥R11·159下·7∥R11·159下·11∥R11·159下·12∥R11·159下·13∥R11·160上·1∥R11·160上·5∥R11·160下·8∥R11·160下·11∥R11·160下·12∥R11·161上·2∥R11·161上·5∥R11·161上·11∥R11·161下·4∥R11·162下·9∥R11·162下·11∥R11·163上·1∥R11·163上·10∥R11·163上·11∥R11·163上·12∥R11·163上·13∥R11·163上·14∥R11·163下·1∥R11·163下·2∥R11·163下·3∥R11·163下·5∥R11·163下·13∥R11·164下·8∥R11·164下·9∥R11·164下·10∥R11·165上·3∥R11·165上·4∥R11·165上·7∥R11·165上·12∥R11·166上·5∥

续表

敌人	（西夏文）	R11·166 上·6 // R11·166 上·10 // R11·166 上·13 // R11·166 下·1 // R11·166 下·4 // R11·166 下·5 // R11·166 下·11 // R11·166 下·12 // R11·168 上·13 // R11·168 下·5 // R11·168 下·7 // R11·168 下·8 // R11·168 下·9 // R11·168 下·14 // R11·169 上·5 // R11·169 下·1 // R11·170 上·5 // R11·170 下·10 // R11·171 上·1 // R11·171 下·11 // R11·171 下·13 // R11·171 下·13 // R11·173 上·12 // R11·173 下·12 // R11·175 下·3 // R11·175 下·8 // R11·176 上·3 // R11·176 上·11 // R11·176 上·13 // R11·177 上·7 // R11·177 上·8 // R11·177 上·9 // R11·177 上·10 // R11·177 上·11 // R11·177 上·12 // R11·177 上·13 // R11·177 上·14 // R11·177 下·4 // R11·177 下·5 // R11·177 下·6 // R11·177 下·10 // R11·177 下·12 // R11·178 上·1 // R11·178 上·3 // R11·178 上·6 // R11·178 上·10 // R11·178 上·12 // R11·178 下·7 // R11·178 下·8 // R11·178 下·9 // R11·178 下·13 // R11·178 下·14 // R11·179 上·1 // E5·151·3
敌我	（西夏文）（己他）	R11·169 下·4
敌界	（西夏文）	R11·159 上·3
敌情	（西夏文）（敌人之何有）	R11·158 上·10 // R11·158 上·11
旁边	（西夏文）	R11·173 上·3 // R11·173 上·5
柴薪	（西夏文）	R11·159 下·10
根本	（西夏文）	R11·174 下·11
流水	（西夏文）	R11·165 下·11 // R11·165 下·14
涧水	（西夏文）	R11·166 上·2
烦	（西夏文）（触闹）	R11·160 上·10 // R11·163 下·5
烦劳	（西夏文）	R11·163 下·4 // R11·164 上·8 // R11·164 上·9 // R11·164 上·10
烦扰	（西夏文）（触伤）	R11·164 上·2 // R11·164 上·5
烦难	（西夏文）	R11·162 下·11
爱民	（西夏文）	R11·164 上·8
爱惜	（西夏文）	R11·164 上·8 // R11·171 下·6 // R11·171 下·8 // R11·177 下·10 // R11·177 下·12
特殊	（西夏文）	R11·176 上·12

续表

疲倦	𘟛𘟛	R11·157 下·8∥R11·158 上·2∥R11·167 下·8∥R11·168 上·3∥R11·168 上·9∥R11·168 上·10∥R11·168 上·14∥R11·169 下·4∥R11·172 上·5
	𘟛𘟛	R11·157 下·4
疾驰	𘟛𘟛	R11·157 上·7
疾疾	𘟛𘟛	R11·158 下·9
病患	𘟛𘟛	R11·160 下·1∥R11·165 下·6∥R11·165 下·7∥R11·167 上·13∥R11·169 下·2
监军	𘟛𘟛	R11·163 上·1
真利	𘟛𘟛	R11·162 上·3∥R11·165 下·1
离散	𘟛𘟛	R11·175 上·9
称量	𘟛𘟛	R11·159 上·5
竞	𘟛𘟛（疾疾）	R11·161 上·12
继及	𘟛𘟛	R11·157 下·9∥R11·157 下·10
缺口	𘟛𘟛	R11·164 下·3
羞耻	𘟛𘟛	R11·179 上·4
耕牧	𘟛𘟛	R11·177 下·8
能否	𘟛𘟛𘟛（能不能）	R11·170 上·13
脓血	𘟛𘟛	R11·171 下·3∥R11·171 下·4∥R11·171 下·5
莫难于	……𘟛𘟛𘟛	R11·179 上·6
获利	𘟛𘟛	R11·177 下·6
衷甲	𘟛𘟛𘟛𘟛（衣下甲穿）	R11·167 下·2
请和	𘟛𘟛	R11·167 上·11
诸侯	𘟛𘟛（小王）	R11·158 上·10∥R11·172 下·2∥R11·173 上·2
诸将	𘟛𘟛𘟛𘟛（诸军头监）	R11·160 上·8
诽谤	𘟛𘟛	R11·164 上·7
谆谆	𘟛𘟛（暗暗）	R11·168 上·5∥R11·168 上·6∥R11·168 上·7
贼兵	𘟛𘟛	R11·158 下·3∥R11·159 下·11∥R11·159 下·13∥R11·161 上·12∥R11·161 下·9
贿物	𘟛𘟛	R11·178 下·2
起反	𘟛𘟛𘟛𘟛（纷乱△起）	R11·160 上·6
起兵	𘟛𘟛	R11·156 下·1
途	𘟛𘟛（地程）	R11·156 上·3∥R11·156 上·5
速战	𘟛𘟛	R11·167 上·10
铎	𘟛𘟛（铜鼓）	R11·159 下·1

难地	𗾒𗫡	R11·173 上·8
高处	𗣼𗰖	R11·164 下·6 // R11·165 上·11 // R11·165 上·13 // R11·169 下·2
高地	𗾒𗣼	R11·164 下·5 // R11·165 上·12 // R11·165 上·13 // R11·165 下·7
假若	𗣼𗸪	R11·158 下·11 // R11·160 上·1
偏斜	𗆧𗆐	R11·172 上·8
做事	𗷰𗄦	R11·177 上·14
停留	𗭪𗆐	R11·163 下·9
兽足	𗫔𗆒	R11·158 下·4
副	𗖷𗜈𗰖（引导者）	R11·160 上·12
勒兵	𗯶𗫔𗖅𗮀（队列正为）	R11·164 上·5 // R11·165 上·11 // R11·166 下·4
	𗰖𗫔𗖅𗮀（军队正为）	R11·156 下·3
堂堂	𗗙𗗙（真真）	R11·161 上·1 // R11·161 上·2 // R11·161 上·2
	𗗙𗗙（严严）	R11·167 下·14
婴儿	𗼋𗴟	R11·171 上·14
寅时	𗴺𗴟	R11·157 下·9 // R11·160 下·6
密言	𗾢𗌭	R11·177 下·5
密事	𗾢𗫍	R11·178 上·10 // R11·178 上·14 // R11·178 下·7 // R11·179 上·6
崩坏	𗳳𗤱	R11·170 上·13 // R11·170 上·14
庶民	𗫻𗫼	R11·161 下·6 // R11·169 上·2 // R11·169 上·3 // R11·169 上·5 // R11·171 上·12 // R11·176 下·9 // R11·178 下·1
得利	𗵒𗆧	R11·159 上·3
	𗵖𗆧	R11·157 上·2 // R11·158 下·7 // R11·158 下·8 // R11·159 上·9 // R11·164 下·13 // R11·174 下·8 // R11·178 下·5
	𗵖𗫼	R11·157 上·2
	𗵖𗆧	R11·157 上·3 // R11·164 下·2 // R11·165 上·12 // R11·166 上·14
得其计	𗵖𗫡𗴟（谋上往）	R11·160 上·14
得胜	𗵖𗫼	R11·169 上·1
	𗵖𗆧	R11·156 下·7 // R11·171 上·7 // R11·171 上·9

悉皆	𗹰𗸁	R11·174 下·5 // R11·176 下·9
	𗸁𗹰	R11·161 上·12 // R11·178 下·3
惊走	𗼷𗤋	R11·177 上·10
惊骇	𗼷𗥤	R11·166 下·5
惊惧	𗥤𗼷	R11·167 下·12
	𗼷𗥤	R11·160 下·2
接处	𗤀𗺓	R11·159 下·8
接边	𗺓𗤀	R11·173 上·5
接受	𗤀𗏁	R11·178 上·13
接战	𗤀𗗐	R11·164 下·7
掩攻	𗤀𗣼	R11·159 下·7
掩盖	𗤀𗹰	R11·166 下·2
掩袭	𗤀𗣼	R11·160 上·6
救护	𗸁𗹰	R11·156 下·1 // R11·166 下·13 // R11·170 上·14 // R11·175 下·4
敕令	𗸁𗹦	R11·161 下·9 // E5·150·3
断命	𗼷𗹦	R11·163 下·11 // R11·164 上·10
旌旗	𗸁𗹦	R11·158 下·5 // R11·159 下·4 // R11·159 下·5 // R11·168 上·2
深浅	𗼷𗹦	R11·166 上·3
深谋	𗹦𗹦	R11·168 下·8
混合	𗹦𗹦	R11·173 上·1 // E5·150·6
混杂	𗹦𗹦	R11·159 下·14 // R11·161 上·2 // R11·167 下·13 // R11·168 上·2 // R11·170 下·10 // R11·177 下·5
清净	𗹦𗹦	R11·164 上·7
烽火	𗹦𗹦	R11·158 下·5
率军	𗹦𗹦	R11·157 下·11 // R11·158 上·5
率易	𗹦𗹦(头轻)	R11·167 下·14
率然蛇	𗹦𗹦(爬行)	R11·174 上·4
盛衰	𗹦𗹦	E5·151·5
着疑	𗹦𗹦	R11·164 下·11 // R11·166 下·1
祷祀	𗹦𗹦	R11·178 上·3
营	𗹦𗹦(壁垒)	R11·159 下·7
营门	𗹦𗹦	R11·159 下·12
虚形	𗹦𗹦	R11·167 下·11

虚实	𗁅𗟵	E5·151·7
	𗦁𗁅	R11·177下·6//R11·178上·5//R11·178上·10//R11·178下·8
衔枚	𗧂𗖠𗴐（马唇捆）	R11·160上·6
谋力	𗨛𗆞	R11·176下·2//R11·176下·7
谋臣	𗥛𗧘（议者）	R11·160上·12//R11·160上·13
谋攻	𗨛𗖰	R11·163下·1//R11·163下·4
谋变	𗨛𗼨	R11·162下·7
谋略	𗨛𗿒	R11·158上·9//R11·162上·13//R11·176上·6
谎言	𗭴𗏹	R11·178下·13//R11·178下·14
谗舌	𗼃𗏹	R11·178下·7
辅助	𗪒𗠉	R11·171上·3//R11·171上·4
野兽	𗣼𗲛	R11·166下·5
	𗳦𗣼	R11·173下·12
铢镒	𗙀𗗙	R11·159上·6
隩防	𗟵𗦛（地阻）	R11·165下·7
随意	𗶤𗤷	R11·170下·1//R11·171上·11
隐蔽	𗴒𗏇	R11·166上·1//R11·166上·3
	𗸁𗤦	R11·158下·4
颇	𗆫𗆫（善善）	R11·160下·12//R11·164上·13
凿井	𗰐𗒔	R11·177下·9
善巧	𗤛𗒔	R11·177上·14
善用兵者	𗾞𗦜𗟟𗤛	R11·158上·7
善战	𗥃𗤛	R11·171下·12
善射	𗤔𗤛	R11·156下·6
善恶	𗤛𗤦	R11·173下·5
喧哗	𗫛𗁅	R11·174下·6
喧嚣	𗫚𗾛（粗暴）	R11·160下·8
堡	𗫚𗡋（堡台）	R11·159下·9
寒来暑往	𗤁𗨙𗮅𗮄	E5·151·3
属口	𗥑𗟎	R11·158下·1
屡屡	𗤶𗤶	R11·168上·8
强人	𗧃𗾫	R11·168下·6//R11·168下·7
强壮	𗧃𗤬	R11·157下·4//R11·167下·13
强兵	𗧃𗟟	R11·170下·12//R11·171上·1

续表

强国	▢▢	R11·176 下·2
强弩	▢▢（镫弓）	R11·157 下·5
强弱	▢▢	R11·159 上·2∥R11·174 下·2∥E5·150·5
惑乱	▢▢	R11·160 下·12
掾	▢▢▢▢（都案案头）	R11·171 下·14
搜查	▢▢	R11·166 上·9
散地	▢▢	R11·172 上·14∥R11·172 下·3∥R11·172 下·4∥R11·175 上·14
散散	▢▢	R11·167 下·5
敬畏	▢▢	R11·170 上·8∥R11·176 下·9
智者	▢▢	R11·163 上·13
智能	▢▢	R11·177 下·5
渡水	▢▢	R11·164 下·7
渡梁	▢▢	R11·177 下·2
焚舟破釜	▢▢▢▢	R11·175 上·2
然后	▢▢	R11·156 上·3∥R11·156 上·7∥R11·158 上·11∥R11·158 下·8∥R11·159 上·7∥R11·159 上·9∥R11·159 下·11∥R11·163 上·14∥R11·164 下·3∥R11·163 下·5∥R11·169 上·4∥R11·170 上·5∥R11·176 下·05∥R11·176 下·6∥E5·151·07
疏交	▢▢（非近）	R11·178 上·13
禽首	▢▢	R11·158 下·4
窘迫	▢▢	R11·168 上·8
童仆	▢▢	R11·163 上·4
翕翕	▢▢	R11·168 上·5∥R11·168 上·6
赌命	▢▢	R11·161 下·13∥R11·162 上·2∥R11·162 上·12∥R11·173 上·9∥R11·173 下·7∥R11·173 下·11
赏物	▢▢	R11·177 下·12
赏勇	▢▢	R11·158 下·5
赏罚	▢▢	R11·159 下·1∥R11·171 下·10∥R11·172 上·2∥R11·177 上·1∥R11·176 下·14
赏赐	▢▢	R11·159 上·4∥R11·168 上·8∥R11·176 下·14∥R11·179 上·5
超	▢▢（前前）	R11·176 下·12
趋利	▢▢（争胜）	E5·151·7

辎重	□□（驮粮）	R11·157 上·5∥R11·157 上·6∥R11·161 下·14
	□□□（载重粮）	R11·157 上·5
	□□（载重）	R11·157 上·5∥R11·157 上·4
	□□	R11·158 上·3∥R11·158 上·9∥R11·161 下·1
逼迫	□□	R11·162 下·11∥R11·170 上·10∥R11·170 上·11
遁甲	□□（匿甲）	R11·159 上·6
遏止	□□	R11·161 上·14
道里	□□	R11·158 下·2∥R11·158 下·3
道路	□□	R11·159 下·9∥R11·160 下·1∥R11·172 上·8∥R11·174 下·11∥R11·174 下·13
量状	□□	R11·170 下·12
量察	□□	R11·168 下·2∥R11·168 下·3
锐卒	□□	R11·161 上·7∥R11·161 上·9∥R11·162 下·5
阔狭	□□	R11·178 上·5
鲁缟	□□（薄缟）	R11·157 下·6
黑夜	□□	R11·167 下·11
微旨	□□（深语）	R11·159 下·6
愚顽	□□	R11·163 下·11
摇动	□□	R11·166 上·14
暗暗	□□	R11·158 下·3∥R11·166 下·11∥R11·178 上·13∥R11·178 下·3∥R11·178 下·6
毁散	□□	R11·176 上·13
源泉	□□	R11·158 下·1
溪涧	□□（谷隙）	R11·165 下·11
瑞相	□□	R11·173 下·4∥R11·173 下·5
盟	□□（会和）	R11·167 上·11
盟坛	□□	R11·167 下·2
禁止	□□	R11·170 上·9∥R11·171 下·7∥R11·171 下·10∥R11·172 上·2
禁除	□□	R11·173 下·5
禁除	□□	R11·173 下·3
粮运	□□□	R11·158 上·8
粮食	□□	R11·158 上·3∥R11·158 上·6∥R11·158 上·7∥R11·158 上·9∥R11·161 下·7∥R11·162 下·2∥R11·175 下·9∥R11·177 下·9

缚马	𗹦𗹏	R11·174 上·10∥R11·174 上·11∥R11·174 上·12
腹心	𗹏𗹦(同性)	R11·160 上·13
	𗹦𗹏	R11·156 上·7∥R11·160 下·11∥R11·162 下·1∥R11·178 下·6
蒲苇	𗹦𗹏	R11·166 上·3∥R11·166 上·8∥R11·166 上·10
解患	𗹦𗹏	R11·163 上·13
谨	𗹦𗹏(善善)	R11·168 下·1∥R11·168 下·2∥R11·168 下·3∥R11·169 下·6∥R11·171 上·2∥R11·175 上·7∥R11·176 上·5
辞礼	𗹦𗹏(行礼)	R11·160 上·12∥R11·160 上·13
辞卑	𗹦𗹏	R11·166 下·12
遣人	𗹦𗹏	R11·163 上·2
遣使	𗹦𗹏	R11·166 下·12∥R11·178 下·10
遣送	𗹦𗹏	R11·167 上·1∥R11·171 上·11
	𗹦𗹏	R11·179 上·4
错误	𗹦𗹏	R11·164 上·11
雷霆	𗹦𗹏(雷电)	R11·158 下·14
频频	𗹦𗹏	R11·160 上·4∥R11·162 下·9
鼓噪	𗹦𗹏(声音)	R11·160 上·7
厮养	𗹦𗹏𗹏(下人)	R11·168 下·5∥R11·168 下·7
境	𗹦𗹏(地程)	R11·158 下·1
寡少	𗹦𗹏	R11·164 下·9
慢易	𗹦𗹏(懈怠)	R11·156 上·3
旗门	𗹦𗹏	E5·150·4
旗帜	𗹦𗹏	R11·168 上·1
旗鼓	𗹦𗹏	R11·159 下·1
湮井	𗹦𗹏	R11·166 上·8
疑心	𗹦𗹏	R11·173 下·3∥R11·173 下·6
疑虑	𗹦𗹏	R11·162 下·1
疑惧	𗹦𗹏	R11·168 上·12∥R11·173 下·5∥R11·177 上·3
疑惑	𗹦𗹏	R11·173 下·4∥R11·173 下·6
精兵	𗹦𗹏	R11·175 下·13
聚期	𗹦𗹏	R11·167 下·3
聚落	𗹦𗹏	R11·158 下·2∥R11·159 上·1
辕门	𗹦𗹏	E5·150·5

续表

擒	□□□（人手入）	R11·157下·1∥R11·157下·3∥R11·157下·8∥R11·168下·8
暮	□□（天晚）	R11·160下·3
潜	□□（暗暗）	R11·159下·13∥R11·166下·2
潮湿	□□	R11·165下·7
熟知	□□	R11·158下·3∥R11·170上·8
豫交	□□□□（兵力结合）	R11·175下·7∥R11·176上·10
	□□□□（战力结合）	R11·158上·10
震动	□□	R11·167上·7
器械	□□	R11·158上·9
壁垒星	□□□	R11·159下·9
懈怠	□□	R11·156上·6∥R11·166下·13∥R11·171下·9∥R11·171下·10∥R11·175下·5∥R11·177上·10
整阵	□□□□（行列正为）	R11·158下·10
樵采	□□	R11·164下·3∥R11·166下·8∥R11·166下·9
燃烧	□□	R11·158下·11
燎	□□（举炬）	R11·159下·10
燔	□□（燃火）	R11·159下·10
壕沟	□□	R11·156下·5∥R11·166下·12
爵赏	□□	R11·177下·10
繁多	□□	R11·158上·6∥R11·161上·12∥R11·161下·7∥R11·178下·6
覆攻	□□	R11·166下·4∥R11·166下·5∥R11·179上·2
蹶	□□（失丰）	R11·157下·12
鼙鼓	□□	R11·171下·10
衢地	□□	R11·162上·7∥R11·162上·8∥R11·172下·1∥R11·173上·4∥R11·173上·5∥R11·175上·11∥R11·175下·6

四　《孙子兵法三注》西夏文对译

E5·151·1	流石置载能兵人式依用谋变神如也譬五行胜不定四季
E5·151·2	常变化日长短有月晦朔有魏曹曰兵仪常
E5·151·3	不定敌敌依变化李筌曰五行者休囚旺相己共次依胜也四季者寒来暑往变化不定日月者天周三百六
E5·151·4	十五度分四分中一也百刻者春秋二分上日夜数均夏立日于算日六十刻夜四十刻长短不均月初朔
E5·151·5	算八日朔定十五望为二十四晦定三十日晦尾此者死生义也孙武此五行四季日月盛衰不定中兵用法者
E5·151·6	变化定处岂有
E5·151·7	胜争篇七第魏曹曰二军胜争也李筌曰争者胜争也虚实△明为然后
E5·150·1	故人与胜争可
E5·150·2	孙子曰兵往将时军将君命听受李筌曰听
E5·150·3	者君之敕言受王臣胜利式计谋△度依军将行往故兵马聚使魏曹曰兵马△聚使
E5·150·4	时行列分分步骑正为军垒家设和混垒设魏曹曰军门者和门也左右门旗门也
E5·150·5	车以营为则车门也人以营为则人门也二军垒设相出面趣则和门也李筌曰兵马△聚使时强弱勇虚长
E5·150·6	短向背等相中合混兵力兼为军垒家设胜式疾疾杜牧曰周礼文中曰旌以左右门为则也郑司农曰军营
E5·150·7	门亦和门也两杆旗立以表军人出入次依行驿胜争于难无魏曹曰军将先
R11·156上·1	君命△受军足△行己他二军相前营设时利争者难谓杜牧曰利不利争者难利争难
R11·156上·2	者远近为患者利为魏曹曰远近为先始敌敌之利夺
R11·156上·3	为杜牧曰人之利夺为欲时先远者近为患者利为敌敌欺为懈怠著使然后疾速而行地程远
R11·156上·4	佯利以欺为则后方足行人于急为魏曹
R11·156上·5	曰远谓者地程长佯也后方足行人于急为谓者近远宫宿明知故也李筌曰地程远急不△至如为则故后
R11·156上·6	足行先至往也兵用法者此如计谋生患者利为能也杜牧曰远也近谓者先始佯远居为敌敌懈怠著使
R11·156上·7	以复敌敌之利给欺为腹心乱使其然后昼夕夜行远缩急速意不置△攻往则后足行亦人于前前至往

R11·156下·1	争所利得能秦国兵起赵国攻往阙与城于军垒△设赵王军将赵奢△遣救护往使邯郸城于足△行三十
R11·156下·2	里远至往军垒△设彼处乃住己军命令此兵马事中谏者有者此处杀我△秦兵闻后己军中一列△离武
R11·156下·3	安城西方营设鼓击军列正为时武安城内屋梁瓦堕时军卒一武安城之急救往△谓赵奢△为彼人△斩
R11·156下·4	沟壕修造二十八日彼处△住秦人察察使一△遣赵奢△识△侍奉△遣彼人己军将于至往此言△说秦
R11·156下·5	将心喜赵奢足行三十里远居沟壕修造此来不敢者阙与城△必我之为也谓赵奢察察使△驱遣后方坚
R11·156下·6	甲△载军足△行一夜二日秦兵于近为射善△择阙与城此方五十里远许战阵正为秦兵闻后皆一坚甲
R11·156下·7	军面上战来赵军中人一曰北方山上战阵设△则胜得△谓赵奢万人△遣彼山上住使秦军争来利不其
R11·157上·1	得彼因兵用秦兵破大△为阙与城△救此者直迁明知式计
R11·157上·2	也先利得则利争则危为魏曹曰善者利
R11·157上·3	得善不则不利李筌曰军行时将善则得将不善则危遇杜牧曰:善者谋计度△审故也军大
R11·157上·4	皆出利争不及魏曹曰往迟不及之谓李筌曰载重迟之谓军飞
R11·157上·5	利争往辎重粮后遗魏曹曰车粮后遗也李筌曰辎重委弃军粮
R11·157上·6	阙也杜牧曰军大皆往车粮皆载则疾往迟为利争不及车粮委弃疾往急欲虽食粮恐阙也谓故甲
R11·157上·7	着裾卷利争疾驰日夜不处远缩
R11·157下·1	急速百里远利争往则军将亦人
R11·157下·2	手落劲者先为疲者后遗十中而
R11·157下·3	一许先至往魏曹曰百里远利争当不利争则军将人手入李筌曰一日百二
R11·157下·4	十里远往者昼夕夜行兼劲者先至往疲者后至来故强健者少疲倦者多十中而一许先至往其外悉后
R11·157下·5	遗则敌敌与△遇时军将人手不落处岂有魏武帝刘备后△逐一日一夜三百里远△行诸葛亮日如镫弓
R11·157下·6	箭投力断至处缟薄穿岂能彼因魏军地名赤壁上△败庞涓孙膑后△追地名马陵上△破此如追深为故也
R11·157下·7	杜牧曰先说皆未尽也军大行时一日三十里远行远缩速速则六十里至昼夜不息则百里远为此如利争则兵

R11·157下·8	马疲倦军将亦人手落问曰不为不成利式争往则十人中一人而择前前方遣余皆后方△来此依万人中
R11·157下·9	千人择其中或旦晨寅时至往或已午时至往或申未时至往己处力不竭相后至往先至往者与相助继及
R11·157下·10	利争谓者要爱争也千人善利得则敌敌柱拒力续继及唐太宗五百骑率先始武牢关△据使窦建德十八
R11·157下·11	万军率战来亦近处无彼依思△则此言明知五十里远许利争
R11·157下·12	往则军将丰失军至往魏曹曰丰者战负军丰失
R11·157下·13	也李筌百里远则十人中一人至往五十里远则十人中五人至往军威失不△军将则人手不落
R11·157下·14	地程近则军力不竭杜牧曰一半至往谓者十人中五劲先至往也三十里远
R11·158上·1	利争往则三分中二分至往魏曹曰近则人
R11·158上·2	多至往败死不有李筌曰近不疲倦人不死亡杜牧曰三十里远域内则十人中六七许先至往此
R11·158上·3	法不知则先有文依学应△知若兵用之车重无则败食
R11·158上·4	粮无则败货财无则败魏曹曰此三种无则败之本也李筌
R11·158上·5	曰供备无则遣行所无袁绍十万△过许军率魏武帝荀攸之计谋△听供备辎重△烧为袁绍地名官
R11·158上·6	渡上△破食粮无则金银多繁△持亦饥于何安君子曰食粮△足军人△足信心不失谓后汉朝赤眉
R11·158上·7	盗百万许军率食粮△断为故君臣皆光武帝于△降此依度△则兵用善者先食粮供备后争战生也汉高
R11·158上·8	祖关中地不守光武帝河内地不守魏武帝兖州地不守此三处食粮运处无则军败人遁争战处何有杜牧
R11·158上·9	曰车重者具器食粮食物载运用也故人国之谋略不知则
R11·158上·10	战力结合处无魏曹曰人国者王小国也故敌敌之何有不知则人与力结合
R11·158上·11	战处岂有李筌曰敌敌之何有△明为然后力结合战利杜牧曰此者皆非他国之何有先始△知然后故己
R11·158上·12	兵力结合争战可若何有不知则争战可不山林险岭泽河湿泥
R11·158上·13	地识不用路利不得军行处无魏曹曰丘高者
R11·158上·14	山也树聚则林也坡脊则险一下一高则阻也水草行行泥黑动动则沮也众水流聚则泽李筌曰敌敌
R11·158下·1	敌地程△入时山谷路狭水泥泉源流处不利则口属捕为路察导使地利得也周易中曰鹿捕欲时鹿住处

R11·158下·2	知人要谓杜牧曰管子言兵用者者地图观应兵车过处山谷坡岭树丛林木地程近远郭城小大村邑地
R11·158下·3	形皆尽知则地利不失利得益得卫公李靖曰若贼兵攻行不止时男勇选择地程熟知遣暗暗察察者使
R11·158下·4	山林中过处足迹隐覆树刻兽足如履路内过往或禽首冠为草丛中藏耳置远视一心不忘敌敌观察
R11·158下·5	水边至往足迹辨为树动草响兵来知知堡火不误旌旗高举勇赏置为罪罚严为敌敌安定不安定何如计
R11·158下·6	谋为我先始知则利兵者诈以立利上动分合变
R11·158下·7	化魏曹曰或合或分敌敌以为李筌曰诡诈为以利得上动分合不定变化形也杜牧曰诈者我之行
R11·158下·8	情敌敌不知然后诈成处有利者利得然后动合分者时合时分敌敌惑使其之战法我观然后兵用法变而
R11·158下·9	战胜得也风如疾疾魏曹曰虚空处击李筌曰进退急为杜牧曰进时足迹无退时
R11·158下·10	忽速来林如徐徐魏曹曰胜未见故缓李筌曰行列正为杜牧曰徐徐进时行溜
R11·158下·11	列显树木足如若敌敌恐覆我谓火如燃烧魏曹曰疾之谓李筌曰旷野火放草烧不遗
R11·158下·12	如杜牧曰火红炫炫近处无山如不动魏曹曰固守能李筌曰军营设杜牧曰门闭不
R11·158下·13	动也阴如见难李筌曰兵形见处无譬天里云置星宿岂见杜牧曰天阴则三辰不见
R11·158下·14	雷电如动李筌曰军忿怒如动杜牧曰空中鸣雷避处无如兵攻为
R11·159上·1	魏曹曰敌敌力依度而攻行则胜李筌曰若攻行时军队力分诸路遍往何疑处有使杜牧曰敌敌之村邑
R11·159上·2	遍往为军队不住处行则食物手落此如物得处有各兵分续为众人皆往独独不往则小大强弱皆敌敌与
R11·159上·3	利争利得得共分魏曹曰敌界地得家主共分李筌曰地得共分杜牧曰人国地得时功
R11·159上·4	为者之赏赐应韩信汉高祖之言谓霸王者己国臣宰功为人之地域官印△虽名为则与应不有今王彼法弃除
R11·159上·5	城地得得功为人之赏物与▽则霸王国境△必破为不难谓称而动可魏曹曰权者量称也
R11·159上·6	李筌曰称者秤也敌敌之重轻吾爱之铢镒称而动可先动者客为后动者主客之难主之易太一甲遁中计
R11·159上·7	依算则兵动式易谓杜牧曰如秤以量度重轻△定为然后动可也先始近远思
R11·159上·8	量△审则胜此者利争式法也魏曹曰地

续表

R11·159 上·9	程近远劳苦安居饥寒饱饿此依显明杜牧曰利争者先始地程近远测量△审然后利得如秤上置重轻△
R11·159 上·10	明时动则△必胜得军法中说相言闻难因鼓△
R11·159 上·11	设置队式视难故旗△设置旗鼓者
R11·159 上·12	军卒之目耳拘缚处也此依相头视
R11·159 上·13	则勇虽也亦先攻处无怯虽也亦后
R11·159 上·14	退处无此者军大用法也李筌曰皮鼓击而进
R11·159 下·1	铜鼓击而退旗依相视赏罚与为鼓听旗视因不乱纷也勇怯进退不敢者旗鼓正故也杜牧曰军法中说进
R11·159 下·2	时不进退时不退者斩当军将吴起秦兵与△遇战未时中军卒一巧心未遭先始敌敌中自进二人△杀△
R11·159 下·3	返吴起曰斩谓军政执者谏此人勇悍斩可不谓吴起曰勇悍人虽是则命令未待故斩当也谓故
R11·159 下·4	夜战火鼓多举日战旌旗丛为人之
R11·159 下·5	目耳迷使李筌曰火鼓夜下察旌旗日昼视杜牧曰军人视听皆旌旗火鼓依为动或人
R11·159 下·6	问曰夜下争战鼓击火举时敌敌之鼓敌敌目先我之不利此义何云答曰问式是△此者孙武之语深也若夜下
R11·159 下·7	战时敌敌全上掩攻不战不成而战则沟垒固为战阵设与同使应兵法中说住时军垒设往时战阵为战阵大
R11·159 下·8	内战阵小包军垒大内军垒小设前后左右军己处营设围将住处营中央立设诸营环绕营边侧连域为相向望
R11·159 下·9	天中沟垒星与象彼营列间远百步近五十步等不过道径三为行列出入彼营二间相救弓箭用营道遇缚堡台一为
R11·159 下·10	其上树草置地下道穴堡上人视夜为后方四面鼓击闻时火燃炬举此者贼兵我营上覆来时四面顾方明营小亦
R11·159 下·11	己处坚守敌敌东南西北攻处未审军将营及复营小等中先贼兵来将知时愿上来令然后鼓击营遍齐齐火明放日
R11·159 下·12	昼△如足诸营军人营门闭为敌敌与战四面齐齐镫弓箭放军将韩信白起等如虽也鬼神如军卒△率亦我上恐不
R11·159 下·13	来不△来则△必破真为若敌敌暗暗一营上△出时四面火举命令言授营外不出胜负忽速显明贼兵网内入如急
R11·159 下·14	出处无昔司马宣王诸葛亮之军垒内△往其营域坚密见赞曰天下巧奇真谓此时军垒设者诸诸路有杂混共居
R11·160 上·1	若若敌敌夜下△出时一时而乱纷使能察观虽多命令虽严亦夕黑夜中彼我不分军力虽多亦△用处无军

R11·160 上·2	力夺为魏曹曰左氏法中言:一次鼓击战自进二次鼓击自进少三次鼓击自进无李筌曰军之
R11·160 上·3	威力夺为也鲁庄公世地名勹上齐国与△战时齐军一次鼓击战自进庄公曰战△谓军将曹刿曰不急▽谓
R11·160 上·4	齐军三次鼓击复复自进后方曹刿曰彼则战△谓此因△战齐军△败庄公问曰此者何云曹刿答曰人者威力
R11·160 上·5	依战一次鼓击战自进二次击时自进少三次击时自进无彼战心无时我战心生故敌敌△败战力夺为也杜牧
R11·160 上·6	曰晋国军将毋丘俭文钦等乱纷△起乐嘉城屯司马景王兵率马唇拥为暗暗覆攻往文钦儿子鸯年十八为勇悍
R11·160 上·7	刚健鸯曰彼景王之军队未定我我军出战往△则破为能△谓依三遍鼓击声音△出军中自攻文钦惧不出子鸯
R11·160 上·8	△退景王诸军头监之谓文钦△走我追△谓诸军头监曰文钦者军将旧也子鸯者年小勇悍军引城内△去
R11·160 上·9	不△败而△走则非景王曰一次鼓击战自进二次鼓击自进少三次鼓击自进无子鸯鼓击父不出者威力
R11·160 上·10	△失不走何待果真文钦△去将心落为李筌曰怒善触闹定者乱使和者分可卑而绳
R11·160 上·11	放使故人心落为也杜牧曰心者军将之计谋心也后汉朝军将寇恂军率隗嚣王属高平城△围彼城守军
R11·160 上·12	将高峻己议△皇甫文寇恂处△遣行礼不全故△斩其之引导相△还高峻△恐城门△开△降诸列问曰
R11·160 上·13	使为者杀城人△降者何云寇恂答曰皇甫文者高峻之性同议者言断处也此时行礼不用降心不有△放△
R11·160 上·14	则皇甫文谋上往△杀则高峻心△堕此因△降又后燕朝慕容垂己子宝遣军大△起后魏道武帝国上攻击
R11·160 下·1	往令宝足△行时己父病患魏国地名五原上至往道武帝行为道径△断为宝亦己父死生不知道武帝诡
R11·160 下·2	辞以水程上呼叫令汝父△死不还何待谓宝兄弟闻后△信忧愁惊惧夜下△通道武帝△追地名参合上△
R11·160 下·3	及皆△破为故天晓威气盛午午威气衰天
R11·160 下·4	晚威气无兵用善人盛时避为衰
R11·160 下·5	无上击此者威气依也李筌曰威气谓者兵马威力也杜
R11·160 下·6	牧曰阳气子时生寅时盛午时衰申时伏旦晨盛上避为需衰伏上行则△必胜得武德年中唐太宗窦建德

R11·160下·7	与地名氾水东方兵△交建德四五里域许战阵正为太宗十四五骑许△率地高处△登建德兵马△观诸
R11·160下·8	将之谓敌敌地难△度军△粗暴战政△失城侧于战场△设者不畏为我也我我兵马不△出△他军待饥
R11·160下·9	则△必自退退时击为△则不败处岂有谓建德战阵设出于起午午时至为兵马△饥△起△坐饮所水
R11·160下·10	争太宗曰击为时△谓忽速△攻建德生生△擒治以乱待静以哗
R11·160下·11	待心治法也李筌曰敌敌之不安出伺上乘可杜牧曰司马法中曰腹心固守己
R11·160下·12	胜人败式量己心善善定为妄事不思利因不随敌敌乱惑不安△出时兵攻击可近住远
R11·160下·13	待佚住劳待饱住饥待力省法也
R11·160下·14	李筌曰主客之威力于量杜牧曰先△云者己人于不往人来待也旗行行上
R11·161上·1	不进阵真上不去变化治法也
R11·161上·2	魏曹曰行行者不杂混也真真者阵大也杜牧曰真真者不畏惧也兵者敌敌随变化若敌敌战阵实见
R11·161上·3	则击可不此者变化法也后汉曹公军率邺城△围曹公曰袁尚城守护欲路大中来则我我避为当也
R11·161上·4	若西山循来则△必破为能手人△彼袁尚西方△来△战△破为故兵用法
R11·161上·5	者高住勿攻丘来勿迎李筌曰地势因战也杜牧曰敌
R11·161上·6	敌地高处则面上勿战山丘处来则前前勿迎下住高往则力乏上住下来则利也故战可不谓佯
R11·161上·7	败后勿驱筌牧曰若兵伏恐有乎卒锐与勿战李筌曰卒
R11·161上·8	锐避为当杜牧曰实者避为当楚王军率隋国击往隋臣李良曰楚人左方大为天子彼率避为当也
R11·161上·9	△勿迎△右方卒锐不率破为能△右军△破则众人心堕隋之少师曰王与不迎则战中岂有谓李良
R11·161上·10	言未听故隋军△败食遗不饮当李筌曰秦人泾水中毒△投为杜牧曰
R11·161上·11	敌敌△遗食忽速勿饮先始尝须后魏文帝朝库莫奚地边攻掠人不定使故济阴王△遣军大△率拒
R11·161上·12	往使济阴王毒酒多多△酿贼兵至来济阴王忽速军垒掷弃佯佯△走贼兵军垒中至往悉皆心喜疾
R11·161上·13	疾△饮饮后△醉毒△摇动济阴王人强马强简其上△击皆△破为归师勿遏
R11·161上·14	李筌曰军人本国思归拒遏可不杜牧曰曹公军率张绣属穰城城上攻往刘表兵发护救退路△绝

R11·161下·1	为地难守为曹公△进处无张绣刘表兵力结合曹公军之首尾△迎为则夜下别道△穿车重△过
R11·161下·2	谋兵△遣张绣军上△攻皆破△为曹公荀文若之谓曰张绣行为我我之归处路△断为者我我命上
R11·161下·3	△出因△战军丰得△谓人围勿合魏曹曰司马法中曰三面围当一面留当故过
R11·161下·4	道放为也李筌曰若敌敌围时一面留战断不固如为若四面皆围则敌敌坚守不破项羽外黄城△破为
R11·161下·5	魏武帝壶关△围此法△用杜牧曰过路开为△必死心不生使则走彼后追可后汉朝巫术为者维汜之学
R11·161下·6	子单臣己类同纯结合武原城内△往民庶中劫掠自军将我称汉光武己△下军将臧宫△遣军四五千许
R11·161下·7	△率彼单臣之△围时时城于△攻亦彼城内食粮多繁故破为不能士卒多死汉帝诸臣△聚令破为法△
R11·161下·8	问子东海王答曰巫术能人相劫以己△结合曰多不待其中心悔者有唯围△紧走处无故也少许△缓走处
R11·161下·9	开为则人独一遣亦彼贼擒不难谓光武帝忽速敕言△行过道开令贼兵己处△走单臣等手落△斩唐朝
R11·161下·10	天宝年末上李光弼军率贼兵史思明与地名土门于△战贼兵破将中四面围合光弼行为南角上过路开
R11·161下·11	为贼兵走处有见因坚甲委弃△走△追皆△破为此者一面路开为故也穷上勿迫
R11·161下·12	杜牧曰昔吴王楚国兵用往时楚兵△走水名清发于至往吴王阖闾复追将时弟小夫槩曰兽困犹斗
R11·161下·13	欲人于谓所何有若人△穷命赌战则我不破处岂有彼楚兵先始水△渡后方追战破为能△谓彼言
R11·161下·14	△听因△破为汉宣帝朝军将赵充国羌先零羌上兵用往彼先零羌军大睹故车粮委弃湟水渡欲彼
R11·162上·1	道狭窄徐徐△追军中人一曰利以得△谓缓△何真赵充国曰△穷上迫可不缓△则走而△不顾△急△
R11·162上·2	则后归命赌死战为谓诸将小曰是也谓彼因二三万许人水中△没破大△为兵用法
R11·162上·3	中利真也
R11·162上·4	九变篇八第魏曹曰军体变化九种为法有
R11·162上·5	孙子曰兵用法者君命△受后
R11·162上·6	方兵马结合圮地上军垒不舍魏曹
R11·162上·7	曰依靠处无地也水洪△毁地者毁圮曰李筌曰地低陷处勿下人水下落也盟合

R11·162上·8	地至魏曹曰王小与议盟也李筌曰四方中合地于王小与议盟兵用处定为地贫
R11·162上·9	上勿住魏曹曰曰多住可不李筌曰水无草无烧所无牧处无地贫也曰多勿留
R11·162上·10	围地上住谋为魏曹曰人△围时计谋为应李筌曰地形因利寻
R11·162上·11	死地上△出战魏曹曰命处以战李筌曰死地于兵置时△必军人
R11·162上·12	命赌自战韩信兵率赵军△破为也路往处不有魏曹曰地难路恶上勿过
R11·162上·13	不过不成则谋略为应李筌曰道虽是则险难狭窄人军伏利往处不也杜牧曰汉光武军将马援
R11·162上·14	耿舒△遣武陵武溪蛮国上兵用往令地名辰州城侧于军垒△舍彼武陵往处道两条有若壶头
R11·162下·1	道取则道虽近则水急渡难充道取则道虽远则地平也尔时光武腹心疑虑耿舒充道取欲马援
R11·162下·2	心下此道取则曰过粮阙其胜壶头道取路喉疾为则贼兵彼顺自败谓忽速彼二事官于△到光武彼
R11·162下·3	马援言是令壶头道△取谓时军皆壶头道△取贼兵行为往处路△断为热毒△著故军卒△多病遇
R11·162下·4	△死马援亦病遇此者往处不路上往故也军击可不有魏曹曰若人军
R11·162下·5	地难上住少许战处有亦彼与勿战己军劳苦杜牧曰卒锐上勿攻军退走勿遏△穷勿迫死地上住与勿
R11·162下·6	战或我兵力有人兵力弱虽是则先始△出与勿战战则恐惊走耶此如军与急不战应此事△知若不
R11·162下·7	战心欲则别谋变取应城攻可不有魏曹曰我昔往华费城委弃地堂徐
R11·162下·8	石粗用处岂有又东晋朝陶侃者武昌城于军将为时议相主言武昌城之北水边于郏城内兵住使宜谓陶
R11·162下·9	侃此言不听议相复复△谓陶侃诸队主与引导江水△渡兽射往诸队主之语我我此江水于固依则敌寇
R11·162下·10	来处无此郏城者江北岸于有内我我之益得所无外人国与边连彼国内宝物多有我我人宝物贪故劫掠
R11·162下·11	逼迫敌敌不安定使烦难起处为此时军遣△守亦江南之利益所何有若敌敌军大来时此城不其益得△
R11·162下·12	谓陶侃身化后方军将庚亮军遣彼郏城△戍使故兵马△毁君命不听有魏曹
R11·162下·13	曰利依为行君命不听亦允有李筌曰利依为行君命不听亦有齐将司马穰苴庄贾△斩晋将魏绛杨
R11·162下·14	干△戮也杜牧曰尉缭子曰兵者不吉祥器也争战者德与不依军将者死官也天于不拘地于不缚前

R11·163上·1	前敌敌不惧后方君命不听昔往司马穰苴己军察庄嘉会上△迟故△斩谓庄嘉△惧王于人遣命△救为
R11·163上·2	我谓往使未归△斩齐王人遣庄嘉△赦谓来使彼人马驰军垒内来穰苴曰军政依则君命不听亦有
R11·163上·3	军政执者之问军垒中马驰许无今天使马驰何为△谓彼人曰斩当谓天使△惧穰苴曰国王△使人
R11·163上·4	者杀处无谓童仆一△斩为故军将九变地利法明
R11·163上·5	通则兵用能也李筌曰先△说九种事也军将九变
R11·163上·6	利法不晓则地形虽知亦利益不
R11·163上·7	得兵马命令中九变术不知则五
R11·163上·8	利法虽知亦人用不能李筌曰△下五种也智
R11·163上·9	者心下利害杂虑魏曹曰利得害思害出利思也李筌曰己之
R11·163上·10	利人之害法思虑利与杂虑为为皆可魏曹曰敌敌我之不
R11·163上·11	害法我敌敌之害法计时一种敌敌于胜得勿思先敌敌己于害法思此二事杂虑我利上行则为为
R11·163上·12	皆可害与杂虑患与解能魏曹曰敌敌害来知则害亦不胜
R11·163上·13	李筌曰智者者利害事见时△必利依行不义不为杜牧曰我敌敌与遇患解欲时敌敌我之伤害勿思
R11·163上·14	我先始敌敌破为法△思然后患与解能故先祖文中云智者心下△必利害杂虑谓譬敌敌△为△围时围
R11·163下·1	穿走法思应不若围△穿则军卒一式走战心退△必敌敌追来其胜何敢命归谋攻战逆以破为法思则围
R11·163下·2	出患无若国邻屈欲害处意为魏曹曰敌敌恶处意
R11·163下·3	为应李筌曰敌敌之军政害为应杜牧曰敌敌之不利△出上乘而害为应利言不失则敌敌服屈能
R11·163下·4	国邻谋攻劳苦使应魏曹曰劳苦使应人来我退人退我出
R11·163下·5	李筌曰农时触闹可杜牧曰敌敌扰侵不止休使应我先始供给△足然后故触闹可备者兵众国富人
R11·163下·6	和法正也利给而导魏曹曰利见自来李筌曰利以诱为应杜牧曰利以导引△必
R11·163下·7	自来故兵用之法者人不来勿谓不来
R11·163下·8	供备先△置人不来勿谓不攻计
R11·163下·9	谋先△做李筌曰先前供备△不停留复将之五种
R11·163下·10	危有李筌曰△下五种也好进人杀魏曹曰勇恃虑无李筌曰勇恃谋
R11·163下·11	无杜牧曰愚顽勇悍则危遇黄石公曰勇者己计好为愚者命断不虑吴子曰若将选择时勇悍人取也

R11・163 下・12	勇悍将者勇一种死命不惜不△其外爱利不见将为使可不命惜人虏
R11・163 下・13	魏曹曰利见畏心有自进不敢李筌曰怯弱心有敌敌手落杜牧曰晋朝军将刘裕军二三千骑
R11・163 下・14	许率水面于桓玄军后△追峥嵘洲于△战时桓玄己军恐败谓走心有因船大侧于船小一供备令彼
R11・164 上・1	因军卒战心△散刘裕军卒△为风依火放为而桓玄△败人△疾疾性急不敬
R11・164 上・2	为魏曹曰性急人见时触伤怒使以战来使李筌曰性粗人者性许锐刚不敬为以诱为来也唐太宗
R11・164 上・3	△为地名霍邑城上宋老生诱为以△杀杜牧曰将性粗之不敬陵而怒使则战来败易十六国世姚襄逆
R11・164 上・4	生军率地名黄落城于△攻前秦帝苻生行为军将苻眉邓羌等△遣城守护往姚襄沟垒△凿固守不出邓
R11・164 上・5	羌苻眉之说谓姚襄者性急触伤以怒使易若我我兵率行列正为旗执鼓击其△军垒侧于近久则姚襄△
R11・164 上・6	必忿怒军垒内出时战迎则破为易谓苻眉彼言从兵用姚襄△怒己军△率营后△出△战△破姚襄亦△杀
R11・164 上・7	清人辱为可魏曹曰清净军将之妄言以诽谤则战来△出李筌曰自矜清净军
R11・164 上・8	将言恶以辱为可民爱劳苦使魏曹曰人之爱惜处兵用为时彼爱者人昼夕
R11・164 上・9	夜行兼守护来△出也必劳苦也李筌曰惜处攻为则坚甲下卷急速救来故劳苦也杜牧曰仁有民爱
R11・164 上・10	命断死厌人者短舍长取不能吉凶分离不可近远不度大事不量此如人于兵用往时△必救来劳苦使
R11・164 上・11	而破为易也此五种不守则军将之错误
R11・164 上・12	也兵用者之灾成军败将亡者此
R11・164 上・13	五种故也善善不思量处无
R11・164 上・14	军行篇九第魏曹曰利循利见依军行可
R11・164 下・1	孙子曰军家营设山绝谷依魏曹曰水草边
R11・164 下・2	近利得法也李筌曰我军营舍人与争战时依靠处明则彼我胜败知能山者山险路喉守为谷者水
R11・164 下・3	有草有处也若军家营舍时先始哨处缺口守为然后足立放牧薪采水汲故安得也杜牧曰若山中军
R11・164 下・4	过时谷口边近水有草有处军营舍安吴子曰山塞谷口内不下谷口边近阔处下可高驻
R11・164 下・5	生者善魏曹曰生者阳也李筌曰阳方面趣者生也山下地高上居则生也杜牧曰地高上居

R11·164下·6	南方面趣也坡住上勿攻魏曹曰高处军来前前勿战杜牧曰坡者地脊也人
R11·164下·7	军地高上住我前前往为接战可不此者山中兵用法也水
R11·164下·8	渡远居应曹李曰敌敌引而水△渡杜牧曰魏军将郭淮地名汉中内住蜀主刘备兵
R11·164下·9	起水渡战欲诸队主议曰我我军卒寡少敌敌柱拒不能此时水岸于近为战阵设以敌拒△谓郭淮曰此者
R11·164下·10	怯弱因营住△不△敌敌破为岂可△其胜水方△远战阵设置人军诱为一半水渡时击为△则△必破为能△
R11·164下·11	谓战阵△设刘备疑著水渡不敢人军水渡此方来时水
R11·164下·12	程上勿拒半△渡时其上攻则△必
R11·164下·13	利得李筌曰韩信兵率潍水于龙且△杀夫騤兵率清发水边楚王△戮杜牧曰楚汉二国战
R11·164下·14	时楚王项羽自兵率彭城城上攻往军将曹咎遣成皋城守往令汉高祖战相诱为曹咎水渡此方攻来半许
R11·165上·1	△渡汉高祖其上△击皆△破为高处营舍应魏曹曰水流边近则地高处当
R11·165上·2	地陷处勿居魏曹曰若人下水恐放为我李筌曰智伯赵襄子住处城下水
R11·165上·3	△放为汉光武帝王寻之军营下水△放为△破杜牧曰水流下流地陷水聚处营勿舍若敌敌水掘下方恐放
R11·165上·4	为我耶诸葛武侯曰水上战阵设时水风于勿战往此者我军船乘水尾勿置敌敌水顺船放我于攻来此
R11·165上·5	者水依兵用法也泽地△渡时亟往
R11·165上·6	应若泽不渡军与交时泉源水草树
R11·165上·7	等于固依应魏曹曰敌敌与不战不成则泽水树木于依靠应李筌曰急过处无
R11·165上·8	则水草树等于依靠而战时水泥中不伤杜牧曰泽地树林草不生处若人军与遇时亟往水草树林有处
R11·165上·9	固依树上亦往此者泽地中兵用法也地平易
R11·165上·10	处舍应魏曹曰军行式也李筌曰军行处利也杜牧曰地易平坦宽阔选择军家营
R11·165上·11	舍列队正为争战处利右方高处依前前死后方生
R11·165上·12	魏曹曰战利式也李筌曰若人利得欲则右方地高于己置可前前死者敌敌住处地低也后方生者吾私
R11·165上·13	住处地高也杜牧曰太公曰军行处地者左泽水右坡岭于依也死者地低也生者地高也低住高处攻不
R11·165上·14	利故前前低后方高则兵用利也此者地平上兵用法也上
R11·165下·1	四种军行法者极中利真也李筌曰四
R11·165下·2	种者山水泽陆也轩辕天帝四方帝于△胜

R11·165下·3	魏曹曰轩辕天帝始四方王小△立令然己处妄而帝名△取此四种地依兵用△胜李筌曰轩辕天帝始
R11·165下·4	风后于兵法学四方△服则故四帝于△胜谓若兵用时高好下
R11·165下·5	恶阳贵阴贱实处生养△必胜得
R11·165下·6	军中疾无魏曹曰实者水有草有地也李筌曰若军下处住△必病患落故地高阳营
R11·165下·7	于居可杜牧曰生者阳也实者高也故地高于居湿黝无则病患不落△必战胜山坡地
R11·165下·8	岭南方营舍右方高于依战利地利
R11·165下·9	也杜牧曰坡脊险梁地与遇时东南面于居应水顺沫来急渡可
R11·165下·10	不定时渡可魏曹曰若兵马半渡时水恐涨耶李筌曰水恐盛耶杜牧曰
R11·165下·11	洞隙过时水面沫来则山首雨来也水沫过尽岸△低时涉可若此依不行则水流暴涨兵马毁也地
R11·165下·12	上洞幽天井天牢天罗天陷天隙有
R11·165下·13	亟过勿近魏曹曰山水深大之洞幽谓四方高中央下之天井谓水穿内空之天牢
R11·165下·14	谓人落出处无之天罗谓地中陷之天陷谓坎穴狭深之天隙谓李筌曰水流来处者洞也中央下者天井
R11·166上·1	也四方路无者天隙也△过处无者天牢也树木集荫驰跃处无者天罗也地陷泥动者天陷也此如地恶上
R11·166上·2	△出时急过应也杜牧曰兵法中言地式△下水大流陷者天井也山谷山穴人往处无者天牢也洞水深阔
R11·166上·3	浅深不明路内泥有人马过处无者天陷也洼坑坎深者天隙也树木集荫蒲苇多有者天罗也陷者堕也
R11·166上·4	吾△远人△近吾前前为人后△置
R11·166上·5	魏曹曰兵用时常此六种地恶与勿侧近敌敌与△侧近我利△得敌敌△损李筌曰兵用善者敌敌导
R11·166上·6	引地恶上来杜牧曰此六种地恶与遇时我避为前前△为敌敌△侧近后△置△动时害阻△为我之△
R11·166上·7	利人之△凶若军行处山林树密坡脊险厄
R11·166上·8	壑有水潢蒲苇草长伏兵恐有地
R11·166上·9	搜查深为必魏曹曰山者树密有处也坡脊者障也险厄者地△低△高也
R11·166上·10	潢者水池蒲苇立处也此者地式相也李筌曰其中敌敌伏兵恐有耶近在不动
R11·166上·11	者地难恃远在诱为者△出欲
R11·166上·12	杜牧曰近在诱为人与战欲故我军恐不出谓故远在而诱为也地易处居
R11·166上·13	则利魏曹曰居处易则利李筌曰地易上居则利得杜牧曰若敌敌险难处不居地平易

R11·166上·14	上居则△必他△利得也树密摇动敌来兆魏曹曰树伐道穿也
R11·166下·1	草密结绑疑著兆魏曹曰草结人如绑人△疑为谓杜牧曰若敌敌营
R11·166下·2	舍未成暗暗逃走人恐追来人恐掩盖谓故故茅草结绑一处处聚使兵伏有如为我我疑著使△不攻来谓
R11·166下·3	鸟降惊飞处兵伏有魏曹曰鸟下兵伏有李筌曰人藏则伏曰
R11·166下·4	兽骇处兵骤来魏曹曰敌敌列队正为我于覆攻来也李筌曰意不置△
R11·166下·5	来者覆也杜牧曰若敌敌我于覆攻来时△必他道险地恶树木处兵伏驱野兽惊骇逸也尘高头
R11·166下·6	锐者车马兵也杜牧曰车马行疾鱼贯头齐如则故尘土头锐谓尘
R11·166下·7	低下阔者步兵也杜牧曰步兵迟缓头并则尘土下阔头低尘
R11·166下·8	散分往薪采者也李筌曰薪采者尘土虽是则齐人山首登晋军尘
R11·166下·9	土是谓△畏夜下△遁杜牧曰薪采者者尘土己处分往尘少来往军营
R11·166下·10	量立杜牧曰军营立时骑悄来往哨置地搜尘少出也辞虽卑则勤
R11·166下·11	以供备攻心欲魏曹曰若使来辞亦△卑我暗暗观者遣敌敌益供
R11·166下·12	备△谓则战来欲也李筌曰军之诡诈要若使来辞卑亦实信可不杜牧曰若敌敌使遣自卑沟壕修
R11·166下·13	造△惧如为者我我之懈怠著使攻心欲也六国时秦国兵起阙与城△围赵王军将赵奢△遣救护
R11·166下·14	往使赵奢邯郸城后△出三十里远许至往彼处垒舍沟壕深为战往不肯秦人使遣察观来使善善侍
R11·167上·1	奉遣送己人军中至往先有沟壕深为战心无言△说则秦将心喜阙与城者取为能△也谓彼使足△
R11·167上·2	行后方赵奢昼夕夜兼意不置上△击秦军△破辞强显使己进攻
R11·167上·3	如退心欲魏曹曰诡诈也杜牧曰吴王夫差北方兵用往晋定公与地名黄池于
R11·167上·4	△会后方越王勾践兵起吴国于△伐彼时吴晋二国小大未定中此事闻吴王△惧诸臣与议会于不
R11·167上·5	往彼顺归及会于往晋于大为与孰△利谓王孙雒曰会中往晋于大为者利吴王曰△是此谋为式何云
R11·167上·6	王孙雒曰今夕军率其△攻如为则军卒心广为晋于大亦能△谓吴王彼言△听忽速三万甲着△选
R11·167上·7	战阵设置而晋军边于一里远程△居鼓击呼叫天地震动晋王董褐△遣视往使吴王彼人之谓汝主王于
R11·167上·8	△谓△汝人孰△大者今日△明谓董褐晋王于至往彼言△说我吴王面色观忧烦△著怒心△有彼与战
R11·167上·9	可不谓忽速吴王大为本国△还车轻先出侧于近为战

R11·167上·10	阵设魏曹曰争战欲也李筌曰近来人诱为者速战爱利见也杜牧曰骑悄急出先战阵设处测
R11·167上·11	约无和请计谋也李筌曰和会言为未尝中和言请来者△必计谋也
R11·167上·12	田单诈以骑劫之和言△授纪信诈以项羽诳此如谋法有杜牧曰贞元四年中蕃头主尚结赞军水边遍
R11·167上·13	劫掠来时己兵马中病患△落△多△死归处恐无谓故诈以军将马燧于人遣和言请来马燧忽速△到和言授
R11·167上·14	可谓尔时汉大浑瑊德宗天子之谓若官△兵用地边营舍彼国破为欲时蕃△和请来者是此时蕃△约无和请
R11·167下·1	来者△必谋也天子彼言不听浑瑊遣二万兵马△率令泾州平凉县侧于三十里远程军营△设忽速己军
R11·167下·2	中三千人△率会誓坛上△往蕃△衣下甲着浑瑊于△攻△破急列定为会
R11·167下·3	言有李筌曰我日会△为上军将遣急速往杜牧曰先始人遣会处地上急速旗立战阵设往周
R11·167下·4	礼文中曰车骤马驰旗立投为彼于阵设半进半退饵置为李筌曰军
R11·167下·5	人佯散散行令杜牧曰诡诈以乱列队不正如为我军诱为△战来欲杖杖持立者
R11·167下·6	饥李筌曰困困齐不能杜牧曰食无困困杖柱于依为汲汲先饮者渴
R11·167下·7	李筌曰汲者渴于度则军卒渴者谓可何有杜牧曰汲汲者遣先始自饮睹则其外军体不渴处岂有利
R11·167下·8	见不攻疲倦也魏曹曰军人劳苦也李筌曰军人用使难也营头
R11·167下·9	鸟居军不住李筌曰城头鸟栖则军遁人不住也杜牧曰齐晋二国战时晋臣叔
R11·167下·10	向曰齐之军营上鸟乌戏△军卒△走△也谓后周朝齐王宪兵率高欢国上行往兵马△还时柏叶以幕为粪烧
R11·167下·11	烟放△过二日后方高欢军营空见追亦不及此者虚形△设置而△走也夕黑呼叫
R11·167下·12	畏惧心魏曹曰军卒夜下相之呼叫者将不勇也李筌曰军人怯弱军将不勇则故惧惊呼叫
R11·167下·13	喊喊也杜牧曰恐惧心有则夜下呼叫强壮如为兵马杂混将威无李筌
R11·167下·14	曰军将威重不有则故军人杂混乱也杜牧曰军将行住佻轻头轻言为威仪不堂堂则故军人乱也
R11·168上·1	旗帜不定乱扰见杜牧曰鲁庄公军率齐军上攻往齐军△退时曹刿
R11·168上·2	曰追战为△谓庄公曰△败真及非何云追△答曰我足迹乱扰旌旗杂混因故追可也吏怒
R11·168上·3	人疲倦杜牧曰众兵疲倦则列主忿怒军将不畏马屠肉食军
R11·168上·4	粮无瓵藏不取为所无杜牧曰马屠肉食则故军粮无谓舍
R11·168上·5	内不来者哺为所无谓谆谆翕翕己共言为者将

续表

R11·168 上·6	心与不同也魏曹曰谆谆翕翕者己共私语为军将与不和也李筌曰
R11·168 上·7	谆谆语为者军将或闻畏军人心堕言也杜牧曰此谆谆语为者军卒忧烦心有军将人心与不和也
R11·168 上·8	时时赏与窘迫故也李筌曰窘迫贫苦之赏与劝战使也杜牧曰
R11·168 上·9	军卒势力△穷恐逃跑耶谓时时赏与心悦使也时时罚置为者疲
R11·168 上·10	倦故也李筌曰疲倦人之罚置为以战力尽使杜牧曰人倦不战戒令不畏之时时罪处
R11·168 上·11	为以惧先虽勇悍后畏心有者精心无
R11·168 上·12	也魏曹曰先虽不敬心生后人军众见心疑惧著李筌曰先勇后畏者精心无也杜牧曰此者
R11·168 上·13	敌敌料不能也己归和请来者力息心欲杜牧曰己
R11·168 上·14	归和请来者军人疲倦他害阻有力息欲也怒而兵起相停不
R11·168 下·1	战分离亦不肯者善善察必魏曹曰兵伏疑
R11·168 下·2	为应李筌曰△必兵伏有善善察量须杜牧曰怒而战阵虽△设相停不战分离复不肯者他待所有
R11·168 下·3	伏兵恐出善善察量当兵数多亦利真非魏曹曰用所足时率可
R11·168 下·4	勇悍特以己不进魏曹曰不利则不战兵数力
R11·168 下·5	并敌敌料能人巧选得则胜魏曹曰△下人
R11·168 下·6	中人强选得则能李筌曰二军力均战时人巧得者胜杜牧曰己他力均战往不敢者人巧未得故
R11·168 下·7	也己△下人中材有选择人强得则敌敌料可战亦胜能他求寻所何有己力不量
R11·168 下·8	敌敌不敬为者△必人手落也杜牧曰谋
R11·168 下·9	深不有计域不大己独力恃己利不顾者△必敌敌手入也军卒将与未
R11·168 下·10	附罪罚置为时不服不则用使难
R11·168 下·11	杜牧曰先始信恩未行军卒之罚置为也军卒将与附罪罚不
R11·168 下·12	置为则彼亦用难魏曹曰信恩△行罪罚不置为则军卒懈怠著
R11·168 下·13	用使不肯故文法以教武行以治魏曹曰文者仁也武者法
R11·168 下·14	也李筌曰文者仁恩也武者戒罚也杜牧曰齐晏子曰司马穰苴者文行以众人与附能武行以敌敌服能
R11·169 上·1	此依行则△必胜取杜牧曰文武双行则△必胜得先
R11·169 上·2	始令行后民庶教则民庶亦服先令
R11·169 上·3	未行后民庶教则民庶不服令事显
R11·169 上·4	明则军卒与和杜牧曰若军将为者安定时久先始信恩戒令行国人于至然
R11·169 上·5	后敌敌与战戒令行时人皆伏服韩信曰先始信恩戒令民庶上△行我因故市场人亦战令能我

R11·169上·6	孙子兵法三注中卷终大二千一百四十八注一万五千八百四十四
R11·169下·1	住而敌敌来待应若敌敌……退当阳谓者南方也此者……
R11·169下·2	则军卒中病患生也若南……下北高则高处近为住可……
R11·169下·3	均者诱为难战……
R11·169下·4	如己他军营三十里远许……率彼军诱为往则己军疲倦……
R11·169下·5	敌敌战欲我之诱为来时我……不利若俱二力均不战不成则何△为答曰营舍近为
R11·169下·6	战可此六种地势者军将之事要也善
R11·169下·7	善不察处无李筌曰此六种地势不知则△必败也故兵用中
R11·170上·1	或走或弛或陷或崩或乱或败此
R11·170上·2	六种者天灾非军将之过也若若
R11·170上·3	势均时人独十人上击则△必人
R11·170上·4	独走魏曹曰己力不料李筌曰己量不能若地形便得计兵伏兵用能则彼亦△为杜牧曰若
R11·170上·5	一人十人上击欲时先始己心思虑人力论测军卒勇怯天时地形敌敌于十倍过则其然后一人十人上击处有
R11·170上·6	若己他势均则一人十人上击者△必人独走也卒强将弱则弛魏曹曰将弱军
R11·170上·7	人不能则弛杜牧曰若军卒力强军将怯弱命令不能则△必军卒弛我我唐朝长庆元年中军将田布△遣
R11·170上·8	魏州属军△率逆人王廷凑捕往令彼田布先魏州人也军卒与相熟知因敬畏心无人二三万许军营中驴
R11·170上·9	乘乱行田布禁止不能二三月过后战时时军人逃散田布己己△杀将强卒弱则
R11·170上·10	陷魏曹曰军将勇悍军人怯弱敌战自进则△必陷李筌曰卒弱一心不也战往不敢逼迫而战令
R11·170上·11	则故败陷谓杜牧曰军将战欲军卒怯弱己力不量逼迫而行则人手死亡将小怒
R11·170上·12	而战人军能不能将大不知则崩魏曹
R11·170上·13	曰将大怒军将小亦不服怒而敌与战往能不能不思则△必崩败李筌曰军将人触怒使己弱不晓强以军
R11·170上·14	率战使者△必崩败杜牧曰昔往楚王兵起郑国上攻往晋国兵起救护来楚军将伍参楚王之言曰
R11·170下·1	晋国军将者人新也兵马中口用不能其之助相先縠性粗慈无命言不受其三将小己处意随事行将大不
R11·170下·2	伏为诸军卒亦往处不知此遍兵用往则晋军△必败尔时晋魏琦节亲依爵求不得故怨心△结晋军△败欲楚

R11·170下·3	军诱为往我谓军将不肯军诱为许无则和使为往我亦其许有谓晋军将忽速彼言△许使△为往△谓赵旃上
R11·170下·4	大夫官求不得故彼亦怨心△结功为往我△军将不肯功为许无则和事请往我谓晋将言许忽速魏琦与引导
R11·170下·5	△去彼魏琦等和言虽未请战事上请△还尔时郤克曰二怨主△往不供备△则△必败△谓随会曰若此二人
R11·170下·6	楚王△怒使我于掩来则军卒伤毁先始供备应谓先縠曰非▽谓随会忽速巩朔赵穿△遣地名敖前前七处
R11·170下·7	伏兵住令彼因上军随会未败中军先縠△破谓者军中上下不和相言不听则△必崩也将弱不
R11·170下·8	严军法不显义依不为行列不正则
R11·170下·9	乱曰魏曹曰将为此若行乱乱根也李筌曰将上有依行则乱乱根也杜牧曰将卒皆军法不守则故行
R11·170下·10	列杂混乱乱根也将敌敌料不能少以众上攻弱
R11·170下·11	以强与击先导人巧无则败魏曹曰此若势力既也则
R11·170下·12	△必败走李筌曰敌力不料故也杜牧曰李靖兵法中曰若争战时状量强兵择先导争战使司马法中曰
R11·170下·13	男勇△择先战中功未为者后战时前前△导勇心有战力放也昔东晋国军将谢玄北方广陵城守尔时秦帝符
R11·170下·14	坚国境△盛与遇战时谢玄男勇选择名者刘牢之何谦诸葛侃高衡刘轨田洛孙无终等皆勇悍人其中刘牢
R11·171上·1	之△遣强兵择先前导使百战百胜敌敌△畏行处成为此六种者军毁
R11·171上·2	△为军将之事要也善善不察处无
R11·171上·3	地形者兵之辅助△也杜牧曰兵用之本者仁义戒令守及不有
R11·171上·4	复地形利得则兵之辅助者为不胜处岂有敌与利争险难知能
R11·171上·5	近远测能者军将之道也杜牧曰人马势力军粮输运地
R11·171上·6	难道恶近远依为量料能则胜式事也极中要爱此知因战则胜不知
R11·171上·7	战则败杜牧曰此者险难近远也若战往△必胜得
R11·171上·8	将中君曰无战谓亦战可也战胜不
R11·171上·9	得将中君曰△战谓亦战可不李筌曰战胜得
R11·171上·10	既也则△必战可战胜不得既也则△必勿战杜牧曰黄石公曰军出行往时军将己意断为或进或退君命听
R11·171上·11	则战功成难彼因圣主明王军将遣送将车上坐己车毂推曰宫门出后一种△尾意随△行▽故
R11·171上·12	进名不求退罪不避唯民庶之养育

R11·171 上·13	天子之安者国中珍宝也李筌曰进退人之利为己利不
R11·171 上·14	求杜牧曰进战胜名不求退诏违罪不避军卒儿婴如养则共
R11·171 下·1	险程己攻亦敢子если爱则俱死亦敢
R11·171 下·2	李筌曰若此如治为则战死不惜昔往楚子言良一句△行军人冬时绵有衣穿如暖杜牧曰昔往吴起军
R11·171 下·3	将为时军人中最下与衣同穿食同饮卧席不置行马不乘己粮自执军卒与一法为军人疽出吴起脓血吮为其
R11·171 下·4	家人之母闻△哭或人问曰汝子军将爱而脓血△吮为△中何哭泣▽母曰彼将先始子父之脓血△吮为故忽
R11·171 下·5	速战而△死此时我子之脓血△吮为则何时死不△谓恩施△多则用使
R11·171 下·6	处无爱惜△多则命令处无彼因乱
R11·171 下·7	为禁止处无譬骄娇子如用使难也
R11·171 下·8	魏曹曰恩一式不用罚一式不严若爱子己心与不合则△必目前害为故用处无谓李筌曰若人爱惜△厚
R11·171 下·9	也言不听则骄娇子如逆恶心生用使处无杜牧曰黄石公曰军人己△卑懈怠心不著故身下卑行则己卑
R11·171 下·10	谓律依禁则不懈怠谓阴符文中曰害恩因生吴起曰皮鼓铜鼓告知△也旌执旗挂目之视可戒令赏罚
R11·171 下·11	心之怖可耳妄勿听目妄勿视心妄勿思此三种不设置则△必敌敌胜得此三种依为则军将东指东自攻
R11·171 下·12	西指西处往李靖曰昔战善军将者军人十中三杀次十中一杀十中三杀者人国畏惧生十中一杀者己军
R11·171 下·13	畏惧生故我畏则敌敌不畏敌敌畏则我不畏功小不谓赏大给罪小不谓罚严判马谡兵△败时诸葛亮哭而△
R11·171 下·14	诛识知人某顶冠某盗军将吕蒙哭而△斩马逸苗食曹公发割己罪△受二大都集头公事中杂入故黄盖△问罪
R11·172 上·1	伏使俱二△杀故戒者恩于多则兵△少亦胜恩者戒于多则兵△大亦败又杜牧曰一种恩功纯行抚为△多
R11·172 上·2	上禁止则△必怨心生若一式军政严则军人怨恶心生使上恩功△行亦近亲岂肯故赏罚并用能则军将为
R11·172 上·3	△可己卒击△可知人上击处无不知则胜
R11·172 上·4	负不明人上击处有知己卒击△不可
R11·172 上·5	不知则胜负不明杜牧曰击可谓者刚健命不惜之谓击△不可谓者疲倦
R11·172 上·6	怯弱之谓人上击处有知己卒亦击△可知
R11·172 上·7	战处地形不知则胜负不明曹李曰胜负不明也杜牧

R11·172 上·8	曰地形谓者山池险难地程近远道径偏斜出入处也故兵用善人动时
R11·172 上·9	不迷举时不败杜牧曰未动未举于前前损益定为△明后方故动时不迷举时不
R11·172 上·10	败也己他料能则胜式不失天地式知
R11·172 上·11	则不胜△何有
R11·172 上·12	九地篇十一第魏曹曰战处地九种有李筌曰胜败式九种有故
R11·172 上·13	地形篇末后△属
R11·172 上·14	孙子曰兵用法中散地近地争地
R11·172 下·1	交地合地远地圮地围地死地
R11·172 下·2	等有曹李曰此者九地名也王小己属地上战
R11·172 下·3	则散地谓魏曹曰军人家宅心归地程侧近则故散地谓李筌曰家宅侧近子妻
R11·172 下·4	心念战迫△穷走则故散地谓杜牧曰军人家宅侧近死战心无退走家投为也人国兵
R11·172 下·5	用不深为则近地谓魏曹曰军人战心不圆易易退来李筌曰
R11·172 下·6	易易退也杜牧曰师出人地堂中人舟梁焚为军卒见而退心不欲是己己得亦利
R11·172 下·7	人得亦利则故争地谓魏曹曰地利得则小者于胜弱者
R11·172 下·8	强于胜李筌曰此者地难道狭先△得者胜咽喉执为与同故争地谓杜牧曰地中要爱之争地谓前秦
R11·172 下·9	帝苻坚将吕光△遣西方龟兹国上兵用往后方苻坚己军大△率东晋国上击往己军△败国境△
R11·172 下·10	失苻坚之臣臣梁熙彼时凉州军将为己帝国境△失知则己凉州△据其后吕光西方△还梁熙吕光
R11·172 下·11	之拒欲高昌城主杨翰曰吕光此刻西国△破为军卒勇悍柱拒处无若沙道执则其之军丰测量处无
R11·172 下·12	若高梧谷中来则水难我先始水口守为△则彼军饥渴△逼时彼顺自降地程远此如为处无谓△
R11·172 下·13	则伊吾山狭守为△以柱拒处有若此二种事上不为△则他计谋无争地谓者则此是也梁熙此事不
R11·172 下·14	听故吕光行为△破为己往处有人来处亦有
R11·173 上·1	则交地谓魏曹曰地形道利相中战合也李筌曰地平战手混合也杜牧曰
R11·173 上·2	地境宽阔往来易则营舍战迎处有之谓王小地域三处共
R11·173 上·3	有魏曹曰己他直直侧边国有则故三处边接谓先始至往国
R11·173 上·4	相助者得者合地谓魏曹曰先始至往助者得李筌曰
R11·173 上·5	己他直直侧边他国一有则故合地谓先始至往地利得则故助者人多得杜牧曰合地者三国侧接地
R11·173 上·6	也我我先始彼往利处营舍侧近国与力结合之谓人地堂往城数

R11·173 上·7	多过则远地谓魏曹曰返难地之谓李筌曰志心持也昔往军将白起
R11·173 上·8	放魏曹曰地难上住军卒心并也杜牧曰地难与遇己独死非则故军人心齐战不畏惧也死
R11·173 上·9	命不惜魏曹曰军人命蓬上攻杜牧曰命赌死战为不胜处岂有军卒险
R11·173 上·10	锐处陷惧所不有魏曹曰军人力放战也走处无
R11·173 上·10	则固战深为则拘魏曹曰拘缚往处无也李筌曰固强不败为杜牧曰敌
R11·173 上·12	敌之地堂深为退走脱处无则人心坚固譬拘缚如也不为不成则斗
R11·173 上·13	魏曹曰力放而战李筌曰命归而战也杜牧曰不战不成谓者死地上至命上△出脱处无因故不战
R11·173 上·14	不成谓故军卒不治全聚不求力施不
R11·173 下·1	亲自和不令自信魏曹曰彼军人之意不有为自战李筌曰死地上
R11·173 下·2	住使则命令言不行亦自战杜牧曰此者兵马死地上△出上下心同治所不有彼顺全聚求所不有彼顺
R11·173 下·3	力施亲所不有彼顺自和令所不有彼顺自信吉凶不思疑心除禁
R11·173 下·4	则命上往亦他心不生魏曹曰吉凶瑞相疑惑事
R11·173 下·5	断应李筌曰善恶瑞相言疑惧心惑事禁除则祸灾不有杜牧曰黄石公曰军头天测卜骨焚卦求等
R11·173 下·6	吉凶记言禁应此者军卒之疑惑恐生谓故也军卒疑心除则命上至往亦战心不退也军
R11·173 下·7	卒物委弃者物恶并非命赌战者
R11·173 下·8	命恶亦非魏曹曰意而军人之食物焚为者物恶并非不为不成因军人命归而物△
R11·173 下·9	搜△战欲也李筌曰兵用善者军人物委弃使命舍而战使也杜牧曰若军人食物于心著则暂宿△贪
R11·173 下·10	战力不放也军卒命令后坐者涕襟沾卧者
R11·173 下·11	涕面涂魏曹曰△必死战为计也李筌曰军人财弃使能△必命赌而战则故涕流也杜牧
R11·173 下·12	曰军卒与命归言分未战于前前兵马命令今日一遍命归以敌敌破为△命归战不敢则野野尸置兽野食
R11·173 下·13	也故军卒哭泣也走处无上投为则诸刿如勇
R11·173 下·14	悍为李筌曰兽穷则搏鸟穷则啄令急则军人专诸曹刿等如勇悍为也杜牧曰战处△出时
R11·174 上·1	皆专诸曹刿等如勇悍△为谓故兵用善人譬爬爬如
R11·174 上·2	爬爬者山中蛇之谓其蛇首击为
R11·174 上·3	时尾以护尾击为时首以护中击
R11·174 上·4	为时首尾俱护问曰兵用爬爬如

R11・174上・5	为乎孙武曰是谓譬吴国人越国
R11・174上・6	人等相于怨置亦若舟独一上共
R11・174上・7	济风大与遇时其亦手左右如己
R11・174上・8	共相救死地上投为时己共相守
R11・174上・9	亦此与一法若地平上之走处有
R11・174上・10	则马缚轮埋为亦依恃处无魏曹曰缚者拘
R11・174上・11	也轮埋为者不动谓若计谋利求不为则马缚轮埋如亦依恃处无李筌曰走处无地上住则军人自斗蛇如
R11・174上・12	首尾相守也昔吴国越国人舟上共济怨弃相救杜牧曰马缚者方阵也轮埋者不动也若此依为亦一心
R11・174上・13	不则依恃处无故利求计谋为以死地上住使则军人自进险战两手如相救固守战胜依恃△可一
R11・174上・14	心齐勇军政正也李筌曰齐勇者将昔战△习法也杜牧曰军卒全聚一
R11・174下・1	心勇悍者军政正因也柔刚丰得者地形于在魏曹曰地
R11・174下・2	依强弱为李筌曰柔刚地形依成杜牧曰强弱威力地形相依也故兵用善人
R11・174下・3	譬人独一之手携为如众军皆战使
R11・174下・4	能魏曹曰齐齐自攻义也李筌曰军大命令者军少命令与不异杜牧曰军大用时一人之手牵为如
R11・174下・5	悉皆战使能此者我之令法畏故也军将兵用时静故深正
R11・174下・6	故治魏曹曰默悟不喧哗密深测量难杜牧曰静谓者军卒不喧哗之谓深谓者测量处无之谓
R11・174下・7	正者不偏治者人治军卒聋盲如为闻见使可不
R11・174下・8	魏曹曰用法计谋军人始不知李筌曰计谋未定此方先始军卒△不知△定后方行依利得故军人欺为
R11・174下・9	不知闻使也杜牧曰军卒之唯军将命令言独一行时△知不△其外他言不闻不见目盲耳聋如△为
R11・174下・10	事易谋革军卒不知使应李筌曰谋事变易人△不
R11・174下・11	知杜牧曰为所计谋本根事体军人△不知居处易道径变而
R11・174下・12	军卒测量不知李筌曰路依行住军将意处军人不知杜牧曰住处易者
R11・174下・13	地安违难处有道径变者近处不往远远自攻军人△必死命不惜军将军卒与
R11・174下・14	言分譬险危上△往梯木去为军
R11・175上・1	卒与引导人地堂往计计谋深为杜牧曰军
R11・175上・2	人退心无使昔往秦将孟明齐国击往军水△渡船舟△焚舟焚釜破羊
R11・175上・3	群牧如△驱△驱往处迷误使魏曹曰一

续表

R11·175 上·4	心为使李筌曰渡梁舟道断为一心为使退走心断故羊群驱如也杜牧曰军卒来往事知不△攻战处
R11·175 上·5	△不知军大聚率险难处投为者军将
R11·175 上·6	之事要也伸屈利害九地依变化
R11·175 上·7	善善不察处无魏曹曰人情利见而进害见而退杜牧曰伸屈利害谓者
R11·175 上·8	利见而进害见而退者皆地依变化今△下九地重说欲因故此言△说若人国兵
R11·175 上·9	用深为则固强不深为则离散军
R11·175 上·10	大△率人国至往则绝地谓杜牧曰己国与
R11·175 上·11	分离之谓四方阻无者衢地谓深为则
R11·175 上·12	远地谓不深为则近地谓首尾
R11·175 上·13	皆险则围地谓走无则死地
R11·175 上·14	谓若散地于至时我军人一心
R11·175 下·1	为使应李筌曰众军一心为使应杜牧曰固守则一心为争战则散易近
R11·175 下·2	地于至时我军列近而居应魏曹
R11·175 下·3	曰不远营舍应杜牧曰行列军营边接近近而居使应者二种言有一者己军恐退散谓故也二者敌敌覆
R11·175 下·4	来时相救护远近故以也争地上急至往应魏曹曰地利前前有速速
R11·175 下·5	急△得李筌曰地利手入则利得益得杜牧曰争所地利也则先疾往当懈怠不为交地
R11·175 下·6	于至时我住处固守杜牧曰沟垒深为固守应合地
R11·175 下·7	于至时我言捆固守杜牧曰边接国与议兵力结合一心固牢
R11·175 下·8	为应远地于至时我军粮不绝使魏曹曰敌
R11·175 下·9	敌中食粮求李筌曰人国食食求圮地于至时我军急
R11·175 下·10	过魏曹曰急往过也李筌曰往不止也围地中入时我走
R11·175 下·11	处路塞魏曹曰军卒一心为使杜牧曰我我人围时走处开为死战心△无其上攻
R11·175 下·12	击可我我人围入过处路开人诱为时彼路塞为则军人死战为解后魏朝齐帝地名河北兵△起魏国
R11·175 下·13	尒朱兆天光度律仲远等四军将兵与地名邺南上△会彼尒朱兆等兵精二十万许△率齐军△围齐
R11·175 下·14	帝骑二千许步二万许不满尒朱兆等己军△退走处路放为齐帝忽速牛兔驴△连走路△塞彼因军
R11·176 上·1	卒命赌而四方自进尒朱兆等军△破死地于至时我不达
R11·176 上·2	命行曹李曰励而战使杜牧曰解难言命令以军人自进战解求故军卒
R11·176 上·3	者人围中御魏曹曰争战以相御可李筌曰敌敌我围时军拒可杜牧曰人
R11·176 上·4	围中△入时军人一一争战胜心有也不战不成战深为则

R11·176上·5	计上来魏曹曰不战不成上△出则善善争战而计上来李筌曰善善谋为以战则解固得
R11·176上·6	唯人国谋略不知则力结合处无山
R11·176上·7	林险难沮池地形不知则兵用不能
R11·176上·8	地识不率则地利不得魏曹曰此三种言先△陈毕此
R11·176上·9	此复云者兵用中要爱也九地中一许不知则国强
R11·176上·10	兵非国强兵马国大上伐时人兵
R11·176上·11	力不结合使敌敌畏惧生使议略
R11·176上·12	不成使魏曹曰敌敌迷著使李筌曰兵用威力殊益则诸王小自自安乐为相中议处无
R11·176上·13	杜牧曰威仪力大则敌敌散毁能也谓今天下国相与和不
R11·176上·14	求天下国相与谋不结一式己力
R11·176下·1	依恃人国上兵用则己城人破为
R11·176下·2	己国人取为魏曹曰国强帝者天下王小与谋力不结合天下王小与军力不结
R11·176下·3	合帝力恃而天下王小之威仪夺为己私为则不利真易李筌曰天下王小与议略不结力恃私为则利真
R11·176下·4	非杜牧曰王小与和不欲诸王小与谋不结唯己力依恃人国与战迎则己城亦守难己国亦人破为易齐
R11·176下·5	桓公管仲于兵用法△问管仲曰先始兵不起仁德修堡城造国相与△近亲则其然后兵用处有尔时彼事
R11·176下·6	依△行忽速鲁国卫国燕国等之先△取为地皆△还为四方△和顺然后兵马△起南楚国上兵用北山戎
R11·176下·7	破为东孤竹国△取为西流沙人△降使彼因诸国王小与九次会遇引导周帝处△朝此者国相与和谋力
R11·176下·8	结合故也吴王夫差兵起越国△破为齐军之△败使商鲁与和言弃晋王与地名黄池于△会大争尔时诸
R11·176下·9	国王小悉皆敬畏越王勾践行为后吴国上军△攻吴王△惧齐楚国中兵乞往齐楚二王兵不给因民庶
R11·176下·10	骇走兵马△疲越王行为△破为此者己力依恃故也尔时越王勾践楚国臣宰申包胥之战言△问越国者
R11·176下·11	南楚西晋北齐三国之岁岁贡币玉白金银献续不绝为彼因吴国怨寻战欲此言何也包胥答曰是▽此于善无
R11·176下·12	谓故吴国△破为法于前前赏设置律于前前
R11·176下·13	罚设置此依军大用时人独使与一

R11·176下·14	法魏曹曰兵用令法先不立使敌见争战功为之赏与则利赏罚显明则军大用时人独用使与一法
R11·177上·1	李筌曰兵用善人令法不行赏罚先行则人皆依顺军大用时人独用与一法事依用
R11·177上·2	使言体不知使利依用使害事不
R11·177上·3	说魏曹曰害事不说为李筌曰害事说为人疑惧心著亡地上投为
R11·177上·4	存死地上投为生祸大拒后利得
R11·177上·5	胜得魏曹曰△必命归而战则胜孙膑曰兵者死地上恐不投使△不△死地上投使△
R11·177上·6	则△必战胜李筌曰兵死地上住使则△必命归战己脱处求韩信水上阵设也故兵
R11·177上·7	用将时敌顺为何有察魏曹曰佯佯不悟如
R11·177上·8	为若敌攻来我后退伏设为敌敌△退时我追战为李筌曰敌敌军营上攻来欲时我彼营固守
R11·177上·9	来待敌敌战欲时我计兵为而来待△负佯佯敌敌之依顺为杜牧曰敌敌顺为谓者若我敌敌上击
R11·177上·10	欲时便不得此己隐身藏敌敌私顺为△不惊走若敌敌力迫为时我负弱佯佯敌敌心大著使其△懈怠
R11·177上·11	后方我攻为△若敌敌退欲时我我路开为愿依△走战心△无其上击△则胜一式兵
R11·177上·12	力结合千里远往将杀魏曹曰兵力结合敌敌上攻千
R11·177上·13	里远往亦将捕手入杜牧曰先△云言敌敌爱顺为谓者敌敌之不利未见也若敌敌之不利见战处有
R11·177上·14	悟则一式兵力结合敌敌上攻千里远往亦军将手入此者事成巧能
R11·177下·1	事也魏曹曰兵用能也若兵用将时出入路
R11·177下·2	断他使勿通魏曹曰议事△定后方渡梁路断为相中信言不传人国使不
R11·177下·3	来李筌曰行事△量后方渡梁路断为信言不传战事恐损军卒疑心不著杜牧曰渡梁路断为谓者
R11·177下·4	敌敌之一种并非若敌敌使不受△则其不是乎答曰渡梁路断为△者己国人不出入谓若出入则
R11·177下·5	来往杂混敌敌人恶己藏姓名变易密言盗传察观者来故也又使勿通谓者若使来则智能张孟谈娄
R11·177下·6	敬△如何见皆晓我之实虚知能我未行前前敌敌先利获我也我军△率人国△入后方使来者先祖
R11·177下·7	制也不利应无共议论测兵用事善善正为
R11·177下·8	△发为时家主三族共粮运为者七十万人牧耕不利皆十万人之粮运为也杜牧曰先祖世一户地一顷

R11·177 下·9	有九顷地之中央地一顷中井凿庐为八户人居故七十万户人十万兵之食粮运献路长劳苦不小
R11·177 下·10	一日胜争多年相望爵赏爱惜敌
R11·177 下·11	敌何有不知者极中仁无人也李筌
R11·177 下·12	曰赏物惜惜察观者之不给敌敌安定不安定不知者仁无人□□杜牧曰赏物惜惜察观者遣不能
R11·177 下·13	□人之将非□主之助非胜利得
R11·177 下·14	者非故圣主智臣人心先知为为胜
R11·178 上·1	得成功特出李筌曰察观者遣能杜牧曰先始敌敌何有知先
R11·178 上·2	知者鬼神依知非他事有因求非
R11·178 上·3	魏曹曰鬼神祷祀而知非他事类有故求非李筌曰鬼神类事于不依靠唯察观者遣而敌敌何有
R11·178 上·4	知也杜牧曰类者他事同有于求非数算而验处无魏曹曰数算以
R11·178 上·5	测难李筌曰长短狭阔远近小大而验难人之心性实虚者验难△必人之问
R11·178 上·6	而敌敌心知能魏曹曰人因知能李筌曰察观因知能故察
R11·178 上·7	观遣法五种有此者因间内间反
R11·178 上·8	间死间生间也五种察观皆用能
R11·178 上·9	则神有如测难国君之宝也魏曹曰一时于
R11·178 上·10	五种察观皆用使也李筌曰五种察观依兵用杜牧曰五种察观皆遣则敌敌之实虚密事人
R11·178 上·11	知己不知此者神灵有如国君之宝也因间者人国人来用
R11·178 上·12	李筌曰敌敌何为知杜牧曰人国人己国察观来时宝物多给复己国察观使晋朝豫州军将祖逖
R11·178 上·13	地名雍丘上兵住近非人卑等见亦皆礼依接受边接胡国属水程堡城有彼城守者人之暗暗恩
R11·178 上·14	△施后不依归谓伴伴破为试为实战心无彼人心喜□势下围因胡国密事皆晋将祖逖于说闻
R11·178 下·1	故前后战胜△得此者察观因也又西魏朝韦孝宽玉璧军将为民庶之养育诸人与依式齐国中察观
R11·178 下·2	者遣往处事成或齐国人己处察观来时齐国事知应故彼察观者之贿物多给齐国人韦孝宽于金银
R11·178 下·3	得故己国兵马深密事悉皆暗暗谓来彼时齐国军将许盆之人某△逃孝宽于△投为谋以彼逃人复
R11·178 下·4	△遣许盆△杀△还内间者人国臣宰与心言为

R11·178下·5	李筌曰人国职失逃者之言听为此者魏帝逃者许攸言△听因利得杜牧曰人国臣宰中或罪为职失
R11·178下·6	或宝物贪爱或巧智虽是不□□等有或腹心诡诈一头两舌此如人之暗暗金银宝物多繁给腹心结而己
R11·178下·7	国兵马密事及我之患事等察观说使又君臣二间谗舌为不睦和使之谓反间者敌
R11·178下·8	敌察观复还用李筌曰敌敌察观遣我国实虚视来我知时其之宝物多
R11·178下·9	给而己国事我于说使杜牧曰若敌敌察观者来时我我佯未知如为诡诈显使察观闻后己国△起此
R11·178下·10	事△说我之利为昔楚汉二国△战时楚国使遣汉国量来汉帝知后牛杀食筵供备楚使与△见时佯
R11·178下·11	佯不知曰为我思亚父范增△遣使是谓我今楚王使不是也△谓先供备好皆△除后弱弱侍奉彼使
R11·178下·12	△还此言楚王于△说闻后范增之疑为死间者己人欺为
R11·178下·13	诈言执使人国说往此依利得杜牧曰敌
R11·178下·14	敌之利求为故己人欺为诈言执使敌敌处说往敌敌彼言信执我我兵马愿上意击△必利得察观者
R11·179上·1	先言与△违因故敌敌怒生察观者杀前汉帝郦生△遣言好执使齐国使为往令后方韩信兵率齐国
R11·179上·2	上覆攻齐王田横△怒郦生△杀此者俱死间也生间者往还事
R11·179上·3	报能也李筌曰往还察观事察杜牧曰往还来过生间者也彼生间者内明外愚
R11·179上·4	形劣心壮勇悍刚健业无伴佯饥寒受能羞耻不为人等择遣遣应故兵用事
R11·179上·5	中察观于要无杜牧曰察观辞听□卧内□为赏与察
R11·179上·6	观于多无密事察观于难无杜牧曰将口言
R11·179上·7	出察观耳入圣智非则察观用岂能杜牧曰察观者
R11·179下·1	孙子兵法三注下卷

五 西夏文《孙子兵法三注》图版

　　本书采用《英藏黑水城文献》和《俄藏黑水城文献》所刊布的图版，共51叶92面，并对全部图版重新作了排序和配补。所标序号依据实有残存之叶数，非为原书之叶数。一个印刷叶分为两个半叶，如残存一个半叶，其左右位置也一并标出。为与西夏字电脑录文部分前后照应，便于检索，特括注图版在二书中的出处。R 代表俄藏，E 代表英藏，如 R11·158 下，即《俄藏黑水城文献》第 11 册第 158 页下图。

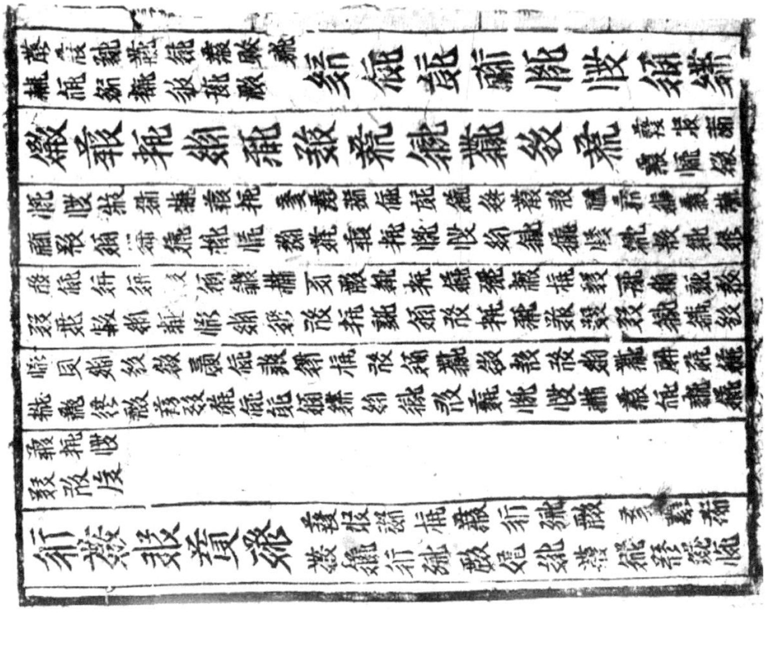

1. Or. 12380－3842(K.K.)孙子兵法三注中卷(E5·151)

2. Or. 12380-3841(K. K.)孙子兵法三注中卷(E5·150)，Инв. №579,772,943 孙子兵法三注中卷(R11·156 上)

3. Инв. №579、772、943 孙子兵法三注中卷（R11·156 下，R11·157 上）

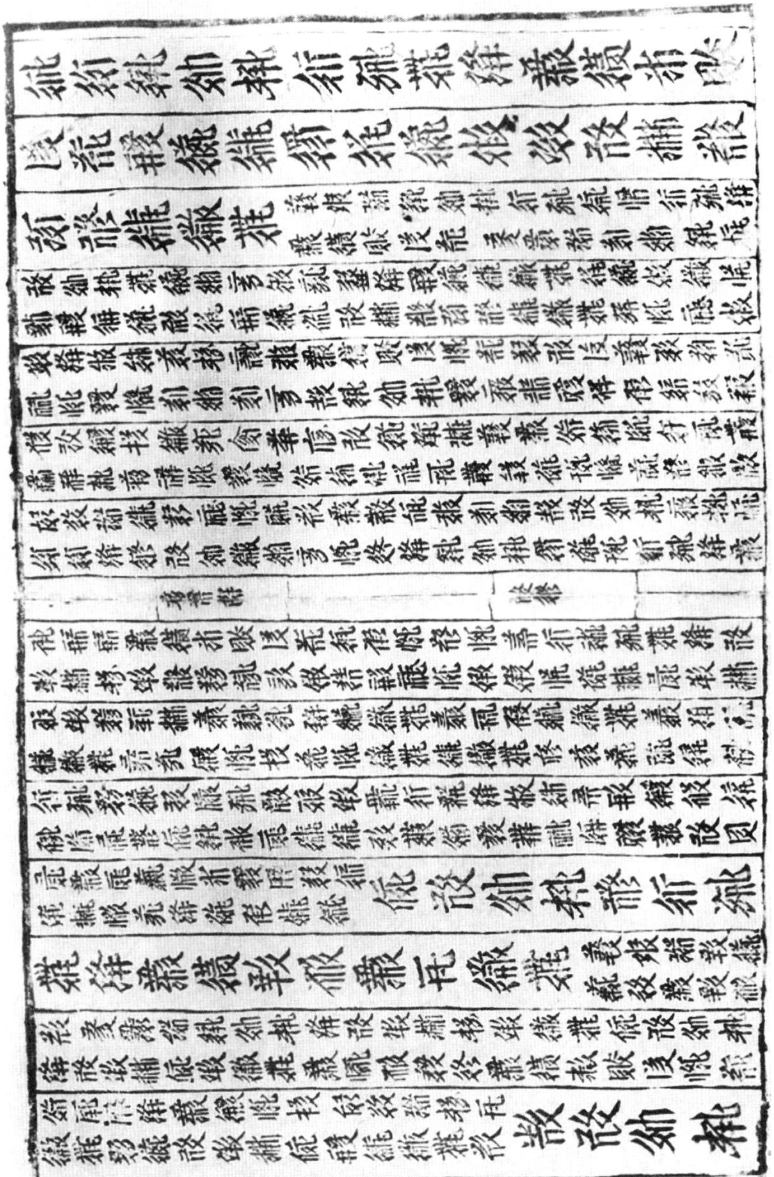

4. Инв. №579、772、943 孙子兵法三注中卷（R11 · 157下）

5. Инв. №579,772,943 孙子兵法三注中卷（R11·158 上）

6. Инв. №579、772、943 孙子兵法三注中卷（R11·158 下）

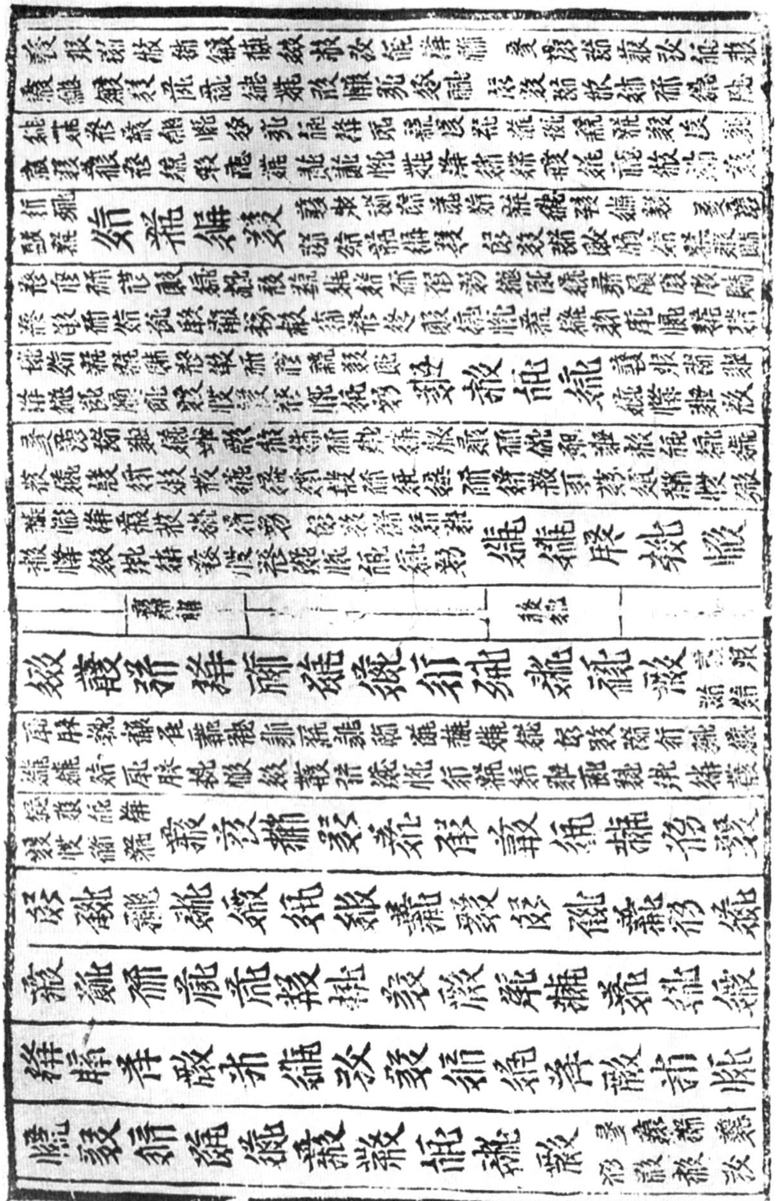

7. Инв. №579、772、943 孙子兵法三注中卷（R11 · 159 上）

8. Инв. №579，772，943 孙子兵法三注中卷（R11·159 下）

9. Инв. №579, 772, 943 孙子兵法三注中卷（R11·160 上）

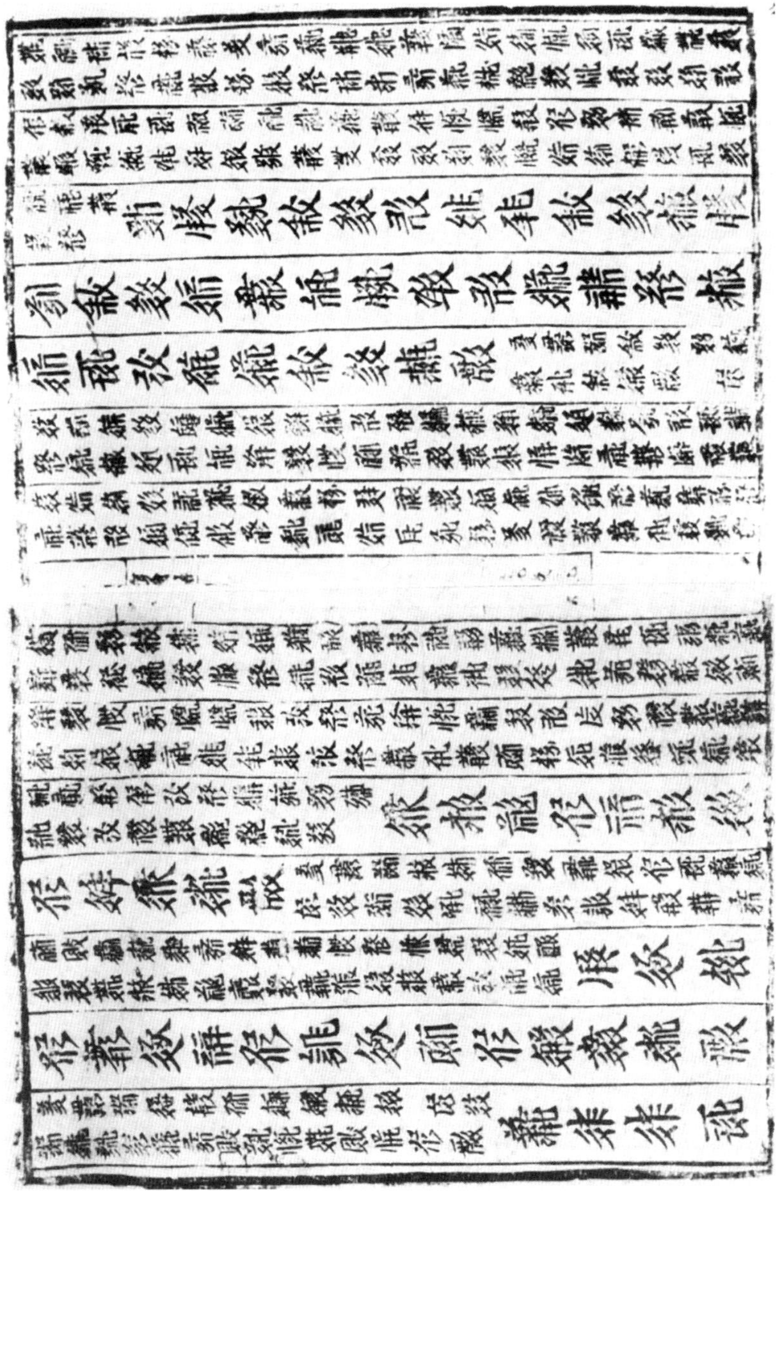

10. Инв. №579、772、943 孙子兵法三注中卷（R11 · 160 下）

11. Инв. №579, 772, 943 孙子兵法三注中卷（R11·161 上）

12. Инв. №579、772、943 孙子兵法三注中卷（R11·161 下）

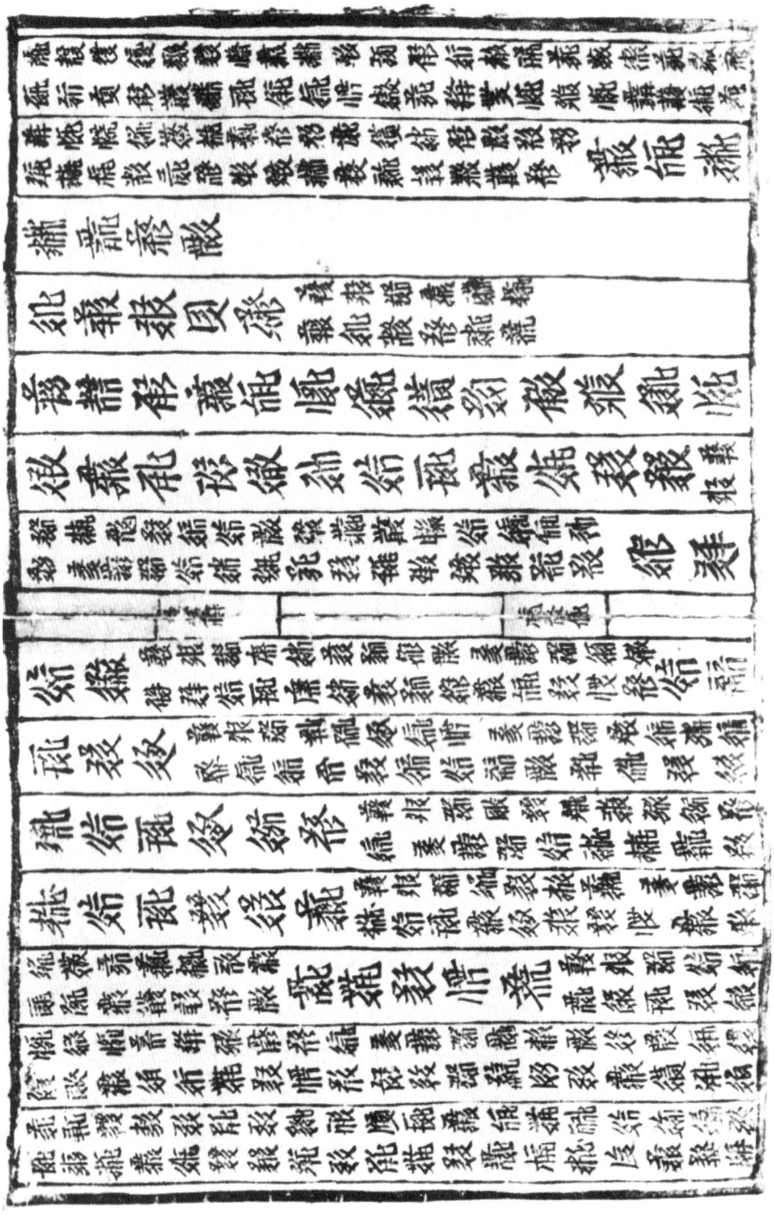

13. Инв. №579、772、943 孙子兵法三注中卷（R11・162上）

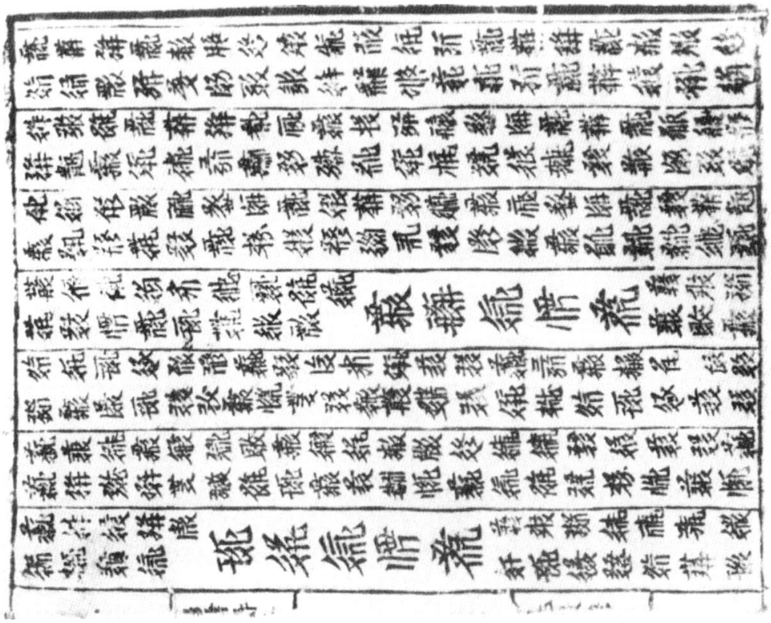

14. Инв. №579、772、943 孙子兵法三注中卷（R11 · 162 下）

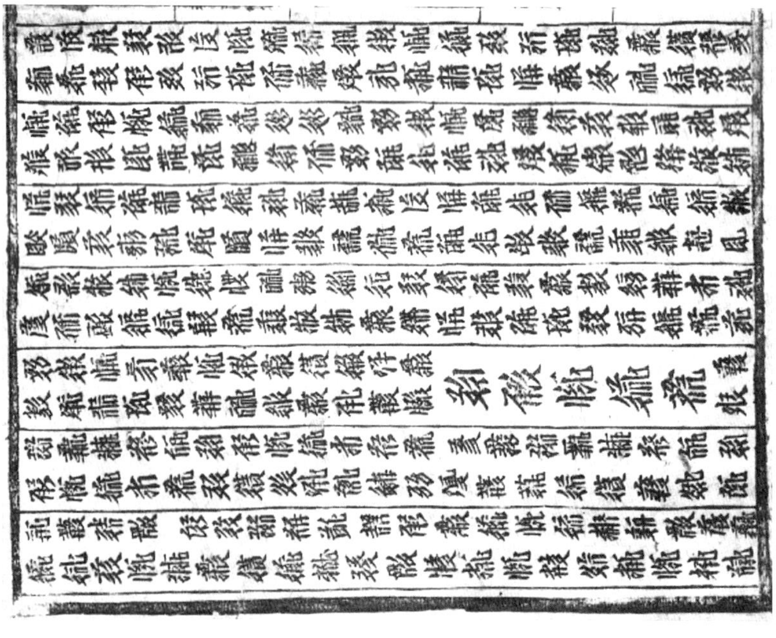

15. Инв. №579、772、943 孙子兵法三注中卷（R11·162 下）

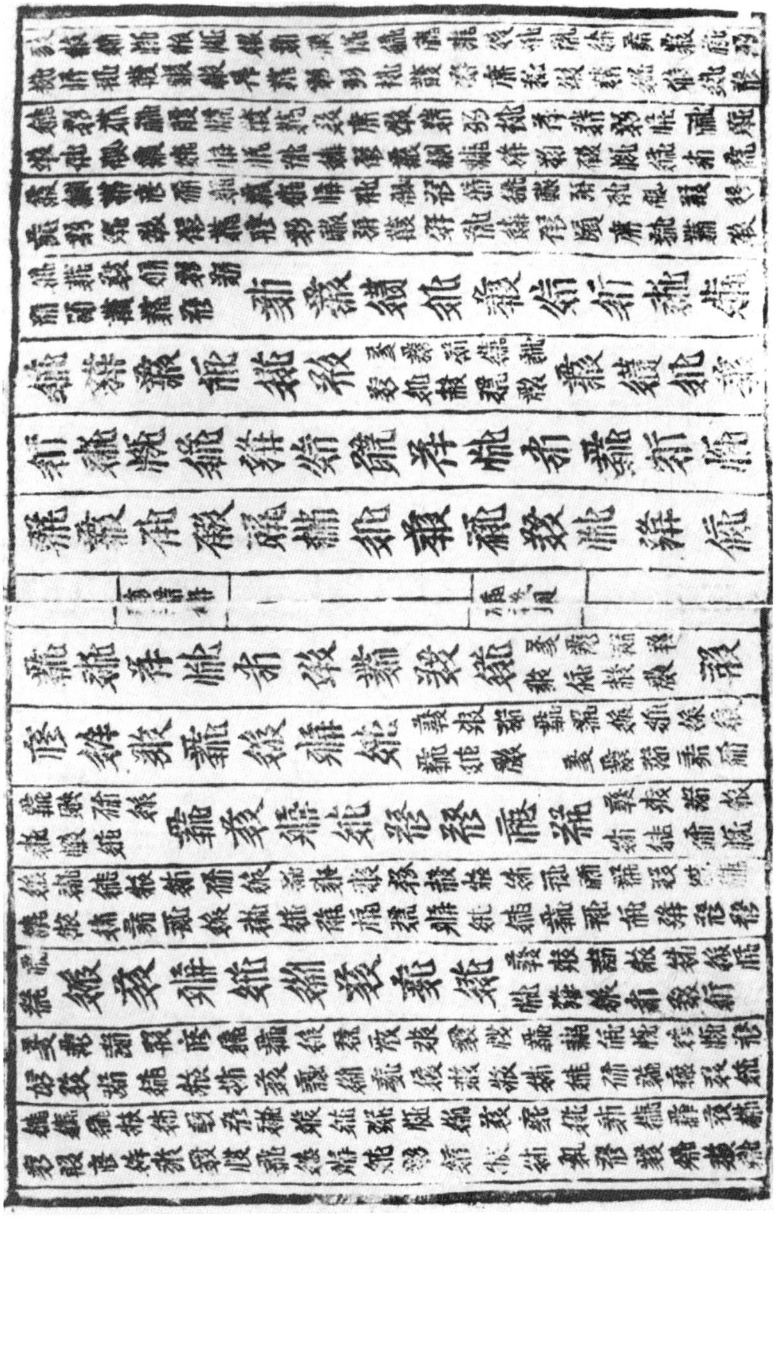

16. Инв. №579、772、943 孙子兵法三注中卷（R11 · 163 上）

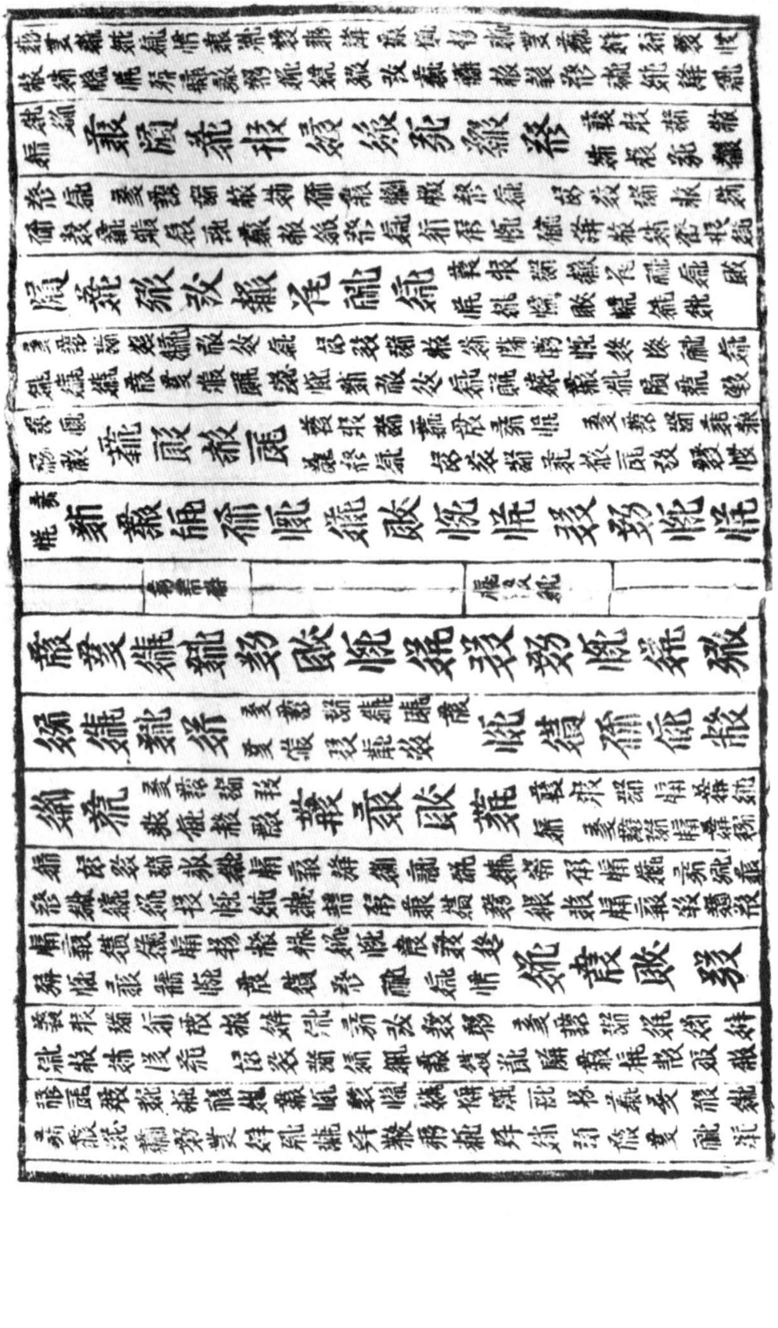

17. Инв. №579、772、943 孙子兵法三注中卷（R11·163下）

18. Инв. №579,772,943 孙子兵法三注中卷（R11·164上）

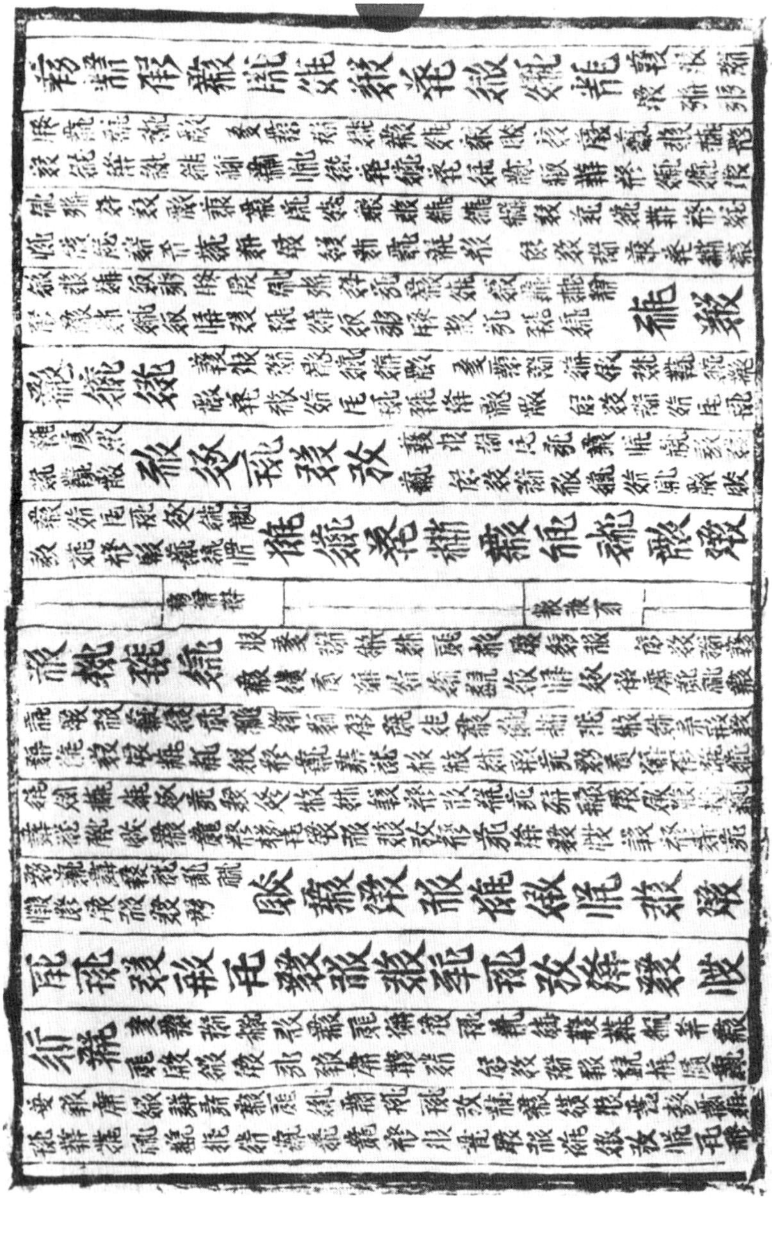

19. Инв. №579、772、943 孙子兵法三注中卷（R11 · 164 下）

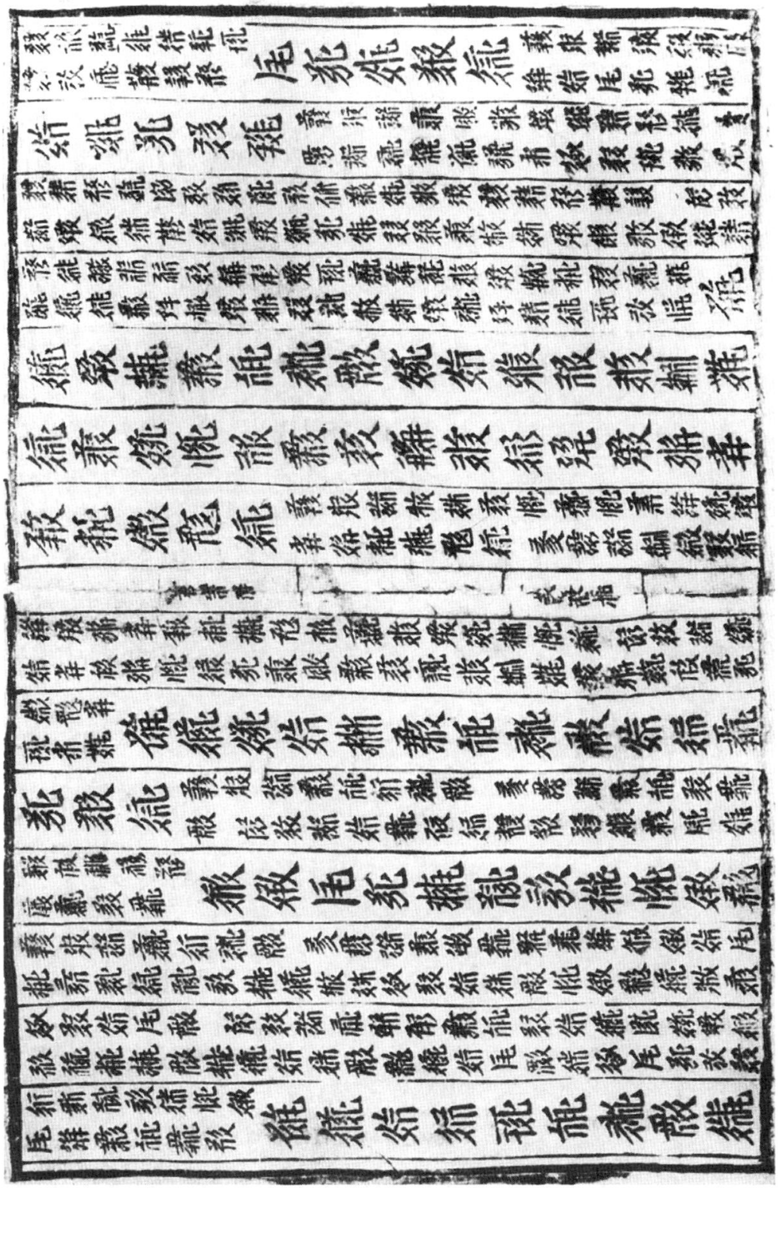

20. Инв. №579、772、943 孙子兵法三注中卷(R11·165上)

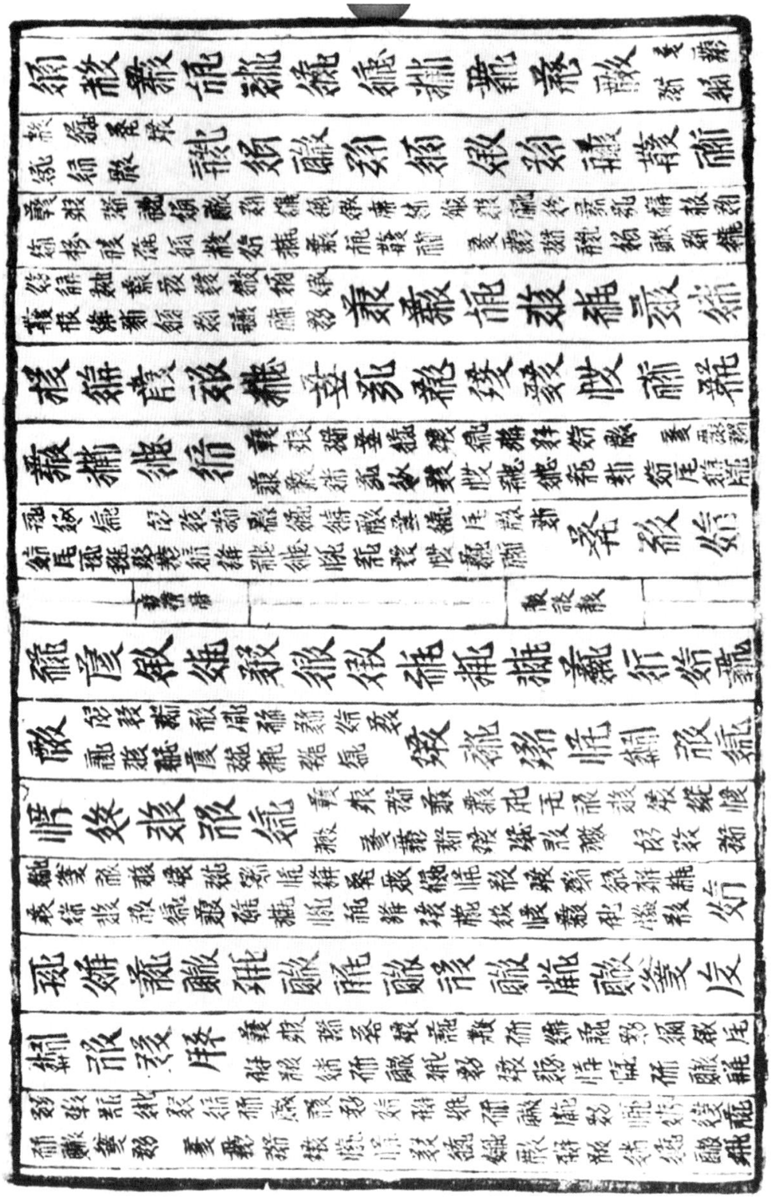

21. Инв. №579、772、943 孙子兵法三注中卷（R11·165下）

22. Инв. №579、772、943 孙子兵法三注中卷（R11·166 上）

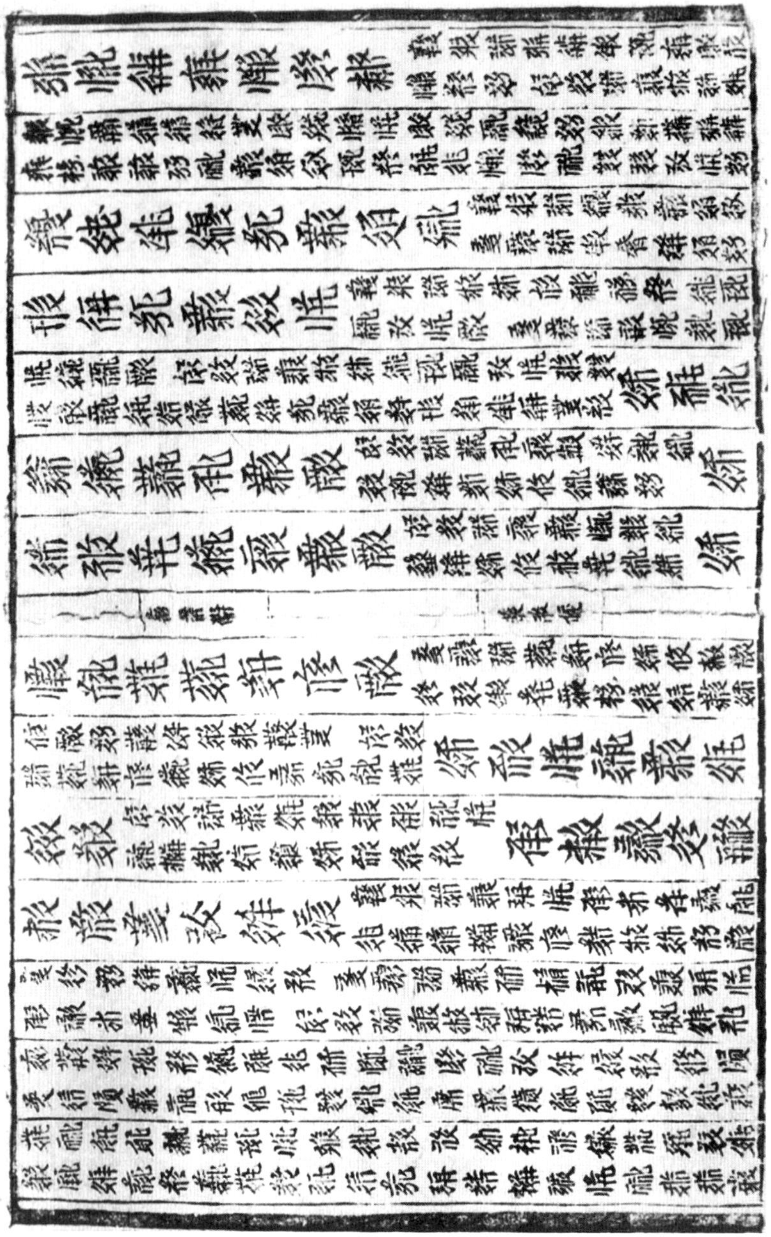

23. Инв. №579、772、943 孙子兵法三注中卷（R11·166下）

24. Инв. №579、772、943 孙子兵法三注中卷（R11·167 上）

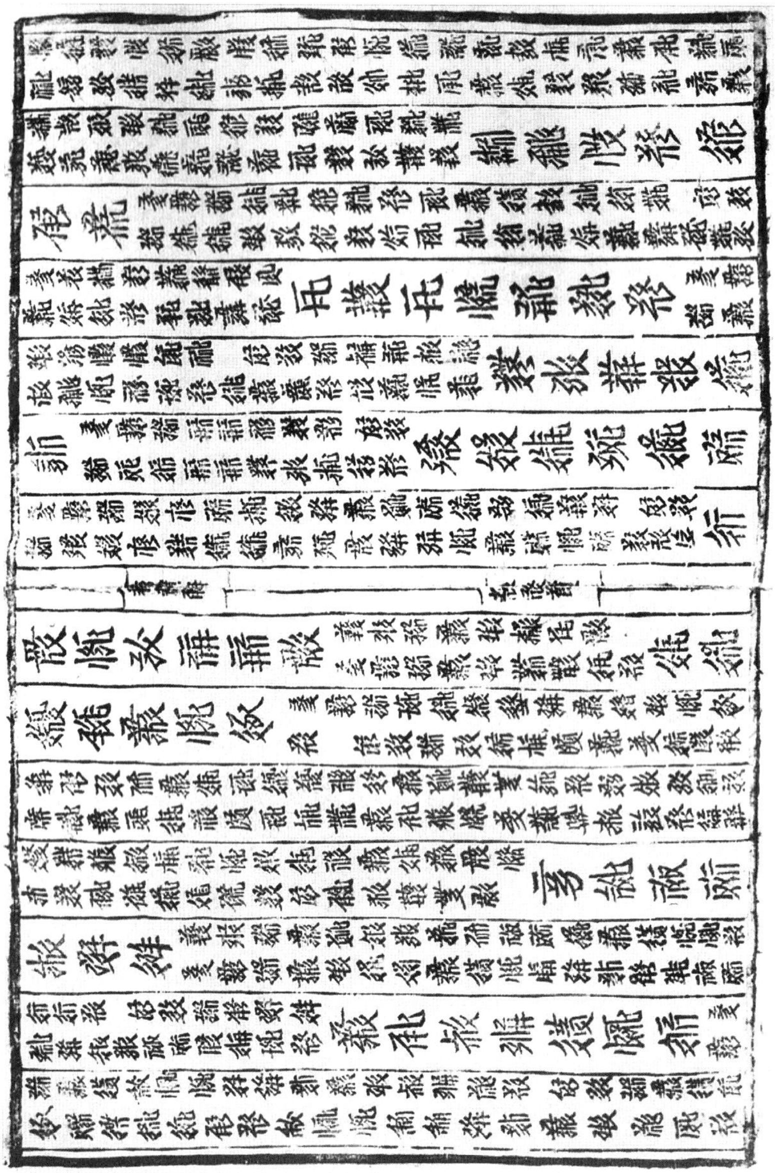

25. Инв. №579、772、943 孙子兵法三注中卷（R11・167 下）

26. Инв. №579，772，943 孙子兵法三注中卷（R11·168 上）

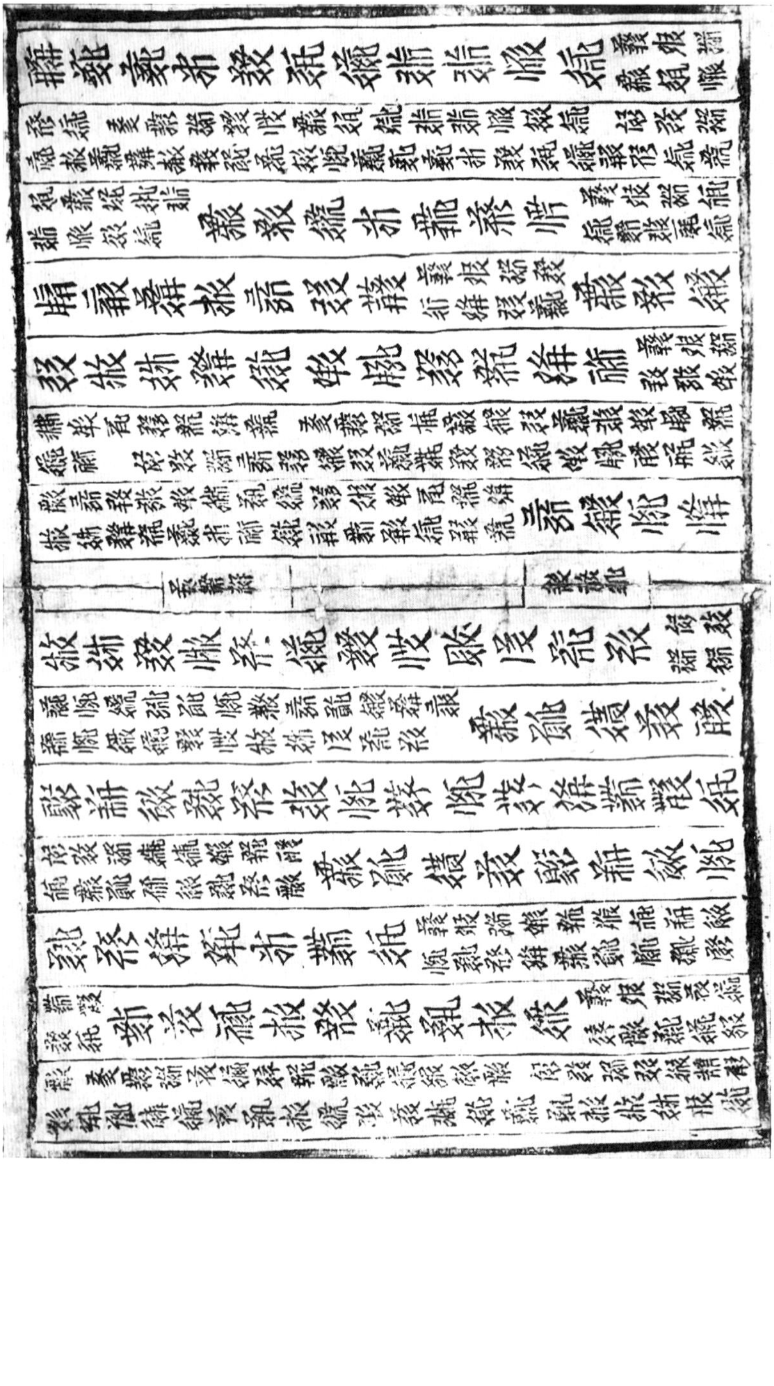

27. Инв. №579、772、943 孙子兵法三注中卷（R11·168下）

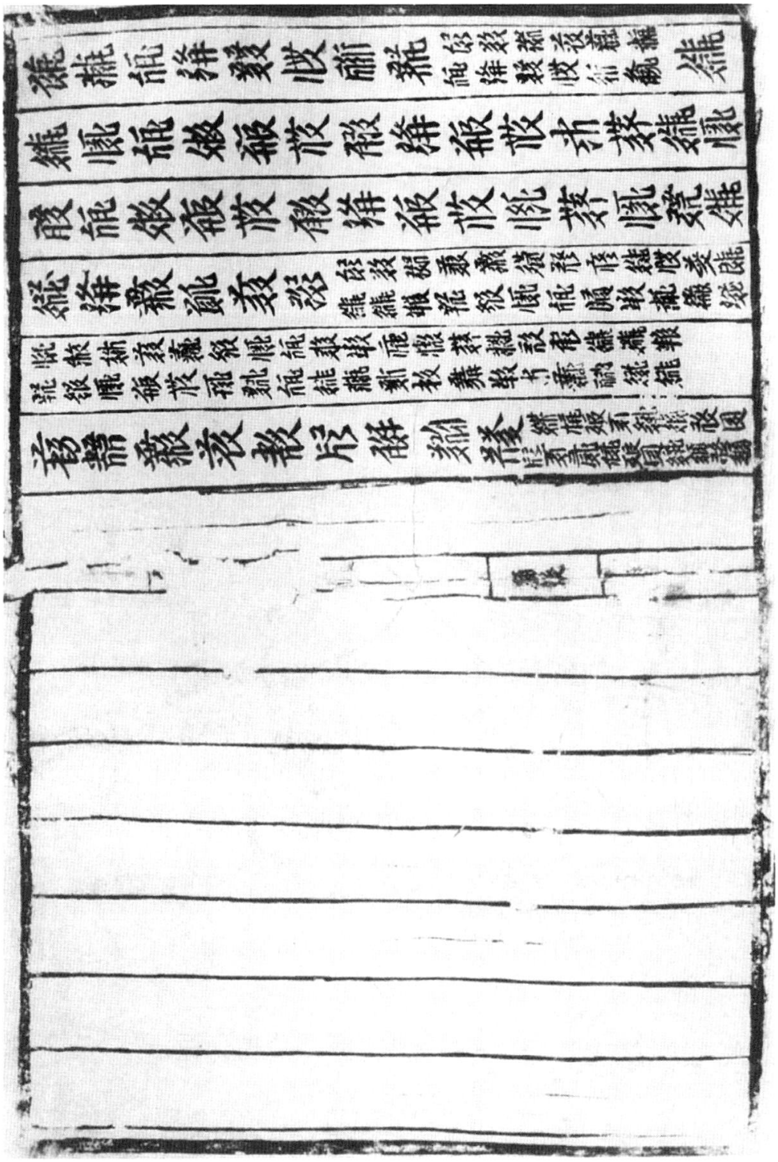

28. Инв. №579、772、943 孙子兵法三注中卷（R11 · 169 上）

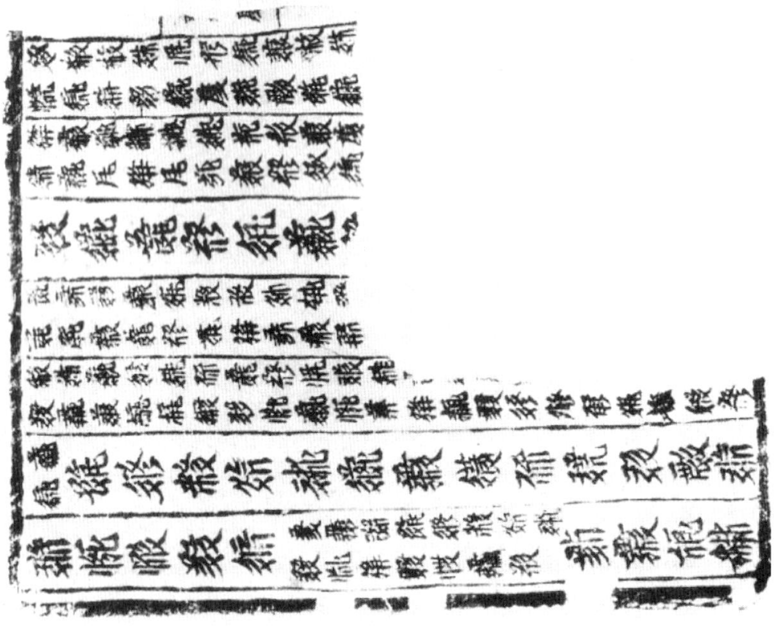

29. Инв. №771、773 孙子兵法三注下卷（R11 · 169 下）

30. Инв. №771, 773 孙子兵法三注下卷（R11·170 上）

31. Инв. №771，773 孙子兵法三注下卷（R11 · 170 下）

32. Инв. №771,773 孙子兵法三注下卷（R11·171 上）

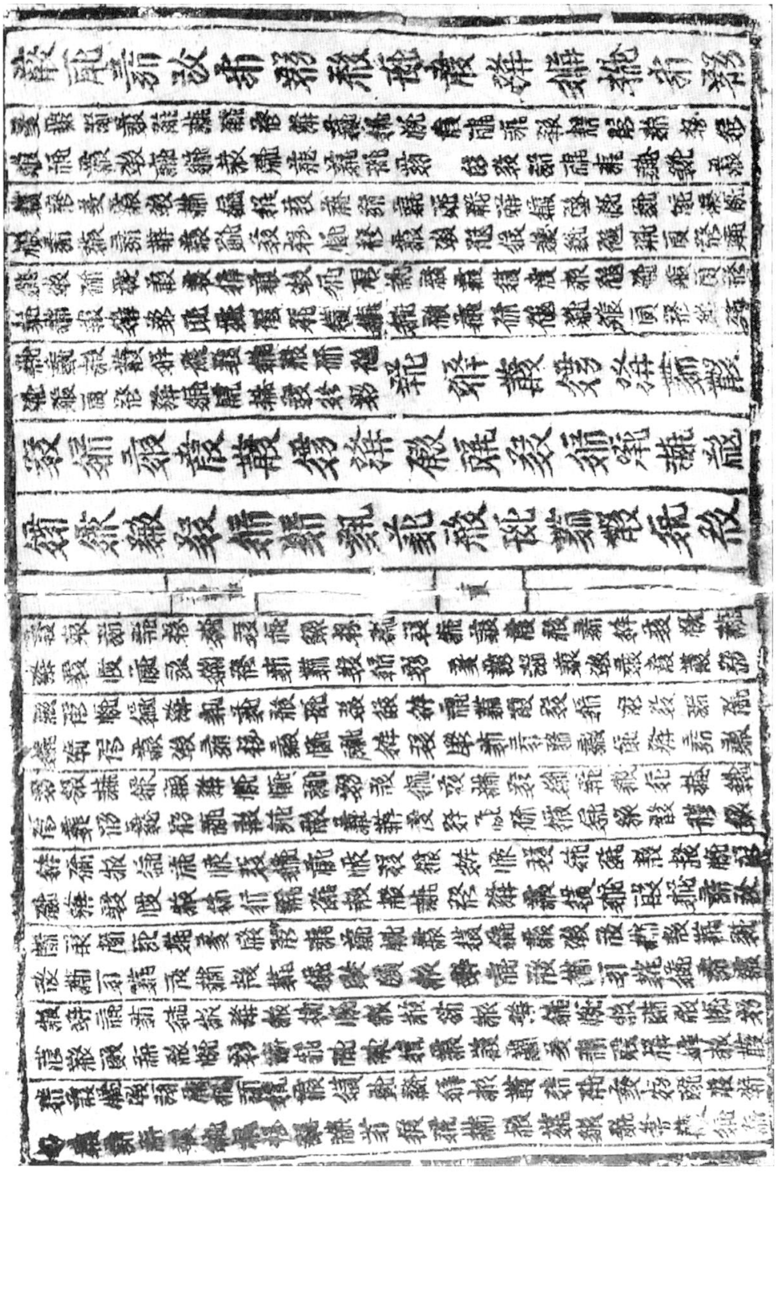

33. Инв. №771,773 孙子兵法三注下卷（R11 · 171 下）

34. Инв. №771,773 孙子兵法三注下卷（R11·172 上）

35. Инв. №771,773 孙子兵法三注下卷（R11 · 172 下）

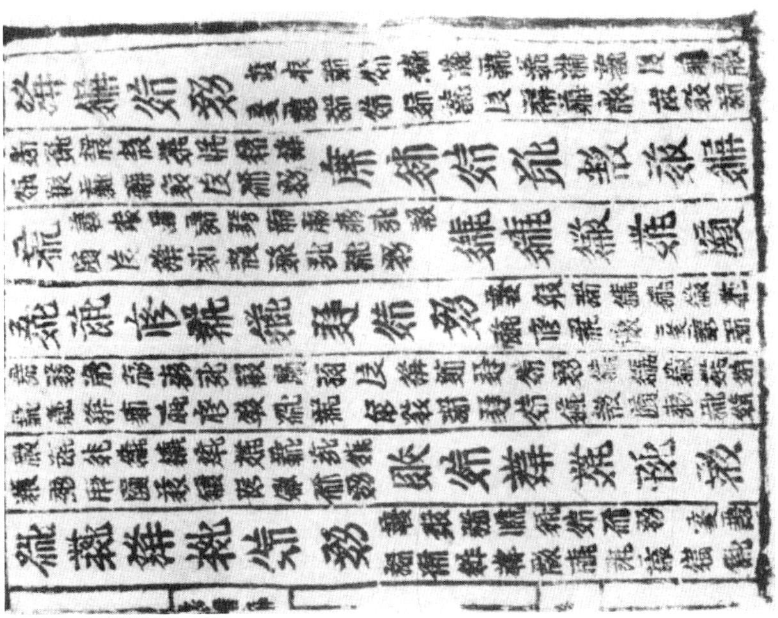

36. Инв. №771、773 孙子兵法三注下卷（R11·173 上）

37. Инв. №771,773 孙子兵法三注下卷（R11·173 上）

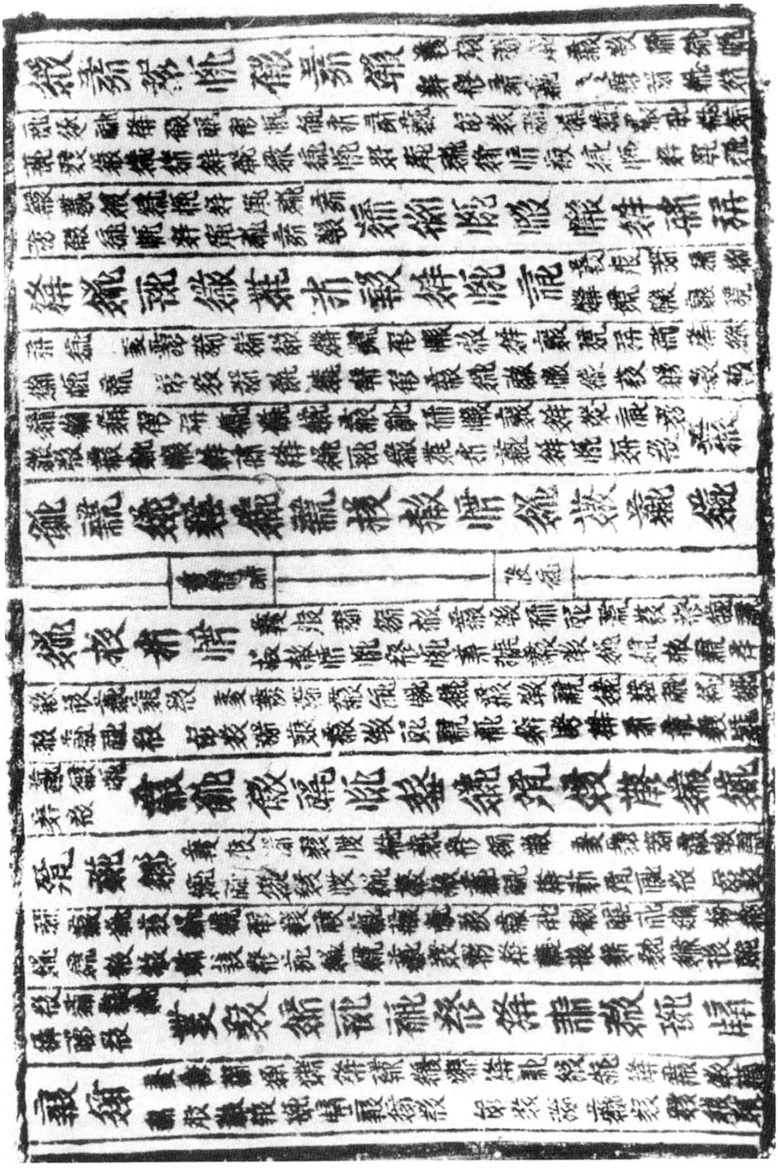

38. Инв. №771,773 孙子兵法三注下卷（R11·173下）

39. Инв. №771,773 孙子兵法三注下卷（R11・174 上）

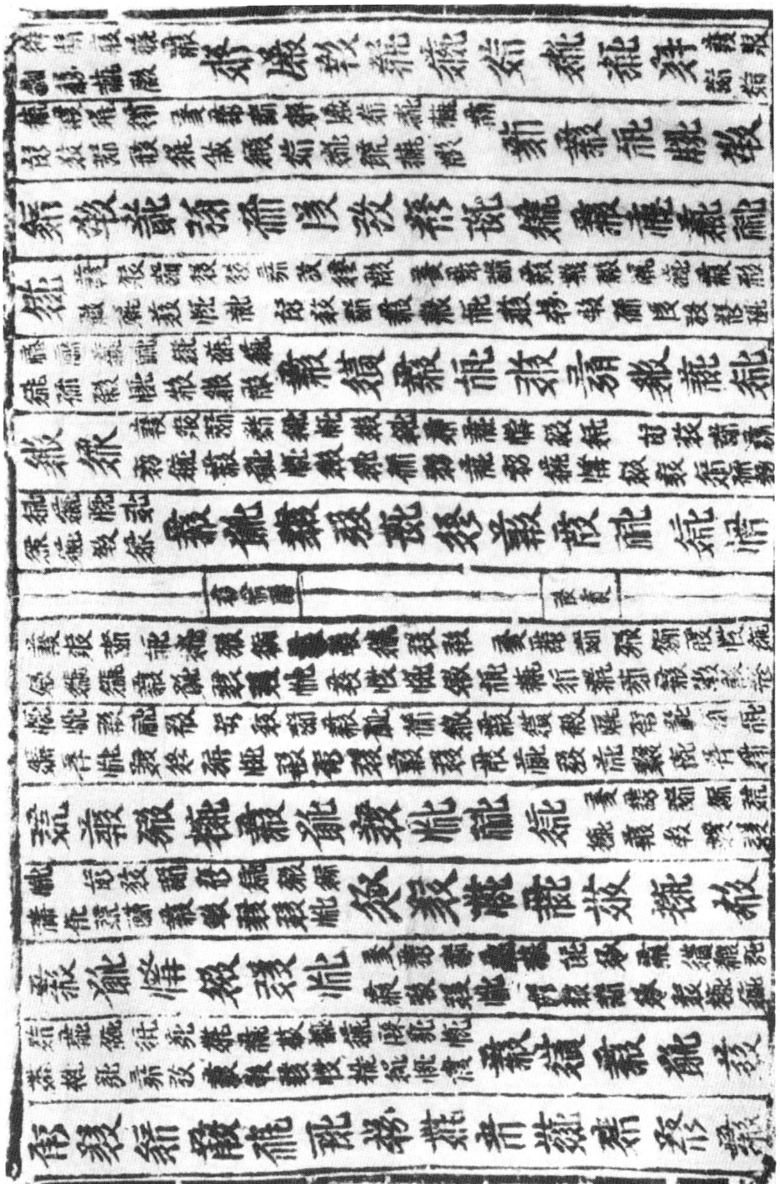

40. Инв. №771、773 孙子兵法三注下卷（R11 · 174 下）

41. Инв. №771, 773 孙子兵法三注下卷（R11·175 上）

42. Инв. №771,773 孙子兵法三注下卷（R11·175 下）

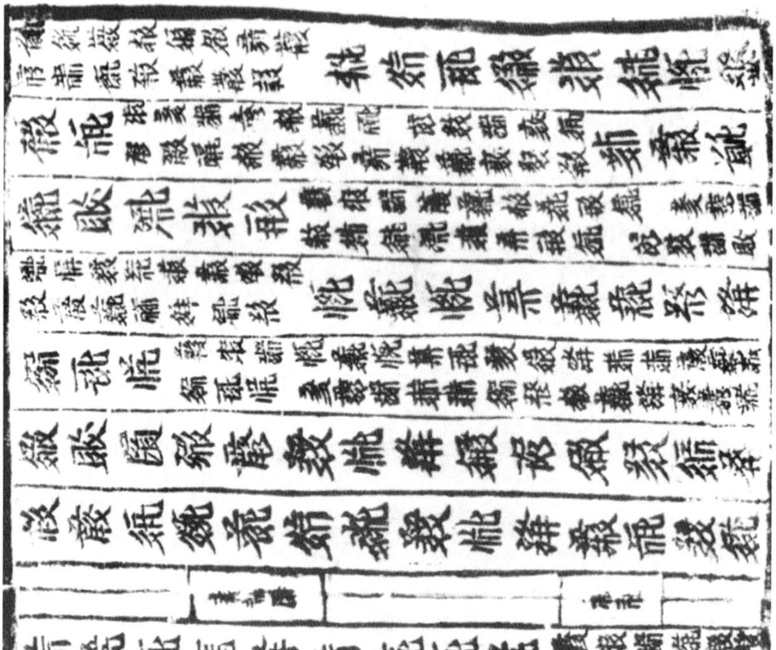

43. Инв. №771、773 孙子兵法三注下卷（R11・176 上）

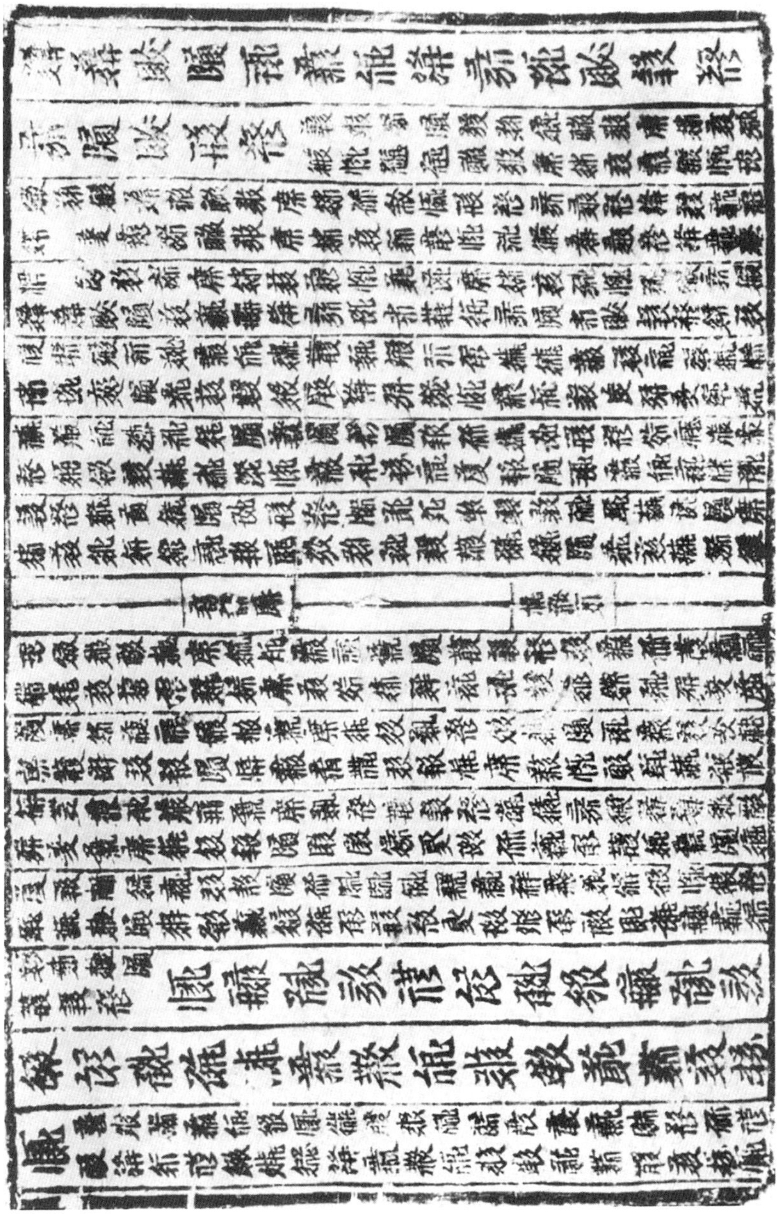

44. Инв. №771、773 孙子兵法三注下卷（R11 · 176 下）

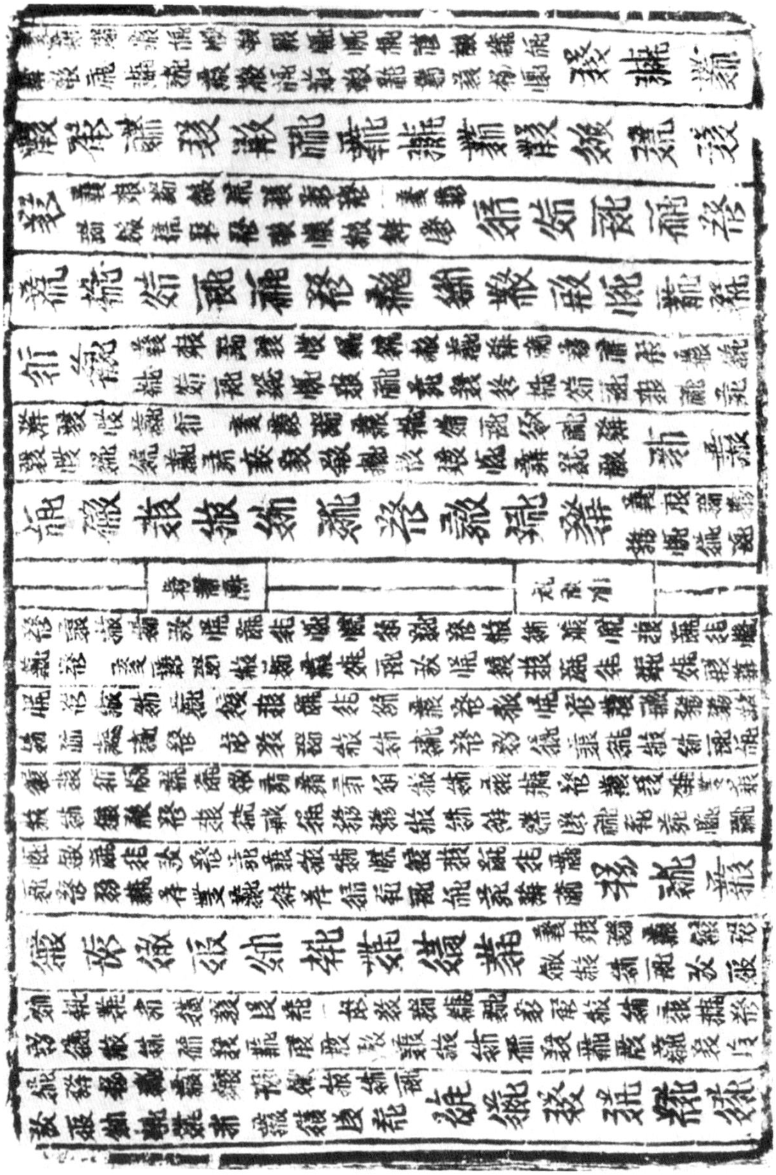

45. Инв. №771、773 孙子兵法三注下卷（R11·177上）

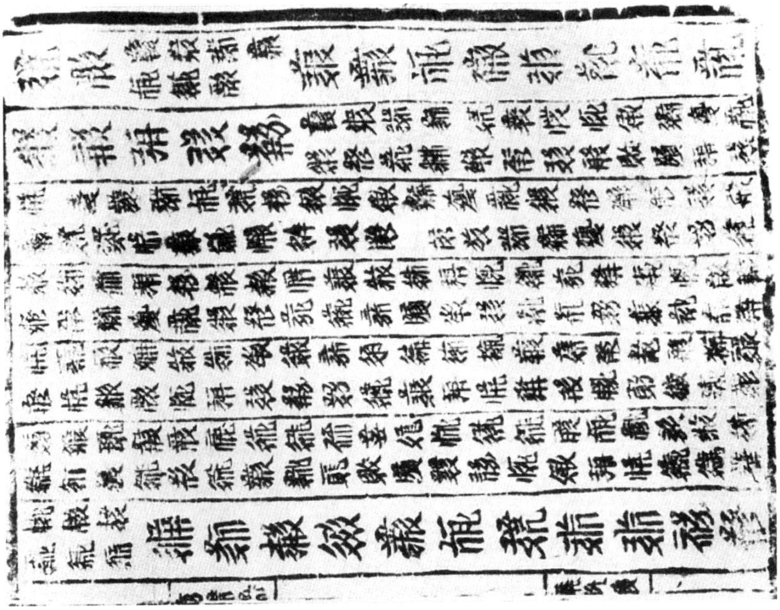

46. Инв. №771、773 孙子兵法三注下卷(R11·177下)

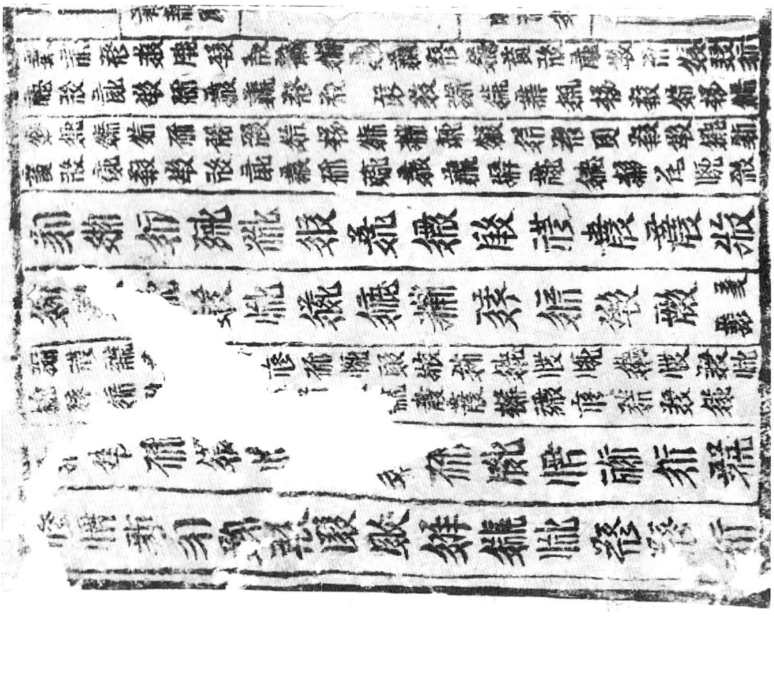

47. Инв. №771、773 孙子兵法三注下卷（R11・177 下）

48. Инв. №771,773 孙子兵法三注下卷 (R11·178 上)

49. Инв. №771, 773 孙子兵法三注下卷（R11·178 下）

50. Инв. №771,773 孙子兵法三注下卷（R11·179 上）

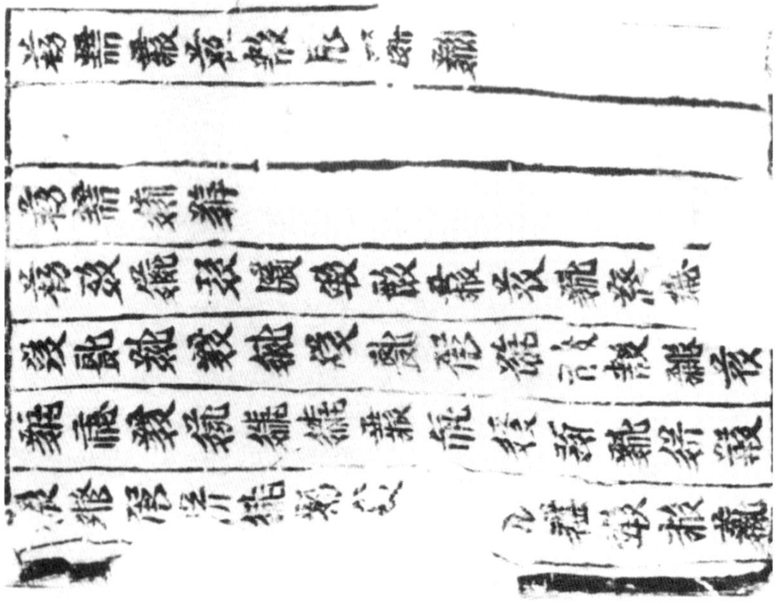

51. Инв. №771、773 孙子兵法三注下卷（R11 · 179 下）

参考文献

（一）《孙子》参考文献

宋本《十一家注孙子》，上海图书馆藏本，中华书局，1961。

宋本《十一家注孙子》，中华书局上海编辑所点校本，中华书局，1962。

宋本《魏武帝注孙子》，孙星衍平津馆丛书影刊本。

宋本《武经七书·孙子》，续古逸丛书影印本。

（宋）郑友贤：《孙子遗说》，宋本《十一家注》附刻。

（明）赵本学：《孙子书校解引类》，明隆庆刊本。

（清）黄巩：《孙子集注》，光绪存几堂刊本。

Grinstead, "Tangut fragments in the British Musenm", *The British Musenm quarterly*, vol. 24, N. 3-4（1961）.

К. Б. Кепинг, *Сунь Цзы в тангутском переводе*, Москва：Наука, 1979.

黄振华：《西夏文〈孙子兵法〉三家注管窥》，《西夏文史论丛》，宁夏人民出版社，1992。

黄朴民：《孙子"伐交"本义考》，《中华文史论丛》2002年第1期。

李零：《孙子译注》，中华书局，2007。

林英津：《夏译〈孙子兵法〉研究》，（台北）"中央研究院"历史语言研究所单刊之28，1994。

刘春生：《十一家注孙子集校》，广东人民出版社，2019。

刘申宁：《中国兵书总目》，国防大学出版社，1990。

聂鸿音：《西夏译孙子传考释》，《中国民族古文字研究》，天津古籍出版社，1992。

孙星衍校《孙子十家注》，天津市古籍书店影印出版，1991。

吴九龙主编《孙子校释》，军事科学出版社印本，1990。

谢德、谢祥皓：《〈孙子十家注〉源流轨迹》，《滨州学院学报》2012年第5期。

谢祥皓：《〈孙子十家注〉考辨》，《管子学刊》1996年第1、2期。

徐勇、邵鸿主编《先秦兵书通解》，天津人民出版社，2002。

（春秋）孙武撰，（三国）曹操等注，杨丙安校理《十一家注孙子校理》，中华书局，1999。

杨丙安：《孙子会笺》，中州古籍出版社，1986。

银雀山汉墓竹简整理小组：《银雀山汉墓竹简·孙子兵法》，文物出版社，1985。

中国人民解放军军事科学院战争理论研究部《孙子》注释小组：《孙子兵法新注》，中华书局，1977。

（二）古籍

（唐）杜佑：《通典》，中华书局点校本，1988。

（后晋）刘昫：《旧唐书》，中华书局标点本，1975。

（宋）李昉：《太平御览》，清鲍氏刊本。

（宋）李焘：《续资治通鉴长编》，清光绪辛巳（1881）浙江书局校刊本。

（宋）沈括：《元刊梦溪笔谈》，文物出版社影印本，1975。

（宋）洪迈：《夷坚志》，中华书局，1981。

（宋）赵汝愚：《宋朝诸臣奏议》，上海古籍出版社，1999。

（宋）撰人不详：《宋大诏令集》，中华书局，1962。

（宋）岳珂：《金佗梓编》，台湾商务印书馆影印文渊阁四库全书本。

（宋）曾巩：《隆平集》，明万历丁酉（1597）刊本。

（宋）范镇：《东斋记事》，台湾商务印书馆影印文渊阁四库全书本。

（西夏）骨勒茂才著，黄振华、聂鸿音、史金波整理《番汉合时掌中珠》，宁夏人民出版社，1989。

（元）脱脱：《宋史》，中华书局点校本，1977。

（清）徐松：《宋会要辑稿》，中华书局影印本，1957。

北方民族大学、上海古籍出版社、英国国家图书馆：《英藏黑水城文献》第 5 册，上海古籍出版社，2010。

俄罗斯科学院东方研究所圣彼得堡分所、中国社会科学院民族研究所、上海古籍出版社：《俄藏黑水城文献》第 10 册，上海古籍出版社，1999。

俄罗斯科学院东方研究所圣彼得堡分所、中国社会科学院民族研究所、上海古籍出版社：《俄藏黑水城文献》第 11 册，上海古籍出版社，1999。

（三）今人论著

Nishida, *A study of the His - Hsia language, reconstruction of the His - Hsia language and decipherment of the His - Hsia script.* Tokyo. Vol. 2. 1966（562 - 565）.

З. И. Горбачева и Е. И. Кычанов, *Тангутские рукописи и ксилографы*, Москва：Издательство восточной литературы，1963.

Кепинг К. Б. Лексические группы глаголов и субъектно - объектное согласование в тангутском языке. *Письменные памятники и проблемы истории культуры народов Востока* XI, 59-64. Москва：Издательство《Наука》. 1975.

丁声树编《古今字音对照手册》，中华书局，1981。

高奕睿：《夏译中原兵书的异同》，汤君译，《西夏研究》2017 年第 2 期。

戈尔巴乔娃、克恰诺夫：《西夏文写本和刊本》，白滨译，中国社会科学院民族研究所历史研究室资料组编译《民族史译文集》第 3 集，1978。

耿雪敏：《先秦兵阴阳家研究》，南开大学博士学位论文，2014。

龚煌城：《西夏语言文字研究论集》，民族出版社，2005。

韩小忙：《〈同音背隐音义〉整理与研究》，中国社会科学出版社，2011。

韩小忙：《西夏文词典（世俗文献部分）》（九卷本），中国社会科学出版社，2021。

黄阳、吴福祥：《扎坝语趋向前缀的语法化》，《民族语文》2018 年第 4 期。

克平：《唐古特语表示动作方向的范畴》，顾荫宁译，史金波校，《语言研究》1984 年第 2 期。

李范文：《夏汉字典》，中国社会科学出版社，1997。

李范文主编《西夏语比较研究》，宁夏人民出版社，1999。

聂鸿音：《〈夷坚志〉契丹诵诗新证》，《满语研究》2001 年第 2 期。

聂鸿音：《释"大"》，《西夏学》第 1 辑，宁夏人民出版社，2006。

聂鸿音：《西夏语谓词人称后缀补议》，《语言科学》2008 年第 5 期。

彭向前、王巍：《神臂弓创制人考》，《宁夏师范学院学报》2013 年第 1 期。

彭向前：《藏语在解读西夏文献中的作用》，《中国社会科学报》2013 年 3 月 6 日 B01 版。

彭向前：《党项人创制的神臂弓》，《文史知识》2016 年第 6 期。

彭向前：《西夏〈黑河建桥敕碑〉藏文碑铭补注》，《西夏学》第 7 辑，上海古籍出版社，2011。

彭向前：《西夏文〈孟子〉整理研究》，上海古籍出版社，2012。

彭向前：《夏译汉籍中的"颠倒"译法》，《民族语文》2011 年第 5 期。

彭向前、赵军：《从西夏文本看孙子伐交的本义》，《西夏研究》2021 年第 4 期。

彭向前：《西夏文献所见黄帝形象研究》，《民族研究》2022 年第 1 期。

石井真美子著，富嘉吟译《银雀山汉墓竹简〈地典〉译注补》，《中国文字研究》第 27 辑，上海书店出版社，2018。

史金波、黄振华、聂鸿音：《类林研究》，宁夏人民出版社，1993。

史金波：《西夏户籍初探——4 件西夏文草书户籍文书译释研究》，《民族研究》2004 年第 5 期。

史金波：《西夏语的存在动词》，《语言研究》1984 年第 1 期。

孙伯君：《简论西夏文"綫" ＊djij$^{2.33}$的语法功能》，《西夏学》第 5 辑，上海古籍出版社，2010。

王国维：《王静安先生遗书》，商务印书馆长沙石印本，1940。

王尧、陈践译注《敦煌古藏文文献探索集》，上海世纪出版股份有限公司，上海古籍出版社，2008。

张怡荪主编《藏汉大辞典》，民族出版社，1993。

后　记

　　本书撰写的初衷是特地考虑给研究汉文《孙子兵法》的人阅读的。由于目前解读西夏文献可资凭借的工具更加完备，笔者在写作过程中发现以往在西夏文录文、西夏字义分析、对夏译文标点断句等方面，也还有可商榷之处，遂在解读的方式上兼顾文献学研究者与语言学研究者的需求，把校注分为"注释"和"校记"两种，但在内容上，仍然以校记为主，以注释为辅。注释用在西夏文本上，解释夏译者是怎样翻译的，偏重于那些与汉文不能形成对应的西夏词语，以往一些误识、未识的西夏字在注释中一并指出，期以最大限度地恢复《孙子》"三家注本"底本原貌。校记用在解读后的译文上，解释西夏文《孙子兵法三注》与现在通行的三个宋本（《魏武帝注》本、《十一家注》本和《武经七书》本）有何不同，阐发其在版本、校勘、训诂和辑佚等方面所具有的独特学术价值，意在弄清楚唐宋时代《孙子》及其注本完成向传世本演变的过程，为"孙子兵法"研究提供新的内容，对促进孙子学研究有所助益。

　　本书撰写的过程可以用"十阅流年，三誊成稿"来概括。早在2009年我博士后即将出站之际，应解放军出版社之邀，即着手重新解读西夏文《孙子兵法三注》。当时曾就此书的撰写体例向我的博士后导师聂鸿音先生反复讨教，并给解放军出版社提供了一小段解读示例。解放军出版社认为选题很有价值，但是读者范围有限，希望我能包销1000册图书，最终双方未能达成合作意向。到了2011年，这个选题又被纳入史金波先生主持的国家社科基金特别委托项目"西夏文献文物研究"子课题。其间受国家留学基金资助，赴俄罗斯科学院东方文献研究所做访问学者，有所耽搁，直到 2015 年元月才完成初稿。因文献校勘非吾所长，于古代兵书研究更是个外行，遂携书稿至北京请教邵鸿先生。邵先生把书稿阅读一过，出于对专业的挚爱，抑制不住喜悦之情，连夜给笔者写了一封信。信中称，西夏文本的出现和我的研究，"不仅因若干重要异文使千载之疑一朝冰释（如'方马埋轮'），即使一些吾人习以为常的理解，经西夏翻译而知实为误读（如'卷甲''衔枚'），余治兵书多年，一旦得见此新文本，收获如此，能不快哉！圣人云：'礼失求诸野'，此又得一显例"。笔者起初推测，现存《十一家注孙子》是在《孙子兵法三注》的基础上完成的。邵先生在对拙稿所提意见中认为，夏译本诸多差异，特别是经文的重大差异，绝非一般文字讹误或译文出入所可解释，而只能是所据文本不同所致，即夏译底本应是一个我们今天不知道的"三家注本"，这个注本，和我们已知的各本都有一定的差异。一席话把西夏文《孙子兵法三注》的学术价值凸显出来，我这才意识到，以往认为《孙子》版本不外乎三大系统：竹简本、《武经七书》本和《十一家注》本，现在看来，西夏文《孙子兵法三注》是一个新的版本系统，可以与竹简本、《武经七书》本和《十一家注》本相提并论，号称"四大系统"。根据邵先生的修改意见，笔者紧扣上述观点，对书中相关问题重新展开分析论证。在本书即将付梓之际，适逢韩小忙先生出于研编西夏字典的需要，率先建成西夏文世俗文献语料库，囊括全部世俗文献，且校对严谨，鲜有错讹。参考这个语料库，我重新对西夏文《孙子兵法三注》原始文献逐叶、逐行、逐字进行辨识、过录、译释，纠正了一些在西夏文电脑录文方面出现的错误，最终为学界提供一份准确清晰的西夏文文本。

西夏人对《孙子兵法》的重视，不仅体现在翻译活动中，更体现在战争实践中。《孙子》第八《九变》："涂有所不由，军有所不击，城有所不攻，地有所不争，君命有所不受。"西夏将领深悟其中"城有所不攻"之妙。晋王察哥，乾顺庶母弟，独掌兵政数十年。《宋史·夏国传下》载："夏人陷（刘）法军，围震武，欲拔之。察哥曰：'勿破此城，留作南朝病块。'乃自引去。而宣抚司受解围之赏者数百人，实自去之也。诸路所筑城砦皆不毛，夏所不争之地，而关辅为之萧条，果如察哥之言。"说的是夏元德元年，即宋宣和元年（1119），察哥继攻占统安城后，又乘胜围震武城。当北宋援军未到、震武城危在旦夕之时，本可一举攻拔，但他突然下令停止攻城。此后震武城多次遭到西夏的佯攻，宋军为援救该城而疲于奔命，背上沉重的包袱。又《孙子》第九《行军》："鸟起者，伏也；兽骇者，覆也。"这里孙子的本意是通过对鸟兽的观察以判断敌人的行动意向。西夏天授礼法延祚四年，即宋庆历元年（1041），宋夏在好水川发生一场大战，宋军中了元昊的埋伏，包括大将任福在内的将校士卒一万多人死难。据《宋史·夏国传上》记载："元昊自将精兵十万，营于川口，候者言夏人有砦，数不多，兵益进。诘旦，福与怿循好水川西去，未至羊牧隆城五里，与夏军遇。（桑）怿为先锋，见道傍置数银泥合，封袭谨密，中有动跃声，疑莫敢发，（任）福至发之，乃悬哨家鸽百余，自合中起，盘飞军上。于是夏兵四合，怿先犯，中军继之，自辰至午酣战。阵中忽树鲍老旗，长二丈余，怿等莫测。既而鲍老挥右则右伏出，挥左则左伏出，翼而袭之，宋师大败。"在这场伏击战中，元昊巧妙地把暴露伏兵的迹象"鸟起"，反用在被包围者的头上，利用腾空而起的百余只哨鸽，准确地标识出宋军进入埋伏圈的位置，从而以优势兵力将宋军全部围歼。透过此类战例，可见西夏军事将领并非纸上谈兵之辈，他们对《孙子兵法》战略战术原则的灵活运用，已达到炉火纯青的地步。

　　尤其值得一提的是，从事该项课题研究，竟然成为我加入九三学社的契机。2014 年 5 月，身为九三学社中央常务副主席的邵鸿先生来宁夏视察，因便访问宁夏大学西夏学研究院，了解西夏文《孙子兵法三注》的研究状况，这是我与邵先生相识的开端。其后在与邵先生接触的过程中，深感邵先生学识渊博，平易近人，并从他那里得知九三学社的先哲时贤中，亦不乏从事哲学社会科学研究者，遂向邵先生表达渴望加入九三的愿望。经邵先生介绍，

2015年5月我填写了入社申请书，最终成为九三学社的一分子。

本书在写作过程中，曾得到邵鸿先生、史金波先生、聂鸿音先生、李华瑞先生、杜建录先生、韩小忙先生、段玉泉研究员以及俄罗斯科学院东方文献研究所所长波波娃（И. Ф. Попова）教授、圣彼得堡大学东方系尤丽娅（Ю. С. Мыльникова）博士等的鼓励、帮助或指导。文库评审专家对拙稿提出了中肯的修改意见。本书是继《俄藏西夏历日文献研究》之后，我的第二本专著入选文库，而且是由同一家出版社社会科学文献出版社出版，这只能用缘分来解释。社会科学文献出版社人文分社总编辑李建廷先生，以其独到的学术目光，对本书申报文库予以大力支持并亲自担任本书的责任编辑，克服西夏文字排版校对过程中出现的困难，付出了大量辛勤的劳动。中俄西夏学联合研究课题组，本着推动西夏学学科发展的理念，同意提供西夏文《孙子兵法三注》彩色高清图版。在此一并谨申谢忱！书成之后，邵鸿先生和聂鸿音先生在百忙之中拨冗作序，为拙著增色，关爱社员之情，奖掖后学之意，尤令人感动！二位先生序言中对我的期许，更是我今后在学术道路上前进的动力。

北宋政治家、科学家沈括在交待《梦溪笔谈》书名来历时说，"予退处林下，深居绝过从，思平日与客言者，时纪一事于笔，则若有所晤言，萧然移日，所与谈者唯笔砚而已，谓之《笔谈》。"如今电子计算机技术使文献有了全新的载体，我整日独居斗室，面对电脑荧屏，"所与谈者唯键盘而已"。可见虽然工具发生了变化，但古今在探索未知世界的过程中所忍受的孤独寂寞则是相同的。此可谓千古同慨！

孙子之学，幽微难测，疏注纷纭，莫衷一是。故本书采摘之间，或有遗漏；论说之际，容有讹误。套用西夏人骨勒茂才《番汉合时掌中珠》汉文序言中的一句话，"贤哲睹斯，幸莫哂焉"。

彭向前

2023年2月于银川